POLEN UNTER DEUTSCHER UND SOWJETISCHER BESATZUNG 1939–1945

Einzelveröffentlichungen des
Deutschen Historischen Instituts Warschau

20

Herausgegeben von
Eduard Mühle

Polen unter deutscher und sowjetischer Besatzung 1939–1945

Herausgegeben von
Jacek Andrzej Młynarczyk

Titelabbildung:

Lemberg, September 1939:
Ein polnischer Soldat vor einem
deutschen und einem sowjetischen Offizier

Quelle: Bundesarchiv, RH 53-18/153

© fibre Verlag, Osnabrück 2009

Alle Rechte vorbehalten

ISBN 978-3-938400-50-0

www.fibre-verlag.de

Redaktion des Bandes: Kerstin Eschrich
Umschlaggestaltung: Ingo Schneider, www.isio-design.de
Herstellung: Druckerei Hubert & Co, Göttingen

Printed in Germany 2009

INHALT

FACETTEN DER GEWALT

DIE BEVÖLKERUNGSPOLITIK

REAKTIONEN DER UNTERDRÜCKTEN BEVÖLKERUNG

VORWORT

Polen hatte als einer von wenigen Staaten während des Zweiten Weltkriegs unter der Besatzung von zwei totalitären Regimen zu leiden. Infolge des geheimen Zusatzprotokolls zum Ribbentrop-Molotov-Pakt vom 23. August 1939 wurde es am 1. September 1939 zuerst aus westlicher Richtung vom Dritten Reich überfallen, um dann am 17. September aus dem Osten durch die Sowjetunion besetzt zu werden. In den folgenden beiden Jahren bedienten sich die miteinander verbündeten Besatzer ähnlicher Mittel, um Teile des polnischen Territoriums in ihr Staatsgebiet einzuverleiben und den Widerstand der polnischen Bevölkerung zu brechen. Während die Nationalsozialisten von Anfang an mit Hilfe der Einsatzgruppen der Sicherheitspolizei und des SD und des „Volksdeutschen Selbstschutzes" damit begannen, Angehörige der polnischen Intelligenz zu verhaften und zu ermorden, wurden sie von den sowjetischen Machthabern kurzerhand zu „konterrevolutionären Elementen" erklärt, aus ihren bisherigen Posten entfernt, verfolgt und nach Osten deportiert. Fast zeitgleich zu der im Generalgouvernement (GG) durchgeführten „Außerordentlichen Befriedungsaktion", der insgesamt bis zu 8.000 Personen zum Opfer fielen, ermordete das NKVD fast 22.000 polnische Offiziere aus den Kriegsgefangenenlagern in Ostashkov, Starobielsk und Katyn.

Die übrige polnische Bevölkerung wurde schikaniert, weitgehend entrechtet und wirtschaftlich ausgebeutet. Polen wurde zudem dreigeteilt. Die Nationalsozialisten annektierten den westlichen Teil und unterzogen ihn einer weitgehenden „Germanisierungs"-Politik. Aus dem übrigen Teil bildeten sie das so genannte „Generalgouvernement für die besetzten polnischen Gebiete", das ursprünglich als „Abladeplatz" für ungewollte Bevölkerungsgruppen aus den westlichen Landesteilen fungieren sollte und erst mit der Zeit auch ins Visier der „Germanisierungs"-Konzepte der NS-Planer rückte. Währenddessen wurden die gesamten östlichen Gebiete Polens mittels gefälschter Wahlen, NKVD-Terrors und einer geschickten Instrumentalisierung ethnischer Konflikte den bereits bestehenden Sowjetrepubliken Weißrussland und Ukraine angeschlossen. Beide Besatzer beuteten Polen wirtschaftlich aus und setzten die Bevölkerung einer flächendeckenden Pauperisierung aus, die eine weitgehende soziale Umschichtung zur Folge hatte.

Mit dem deutschen Überfall auf die Sowjetunion im Juni 1941 geriet das ganze Gebiet des polnischen Staates unter nationalsozialistische Herrschaft. Im Schatten der Kämpfe im Osten begannen die Nationalsozialisten mit der systematischen Ermordung der jüdischen Bevölkerung. Auf polnischem Boden richteten sie Vernichtungslager in Auschwitz-Birkenau, Kulmhof, Treblinka, Belzec, Sobibor und Majdanek ein und überzogen das ganze Land mit Tod, unermesslichem Leid und Elend.

Aufgrund des deutschen Überfalls auf die Sowjetunion wechselte Russland über Nacht die Seiten und wurde zu einem Alliierten des Westens. Wegen der außerordentlichen militärischen Anstrengungen im Kampf an der Ostfront und des enormen Blutzolls, den die Sowjets im Kampf mit dem NS-Regime zahlen mussten, geriet das Schicksal Polens in den Hintergrund. Die Tatsache, dass der neue Verbündete des Westens einer der alten Aggressoren blieb, der mitverantwortlich für den Ausbruch des Zweiten Weltkriegs gewesen war und nach wie vor entgegen internationalem Recht nahezu die Hälfte Polens besetzt hielt, wurde geflissentlich übersehen. Für die westlichen Alliierten wurden die unnachgiebigen Forderungen Polens nach Wiederherstellung seiner territorialen Integrität mehr und mehr zum Problem. Die Entdeckung der NKVD-Morde an polnischen Offizieren in den Wäldern von Katyn im Jahr 1943 und der Abbruch der diplomatischen Beziehungen zwischen der UdSSR und der polnischen Regierung im Exil verkomplizierten die politische Lage noch zusätzlich. In dieser Situation erwies sich jedoch die militärische Anstrengung der Sowjetunion an der Ostfront für die Westmächte als entscheidend. Polen wurde zum wiederholten Mal nach dem „Sitzkrieg" im Westen („drôle de guerre") im Jahr 1939 von seinen westlichen Verbündeten verraten: In Jalta wurden Anfang 1945 die polnischen Interessen der Allianz der Großmächte mit der UdSSR geopfert. In der Folge konnte die Sowjetunion ungehindert alle 1939 annektierten ostpolnischen Gebiete behalten, Polen durch den Anschluss der östlichen Provinzen des Deutschen Reichs im Rahmen einer „Entschädigung" für die Verluste im Osten dauerhaft in politische Abhängigkeit bringen und schließlich auch den Umsturz des bestehenden politischen Systems durch eine kommunistische Marionettenregierung erzwingen.

Die Beiträge des vorliegenden Bandes befassen sich mit Polen unter deutscher und sowjetischer Besatzung während des Zweiten Weltkriegs. Sie gehen auf eine internationale Konferenz aus dem Jahr 2005 zurück, die vom Deutschen Historischen Institut Warschau und dem polnischen Institut des Nationalen Gedenkens in Posen veranstaltet wurde. Die polnische Fassung der Konferenzbeiträge erscheint zeitgleich in den kommenden Bänden der Zeitschrift des Instituts des Nationalen Gedenkens *Pamięć i Sprawiedliwość*.

Der vorliegende Band gliedert sich in sechs Abschnitte. Im ersten Teil werden die Rahmenbedingungen der Besatzung skizziert. Marek Kornat (Kardinal-Stefan-Wyszyński-Universität Warschau) untersucht in seinem Beitrag die internationalen Rahmenbedingungen, die zum Ribbentrop-Molotov-Pakt führten. Er beschreibt die Hoffnungen der NS-Führung in Bezug auf Polen, das noch 1939 in Hitlers Kriegsstrategie als erwünschter Verbündeter im Kampf gegen die Sowjetunion eine wichtige Rolle spielte, sowie die allmähliche deutsch-sowjetische Annäherung, die zu dem verhängnisvollen politischen Schulterschluss und in der Folge zum Ausbruch des Zweiten Weltkriegs führte. Czesław Madajczyk (Warschau) und Albin Głowacki (Universität Lodz) beschreiben die generellen Richtlinien der Besatzungspolitik der beiden Aggressoren in den militärisch besetzten Landesteilen und deren praktische Umsetzung im Anschluss an die Eroberung des Landes.

Der zweite Teil ist den Methoden der wirtschaftlichen Ausbeutung im besetzten Polen gewidmet. Tadeusz Janicki (Universität Posen) rekonstruiert in seinem Beitrag die wirtschaftlichen Maßnahmen des Dritten Reiches in den eingegliederten polnischen Gebieten. Er zeigt die Widersprüche auf, die auftraten, als die NS-Entscheidungsträger versuchten, zeitgleich ihre langfristigen rassenpolitischen Ziele mit der wirtschaftlichen Ausbeutung des Landes zu verbinden. Die mangelnde Rationalität dieser Konzeptionen und die dilettantische Umsetzung der geplanten Maßnahmen verursachten im Endeffekt eine vollständige Ausplünderung des dort vorhandenen Wirtschaftspotentials und einen erheblichen zivilisatorischen Rückschritt der betroffenen Regionen. Zu ähnlichen Befunden kommt auch Sonja Schwaneberg (Berlin), die auf einer breiten Grundlage polnischen und deutschen Quellenmaterials die Ausbeutungsmaßnahmen der Nationalsozialisten im GG untersucht. Auch hier war die nationalsozialistische Wirtschaftspolitik widersprüchlich. Vor allem die restriktive Bevölkerungspolitik, die in erster Linie die jüdische Bevölkerung aus dem Wirtschaftsleben ausschloss und die in einem Völkermord gipfelte, sowie die massenhafte Rekrutierung der übrigen ethnischen Gruppen – vor allem Polen und Ukrainer – für den Zwangsarbeitseinsatz im Reich schwächten maßgeblich das Wirtschaftspotenzial des Landes. Sehr nachteilig wirkten sich auch die überhöhten wirtschaftlichen Lieferungen an das Reich aus, die die unterworfene Bevölkerung leisten musste. Alle diese Faktoren zusammengenommen machten es unmöglich, im GG eine rationale Wirtschaftspolitik zu verfolgen. Marek Wierzbicki (Institut des Nationalen Gedenkens, Außenstelle Radom) zeigt in seinem Beitrag über die sowjetische Wirtschaftspolitik in den besetzten polnischen Gebieten 1939 bis 1941, wie die ideologisch motivierten Maßnahmen der kommunistischen Staatsmacht die gesamten Eigentumsstrukturen in den polnischen Ostgebieten dauerhaft zerstörten und zur massiven Ausbeutung des Landes führten und welche weitgehende soziale Umschichtung sie zur Folge hatten. Dieter Pohl (Institut für Zeitgeschichte, München) weist in seinem Beitrag über die deutsche Wirtschaftspolitik im besetzten Ostpolen 1941 bis 1944 auf die Unterschiede bezüglich der Besatzungsmaßnahmen im GG (Ostgalizien) und in den Reichskommissariaten Ostland und Ukraine hin, die in der – relativen – Besserstellung des ukrainischen Galiziens durch das Besatzungsregime zum Ausdruck kamen: Während die nationalsozialistischen Entscheidungsträger die galizische Landwirtschaft ausbeuteten, Zwangsarbeiter massiv rekrutierten und Ölfelder abschöpften, überzogen sie gleichzeitig die übrigen Gebiete mit Gewaltmaßnahmen und hungerten weite Teile der Bevölkerung des Landes aus.

Der dritte Teil des Bandes hat die unterschiedlichen Facetten der Gewalt zum Thema. Im ersten Beitrag betrachtet Piotr Majewski (Museum Warschauer Königsschloss) die NS-Unterdrückungsmaßnahmen im GG. Der Autor rekonstruiert die rechtlichen Grundlagen für die Unterdrückung der unterworfenen Bevölkerung, schildert die brutalen Maßnahmen gegenüber der polnischen Intelligenz, Massenexekutionen und Vergeltungsaktionen, die im Lauf der Besatzung immer mehr zunahmen. Die Gewalt gipfelte in der Vernichtung der jüdischen Bevölkerung. Den zweiten Höhepunkt der nationalsozialistischen Entrechtungspolitik im GG stellte die vollständige Zerstörung Warschaus nach dem Aufstand von 1944 dar. Im Anschluss daran schildert Maria Rutowska (Westinstitut Posen) das gewalttätige Vorgehen des NS-Regimes in den eingegliederten Gebieten. Sie beschreibt die Massenmorde im Rahmen der „Intelligenzaktion" in den ersten Wochen des Krieges, die „Euthanasie"-Aktion sowie den Ausbau des Systems der Konzentrationslager. Genauso wie im GG wurden auch in den eingegliederten Gebieten die NS-Gewaltmaßnahmen durch den Holocaust dominiert. Aleksandr Gur'ianov (Wissenschaftliches Informations- und Aufklärungszentrum „Memorial", Moskau) unternimmt in seinem Beitrag über die sowjetische Repressionspolitik in den besetzten polnischen Ostgebieten den Versuch einer Quantifizierung der Opfer der sowjetischen Verfolgungen anhand von neuesten Erkenntnissen. Die Einzigartigkeit der jüdischen Erfahrungen im besetzten Polen wird von David Silberklang (Holocaust-Gedenkstätte Yad Vashem, Jerusalem) thematisiert.

Der vierte Teil des Bandes ist dem komplexen Thema der Bevölkerungspolitik im besetzten Polen gewidmet. Im ersten Beitrag stellt Frank Grelka (Berlin) dar, wie die östlichen Gebiete des polnischen Nationalstaats unter der NS-Besatzung in einen kolonialen Rassenstaat transformiert wurden. Dabei schildert er ausführlich die Unterschiede bei der Behandlung der verschiedenen ethnischen Gruppen im GG (Distrikt Galizien) und in den Reichskommissariaten Ostland und Ukraine. Ingo Haar vom Zentrum für

Antisemitismusforschung (Technische Universität Berlin) untersucht in seinem Beitrag über die Bevölkerungspolitik im GG die einzelnen Gewaltmaßnahmen, die sich gegen unterschiedliche ethnische Gruppen auf diesem Terrain richteten. Er beschreibt Initiativen von Odilo Globocnik, dem SS- und Polizeiführer des Distrikts Lublin, der eine Vorreiterrolle in der Entwicklung und Umsetzung der bevölkerungspolitischen Maßnahmen im Osten spielte, und fragt nach der aktiven Rolle von Generalgouverneur Hans Frank bei den anlaufenden Siedlungs- und Vernichtungsmaßnahmen. Martin Dean (United States Holocaust Memorial Museum) erläutert anschließend die Unmöglichkeit eines direkten Vergleichs des jeweiligen jüdischen Schicksals unter den beiden totalitären Regimen, die 1939 Polen besetzten. Er zeigt auf, wie die sowjetische Desintegrationspolitik die jüdischen Gemeinden zersetzte und die Gesellschaft atomisierte. Gleichzeitig diagnostiziert er eine weitgehende Stärkung der jüdischen Identität unter dem Druck der nationalsozialistischen Verfolgungsmaßnahmen, die keine Ausnahmen kannten und niemanden verschonten.

Der fünfte Teil des Bandes beschäftigt sich mit den Reaktionen der unterworfenen Bevölkerung, die von Kollaboration bis zum aktiven Widerstand reichten. Ryszard Kaczmarek (Universität Kattowitz) untersucht das Phänomen der Kollaboration in einer vergleichenden Perspektive aller ins Dritte Reich eingegliederten Gebiete. Er stellt auch den Umgang der Nachkriegsgesellschaften mit ehemaligen Kollaborateuren dar und versucht das Phänomen zu quantifizieren. Jacek Andrzej Młynarczyk (Deutsches Historisches Institut Warschau) beschreibt die Kollaboration im GG. Er schildert die Versuche verbotener Zusammenarbeit mit den Besatzern aufgrund politischer Übereinstimmung, militärische und paramilitärische Kollaboration und die Kollaboration innerhalb öffentlicher Institutionen, in der Zivilverwaltung, in Presse und Kultur sowie in Form individueller Zuträgerschaft. Er geht auch auf die Formen des gesellschaftlichen Umgangs mit den Kollaborateuren ein und stellt die Entstehung der Untergrundjustiz dar. Grzegorz Motyka (Humanistische Hochschule Pułtusk) setzt sich mit dem Phänomen von Kollaboration in den östlichen Gebieten der Zweiten Polnischen Republik unter deutscher Besatzung auseinander. Er untersucht die Verhaltensweisen der einzelnen dort ansässigen ethnischen Gruppen angesichts der nationalsozialistischen Okkupation und der mit der Zeit immer realer werdenden sowjetischen Bedrohung. Drei weitere Beiträge beschäftigen sich mit der polnischen Widerstandsbewegung. Grzegorz Mazur (Jagiellonen-Universität Krakau) untersucht die Etappen bei der Herausbildung des polnischen Untergrundstaates im GG. Er charakterisiert einzelne Abteilungen, deren Struktur und Tätigkeit, sowohl im militärischen als auch im zivilen Bereich. Er geht auch auf die kommunistischen und rechtsnationalen Widerstandsgruppen ein, die unabhängig von der polnischen Regierung im Exil agierten. Aleksandra Pietrowicz (Institut des Nationalen Gedenkens, Außenstelle Posen) beschreibt die Strukturen verschiedener Widerstandsorganisationen in den eingegliederten Gebieten und deren vielseitige Aktivitäten im Untergrund. Rafał Wnuk (Katholische Universität Lublin) stellt die Etappen bei der Entstehung der Untergrundorganisationen unter der sowjetischen Besatzung im besetzten Ostpolen dar sowie deren allmähliche Zerschlagung und Unterwanderung durch den NKVD.

Im letzten Teil des Bandes untersucht Antony Polonsky (Brandeis University) die Politik der westlichen Alliierten gegenüber dem besetzten Polen während und unmittelbar nach dem Zweiten Weltkrieg. Er analysiert die Gründe, die für die Durchsetzung von Stalins Zielen in Jalta ausschlaggebend waren, und die spätere Entwicklung, die zur Kommunisierung und Westverschiebung Polens führte.

Die Beiträge von Marek Kornat, Czesław Madajczyk, Albin Głowacki, Tadeusz Janicki, Marek Wierzbicki, Piotr Majewski, Maria Rutowska, Ryszard Kaczmarek, Grzegorz Motyka, Aleksandra Pietrowicz und Rafał Wnuk wurden von Jan Obermeier und Monika Krala aus dem Polnischen übersetzt. Die englischsprachigen Aufsätze von David Silberklang, Martin Dean und Antony Polonsky wurden von Ann Lipphardt und Klaus-Dieter Schmidt übertragen. Die sprachliche Redaktion aller Beiträge nahm Kerstin Eschrich vor.

Warschau, Februar 2009   Jacek Andrzej Młynarczyk

Rahmenbedingungen der Besatzung

MAREK KORNAT

DER WEG ZUM RIBBENTROP-MOLOTOV-PAKT

Die Genese der Zusammenarbeit zwischen dem Dritten Reich und der Sowjetunion im Jahr 1939 ist ein Thema, das bereits öfters von Historikern aufgegriffen wurde und trotzdem noch immer kompliziert und umstritten ist. Zweifelsohne war die Annäherung der beiden Staaten ein mehrstufiger Prozess. Die Zusammenarbeit, die noch im Winter 1938/39 undenkbar schien, erwuchs als eine diplomatische Konfiguration aus den Trümmern des Münchner Abkommens. Die erste Etappe begann mit der Ablehnung der deutschen Forderungen durch die polnische Regierung und den britischen Garantieerklärungen an Polen im März 1939. Die zweite Phase umfasste den Zeitraum zwischen Mai und Juli 1939, also die gleichzeitig stattfindenden Bemühungen der westlichen Regierungen und der deutschen Diplomatie um die Gunst der UdSSR. Die dritte und letzte Stufe vollzog sich im September 1939, als Adolf Hitler persönlich die Initiative übernahm und die entscheidenden Gespräche über die strategischen Interessen des Dritten Reichs und der UdSSR herbeiführte.

Die Fachliteratur über den Weg zur Zusammenarbeit zwischen dem faschistischen Deutschland und der Sowjetunion ist sehr reichhaltig und lässt sich schwer kurz zusammenfassen. Vor allem sind dabei die Arbeiten von Gerhardt Weinberg[1] und Donald Cameron Watt[2] zu erwähnen. Bemerkenswert sind zudem die Untersuchungen von Sidney Aster[3] und John Lukacs,[4] besonders aber die Arbeiten der deutschen Historiker, die sich mit den damaligen diplomatischen Beziehungen beschäftigen: Andreas Hill-

---

[1] GERHARDT L. WEINBERG, Germany and the Soviet Union 1939–1941, Leiden 1954; ders., The Foreign Policy of Hitler's Germany: Starting World War II, 1937–1939, Chicago 1980; DERS., German Diplomacy toward the Soviet Union, in: Soviet Union/Union Soviétique, Bd. 18, 1991, S. 317-333.

[2] DONALD CAMERON WATT, How War Came. The Immediate Origins of the Second World War 1938–1939, London 1989.

[3] SIDNEY ASTER, 1939. The Making of the Second World War, London 1973.

[4] JOHN LUKACS, The Last European War. September 1939/December 1941, New York, London 1976.

gruber,[5] Hermann Graml,[6] Rudolf W. Weber,[7] Rolf Ahmann[8] oder Klaus Hildebrand.[9] Viele bekannte Historiker haben außerdem die deutsch-sowjetischen Beziehungen im Jahr 1939 untersucht, zu nennen wären Wissenschaftler wie Philip Fabry,[10] der bereits angeführte Andreas Hillgruber,[11] dann Sven Allard,[12] Ingeborg Fleischhauer,[13] Geoffrey Roberts,[14] James MacSherry,[15] Anthony Read und David Fisher.[16] Die Rolle Polens in den Konzeptionen Hitlers reflektierten verstärkt polnische Historiker, vor allem Jerzy W. Borejsza,[17] Karol Jonca,[18] Antoni Czubiński,[19] Czesław Madaj-

---

[5] Vgl. ANDREAS HILLGRUBER, Hitlers Strategie und Kriegführung 1940–1941, Frankfurt/M. 1968; DERS., Der zweite Weltkrieg. Kriegsziele und Strategie der großen Mächte, Köln 1989.

[6] HERMANN GRAML, Sommer 1939. Die Großmächte und der Europäische Krieg, München 1979; DERS., Europas Weg in den Krieg. Hitler und die Mächte 1939, München 1990.

[7] RUDOLF W. WEBER, Die Entstehungsgeschichte des Hitler-Stalin Paktes 1939, Frankfurt/M. 1980.

[8] ROLF AHMANN, Nichtangriffspakte. Entwicklung und operative Nutzung in Europa 1922–1939, Baden-Baden 1988, S. 618-641.

[9] KLAUS HILDEBRAND, Das vergangene Reich, Außenpolitik Deutschlands 1871–1945, Köln 1995; DERS., The Foreign Policy of the Third Reich, Berkeley 1973; DERS., Hitlers „Programm" und seine Realisierung 1939–1942, in: Hitler, Deutschland und die Mächte. Materialien zur deutschen Außenpolitik des Dritten Reichs, hg. v. MANFRED FUNKE, Düsseldorf 1978.

[10] PHILIP FABRY, Der Hitler-Stalin-Pakt 1939–1941. Ein Beitrag zur Methode Sowjetischer Außenpolitik, Darmstadt 1962.

[11] ANDREAS HILLGRUBER, Der Hitler-Stalin-Pakt und die Entfesselung des zweiten Weltkrieges. Situationsanalyse und Machtkalkül der beiden Pakt-Partner, in: Historische Zeitschrift, Bd. 230, 1980, S. 339-361.

[12] SVEN ALLARD, Stalin und Hitler. Die sowjetrussische Außenpolitik 1930–1941, Bern, München 1974.

[13] INGEBORG FLEISCHHAUER, Der Pakt. Hitler, Stalin und die Initiative der deutschen Diplomatie 1938–1939, Berlin 1990.

[14] GEOFFREY ROBERTS, The Soviet Union and the Origins of the Second World War: Russo-German Relations and the Road to War, 1933–1941, London 1995.

[15] JAMES MCSHERRY, Stalin, Hitler and Europe 1933–1939: The Origins of World War II, Cleveland 1968.

[16] ANTHONY READ/ DAVID FISHER, The Deadly Embrace: Hitler, Stalin and the Nazi-Soviet Pact, 1939–1941, London 1988.

[17] JERZY W. BOREJSZA, Antyslawizm Adolfa Hitlera, Warszawa 1988.

[18] KAROL JONCA, Die polnische Nation in politischen Doktrin Hitlers, in: Mentekel. Das Gesicht des zweiten Weltkrieges. Nürnberger Gespräch zum 50. Jahrestag der Entfesselung des zweiten Weltkrieges, hg. v. PETER SCHÖNLEIN/ JÖRG WOLLENBERG/ JERZY WYROZUMSKI, Kraków, Nürnberg 1991, S. 169-254; JERZY WYROZUMSKI, Naród polski w koncepcjach okupanta hitlerowskiego (1939–1945), in: Studia z dziejów myśli politycznej w

czyk[20] und Kazimierz Radziwończyk,[21] zuletzt aber Stanisław Żerko.[22] Auf deutscher Seite forschten zu dem Thema Wissenschaftler wie Martin Broszat,[23] Georg Wollstein[24] und Hans-Erich Volkmann.[25]

Am 26. Januar 1934 wurde in Berlin der deutsch-polnische Nichtangriffspakt unterschrieben. Für Polen erschien diese Vereinbarung mit Deutschland in jeder Hinsicht günstig. Sie gehörte scheinbar zu den größten Leistungen polnischer Diplomatie seit dem Versailler Vertrag, dem Abschluss eines Bündnisses mit Frankreich im Februar 1921 und dem Rigaer Friedensvertrag mit der Sowjetunion vom März 1921. Der Nichtangriffspakt stärkte die Sicherheit Polens und festigte den Status quo, obwohl der Vertrag die Grenzfragen außen vor ließ. Für Hitler hingegen stellten die derart geregelten Beziehungen zu Polen lediglich einen Ausgangspunkt zur Verwirklichung größerer Pläne dar. Alles deutet darauf hin, dass sich die neue deutsche Führung mit Hitler an der Spitze aus taktischen Gründen auf diese Vereinbarung einließ, vor allem um Polen zu neutralisieren. Denn von allen Staaten Mitteleuropas empfand Polen am stärksten eine Bedrohung seitens des Deutschen Reiches und schien deshalb an einem „Präventivkrieg" gegen Deutschland interessiert. Während sich der Anführer der Nationalsozialisten mit den deutschen Grenzen von „Versailles" nicht abfinden konnte, hegte er zunächst keinen besonderen Hass gegenüber dem polnischen Staat oder den Polen.[26]

Niemczech XIX i XX wieku, hg. v. HENRYK OLSZEWSKI, Poznań 1992, S. 267-282.

[19] ANTONI CZUBIŃSKI, Miejsce Polski w hitlerowskich planach ułożenia nowego porządku w Europie w latach 1934-1940, in: Niemcy w polityce międzynarodowej 1919-1939, Bd. 4: Na przełomie pokoju i wojny 1939-1941, hg. v. STANISŁAW SIERPOWSKI, Poznań 1992, S. 51-76.

[20] CZESŁAW MADAJCZYK, Przywódcy hitlerowscy wobec sprawy polskiej w pierwszym roku okupacji, in: DERS., Generalna Gubernia w planach hitlerowskich. Studia, Warszawa 1961, S. 762.

[21] KAZIMIERZ RADZIWOŃCZYK, Plany polityczne Trzeciej Rzeszy wobec Polski i ich realizacja w okresie od 1 września do 25 października 1939 r., in: Najnowsze Dzieje Polski, Nr. 12, 1968, S. 538.

[22] STANISŁAW ŻERKO, Stosunki polsko-niemieckie 1938-1939, Poznań 1998.

[23] MARTIN BROSZAT, Nationalsozialistische Polenpolitik 1939-1945, Stuttgart 1961.

[24] GEORG WOLLSTEIN, Die Politik des nationalsozialistischen Deutschlands gegenüber Polen 1933-1939/45, in: Hitler, Deutschland und die Mächte, hg. v. MANFRED FUNKE, Düsseldorf 1977; GEORG WOLLSTEIN, Hitlers gescheitertes Projekt einer Juniorpartnerschaft Polens, in: Universitas, Nr. 5, 1983.

[25] HANS-ERICH VOLKMANN, Polen im politisch-wirtschaftlichen Kalkül des Drittes Reiches 1933-1939, in: Der Zweite Weltkrieg. Analysen, Grundzüge, Forschungsbilanz, hg. v. WOLFGANG MICHALKA, München, Zürich 1990, S. 74-92.

[26] Vgl. BROSZAT, Polenpolitik, S. 10. Das Verhältnis des Führers zum Dritten Reich hat BOREJSZA, Antyslawizm, S. 46 ff., bereits analysiert.

In den Jahren 1934 bis 1938, unter dem Eindruck guter Ergebnisse bei der Regulierung der deutsch-polnischen Beziehungen, verstärkte sich Hitlers Überzeugung, dass Polen ein nützlicher Partner für eine zukünftige Zusammenarbeit sein könnte. Die geographische Lage der Republik Polen prädestinierte das Land für die Rolle eines „Vorpostens" im Osten im Falle eines Krieges in Europa: Polen hätte das Deutsche Reich, während es in einen militärischen Konflikt im Westen verwickelt wäre, vor einem potentiellen Angriff der Sowjetunion abschirmen können. Hitler konnte nicht verstehen, warum Polen, das im Jahr 1920 den Versuch unternommen hatte, das sowjetische Russland zu schwächen, nun (um die Jahreswende 1938/39) nicht zu einer antisowjetischen Politik zurückkehren wollte, vor allem, da Deutschland den Polen zu diesem Zeitpunkt dafür Unterstützung anbot.[27] Er begriff das „Wesen" der polnischen „Politik des Gleichgewichts" nicht. Aus der Perspektive Hitlers musste Polen, um die für Deutschland nötige Rolle des antisowjetischen „Vorpostens" spielen zu können, die Politik des „Lavierens" zwischen Deutschland und Russland aufgeben und den Status eines untergeordneten Verbündeten akzeptieren. Polen sollte zum „Juniorpartner" des Großen Reiches avancieren; innerhalb der Alliierten, die Berlin untergeordnet waren, hätte es vielleicht sogar eine privilegierte Position einnehmen können. Eine Vereinbarung mit Polen unter deutschen Bedingungen hätte dem Dritten Reich erlaubt, zuerst eine Offensive im Westen – gegen Frankreich – zu führen und nach dem Sieg einen Krieg gegen Russland zu beginnen, um dort neuen „Lebensraum" zu gewinnen. Somit war der Platz, den Hitler in seinen Konzeptionen für Polen vorsah, präzise bestimmt. Die Sache war nur, dass die polnische Regierung diesen Platz nicht annehmen wollte. Nicht aus „Prestige-Gründen", sondern im Interesse der Nation und des Staates. Hitler wollte Polen in einen gemeinsamen Kampf gegen Sowjetrussland hineinziehen, Polen hingegen strebte eine unabhängige Politik des „Gleichgewichts" zwischen den beiden großen Nachbarn an. Denn nur ein solches Vorgehen schien günstig, um die politische Selbstständigkeit eines polnischen Staates in Europa gewährleisten zu können.[28]

Im Dezember 1938 notierte der polnische Vizeminister Jan Szembek in sein Tagebuch, die „Politik des Gleichgewichts" werde zu einer Illusion

---

[27] Auf dem Höhepunkt der Sudetenkrise, am 9. September 1938, versicherte Hermann Göring, der im Namen des Kanzlers auftrat, dem polnischen Botschafter in Berlin, Józef Lipski, dass im Fall eines polnisch-sowjetischen Militärkonflikts „das Reich Polen Unterstützung bieten würde"; Polnisches Institut in London, Ministerstwo Spraw Zagranicznych, Sygn. A.11.49/N/7.

[28] PIOTR S. WANDYCZ, Historyczne dylematy polskiej polityki zagranicznej, in: DERS., Z dziejów dyplomacji, London 1988, S. 45-58; MICHAŁ J. ZACHARIAS, Polska wobec zmian w układzie sił politycznych w Europie w latach 1932–1936, Wrocław 1981.

und die Zukunft der fünf Jahre währenden Entspannungsphase in den Beziehungen zum Dritten Reich sei unsicher. „Die Aufrechterhaltung des Gleichgewichts zwischen Russland und Deutschland ist enorm schwer. Das gesamte Verhältnis Deutschlands uns gegenüber beruht auf einer These, die in den höchsten Kreisen des Dritten Reiches vertreten wird und die besagt, dass im künftigen deutsch-russischen Konflikt Polen ein neutraler Verbündeter Deutschlands sein werde."[29] Szembek hatte Recht, denn Polen stand vor dem Problem, die zukünftige Politik zu bestimmen. Zweifelsohne hatte Hitler vor, die polnische „Politik des Gleichgewichts" nur vorläufig zu tolerieren. Die Januardeklaration von 1934 war somit nur ein Provisorium, das keine Chance hatte zu überdauern.

Im Herbst 1938 nahm Polen eine „Schlüsselposition" in der deutschen Außenpolitik ein.[30] Von der Einstellung des Landes zu den deutschen Plänen war das weitere Vorgehen des Dritten Reichs auf der internationalen Bühne abhängig. Das Projekt der „Gesamtlösung" der strittigen Fragen in den deutsch-polnischen Beziehungen stellte Außenminister Joachim von Ribbentrop am 24. Oktober 1938 dem polnischen Botschafter in Berlin Józef Lipski vor.[31] Die Vorschläge sahen vor, die Freistadt Danzig ins Deutsche Reich einzugliedern sowie eine exterritoriale Autobahn und eine Bahnstrecke vom Reich nach Ostpreußen über das polnische Gebiet (Danzig-Pommerellen) zu bauen. Weniger offiziell, jedoch sehr bestimmt, verlangte die deutsche Regierung den Beitritt Polens zu einem Pakt zur Bekämpfung der Kommunistischen Internationale, dem so genannten Antikominternpakt. Im Gegenzug bot die deutsche Regierung ein Abkommen an, in dem für die kommenden 25 Jahre Freundschaft und Zusammenarbeit und die beiderseitige Anerkennung der Grenzen vereinbart werden sollten. Dem würde eine Konsultationsklausel hinzugefügt werden, also eine beidseitige Verpflichtung, das eigene Vorgehen auf der internationalen Bühne miteinander abzusprechen.[32] Die Annahme der deutschen Forderungen hätte Polen zu einem abhängigen Verbündeten des Dritten Reiches gemacht, darin sind sich die polnischen und deutschen Historiker einig. Diese Abhängigkeit wäre irreversibel gewesen. Die vom Dritten Reich vorge-

---

[29]   Diariusz i teki Jana Szembeka (1935–1945), Bd. 4 (1938–1939), hg. v. JÓZEF ZARAŃSKI, London 1972, S. 380.

[30]   RAINER F. SCHMIDT, Außenpolitik des Dritten Reiches 1933–1939, Stuttgart 2002, S. 155 ff.

[31]   Vgl. den Bericht des polnischen Botschafters Lipski über das Gespräch, gerichtet an Minister Józef Beck und dessen Anweisungen: Les Relations polono-allemandes et polono-soviétiques au cours de la période 1933–1939. Recueil de documents officiels, Paris 1940, Dok. 44, S. 71 f.; Dok. 45, S. 72 ff.

[32]   Diplomat in Berlin 1933–1939. Papers and Memoirs of Józef Lipski, Ambassador of Poland, hg. v. WACŁAW JĘDRZEJEWICZ, New York, London 1968, Dok. 124, S. 453-458.

schlagene „Globallösung", die der polnischen Führung zwischen Oktober 1938 und März 1939 mehrfach vorgelegt worden war, wurde im März 1939 definitiv abgelehnt, obwohl die polnische Regierung die Normalisierung der deutsch-polnischen Beziehungen, die aus den Vereinbarungen im Jahr 1934 resultierte, sehr schätzte.[33] Hitler gelang es nicht, den polnischen Staat in das deutsche Alliiertensystem im Osten einzugliedern.

Mit der Annahme der deutschen Forderungen hätte die polnische Regierung die vierte Teilung Polens im Jahr 1939 wahrscheinlich verhindern können. Vielleicht hätte Polen am Anfang sogar davon profitiert, da es die Zerstörungen und die vielen Opfer durch den deutschen Angriff nicht gegeben hätte.[34] Man darf sich jedoch nicht der Illusion hingeben, dass eine Zusammenarbeit mit dem Dritten Reich Polen auf lange Sicht irgendwelche größeren Vorteile verschafft hätte. Denn in den weiteren Etappen des Krieges wäre eine vollständige Unterordnung Polens unter Deutschland unvermeidlich gewesen. Umso mehr da – wie Martin Broszat richtigerweise anmerkt – die deutschen Forderungen, die an die polnische Führung gestellt wurden, eher einen Test darstellten, und deren Erfüllung nur ein Türöffner für weitere Forderungen in der Zukunft gewesen wäre.[35] Wie sich herausstellen sollte, war das Verhalten des nationalsozialistischen Deutschlands gegenüber seinen Alliierten während des Zweiten Weltkriegs vollkommen hegemonial und rücksichtslos.

Ende des Jahres 1938, unter Berücksichtigung der Passivität Frankreichs und nachdem er es nicht geschafft hatte, von den Briten freie Hand in Mittelosteuropa zu bekommen, entschied Hitler, dass die Offensive zuerst im Westen begonnen werden sollte. Dies beweist seine vielmals zitierte Aussage vom 22. August 1939.[36] Frankreich sollte als Großmacht europäischer Politik eliminiert werden. Der Führer des Dritten Reichs glaubte, Großbritannien ziehe sich unter diesen Umständen endgültig von einem aktiven Engagement auf dem europäischen Kontinent zurück, was einer deutsch-britischen Verständigung den Weg ebnen würde.

Unumstritten ist, dass die friedlichen Beziehungen zwischen Polen und Deutschland in den Jahren 1934 bis 1938 eine grundsätzliche, obwohl

---

[33] Eine detailliert Analyse hierzu: ŻERKO, Stosunki polsko-niemieckie S. 249-278.

[34] Vgl. JERZY ŁOJEK, Agresja 17 września 1939. Studium aspektów politycznych, Warszawa 1990.

[35] BROSZAT, Polenpolitik, S. 10 f.

[36] Hitlers Reden und Proklamationen 1932–1945, hg. v. MAX DOMARUS, Bd. 2: Untergang (1939–1945), München, Würzburg 1963, S. 12-38; KAROL JONCA, Ze studiów nad koncepcją wojny Adolfa Hitlera (Nastroje i postawy w przededniu wojny 1939 r.), in: Śląsk wobec wojny polsko-niemieckiej 1939 r., hg. v. WOJCIECH WRZESIŃSKI, Wrocław, Warszawa 1990.

wahrscheinlich brüchige und nicht ausreichende, Garantie des Status quo in Mittelosteuropa darstellten. Diese Beziehungen brachen endgültig im März 1939 zusammen. Dadurch wurde ein Krieg in Europa unausweichlich, obwohl viele zeitgenössische Politiker die Illusion hegten, der bedrohte Frieden könne durch die Befriedigung der territorialen Ansprüche Hitlers gerettet werden, wie es im Jahr 1938 mit dem Münchner Abkommen bereits einmal geschehen war.

Mit der militärischen Zerschlagung der Tschechoslowakei im März 1939 missachtete Hitler einseitig das Münchner Abkommen, darunter den deutsch-britischen Nichtangriffspakt vom 30. September 1938.[37] Die Appeasementpolitik, die die britische und die französische Regierung als alternativlos erachteten, brach damit zusammen. In ihrem Verständnis erfüllte das Münchner Abkommen alle Forderungen der Deutschen, wenn auch nur auf Raten und in Absprache mit den Westmächten. Der Bruch der gerade erst geschlossenen Vereinbarungen von München veränderte die Kräfteverhältnisse in Ost- und Mitteleuropa grundsätzlich. Bereits seit Dezember 1938 erreichten London Informationen über die deutschen Forderungen, die den polnischen Machthabern vorgelegt wurden. Im März 1939 wurde der Bruch zwischen dem Dritten Reich und Polen real. Um eine, wie es schien, unvermeidliche deutsche Besatzung Polens zu verhindern, entschied die britische Regierung, dem polnischen Staat eine Unabhängigkeitsgarantie zu erteilen.[38] Am 31. März gab der britische Premierminister Neville Chamberlain in dieser Angelegenheit eine öffentliche Erklärung im Unterhaus des britischen Parlaments ab, deren Inhalt mit der polnischen Regierung vorher abgesprochen worden war. Broszat geht davon aus, dass Hitler mit seiner einseitigen Politik der Stärke die Unabhängigkeitsgarantien für Polen „leichtgläubig provoziert" habe.[39] Der britischen Regierung lag viel daran, dem Dritten Reich keine Kontrolle über Polen zu überlassen, da das Land offensichtlich den Schlüssel zur Herrschaft über ganz Osteuropa darstellte, Russland ausgenommen. Damit hätte Deutschland dann seine ganze militärische Stärke gegen die westlichen Mächte einsetzen können.

---

[37] Eine detaillierte Analyse dazu: DONALD CAMERON WATT, How War Came. The Immediate Origins of the Second World War 1938—1939, Bd. 2, London 2001, S. 162-187.

[38] Der britischen Regierung war lange Zeit nicht bekannt, wie entschlossen die polnische Führung war, die staatliche Unabhängigkeit zu verteidigen. Erst zwischen dem 4. und dem 6. April 1939, während des Besuches von Józef Beck in London, wurde den britischen Politikern die Einstellung der polnischen Machthaber deutlich bewusst, vgl. Protokoll der Gespräche von Beck, Neville Chamberlain und dem Außenminister Lord Halifax von 4. u. 5.4.1939: AAN, MSZ, Gabinet Ministra 108A.

[39] BROSZAT, Polenpolitik, S. 11.

Die einseitige Garantieerklärung von Premierminister Chamberlain wurde am 7. April in ein bilaterales Bündnisabkommen umgewandelt.[40] Dies ebnete Polen den Weg zur Erneuerung der Beziehungen zu Frankreich.[41] Schließlich unterschrieb die polnische Regierung am 25. August 1939 ein formelles Bündnisabkommen mit Großbritannien. Für die polnische Führung bedeutete dies eine Garantie auf reale militärische Hilfe von Seiten der Alliierten im Fall eines deutschen Überfalls. Die defensive Strategie der militärischen Stäbe in London und Paris führte jedoch dazu, dass, nachdem Polen die Verpflichtungen eines Bündnispartners übernommen hatte, das Land in der ersten Phase des Krieges lediglich politische Unterstützung von den Alliierten erhielt. Der militärische Wert der britischen Garantien war somit sehr gering, was den polnischen Verantwortlichen wohl bis zum Schluss nicht vollständig klar war. Es lag in der Absicht der britischen Regierung, was der polnischen Seite allerdings ebenfalls nicht ausreichend bewusst war, dass die Garantien gleichzeitig den Weg für eine polnisch-deutsche Verständigung über den Status der Freistadt Danzig frei machen und die Unabhängigkeit Polens bestätigen sollten.[42]

Letztlich gab es jedoch keine Chance für einen wie auch immer gefassten Kompromiss zwischen Polen und dem Dritten Reich, da Polen die deutschen Forderungen nicht erfüllen wollte und Hitler nicht vorhatte, diese Forderungen zurückzunehmen. Grundsätzlich war Hitler davon überzeugt, dass die Reichsdiplomatie einen Zweifrontenkrieg nicht zulassen dürfe, da ein solcher Krieg für Deutschland nicht zu gewinnen sei.[43] Das lehrten die Erfahrungen aus dem Ersten Weltkrieg. Daher sollte zuerst das „dekadente" Frankreich besiegt und dann Sowjetrussland angegriffen werden.

---

[40] Dazu kam es während der Reise Becks nach London, an deren Ende am 7.4.1939 ein Resümee mit dem Titel „Konkluzje rozmów min. Becka w Londynie" verfasst wurde, das eine provisorische Bündnisverständigung darstellte; vgl. Diariusz i teki Jana Szembeka, Bd. 4, S. 716 ff.

[41] KAZIMIERA MAZUROWA, Europejska polityka Francji 1938–1939, Warszawa 1974; HENRYK BATOWSKI, Polska w polityce Francji w przededniu drugiej wojny światowej, in: Dzieje Najnowsze, Nr. 4, 1991, S. 39-51; MAŁGORZATA GMURCZYK-WROŃSKA, Polska – niepotrzebny aliant Francji?, Warszawa 2003, S. 85.

[42] ANNA M. CIENCIAŁA, Poland in British and French Policy in 1939: Determination to Fight or Avoid War?, in: The Origins of the Second World War, hg. v. PATRICK FINNEY, London, New York, Sidney, Auckland 1997, S. 413-433.

[43] KLAUS HILDEBRAND, Hitlers „Programm" und seine Realisierung 1939–1942, in: Hitler, Deutschland und die Mächte. Materialien zur deutschen Außenpolitik des Dritten Reiches, hg. v. MANFRED FUNKE, Düsseldorf 1978; Vgl. OTTO GRÖHLER, Varianten deutscher Kriegspolitik, in: 1939. An der Schwelle zum Weltkrieg. Die Entfesselung des Zweiten Weltkrieges und das internationale System, hg. v. KLAUS HILDEBRAND/ JÜRGEN SCHMÄDEKE/ KLAUS ZERNACK, Berlin 1990, S. 21-42.

Zum übergeordneten Ziel, das Hitler sich stellte, gehörte die Durchführung der geplanten Eroberungen auf dem europäischen Kontinent, ohne sich mit den Briten in einen militärischen Konflikt zu begeben. Nachdem Großbritannien im Frühjahr 1939 die Garantieerklärung abgegeben hatte, wurde Hitler klar, dass er nicht mit Polen als Bündnispartner rechnen konnte und das Land auch nicht den notwendigen Schutz im Osten bieten würde, falls der Krieg im Westen beginnen sollte.[44] Weiterhin führte das polnische *non possumus* gegenüber den deutschen Forderungen dazu, dass die britische Regierung Polen konkrete Bündnisverpflichtungen zusprach, die scheinbar eine von London ausgehende antideutsche Koalition ankündigten. Nach Hitlers Überzeugung hatte die deutsche Diplomatie nun die Aufgabe, der britischen Einkreisungspolitik die Stirn zu bieten.

Das polnische „Nein" durchkreuzte Hitlers Pläne. Unter diesen Umständen befand er es für notwendig, eine Korrektur seiner ursprünglichen Pläne vorzunehmen.[45] Er entschied, sein bisheriges Vorhaben, zuerst im Westen anzugreifen, zu verwerfen und in erster Linie Polen von der europäischen Landkarte zu streichen. Hitler fasste nun den „endgültigen und unwiderruflichen" Entschluss, mit Polen abzurechnen.[46] Nachdem Joseph Goebbels die Nachricht vom polnisch-britischen Beistandspakt erhalten hatte, der das Ergebnis einer Reise des polnischen Außenministers Józef Beck nach London war, notierte er am 10. April 1939 in seinem Tagebuch:

„London und Warschau haben einen gegenseitigen Beistandspakt abgeschlossen. Beck ist also den Lords doch in die Falle gegangen. Polen wird das vielleicht einmal sehr teuer bezahlen müssen. So hat es bei der Tschechei auch angefangen. Und das Ende war dann die Aufteilung dieses Staates. Die Geschichte ist nicht dazu da, daß man daraus lernt. Das gilt nicht nur für Deutschland. Sondern gottlob in vermehrtem Umfang auch für seine Gegner."[47]

---

[44] Bereits seit Februar 1939 erwog Hitler eine militärische Lösung für das polnische Problem, wenn es sich erweisen sollte, dass es politisch nicht zu lösen sei; vgl. Heeresadjutant bei Hitler 1938–1943. Aufzeichnungen des Major Engel, hg. v. HANS VON KOTZE, Stuttgart 1974, S. 45; BOREJSZA, Antyslawizm, S. 79; Notiz von Minister Ribbentrop über das Gespräch mit dem polnischen Botschafter in Berlin Józef Lipski, 21.3.1939, PAAA, Büro Staatssekretär, Polen, Bd. 1, Sygn. 29683, Bl. 24581.

[45] STANISŁAW ŻERKO, Wymarzone przymierze. Wielka Brytania w narodowo-socjalistycznych koncepcjach i w polityce III Rzeszy do 1939 r., Poznań 1995; RUDOLF W. WEBER, Die Entstehungsgeschichte des Hitler-Stalin-Paktes 1939, Frankfurt/M. 1980.

[46] Diese Aussage Hitlers vermerkte General Walther von Brauchitsch am 25. März 1939, wobei Hitler es damals noch in Erwägung zog, dass Polen die deutschen Forderungen annehmen könnte; vgl. Akten zur deutschen auswärtigen Politik, Serie D, Bd. 6, Baden-Baden 1956, Dok. 99, S. 98.

[47] Joseph Goebbels Tagebücher 1924–1945, hg. v. RALF GEORG REUTH, Bd. 3: 1935–1939, München 1984, S. 1317.

Die spätere Politik der Vernichtung der polnischen Nation, die von den nationalsozialistischen Machthabern in den besetzten polnischen Gebieten realisiert wurde, hatte wohl auch bei Hitler ihren Ursprung in derart psychologischen Motiven. Hinter der Entscheidung von Hitler steckten sicherlich sowohl ein strategisches Kalkül als auch emotionale Faktoren. Er kam zu dem Schluss, dass Polen ihn enttäuscht habe, da es seine Vorschläge abgelehnt hatte, die äußerst gemäßigt gewesen seien und, seiner Meinung nach, den polnischen Interessen nicht zuwiderliefen.[48] Aus seiner Sicht hätte Polen zu den Nutznießern gehört und hätte aufgrund der „Gesamtlösung" nicht verlieren können. Der Führer des Dritten Reiches „konnte die Haltung der Polen nicht verstehen", schrieb dazu der polnische Historiker Jerzy W. Borejsza.[49]

Angesicht der polnisch-britischen Zusammenarbeit entstand in Berlin die Konzeption einer taktischen Annäherung an die Sowjetunion. Der Preis dafür war, deren Interessen in Mittelosteuropa zu berücksichtigen. Diese Konzeption entwickelte sich langsam und es ist schwierig, eindeutig den Moment zu nennen, in dem sie sich herauskristallisierte. In jedem Fall muss ihre Entstehung auf die Zeit zwischen Mai und Juli 1939 datiert werden. Nur logisch erscheint die Überlegung, dass die britischen Garantien langfristig betrachtet zu einer Triebfeder wurden, die den Prozess der Annäherung zwischen dem Dritten Reich und der Sowjetunion in Gang setzten, obwohl das den Intentionen der Regierung Chamberlain entgegen stand. Eine Absicherung gegen Angriffe aus dem Osten, für den Fall, dass sich der Krieg gegen Polen zu einem europäischen Krieg entwickeln sollte, gehörte zum politischen Imperativ Hitlers im Jahr 1939. Dieses Ziel war nur über die Zusage Sowjetrusslands, sich in einem kommenden Konflikt zumindest neutral zu verhalten, zu erreichen. Die Bemühungen der Westmächte um eine Zusammenarbeit mit der Sowjetunion bestärkten Hitler nur in seinen Absichten.

Die Urteile, zu denen das deutsche Auswärtige Amt in Bezug auf die Veränderungen in der Politik Stalins gelangte, waren ganz trefflich und bewiesen eine gute Einschätzungsfähigkeit der strategischen Tendenzen des Kremls. Im Auswärtigen Amt dominierte bereits seit April 1939 die Überzeugung, dass die UdSSR kein Interesse daran habe, gegen Deutschland einen Krieg zu führen. In der Notiz „Rußlands Neuorientierung" von Anfang Mai 1939 ist die Rede davon, dass die UdSSR keinen politischen Nutzen aus der Festigung der bisherigen territorialen Ordnung in Zentral-

---

[48] Vom deutschen Standpunkt aus waren die deutschen Forderungen tatsächlich gemäßigt, vgl. BROSZAT, Polenpolitik, S. 11.

[49] BOREJSZA, Antyslawizm, S. 79. Vgl. HANS-ERICH VOLKMANN, Polen im politisch-wirtschaftlichen Kalkül des Drittes Reiches 1933–1939, in: Zweiter Weltkrieg, S. 74-92.

und Osteuropa ziehen könne. Von Veränderungen in dieser Region könne die Sowjetunion dagegen nur profitieren. Großbritannien versuche zwar, sie in eine antideutsche Koalition einzugliedern, doch die beiden Mächte verbinde nicht einmal ein Minimum an Interessensübereinstimmung.[50] Diese Beurteilung war sicherlich realistisch. „Russland denkt nicht daran, Kastanien [für England] aus dem Feuer zu holen", notierte der Stabschef des Heeres General Franz Halder am 14. August 1939 in sein Tagebuch.[51]

Von wem ging jedoch die Initiative zu einer deutsch-sowjetischen Annäherung aus? Es ist zweifelsfrei erwiesen, dass in den Kreisen der deutschen Diplomatie, vor allem unter „Diplomaten alter Schule", die Idee einer Zusammenarbeit mit Russland – anknüpfend an das Bismarcksche Erbe – sehr populär war.[52] Alleine aus den Sympathien der diplomatischen Kreise im Auswärtigen Amt zu Sowjetrussland folgte jedoch nicht viel. Zur Annäherung an die Sowjetunion bedurfte es einer deutlichen Entscheidung Hitlers. Ab dem Frühjahr 1939 begann Außenminister Ribbentrop damit, sich für diese strategische Option auszusprechen.[53] Die Rolle des Ministers bei der konzeptionellen Gestaltung der deutschen Ostpolitik im Jahr 1939 war bedeutend, obwohl lange unterschätzt.[54] Im „polykratischen" Regierungssystem des Dritten Reichs stieg Ribbentrop deutlich auf und nahm im Bereich Außenpolitik nach Hitler den zweiten Platz ein. Seine Bestrebungen in Richtung einer Annäherung an Moskau versuchte Hitler anfangs zu bremsen. Im Sommer 1939 akzeptierte er jedoch diese Idee. Bei ihren Bemühungen um eine Verständigung mit der UdSSR waren sich Hitler und Ribbentrop vollkommen darüber im Klaren, dass die polnische Diplomatie nicht dazu in der Lage war, einer Annäherung zwischen Berlin und Moskau wirksam entgegenzutreten.

Es darf nicht unerwähnt bleiben, dass die „Diplomaten alter Schule" die Annäherung an die UdSSR vollkommen anders verstanden als Hitler und Ribbentrop. Die Mitarbeiter des Auswärtigen Amtes erhofften sich, durch die Verständigung mit Russland die traditionell guten Beziehungen zu diesem Staat und die Beziehungen zu den Westmächten zu verbessern. Für

---

[50] Notiz des Auswärtigen Amtes „Rußlands Neuorientierung", PAAA, Rußland, Sign. 415145. R. 104107, Bl. 202583 ff.

[51] FRANZ HALDER, Kriegstagebuch. Tägliche Aufzeichnungen des Chefs des Generalstabes des Heeres 1939–1942, Bd. 1: Vom Polenfeldzug bis zum Ende der Westoffensive (14.8.1939–30.6.1940), hg. v. HANS-ADOLF JACOBSEN, Stuttgart 1962, S. 3.

[52] FLEISCHHAUER, Pakt.

[53] Zu den Konzeptionen von Ribbentrop WOLFGANG MICHALKA, Ribbentrop und die deutsche Weltpolitik 1933–1940. Außenpolitische Konzeptionen und Entscheidungsprozesse im Dritten Reich, München 1980.

[54] Ebd.

Hitler und Ribbentropp war ein Bündnis mit Russland als großes diplomatisches Manöver notwendig, das den Weg zu einem Krieg gegen Polen ebnen und im weiteren Verlauf zur Aufteilung des polnischen Staatsgebiets führen würde. Auch Hans-Adolf Jacobsen, ein deutscher Experte auf dem Gebiet der Außenpolitik des Dritten Reichs, stellt fest, dass als Grundlage der nationalsozialistischen Expansionsbestrebungen neben dem geopolitischen Determinismus die sich ständig verändernden „Besitzverhältnisse" eine wichtige Rolle spielten.[55]

Bei der Rekonstruktion der deutsch-sowjetischen Annäherung darf man nicht vergessen, dass die sowjetische Führung jeder Zeit bereit war, mit den Deutschen zu verhandeln, selbstverständlich unter der Bedingung, dass die „strategischen Interessen" der UdSSR gewahrt blieben. Durch den Bruch des Münchner Abkommens im März 1939 hatte die UdSSR in der internationalen Politik maßgeblich an Bedeutung gewonnen.[56] Die Verschlechterung der britisch-deutschen Beziehungen im März 1939 war für Moskau enorm günstig. Die sowjetische Führung beobachtete genau, wie sich die polnisch-deutschen Beziehungen entwickelten, und verfolgte sehr aufmerksam die Phasen der Krise bis hin zum endgültigen Bruch Ende April 1939. Es ist ebenfalls offensichtlich, dass der polnisch-deutsche Konflikt für Stalin neue strategische Möglichkeiten eröffnete, von denen er im Winter 1938/39 noch nicht einmal träumen konnte. Die sowjetischen Machthaber, mit Stalin an der Spitze, hatten zweifelsohne einen guten Instinkt für den Faktor Zeit und sie analysierten treffend die grundlegenden Rahmenbedingungen der Außenpolitik des Dritten Reiches. Am 10. März 1939 verkündete der sowjetische Diktator auf dem Parteitag der Kommunisten in Moskau, „der neue imperialistische Krieg ist nun Fakt geworden" und die Sowjetunion werde es nicht zulassen, dass „Kriegsprovokateure, die es gewohnt sind, dass ihnen fremde Hände die Kastanien aus dem Feuer holen, unser Land in Konflikte hineinziehen".[57] Diese Worte waren nicht an Deutschland gerichtet, sondern an die Westmächte, vor an allem Großbritannien, und so wurde die Rede damals auch in der Öffentlichkeit wahrgenommen. Ähnlich verstand sie auch Hitler.

Die antibritische Einstellung der sowjetischen Machthaber, der Theoretiker des Bolschewismus' und Stalins in den Jahren vor dem Krieg nicht außer Acht zu lassen, ist eine wichtige Voraussetzung zum Verständnis der damaligen Außenpolitik der UdSSR. Für die sowjetischen Entscheidungs-

---

[55] HANS-ADOLF JACOBSEN, Von der Strategie der Gewalt zur Politik der Friedenssicherung. Beiträge zur deutschen Geschichte im 20. Jahrhundert, Düsseldorf 1977, S. 21.

[56] Darauf hingewiesen hat ADAM B. ULAM, Expansion and Coexistence. The History of Soviet Foreign Policy 1917–1967, New York 1968, S. 267 ff.

[57] JOSIF V. STALIN, Voprosy leninizma, Moskva 1952, S. 608.

träger waren die Unterschiede zwischen Hitler und Chamberlain zweitrangig.[58] Beide galten als „bourgeoise" Politiker. Der Nationalsozialismus war in den Augen der sowjetischen Anführer eine Form des „bourgeoisen Militarismus".[59] Ihre Antipathie gegenüber dem liberalen Kapitalismus, dessen Personifikation in ihren Augen England war, war nicht geringer als die gegenüber dem Nationalsozialismus. Dabei hing viel davon ab, wie Stalin die Ereignisse beurteilte. Für viele Beobachter legte seine Rede vom 10. März nahe, dass sich Sowjetrussland nicht an der Seite der Westmächte an dem kommenden Krieg beteiligen werde. Die Großmachtpolitik Moskaus war darauf ausgerichtet, zumindest die Territorien in Europa wieder in Besitz zu nehmen, die Russland im Zuge der Niederlagen im Ersten Weltkrieg und während der katastrophalen Zarenherrschaft verloren hatte. Es ist schwerlich anzunehmen, dass die Sowjetunion an einer Stabilisierung im Sinne des Versailler Vertrages interessiert war. Für die sowjetische Führung war Deutschland die Großmacht im „Lager des Kapitalismus", die anstrebte, den Status quo zu verletzen und das kapitalistische System durch einen Krieg zu schwächen. Angesichts dieser Umstände scheint der historischen Wahrheit am ehesten die Interpretation nahe zu kommen, nach der im Jahr 1939 die sowjetische Führung von Anfang an Bereitschaft zu einer Verständigung mit dem Dritten Reich zeigte und die deutsche Diplomatie diese Möglichkeit in dem Augenblick ergriff, als es für sie günstig war. Die Deutschen übernahmen zwischen Juli und August 1939 die Initiative und schlugen konkrete Lösungen vor, die im Kreml auf Interesse stießen. Selbstverständlich waren die deutsch-sowjetischen Beziehungen, die sich seit April 1939 entwickelten, von großem gegenseitigen Misstrauen begleitet, was den schlechten Beziehungen in den Jahren von 1933 bis 1938 geschuldet war. Dieses Misstrauen wurde jedoch überwunden, als die gegenseitigen Sondierungen und Konsultationen in eine konkrete Phase eintraten.[60] Berechtigterweise geht der polnische Historiker Leon Grosfeld davon aus, dass die Regierung der Sowjetunion der Initiator bei der Annäherung der beiden Staaten war, und zwar in jeder Etappe der deutsch-sowjetischen Beziehungen im Jahr 1939. Er schreibt dazu:

> „Sowohl in der ersten Etappe der Annäherung, bei den Versuchen die Krise zu überwinden, sowie beim Zustandekommen des Nichtangriffspaktes, beim Zusatzprotokoll zu diesem Pakt, bei den Moskauer Verträgen vom 28. September

---

[58] ADAM B. ULAM, Stalin. The Man and His Era, London 1974, S. 513.

[59] MICHAEL D. SHULMAN, Stalin's Foreign Policy Reappraised, Harvard 1963, S. 7.

[60] Eine genaue Beschreibung dieser Beratungen findet man in der Sammlung: Nazi-Soviet Relations 1939–1941, Washington 1948; wie auch in den Dokumenten sowjetischer Diplomaten, die, wenn auch nur selektiv, publiziert wurden: Dokumenty vnieshniei politiki SSSR. 1939 god, Bd. 22, T. 1, Moskva 1992.

1939, beim Verzicht darauf, irgendeine Form polnischer Staatlichkeit, wenn auch nur überaus rudimentär und fiktiv, aufrechtzuerhalten, als auch bei der endgültigen Abgrenzung der beiden Besatzungszonen und Einflusssphären – die UdSSR war der Initiator."[61]

Angesicht der Notwendigkeit, sich mit Russland um jeden Preis noch im Sommer 1939 zu verständigen, achtete Hitler weniger auf die Details bei den gemachten Zugeständnissen. Scheinbar war er bereit, beinahe alle Wünsche der sowjetischen Seite zu akzeptieren, nur um das anvisierte Ziel zu erreichen – die endgültige Verständigung. Davon ausgehend bot der Führer des Dritten Reichs Sowjetrussland reale Territorialgewinne in Europa an. Gleichzeitig zog Russland nicht in den Krieg, sondern blieb außerhalb des laufenden Konflikts. Derweilen gründete sich die gesamte politische Strategie von London und Paris auf die Bemühungen, die Sowjetunion in eine antideutsche Koalition hineinzuziehen. In den Diplomatenbüros der Westmächte glaubte man, dass dies möglich sei, obwohl viele Signale auf das Gegenteil hinwiesen.[62] Polen, das nach Ansicht der französischen Stabsmitglieder etwa ein halbes Jahr gegen Deutschland kämpfen sollte, um so den Westmächten mehr Zeit zur besseren Vorbereitung auf den Krieg zu verschaffen, schien militärisch zu schwach zu sein und Verstärkung in Form einer Zusammenarbeit mit der UdSSR zu benötigen. Deshalb beließen es die Westmächte nicht bei der Festigung des Bündnisses mit Polen, sondern begannen, einen Weg zu suchen, um auch ein Bündnis mit der Sowjetunion zu schließen. Stalin spielte jedoch ein „doppeltes Spiel" und sondierte, welche Seite (die westlichen Alliierten oder Deutschland) bereit wäre, die umfangreiche Palette seiner strategischen Interessen in Europa zu akzeptieren. Diese umfasste die baltischen Staaten (Litauen, Lettland, Estland, Finnland), einen bedeutenden Teil Polens wie auch das rumänische Bessarabien. Es scheint so, als ob die Sowjetunion nicht einmal dann der Bündnispartner von Großbritannien und Frankreich geworden wäre, wenn die Westmächte die Forderungen Moskaus akzeptiert hätten. Stalin war nämlich nicht daran interessiert, die Hauptlast im Krieg gegen Deutschland auf die eigenen Schultern zu nehmen. Unter solchen Umständen war der Ribbentrop-Molotov-Pakt vom 23. August 1939 eigentlich

---

[61] LEON GROSFELD, Polskie aspekty stosunków niemiecko-sowieckich w przededniu i pierwszym okresie II wojny światowej, in: Krytyka. Kwartalnik Polityczny, Nr. 7, 1980, S. 169.

[62] Den genauen Verlauf der britisch-französisch-sowjetischen Verhandlungen beschreibt ANNA M. CIENCIAŁA, The Nazi-Soviet Pact of August 23, 1939: When Did Stalin Decide to Align with Hitler, and Was Poland the Culprit? in: Ideology, Politics and Diplomacy in East-Central Europe, hg. v. MICHAŁ B. BISKUPSKI, Rochester 2003, S. 147-226.

unvermeidlich, unabhängig davon, welche Fehler die britischen und französischen Diplomaten gemacht haben.

Die Vereinbarungen zwischen Hitler und Stalin aus dem Jahr 1939 trugen keinen Bündnischarakter, da Russland sich gar nicht verpflichtet hatte, Deutschland bei seinem Krieg gegen die Westmächte und Polen beizustehen. Die Sowjetunion erhielt lediglich die Erlaubnis, sich Teile des Staatsgebiets des besiegten Polens anzueignen. Nur unter Vorbehalt kann man daher dem polnischen Historiker Zbigniew Mazur zustimmen. Seiner Meinung nach trug der Ribbentrop-Molotov-Pakt vom August 1939 den Charakter einer Bündnisvereinbarung, da er dem Verhältnis beider Staaten den Faktor der Zusammenarbeit hinzufügte. „Die Abmachung vom 23. August 1939 war im Prinzip ein standardisierter Nichtangriffspakt, doch mit dem Zusatzprotokoll über die Aufteilung der Einflusssphären schuf sie eine Einheit, die an ein Bündnis gegen Dritte erinnerte und dabei sehr präzise Annexionsziele enthielt."[63] Wenn der deutsch-sowjetische Nichtangriffspakt das geheime Zusatzprotokoll über die Aufteilung der Einflusszonen in Osteuropa nicht enthalten hätte, wäre der Pakt für das Deutsche Reich ein klassischer „Rückversicherungsvertrag" im Bismarckschen Verständnis gewesen, der Russland die Neutralität sichern würde, falls wegen Polen ein Krieg zwischen Deutschland und den Westmächten ausbrechen sollte.

Hätte Hitler den Krieg begonnen, wenn er es nicht geschafft hätte, eine Verständigung mit der Sowjetunion zu erreichen? Oft hat man sich bereits diese Frage gestellt. Viele Autoren, die über die Genese des Zweiten Weltkrieges geschrieben haben, gehen davon aus, das Dritte Reich habe den Krieg begonnen, weil Hitler in Stalin einen Partner gefunden hatte, der ihm die passenden Bedingungen bot – d. h. die Absicherung des Ostens.

Führte der Ribbentrop-Molotov-Pakt dazu, dass der Krieg am 1. September des gleichen Jahres ausbrach? Dies ist nicht einfach zu beurteilen. Zweifellos sicherte der Pakt mit Sowjetrussland den Deutschen sehr gute Bedingungen, um einen Krieg zu beginnen.

Doch hätte Hitler ohne die Verständigung mit der UdSSR einen militärischen Angriff gegen Polen geführt? Die Meinungen gehen bei dieser Frage auseinander. Einerseits gibt es gute Gründe dafür, davon auszugehen, dass die Deutschen ohne einen Pakt mit Russland den Krieg nicht begonnen hätten. Doch man kann auch viele Argumente für die These anführen, dass Hitler auch ohne die Unterstützung der Sowjetunion gegen Polen gezogen wäre. Er war ein Politiker, der immer viel riskierte. Gerhardt Weinberg weist zudem darauf hin, dass Hitler seine Pläne um jeden Preis verwirkli-

---

[63] ZBIGNIEW MAZUR, Niemiecko-radzieckie porozumienia z sierpnia i września 1939 r., in: Przegląd Zachodni, Nr. 4, 1989, S. 146.

chen wollte und Polen sich ihm in den Weg gestellt habe. Bei seinen Planungen habe der Faktor Zeit und die Überzeugung von der eigenen „Mis-
sion" eine grundlegende Rolle gespielt.[64] Ähnlich argumentiert auch der
polnische Historiker Marian Zgórniak. Seiner Meinung nach „wäre der
Angriff auf Polen in jedem Fall erfolgt", das Bündnis mit Russland sollte
hingegen nur die Westmächte vor einer Intervention auf der Seite Polens
abschrecken.[65] Die Situation wäre aber eine vollkommen andere gewesen,
wenn Stalin beispielsweise, sogar ohne irgendeine Vereinbarung mit den
Westmächten getroffen zu haben, die Deutschen vor einem Angriff auf
Polen gewarnt hätte. Ein solcher Schritt hätte eine vollkommen neue Situation schaffen können, die an dieser Stelle jedoch nicht erörtert werden
kann. Sicherlich darf man auch nicht verschweigen, dass die Regierung der
UdSSR nichts tun konnte, da es keinen Grund für sie gab, die Interessen
und Grenzen Polens zu verteidigen. Das Land wurde in der gesamten
Zwischenkriegszeit, trotz des Friedensvertrags von 1921 und des Nicht-
angriffspakts von 1932, als potentieller Feind betrachtet.[66] Die Idee, das
polnische Staatsgebiet aufzuteilen, wovon die Sowjetunion und Deutschland
profitieren sollten, war tief verwurzelt in den politischen Konzepten des
Kremls und das bereits die ganze Zeit während des „Versailler Friedens".
Die Aufteilung Polens wurde in Moskau schon lange vor den dramatischen
Ereignissen des Jahres 1939 erwogen. Aus dieser Perspektive erschien der
Hitler-Stalin-Pakt wie die Krönung langwieriger Bemühungen der sowjeti-
schen Diplomatie.[67]

---

[64]   GERHARDT WEINBERG, A World at Arms. A Global History of World War II,
Cambridge 1994 (zitiert nach der polnischen Ausgabe: Świat pod bronią. Historia
powszechna II wojny światowej, Bd. 1: 1939–1941, Kraków 2001, S. 23 f.).

[65]   Marian Zgórniak (głos w dyskusji) in: 17 września 1939. Materiały z Ogólnopolskiej
Konferencji Historyków, Kraków 25–26 października 1993, hg. v. HENRYK BATOWSKI,
Kraków 1994, S. 231 f.

[66]   Vladimir Potiomkin, der stellvertretende sowjetische Volkskommissar für Auswärtige Angelegenheiten, sagte im Februar 1938 zu Nikola Antonov, dem bulgarischen
Botschafter in Moskau, dass im Fall eines Kriegs ein spektakulärer Umsturz im Bünd-
nissystem stattfinden werde. Weiter sprach er davon, dass, anstelle eines gemeinsamen
deutsch-polnischen Kriegs gegen die UdSSR, „Polen besiegt wird, und dessen Verbündeter
Deutschland, für das zur Zeit Oberst Beck so eifrig arbeitet, wird, anstatt es zu verteidigen,
kommen, um die Rückkehr zu den alten Praktiken des 18. Jahrhunderts vorzuschlagen und
gemeinsam die vierte Teilung der polnischen Gebiete vorzunehmen." Zit. nach: JERZY
TOMASZEWSKI, Warianty dyplomacji w Europie Środkowej w latach 1938–1939, in: Acta
Universitas Wratislaviensis, Nr. 543, Historia 36, Wrocław 1981, S. 417.

[67]   Bereits in den zwanziger Jahren dachte der Stabschef der Reichswehr General Hans
von Seeckt über die Teilung der polnischen Gebiete nach. Im Jahr 1928 versicherte Mar-
schall Kliment Voroshilov dem sich in Moskau aufhaltenden General Werner von Blomberg, dass im Fall eines deutsch-französischen wie auch deutsch-polnischen Kriegs die
Sowjetunion Polen vom Osten aus angreifen werde. Zur der Abmachung kam es nicht, da

Bei der Entscheidung, sich mit der Sowjetunion zu verständigen, verwarf Hitler seine bisherigen Ansichten über den Kommunismus und das sowjetische System nicht. Er stellte seine „Lebensraum"-Theorie nicht in Frage und zog seine Pläne, die Ukraine und den europäischen Teil Russlands *manu militari* zu besetzen, nicht zurück. Das Abkommen mit der UdSSR benötigte er unter den konkreten internationalen Bedingungen des Jahres 1939, um die Gefahr des Zweifrontenkriegs abzuwenden. Die Vereinbarung vom 23. August 1939 war somit kein „Bündnis" zwischen dem totalitären Deutschland und der totalitären UdSSR gegen die westlichen Demokratien, wie oft argumentiert wird. Erst mit der Kriegserklärung von Großbritannien und Frankreich, wie auch dem Abkommen über den Grenzverlauf und über freundschaftliche Zusammenarbeit vom 28. September 1939, kann man mit Recht von einer deutsch-sowjetischen Zusammenarbeit sprechen, die sich gegen die Interessen der Westmächte richtete. Die Zusammenarbeit mit Sowjetrussland war für Hitler ein wichtiger Trumpf in seinem Kampf gegen die Westmächte, da diese seine Friedensangebote abgeschlagen hatten.[68] Letztendlich gelang es den Deutschen jedoch nicht, die Sowjetunion zu einem aktiven Vorgehen gegen Großbritannien zu bewegen, obwohl Hitler und Ribbentrop sich bei den Gesprächen während Molotovs letztem Besuch in Berlin im November 1940 stark darum bemühten.

Vor allem sollte der Ribbentrop-Molotov-Pakt zu einer Isolation Polens und zu einer Rücknahme der Verpflichtungen führen, die die westlichen Mächte gegenüber Polen übernommen hatten. Dies war für Hitler am wichtigsten. Untersuchungen der Aktivitäten der deutschen Diplomatie im Sommer 1939 legen die These nahe, dass aus Sicht der Führung des Dritten Reichs die Details und sogar der Gegenstand der Verständigung mit der Sowjetunion im Grunde zweitrangig waren. Hitler wünschte, um jeden Preis sein politisches Ziel zu erreichen, und in den deutschen Plänen zur Neuordnung Europas gab es für Polen nur einen Platz in Abhängigkeit vom Dritten Reich. Da aber die polnische Regierung das Angebot, ein „untergeordneter Bündnispartner" zu werden, verwarf, gab es keine andere Lösung, als die Eliminierung Polens von der europäischen Landkarte.

Die beiden Abkommen mit der UdSSR – vom August und vom September 1939 – waren in Hitlers Augen taktischer Natur. Er war niemals der

---

Blomberg keine Instruktionen bekommen hatte, solch weitgehende Verhandlungen zu führen. Die Gespräche nehmen die Ereignisse des Jahres 1939 jedoch vorweg, vgl. FRANCIS L. CARSTEN, Reports by Two German Officers on the Red Army, in: The Slavonic nad East European Review, Bd. 41, Nr. 4, 1962, S. 217-244.

[68] Vgl. SŁAWOMIR DĘBSKI, Między Berlinem a Moskwą. Stosunki niemiecko-sowieckie 1939–1941, Warszawa 2003, S. 120.

Meinung, eine feste Zusammenarbeit mit der UdSSR sei im Interesse Deutschlands. Der Krieg gegen Russland sollte die Krönung seiner großen Pläne werden. Davon ist der Führer des Dritten Reichs niemals abgewichen. Die Vernichtung des Marxismus, die Zerschlagung Russlands und die „Regelung der Rassenfrage in Europa" stellten die großen ideologischen Ziele des Dritten Reichs dar. Dazu war früher oder später der „Vernichtungskrieg" unerlässlich. Dies sollte man nicht aus den Augen verlieren.

Hitler beurteilte die politischen Beziehungen zu Polen im Jahr 1934 und die diplomatische Zusammenarbeit zwischen den beiden Ländern in den Jahren von 1934 bis 1938 in vielen Punkten als vielversprechend. Daher nahm er an, dass Polen auf lange Sicht zum Verbündeten Großdeutschlands werde. Die polnische Regierung verwarf diese Perspektive und erhielt dafür die nahezu uneingeschränkte Unterstützung der gesamten Nation. Angesichts der Entschlossenheit der polnischen Machthaber in dieser Frage strich Hitler Polen aus seinen strategischen Überlegungen und sah seitdem keinen Platz mehr für das Land in Europa vor – in einem nationalsozialistischen Europa.

Der Ribbentrop-Molotov-Pakt sollte die definitive Vernichtung Polens bedeuten. Auch die Überlegungen von Diplomaten des Auswärtigen Amtes und Hitler im Herbst, einen polnischen Rumpfstaat – einen „Reststaat"[69] – zu schaffen, widersprechen nicht der „endgültigen" Entscheidung des Führers, dass Polen vernichtet werden müsse. Dem ist hinzuzufügen, dass diese Einstellung Stalin und der sowjetischen Führung sehr gelegen kam. Denn es waren die sowjetischen Führer, die sich der Schaffung eines polnischen „Reststaates" widersetzten, die die Deutschen in den Verhandlungen mit der Regierung der UdSSR im September 1939 angeregt hatten.

An dieser Stelle scheint es angebracht, zwei deutsche Historiker zu zitieren, die die Politik Hitlers in der ersten Etappe des Zweiten Weltkriegs untersucht haben: Klaus Hildebrand und Martin Broszat. Hildebrand zufolge traf das nationalsozialistische Programm der Eroberung auf das ebenso weit reichende Kriegsprogramm Stalins.[70] Broszat schreibt hingegen, dass „Hitler in Stalin einen Partner fand, der ebenso leichthin über fremde Gebiete zu disponieren bereit war, und Hitlers Denken in großräumigen Interessensphären und -abgrenzungen, das er bei den Engländern ver-

---

[69] Vgl. HENRYK BATOWSKI, Z ostatnich warszawskich raportów Hansa Adolfa von Moltkego, in: Polska i Niemcy. Dziesięć wieków sąsiedztwa. Studia ofiarowane profesorowi Januszowi Pajewskiemu w osiemdziesiątą rocznicę urodzin, hg. v. ANTONI CZUBIŃSKI, Warszawa 1987, S. 396-404.

[70] KLAUS HILDEBRAND, Krieg im Frieden und Frieden im Krieg: Über das Problem der Legitimität in der Geschichte der Staatengesellschaft 1931–1941, in: Historische Zeitschrift, Nr. 1 (244), 1987, S. 21.

geblich an den Mann zu bringen versucht hatte, hier auf Gegenliebe stieß, bedeutete zweifellos einen starken Anstoß und eine Ermunterung, nun auch tatsächlich in Polen mit dem nationalsozialistischen Konzept einer raum- und bevölkerungspolitischen Neuordnung großen Stils zu beginnen".[71]

Das von Hitler, Ribbentrop, Stalin und Molotov im August und im September 1939 abgesprochene Szenario zur „Liquidierung Polens" hat der Lauf der Geschichte jedoch durchkreuzt. Trotzdem kommt einem der Vergleich zwischen dem deutsch-sowjetischen Pakt vom 28. September 1939 und der Petersburger Konvention vom 9. Januar 1797, die nach der Dritten Teilung Polens geschlossen worden war, in den Sinn. Im deutsch-sowjetischen Pakt war vom „Zusammenbruch des ehemaligen polnischen Staates" und von der „Wiederherstellung der Ordnung und des Friedens auf diesem Gebiet und der Sicherung der friedlichen Koexistenz für die dort lebenden Nationen" die Rede. Die Petersburger Erklärung spricht von der vollständigen, endgültigen und unwiderruflichen (*demembrement général, definitive et irrevocable*) Teilung Polens. Selbst auf stilistischer Ebene besitzen beide Abkommen eine überwältigende Ähnlichkeit, wessen sich die Schöpfer des Septemberpakts wahrscheinlich nicht bewusst waren. Beide Vereinbarungen, die auf den Trümmern der polnischen Staatlichkeit eine neue Ordnung in Osteuropa schaffen sollten, erwirkten einen Zustand, der nur vorübergehend war. Die Petersburger Konvention überdauerte lediglich zehn Jahre und wurde mit dem Abkommen von Tilsit (1807) für nichtig erklärt. Der Ribbentrop-Molotov-Pakt war von noch kürzerer Dauer, er hielt nur knapp zwei Jahre, bis zum 22. Juni 1941. Mit Inkraft-treten des Sikorski-Maiski-Abkommens vom 30. Juli 1941 wurde er von der Regierung der UdSSR für ungültig erklärt.[72]

---

[71] BROSZAT, Polenpolitik, S. 12.

[72] Artikel 1 dieses Abkommens – unterschrieben vom polnischen Premierminister der Exilregierung in London, General Władysław Sikorski, und dem Botschafter der UdSSR in London, Ivan Maiski, – lautete: „Die Regierung der UdSSR erkennt an, dass die russisch-deutschen Verträge von 1939 über die territorialen Veränderungen in Polen, außer Kraft sind." EUGENIUSZ DURACZYŃSKI, Polska 1939–1945. Dzieje polityczne, Warszawa 1999, S. 190.

CZESŁAW MADAJCZYK

ALLGEMEINE RICHTLINIEN DER DEUTSCHEN BESATZUNGSPOLITIK IN POLEN

Am Vorabend des deutschen Angriffs auf Polen fasste Hitler die künftige Besatzungspolitik in einigen Richtlinien zusammen. Dabei ist die Tatsache zu berücksichtigen, dass Polen das erste Land war, das durch einen kriegerischen Angriff besetzt wurde. Die bislang erfolgten Annexionen, wie der Anschluss Österreichs, die Besetzung des Sudentenlandes, die Gründung des Protektorats Böhmen und Mähren oder die Abtretung des Memellandes durch Litauen, wurden zwar mit Hilfe unterschiedlicher Erpressungsmanöver und militärischer Drohungen erzwungen, doch offene militärische Kampfhandlungen fanden dort nicht statt.

In den Jahren 1934 bis 1938 normalisierten sich die deutsch-polnischen Beziehungen unerwartet: Die revisionistische Propaganda, die in der Weimarer Republik bestimmend war, verstummte; man versuchte, sich auf dem Gebiet der Kultur anzunähern. Nach dem Münchener Abkommen und nach der Besetzung der Sudetengebiete durch das Dritte Reich und des Olsa-Gebiets durch Polen erhoben die Deutschen aber auch gegenüber dem östlichen Nachbarland Territorialansprüche. Die polnische Regierung weigerte sich jedoch, Polen zum deutschen Satellitenstaat zu machen, und wies die Ansprüche zurück. Daraufhin drohte Deutschland innerhalb kürzester Zeit mit Krieg, griff antipolnische Vorurteile wieder auf und verbreitete, dass die polnische Nation hinterlistig sei und die deutsche Minderheit verfolge.[1] Seine Irritation über die Unnachgiebigkeit der Polen drückte Hitler während der Rede vor den Heeresgruppen- und Armeeführern am 22. August 1939 in seiner Villa auf dem Obersalzberg aus:

„Vernichtung Polens im Vordergrund. Ziel ist die Beseitigung der lebendigen Kräfte, nicht die Erreichung einer bestimmten Linie. Auch wenn im Westen Krieg ausbricht, bleibt Vernichtung Polens im Vordergrund... Herz verschlie-

---

[1] Der polnische Historiker STANISŁAW ŻERKO, Stosunki polsko-niemieckie 1938–1939, Poznań 1988, hat als Erster den Blick der Historiker für die Vorgänge am Vorabend des Krieges geschärft.

ßen gegen Mitleid. Brutales Vorgehen... Der Stärkere hat das Recht. Größte Härte."[2]

Stellt sich die Frage, ob die wilhelminische Generation der deutschen Generäle die volle Tragweite dieses an sie und an die SS gerichteten Befehls verstand und wie sie reagierte. Eine visuelle Antwort darauf versuchte kürzlich eine Wanderausstellung zu geben, die vom Deutschen Historischen Institut Warschau und dem polnischen Institut des Nationalen Gedenkens (_Instytut Pamięci Narodowej_) unter dem Titel „,Größte Härte ...' Verbrechen der Wehrmacht in Polen. September/Oktober 1939"[3] organisiert wurde. Schwerpunkt der Ausstellung waren die Verbrechen der Wehrmacht während des Septemberfeldzugs. Gezeigt wurde unter anderem historisches Material über Bombardierungen nichtmilitärischer Ziele, Brandstiftungen ganzer Dörfer beim geringsten Verdacht auf Widerstand und willkürliche Exekutionen von Zivilisten.

Die Wehrmacht sollte Polen in einem Blitzkrieg erobern. Sie hatte die Oberherrschaft über die besetzten polnischen Gebiete inne und trug dort die volle Verantwortung für verbrecherische Aktionen aller Formationen und Institutionen des Dritten Reiches. Dies war der Beginn eines Vernichtungskrieges, in dem die SS, die Polizei und der volksdeutsche „Selbstschutz" eine wesentliche Rolle spielten. Diese Gruppen sollten in Polen den Boden dafür bereiten, den Feind, den man auf dem Schlachtfeld besiegt hatte, jetzt auch als Nation zu besiegen. Diese Nation sollte sich nie mehr dem Willen Berlins entgegenstellen können. Daher wurden bereits in den ersten Wochen des Kriegs zahlreiche Verbrechen verübt und mehrere Tausend Polen ermordet.

Während der Kriegsvorbereitungen vereinbarten Reinhard Heydrich, Chef der Sicherheitspolizei und des SD, und das Oberkommando des Heeres (OKH), dass jeder der fünf Armeen, die sich auf den Einmarsch in Polen vorbereiteten, eine Einsatzgruppe der Sicherheitspolizei und des SD zugewiesen werde. Zusätzlich wurden schon während des Septemberfeldzugs zwei weitere derartige Sondereinheiten aufgestellt. Die Einsatzgruppen (EG) und die Polizeiführer bekamen direkt aus dem Führerhauptquar-

---

[2] WOLFGANG JACOBMEYER, Der Überfall auf Polen und der neue Charakter des Krieges, in: September 1939. Krieg, Besatzung, Widerstand in Polen, hg. v. CHRISTOPH KLESSMANN, Göttingen 1989, S. 16; vgl. Akten zur Deutschen Auswärtigen Politik 1918–1945. Aus dem Archiv des Auswärtigen Amtes, Serie D (1937–1945), Bd. 5, Baden-Baden 1956, S. 172.

[3] Vgl. JOCHEN BÖHLER, Die Wehrmacht in Polen 1939 und Anfänge des Vernichtungskrieges, in: „Grösste Härte...". Verbrechen der Wehrmacht in Polen September/ Oktober 1939. Ausstellungskatalog, hg. v. Deutschen Historischen Institut Warschau, Red.: JOCHEN BÖHLER, Osnabrück 2005, S. 15-25 (Anm. d. Hg.).

tier den Befehl, mutmaßliche polnische Partisanen unverzüglich und ohne Gerichtsverfahren zu erschießen. Dies nahm solche Ausmaße an, dass die Armeeführung befürchtete, die Welt werde ihnen die Verantwortung für diese Verbrechen anlasten. Daher beschwerte sie sich bei Hitler. Die Proteste von einigen Armeebefehlshabern führten schließlich dazu, dass der Oberbefehlshaber des Heeres, Walther von Brauchitsch, am 20. September 1939 zu Hitler zitiert wurde, wo er gegen die Zusage, er werde künftig über alle Befehle an Heinrich Himmler und Heydrich informiert, versprach, die Vorgehensweise der EG nicht zu behindern. Zwei Tage später vereinbarte Heydrich mit Brauchitsch, die Befehle zur „Erschießung der Insurgenten" und „Freischärler [...] ohne Standgericht" zurückzuziehen. Gleichzeitig ermächtigte Brauchitsch die Einsatzgruppen, das Netz der Standgerichte auszubauen und schärfste Repressionen gegenüber „Freischärlern" auszuüben.[4] Damit nahm letztendlich auch das Militär am Vernichtungskrieg gegen Polen teil.

Die Aufgaben der Sicherheitspolizei und der SS wurden nun umdefiniert. Anstatt den Widerstand im Allgemeinen zu bekämpfen, bekamen sie den Auftrag, im rückwärtigen Heeresgebiet den polnischen Widerstand im Keim zu ersticken. Konkret bedeutete dies: Dezimierung der polnischen Eliten und Deportation der Juden in Arbeitslager. Derart gingen die Einsatzgruppen hauptsächlich in den westlichen Gebieten Polens vor, die das Dritte Reich annektieren wollte. In den anderen Teilen des Landes waren Verbrechen der SS-Einheiten und der Polizei seltener. Der Krieg dauerte nicht lange genug, um Hitlers Befehle vollständig realisieren zu können. Letztlich forderten die 764 Exekutionen, die bis zum 26. Oktober 1939, also bis zum Ende der Militärverwaltung, durchgeführt wurden, etwa 20.000 Opfer; 31 Exekutionen führte die Wehrmacht aus. Trotzdem beschwerten sich die SS und die Zivilverwalter bei Hitler über das fehlende Verständnis der Wehrmachtsführung für diese Art von Besatzungspolitik und insbesondere über den zu freundlichen Umgang mit der jüdischen Bevölkerung. Die Wehrmachtsführung, beunruhigt über Hitlers Direktiven,

---

[4] Vgl. Notiz über Unterredung zw. OBdH und CdS v. 22.9.1939, in: BA-MA, N 104/3; ObdH-Befehl v. 21.9.1939: Tätigkeit und Aufgaben der Polizei-Einsatzgruppen im Operationsgebiet, in: BA-MA, RH 20-14/178; Verordnung zur Ergänzung der Verordnung über Waffenbesitz v. 21.9.1939, abgedr. in: Einsatzgruppen in Polen. Einsatzgruppen der Sicherheitspolizei und andere Formationen in der Zeit vom 1. September 1939 bis Frühjahr 1940, hg. v. Zentrale Stelle der Landesjustizverwaltungen Ludwigsburg, Ludwigsburg 1962, Bd. I, S. 207 f.; DOROTHEE WEITBRECHT, Ermächtigung zur Vernichtung. Die Einsatzgruppen in Polen im Herbst 1939, in: Genesis des Genozids. Polen 1939–1941, hg. v. KLAUS-MICHAEL MALLMANN/ BOGDAN MUSIAL, Darmstadt 2004, S. 62 ff; vgl. KLAUS-MICHAEL MALLMANN/ JOCHEN BÖHLER/ JÜRGEN MATTHÄUS, Einsatzgruppen in Polen. Darstellung und Dokumentation, Darmstadt 2008, S. 54-69 (Anm. d. Hg.).

übergab dann gerne die Verantwortung für das Schicksal der polnischen Gebiete in zivile Hände. Damit war die Militärverwaltung in Polen schnell beendet. Hitler erließ am 8. Oktober 1939 ein Dekret, mit welchem er Großpolen, Pommerellen[5], Oberschlesien und den Bezirk Zichenau zum 1. November dem Reich einverleibte. Insgesamt lebten in diesen Gebieten zehn Millionen Menschen, von denen nach polnischen Angaben 600.000, nach deutschen Angaben 900.000, der deutschen Minderheit angehörten. Das war ein erster Schritt auf dem Weg, diese Landesteile vollständig in das Reich zu integrieren.

Aus den verbliebenen polnischen Gebieten wurde das Generalgouvernement (GG) gebildet, das beinahe zwölf Millionen Einwohner umfasste. Zu Beginn gab man dem GG noch den Zusatz „für die besetzten polnischen Gebiete". Diese Bezeichnung erlaubte Berlin, den Schein zu wahren es wäre bereit, in irgendeiner Form im GG eine polnisch geführte Regierung zu erlauben. Doch als die Briten und die Franzosen am 12. November 1939 verkündeten, es werde keinen Waffenstillstand geben, hatten die Deutschen kein Interesse mehr an einer politischen Zusammenarbeit mit den Polen. Der Zusatz wurde wenige Monate danach abgeschafft.

Ein bedrohlicher Vorgeschmack auf das, was die Bevölkerung von der künftigen Besatzungspolitik zu erwarten hatte, war die „Sonderaktion Krakau". Die Aktion richtete sich gegen die Krakauer Professoren, als diese gerade das neue akademische Jahr eröffnen wollten. Sie wurden inhaftiert und in die Konzentrationslager im Reich deportiert. Einige von ihnen, vor allem bedeutende Wissenschaftler, die bereits im fortgeschrittenen Alter waren, überlebten die Gefangenschaft nicht. Nach wenigen Monaten erkannte Berlin, dass diese Aktion ein Fehlschlag war und nur die Welt der Wissenschaft gegen die Nationalsozialisten aufgebracht hatte. Sogar deutsche und italienische Professoren intervenierten immer öfter, um einzelne Kollegen aus der Haft zu holen.[6]

Die so genannten eingegliederten Ostgebiete sollten zum „Exerzierplatz des Nationalsozialismus" werden. Die Verwalter der neu geschaffenen Reichsgaue Danzig-Westpreußen und Wartheland waren in ihrer administrativen Verantwortung Hitler direkt unterstellt. Der Reichsführer-SS und Chef der deutschen Polizei, Himmler, übernahm die Leitung des Reichskommissariats für die Festigung deutschen Volkstums (RKF) und überwachte seinerseits die „Germanisierungs"-Politik im Reich und damit auch

---

[5] Die „Freistadt Danzig" (Gdańsk) gliederte man bereits am 1. September 1939 in das Dritte Reich ein.

[6] JAN ZBOROWSKI/ STANISŁAW POZNAŃSKI, Sonderaktion Krakau, Warszawa 1965; „Sonderaktion Krakau". Die Verhaftung der Krakauer Wissenschaftler am 6. November 1939, hg. v. JOCHEN AUGUST, Hamburg 1997 (Anm. d. Hg.).

in den eingegliederten Gebieten. Himmler initiierte eine breit angelegte Umsiedlungsaktion von „Volksdeutschen" aus den baltischen Staaten, aus der Sowjetunion und aus Rumänien. Polen sollten aus den annektierten Gebieten ins GG ausgesiedelt und durch „Deutschstämmige" ersetzt werden. Diejenigen „Volksdeutschen", die man als ideologisch unsicher einstufte, brachte man vorübergehend in spezielle Lager, wo sie indoktriniert werden sollten. In die annektierten Gebiete siedelten auch Hunderttausende Deutsche aus dem Reich um. Etwa 1.150.000 Polen wurden ins GG verschleppt oder von ihren Gehöften vertrieben. Sie alle verloren dabei fast ihr gesamtes Hab und Gut.

Zugleich beauftragte Hitler Hans Frank mit der Ausführung des „Teufelswerks" im GG.[7] Frank sollte die von Hitler und Heydrich festgelegten Richtlinien, wie mit Polen und Juden während der Besatzung umzugehen sei, umsetzen: Sie sollten als „Untermenschen" behandelt und unverzüglich aus den eingegliederten Gebieten ins GG umgesiedelt werden. Die Juden wollte man in Arbeitslagern im „Lubliner Reservat" zusammenfassen oder in Ghettos isolieren. Frank sollte außerdem genügend Arbeitskräfte für das Reich zur Verfügung stellen – wenn nötig mit Zwangsmaßnahmen.

Das Programm, wie die Polen im GG nun zu behandeln seien, stellte Hitler vereinfacht bei einer Versammlung am 2. Oktober 1940 vor. In Anwesenheit von Frank, Martin Bormann aus der Kanzlei der NSDAP und Erich Koch, dem Gauleiter von Ostpreußen und Reichskommissar der Ukraine, erinnerte er an die alten Richtlinien, nach denen Polen keine Qualifikationen erwerben durften und minderwertige Arbeiten zu verrichten hatten. Sie seien zur „Schwarzarbeit" geboren und ihr Lebensstandard müsse niedrig gehalten werden. Hitler sprach sich gegen eine „Rassenvermischung" von Deutschen und Polen aus, und er bestimmte das GG zur vorläufigen polnischen „Heimstätte", einem polnischen „Arbeitskräftereservoir". Es gibt keinen Grund, dieses Programm kolonialer Ausbeutung als einen Plan zur dauerhaften Beherrschung von diesem Teil Polens zu betrachten – sieht man von der Ideologie ab, die Hitler immer propagierte –, dafür war es zu primitiv. Es war viel mehr ein Übergangsplan zur Gründung eines polnischen Reservats, der nach dem Einmarsch in die Sowjetunion an Aktualität verlor. In meinen Forschungen habe ich den tatsächlichen Status des Generalgouvernements als einen Prototyp nationalsozialistischer Kolonialbesatzung charakterisiert.

---

[7] Aufzeichnungen v. 17.10.1939, in: Der Prozess gegen die Hauptkriegsverbrecher vor dem Internationalen Militärgerichtshof. Nürnberg 14. November 1945 – 1. Oktober 1946. Urkunden und anderes Beweismaterial (=IMG), Nürnberg 1947, Bd. 26, S. 378 (Anm. d. Hg.).

Kurz vor der Westoffensive im Frühjahr 1940 leitete Generalgouverneur
Frank zusammen mit der Sicherheitspolizei die „Außerordentliche Befriedungsaktion" (AB-Aktion) ein, bei der viele Angehörige der polnischen
Intelligenz gefasst und erschossen wurden. Man hielt sie für tatsächliche
oder potentielle Urheber von Widerstandsaktionen. Die Deutschen ermordeten während der AB-Aktion etwa 3.500 politische Aktivisten aus der
Vorkriegszeit und Personen, die sich für den Widerstand engagiert hatten,
sowie 3.000 Personen, die als Kriminelle eingestuft wurden.[8]

Der Beginn der Westoffensive unterbrach die Streitigkeiten zwischen
Himmler und der Wehrmachtsführung über die Verantwortung für die
angeblich eigenmächtigen Handlungen der SS und der Polizei während des
Feldzugs in Polen. Am 7. März 1941 sprach Hitler mit Frank über die
Konsequenzen eines bevorstehenden, siegreichen Kriegs gegen die Sowjetunion. Das Generalgouvernement als Zweckgründung sei am Ende, hieß
es. Zusammen mit den Juden sollten die Polen dieses Gebiet verlassen.

> „Der Führer ist entschlossen, aus diesem Gebiet im Laufe von 15 bis 20 Jahren
> ein rein deutsches Land zu machen. Das Wort von der Heimatstätte des pol-
> nischen Volkes wird auf dieses Gebietes des bisherigen Generalgouvernements
> und einige Erstreckungen[9] nun nicht mehr anwendbar sein. [...] Ausserdem ist
> klar entschieden, dass das Generalgouvernement in Zukunft ein deutscher
> Lebensbereich sein wird. Wo heute 12 Millionen Polen wohnen, sollen einmal
> 4 bis 5 Millionen Deutsche wohnen. Das Generalgouvernement muss ein so
> deutsches Land werden wie das Rheinland."[10]

Doch um den Krieg zu gewinnen und die Bedürfnisse des Reiches erfüllen
zu können, war für Deutschland jeder arbeitende Pole nötig. Der Abschluss
des „Teufelwerks", also die vollständige Ausbeutung und Zerstörung dieses
ethnisch polnischen Gebietes, schien für Frank nah zu sein. Als Hitler aber
nach den großen Siegen an der Westfront die Vorbereitungen zum Blitzkrieg gegen die Sowjetunion anordnete, wurde das GG *nolens volens* immer mehr zu einem Übungsplatz, auf dem Ruhe einkehren sollte. Dies
erschwerte, behinderte sogar für einige Zeit die Realisierung des „Teufelswerks". Insbesondere störte die massive Umsiedlung der polnischen Bevölkerung aus den eingegliederten Gebieten, so dass Frank letzten Endes die
Aufnahme weiterer Transporte mit Ausgesiedelten verweigerte.

---

[8] Vgl. Polizeisitzung v. 30.5.1940, in: Das Diensttagebuch des deutschen Generalgouverneur in Polen 1939–1945, hg. v. WERNER PRÄG/ WOLFGANG JACOBMEYER, Stuttgart
1975, S. 215 (Anm. d. Hg.).

[9] Frank bemühte sich um den Anschluss von Ostgalizien an das GG.

[10] Protokoll der Besprechung v. 25.3.1941, in: Hans Franks Diensttagebuch, 1941, T.
1, Bl. 149, AIPN.

Eine neue, allgemeine Richtlinie der deutschen Besatzungspolitik in Polen wurde nach dem Überfall auf die Sowjetunion herausgegeben. Sie wurde in Abhängigkeit von der Lage an der Ostfront realisiert. Zu Zielen erklärte man einerseits die Sicherung jeden Tropfen deutschen Blutes, andererseits die Zerschlagung der nationalen Einheit der Polen. Die Polen, die entsprechende „Rassenmerkmale" aufwiesen, sollten vom „Untermenschen"-Status und den damit verbundenen Diskriminierungen ausgenommen und nach ihrer Anerkennung als Deutsche für die Interessen des Reiches eingesetzt werden. Dafür wurde eine Segregation nach der Deutschen Volksliste (DVL) in den eingegliederten Gebieten durchgeführt, die Suche nach „Volksdeutschen" oder „Deutschstämmigen" im GG betrieben sowie der Versuch unternommen, die „Goralen" als „Goralenvolk" auszugliedern.

Entsprechende Vorschriften über die DVL wurden im März 1941 erlassen, als Deutschland noch einen schnellen Feldzug im Osten erwartete. Die Entscheidung über die Art und Weise, wie dieses Vorhaben zu realisieren sei, lag bei den Gauleitern. Die DVL gewann an Bedeutung, als die Deutschen an allen Fronten hohe Verluste hinnehmen mussten. In Pommerellen drohte man denjenigen Polen, die sich weigern würden, sich in die Liste eintragen zu lassen, mit rücksichtsloser Behandlung als „Untermenschen". Hin und wieder mussten Widerspenstige Repressionen seitens der Gestapo hinnehmen.

Mit Hilfe der Deutschen Volksliste wurde der betroffene Teil der Bevölkerung in vier Kategorien eingeteilt:
- Kategorie 1: Personen, die sich bereits vor dem Krieg aktiv für das Deutschtum eingesetzt hatten;
- Kategorie 2: Personen, die sich politisch zwar passiv verhielten, sich aber ihres Deutschtums bewusst waren;
- Kategorie 3: Deutschstämmige, die man als „polonisiert" betrachtete, bei denen jedoch Hoffnung auf erfolgreiche „Germanisierung" bestand;
- Kategorie 4: Deutschstämmige, die vollständig „polonisiert" waren.

Insgesamt umfasste die DVL etwa 2,8 Millionen Einwohner der eingegliederten Gebiete. Personen in den Kategorien 1 und 2 erhielten am 26. Oktober 1939 uneingeschränkt die deutsche Staatsangehörigkeit. Angehörige der Kategorie 3 bekamen die Staatsangehörigkeit mit dem Zusatz, dass sie jederzeit widerrufen werden könne. Die Personen in der Kategorie 4 hingegen, die als Abtrünnige galten, behandelte man als „Reichsschutzangehörige". Sie sollten ins Reich übergesiedelt und dort einer Indoktrination unterstellt oder exterminiert werden. Personen aus den Kategorien 1-3 waren wehrpflichtig.

Die Schlesier hatten bereits zu Beginn der Besatzung auf Initiative des Kattowitzer Bischofs Stanisław Adamski zu über 90 Prozent angegeben,

Deutsche zu sein. Dies sollte sie vor Repressionen oder Aussiedlungen bewahren. Eine genauso hohe Anzahl der schlesischen Bevölkerung trug sich später in die Deutsche Volksliste ein. In Pommerellen setzten die Behörden im Vorfeld der Erstellung der DVL Terror ein und legten danach die „Rassenkriterien" sehr liberal aus. Nur der Gauleiter des Warthelandes, Arthur Greiser, versuchte, seinen Verwaltungsbereich vorbildlich zu gestalten und sah die Aussiedlung aller Polen vor. In dieser Region wurde ihnen am schmerzlichsten deutlich gemacht, dass sie als „Untermenschen" galten. Deshalb widersetzte sich Greiser breit angelegten Einschreibungen in die DVL und wandte die Auswahlkriterien am strengsten an. Letztlich versuchte auch er, die nationale Einheit der Polen zu zerschlagen, indem er im Jahr 1943 eine privilegierte Gruppe von „Leistungspolen" schuf.

Nach meiner Schätzung rekrutierte die Wehrmacht mit Hilfe der DVL bis zu 200.000 Soldaten aus den eingegliederten polnischen Gebieten. Weniger relevant war dort die Suche nach Polen mit deutlich nordischen Zügen und ihr Abtransport in das Reichsinnere, um sie in rein deutscher Umgebung zu „germanisieren". Zu diesem Zweck wurde für Kinder – auch aus dem GG – ein Lager in Litzmannstadt eingerichtet.

Im GG setzte man die DVL nicht ein. Es waren dort allerdings 60.000 bis 100.000 Personen als „Volksdeutsche" registriert. Eine andere Gruppe im GG bildeten die „Deutschstämmigen", zu denen sich knapp 50.000 Personen bekannten. Anfang 1942 wurde das „Goralenvolk" künstlich geschaffen. 30.000 Bewohner des Tatra-Gebirges gaben an, diesem „Volk" anzugehören. Diese Initiative brachte für die Deutschen jedoch nicht den erwarteten Nutzen. Der polnische Historiker Leszek Olejnik meint, die Idee eines „Goralenvolkes" habe zu Abspaltungstendenzen in der Vorkarpatenregion (Podhale) geführt, die in Nachkriegsabrechnungen kulminierten.[11] Auch andere Minderheiten wurden privilegiert behandelt. Insbesondere versuchte man, die Polen und die Ukrainer gegeneinander auszuspielen. Dabei bedienten sich die NS-Behörden der Vorurteile, die bereits in der Zwischenkriegszeit angewachsen waren.

Seit der zweiten Hälfte des Jahres 1941 plante Berlin die Vernichtung der europäischen Juden. Zeitgleich begann man auf Anweisung Himmlers, den Generalplan Ost (GPO)[12], den späteren Generalsiedlungsplan, auszuarbeiten. Dieser bezog sich auf das GG und die weiteren Gebiete östlich davon, wo nach internen Schätzungen insgesamt mindestens 30 Millionen

---

[11] Vgl. Leszek Olejnik, Polityka narodowościowa Polski w latach 1944–1960, Łódź 2003, S. 146.

[12] Vom Generalplan Ost zum Generalsiedlungsplan, hg. v. Czesław Madajczyk, München 1994, S. 576. Diese Urkundensammlung wurde in Zusammenarbeit mit der Historischen Kommission zu Berlin vorbereitet.

Slawen lebten. Das Reichskommissariat für die Festigung deutschen Volkstums wollte den GPO Hitler zur Befürwortung vorlegen. Der Plan wurde noch im Februar 1943 im Reichssicherheitshauptamt besprochen, seine Umsetzung jedoch durch die Niederlage in Stalingrad verhindert.

Parallel zur Politik der Zersetzung der nationalen Einheit der Polen betrieben Deutsche in Hitlers Europa die systematische Ermordung der Juden. In den okkupierten polnischen Gebieten errichteten sie in Sobibor, Belzec, Treblinka, Kulmhof und Auschwitz-Birkenau Vernichtungslager, in denen sie damit begannen, die jüdische Bevölkerung zu ermorden. Neben den Juden wurden dort auch Sinti und Roma getötet. Dies geschah im Rahmen der „ethnischen Säuberungen", die nach den von Heydrich ausgearbeiteten Plänen und aufgrund seiner Initiative während der Wannseekonferenz beschlossen wurden. Auch Reichsstatthalter Greiser, der in der zweiten Hälfte des Jahres 1941 die Beseitigung der Juden aus Litzmannstadt und Umgebung verlangt hatte, trug zu ihrer frühen Vernichtung bei, indem er die Errichtung eines Vernichtungslagers in Kulmhof befürwortete. Die meisten der europäischen Juden, die ermordet wurden, kamen aus Polen: Mindestens 2,8 Millionen polnische Juden wurden getötet. Bis dahin drängte man sie in Ghettos zusammen und isolierte sie so von der polnischen Bevölkerung.

Im Jahr 1942 planten Himmlers Aussiedlungsspezialisten versuchsweise größere Deportationen. Anvisiert waren Vertreibungen im Kreis Zamosc, in den südlichen Teilen Litauens und im Umland von Winnica in der Ukraine. Man wollte auf diese Weise herausfinden, wie die vertriebenen Bauern auf die Umsetzung des GPO reagieren würden. Große Umsiedlungsaktionen fanden letztlich nur im Kreis Zamosc statt. Die Vertreibungen – geplant war die Aussiedlung von 110.000 Einwohnern, vor allem von polnischen Bauern – begannen Ende November 1942. Sie wurden im Januar 1943 aufgrund der Misserfolge im Krieg an der Ostfront gestoppt. Der GPO, der noch im Februar 1943 während einer Konferenz im Reichssicherheitshauptamt großes Interesse hervorgerufen hatte, wurde nach der Niederlage bei Stalingrad endgültig aufgegeben, als man alle weiteren Planungen für außermilitärische Zwecke stoppte.

Bisher gab es kaum Resonanz auf meine These, dass es Parallelitäten zwischen der „Endlösung der Judenfrage" und den Vorbereitungen zum Generalplan Ost gegeben hat, die ich in einer israelischen und einer westdeutschen Aufsatzsammlung aufgestellt habe.[13] Das erste Vorhaben wurde

---

[13] CZESŁAW MADAJCZYK, Besteht ein Synchronismus zwischen dem „Generalplan Ost" und der Endlösung der Judenfrage?, in: Der Zweite Weltkrieg. Analysen – Grundzüge – Forschungsbilanz, hg. v. WOLFGANG MICHALKA, München 1989, S. 844-857; CZESŁAW MADAJCZYK, Was Generalplan Ost Synchronous with the Final Solution?, in: The Shoah

fast vollständig im Genozid an den Juden realisiert. Das zweite Unterfangen, die polnischen Gebiete in einen deutschen „Lebensraum" umzuwandeln, war im Kreis Zamosc zwar bereits eingeleitet worden, aber es war geplant, es erst zwanzig bis dreißig Jahre später, nach einem siegreichen Kriegsende, zu vollenden.

In den Jahren 1942 bis 1943 verschärfte sich der Konflikt darüber, wer die Richtung und das Tempo der Besatzungspolitik im GG bestimmen sollte. War es wichtiger wegen der Kämpfe an der Ostfront dafür zu sorgen, dass im GG Ruhe einkehrte und möglichst große Ordnung herrschte? Oder sollte man, unabhängig von den Außenbedingungen, damit beginnen in der Praxis zu erproben, wie diese Gebiete mit „Volksdeutschen" und „Germanen" aus unterschiedlichen Teilen Europas kolonialisiert werden könnten? Dieser Konflikt wurde zwischen Friedrich Wilhelm Krüger, dem Höheren SS- und Polizeiführer im GG, und Generalgouverneur Frank ausgetragen. Krüger handelte dabei auf Anweisung Himmlers, welcher versuchte, die Enthebung Franks von seinem Posten zu erwirken. Schließlich endete die Auseinandersetzung für den Generalgouverneur recht günstig. Jedoch geschah dies erst unter dem Einfluss der immer schlechter werdenden militärischen Lage Deutschlands und der immer zahlreicheren Anschläge im GG durch den polnischen Untergrund. Der Widerstand verstärkte sich, obwohl der Befehlshaber der Heimatarmee, General Stefan Rowecki („Grot"), verhaftet und in das KZ Sachsenhausen eingewiesen, der Aufstand im Warschauer Ghetto niedergeschlagen und in Krakau der Anschlag auf den Höheren SS- und Polizeiführer im GG vereitelt worden war und obwohl die Bevölkerung im Kreis Zamosc mit den Vertreibungen schwer zu kämpfen hatte.

Daraufhin setzte sich Frank für die Flexibilisierung der Polenpolitik ein. Er konnte sich nun auf den führenden Propagandisten des Reiches, Reichsminister Joseph Goebbels, berufen, der nach der Niederlage bei Stalingrad den „totalen Krieg" ausgerufen hatte. Die ersten Vorschläge einer Kursänderung gegenüber den Polen standen im Kontext seines Rundschreibens vom 15. Februar 1943. Darin verkündete Goebbels eine neue Einstellung der Deutschen gegenüber den eroberten Völkern. Mit der Politik der Vernichtung, des Raubes und der Diskriminierung sollte nun Schluss sein. Es wurde vorgeschlagen, die Besatzungspolitik abzumildern. Frank beschloss, dass das Rundschreiben sich ebenfalls auf das Generalgouvernement beziehe. Angesichts der wachsenden Widerstandsbewegung und der heftigen Reaktionen der Bevölkerung auf die Vertreibungen im Kreis Zamosc war er bereit, eine flexiblere Politik gegenüber den Polen einzuleiten und einige

---

and the War, hg. v. ASHER COHEN/ YEHOYAKIM COCHAVI/ YOAV GELBER, New York 1992, S. 145-159; vorgestellt auch 1988 auf einer internationalen Konferenz in London.

Zugeständnisse im kulturellen Bereich zu machen. Erst auf Einspruch des HSSPF-Ost Krüger erklärte die Kanzlei der NSDAP, Goebbels Rundschreiben bezöge sich nicht auf das GG. In Berlin war man der Auffassung, dass bei der gegenwärtigen Frontlage eine Politik der Zugeständnisse von den Polen als Ausdruck der Schwäche Deutschlands empfunden werden müsse. Nichtsdestoweniger versuchte Frank zu manövrieren und schickte mehrere Schreiben an Hitler, in denen er die Auffassung vertrat, dass die Fortsetzung der Polenvertreibungen die Hauptursache für die Unruhen im GG sei. Sie behindere die Realisierung der Aufgaben, die in Verbindung mit der Kriegsführung im Osten stünden, wie die Gewährleistung der Transporte, die Intensivierung der Kriegsindustrie oder die Erntesammlung. Frank forderte nun eine genaue Abgrenzung seiner und Himmlers Kompetenzen, da das Wirken zweier, sich oft entgegen stehender Dispositionszentren das deutsche Ansehen schwäche. Er nutzte auch die Berichte über Massengräber der vom NKVD ermordeten polnischen Offiziere bei Katyn, die die Wehrmacht entdeckt hatte, propagandistisch aus. Eine von Berlin einberufene internationale Expertenkommission stellte fest, dass die Morde von Russen begangen worden waren. Das führte zum Bruch der diplomatischen Beziehungen zwischen der polnischen Regierung von General Władysław Sikorski und Moskau. Der Fall Katyn, auch wenn er antisowjetische Stimmungen verstärkte, führte jedoch nicht dazu, dass die Polen begannen, mit den Deutschen zu kollaborieren.

Am 9. Mai 1943 sprach Frank mit Hitler über die Lage im GG. Letzterer ließ sich überzeugen, dass man dort nicht mit weiteren Aussiedlungen experimentieren sollte, da dieses Gebiet in immer stärkerem Maße zum Hinterland der Ostfront wurde. Letztendlich mussten der HSSPF-Ost Krüger und der Urheber der Aussiedlungen im Kreis Zamosc, der SS- und Polizeiführer im Distrikt Lublin, Odilo Globocnik, das GG verlassen. Zur Wahrung des Gleichgewichts wurden auch einige Befürworter einer gemäßigteren Politik im GG versetzt, darunter der Befehlshaber der Sicherheitspolizei, Karl Eberhardt Schöngarth.

Die Mäßigung in der Polenpolitik wurde jedoch aufgrund des immer stärker werdenden Widerstands im GG letztendlich nicht eingeleitet. Auch gegenüber denjenigen Polen, die man für loyal hielt, eskalierte der Terror. Anfang Oktober 1943 gab Frank eine „Verordnung zur Bekämpfung von Angriffen gegen das deutsche Aufbauwerk im GG" heraus. Wegen der kleinsten Missachtung der Anordnung drohte die Todesstrafe.[14] Ab Oktober 1943 bis Frühjahr 1944 wurden außer geheimen Exekutionen auch Sofort-

---

[14] Text der Verordnung v. 2.10.1943 abgedr. in: KAROL MARIA POSPIESZALSKI, Hitlerowskie „prawo" okupacyjne w Polsce, Bd. II: Generalna Gubernia, Poznań 1958, S. 516 f. (Anm. d. Hg.).

erschießungen von Gefangenen an den Orten durchgeführt, an denen der Widerstand Anschläge verübt hatte. Der Herbst 1943 wurde zu einer Zeit vieler öffentlicher Hinrichtungen und blutiger Befriedungsaktionen von Dörfern, die man mit dem Prinzip der „kollektiven Verantwortung" rechtfertigte. In Warschau wurden durch Straßenexekutionen mehr Menschen ermordet als im gesamten GG: Über 8.000 Personen wurden getötet. Vieles deutet darauf hin, dass sich die Besatzer von ihrem Vorgehen weniger eine Lähmung der Widerstandsbewegung erhofften als vielmehr günstige psychologische Auswirkungen wie die totale Einschüchterung der Zivilbevölkerung.

Hitler und Himmler hatten seit Beginn der Besatzung vorgehabt, Warschau zu einer rein deutschen Stadt mittlerer Größe herunterzustufen. Diese Absicht verstärkte sich, als die polnische Hauptstadt zum Zentrum des Widerstands wurde. Deshalb bestand General Rowecki („Grot") vor seiner Verhaftung Mitte 1943 bei der Planung eines Aufstands kategorisch darauf, diesen nur dann zu beginnen, wenn der Erfolg absolut sicher sei. Er befürchtete sonst grausame Racheaktionen der Deutschen und schreckliche Konsequenzen für die Stadt.

Eine neue Methode der Besatzungspolitik im GG stellte die großangelegte antikommunistische Propagandaaktion „Berta" im Jahr 1943 dar. Man versuchte in den von den NS-Behörden herausgegebenen Zeitungen, die den Stil der polnischen Untergrundpresse nachahmten, zu beweisen, dass es den Polen unter der deutschen Besatzung besser gehe als unter dem „bolschewistischen Joch".[15]

Die östlichen Landesteile Polens, die sich seit September 1939 unter sowjetischer Besatzung befanden, wurden im Juni/Juli 1941 von den Deutschen erobert. Die Besatzung dauerte dort drei Jahre, und die besetzten Gebiete teilte man in zwei Reichskommissariate (RK) ein: Ukraine und Ostland. Nach dem siegreichen Kriegsende sollte sich der deutsche „Lebensraum" bis dorthin erstrecken. Der Bezirk Bialystok fiel unter die Verwaltung von Erich Koch. Gleich nach dem Sieg über Polen erwirkte er, dass auch der Regierungsbezirk Zichenau seinem Verwaltungsgebiet angeschlossen wurde. Dort beabsichtigte er, überschüssige deutsche Landbevölkerung anzusiedeln.

Die Besatzungspolitik in den RK Ukraine und Ostland berücksichtigte die Interessen der polnischen Bevölkerung eher marginal, obwohl die Deutschen hin und wieder ihre Dienste in Anspruch nahmen. Auch dort

---

[15] Vgl. CZESŁAW MADAJCZYK, Polityka III Rzeszy w okupowanej Polsce, Warszawa 1970, Bd. II, S. 173; TOMASZ GŁOWIŃSKI, O nowy porządek europejski. Ewolucja hitlerowskiej propagandy politycznej wobec Polaków w Generalnym Gubernatorstwie 1939–1945, Wrocław 2000, S. 49 f. (Anm. d. Hg.).

wurde als Erstes die Ausschaltung der polnischen Intelligenz durchgeführt: Sofort nach dem Einmarsch der Deutschen stellte der Mord an mehreren Lemberger Universitätsprofessoren eine Warnung an die polnische Gesellschaft dar. Unter den Erschossenen befand sich auch Kazimierz Bartel, der ehemalige polnische Premierminister. Danach folgte die Ermordung polnischer Intellektueller in der Umgebung von Lemberg und Stanislau. Auch im Bezirk Bialystok fanden nach dem Einmarsch der Wehrmacht Vergeltungsaktionen statt, in deren Rahmen viele Intellektuelle erschossen wurden.

Im Jahr 1944 räumten die Nationalsozialisten nach zahlreichen Niederlagen panisch die östlichen Gebiete bis zur Weichsel. Das verkleinerte Generalgouvernement wurde nun zum Operationsgebiet der Ostfront. Die Zivilverwaltung behielt zwar ihre Machtbefugnisse, sie wurde jedoch dazu verpflichtet, alle Forderungen der Wehrmacht im Bereich der Sicherheit und der Bekämpfung des Widerstands umzusetzen. Die Verantwortung für den Partisanenkrieg teilten sich Himmler und die Wehrmachtsführung. Generalgouverneur Frank, als hiesiger Reichsverteidigungskommissar, plante, polnische Männer in die Baubataillone einzugliedern oder sie zur Zwangsarbeit ins Reich zu schicken. Die ukrainischen Männer wollte er für die Wehrmacht oder die Waffen-SS bzw. wie die Polen für die Zwangsarbeit im Reich rekrutieren. Im Chaos des Frühjahrs und des Sommers 1944 schafften es die Deutschen jedoch nur, sich selbst aus dem östlichen Teil des GG zu evakuieren.

Mitte August 1944, drei Wochen nachdem das Polnische Komitee der Nationalen Befreiung aus Moskau in Lublin angekommen war[16] und zwei Wochen nach dem Ausbruch des Warschauer Aufstands, den die NS-Behörden nicht, wie sie hofften, im Keim ersticken konnten, schickte Frank ein Schreiben an den Chef des Reichssicherheitshauptamts. Er stellte dort zwei alternative Vorgehensweisen vor: eine weitere Eskalation des Terrors oder eine Mäßigung der Polenpolitik. Die Einschüchterungsmaßnahmen, die man seit Herbst 1943 betrieben hatte, schlugen anscheinend vollständig fehl, da der Aufstand in Warschau ausgebrochen war. Frank empfahl, mit einer demonstrativen Abschwächung der Terrormaßnahmen den polnischen Widerstand zu schwächen. Er hoffte die Stimmung in der Bevölkerung könnte beruhigt werden, wenn man irgendeine Form polnischer Selbstverwaltung unter deutscher Aufsicht bilden, einige Hochschulen eröffnen und

---

[16] Das Polnische Komitee der Nationalen Befreiung (*Polski Komitet Wyzwolenia Narodowego*) bildete eine in Moskau künstlich geschaffene Keimzelle der künftigen kommunistischen Regierung in Polen und sollte als alternatives Machtzentrum Druck auf die rechtmäßige polnische Regierung in London ausüben. Mit Hilfe des Komitees hoffte Stalin, Zugeständnisse für seine Polenpolitik abpressen zu können (Anm. d. Hg.).

die Enteignungen polnischer Bauern einstellen würde. Berlin erklärte diese Überlegungen für unrealistisch und nicht wert, sich damit zu befassen. Die Politik gegenüber der polnischen Bevölkerung hat sich in der letzten Phase der Besatzung nicht verändert. Wie konnte es anders sein, wenn Himmler den Warschauer Aufstand als notwendiges Übel erachtete, das man entsprechend ausnutzen sollte? In seiner Rede an die Kommandanten der Wehrbereiche und die Ausbildungsleiter am 21. September 1944 stellte er seine Ansichten dar, die er Hitler zu Beginn des Warschauer Aufstands bereits unterbreitet hatte:

„,Mein Führer, der Zeitpunkt ist unsympathisch. Geschichtlich gesehen ist es ein Segen, daß die Polen das machen. Über die fünf, sechs Wochen kommen wir hinweg. Dann aber ist Warschau, die Hauptstadt, der Kopf, die Intelligenz dieses ehemaligen 16-, 17-Millionenvolkes der Polen ausgelöscht, dieses Volkes, das uns seit 700 Jahren den Osten blockiert und uns seit der ersten Schlacht bei Tannenberg immer wieder im Wege liegt. Dann wird das polnische Problem geschichtlich für unsere Kinder und für alle, die nach uns kommen, ja schon für uns, kein großes Problem mehr sein.' Außerdem habe ich gleichzeitig den Befehl gegeben, daß Warschau restlos zerstört wird. Sie können nun denken, ich sei ein furchtbarer Barbar. Wenn Sie so wollen: ja, das bin ich, wenn es sein muß. Der Befehl lautete: Jeder Häuserblock ist niederzubrennen und zu sprengen, so daß sich in Warschau keine Etappe mehr festnisten kann."[17]

Hitler teilte diese Ansicht. Unverzüglich wurden auf Befehl Himmlers Polen unabhängig von ihrem Geschlecht und ihrem Alter ermordet. Unter anderem verbrannte man sie bei lebendigem Leibe mit Flammenwerfern und bezeichnete dies als „Braten von Banditen". Bei der Niederschlagung des Warschauer Aufstands taten sich besonders der SS untergeordnete Brigaden, die mit ausländischen Kollaborateuren aus dem Osten gebildet worden waren, sowie die berüchtigte Dirlewanger-Brigade, die aus Berufskriminellen bestand, hervor. Sie veranstalteten ein Massaker an der Zivilbevölkerung. Nach der Kapitulation der Aufständischen vollendete man das Vernichtungswerk mit der Verbrennung und Sprengung der Stadt und der Vertreibung der Einwohner.

Man kann sich der Meinung von Franciszek Ryszka, eines bereits verstorbenen Faschismusforschers, anschließen, der Nationalsozialismus habe die Feindschaft gegenüber den Polen nicht doktrinär geschaffen wie

---

[17] Die Situation im besetzten Polen am Vortag und während des Warschauer Aufstandes, in: Der Warschauer Aufstand. 1. August – 2. Oktober 1944. Ursachen – Verlauf – Folgen, hg. v. Hauptkommission zur Untersuchung von Verbrechen gegen die polnische Nation, Institut des Nationalen Gedenkens und Niedersächsische Landeszentrale für politische Bildung, Warschau, Hannover 1996, S. 41 f. Norman Davies und Jan Ciechanowski berücksichtigen die zitierte Quelle nicht in ihren neusten Publikationen über den Warschauer Aufstand.

im Fall der Juden. Diese Feindschaft existierte bereits. Der Nationalsozialismus verlieh ihr nur neue Inhalte und verbreitete das Bild des barbarischen Polen als eines objektiven Feindes. Er wurde nicht nur in zivilisatorisch-kultureller, sondern auch in moralischer Hinsicht als „Untermensch" behandelt. Ein solcher Feind musste kreiert werden, um die Allmacht der Polizei im Generalgouvernement zu rechtfertigen.

Von denen, die über die allgemeinen Richtlinien der Besatzungspolitik in Polen entschieden, verantwortete sich nur einer vor dem Internationalen Militärtribunal in Nürnberg: Hans Frank. Einige wie z. B. Gauleiter Greiser oder Franks Stellvertreter Josef Bühler wurden an Polen ausgeliefert, wo sie verurteilt und hingerichtet wurden. Andere wollten lieber selbst über das eigene Schicksal entscheiden und begingen Selbstmord.

ALBIN GŁOWACKI

GENERELLE RICHTLINIEN DER SOWJETISCHEN BESATZUNGSPOLITIK IN POLEN

Schon lange vor dem Jahr 1939 beschloss die sowjetische Führung, Polen dem eigenen Machtbereich zu unterwerfen. Im Grunde kann man sagen, dass es bereits seit der Entstehung der Zweiten Polnischen Republik und der Machtergreifung der Bolschewiki in Russland Pläne gab, den Einflussbereich nach Westen zu erweitern. Der bolschewistische Überfall auf Polen im Jahr 1920 beweist dies ganz offensichtlich. Somit ist davon auszugehen, dass es nach Abschluss des deutsch-sowjetischen Nichtangriffspakts, insbesondere des geheimen Zusatzprotokolls, genügte, die fertigen Pläne aus der Schublade zu holen, sie der neuen Situation anzupassen und dann schnell zu verwirklichen.

Zwischen dem damaligen polnischen Staat und der Union der Sozialistischen Sowjetrepubliken (UdSSR) bestanden fundamentale Systemunterschiede. In den beanspruchten polnischen Gebieten hätte somit innerhalb relativ kurzer Zeit ein grundlegender Umbau des politischen und sozioökonomischen Systems nach den in der UdSSR geltenden Prämissen durchgeführt werden müssen. Am 7. September 1939 sprach Diktator Josef Stalin mit dem Generalsekretär der Kommunistischen Internationale (Komintern) über die Kriegsereignisse und bemerkte mit Genugtuung, dass die Beseitigung Polens „unter den gegebenen Umständen einen bourgeoisfaschistischen Staat weniger bedeuten würde". Zynisch fragte Stalin weiter: „Was wäre schlecht daran, wenn wir durch die Zerschlagung Polens das sozialistische System auf neue Gebiete und eine neue Bevölkerung ausdehnen würden?"[1]

Die ersten aus den Quellen bekannten Richtlinien über die Vorgehensweise der Sowjets in den im September 1939 besetzten Gebieten der Zweiten Polnischen Republik stammen aus vertraulichen Direktiven und Befehlen der Führung der Roten Armee. Die militärischen Ziele des Kremls beinhalteten damals die Zerschlagung des polnischen Widerstands und die

---

[1] Komintern i Vtoraja mirovaia voina, hg. v. NATALIA LIEBIEDIEVA u. a., Teil 1: do 22 iiunia 1941 g., Moskva 1994, S. 10 f.

Besetzung der beanspruchten Gebiete bis zu der Linie, die am 23. August 1939 im geheimen Zusatzprotokoll des deutsch- sowjetischen Nichtangriffspakts als Demarkationslinie festgelegt worden war (die Flüsse Pisa, Narew, Bug, Weichsel und San). Die politischen Ziele entlarven Formulierungen innerhalb der geheimen Direktiven und der Kampfbefehle der Roten Armee. Denen zufolge hätten die Arbeiter und Bauern (des westlichen) Weißrusslands, der (westlichen) Ukraine und Polens revoltiert und sich zum Kampf gegen „ihre uralten Feinde – die Großgrundbesitzer und Kapitalisten" erhoben. Die Rote Armee eile unverzüglich diesen Aufständischen zu Hilfe, um der Unterdrückung durch die Großgrundbesitzer und Kapitalisten ein Ende zu bereiten.[2] Bereits die Kampfbefehle vom 15. und 16. September 1939 enthalten deutliche Worte: „Mit einem mächtigen Angriff sind die feindlichen Truppen zu zerschlagen"; das polnische Heer soll vernichtet und die Soldaten gefangen genommen werden; aber auch: „Bombardierungen von Städten und Städtchen, die nicht beträchtlich von feindlichen Truppen besetzt sind, sollen vermieden werden." Es ist offensichtlich, dass die Invasion zur Zerschlagung des „bourgeoisen Regimes" führen sollte.[3] Wichtig zu erwähnen ist hierbei, dass der Armee befohlen wurde, jegliche Beschlagnahmungen von Lebensmitteln und Tierfutter in den besetzten Gebieten zu verhindern.[4]

In der Nacht vom 16. auf den 17. September drangen zusammen mit den Streitkräften der Roten Armee die Operationsgruppen des Volkskommissariats für Innere Angelegenheiten (*Narodnyi komissariat vnutrennikh del*, NKVD) in das polnische Gebiet ein. Zu ihren Aufgaben gehörte: die Bildung von vorläufigen Verwaltungsorganen in den besetzten Städten und Bauernkomitees in den Dörfern; die unverzügliche Übernahme des Fernmeldewesens, der Banken und Finanzämter, der Druckereien und Zeitungsredaktionen, der staatlichen Archive und Gefängnisse; die Sicherung der öffentlichen Ordnung.[5] Die Operationsgruppen erhielten zudem den Befehl, „die reaktionärsten Vertreter der staatlichen Verwaltung", die Leiter und Zuträger des „staatlichen Zwangsapparates", die Aktivisten politischer Parteien wie auch die bedeutenderen Repräsentanten der Großgrundbesitzer und der Kapitalisten zu verhaften. Somit übernahm der Aggressor faktisch lange vor der offiziellen Einverleibung der östlichen Gebiete der Zweiten

---

[2] Agresja sowiecka na Polskę w świetle dokumentów 17 września 1939, Bd. 3, Działania wojsk Frontu Białoruskiego, hg. v. CZESŁAW GRZELAK, Warszawa 1995, S. 27, 31, 33, 35, 40, 44, 47, 50.

[3] Ebd.,S. 27 ff.

[4] Ebd., S. 30, 34, 45.

[5] Zachodnia Białoruś 17 IX 1939 – 22 VI 1941, Bd. 1: Wydarzenia i losy ludzkie. Rok 1939, Warszawa 1998, S. 71-74.

Polnischen Republik die Kontrolle über alle Lebensbereiche der dort wohnenden Menschen. Die Besatzung hatte die Säuberung der okkupierten Landesteile von realen und potentiellen Feinden der neuen Machthaber zum Ziel sowie die Sowjetisierung der Gesellschaft und der Wirtschaft, um die Vereinigung mit den Gebieten der UdSSR zu erleichtern. In Übereinstimmung mit dem Plan des Kremls übernahmen kommissarische Übergangsverwaltungen in Städten und Kreisen die gesamte politische, administrative und wirtschaftliche Macht. Sie ersetzten die aufgelösten Behörden, wobei die Struktur der polnischen Verwaltung zeitweilig erhalten blieb.

Die ersten Anordnungen der Besatzer beinhalteten die unverzügliche Niederlegung der Feuer- und Fechtwaffen, die Wiederaufnahme des Handels, die Aufrechterhaltung der bisherigen Preise und die Gleichstellung des Rubels mit dem Zloty.[6] In den Städten wurden schnell die Arbeitergarde und die Volksmiliz zum Schutz wichtiger Objekte ins Leben gerufen. Bereits der Freundschafts- und Grenzvertrag der UdSSR mit dem Dritten Reich vom 28. September 1939 enthielt eine offene Ankündigung zur Umgestaltung der staatlichen Ordnung in den besetzten Gebieten (Art. 3). In den östlichen Wojewodschaften der Zweiten Polnischen Republik bedeutete dies die Einführung der sowjetischen „Ordnung".

Auf Grund der Tatsache, dass die faktische Macht in der UdSSR monopolistisch in der Hand der Kommunistischen Partei lag, kommen deren Positionen und politischen Entscheidungen eine Schlüsselrolle zu. Diese wurden nämlich verbindlich auf die Gesetze der legislativen Organe und die Anordnungen der Verwaltungsführungen „übertragen". Die wichtigsten Bestimmungen über die Gestaltung der besetzten Gebiete der Zweiten Polnischen Republik fanden Eingang in das Sitzungsprotokoll des Politbüros des Zentralkomitees (ZK) der Kommunistischen Partei der Sowjetunion (Bolschewiki) (*Vsesoiuznaia Kommunicheskaia Partiia (Bol'shevikov)*, VKP(b)) vom 1. Oktober 1939.[7] Dieses Dokument bestimmte die nötigen Schritte, um die Annexion der militärisch besetzten Gebiete auszuführen, natürlich bei gleichzeitiger Bewahrung des Scheins, dadurch dem Willen des Volkes zur Umsetzung zu verhelfen. Vor allem wurde darin angeordnet, ukrainische und weißrussische Volksversammlungen einzuberufen.[8] Diese „Vertretungen" der lokalen Bevölkerung sollten den Status der besetzten Gebiete regulieren, also gewissermaßen mit dem „Willen des

---

[6] Ebd., S. 118 f.

[7] RGASPI, fond 17, opis 3, delo 1014, Bl. 57-61.

[8] Über die „Wahlen" zu den Volksversammlungen und den Verlauf ihrer „Tagungen" vgl. u. a.: MICHAŁ GNATOWSKI, Zgromadzenie Ludowe Zachodniej Białorusi. Fakty, oceny, dokumenty, Białystok 2001; ALBIN GŁOWACKI, Sowieci wobec Polaków na ziemiach wschodnich II Rzeczypospolitej 1939-1941, Łódź 1997.

Volkes" die Besatzung legitimieren. Dem Szenario des Kremls entsprechend hatten ihre „Beratungen" zum Ziel: die Bestätigung der Übernahme des Großgrundbesitzes durch die Bauernkomitees; die Entscheidung über den Charakter des zu gründenden Systems; den Beschluss über den Eintritt in die UdSSR, also über die Eingliederung der besetzten polnischen Wojewodschaften in die Ukrainische bzw. die Weißrussische Sozialistische Sowjetrepublik (USSR und WSSR); die Beschlussfassung über die Verstaatlichung der Banken und der Großindustrie. Insgesamt kündigten sich damit radikale Veränderungen der gesellschaftlichen Strukturen, der Eigentumsverhältnisse und des Staatseigentums an.

Den Wahltermin, den Ort und den Tag der Tagung der Volksversammlungen wie auch die Regeln für die Durchführung der Wahlen (allgemein, unmittelbar, gleich, geheim) legte die kommunistische Partei ebenfalls detailliert fest. Alles sollte unter vollständiger Kontrolle der jeweiligen Zellen und der Bevollmächtigten der kommunistischen Partei und der Leitungen der Übergangsverwaltung ablaufen. Sie wurden vor Ort von Angehörigen des politischen Apparats der Roten Armee, den Tscheka-Operationsgruppen des NKVD wie auch von Tausenden Vertrauensleuten aus dem Osten unterstützt. Die Wahlkampagne sollte zum Inhalt haben: Einführung der Sowjetmacht in den besetzten Gebieten der Zweiten Polnischen Republik, Eingliederung der Landesteile in die WSRR bzw. die USRR, Bestätigung der Beschlagnahmungen des Großgrundbesitzes und die Forderung nach Nationalisierung der Banken und der Großindustrie.

Dieses Szenario wurde beinahe vollständig realisiert. Die Volksversammlungen der Westukraine in Lemberg, zwischen dem 26. und dem 28. Oktober, und des westlichen Weißrusslands in Bialystok, zwischen dem 28. und dem 30. Oktober, erfüllten die ihnen auferlegten Aufgaben. Die so genannten November-Beschlüsse der Obersten Räte der UdSSR, der WSSR und der USSR, die als Ergebnisse aus diesen „Beratungen" hervorgingen, unterstellten die annektierten polnischen Ostgebiete der Gesetzgebung der Sowjetunion. Auf dieser „juristischen" Basis wurde die Vereinigung der neuen Landesteile mit der UdSSR durchgeführt, was zu diesem Zeitpunkt eine definitive und – wie es hätte scheinen können – unwiderrufliche Zerstörung des polnischen Staatssystems bedeutete.

Die Veränderungen in der Verwaltung

Das Sitzungsprotokoll des Politbüros des ZK der VKP(b) vom 1. Oktober 1939 enthält auch die Anordnung, vorläufige kommissarische Bezirksverwaltungen zu organisieren, die in den polnischen Wojewodschaften arbeiten sollten. In deren Ausschüssen waren ausschließlich zwei Plätze für Vertreter der Armee und jeweils eine Stelle für einen Vertreter des NKVD und einen Repräsentanten der Übergangsverwaltung der Stadt vorgesehen. Diese Ausschüsse waren bis zum Ende der militärischen Besatzung und der Einsetzung einer sowjetischen Verwaltung nach der formellen Eingliederung der besetzten Gebiete Polens in die UdSSR tätig.

Nach früheren Beschlüssen der führenden Parteiinstanzen der Ukrainischen und der Weißrussischen Republik über die administrative Aufteilung der besetzten Gebiete[9] bestätigte das Politbüro des ZK der VKP(b) am 4. Dezember 1939 die Gründung neuer Bezirke: fünf innerhalb der WSSR und sechs innerhalb der USSR. Sanktioniert wurde das Vorgehen durch ein entsprechendes Dekret des Präsidiums des Obersten Rates der UdSSR. Gleichzeitig wurde auch die Personalbesetzung in den oberen Etagen der Partei und der Verwaltung der neuen Bezirke bestätigt.[10] Formal bedeutete dies das Ende der Militärverwaltung. Gleichzeitig wurden die Parteiinstanzen der WSSR und der USSR verpflichtet, dem Politbüro des ZK der VKP(b) bis zum 1. Januar 1940 Vorschläge für die Umgestaltung der Kreise (*powiaty*) in Rajons (aus jedem Kreis entstanden mehrere Rajons) zur Einverständniserklärung vorzulegen, was am 7. Januar 1940 auch erfolgte.[11] Die endgültige Aufteilung in Rajons wurde Mitte Januar 1940 ausgeführt, nachdem entsprechende Präsidialdekrete von den Obersten Räten Weißrusslands und der Ukraine erlassen worden waren.

Bei der Gründung der Dorfräte zu Beginn des Jahres 1940 war es die Pflicht der beaufsichtigenden Bezirksinstanzen der Partei und der Verwaltung, für die Räte Menschen auszusuchen, die „der Partei ihre Hingabe" bewiesen und sich aktiv an der Einführung der neuen Ordnung beteiligt hatten. Auf gar keinen Fall sollte dabei zugelassen werden, dass „kulakische und andere feindliche Elemente" in die neue Strukturen einsickerten.[12]

Die Staatsbürgerschaft

Nach dem Abschluss der Annexionsprozedur bestätigte das Politbüro des ZK der VKP(b) am 29. November 1939 einen Entwurf für ein Dekret des Präsidiums des Obersten Rates der UdSSR nach dessen Richtlinien den Bewohnern der westlichen Bezirke der USSR und WSSR die sowjetische

---

[9] Zachodnia Białoruś, Bd. 1, S. 360 f., 387-392.

[10] RGASPI, fond 17, opis 3, delo 1016, Bl. 57-61.

[11] Ebd., fond 17, opis 3, delo 1018, Bl. 28 f., 64-71; ebd., fond 17, opis 22, delo 219, Bl. 12 ff.; Zachodnia Białoruś 17 IX 1939 – 22 VI 1941, Bd. 2: Deportacje Polaków z północno-wschodnich ziem II Rzeczypospolitej 1940–1941, Warszawa 2001, S. 40, 58 ff.

[12] RGASPI, fond 17, opis 22, delo 197, Bl. 79.

Staatsbürgerschaft verliehen werden sollte.[13] Damit zwang man allen polnischen Staatsbürgern, die sich am 1. und 2. November 1939 auf den von
der UdSSR besetzten polnischen Ostgebieten aufgehalten hatten, eine
andere Staatsbürgerschaft auf. Auf Grundlage der Entscheidung des Rates
der Volkskommissare der UdSSR vom 30. Oktober 1939 wurde in den
besetzten Gebieten ein Reisepasssystem eingeführt.[14] Im Wilnagebiet, das
im Sommer 1940 annektiert wurde, erhielten die Bewohner rückwirkend ab
dem 3. August 1940 die sowjetische Staatsbürgerschaft durch den Beschluss des Präsidiums des Obersten Rates der UdSSR vom 7. September
1940.[15]

Die Personalpolitik

Die Auflösung der staatlichen Strukturen, der Selbstverwaltung wie auch
jeglicher Organisationen und Institutionen des gesellschaftspolitischen und
ökonomischen Lebens der Zweiten Polnischen Republik hatte zur Folge,
dass die Besatzer an ihrer Stelle eigene Strukturen gemäß der sowjetischen
Gesetzgebung schaffen mussten. Sie entschieden sich zudem für einen
radikalen Austausch der Führungseliten in allen Bereichen des öffentlichen
Lebens und auf allen hierarchischen Ebenen der Verwaltung. Die Nominie-
rung des neuen Personals nahm die Personalabteilung der jeweiligen Parteiinstanzen und ihrer Exekutiven vor. Zum grundlegenden Kriterium für die
Auswahl gehörten Loyalität und Dispositionsbereitschaft gegenüber den
neuen Machthabern und der kommunistischen Ideologie. Die politische
Polizei wurde eingeschaltet, um zu ermitteln, wer von den Anwohnern die
„falsche" Klassenherkunft aufwies, wer zu den „feindlichen Elementen"
gehörte, wer „konterrevolutionäre Ansichten" vertrat und wer seinem
Lebenslauf zufolge gegen die Arbeiterklasse, die revolutionäre Bewegung
und die UdSSR aktiv war. Die polnische Bevölkerung wurde somit zu
Bürgern zweiter Klasse degradiert.

Das dringende Bedürfnis nach neuem Personal in den annektierten
Gebieten erzwang in der Praxis eine eilige und breit angelegte Kaderrekru-
tierung aus den östlichen Bezirken der Sowjetunion. Die Entsendung von
Kandidaten wurde nach quantitativen Kriterien vorgenommen, die von der

---

[13] Ebd., fond 17, opis 3, delo 1016, Bl. 41, 81 f.

[14] Ebd., fond 17, opis 3, delo 1019, Bl. 12.

[15] Ebd., fond 17, opis 3, delo 1027, Bl. 27; „Viedomosti Verchovnogo Soveta SSSR"
1940, Nr. 31, S. 1.

Sowjetmacht bestimmt wurden.[16] Schubweise wurden von dort Parteiange-
stellte, Angehörige des Repressionsapparats, Beamte der staatlichen Verwaltung, jugendliche Aktivisten des kommunistischen Jugendbundes (*Kom-
munisticheskii soiuz molodezhi, Komsomol*) und der Gewerkschaften wie
auch Spezialisten unterschiedlicher Branchen, unter anderem Lehrer und
Eisenbahner, geschickt. Vielfach kamen Menschen an, die auf ihre neuen
Aufgaben nicht vorbereitet waren, zudem waren sie oftmals primitiv,
korrumpiert oder einfach nicht qualifiziert. Sie waren weder mit den Besonderheiten des annektierten Gebietes vertraut noch beherrschten sie die
polnische Sprache. Hauptsächlich waren es Weißrussen, Ukrainer, Russen
und Juden.

Es ist dazu anzumerken, dass die neuen Machthaber den örtlichen
polnischen Kommunisten, die die Auflösung der Kommunistischen Partei
Polens (*Komunistyczna Partia Polski*, KPP) überdauert hatten, misstrauten.
Dabei hätten sie in der neuen Realität in unterschiedlichen Positionen
eingesetzt werden können. Das polnische Führungspersonal wurde generell
verdrängt, in einigen Bereichen ganz massiv (Eisenbahn-, Forst- und Gerichtswesen, Staatsanwaltschaften). Die Säuberungen umfassten u. a. auch
die Lehrer- und Beamtenschaft, überall wurden „klassenfremde und -feind-
liche Elemente" abgesetzt.[17]

Die Machtübernahme vor Ort durch die Partei

Übereinstimmend mit dem Beschluss des Politbüros des ZK der VKP(b)
vom 1. Oktober 1939 sollte mit der Bildung kommunistischer Organisationen in der Westukraine und dem westlichen Weißrussland begonnen werden. Die dortigen Parteiorganisationen wurden verpflichtet, innerhalb von
zwei Tagen für jede von den Sowjets besetzte Wojewodschaft Bevollmächtigte zur Organisation der Parteiarbeit zu bestimmen. Das Politbüro des ZK
der VKP(b) bestätigte diese Ernennungen dann am 4. Oktober 1939.

Die Mitgliederrekrutierung für die kommunistische Partei musste in den
besetzten Gebieten mit der Aufnahme der aktivsten Arbeiter, die die Rote
Armee im Kampf gegen die „feindlichen Elemente" unterstützt und sich bei

---

[16] MICHAŁ GNATOWSKI, Radzieccy funkcjonariusze na Białostocczyźnie (1939–1941).
Wstępny zarys problematyki, in: Sowietyzacja i rusyfikacja północno-wschodnich ziem II
Rzeczypospolitej (1939–1941). Studia i materiały, hg. v. MICHAŁ GNATOWSKI/ DANIEL
BOĆKOWSKI, Białystok 2003, S. 181-209; KRZYSZTOF JASIEWICZ, Pierwsi po diable. Elity
sowieckie w okupowanej Polsce 1939–1941 (Białostocczyzna, Nowogródczyzna, Polesie,
Wileńszczyzna), Warszawa 2002.

[17] RGASPI, fond 17, opis 22, delo 252, Bl. 194; ebd., fond 17, opis 22, delo 166, Bl.
9; ebd., fond 17, opis 22, delo 266, Bl. 9.

der Einführung der neuen revolutionären Ordnung hervorgetan hatten, wie auch der engagiertesten Bauern und Vertreter der Intelligenz beginnen. Aus den Reihen der Roten Armee, die auf polnischem Gebiet stationiert waren, sollten 1.800 Kommunisten und 900 Komsomol-Angehörige demobilisiert und für die Erfordernisse der ukrainischen und weißrussischen Parteiinstanzen zur Verfügung gestellt werden. Sie waren für die Parteiarbeit, die Komsmol-Organisationen und andere Aufgaben in der Westukraine und im westlichen Weißrussland vorgesehen. Sie sollten von mindestens 3.500 aus den Ostbezirken der Ukraine und Weißrusslands delegierten Kommunisten unterstützt werden. Ehemalige Mitglieder der Kommunistischen Partei der Westukraine, der Kommunistischen Partei des westlichen Weißrusslands und der KPP hingegen konnten der VKP(b) individuell erst nach eingehender und lang andauernder Überprüfung beitreten.[18]

Am 7. Oktober 1939 bestätigte das Politbüro des ZK der VKP(b) den Beschluss des ZK des Komsomol über die Bildung von Komsomol-Organisationen in der Westukraine und im westlichen Weißrussland. Für die jeweiligen Wojewodschaften wurden Bevollmächtigte für die Jugendarbeit bestimmt und Tausende Aktivisten in die westlichen, neu einverleibten Bezirke entsandt.[19]

Die Veränderungen betrafen ebenfalls die Gewerkschaftsbewegung. Der Beschluss des Politbüros des ZK der VKP(b) vom 1. Oktober 1939 beinhaltete zwar, das bisherige Gewerkschaftssystem, das nach Branchen ausgerichtet war, nicht zu zerstören, gleichzeitig enthielt er aber die Anweisung, jegliche Initiativen zur Bildung von neuen Gewerkschaften innerhalb der einzelnen Betriebe durch Gründung von Betriebskomitees zu unterstützen. Bei der Errichtung einer Gewerkschaftsbewegung nach sowjetischem Muster sollte eine Gruppe von Aktivisten helfen, die vom Vorsitzenden des Allrussischen Zentralrates der Gewerkschaften in die besetzten Gebiete delegiert wurde.[20]

Somit sind die besetzten Gebiete mit der Entscheidung der zentralen Instanz der bolschewistischen Partei von eintreffenden Parteifunktionären aus dem Osten, dem Militär, den Mitarbeitern des Ressorts für Innere Angelegenheiten, den Jugend- und Gewerkschaftsorganisationen, in denen die Kommunisten die „führende Kraft" darstellten, grundlegend neu organisiert worden. Damit übernahmen die Aktivisten aus dem Osten vollständig die Macht innerhalb der unterworfenen Gebiete und bestimmten die Richtung bei weiteren gesellschaftlich-ökonomischen Umwandlungen im Sinne der kommunistischen Ideologie.

---

[18] Ebd., fond 17, opis 3, delo 1014, Bl. 59; ebd., fond 17, opis 3, delo 1015, Bl. 1.

[19] Ebd., fond 17, opis 3, delo 1015, Bl. 54; ebd., fond 17, opis 22, delo 204, Bl. 83 f.

[20] Ebd., fond 17, opis 3, delo 1014, Bl. 59; ebd., fond 17, opis 3, delo 1015, Bl. 10.

Radikale Umgestaltung der Eigentumsverhältnisse

Die Invasion der Roten Armee in die polnischen Ostgebiete beförderte u. a. die Aktivierung der ärmsten Teile innerhalb der weißrussischen und ukrainischen Bevölkerung, die den Grundbesitz der überwiegend polnischen Eigentümer raubten und untereinander aufteilten. Nachdem die Beschlagnahmungen des Großgrundbesitzes, des Kirchenguts und der Besitztümer hoher staatlicher Beamter von den Volksversammlungen der Westukraine und des westlichen Weißrusslands beschlossen und die bisherigen Beschlagnahmen und Aufteilungen nachträglich sanktioniert worden waren, kam es auf dem Land zur Enteignung der Großgrundbesitzer. Gleichzeitig wurde der Boden Landlosen und Kleinbauern zugeteilt, während die Wälder und die Gewässer zu staatlichem Eigentum erklärt wurden. Obwohl die besetzten Gebiete nur schwach industrialisiert gewesen waren, fanden auch in diesem Bereich grundsätzliche Veränderungen der Eigentumsstrukturen statt. Die Verstaatlichung der Industrie wurde kurze Zeit nach der Enteignung der Großgrundbesitzer verwirklicht.[21]

Am schnellsten offenbarten die neuen Machthaber ihr Interesse am Bankwesen. Am 1. Oktober 1939 ordnete das Politbüro des ZK der VKP(b) im Namen der Übergangsbezirksverwaltungen die Ernennung der Kommissare für alle Banken im besetzten Gebiet an.[22] Zu ihrer Aufgabe gehörte die Überprüfung der laufenden Rechnungen und die Verwahrung der Preziosen, die Einleitung der Bankaktivitäten, die Sicherung der laufenden Kredite für Betriebe und die Überwachung aller Bankgeschäfte. Diese Aufgabe wurde dem damaligen stellvertretenden Ministerpräsidenten der UdSSR und Vorsitzenden des Vorstands der Staatsbank der UdSSR, Nikolai Bulganin, übertragen. Man trug ihm auf, innerhalb von drei Tagen Fachpersonal auszusuchen und seine Vorschläge der kommunistischen Partei in Kiew und Minsk zu unterbreiten. Zudem wurden vorläufige Bevollmächtigte der Staatsbank der UdSSR in Lemberg und Bialystok eingesetzt, um die reibungslose Weiterarbeit des Bankenwesens zu ermöglichen. Die verstaatlichten Banken in den besetzten Gebieten wurden der Leitung der Staatsbank der UdSSR untergestellt. Unverzüglich sollten die Sparkassen wieder eröffnet werden. Um aber massive Abhebungen zu verhindern, wurde die höchstmögliche Auszahlungssumme auf 300 Rubel pro Monat festgesetzt.

Das Politbüro des ZK der VKP(b) befand, dass der generelle Übergang zur russischen Währung unerlässlich sei. Gemeinsam mit der Regierung

---

[21] Über die Verstaatlichung z.B.: ALBIN GŁOWACKI, Proces nacjonalizacji gospodarki na zaanektowanych ziemiach wschodnich II RP (1939–1941), in: Dzieje Najnowsze 36, 2004, Nr. 2, S. 93-117.

[22] RGASPI, fond 17, opis 3, delo 1014, Bl. 60; ebd., fond 17, opis 3, delo 1015, Bl. 3.

der UdSSR fällte es am 8. Dezember 1939 in dieser Angelegenheit eine geheime Entscheidung.[23] Ab dem 21. Dezember 1939 war der Rubel die einzig gültige Währung im besetzten ostpolnischen Gebiet. Alle, die Bargeld auf Girokonten bei Banken oder Sparkassen angelegt hatten, konnten ab diesem Zeitpunkt nur noch maximal 300 Zloty täglich abheben (im Verhältnis 1 Zloty zu 1 Rubel). Dies betraf jedoch ausschließlich die Sparkonten und Sparbücher, die in den von der UdSSR annektierten Gebieten eröffnet worden waren. Die Geldmittel der staatlichen und genossenschaftlichen Betriebe wie auch der Institutionen sollten hingegen ohne Einschränkungen und ausschließlich in der sowjetischen Währung im Verhältnis eins zu eins ausgezahlt werden. An Stelle der polnischen Banken mussten im Dezember 1939 die Bezirksabteilungen wie auch die Oblast- und Stadtstrukturen der Staatsbank der UdSSR organisiert werden. Ein Teil der damaligen Banken unterlag der Liquidierung, ihr Vermögen übernahm ebenfalls der Staat.

Bei der Übernahme der Betriebe veranlasste das Politbüro des ZK der VKP(b) am 1. Oktober 1939, Werke, die von ihren Eigentümern verlassen worden waren oder deren Besitzer den Weiterbetrieb sabotierten, zu verstaatlichen. In derartigen Fällen sollten die Übergangsverwaltungen eine neue Leitung ernennen. Die Parteiführungen der Republiken Ukraine und Weißrussland hingegen wurden verpflichtet, Moskau innerhalb von zehn Tagen einen Vorschlag für die Verstaatlichung großer Betriebe und ein Verzeichnis der betreffenden Werke vorzulegen.[24] Im westlichen Weißrussland ging es dabei hauptsächlich um forstwirtschaftliche Betriebe, die Textilindustrie und um Gerbereien. Für die Aufnahme auf die Liste der zu verstaatlichenden Betriebe waren weder das Produktionsvermögen noch die Anzahl der Beschäftigten entscheidend. Faktisch bestimmte das Politbüro des ZK der Kommunistischen Partei Weißrusslands (und der Ukraine), ob die Betriebe vom Staat übernommen werden sollten. Zudem fällten die Regierungen der beiden Republiken wie auch die Übergangsbezirksverwaltungen diesbezüglich ihre „eigenen" Beschlüsse und veröffentlichten diese in der Presse.[25]

Den von der kommunistischen Partei bestimmten „Volkswillen" zur Notwendigkeit der Verstaatlichung der Banken, der großen Fabriken und Betriebe, der Bergwerke und der Eisenbahn bejahten die Teilnehmer der Volksversammlungen in Lemberg am 28. Oktober 1939 und in Bialystok am 30. Oktober nachdrücklich. Das Politbüro des ZK der VKP(b) bestätigte jedoch erst am 3. Dezember 1939 die Entwürfe des Präsidiums des

---

[23] Ebd., fond 17, opis 3, delo 1016, Bl. 64 f., 103-106.

[24] Ebd., fond 17, opis 3, delo 1014, Bl. 60.

[25] Zachodnia Białoruś, Bd. 1, S. 228 f., 353 f., 393 f.

Obersten Rates der UdSSR über die Verstaatlichung von Industriebetrieben und Werken in der Westukraine und im westlichen Weißrussland. Die weiteren Entscheidungen wurden dann auf der Ebene der Republiken getroffen.[26] Der Staat übernahm entsprechend den Dekreten und den ihnen beiliegenden Verzeichnissen die aufgeführten Fabriken und Werke. Zudem wurden nicht nur die großen Betriebe verstaatlicht, sondern man ging willkürlich darüber hinaus, was die Volksversammlungen der Westukraine und des westlichen Weißrusslands „entschieden" hatten. Alle Textilwerke, die Lohnarbeiter beschäftigten,[27] graphische Betriebe, Kraftwerke, Hotels, Schwimmbäder, Badeanstalten und andere kommunale Einrichtungen wurden verstaatlicht. Dazu kamen: Universitäten und Schulen aller Art; der Gesundheitsbereich, darunter Krankenhäuser, Apotheken und Kurorte; Häuser von Großaktionären und solche, die von Besitzern „zurückgelassen" worden waren; Theaterbühnen, Kinos, Museen, Sportplätze, Kunstgalerien und öffentliche Bibliotheken; große Handelsbetriebe wie Restaurants, Geschäfte, Kantinen u. ä. Im Endeffekt entzog man mit diesen Maßnahmen den enteigneten Eigentümern die bisherigen Einkommensquellen und Arbeitsplätze, verursachte den plötzlichen Verlust ihrer materiellen Lebensgrundlage und zerschlug die existierenden gesellschaftlichen Strukturen. Die von den Eigentümern verlassenen Geschäfte sollten ebenfalls den Übergangsverwaltungen zur Verfügung gestellt werden. Das Handelsressort der UdSSR und die entsprechenden ukrainischen und weißrussischen Institutionen wurden vom Politbüro des ZK der VKP(b) verpflichtet, in den zentralen Städten der besetzten Gebiete Polens ein Netz staatlicher Geschäfte zu errichten.[28] Die Besatzungsmacht ordnete an, die alten Preise einzufrieren, und bestimmte in der Westukraine und im westlichen Weißrussland – auf Anweisung des Kremls vom 1. Oktober 1939 – die Einführung neuer Preise für Salz, Streichhölzer, Brennöl und Tabak.

Am 29. Januar 1940 segnete das Politbüro des ZK der VKP(b) einen Gesetzentwurf des Rates der Volkskommissare der UdSSR über die Organisation des staatlichen und genossenschaftlichen Handels ab wie auch über die Einzelhandels- und Verkaufspreise in den westlichen Bezirken der USSR und der WSSR.[29] Bezeichnend war die Genehmigung, die Einzelhandelspreise für Fleisch, Fleischprodukte, Geflügel, Käse, Milch wie auch für Milchprodukte und Eier in diesen Gebieten niedriger anzusetzen. Bereits am 1. Oktober 1939 verpflichtete das Politbüro des ZK der VKP(b)

---

[26] RGASPI, fond 17, opis 3, delo 1016, Bl. 51, 99-102; ebd., fond 17, opis 22, delo 197, Bl. 140 f.

[27] Ebd., fond 17, opis 3, delo 1016, Bl. 101.

[28] Ebd., fond 17, opis 3, delo 1014, Bl. 60.

[29] Ebd., fond 17, opis 3, delo 1019, Bl. 11, 97 f.

das Ministerium für Kommunikation der UdSSR, innerhalb von zwei Tagen Mitarbeiter, hauptsächlich aus ukrainischen und weißrussischen Abteilungen, auszuwählen und sie in die Westukraine und ins westliche Weißrussland zu schicken, um dort die Aufrechterhaltung der Strukturen des Post- und Fernmeldewesens zu gewährleisten. Auch in dieser Branche wurden Bevollmächtigte für das Kommunikationswesen ernannt. Die Portokosten konnten zu Beginn sowohl in polnischen wie auch in deutschen Briefmarken entrichtet werden.[30]

Landwirtschaftspolitik

Den sowjetischen Machthabern war bewusst, dass die Bauern sehr an ihrem Land hingen. Sie befürchteten daher entschiedenen Widerstand gegen mögliche Kollektivierungsmaßnahmen. Deshalb wurde dem Militär bereits im Dekret 1 des Kriegsrats der Weißrussischen Front vom 16. September 1939 – „vorerst" – die Organisierung von Kolchosen in neu besetzten Gebieten verboten.[31] Und tatsächlich gab das ZK der VKP(b) übereinstimmend keine Empfehlung dahingehend ab. Sollten jedoch solche Initiativen von sich aus ergriffen werden, sollte die Realisierung nicht erschwert werden.[32]

Um die Landbevölkerung für die neuen Machthaber zu gewinnen, wurden mit Beginn des sowjetischen Überfalls auf Polen Bauernkomitees errichtet, die sich aus armen und mittelständischen Bauern zusammensetzten. Deren Aufgabe war die Übernahme des Großgrundbesitzes und die Verteilung des Landes an Landlose und Kleinbauern. Außerdem wurde ein Teil dieser Besitztümer zu staatlichen Landwirtschaftsbetrieben umfunktioniert, so genannte Sowchose (*Sovkhoze, sovetskoe choziaistvo*), um die „Überlegenheit großer sozialistischer Landwirtschaftsbetriebe" zu demonstrieren. Erst am 19. Februar 1940 bestätigte das Politbüro des ZK der VKP(b) die Organisation von 31 Sowchosen in den westlichen Bezirken der USSR (später kamen sieben weitere hinzu) und am 2. April 1940 die Gründung von 24 Sowchosen in der WSSR (später zusätzlich sieben).[33] Sicherlich war dies auch nötig, um das übernommene landwirtschaftliche Inventar, Getreide, Kartoffeln, Viehfutter, Pferde, Rinder, Schweine und Scha-

---

[30] Ebd., fond 17, opis 3, delo 1014, Bl. 61 f.

[31] GNATOWSKI, Zgromadzenie Ludowe, S. 200.

[32] Zachodnia Białoruś, Bd. 2, S. 55 f.

[33] RGASPI, fond 17, opis 3, delo 1020, Bl. 7 f., 54 f.; ebd., fond 17, opis 3, delo 1021, Bl. 218–221; ebd., fond 17, opis 3, delo 1024, Bl. 53 f., 172 f.; ebd., fond 17, opis 22, delo 220, Bl. 5; ebd., fond 17, opis 22, delo 233, Bl. 62 f., 231.

fe, das von deportierten Siedlern oder Förstern hinterlassen wurde, zu verwerten.[34]

Am 16. März 1940 entschieden das Politbüro und der Rat der Volkskommissare der UdSSR über die Bildung von 270 Maschinen- und Traktorenstationen (*Mashinno-traktornaia stantsiia*, MTS) in den westlichen Bezirken der Ukraine und Weißrusslands.[35] Sie sollten die ärmsten und mittelständischen Bauernhaushalte bei der Bodenbearbeitung unterstützen und die Kolchosen mit Maschinen ausstatten. Im Frühjahr 1941 setzten die neuen Machthaber die maximale Bodengröße eines individuellen Landwirtschaftsbetriebs fest. Die Norm war in den jeweiligen Bezirken unterschiedlich hoch (von 5, 7, 10, 12 bis 15 Hektar).

Der Kampf mit der Kirche und der Religionsausübung

Im Vergleich zur Besatzungspolitik in anderen Bereichen war das Verhältnis der Sowjetunion zur Geistlichkeit und gegenüber der Kirche von deutlicher Zurückhaltung geprägt. Die neuen Machthaber waren sich der äußerst bedeutsamen Rolle des Glaubens und der geistlichen Autoritäten im Alltag der Bewohner der annektierten Gebiete bewusst, und sie trauten sich nicht, die Kirchen unterschiedlicher Glaubensrichtungen zu schließen, da sie Proteste befürchteten. Der sakrale Dienst war im Grunde ohne Störungen gewährleistet, allerdings nur innerhalb der Kirchenmauern. Der neue Volkskommissar für Innere Angelegenheiten der UdSSR, Lavrentii Beriia, befahl bereits in seiner Direktive vom 15. September 1939, „vorerst keine Geistlichen, vor allem keine katholischen, zu verhaften".[36] Es wurde jedoch sofort mit ihrer Beaufsichtigung und Ausspionierung begonnen. Die in dieser Zeit vorgenommenen Verhaftungen von Geistlichen resultierten vor allem daraus, dass die Kirchenmänner mutig und öffentlich das kommunistische System anprangerten.

Die Ausweitung der in der UdSSR geltenden Rechtsprechung auf das annektierte Polen bedeutete eine erhebliche Einschränkung des Einflusses aller religiösen Institutionen und hatte eine Dezimierung ihres Besitzes zur Folge. Die Glaubensgemeinschaften waren plötzlich keine staatlichen Institutionen mehr und hatten auch keine Lehrbefugnis an den Schulen. Alle Organisationen und Institutionen der Kirche, ihre Presseorgane und Verlage, die Bruderschaften und Vereinigungen und die Theologische Fakultät der Jan-Kazimierz-Universität in Lemberg wurden aufgelöst,

---

[34] Zachodnia Białoruś, Bd. 2, S. 48, 51-58, 86, 194-197.

[35] RGASPI, fond 17, opis 3, delo 1020, Bl. 48, 108-113.

[36] Zachodnia Białoruś, Bd. 1, S. 72.

religiöse Symbole und Elemente aus dem öffentlichen Leben entfernt und Kreuze und Kapellen am Straßenrand zerstört. Die geistlichen Oberhäupter wurden von ihren bisherigen Amtssitzen vertrieben, Gebäude, die den religiösen Gemeinden wie auch den aufgelösten Klöstern und geistlichen Seminarien gehörten, wurden verstaatlicht. Viele Pfarrhäuser und ihre Anwesen wurden zum Sitz sowjetischer Behörden, während den Geistlichen dort nur sehr beschränkte Räumlichkeiten überlassen wurden. Oft mussten sie aber die Anwesen gänzlich verlassen. Pfarrbibliotheken und kirchliche Büchereien wurden konfisziert, kirchliche Schulen, Fürsorgeheime, Institutionen des Gesundheitswesens und der Bildung und Erziehung übernahm der Staat. In den verstaatlichten Immobilien wurden u. a. Theater, Kinos, Pferdeställe, Heime und Räume für die Armee eingerichtet, oder die Bürgermiliz wurde darin untergebracht. Die Kirchen, die Pfarrhäuser und die Geistlichen wurden so hoch besteuert, dass die Gläubigen wesentlich mehr Leistungen erbringen mussten. Wenn die Kirchen mit den Zahlungen im Rückstand waren, drohte ihnen die Schließung und ihre Übernahme durch den Staat.[37]

Die neuen Machthaber setzten sich zum Ziel, eine atheistische Gesellschaft zu schaffen. In den Schulen wurde auch in diesem Sinn unterrichtet. Neben den Bildungseinrichtungen sollten vor allem die kommunistische Partei, der Komsomol, die Gewerkschaften, die Presse, Kino und Radio antireligiöse Propaganda verbreiten.[38] Als Reaktion auf Abweichungen in der Realisierung der „Religionspolitik" gab das Politbüro des ZK der Kommunistischen Partei der Ukraine (KPdU) am 19. Dezember 1939 ein Dekret heraus, in dem alle Kreis- und Bezirkskomitees der KPdU in den besetzten Gebieten in scharfem Ton daran erinnert wurden, dass bestimmte „Gesetze" verpflichtend seien.[39] Es wurde darin eindeutig darauf hingewiesen, dass orthodoxe, katholische, jüdische oder andere Gotteshäuser nicht ohne einen gesonderten Beschluss (in jedem konkreten Fall) des Präsidiums

---

[37] Zur Situation von Glaubensgemeinschaften in den von der UdSSR annektierten Gebieten der Zweiten Polnischen Republik, vgl. Życie religijne w Polsce pod okupacją 1939–1945. Metropolie wileńska i lwowska, zakony, hg. v. ZYGMUNT ZIELIŃSKI, Katowice 1992; ROMAN DZWONKOWSKI, Represje władz sowieckich wobec duchowieństwa polskiego na ziemiach wschodnich dawnej Rzeczypospolitej w latach 1939–1941 i 1944–1966, in: Europa nieprowincjonalna. Przemiany na ziemiach wschodnich dawnej Rzeczypospolitej (Białoruś, Litwa, Łotwa, Ukraina, wschodnie pogranicze III Rzeczypospolitej Polskiej) w latach 1772–1999, hg. v. KRZYSZTOF JASIEWICZ, Warszawa, London 1999; ALBIN GŁOWACKI, Sowieci wobec Polaków na ziemiach wschodnich II Rzeczypospolitej 1939–1941, Łódź 1997; ALBIN JANOCHA, Pod opieką Matki Bożej. Wspomnienia Sybiraka 1939–1956, Wrocław 1993; WŁADYSŁAW KANIA, Bolszewizm i religia, Rzym 1945.

[38] RGASPI, fond 17, opis 22, delo 235, Bl. 22 ff.

[39] TDAVOVUU, fond 1, opis 16, delo 18, Bl. 44 f.

des Obersten Rates der Ukrainischen SSR geschlossen werden durften. Für die neuen *Oblasti* Drohobytsch, Lemberg, Roviensk, Stanislau, Tarnopol und Wolhynien bestimmte das Politbüro des ZK der KPdU, dass jegliche Schließungen von Kirchen oder Synagogen vorher mit ihm abgesprochen werden mussten. Im April 1940 übernahmen entsprechende Strukturen des NKVD die Registrierung aller Akten über den Familienstand. Die Geistlichen mussten die gesamten Dokumente (Bücher mit Geburtsurkunden u. a.) dem Staat übergeben.[40]

Informationspolitik

Der totalitäre Staat unterstellte alle legalen Aktivitäten im Bereich Information der Kontrolle der kommunistischen Partei und ihres wirkungsvollsten Instruments, der institutionalisierten Zensur. Mit dem Beginn der Besatzung hörte die staatsunabhängige, freie Presse auf zu existieren. Sie wurde durch schablonenhaft redigierte und zensierte sowjetische Zeitungen ersetzt, darunter Publikationen in polnischer Sprache. Deren Wirkungsgrad war allerdings sowohl wegen der bescheidenen Anzahl der Titel, ihres geringen Umfangs, ihres seltenen Erscheinens und ihres kurzen Bestehens, aber vor allem wegen ihrer verkleinerten Auflagen gering. Die gedruckten Exemplare entsprachen nämlich in keiner Weise der Zahl der potenziellen polnischen Leser in den besetzten Gebieten. Sicherlich entmutigte auch der infantile und verwirrende Inhalt dieser „Hetzblätter" die potenziellen Leser. Denn alle Zeitungen erfüllten die Rolle eines von oben gesteuerten, selektierten Informationsorgans und eines Instruments aufdringlicher Propaganda und Indoktrinierung im Geist der marxistisch-leninistischen Ideologie.[41]

Die gleiche Funktion, das Bewusstsein der Bewohner der besetzen Gebiete zu manipulieren, erfüllte der Rundfunk. Als im September 1939

---

[40] RGASPI, fond 17, opis 3, delo 1021, Bl. 91; ebd., fond 17, opis 22, delo 201, Bl. 2.

[41] ALBIN GŁOWACKI, Legalna prasa polskojęzyczna w Białoruskiej SRR, in: Społeczeństwo białoruskie, litewskie i polskie na ziemiach północno-wschodnich II Rzeczypospolitej (Białoruś Zachodnia i Litwa Wschodnia) w latach 1939–1941, hg. v. MAŁGORZATA GIŻEJEWSKA/ TOMASZ STRZEMBOSZ, Warszawa 1995, S. 214-232; BOGUSŁAW GOGOL, Czerwony Sztandar. Rzecz o sowietyzacji ziem Małopolski Wschodniej. Wrzesień 1939 – czerwiec 1941, Gdańsk 2000; GRZEGORZ HRYCIUK, Polskojęzyczna prasa „gadzinowa" wydawana we Lwowie pod okupacją radziecką w latach 1939–1941, in: Wrocławskie Studia Wschodnie, Nr. 4, 2000; DONATA KOROLKIEWICZ, „Wolna Łomża". Oblicze radzieckiej polityki i propagandy w Łomżyńskiem w okresie 1939–1941, Łomża 2002; WOJCIECH ŚLESZYŃSKI, Okupacja sowiecka na Białostocczyźnie w latach 1939–1941. Propaganda i indoktrynacja, Białystok 2001.

die polnischen Radiosender verstummen mussten, boten die Sender in Lemberg, Baranowitsch, Minsk und seit 1940 auch in Wilna polnischsprachige Programme an. Ihr weitreichender Aktionsradius und die abwechslungsreiche Form (Informationsprogramme und literarisch-dramatische, musikalische, gesellschaftspolitisch-propagandistische Sendungen) machten den Rundfunk trotz seiner meist agitatorischen Botschaften und kurzen Sendezeiten zum wichtigen Mittel der Beeinflussung vieler polnischsprachiger Zuhörer.[42]

Bildungs- und Hochschulpolitik

Im Bereich der Bildungs- und Hochschulpolitik leiteten die neuen Machthaber einen radikalen Wandel der Strukturen, der Organisation, im Personalwesen, im Unterrichtsprogramm und in den Lehrmethoden ein.[43] Sie sorgten für gesellschaftliche Allgemeinbildung, deren Vermittlung bereits im Kindergarten begann (die Schulpflicht galt bis zum 17. Lebensjahr). Sie versuchten auch, das Analphabetentum zu beseitigen, und führten kostenlose Bildung für die Kinder der „Arbeiterklasse" ein. Das bisherige polnische Bildungssystem wurde schrittweise und gründlich nach dem Vorbild des sowjetischen Systems reorganisiert. Die Besatzer führten den säkularen und koedukativen Unterricht ein. Die Schule wurde nicht nur zum wichtigen Element der Bildung und Ausbildung, sondern vor allem zum Bestandteil einer Erziehung im Sinn der marxistisch-leninistischen Ideologie. Deshalb betrieb man dort Personalpolitik nach politischen Kriterien, entfernte viele bedeutende patriotische Lehrer und ersetzte diese durch oft zufällig gewählte, inkompetente Kräfte, die nicht einmal die polnische Sprache beherrschten. Anfangs wurden vorläufige Lehrprogramme und -pläne erstellt, die die Phase des Übergangs berücksichtigten. Später wurden die Lehrpläne in vollem Umfang eingeführt, die auch in der gesamten UdSSR verpflichtend waren. Die polnischen Kinder erhielten Schulen, die nach sowjetischem Vorbild der Bildungsanstalten für nationale Minderheiten reorganisiert wurden (Polnisch als Unterrichtssprache, Unterricht der muttersprachlichen Grammatik und Literatur). Formell hatten die Eltern und Schüler das Recht, über die Unterrichtssprache zu entscheiden, in der Praxis sah das oft anders aus. Obligatorisch wurde Russisch und die Sprache der jeweiligen Republik gelehrt (Weißrussisch, Ukrainisch, Litauisch). Die politische

---

[42] GŁOWACKI, Sowieci wobec Polaków, S. 513-523.

[43] Vgl. ebd., S. 411-481; ELŻBIETA TRELA-MAZUR, Sowietyzacja oświaty w Małopolsce Wschodniej pod radziecką okupacją 1939–1941, Kielce 1998; vgl. RGASPI, fond 17, opis 22, delo 2967, Bl. 149 f.; Zachodnia Białoruś, Bd. 1, S. 298 ff.

Erziehung übernahmen u. a. die Schulorganisationen der Pioniere und der Komsomol-Bewegung, die die aufgelösten Pfadfinderstrukturen ersetzt hatten. Mit der Durchsetzung der sowjetischen Lehrprogramme wurden neue Schulbücher notwendig. Die überwältigende Mehrheit wurde aus dem Russischen übersetzt, neue Bücher erstellte man lediglich für polnische Grammatik und Literatur. Das langsame Tempo, in dem die Bücher verlegt wurden, und ihre niedrige Auflage behinderten jedoch die didaktische Arbeit.

Ähnlich wie die polnischen Schul- und Erziehungseinrichtungen wurden die Hochschulen schrittweise reorganisiert, dem sowjetischen Modell angeglichen und in den Dienst des Realsozialismus gestellt.[44] Die existierenden Bildungsinstitutionen finanzierte nun der Staat, was den Studenten kostenfreie Bildung und Stipendien garantierte. Gleichzeitig wurde von den Bildungseinrichtungen verlangt, ihre Strukturen, ihre Lehrprogramme, die Vorlesungssprache, die Auswahl der Hörerschaft (Jugendliche aus der Arbeiter- und Bauernschaft wurden bevorzugt) und die Angestellten den Ansprüchen der Besatzer anzupassen. Aus praktischen Gründen wurde der größte Teil des wissenschaftlich-didaktischen Personals übernommen. Auf Grundlage der existierenden Hochschulen schuf man „neue" Institute. Die Wissenschaftler verloren die Hochschulautonomie und die Forschungsfreiheit. Das System der Ausbildung und Weiterbildung von Lehrkräften wurde reorganisiert. Doch erst für das akademische Jahr 1941/1942 war geplant, auf Hochschulebene Vorlesungen in polnischer Sprache zu halten. Die stärksten Veränderungen betrafen die humanistischen Fachrichtungen. Das gesamte Personal wurde einer individuellen Überprüfung unterzogen und gezwungen, sich an der ideologischen Erziehung (Zwangsindoktrination) zu beteiligen.

Kultur

Die unverzügliche Verstaatlichung der kulturellen Einrichtungen ging mit der Übernahme ihrer Finanzierung durch den Staat einher. Gleichzeitig war damit eine Veränderung ihrer bisherigen Rolle und Funktion verbunden. Sie wurden obligatorisch in die politisch-propagandistische Front eingebunden und mussten sich darum bemühen, das Bewusstsein der Kulturempfänger im Sinn der marxistisch-leninistischen Grundsätze zu verändern. Der gesamte Bereich des geistigen Lebens wurde einer allumfassenden Ideologisierung und Kontrolle und einer schrittweisen Russifizierung und Ukraini-

---

[44] RGASPI, fond 17, opis 22, delo 2965, Bl. 151 ff., 209 f.

sierung (Litauisierung) unterzogen.[45] Die polnische Kultur wurde bedeutend eingeschränkt. Der Literaturbetrieb wurde in neue Organisationsstrukturen gefasst, in nationalen Sektionen dem Verbund der sowjetischen Schriftsteller unterstellt und zur Teilnahme an der Schaffung, Propagierung und Sicherung des neuen politischen Systems gezwungen. Nach einer beinahe einjährigen Probezeit wurden die vertrauenswürdigsten und engagiertesten Vertreter der Literaten in die Reihen der beruflichen Organisationen aufgenommen, woraus diesen Vorteile erwuchsen (hohe Honorarleistungen, bezahlte Ferien, spezielle Kantinen und Wohnungen). Das Verlagswesen wurde ebenfalls in den Dienst der Ideologie gestellt und einer engen Parteikontrolle und Zensur unterzogen. Die aufgelösten Büros aus der Vorkriegszeit wurden in Lemberg durch die Filiale des staatlichen Verlags der Nationalen Minderheiten der USRR ersetzt, die das verstaatlichte Verlagswesen der Stadt und die Räumlichkeiten der Bibliothek „Atlas" nutzte. Diese Filiale wurde zum größten Verleger polnischsprachiger Bücher in der gesamten UdSSR und sollte die Leser im „neuen Geist" erziehen.

Für die Bedürfnisse der weißrussischen Bezirke arbeitete der staatliche Verlag der Weißrussischen SSR, innerhalb dessen eine Literaturabteilung in polnischer Sprache eingerichtet wurde. Diese Büros beschäftigten sich vor allem mit der Veröffentlichung von politisch-propagandistischer Literatur (Marxismus-Leninismus, Wahlbroschüren und antireligiöse Schriften) und von Übersetzungen russischer, ukrainischer und sowjetischer Autoren wie auch von Schulbüchern (Lemberg). Die schöne Literatur, besonders die polnische, stand weit hinten auf der Prioritätenliste und erschien nur in geringen Auflagen.[46] Aus den verstaatlichten (durch das Budget des Staates finanzierten) und in kurzer Zeit reorganisierten öffentlichen Bibliotheken, Buchhandlungen und dem Großhandel wurde „ideologisch schädliche Literatur" massiv verbannt. Sie wurde durch politische, antireligiöse, belletristische, pädagogische und populärwissenschaftliche Literatur – hauptsächlich auf Russisch, Ukrainisch und Litauisch – ersetzt. Das Wirken der Bibliotheken passte man den organisatorischen Strukturen und Grundsätzen an, die in der UdSSR verbindlich waren. Sie wurden zum Instrument im Prozess der „kommunistischen Massenerziehung". Zusammen mit sozialistischen Kulturhäusern und Lesezirkeln nahmen sie an unterschiedlichen Veranstaltungen kultureller und erzieherischer wie auch propagandistisch-

---

[45] MIECZYSŁAW INGLOT, Polska kultura literacka Lwowa lat 1939–1941. Ze Lwowa i o Lwowie. Lata sowieckiej okupacji w poezji polskiej. Antologia utworów poetyckich w wyborze, Wrocław 1995.

[46] ALEKSANDER GŁOWACKI, O Państwowym Wydawnictwie Mniejszości Narodowych USRR i o jego polskojęzycznych książkach, które nie zdążyły się ukazać we Lwowie w 1941 roku, in: Wrocławskie Studia Wschodnie, Nr. 4, 2000, S. 183-205.

agitatorischer Art teil, die von der bolschewistischen Partei initiiert wurden und der Ausrottung „kapitalistischer Überreste" im Bewusstsein der Menschen dienen sollten.[47] Bibliotheken mit ausschließlich (bzw. größtenteils) polnischsprachigen Büchern wurden vollständig beseitigt. In den verstaatlichten Museen wurden die Sammlungen und Ausstellungen übernommen, um sie zu „ordnen" und die Einrichtungen zu reorganisieren (sie unterstanden von da an hauptsächlich dem Bildungsressort). Alle verloren dadurch ihren bisherigen polnischen Charakter. Als „nationalistisch" und „antisowjetisch" eingestufte Expositionen wurden geschlossen. Die neuen Ausstellungen sollten u. a. den „revolutionären Kampf" und die Teilnahme am Aufbau des Sozialismus präsentieren, was wiederum dem Verwischen der polnischen patriotischen Tradition diente.[48]

Als außergewöhnlich wichtiges Mittel der politisch-propagandistischen und kulturell-erzieherischen Agitation sahen die Sowjets Filme an. Das nach der Verstaatlichung ausgebaute Kinonetz (stationär und mobil) führte dazu, dass Filme für die Bürger zur einer leicht zugänglichen, weit verbreiteten und populären Form der Unterhaltung wurden. Größtenteils strahlte man sowjetische Produktionen aus, die eindeutige ideologische Botschaften enthielten: die Filme glorifizierten die revolutionären Veränderungen nach 1917 in Russland, sollten den Stolz auf die sozialistische Lebensart in der UdSSR stärken, Wachsamkeit gegenüber dem Feind lehren und zu produktiver Arbeit aufrufen.

Auch das Theater sollte zum „besten Führer der kommunistischen Ideologie für die arbeitenden Massen" werden. Deshalb erteilten die Machthaber die Erlaubnis, polnische Theatereinrichtungen, die vom Staat finanziert wurden, in Lemberg, Grodno (später nach Bialystok verlegt) und in Wilna zu gründen (meist nutzten sie die bereits existierenden lokalen Einrichtungen und künstlerischen Gruppen). Zu ihrem Repertoire gehörten polnische, sowjetische und westliche „engagierte", antibürgerliche Stücke über den Klassenkampf und die Revolution. Um Vertreter der Intelligenz in der Westukraine für sich zu gewinnen, entschied das Politbüro des ZK der VKP(b) bereits am 26. November 1939 über die Gründung eines besonderen Unterstützungsfonds (2 Millionen Rubel) für diese Gruppe in der

---

[47] RGASPI, fond 17, opis 22, delo 199, Bl. 136; ebd., fond 17, opis 22, delo 235, Bl. 25; ebd., fond 17, opis 22, delo 2965, Bl. 239-242; ALEKSANDER GŁOWACKI, Reorganizacja i zadania bibliotek na tzw. Zachodniej Ukrainie pod okupacją radziecką 1939-1941, in: Kraków, Lwów. Książki, czasopisma, biblioteki XIX i XX wieku, hg. v. JERZY JAROWIECKI, Bd. 5, Kraków, S. 309-328.

[48] ALEKSANDER GŁOWACKI, Wypieranie polskości w reorganizowanych muzeach zachodnich obszarów Ukraińskiej SRR, in: Polacy i Ukraińcy podczas II wojny światowej, hg. v. WŁODZIMIERZ BONUSIAK, Rzeszów 2000, S. 73-87.

Ukrainischen SSR, der dem Präsidium des Obersten Rates der USSR unterstellt wurde.[49]

Das Flüchtlingsproblem

Die schwierige Lage der Flüchtlinge (fehlender Wohnraum, keine Arbeit und keine Mittel zum Lebensunterhalt) wie auch das Misstrauen, das ihnen die sowjetischen Machthaber entgegenbrachten, führten dazu, dass das Politbüro des ZK der VKP(b) den Parteiführungen Weißrusslands im Oktober 1939 erlaubte, 20.000 Kriegsflüchtlinge bei der Torfförderung, am Bau, bei der Waldabholzung und in anderen weißrussischen Betrieben einzusetzen. Darüber hinaus bestimmte das Politbüro die Summe von 3 Millionen Rubel als einmalige Hilfszahlung für Flüchtlinge und für die Ausgaben, die für ihre Akklimatisierung notwendig waren.[50] Am 10. November 1939 berief die Regierungsführung der UdSSR eine gemeinsame Kommission ein, die die Zahl der Flüchtlinge feststellen und einen Vorschlag unterbreiten sollte, wie ein Teil dieser Bevölkerungsgruppe als Arbeitskräfte genutzt werden könnte. Die Kommission sollte sich ebenfalls zu einer möglichen Rückevakuierung der restlichen Flüchtlinge in die vom Deutschen Reich besetzten Gebiete äußern. Des Weiteren erlaubte das Politbüro am 4. Dezember 1939 neun Wirtschaftsbranchen, 39.000 Flüchtlinge einzustellen (davon 6.000 in der Westukraine, 18.000 im westlichen Weißrussland und 10.000 im Bergbau im Uralgebirge, in Ostsibirien und im Moskauer Fördergebiet). Gleichzeitig trug das Büro dem NKVD auf, für 58.000 Flüchtlinge, die in ihre von den Deutschen besetzte Heimat zurückkehren wollten, eine schnelle Entscheidung über ihre Übergabe an die Behörden des Dritten Reichs zu treffen.[51] Kurz danach, am 17. Dezember 1939, wurde diese Entscheidung allerdings wieder annulliert.[52] Schließlich reisten bis Mitte Juni 1940 auf Grundlage des deutsch-sowjetischen Vertrags über den Flüchtlingsaustausch 66.000 Menschen in die Gebiete des Generalgouvernements und des Dritten Reichs ein (hauptsächlich Polen).[53] Freiwillige, denen die Sowjets die Ausreise verweigerten, und diejenigen, die den sowjetischen Reisepass nicht annehmen wollten, wur-

---

[49] RGASPI, fond 17, opis 3, delo 1016, Bl. 39.

[50] Ebd., fond 17, opis 3, delo 1015, Bl. 20, 26; Zachodnia Białoruś, Bd. 1, S. 212 f.

[51] RGASPI, fond 17, opis 3, delo 1016, Bl. 54, 56; ebd., fond 17, opis 22, delo 2965, Bl. 204.

[52] Ebd., fond 17, opis 3, delo 1018, Bl. 3.

[53] STANISŁAW CIESIELSKI/ GRZEGORZ HRYCIUK/ ALEKSANDER SREBRAKOWSKI, Masowe deportacje ludności w Związku Radzieckim, Toruń 2004, S. 228 f.

den Ende Juni 1940 in das Innere der UdSSR deportiert und bei Arbeiten in speziellen Siedlungen eingesetzt, die vom NKVD kontrolliert wurden.

Arbeit, Versicherungen, Steuern

Ab 1. Januar 1940 wurden die in der Sowjetunion allgemein geltenden rechtlichen Regulierungen auf das annektierte Gebiet der Zweiten Polnischen Republik übertragen. Sie betrafen die staatlichen und lokalen Steuern, Vergütungen wie auch die staatliche Sozialversicherung für Arbeiter und Beamte in Betrieben und anderen Institutionen.[54] Auch wenn ein Angestellter oder ein Arbeiter nach Einführung der neuen Regelungen ein geringeres Einkommen erhielt, sollte seine Arbeitszeit dennoch aufrechterhalten werden. Spät, erst Ende Dezember 1940, wurden die westlichen Bezirke der WSSR und USSR von den Gesetzen zur Rentenversorgung erfasst. Die Rentenleistungen, die in Polen erarbeitet worden waren, wurden nach dem Recht der UdSSR verifiziert. Dabei erlitten u. a. Angestellte der Polizei, der Gendarmerie und anderer Staatsdienste Nachteile, da ihre Dienstzeit nicht in die Rentenberechnungen einbezogen wurde. Am 17. März 1940 entschied das Politbüro des ZK der VKP(b), private Versicherungsgesellschaften aufzulösen und das Versicherungssystem in staatlicher Hand zu monopolisieren. Gleichzeitig wurden in den besetzten Gebieten die Steuerpflicht für Landwirtschaftsbetriebe (sie wurde rückwirkend zum 1. September 1939 wirksam), Bevölkerungsabgaben wie auch die Einkommenssteuer in bar für Kolchosen eingeführt.[55] Ab dem 1. Januar 1940 waren auch private Betriebe und Handwerker nach dem sowjetischen Recht steuerpflichtig.

Zu einer der wichtigsten und gleichzeitig schwierigsten gesellschaftlichen Aufgaben gehörte für die Sowjets die Beseitigung der Arbeitslosigkeit. Dabei sollte nicht nur für die Arbeitslosen vor Ort Arbeit sichergestellt werden, sondern auch für die Menschen, die aus der deutschen Besatzungszone flüchteten. Dabei wurde versucht, sowohl lokal eine möglichst große Anzahl von Stellen zu schaffen wie auch Freiwillige für die Arbeit im Inneren der UdSSR zu werben. Die Gesundheitsversorgung erfuhr ebenfalls eine radikale Veränderung, da sie nun allgemein und kostenfrei zugänglich wurde.

---

[54] RGASPI, fond 17, opis 3, delo 1019, Bl. 14, 104 f.
[55] Ebd., fond 17, opis 3, delo 1020, Bl. 52, 154-158.

Repressionen

Der staatliche Terror sollte zum wirkungsvollsten Instrument der Herr-
schaftssicherung der neuen Machthaber werden. Eines seiner grundlegenden Ziele war die Einschüchterung der Bewohner. Sie sollten psychisch
gebrochen werden, um die Sowjetisierung der Menschen und der sozioökonomischen Bedingungen zu erleichtern und zu beschleunigen (Unifizie-
rung mit der UdSSR). Zudem sollte so das annektierte Gebiet entpolonisiert
und die Entstehung einer Widerstandsbewegung erschwert werden. Als
Erstes war ein Schlag gegen die führenden sozialen Schichten und Berufsgruppen geplant – Grundbesitzer,[56] Bourgeoisie, Beamte, Lehrer, Wissenschaftler und Angehörige der Justiz, des Militärs und der Polizei.[57] Dabei
galt das Prinzip der „kollektiven Verantwortung". Als Repressionsmeth-
oden wandten die Besatzer Inhaftierungen und Deportationen an. Von individuellen Verhaftungen waren seit den ersten Tagen der Besatzung bereits
tatsächliche und potentielle Gegner des sowjetischen Systems betroffen (so
genannte konterrevolutionäre Elemente).

Die polnischen Gefangenen, die man in den NKVD-Lagern festgehalten
hatte, wurden im Herbst 1939 zum Teil entlassen (Gefreite und Unteroffiziere), wenn ihre Heimat in den Gebieten der sowjetischen Besatzung
lag, oder der deutschen Seite übergeben, wenn sie aus Zentral- oder Westpolen stammten. Die restlichen Gefangenen (etwa 25.000 Menschen)
wurden in die Gefangenenarbeitslager in der Ukrainischen SSR überführt.
Offiziere, Polizisten, Gendarmen, Grenz- und Vollzugsbeamte, Agenten
des Geheimdienstes und der Gegenspionage brachte man in drei Speziala-
gern unter (insgesamt etwa 15.000 Menschen). Auf der Grundlage der
Entscheidung des Politbüros des ZK der VKP(b) vom 5. März 1940 wurden sie zwischen April und Mai 1940 in Katyn, Charkow und Kalinin
erschossen (es überlebten lediglich 400 Gefangene). Auf der Grundlage der
gleichen politischen Entscheidung wurden parallel über 7.300 Gefangene
der Gefängnisse in den westlichen Bezirken der Ukraine und Weißrusslands
hingerichtet. Auf diese Weise, ohne Gerichtsverfahren, ohne die Vorlage

---

[56] Vgl. KRZYSZTOF JASIEWICZ, Zagłada polskich Kresów. Ziemiaństwo polskie na Kresach Północno-Wschodnich Rzeczypospolitej pod okupacją sowiecką 1939–1941. Studium
z dziejów zagłady dawnego narodu politycznego, Warszawa 1997.

[57] SŁAWOMIR GRABOWSKI/ PIOTR MAJER, Ostaszków – zbrodnia na polskich policjan-
tach, Szczytno 2000; Naznaczeni piętnem Ostaszkowa: wykazy jeńców obozu ostasz-
kowskiego i ich rodzin, Warszawa 2000; Ostaszków, Twer, Miednoje: zbrodnia przypom-
niana, Szczytno 2000; ANDRZEJ PEPŁOŃSKI/ ANDRZEJ MISIUK, Policja Państwowa we
wrześniu 1939 r., in: Zbrodnia katyńska. Droga do prawdy, Warszawa 1992, S. 38-50;
HENRYK PISKUNOWICZ, Policja Państwowa we wrześniu 1939 r., in: Gazeta Policyjna,
1991, Sonderausgabe.

von irgendwelchen Beweisen für die Schuld der Hingerichteten, wurde der Völkermord an beinahe 22.000 Vertretern der polnischen Elite ausgeführt.[58] Andere Bevölkerungsgruppen, die als Bedrohung für das sowjetische System eingestuft wurden, blieben ebenfalls nicht verschont. So wurden die Dörfer von polnischen Siedlern aus der Vorkriegszeit gesäubert. Im Februar 1940 bestrafte man sie für ihre Treue gegenüber der polnischen Regierung, für ihre antisowjetische Haltung und für ihre „Ausbeutung" der örtlichen Bauern mit der Deportation in das Innere der UdSSR (vorher wurden viele von ihnen inhaftiert). Auch die Förster hatten unter Repressionen zu leiden – man sah in ihnen Diversanten, fürchtete ihre Unterstützung für die polnischen Partisanen und hielt sie für eine potentielle Basis des Widerstands. Die Städte wurden von den Familien der verdächtigen Personen (im April 1940 fand eine Massendeportation nach Kasachstan statt) und der Flüchtlinge (Juni-Deportation 1940) gesäubert. Zwischen Mai und Juni 1941 deportierte man weitere Zigtausend Menschen im Rahmen der Beseitigung der „Feinde des Volkes" und ihrer Familien. Insgesamt wurden in vier Massendeportationen mindestens 320.000 polnische Staatsbürger ins Innere der UdSSR verschleppt.

Im Frühjahr 1940 wurde im Rahmen der Aktion zur Verstärkung des Grenzschutzes und der Säuberung der 800 Meter breiten Grenzzone von jeglicher Bebauung die Aussiedlung von 138.000 Bewohnern dieses Grenzstreifens in den westlichen Kreisen der Ukraine und Weißrusslands durchgeführt.[59] Des Weiteren wurde zum Jahreswechsel 1940/1941 ein Teil der Einwohner (mehr als 12.000 Personen) aus den Kreisen Lemberg und Wolhynien in das bereits sowjetische Bessarabien umgesiedelt, das vorher von deutschen Kolonisten verlassen werden musste.[60] Alle Umsiedlungsaktionen führten zur Schwächung des polnischen Elements in den annektierten Ostgebieten Polens. Es ist ebenfalls anzumerken, dass aufgrund der erzwungenen sowjetischen Staatsbürgerschaft männliche polnische Staatsbürger im wehrfähigen Alter zum Dienst in der Roten Armee eingezogen wurden. Die Rekruten verlegte man in unterschiedliche Garnisonen in der Ukraine, in Weißrussland und in anderen Regionen der UdSSR. Verstreut

---

[58] Vgl. GŁOWACKI, Sowieci wobec Polaków, S. 170-264; STANISŁAW JACZYŃSKI, Zagłada oficerów Wojska Polskiego na Wschodzie: wrzesień 1939 – maj 1940, Warszawa 2000; NATALIA LEBIEDIEWA, Katyń: zbrodnia przeciwko ludzkości, Warszawa 1997. Vgl. auch die publizierten Artikel, die als Serie erschienen sind: Zeszyty Katyńskie, Nr. 1-19.

[59] ALEKSANDER GŁOWACKI, Wysiedlenie mieszkańców Zachodniej Białorusi z 800-metrowej strefy nadgranicznej na wiosnę 1940 r., in: Sowietyzacja i rusyfikacja, S. 139-153. Vgl. RGASPI, fond 17, opis 3 delo 1020, Bl. 26.

[60] ALEKSANDER GŁOWACKI, Przesiedlenie części ludności z obwodu lwowskiego do Mołdawii na przełomie lat 1940/1941, in: Europa nieprowincjonalna. S. 993-1007.

auf einem riesigen Gebiet wurden sie in einer multinationalen Menge russifiziert und sowjetisiert. Sie mussten den Treueeid auf die Besatzungsmacht ablegen.

Insgesamt sollten die präventiv-repressiven Aktivitäten der Sowjets die Menschen eliminieren, die widerspenstig waren und sich der kommunistischen Ideologie entzogen. Die Aktionen führten zur Einschüchterung und Isolierung von Menschen, die – wenn auch nur potentiell – eine Bedrohung für die Besatzungsmacht darstellten.

Fazit

Trotz der vergleichsweise kurzen Dauer der (ersten) sowjetischen Besatzung unterlag die Besatzungspolitik einer evolutionären Entwicklung. Die erste Phase (kommissarische Verwaltung bis Ende November 1939) trug den Charakter der Aufklärung, der Vorläufigkeit und der Vorbereitung. Im Weiteren wurden eine intensive Vereinigung des annektierten Gebiets mit der UdSSR und eine Sowjetisierung der Bevölkerung durchgeführt. In dieser Phase, bis zum Sommer 1940, hielten das strenge Regime und der Terror an. Mit der französischen Niederlage im Jahr 1940 und der wachsenden Drohung eines deutsch-sowjetischen Kriegs konnte man hingegen fast ein Jahr lang eine Abschwächung des repressiven Kurses der Besatzungsmacht beobachten. Immer wieder startete die sowjetische Führung Versuche, die Bewohner der gesäuberten Gebiete für eine Zusammenarbeit zu gewinnen. Dies drückte sich u. a. in einer Liberalisierung der Kulturpolitik aus, in vertraulichen Gesprächen mit ausgewählten Gefangenen über die Gründung einer polnischen Division innerhalb der Roten Armee und in einer größeren Präsenz polnischer Angelegenheiten im Innenleben der besetzten Gebiete der Zweiten Polnischen Republik. Doch leider fanden in diesem Zeitraum auch repressive und todbringende Aktionen statt wie Umsiedlungen oder die mörderische Evakuierung der Gefängnisse aus den annektierten Ostgebieten Polens. So muss die erwähnte Abmilderung der Besatzungspolitik lediglich als Taktik der Besatzer interpretiert werden.

DIE WIRTSCHAFTLICHE AUSBEUTUNG

TADEUSZ JANICKI

DIE DEUTSCHE WIRTSCHAFTSPOLITIK IN DEN EINGEGLIEDERTEN POLNISCHEN GEBIETEN 1939–1945

Die deutsche Wirtschaftspolitik in den vom Dritten Reich im September 1939 eroberten Westgebieten Polens wurde von historischen, ideologischen und ökonomischen Faktoren determiniert. Der nach 1919 erfolgte Verlust von Westpreußen, Großpolen und Teilen Schlesiens war für Deutschland aus politischen und wirtschaftlichen Gründen nur schwer hinnehmbar. Obwohl die Verantwortlichen der Weimarer Republik unter dem Druck der Entente-Mächte internationale Abkommen zur Sanktionierung des neuen Status quo unterzeichneten, unternahmen sie in der Folgezeit verschieden-ste Maßnahmen, um diese territorialen Veränderungen zu revidieren. Im Gegensatz zu den Politikern der Weimarer Republik, die (zumindest offiziell) nur eine Revision der Ostgrenze in den Grenzen von 1914 anstrebten, war für Hitler die Wiedergewinnung Großpolens, Westpreußens und Schlesiens Teil eines größeren Plans zur Errichtung von „Großdeutschland" und zur Schaffung von „deutschem Lebensraum im Osten". Die mit dem Begriff „Lebensraum" verbundenen wirtschaftlichen Ziele liefen auf eine Autarkie im Nahrungsmittel- und Rohstoffbereich durch die Schaffung einer deutschen „Großraumwirtschaft" in Ostmitteleuropa hinaus.[1]

Nach der Unterwerfung Polens im Jahr 1939 behandelte das NS-Regime die polnischen Westgebiete aus historischen und ökonomischen Gründen anders als die übrigen Territorien Polens, die unter deutscher Besatzung standen. Großpolen, Pommerellen und der 1922 an Polen gefallene östliche

---

[1] Die NS-Wirtschaftspolitik in den eingegliederten Gebieten wird u. a. in folgenden Abhandlungen eingehend analysiert: JANUSZ DERESIEWICZ, Okupacja niemiecka na ziemiach polskich włączonych do Rzeszy 1939–1945. Studium historyczno-gospodarcze, Poznań 1950; CZESŁAW ŁUCZAK, Polityka ludnościowa i ekonomiczna hitlerowskich Niemiec w okupowanej Polsce, Poznań 1979; CZESŁAW MADAJCZYK, Die Okkupationspolitik Nazideutschlands in Polen 1939–1945, Köln 1988; ALFRED SULIK, Przemysł ciężki rejencji katowickiej w gospodarce Trzeciej Rzeszy (1939–1945), Katowice 1984.

Teil Schlesiens bildeten nach Auffassung zahlreicher deutscher Politiker, Publizisten und Wissenschaftler einen zeitweise verloren gegangenen Bestandteil des Deutschen Reichs, der ganz von der deutschen Kultur erfüllt sei und in wirtschaftlicher Hinsicht die anderen Reichsgebiete ergänze. Daher gliederte man diese Territorien entgegen geltendem Völkerrecht ins Dritte Reich ein und versuchte eine Wirtschaftspolitik zu betreiben, gemäß der diese Gebiete erneut zur „Kornkammer des Reichs" sowie zum Lieferanten von Kohle und anderer Rohstoffe werden sollten, so wie dies vor 1914 der Fall gewesen war. Die Wirtschaftspolitik der Nationalsozialisten wurde von der Überzeugung geleitet, dass diese Gebiete „deutsch" seien und die 1939 dort vollzogenen territorialen Veränderungen dauerhaften Charakter trügen. Daher tauchte bei ihnen neben anderen Zielen auch das Schlagwort „Wiederaufbau" dieser durch 20 Jahre polnische Herrschaft angeblich zugrunde gerichteten Gebiete auf, die anschließend gemäß den Vorgaben des NS-Regimes umgestaltet und weiterentwickelt werden sollten. Zugleich betrachtete man alle unterworfenen Territorien als Arbeitskräftereservoir und als Raum für die ökonomische Expansion des deutschen Staates, seiner Wirtschaftskreise und gesellschaftlichen Gruppen wie Beamte, Handwerker und Bauern.

Aus Sicht Hitlers bildete die erneute Anbindung der polnischen Westgebiete an Deutschland lediglich den Ausgangspunkt für weitaus größer angelegte Expansionen in Ostmitteleuropa. Von diesen Absichten zeugt folgender Abschnitt aus „Mein Kampf":

„Die Forderung nach Wiederherstellung der Grenzen des Jahres 1914 ist ein politischer Unsinn von Ausmaßen und Folgen, die ihn als Verbrechen erscheinen lassen. [...] Die Grenzen des Jahres 1914 bedeuten für die Zukunft der deutschen Nation gar nichts. In ihnen lag weder ein Schutz der Vergangenheit, noch läge in ihnen eine Stärke für die Zukunft. Das deutsche Volk wird durch sie weder seine innere Geschlossenheit erhalten, noch wird seine Ernährung durch sie sichergestellt, noch erscheinen diese Grenzen, vom militärischen Gesichtspunkt aus betrachtet, als zweckmäßig oder auch nur befriedigend."[2]

Aus diesen Worten geht hervor, dass der genaue Umfang der zukünftigen Expansionen ähnlich wie die Form der Unterordnung und Verwaltung der eroberten Gebiete zunächst eine offene Frage gewesen war. Noch in den ersten Wochen nach dem Überfall auf Polen am 1. September 1939 blieb dieses Problem ungelöst.

Erst unmittelbar nach Einstellung der Kampfhandlungen führte das NS-Regime eine administrative Neueinteilung der eroberten polnischen Gebiete durch. Am 8. Oktober 1939 ordnete Hitler mit Wirkung zum 1. November

---

[2] Zit. ADOLF HITLER, Mein Kampf, München 1941, S. 736, 738.

1939 die (de facto bereits am 26. Oktober erfolgte) Anbindung folgender Wojewodschaften Vorkriegspolens ans Dritte Reich an: Pommerellen, Posen, Schlesien sowie Teile der Wojewodschaften Bialystok, Kielce, Krakau, Lodz und Warschau. Im amtlichen Sprachgebrauch erhielten diese Territorien die Bezeichnung „eingegliederte Ostgebiete". Aus den ans Dritte Reich angeschlossenen Gebieten bildete man zwei neue Reichsgaue: Danzig-Westpreußen und Wartheland. Die übrigen Gebiete wurden den Provinzen Schlesien und Ostpreußen überlassen. Nach Ausbruch des deutsch-sowjetischen Krieges im Juni 1941 kam der Bezirk Bialystok unter die Verwaltung des Gauleiters von Ostpreußen, Erich Koch. Obwohl dieser Bezirk formalrechtlich nicht ans Dritte Reich angeschlossen wurde, gehörte er fortan zu dessen Zollgebiet und unterlag der Gesetzgebung und Währung des Dritten Reiches. Insgesamt gliederte das NS-Regime eine Fläche von 123.000 Quadratkilometern – also etwa 31 Prozent des Territoriums und damit 34 Prozent der Bevölkerung Vorkriegspolens – an das Dritte Reich an.[3] In den eingegliederten Gebieten wurden 70 Prozent der Getreideüberschüsse Vorkriegspolens produziert. Dort konzentrierten sich 100 Prozent der Kohle- und Zinkgewinnung, 97,5 Prozent der Roheisenproduktion, 90 Prozent der Stahlproduktion, 70 Prozent der Textilindustrie und 70 Prozent der Zuckerproduktion Polens aus der Zeit bis 1939.[4] Die Herrschaft in den neu gebildeten Gauen übten die Reichsgauleiter Arthur Greiser (Wartheland) und Albert Forster (Danzig-Westpreußen) aus. Die Wojewodschaft Schlesien und ein Teil der Wojewodschaft Krakau wurden anfangs von Josef Wagner, dem Oberpräsidenten Schlesiens, und ab 1941 nach Bildung der neuen Provinz Oberschlesien von Fritz Bracht regiert. Die Gauleiter und Oberpräsidenten besaßen nicht nur weitreichende Kompetenzen im politischen und polizeilichen Bereich, sondern leiteten auch das Wirtschaftsleben in den ihnen unterstellten Territorien. Daher verfügten sie über eine große Handlungsfreiheit bei der Realisierung der Bevölkerungs- und Wirtschaftspolitik, da auf zentraler Ebene oftmals nur Rahmenvorgaben formuliert wurden. Einen besonderen Erfindungsreichtum zeigte dabei Greiser, der in „seinem" Gau zugleich wirtschaftliche Ziele und Rassesiedlungspläne verfolgte. Dahinter stand das Bestreben, das Wartheland zur

---

[3] Die Probleme der Anbindung der polnischen Gebiete ans Dritte Reich und die Frage ihrer administrativen Neueinteilung werden eingehend erörtert von: ZBIGNIEW JANOWICZ, Ustrój administracyjny ziem polskich wcielonych do Rzeszy Niemieckiej 1939–1945, Poznań 1951; ŁUCZAK, Polityka ludnościowa; KAROL MARIAN POSPIESZALSKI, Polska pod niemieckim prawem. Ziemie Zachodnie, Poznań 1946.

[4] IRENA OSTROWICKA/ ZBIGNIEW LANDAU/ JERZY TOMASZEWSKI, Historia gospodarcza Polski XIX i XX wieku, Warszawa 1985, S. 374.

„Kornkammer" und rassepolitisch vorbildlichen Verwaltungseinheit („Mustergau") des Dritten Reichs umzugestalten.

Beeinflusst von völkischen und geopolitischen Ideen verstand Hitler die Politik als ständigen „Kampf um neuen Lebensraum", der als Quelle der Ernährung und Garantie der Sicherheit angesehen wurde. Die Eroberung fremder Territorien für sein Volk bildete für Hitler den Sinn von Politik und das Ziel staatlichen Handelns. Vor diesem Hintergrund nahm er immer wieder auf die politische Situation nach 1918 Bezug und betonte die Notwendigkeit, die den Deutschen durch den Versailler Vertrag auferlegte angebliche „räumliche Enge" zu überwinden. Durch die „Arrondierung des Lebensraumes im Osten" sollte die wirtschaftliche und militärische Sicherheit des Dritten Reichs gewährleistet werden. Die These vom „Volk ohne Raum" stellte ein grundlegendes Element der NS-Propaganda zur Begründung der Expansionsbestrebungen dar. Darüber hinaus galten der Überfall auf Polen und die dort betriebene Politik der „Germanisierung des Bodens" und der Auslöschung der polnischen Gesellschaft als „Notwehr" und „historische Gerechtigkeit", im Namen derer das „große deutsche Volk" Gebiete erobere, auf die es aus geschichtlich-biologischen Gründen ein Anrecht besitze.[5] Die Nationalsozialisten hielten die Gewinnung von „Lebensraum im Osten" für die Grundvoraussetzung für die Schaffung eines autarken deutschen Staates, der die Ernährung seines Volkes sicherstellen und die zur Realisierung seiner Weltpolitik nötigen Rohstoffe liefern konnte. Dies wiederum war die Bedingung für politische, ökonomische und vor allem militärstrategische Unabhängigkeit und Dominanz. Das Problem des Rohstoff- und Nahrungsmittelmangels erhoben die Nationalsozialisten in den Rang einer Ideologie.[6] Bereits lange vor Kriegsausbruch wurde die Doktrin der „Großraumwirtschaft" zum festen Bestandteil eines positiv formulierten Programms, mit dem die Folgen der Wirtschaftskrise überwunden, das allgemeine Lebensniveau in Deutschland gehoben und die unlängst erworbene Macht der Nationalsozialisten gefestigt werden sollten. Daher gehörte diese Doktrin auch zur politischen Propaganda auf internationalem Parkett. In ihren völkisch-geopolitischen Vorstellungen und bei der postulierten „Großraumwirtschaft" gingen die Nationalsozialisten, verbunden mit nationalistischen Denkansätzen, von der Ungleichheit der Rassen und Völker aus, hoben die besondere Rolle von Dorf und Bauerntum hervor und betonten die Bedeutung von Bevölkerungszahl und Staats-

---

[5] ARTHUR GREISER, Der Aufbau im Osten, Jena 1942, S. 3 f.

[6] ANNA WOLFF-POWĘSKA, Doktryna geopolityki w Niemczech, Poznań 1979, S. 253-257; ALBRECHT RITSCHL, Die NS-Wirtschaftsideologie – Modernisierungsprogramm oder reaktionäre Utopie?, in: Nationalsozialismus und Modernisierung, hg. v. MICHAEL PRINZ/ RAINER ZITELMANN, Darmstadt 1991, S. 69.

fläche eines Volkes: Je größer ein an Nahrungsmitteln und Rohstoffen reiches Land war, als desto größer galten seine Entwicklungsmöglichkeiten. Oben genannte Ziele standen hinter der Territorialexpansion und der als übergreifend verstandenen Besatzungspolitik, die u. a. in den eingegliederten Gebieten zur Anwendung kam. Dabei boten Rassismus und die Glorifizierung des dörflichen Lebens die Grundlage für die Vernichtungspolitik gegenüber fremden ethnischen Gruppen (insbesondere Juden) sowie die „Germanisierung" ausländischer Territorien und die Aussiedlung der dort lebenden Bevölkerung bzw. Neuansiedlung deutscher Bauern. Historische Reminiszenzen und natürliche Abhängigkeiten, aber auch die Doktrin der „Großraumwirtschaft" und der Kriegsbedarf führten zum ökonomischen Umbau der eingegliederten Gebiete, um in Hinblick auf das so genannte Altreich komplementäre Wirtschaftsstrukturen zu schaffen und das Bevölkerungs- und Produktionspotential der neuen Reichsterritorien maximal zu verwerten. Nach Auffassung der Nationalsozialisten mussten die ökonomischen Ziele eine rein nationale Prägung aufweisen, d. h. die deutsche Wirtschaft sollte sich stets an den kulturellen und politischen Vorgaben der Nation orientieren. Das Ziel der Wirtschaft konnte also nur heißen, die Gesamtheit des deutschen Volkes in allen seinen Erscheinungsformen aufrechtzuerhalten und einer gedeihlichen Entwicklung zuzuführen. Dies bezog sich insbesondere auf die Erreichung des höchsten Zieles: die Eroberung von „Lebensraum im Osten".[7] Diese ideologischen Vorgaben spiegelten sich in konkreten wirtschaftlichen Maßnahmen wider, und zwar sowohl im Lauf der Expansionsvorbereitungen als auch während des Kriegs. Denn in beiden Phasen strebte die NS-Wirtschaftspolitik nach ökonomischer Autarkie durch die Errichtung einer „Großraumwirtschaft". Zudem war sie darauf eingestellt, das Militärpotential Deutschlands weiter auszubauen, die Interessen von NSDAP und Wirtschaftseliten zu wahren sowie zumindest eine ausreichende Nahrungsmittelversorgung der Deutschen im Altreich zu gewährleisten.[8]

Die Expansionsvorbereitungen und das damit verbundene Rüstungsprogramm spielten seit der nationalsozialistischen Machtübernahme eine bedeutende Rolle in der Innenpolitik des Dritten Reichs. Denn die Aufrüstungsmaßnahmen trugen zur raschen Verringerung der Arbeitslosigkeit bei und führten zur Annäherung von Nationalsozialisten und Wirtschaftseliten. Dies hatte eine Stabilisierung der Macht der NSDAP zur Folge. Abgesehen

---

[7] JERZY CHODOROWSKI, Niemiecka doktryna gospodarki wielkiego obszaru (Großraumwirtschaft) 1800–1945, Wrocław 1972, S. 276.

[8] HANS-ERICH VOLKMANN, Zur europäischen Dimension nationalsozialistischer Wirtschaftspolitik, in: DERS., Ökonomie und Expansion. Grundzüge der NS-Wirtschaftspolitik. Ausgewählte Schriften, hg. v. BERNHARD CHIARI, München 2003, S. 43.

vom Rüstungsprogramm wurde die Annäherung von NS-Regime und Unternehmerkreisen vor allem auch durch die Perspektive einer ökonomischen Expansion in Ostmitteleuropa enorm begünstigt. Welche konkreten Formen diese Expansion annehmen sollte, war den Wirtschaftseliten im Grunde genommen gleichgültig. Darüber hinaus willigte man in Unternehmerkreisen mit Blick auf bereits vorhandene oder erhoffte zukünftige Gewinne bzw. eine Teilung der Beute in Ost und West ein, die Marktwirtschaft unter staatliche Lenkung zu stellen.[9] Die Wirtschaftspolitik in den eingegliederten Gebieten bietet eine gute Illustration des Bündnisses zwischen den NS-Politikern und den Wirtschaftseliten. Denn nach der Eroberung der polnischen Territorien arbeiteten beide Seiten eng zusammen, und zwar sowohl bei der Aufteilung der Beute (obgleich es auch zu Rivalitäten zwischen NSDAP-Leitern und Industrieführern kam) als auch bei der Organisierung des Wirtschaftslebens und der Ausbeutung dieser Gebiete.

Daher ging man davon aus, dass die eroberten Gebiete, die Nahrungsmittel- und Rohstoffüberschüsse aufwiesen, in den Wirtschaftsraum des Dritten Reichs aufgenommen werden müssten. Diese Bedingungen erfüllten die polnischen Territorien, darunter insbesondere Pommerellen, Großpolen und Schlesien, die vor 1918 als „Kornkammern des Reiches" gegolten hatten.[10] Ihre erneute Anbindung ans Deutsche Reich erschien in doppelter Hinsicht sinnvoll. Politisch gesehen wurde damit das „Versailler Diktat" in einem Akt „historischer Gerechtigkeit" beseitigt, was zugleich dazu beitrug, die Ernährungs- und Rohstoffprobleme des Altreichs zu lösen. Hitler beschloss, durch die Eroberung Polens die Probleme des Dritten Reichs zu beseitigen und zugleich eines seiner grundlegenden politischen Ziele zu verwirklichen: Mit der Übernahme der an Deutschland im Osten angrenzenden Gebiete sollte die Schaffung „neuen Lebensraums" beginnen.[11] Die Expansion sollte die „Engpässe" der deutschen Wirtschaft minimieren und ihr eine neue Dynamik verleihen – auf Kosten der polnischen Gesellschaft und ihres ökonomischen Potentials.[12] In diesem Zusammenhang ist der

---

[9] Ebd., S. 24 f.

[10] Schlesien verfügte über enorme Mengen der für Deutschland besonders wertvollen Steinkohle, die in traditionellen Industriezweigen wie dem Hüttenwesen und der Energieerzeugung, aber auch in neuen Bereichen der Wirtschaft, wie z. B. bei der Produktion von synthetischem Benzin und Gummi, gebraucht wurde.

[11] VOLKMANN, Zur europäischen Dimension, S. 34.

[12] ROLF-DIETER MÜLLER, Triebkräfte des Krieges oder: Die Suche nach den Ursachen der deutschen Katastrophe, in: VOLKMANN, Ökonomie und Expansion, S. 7-12.

„Polenkrieg" von 1939 eine logische Folge der innerdeutschen Entwicklungsprozesse in Politik und Wirtschaft.[13]

Erst nach ihrer Machtübernahme wurde den Nationalsozialisten die weitreichende innen- und außenpolitische Bedeutung der Wirtschaft voll bewusst. Mit Ausnahme des von Hjalmar Schacht, dem Präsidenten der Reichsbank, ausgearbeiteten „Neuen Plans" entwickelte man jedoch kein einheitliches, umfassendes Wirtschaftskonzept, das von Hitler und seinem engsten Führungskreis akzeptiert und umgesetzt worden wäre. Auch der seit 1936 geltende Vierjahresplan bildete eher eine allgemein gehaltene Rahmenkonzeption, die vor allem die Richtung der ökonomischen Prozesse festlegte und weniger ein schlüssiges, systematisches Wirtschaftsprogramm darstellte.[14]

Die führenden NSDAP-Funktionäre vor Ort wollten gegenüber höheren Dienststellen positiv auffallen, sie zeigten sich pflichteifrig und engagiert und legten nicht selten einen unerschütterlichen Glauben an Hitler und die von ihm erteilten Losungen an den Tag. Die wuchtvolle Dynamik der geplanten Unternehmungen und deren rücksichtslose Brutalität in Bezug auf die unterworfenen Nationen zeugten angeblich von der großen Willensanspannung des Planenden, die laut NS-Ideologie für einen „echten Führer" kennzeichnend war. Daher erstellten zahlreiche hohe Repräsentanten des NS-Regimes weitreichende Konzeptionen, mit denen die Wirklichkeit im Sinne des Nationalsozialismus möglichst tiefgreifend verändert werden sollte. Dabei ging man auch dann zur praktischen Umsetzung dieser Ideen über, wenn deren Sinn aus wirtschaftlicher Sicht höchst zweifelhaft war. Die Planung und Umgestaltung der herrschenden Verhältnisse erwies sich im Gegensatz zum Altreich in den eingegliederten Gebieten als einfacher, da dies in der Regel auf Kosten der lokalen Bevölkerung ging. Angesichts der ökonomischen Realitäten in den eingegliederten Gebieten, in denen die Güter der polnischen Bürger den Raubaktionen der Nationalsozialisten zum

---

[13] Nach der Eroberung Polens im September 1939 verbesserte sich die Nahrungsmittelversorgung im Altreich, was die Machthaber des NS-Regimes zu der triumphalen Erklärung veranlasste, dass man dank des Kriegs die deutschen Ernährungsprobleme lösen könne; vgl. ALAN STEELE MILWARD, Die deutsche Kriegswirtschaft 1939–1945, Stuttgart 1966, S. 32.

[14] In der geheimen Denkschrift von August 1936 definierte Hitler (vor dem Hintergrund der Inkraftsetzung des Vierjahresplanes) die wesentlichen politischen und wirtschaftlichen Aufgaben für die Folgejahre. Dabei war abermals von der Ausbreitung des „Lebensraums" und der Sicherstellung einer Rohstoff- und Nahrungsmittelbasis die Rede. Auf ganz ähnliche Schlagwörter griff Hitler im März und im Mai 1939 zurück; vgl. CZESŁAW MADAJCZYK, Cele wojenne III Rzeszy na wschodzie, in: Wschodnia ekspansja Niemiec w Europie środkowej. Zbiór studiów nad tzw. niemieckim „Drang nach Osten", hg. v. GERARD LABUDA, Poznań 1963, S. 238 f.; HANS-ERICH VOLKMANN, Außenhandel und Aufrüstung in Deutschland 1933–1939, in: Wirtschaft und Rüstung am Vorabend des Zweiten Weltkrieges, hg. v. FRIEDRICH FORSTMEIER, Düsseldorf 1975, S. 100 f.

Opfer fielen, und in Hinblick auf die wirtschaftliche und siedlungspolitische Umgestaltung dieser Territorien spielten die politisch-ökonomischen Planungen und die von oben gesteuerte Wirtschaft eine entscheidende Rolle. Im Endeffekt erwies sich jede wirtschaftliche Einzelmaßnahme als Teil eines oder mehrerer Pläne, die oftmals ganz bestimmten, durch das Auftauchen von neuen Konzeptionen entstandenen Modifikationen unterlagen. Daher blieben die ökonomischen Aktivitäten von den Entscheidungen der Staats- und Wirtschaftsverwaltung abhängig und unterlagen deren Kontrolle.

In Hinblick auf die wirtschaftliche Struktur der eingegliederten Gebiete zeigte sich (zumindest in der Anfangsphase der nationalsozialistischen Besatzungsherrschaft), dass ideologische Pläne über nüchterne Realitäten dominierten, was insbesondere die Landwirtschaft, das Siedlungswesen und das Arbeitskräftereservoir betraf. Die zentral vorgegebenen Wirtschaftspläne nahmen also keine Rücksicht auf die tatsächlichen Verhältnisse vor Ort wie etwa Eigentumsstrukturen oder ethnische Probleme. Dies führte u. a. zu Vernichtungsaktionen und massenhaften Aus- und Umsiedlungen polnischer Bürger. In der Folgezeit zwangen die wachsenden Bedürfnisse der Kriegswirtschaft die nationalsozialistischen Entscheidungsträger zur vorübergehenden Einstellung der Aussiedlungs- und „Germanisierungsmaßnahmen". Die Wirtschaftspolitik in den eingegliederten Gebieten war daraufhin durch zunehmende Regulierungswut und staatliche Kontrolle gekennzeichnet, was von einer verstärkten Ausbeutung zu Kriegszwecken begleitet wurde.[15]

Vor Kriegsausbruch besaßen die nationalsozialistischen Machthaber keine speziellen Pläne zur Wirtschaftspolitik in den zu erobernden polnischen Gebieten. Wie den Äußerungen Hitlers und anderer hochrangiger NS-Repräsentanten (z. B. Walther Darré, Hermann Göring) aus der Zeit vor September 1939 zu entnehmen ist, sollte Polen zum Lieferanten von Nahrungsmitteln, Rohstoffen und Arbeitskräften für ganz Deutschland werden. Daher formulierte man bereits unmittelbar nach Kriegsbeginn konkretere Anweisungen zur Verfahrensweise bezüglich der Wirtschaft in den polnischen Gebieten. Die Nationalsozialisten verfügten über ein erhebliches Wissen zur Struktur und Verfassung der polnischen Wirtschaft. Entsprechende Informationen waren nämlich von großen deutschen Konzernen (darunter auch IG Farben), mehreren auf Ostforschung spezialisierten Instituten (u. a. dem Breslauer Osteuropa-Institut) und zahlreichen staatlichen Einrichtungen (Wirtschafts- und Außenministerium und insbesondere der Auslandsstab für Kriegswirtschaft beim Oberkommando der Wehr-

---

[15] Das Problem der Planwirtschaft und ihrer Funktion im Dritten Reich erörtert Wacław Jastrzębowski, Gospodarka niemiecka w Polsce, Legnica 1946, S. 43-48.

macht (OKW) unter General Georg Thomas) vorab gesammelt worden. Aus zahlreichen in diesen Institutionen erstellten Abhandlungen und Analysen ging hervor, dass die polnische Wirtschaft Überschüsse an Nahrungsmitteln, Steinkohle, Zink und anderen Rohstoffen bzw. Arbeitskräften produzierte. Diese Überschüsse machten sich zumeist in denjenigen Gebieten stark bemerkbar, die später ans Dritte Reich angeschlossen wurden. Auf der Basis eigens durchgeführter Ermittlungen traf der Auslandsstab von General Thomas bereits im Frühjahr 1939 erste organisatorische und personelle Vorbereitungen zur Unterordnung der polnischen Unternehmen.[16]

Unmittelbar nach Kriegsbeginn nahmen die mit der Wehrmacht vorrückenden Einheiten der Wirtschaftsspezialisten diejenigen polnischen Produktionsbetriebe in Beschlag, in denen sich Vorräte an Fertigwaren, Halbfertigwaren und Rohstoffen befanden. Anschließend sollten diese Fabriken ihren Betrieb nach Möglichkeit wieder aufnehmen. Angesichts der angespannten Versorgungslage im Dritten Reich wurde darauf Wert gelegt, individuelle Plünderungen und Zerstörungen zu vermeiden und eine größtmögliche Anzahl von Gütern zu übernehmen, die für die deutsche Wirtschaft von wesentlicher Bedeutung waren.[17] Aus diesen Gründen nahm Oberschlesien eine Sonderstellung ein, was anhand der Richtlinien Hitlers vom 8. September 1939 ganz deutlich wird. Denn darin erteilte der „Führer" die Anweisung, die Schwerindustrie im eroberten östlichen Teil Oberschlesiens unverzüglich und ohne Rücksicht auf völker- oder zollrechtliche Bedenken an die deutsche Rüstungsproduktion zu koppeln. In Schlesien sollten nämlich die Verluste ausgeglichen werden, die die deutsche Wirtschaft durch die Evakuierung der saarländischen Industriebetriebe erlitten hatte. Die Gebiete sollten zugleich einen ökonomischen Rettungsanker angesichts des gefährdeten Ruhrgebiets bilden.[18]

Etwas allgemeiner formulierte Reichsfeldmarschall Göring die Grundsätze der NS-Wirtschaftspolitik in den eingegliederten Gebieten. Denn in den am 19. Oktober 1939 herausgegebenen Richtlinien für die Besatzungsverwaltung in Polen ordnete Göring lediglich an, die Produktionsfähigkeit vollständig aufrechtzuerhalten und die schnellstmögliche Anbindung dieser

---

[16] SULIK, Przemysł ciężki, S. 27-30; WERNER RÖHR, Zur Wirtschaftspolitik der deutschen Okkupanten in Polen 1939–1945, in: Krieg und Wirtschaft. Studien zur deutschen Wirtschaftsgeschichte 1939–1945, hg. v. DIETRICH EICHHOLTZ, Berlin 1999, S. 231 f.

[17] SULIK, Przemysł ciężki, S. 31.

[18] WACŁAW DŁUGOBORSKI/ CZESŁAW MADAJCZYK, Ausbeutungssysteme in den besetzten Gebieten Polens und der UdSSR, in: Kriegswirtschaft und Rüstung 1939–1945, hg. v. FRIEDRICH FORSTMEIER/ HANS-ERICH VOLKMANN, Düsseldorf 1977, S. 375-416.

Gebiete an das Dritte Reich anzustreben.[19] Die Ausarbeitung von ausführlichen, langfristigen Plänen zur gesellschaftlich-wirtschaftlichen und politischen Umgestaltung der unterworfenen Territorien wurde auf einen späteren Zeitpunkt verschoben. Auf lokaler Ebene tauchten jedoch vor allem auf Betreiben der örtlichen Verwaltungsleiter bzw. ihrer Mitarbeiter bereits seit September 1939 zahlreiche Konzeptionen dieser Art auf. Dazu gehörten u. a. das von Arthur Greiser lancierte Motto vom Wartheland als zukünftigem „Mustergau" und die zunächst von Klaus Kallenborn (Direktor des Konzerns „Bismarckhütte") bzw. Josef Wagner und später von Fritz Bracht propagierte Idee der Bildung „Großoberschlesiens" als „industriellem Mustergau" im Osten Deutschlands.[20] Die darin sichtbar werdenden Einzelpläne standen in Einklang mit der generellen Grundkonzeption, wonach die Autarkie des Dritten Reichs anzustreben war und zugleich die Bedürfnisse der Kriegswirtschaft gedeckt werden mussten.

Die Grundsätze der nationalsozialistischen Wirtschaftspolitik in Polen wurden in den ersten Kriegsmonaten auf höchster Ebene weiterentwickelt (u. a. gemeinsam mit Göring und Vertretern von Wehrmacht und Wirtschaftskreisen) und anschließend auf der Ebene der Gauleiter und Regierungsbezirkspräsidenten konkretisiert. Letztendlich arbeitete die Reichswirtschaftskammer ein umfassendes Programm zur ökonomischen Entwicklung der eingegliederten Gebiete aus, das Mitte 1940 unter dem Titel „Maßnamen zur wirtschaftlichen Festigung der neuen deutschen Ostgebiete" vorgelegt wurde. Dieser Bericht lieferte höchstwahrscheinlich die Grundlage für die am 3. Oktober 1940 in Berlin abgehaltenen Beratungen über die Pläne zur ökonomischen Festigung der eingegliederten Gebiete. Dabei wurden u. a. Forderungen laut, die Steuern und Kreditkosten zu senken, das Verkehrsnetz auszubauen, die Wohnsituation zu verbessern und die Gehälter an das Niveau des Altreichs anzupassen.[21] In Anlehnung an diese Vereinbarungen entwarf man in der Folgezeit großangelegte Pro-

---

[19] TADEUSZ CYPRIAN/ JERZY SAWICKI, Materiały norymberskie. Umowa, statut, akt oskarzenia, wyrok, radzieckie wotum, Warszawa 1948, S. 218.

[20] Ostdeutscher Beobachter, 28.7.1940.

[21] MADAJCZYK, Okkupationspolitik, S. 564 Anm. 1. Die Modernisierung und der Ausbau der Wirtschaft in den eingegliederten Gebieten sollten durch die Emission von Obligationen und durch langfristige, niedrig verzinste Kredite finanziert werden. Darüber hinaus sollten Steuervergünstigungen bzw. -vereinfachungen sowie spezielle Beihilfen zur Wohnungseinrichtung (Ostzuschlag) die Deutschen im Altreich dazu bewegen, in diesen Gebieten zu investieren und sich dort niederzulassen. Oben genannte Postulate wurden durch das Inkrafttreten der Oststeuerhilfeverordnung am 9.12.1940 in die Praxis umgesetzt, denn diese Verordnung enthielt eine Reihe von Steuervergünstigungen für deutsche Firmen und Privatpersonen in den eingegliederten Gebieten; vgl. ŁUCZAK, Polityka ludnościowa, S. 376 ff.; SULIK, Przemysł ciężki, S. 238-241.

gramme zum wirtschaftlichen Um- und Ausbau der eingegliederten Gebiete. Dabei machten vor allem führende NSDAP-Funktionäre vor Ort von sich reden wie z. B. Greiser, Wagner oder Bracht.

Die von 1939 bis 1940 formulierten allgemeinen Grundsätze und Ziele der Wirtschaftspolitik in den eingegliederten Gebieten blieben bis zum Ende der NS-Besatzungsherrschaft in Polen unverändert gültig. Von größter Bedeutung waren dabei folgende Leitmotive:

– Streben nach endgültiger Anbindung der eroberten Territorien an Deutschland durch „Germanisierung des Bodens", d. h. Enteignung der polnischen Bürger zugunsten der deutschen Bevölkerung;

– schnellstmögliche wirtschaftliche Integration in das Altreich, u. a. durch Ausbau der Infrastruktur im Verkehrsbereich;

– Verwertung aller Produktionspotentiale, Rohstoffe und Arbeitskräfte für die Bedürfnisse der deutschen Kriegswirtschaft;

– Erhöhung der Agrarproduktion bei gleichzeitiger Veränderung der Ackerbau- und Viehzuchtstrukturen und räumlicher Umgestaltung der Dorflandschaften.

Ausgangspunkt für sämtliche geplante Maßnahmen sollte der von der NS-Propaganda besonders akzentuierte Wiederaufbau in den eingegliederten Gebieten sein, deren Zerstörung angeblich durch zwei Jahrzehnte polnischer Herrschaft bewirkt worden war. Das NS-Besatzungsregime ließ wiederholt verlauten, dass die durch die polnische Herrschaft verursachte Rückständigkeit dieser Territorien generellerer Art sei und nicht nur Industrie und Landwirtschaft, sondern auch große Teile der Infrastruktur betreffe. In einem weiteren Schritt versuchte man zu beweisen, dass nur die deutsche Nation mit den außergewöhnlichen organisatorischen Begabungen ausgestattet sei, die einen raschen Wiederaufbau dieser Gebiete ermöglichen würden. Diese Überlegenheit bildete aus Sicht der nationalsozialistischen Machthaber eine zusätzliche Rechtfertigung für die erneute Anbindung von Großpolen, Schlesien und Pommerellen ans Dritte Reich.[22]

Die nationalsozialistische Wirtschaftspolitik in den eingegliederten Gebieten stützte sich auf die Überzeugung, dass diese Territorien nun auf Dauer innerhalb der Grenzen des Dritten Reichs liegen würden. Dabei war man sich bewusst, dass die Verwirklichung der oben skizzierten Ziele die Plünderung des polnischen Staates und des dort vorhandenen Privateigen-

---

[22] Laut Greiser hatte Polen „in den zwanzig Jahren nichts Positives auf die Beine gestellt, sondern während der ganzen Zeit in seiner öffentlichen Wirtschaft von der Substanz von früher gelebt – von der preußischen Provinz. [...] Die Straßen sahen 1939 genau so aus wie vor zwanzig Jahren. [...] Der Boden [in Großpolen – Anm. d. Verf.] ist zwanzig Jahre lang mehr oder weniger ausgelaugt worden [...]. Die Dächer und Wände der Viehställe waren zerfallen, so dass es meist nicht nur hineinregnete, sondern durch die Dächer goss.", in: GREISER, Aufbau im Osten, S. 11 f.

tums in einem bis dahin ungekannten Ausmaß erforderlich machen würde. Außerdem wurden eine funktionstüchtige Wirtschaftsverwaltung, größere Investitionen sowie weitreichende Veränderungen der Nationalitätenstruktur dieser Gebiete als unabdingbar angesehen.[23] Zur reibungslosen Übernahme der Wirtschaft in den eroberten Gebieten richtete das NS-Regime dort rasch eine eigene Wirtschaftsverwaltung ein. Besondere Kompetenzen erhielten dabei Gauleiter, Oberpräsidenten und ihre Behörden, unter deren Vermittlung alle weiteren ökonomischen Vorhaben koordiniert und in die Wege geleitet wurden. Die Wirtschaftsabteilungen dieser Behörden hingen organisatorisch mit analogen Sachabteilungen der NSDAP-Bezirksleitung zusammen, von denen sie politische Weisungen erhielten. Die Behörden der Gauleiter und Oberpräsidenten gaben Erlasse und Richtlinien zum Wirtschaftsleben heraus und wachten mit Hilfe der Inspektoren des Rechnungshofs des Deutschen Reichs sowie speziell ausgebildeten Mitarbeitern der Staatsverwaltung, der Polizei und des SD über deren Einhaltung. Der SD verfügte über ein eigenes Wirtschaftsreferat und war verpflichtet, den Organen der Staatsgewalt und der NSDAP laufend neue Informationen über die ökonomische Lage im Dritten Reich (darunter auch den eingegliederten Gebieten) zu übermitteln. Ähnliche Berichte für ihre Bezirksleitungen verfassten auch die NSDAP-Abteilungen vor Ort sowie die Landräte und Regierungsbezirkspräsidenten für die Gauleiter- und Oberpräsidenten.[24] Darüber hinaus richtete man bei den Behörden der Gauleiter und Oberpräsidenten Bezirkswirtschaftsämter und Landesernährungsämter ein. Auf der Ebene der Kreise und kreisfreien Städte kam es zur Bildung von Ernährungs- und Wirtschaftsämtern.[25]

Mit Fragen der Beschäftigung befassten sich hingegen die den Gauleitern und Oberpräsidenten untergeordneten Arbeitsämter, die bei der Ausbeutung der polnischen Arbeitskräfte eine besondere Rolle spielten. Abgesehen von den oben erwähnten Einrichtungen stand die Wirtschaft in den annektierten Gebieten auch unter dem Einfluss folgender hoher NS-Repräsentanten: Göring, Beauftragter für den Vierjahresplan und die von ihm geschaffene Haupttreuhandstelle Ost (HTO), Heinrich Himmler, Reichskommissar für die Festigung deutschen Volkstums (RKF) und Chef der deutschen Polizei, Reichswirtschaftsminister Walther Funk und seit 1942 Albert Speer, der Generalbevollmächtigte für die Rüstungsaufgaben im Vierjahresplan. Außerdem dehnte man die Tätigkeit von korporativen Organisationen des Altreichs – wie z. B. der „Deutschen Arbeitsfront" und

---

[23] ŁUCZAK, Polityka ludnościowa, S. 32.

[24] CZESŁAW ŁUCZAK, Pod niemieckim jarzmem (Kraj Warty 1939–1945), Poznań 1996, S. 85.

[25] DERESIEWICZ, Okupacja niemiecka, S. XXI.

des „Reichsnährstands" – nun auch auf die besetzten Gebiete aus. In den Jahren 1941 bis 1943 wurden so genannte Gauwirtschaftskammern ins Leben gerufen.[26] Laut Gesetz vom 30. Mai 1942 mussten diese den Staat bei der Lenkung der Wirtschaft unterstützen und insbesondere den Gauleitern bei der Realisierung ihrer Aufgaben zur Verfügung stehen. Die Bildung dieser Kammern sollte dazu beitragen, das Prinzip der wirtschaftlichen Einheit in die Praxis umzusetzen. Denn die Gauwirtschaftskammern übten die unmittelbare Aufsicht über die Industriebetriebe aus, die unter den entsprechenden Wirtschaftsgruppen, Fachgruppen und Fachuntergruppen aufgeteilt wurden. Diese unterlagen unmittelbar so genannten Reichsgruppen, die Industrie, Handel, Handwerk, Finanz- und Versicherungswesen, Energieerzeugung und Transportwesen umfassten.[27] Die Unterordnung der Wirtschaft unter den Staat nahm nach der Ausrufung des „totalen Kriegs" weiter zu. Zur Steigerung der Kriegsproduktion änderte Speer die Organisation derjenigen Unternehmen, die dem Reichsministerium für Bewaffnung und Munition unterstellt waren. Anschließend ging Speer dazu über, die gesamte Industrie umzugestalten. Zu diesem Zweck bildete er staatliche Organisationen für einzelne Wirtschaftsbranchen und rief Ausschüsse, Ringe und Reichsvereinigungen ins Leben, die sich mit der Verteilung von Rohstoffen, Aufträgen und Arbeitskräften sowie mit der Organisierung von Serienproduktionen befassen sollten. Dadurch beschleunigte sich zugleich der Konzentrationsprozess der Produktion.[28] Bis zum Ende der NS-Besatzungsherrschaft in Polen agierten bei den Wehrbereichskommandos in den eingegliederten Gebieten bestimmte Stellen der Rüstungswirtschaft, wie z. B. die Wehrwirtschaftsstelle, das Rüstungskommando oder die Rüstungsinspektion.

Eine besondere Rolle bei der Formulierung und Realisierung der Wirtschaftspolitik in den eingegliederten Gebieten spielte die NSDAP. Bereits zu Beginn der Besatzungsherrschaft stellte man nämlich den Gauleitern und Oberpräsidenten so genannte Gauwirtschaftsberater zur Seite, durch die die NSDAP Einfluss auf die Wirtschaft erhielt. Daher entschied die NSDAP über die Besetzung von Führungspositionen in der Wirtschaftsverwaltung, in Institutionen und Unternehmen. Die NSDAP hatte das letzte Wort bei der Einberufung von so genannten kommissarischen Verwaltern und beim Verkauf von übernommenen Betrieben. Die Aufgaben und Kompetenzen oben erwähnter Institutionen, Behörden und Organisationen kollidierten oftmals miteinander, was zahlreiche Streitigkeiten sachlicher und personeller Art nach sich zog. Die Lösung der damit verbundenen Probleme oblag

---

[26] MADAJCZYK, Okkupationspolitik, S. 565.

[27] SULIK, Przemysł ciężki, S. 61.

[28] JASTRZĘBOWSKI, Gospodarka niemiecka, S. 188 f.

der NSDAP, die sich allmählich immer mehr ins Wirtschaftsleben ein-mischte.[29] In den eingegliederten Gebieten waren die Kompetenzen der deutschen Wirtschaftsverwaltung weitaus größer als im Altreich. Denn in Polen war der Raub polnischer Privatgüter ein weit verbreitetes Phänomen, so dass die Notwendigkeit entstand, diese bis zu ihrem Weiterverkauf zu verwalten. Außerdem wurden Maßnahmen zur ökonomischen Integration der eingegliederten Gebiete in das Dritte Reich eingeleitet, wobei die polnische Zivilbevölkerung praktisch uneingeschränkt ausgebeutet werden konnte.

Die Wirtschaftspolitik in den besetzten Gebieten lässt sich grundsätzlich in zwei Phasen einteilen. Die erste Phase deckt sich mit den Erfolgen der Wehrmacht ab dem Überfall auf Polen bis Ende 1942, und die zweite Phase hängt mit den Rückschlägen der Wehrmacht ab der Niederlage bei Stalingrad bis Kriegsende zusammen. Die bedeutendsten Aktivitäten be-züglich der Wirtschaftspolitik in der ersten Phase standen mit der Errich-tung der Besatzungsherrschaft, dem Güterraub und der Ausarbeitung der teilweise realisierten Pläne zur gesellschaftlich-wirtschaftlichen Umge-staltung in Verbindung. Die wichtigsten Maßnahmen in der zweiten Phase bildeten die zu Beginn des Jahres 1943 eingeleitete totale Mobilisierung der Wirtschaft zur Befriedigung der Kriegsbedürfnisse, die aufgrund des völ-ligen Scheiterns der Blitzkriegkonzeption erzwungen worden war, und die Evakuierung von Wirtschaftsunternehmen und technischen Einrichtungen in den letzten Kriegsmonaten.

Trotz der je nach Wirtschaftszweig und Bevölkerungspolitik unter-schiedlich gehandhabten Wirtschaftspolitik in den einzelnen Gauen und Provinzen des Dritten Reichs waren auch grundlegende Ähnlichkeiten in Bezug auf den zeitlichen Ablauf von wirtschaftspolitischen Maßnahmen, die Art der Besatzungsherrschaft (darunter der Wirtschaftsverwaltung), die Unterordnung der Wirtschaft unter die Kriegsziele und den Raub von Staatsvermögen und Privateigentum der polnischen Bürger (Juden und Christen) vorhanden. Letzteres hing eng mit der neuen Konzeption zur „Germanisierung" der eroberten Territorien zusammen. Denn die Natio-nalsozialisten wollten im Gegensatz zu den preußisch-deutschen Macht-habern aus der Zeit der Teilungen im 19. Jahrhundert nicht die Menschen, sondern den Boden „eindeutschen". Dies sollte durch die Beseitigung aller „fremdrassischen" Bevölkerungsteile (vor allem Juden, aber auch so ge-nannte eindeutschungsunfähige Polen) aus den eingegliederten Gebieten und die unverzügliche Übernahme des gesamten Vermögens des polnischen Staates und seiner Bürger durch das Dritte Reich geschehen. Den Entzug der materiellen Existenzgrundlagen der polnischen Bürger erachtete man

---

[29] SULIK, Przemysł ciężki, S. 63 f.

als beste Methode zur „Germanisierung des Bodens". Bereits während der laufenden Kriegshandlungen 1939 war es zu den ersten unkontrollierten Plünderungen von polnischem und jüdischem Vermögen gekommen. Diese Raubaktionen liefen seit dem Erlass von Rechtsgrundlagen im Jahr 1940 und der dabei erfolgten Einberufung spezieller Behörden und Gesellschaften in geordneteren Bahnen ab.[30] Die beiden bedeutendsten Einrichtungen bildeten die von Göring am 19. Oktober 1939 gegründete Haupttreuhandstelle Ost und die am 12. Februar 1940 ins Leben gerufene „Ostdeutsche Landbewirtschaftungsgesellschaft mbH" („Ostland"), die am 1. Juli 1942 in „Reichsgesellschaft für Landbewirtschaftung mbH" („Reichsland") umbenannt wurde. Infolge der Tätigkeit dieser Einrichtungen übernahmen die Nationalsozialisten das gesamte Vermögen des polnischen Staates und seiner politischen und gesellschaftlichen Organisationen sowie den Großteil des Eigentums der Konfessionsgemeinschaften als Reichseigentum. Enteignet wurden auch polnische Privatpersonen, In-dustrie- Kredit- und Transportunternehmen sowie über 90 Prozent der Wohngebäude, Handwerks- und Handelsbetriebe und Bauernhöfe. Die nationalsozialistischen Machthaber in Polen raubten aber auch große Mengen an Rohstoffen, Fertigprodukten, Fremdwährungen, Gold, Kunstwerken, Büchersammlungen, Archivbeständen usw. Die Obhut über das geraubte Vermögen wurde kommissarischen Verwaltern oder den in einzelnen Verwaltungsbezirken gegründeten Gesellschaften übertragen. Die durch die HTO konfiszierten Kaufläden wurden von der „Auffanggesellschaft für Kriegsteilnehmerbetriebe des Handels" geführt und sollten fortan von deutschen Kombattanten betrieben werden. Hinsichtlich der Immobilien und Bodenparzellen in den Städten wurde diese Aufgabe von der „Grundstücksgesellschaft" erfüllt, während Gastronomie- und Hotelbetriebe von der „Hotel- und Gaststättengesellschaft" verwaltet wurden. Mit den geraubten Rohstoffen befasste sich hingegen eine „Verwaltungs- und Verwertungsgesellschaft".[31] Bis Ende 1941 konfiszierte die HTO in den eingegliederten Gebieten 214.000 Bodenparzellen, 38.000 Industrieobjekte und (bis Februar 1942) 897.000 Bauernhöfe mit einer Fläche von 8,1 Millionen Hektar.

---

[30] Grundlegende Erlasse über die Konfiszierung polnischen Eigentums in den eingegliederten Gebieten: Sicherstellung des Vermögens des ehemaligen polnischen Staates v. 15.1.1940; Öffentliche Bewirtschaftung von land- und forstwirtschaftlichen Unternehmen und Liegenschaften v. 12.2.1940; Behandlung von Vermögen der Angehörigen des ehemaligen polnischen Staates v. 17.9.1940; vgl. POSPIESZALSKI, Polska; ŁUCZAK, Polityka ludnościowa; DERESIEWICZ, Okupacja niemiecka.

[31] Encyclopedia historii gospodarczej Polski. Bd. 1, Warszawa 1981, S. 249 f.

Der Zwangsenteignung fielen ferner Zehntausende Häuser, Kaufläden, Handwerksbetriebe sowie Hotel- oder Gastronomiegebäude zum Opfer.[32]

Die ihres Eigentums beraubten Polen wurden ins Generalgouvernement vertrieben, zur Zwangsarbeit ins Altreich deportiert oder innerhalb der eingegliederten Gebiete umgesiedelt. Die Juden wurden in der ersten Phase der Besatzungsherrschaft in der Regel in Ghettos verlegt oder in Arbeitslager deportiert. Darüber hinaus änderte sich der Rechtsstatus derjenigen Personen, die den Aussiedlungsaktionen entgangen und in ihren Wohnungen oder landwirtschaftlichen Betrieben verblieben waren. Denn laut Reichsrecht waren sie nun nicht mehr Eigentümer, sondern nur zeitweilige Nutznießer eines ihnen anvertrauten Vermögens. Das den Polen und Juden geraubte Eigentum wurde vom deutschen Staat eingezogen und anschließend für Ziele der Kriegswirtschaft genutzt, unter kommissarische Verwaltung gestellt oder an ortsansässige Deutsche in den eingegliederten Gebieten bzw. an die aus dem Altreich, den baltischen Staaten und Ostmitteleuropa dorthin übergesiedelten Deutschen verkauft. Bis Ende 1941 konnte die HTO 2.787 Industrieobjekte, 12.048 Kaufläden, 20.867 Handwerksbetriebe sowie 5.353 Hotels und Restaurants weiter veräußern.[33]

Unmittelbar nach der Eroberung Polens kam es zu Rivalitäten bezüglich der wertvollsten Industriebetriebe, zu denen zweifellos die Bergwerke und Stahlhütten in Schlesien und im Dabrowa-Becken gehörten. In den Kampf um deren Übernahme schalteten sich ehemalige deutsche Eigentümer (aus der Zeit vor 1921 u. a. die Unternehmerfamilien Ballestrem, Schaffgotsch und Henckel von Donnersmarck), aber auch Privatkonzerne aus dem Ruhrgebiet (darunter Röchling, Krupp, Flick und Mannesmann) und mehrere Staatskonzerne – mit den Hermann-Göring-Werken (HGW) an der Spitze – ein. Aufgrund der dominierenden politischen Stellung Görings im Dritten Reich gingen die HGW letztlich siegreich aus diesem Ringen hervor und übernahmen 16 der ertragreichsten Steinkohlegruben. Damit wurde offensichtlich, dass die Nationalsozialisten keineswegs die Absicht hatten, die Eigentumsverhältnisse aus dem Jahr 1920 in den eingegliederten Gebieten wieder herzustellen, weder in Hinblick auf die Industriebetriebe noch bezüglich der vom polnischen Staat parzellierten Landgüter.[34] Das NS-Regime in Polen zeigte sich vielmehr bemüht, die staatlichen Konzerne weitestgehend zu stärken, was ganz den Ambitionen von Wirtschaftsdiktator Göring entsprach und nur eine logische Folge der zunehmenden Verstaatlichung der Wirtschaft darstellte. Diese Entwicklung rief die Unzufriedenheit führender Kreise der Schwerindustrie und der schlesischen Behör-

---

[32] RÖHR, Wirtschaftspolitik, S. 235.

[33] Ebd., S. 235.

[34] TADEUSZ JANICKI, Wieś w Kraju Warty (1939–1945), Poznań 1996, S. 106.

den vor Ort hervor, die durch den Verkauf der Kohlegruben und Stahlhütten an westdeutsche Unternehmer eine Modernisierung dieses Wirtschaftssektors erreichen wollten, und zwar durch Investitionen und neue Technologien. Dagegen strebten die Nationalsozialisten durch die Umgestaltung der Eigentumsstrukturen in der Wirtschaft (Dominanz monopolistischer Staatskonzerne) insbesondere seit der Ausrufung des „totalen Kriegs" die volle Kontrolle über den Produktionsprozess und die Steigerung der Kriegsproduktion an. Aus Sicht der nationalsozialistischen Machthaber war die Frontversorgung wichtiger als ein etwaiges Bündnis mit den Großindustriellen, da diese durch die Eroberung Polens und anderer Gebiete in Europa ohnehin genug Gewinne gemacht hätten. Die staatlichen Konzerne sollten zudem ein bedeutendes Element des neuen nationalsozialistischen Staates bilden, dessen Errichtung in den eingegliederten Gebieten begonnen hatte. Die Weigerung der Nationalsozialisten, die Kohlegruben und Stahlhütten den Alteigentümern zurückzugeben, resultierte ferner aus der Absicht, diese der politischen Elite des Dritten Reichs – mit Göring an der Spitze – zu übereignen. Hochrangige NSDAP-Funktionäre rissen daher unter Ausnutzung staatlicher Herrschaftsstrukturen zahlreiche wertvolle Objekte an sich, wobei man nur wenige Konzerne aus dem Altreich an dieser eigentümlichen Beuteteilung beteiligte. Kennzeichnend für den gesamten Prozess der Übernahme waren sowohl Cliquenkämpfe und Korruption als auch die Ausnutzung von politischen oder persönlichen Kontakten und der praktisch mafiaähnliche Charakter der Transaktionen.[35]

Die nationalsozialistischen Machthaber strebten ab den ersten Wochen der Besatzungsherrschaft in Polen eine schnellstmögliche wirtschaftliche Integration der eingegliederten Gebiete in das Altreich an, unter maximaler Ausnutzung all ihrer Ressourcen. Zu diesem Zweck fiel bereits am 20. November 1939 die Zollgrenze zwischen den besetzten Gebieten und dem Altreich. Nur eine Woche später führte man anstelle des polnischen Zloty die Reichsmark ein und ging dazu über, die Infrastruktur in Hinblick auf Straßen und Eisenbahnverbindungen wiederaufzubauen und zu erweitern.[36] Die Kosten der getätigten Investitionen konnten durch die Beschäftigung von polnischen Häftlingen, Zwangsarbeitern und Bauern (im Rahmen von so genannten Scharwerken) drastisch begrenzt werden, da die polnische Zivilbevölkerung ein außerordentlich günstiges Arbeitskräftepotential bildete. Im Bereich des Straßenbaus plante man den Anschluss an das mitteleuropäische Verkehrsnetz, wobei auf die Verbindung zwischen Berlin und Wien besonderer Wert gelegt wurde. Was die Binnenschifffahrt anbe-

---

[35] Ebd., S. 235 f.; SULIK, Przemysł ciężki, S. 114-141.

[36] MARTIN BROSZAT, Nationalsozialistische Polenpolitik 1939–1945, Frankfurt/M. 1965, S. 41.

langte, so führten die Nationalsozialisten den Verkehr entlang der Warthe und verbanden auf diese Weise Großpolen und die Region Lodz mit der Oder und Stettin mit der Ostsee. Ähnliche Pläne zur effektiven Nutzung der Binnenschifffahrt auf der Weichsel konnten letztlich nicht verwirklicht werden. Hinsichtlich des Eisenbahnnetzes baute man u. a. die Linien entlang des Breitenkreises Danzig – Lauenburg und Thorn – Marienburg aus, die vor dem Krieg aufgrund des bisherigen Grenzverlaufs kaum von Bedeutung gewesen waren. Vor dem Hintergrund des Exports schlesischer Kohle und des Imports schwedischen Roteisens bauten die Nationalsozialisten im Jahr 1941 die vom polnischen Staat in der Zwischenkriegszeit errichtete Hauptbahn Schlesien–Gdingen weiter aus. Diese Eisenbahnverbindung wurde noch in den ersten Wochen des Jahres 1945 intensiv zur Kohleausfuhr genutzt.[37]

Ein leistungsfähiges Verkehrssystem mit ausgebauten Ost-West-Verbindungen war von strategischer Bedeutung und bildete die Voraussetzung für die volle Verwertung der Produktionsmöglichkeiten von Industrie und Landwirtschaft im besetzten Polen. Denn gerade diesen beiden Hauptsäulen der Wirtschaft kam die Aufgabe zu, in Einklang mit der generell angestrebten Autarkie der deutschen Wirtschaft möglichst hohe Produktionszuwächse zu erzielen. Nichtsdestotrotz kamen letztlich alle größeren Investitionen in Infrastruktur, Landwirtschaft und Industrie trotz großer Pläne und Propagandagetöse mit den ersten Rückschlägen an der Front zum Erliegen. Obwohl man in den Jahren 1942 und 1943 infolge der Bombardierungen im Altreich damit begann, die dortigen Fabriken nach Polen zu verlegen, wurden außer in Schlesien nur sehr wenige neue, bedeutende Industrieobjekte errichtet. Die Flugzeugfabrik „Focke-Wulff" in Posen bildete dabei eine der wenigen Ausnahmen außerhalb Schlesiens. Das größte Hindernis für den Ausbau der Industrie stellten die Mängel bei der Energieversorgung dar.[38]

Auch die deutsche Industriepolitik in den eingegliederten Gebieten lässt sich grundsätzlich in zwei Phasen unterteilen, innerhalb derer man vier verschiedene Etappen unterscheiden kann. Die erste Etappe dauerte von September 1939 bis Ende 1940. Während dieser Zeit übernahmen die Nationalsozialisten die polnischen und jüdischen Industrieunternehmen, stellten sie unter kommissarische Verwaltung und bereiteten sie zum Verkauf an neue deutsche Eigentümer vor bzw. veräußerten sie an diese. Gleichzeitig hielt man die Produktion nur in denjenigen Fabriken weiter

---

[37] KONRAD FUCHS, Wirtschaftsgeschichte Oberschlesiens 1871–1945, Dortmund 1991, S. 203; MADAJCZYK, Okkupationspolitik, S. 566 f.; ANN, Delegatura Rządu 202/III/139, Bl. 573-576.

[38] ANN, 202/III/139, Bl. 565.

aufrecht, deren Erzeugnisse die Bedürfnisse der Wehrmacht und der Zivilbevölkerung im Dritten Reich decken sollten. Unternehmen, die aus deutscher Sicht überflüssig waren, wurde daher per Verwaltungsentscheid die Zulieferung von Roh- und Brennstoffen ganz untersagt oder zumindest stark eingeschränkt. Dies führte rasch zur endgültigen Einstellung der Produktion. Nach Auffassung der nationalsozialistischen Machthaber bildete diese Maßnahme ein Element des Rationalisierungs- und Modernisierungsprozesses im deutschen Osten. Auf diese Weise wurde z. B. die Zahl der Textilbetriebe in Lodz um über 60 Prozent verringert.[39]

Die zweite Etappe setzte Ende 1940 mit den Vorbereitungen auf den Krieg gegen die UdSSR ein, als die Industrie in den besetzten polnischen Gebieten (besonders in Schlesien) erheblich an Bedeutung gewann. Zuvor hatte es dort sogar Pläne zur Liquidierung zahlreicher Stahlhütten gegeben, was insbesondere das Dabrowa-Becken wegen der veralteten technischen Ausstattung in den Stahlhütten betraf. Der Bedeutungszuwachs der eingegliederten Gebiete resultierte aus der Tatsache, dass diese das unmittelbare Hinterland von geplanten Militärvorhaben bildeten und praktisch außerhalb der Reichweite der alliierten Bomber lagen. Angesichts dessen arbeitete man in dieser Zeit langfristige Pläne zur industriellen Entwicklung aus, die jedoch mehrheitlich niemals zur Anwendung kamen. Ausnahmen stellten der schlesische Bergbau, die Hüttenindustrie und die chemische Industrie dar, in denen in den Jahren 1940 bis 1942 Investitionen getätigt wurden, die spürbare Produktionszuwächse zur Folge hatten.

Vor dem Hintergrund des vom NS-Regime proklamierten „totalen Krieges" begann ab 1943 die dritte Etappe der Industriepolitik in den eingegliederten Gebieten. Generell kam es dabei zur weiteren Beseitigung der aus Sicht der deutschen Kriegswirtschaft unwichtigen Unternehmen und zur weitgehenden Normierung und Verringerung der erzeugten Produktmuster bzw. -arten. Ähnlich sah die totale Mobilisierung der deutschen Wirtschaft auch im Generalgouvernement aus, wo man die noch existierenden polnischen Unternehmen (insbesondere der Textil- und Baubranche) sowie Handwerks- und Handelsbetriebe liquidierte und die auf diese Weise frei werdenden Arbeitskräfte ins Altreich oder nach Schlesien deportierte. Die auf dieser Etappe erzielten Steigerungen der Industrieproduktion resultierten vor allem aus der räuberischen Rohstoffpolitik, der unbegrenzten Verwertung von Maschinen und technischen Einrichtungen sowie der Ausbeutung von Zwangsarbeitern. Die Zuwächse lassen sich hingegen nur in sehr geringem Umfang auf Investitionen und technologische Fortschritte zurückführen. Seit 1943 nahm die Bedeutung Schlesiens als Lieferant von

---

[39] KOSTROWICKA/ LANDAU/ TOMASZEWSKI, Historia gospodarcza Polski, S. 406; RÖHR, Wirtschaftspolitik, S. 237.

Eisen, Waffen und Kohle von Monat zu Monat zu. Die wachsende Bedeutung ergab sich aus der besonders günstigen Lage als direktes Hinterland der Ostfront und den im Vergleich zum Ruhr- und Saargebiet weitaus geringeren Zerstörungen durch Bombenangriffe. Noch im November 1944 verschickte man aus Schlesien täglich über 160.000 Tonnen Kohle ins Altreich.[40]

Die vierte Etappe der Industriepolitik in den eingegliederten Gebieten fällt auf die letzten Kriegsmonate, in denen der Versuch unternommen wurde, die wertvolleren Industrieobjekte ins Altreich zu evakuieren. In den Fällen, in denen sich dieses Vorhaben als unmöglich erwies, bemühte man sich um die Ausfuhr der wertvollsten Maschinen und technischen Einrichtungen, während alle übrigen Anlagen zerstört werden sollten. Lediglich die schlesische Schwerindustrie blieb vor größeren Verheerungen verschont, da sie in der Endphase des Kriegs einen der wichtigsten Rüstungsproduzenten des Dritten Reichs darstellte, dessen Evakuierung bis zuletzt hinausgezögert wurde.[41]

Eine besonders große Bedeutung maß das NS-Regime der Entwicklung der Landwirtschaft in den eingegliederten Gebieten bei, da die Autarkie Deutschlands im Nahrungsmittelbereich ein ökonomisches Hauptziel der Nationalsozialisten seit ihrer Machtübernahme gewesen war. Diese Territorien (insbesondere Großpolen und Pommerellen) sollten, ähnlich wie in der Zeit vor dem Ersten Weltkrieg, abermals zu „Kornkammern des Reiches" werden. Die nationalsozialistischen Machthaber in Polen waren sich darüber im Klaren, dass die Erreichung dieses Ziels die massive Anwendung von modernen Methoden für Ackerbau und Viehzucht, bei Pflanzenschutz und Düngemitteln und der Mechanisierung der Arbeitsabläufe sowie Bodenmelioration und Feldregulierung erforderte. In Hinblick auf die Agrarproduktion war das von Greiser regierte Wartheland von erheblicher Bedeutung. Dieser Reichsgau sollte nicht nur zum größten Nahrungsmittelproduzenten im Dritten Reich avancieren, sondern sollte zugleich das Hauptsiedlungsgebiet der deutschen Bauern im Osten bilden.[42] Die Umsiedlung der Deutschen setzte bereits 1939 ein, sie nahm allerdings erst in den Folgejahren größere Ausmaße an. Sie wurden auf früheren polnischen

---

[40] Eine eingehende Analyse der Entwicklung der Schwerindustrie in den eingegliederten Gebieten bieten ŁUCZAK, Polityka ludnościowa, S. 278-291; MADAJCZYK, Okkupationspolitik, S. 564-576; DERESIEWICZ, Okupacja niemiecka, S. 203-316; SULIK, Przemysł ciężki, S. 225-415; RÖHR, Wirtschaftspolitik, S. 237-242; FUCHS, Wirtschaftsgeschichte Oberschlesiens, S. 203; ANN, 202/III/139, Bl. 599 ff.

[41] FUCHS, Wirtschaftsgeschichte Oberschlesiens, S. 194-209.

[42] Der 1942 im Wartheland angebaute Roggen bildete 25 % und die dort angebauten Kartoffeln und Zuckerrüben 20 % der Gesamtanbaufläche dieser Gemüsepflanzen im Dritten Reich; vgl. JANICKI, Wieś, S. 131.

Bauernhöfen angesiedelt, deren Besitzer ins Generalgouvernement deportiert oder als landwirtschaftliche Arbeiter vor Ort festgehalten wurden. Nachdem die flächenmäßig größten Bauernhöfe vergeben worden waren, ging man auch dazu über, polnische Höfe zur Ansiedlung von deutschen Bauernfamilien zusammenzulegen. Auf diese Weise wurden in den eingegliederten Gebieten insgesamt über 186.000 kleine Bauernhöfe mit einer Größe von bis zu fünf Hektar zusammengelegt.[43] Gemäß den Plänen des NS-Regimes sollten über 80 Prozent der bestellbaren Böden von Familienbauernhöfen mit einer Fläche von 20 bis 30 Hektar übernommen werden. Dadurch wollte man dem Umzug der Dorfbevölkerung in die Städte (Landflucht) Einhalt gebieten und zugleich die ablehnende Haltung der Deutschen hinsichtlich einer Ansiedlung im Osten (Ostflucht) überwinden.[44] Zur Intensivierung ihrer Agrarproduktion wurden die deutschen Bauern mit bedeutenden Mengen an Produktionsmitteln wie z. B. Saatkörnern, Zuchtvieh, chemischen Pflanzenschutzmitteln, Kunstdünger und über 200.000 landwirtschaftlichen Maschinen und Werkzeugen versorgt. Außerdem wurden erhebliche Finanzmittel für die Errichtung und Modernisierung von Gebäuden und Wirtschaftsobjekten bereitgestellt. Zugleich ging man dazu über, das ganze Land u. a. durch Aufforstungen und Bodenmeliorationen völlig umzugestalten, damit es den kulturellen und militärischen Vorgaben des Dritten Reichs entsprechen konnte. In der Anfangsphase der Agrarpolitik (1940–1942) kam es infolge der getätigten Investitionen zu einer gewissen Steigerung der Ernteerträge. Ab 1943 ging jedoch die Lieferung von Produktionsmitteln erheblich zurück und der Arbeitskräftemangel nahm drastische Ausnahme an. Außerdem stellte sich heraus, dass viele deutsche Siedler mit der Bewirtschaftung in den eingegliederten Gebieten nicht zurechtkamen. Zugleich sanken auch die Produktionszahlen. In Einklang mit den Prioritäten der deutschen Versorgungspolitik exportierte man bis zum Ende der Besatzungsherrschaft in Polen Hunderttausende Tonnen Getreide, Kartoffeln, Fettpflanzen, Fleisch, Milcherzeugnisse und Zucker ins Altreich.[45] Gerade der immer drängendere Bedarf an Nahrungsmitteln führte in der Endphase der Besatzungsherrschaft dazu, dass die intensive

---

[43] Encyklopedia historii gospodarczej Polski. Bd. 1, Warszawa 1981, S. 555.

[44] JANICKI, Wieś, S. 97-105; ANN, 202/III/139, Bl. 593 ff.

[45] Die Ausfuhr von Brotgetreide (d. h. Roggen und Weizen) aus den eingegliederten Gebieten stieg von 415.000 t im Wirtschaftsjahr 1940/41 auf 1.018.000 t im Wirtschaftsjahr 1943/44. Ähnliche Zuwachsraten konnten auch bei Kartoffeln erzielt werden, von denen 1940/41 540.000 t und im Spitzenjahr 1942/43 über 1.236.000 t exportiert wurden; vgl. KARL BRANDT, Management of Agriculture and Food in the German-Occupied and other Areas of Fortress Europe. A Study in Military Government, Stanford (Calif.) 1953, S. 51.

Wirtschaft zunehmend die Formen einer extensiven Wirtschaft oder Raub-wirtschaft annahm.[46]

Ein wichtiges Element der Wirtschaftspolitik in den eingegliederten Gebieten bildete die Verwertung des polnischen Arbeitskräftepotentials. Daher herrschte bereits ab den ersten Wochen der Besatzungsherrschaft allgemeiner Arbeitszwang für alle Polen zwischen dem 14. und 70. Lebens-jahr. In der Praxis beschäftigte man je nach Bedarf sogar achtjährige Kin-der und alte Menschen. Gleichzeitig erhielten die Polen nur 50 bis 60 Prozent des Gehalts, das deutschen Arbeitern für dieselbe Tätigkeit ausbe-zahlt wurde. Angesichts des Defizits an Arbeitskräften im Altreich depor-tierte man vor allem aus dem Wartheland über 700.000 polnische Bürger zur Zwangsarbeit nach Deutschland. Die Zahl der aus Pommerellen und Schlesien deportierten Polen war infolge der massenhaften Eintragung in die Deutsche Volksliste geringer, da der „Volksdeutschen"-Status automa-tisch eine Befreiung vom Arbeitszwang im Altreich zur Folge hatte. Dar-über hinaus wurde die Zwangsmigration in Schlesien durch den hohen Bedarf an Arbeitskräften für die lokale Industrie deutlich gebremst.[47] Das „Auskämmen von Arbeitskräften" ging so weit, dass sich auch in den eingegliederten Gebieten ein akuter Arbeitskräftemangel bemerkbar mach-te. Daher monierten örtliche NSDAP-Spitzenfunktionäre in Berlin, dass der weitere „Transfer" von Polen ins Altreich die Durchführung der Produk-tionsaufgaben in den Betrieben vor Ort verhindere. Noch deutlicher bekam die deutsche Kriegswirtschaft den zunehmenden Mangel an deutschen Facharbeitern zu spüren, die in immer größerer Zahl von der Wehrmacht eingezogen wurden. An ihrer Stelle wurden notgedrungen polnische Ar-beitskräfte beschäftigt, was sich jedoch mit den nationalitätenpolitischen Vorstellungen der Nationalsozialisten nur schwer vereinbaren ließ.[48]

Die NS-Wirtschaftspolitik in den eingegliederten Gebieten fußte auf einer völkisch-geopolitischen Ideologie und ökonomischen Autarkiekonzep-ten. Sie resultierte aber auch aus den Bedürfnissen der Kriegswirtschaft. Bis zum Ausbruch des Krieges dominierten die ideologischen Vorgaben und Autarkiebestrebungen. Sie wurden nach der Anbindung der polnischen Westgebiete an das Dritte Reich zur Grundlage für die „Germanisierung des Bodens", den Raub von Gütern und die Ansiedlung von deutschen

---

[46] Eine genaue Analyse zur Geschichte der Landwirtschaft in den eingegliederten Gebieten bieten JANICKI, Wieś, S. 61-161; ŁUCZAK, Polityka ludnościowa, S. 258-278; MADAJCZYK, Okkupationspolitik, S. 567 f.; DERESIEWICZ, Okupacja niemiecka, S. 109-186.

[47] CZESŁAW ŁUCZAK, Praca przymusowa Polaków w Trzeciej Rzeszy i na okupowa-nych przez nią terytoriach innych państw (1939–1945), Poznań 2001, S. 67.

[48] ANN, 202/III/138, Bl. 41 f.

Bauern. Die Bedeutung der Kriegswirtschaft nahm seit September 1939 von Monat zu Monat zu, was die Verwertung sämtlicher Bevölkerungs-, Rohstoff- und Produktionspotentiale für die Bedürfnisse der deutschen Kriegswirtschaft zur Folge hatte. In der Phase der militärischen Erfolge war in der NS-Wirtschaftspolitik die Tendenz vorherrschend, breit angelegte und langfristige Pläne zur gesellschaftlich-wirtschaftlichen Umgestaltung der eingegliederten Gebiete zu formulieren, wobei nationalpolitische Ziele an erster Stelle standen. Als an den Fronten die ersten Rückschläge zu verzeichnen waren, ging man in der Wirtschaftspolitik zur verstärkten Durchführung von Einzelaktionen über, mit deren Hilfe die rasche Befriedigung der Kriegsbedürfnisse angestrebt wurde. Dabei kamen oftmals außerökonomische Instrumente – darunter insbesondere Terrormaßnahmen – zur Anwendung. Vor diesem Hintergrund zeichneten sich bald erhebliche Widersprüche zwischen den langfristigen (rassepolitischen) und den kriegsbedingten kurzfristigen (wirtschaftlichen) Zielen ab. In den Jahren 1939 bis 1945 versuchten die Nationalsozialisten, alle Hauptziele der Wirtschafts- und Bevölkerungspolitik in den eingegliederten Gebieten zu realisieren: ökonomische Integration ins Altreich, Rationalisierung und Intensivierung der Industrie- und Agrarproduktion zugunsten der Kriegswirtschaft, Vernichtung und „Germanisierung" der polnischen Bevölkerung und Ansiedlung von Deutschen. Mit den Vorbereitungen auf den Krieg gegen die UdSSR setzte eine Periode guter Konjunktur für die Wirtschaft in den eingegliederten Gebieten ein.

Von den mit großem Elan entworfenen Plänen konnten die Nationalsozialisten nur einen einzigen verwirklichen: die Ausnutzung des Produktions-, Rohstoff- und Bevölkerungspotentials dieser Territorien für die Bedürfnisse der Kriegswirtschaft. Trotz ihrer Anbindung an das Dritte Reich behandelte man die eingegliederten Gebiete in ökonomischer Hinsicht wie unterworfene Territorien. Denn trotz der Beteuerungen der NS-Propaganda bezüglich des Wiederaufbaus der angeblich durch 20 Jahre polnischer Herrschaft ruinierten Provinzen gaben dort Raub und Ausbeutung den Ton der deutschen Wirtschaftspolitik an, die koloniale Züge trug. Dies zeigte sich u. a. durch den im Vergleich zum Altreich weitaus höheren Grad der staatlichen Einmischung ins Wirtschaftsleben und die unbegrenzte Verwertung von Maschinen und technischen Einrichtungen, die letztlich zur Verringerung der zur Verfügung stehenden Produktionsmittel führte. Die Nationalsozialisten selbst hatten jedoch eine hohe Meinung von ihren ökonomischen Unternehmungen. Noch 1944 wurde behauptet, dass die Eroberung der eingegliederten Gebiete deren Modernisierung mit sich gebracht habe, die ohne die Anbindung an den Wirtschaftsraum des Dritten Reiches unmöglich gewesen wäre.[49] In Wirklichkeit gab es nur sehr wenige (im Übrigen von der ortsansässigen Bevölkerung getätigte) Investitionen in die Infrastrukturen für Transport und die Rüstungsindustrie. Laut NS-Propaganda sollten die neuen Straßen und Eisenbahnlinien zur Integration der eingegliederten Gebiete in den Wirtschaftskörper des Dritten Reichs beitragen. Unter den Bedingungen der Kriegswirtschaft wurden die errichteten Verkehrswege jedoch zum bloßen Werkzeug der Ausbeutung dieser Territorien und zum Instrument der weiteren Expansion nach Osten.

Die den Bedürfnissen des Kriegs untergeordnete Wirtschaftspolitik führte in Verbindung mit den zentralistischen Methoden bei der Lenkung von Staat und Wirtschaft zu katastrophalen Ergebnissen. Der massenhafte Raub von Gütern und die Konzentrationspolitik im Produktionssektor, aber auch die im Lauf der Zeit zunehmende Raubwirtschaft und die aus Kampfhandlungen resultierenden Zerstörungen hatten zur Folge, dass die eingegliederten Gebiete einer ökonomischen Degradierung bislang ungekannten Ausmaßes unterlagen. Die genaue Zahl der dabei vernichteten Betriebe in Handwerk, Industrie, Handel und Landwirtschaft sowie der zerstörten Straßen, Eisenbahnlinien, Brücken und Bauten in Städten und Dörfern lässt sich kaum ermitteln. Die Besatzungsherrschaft der Nationalsozialisten führte zum Abbruch der bisherigen Wirtschaftsbeziehungen zwischen den eingegliederten Gebieten und den übrigen Territorien Polens bzw. ausländischen Geschäftspartnern. In Landwirtschaft und Industrie kam es zu tiefgreifenden strukturellen Umgestaltungen. Infolge der Vernichtungspolitik wurden die eingegliederten Gebiete eines großen Teils ihrer qualifizierten Arbeitskräfte beraubt. Zusammenfassend bleibt zu konstatieren, dass die Wirtschaftspolitik der Nationalsozialisten in den eingegliederten Gebieten mit der totalen Auszehrung des dort vorhandenen Wirtschaftspotentials endete, was einen erheblichen zivilisatorischen Rückschritt dieser Territorien bedeutete.

---

[49] VOLKMANN, Ökonomie und Expansion, S. 32.

SONJA SCHWANEBERG

DIE WIRTSCHAFTLICHE AUSBEUTUNG DES GENERALGOUVERNEMENTS DURCH DAS DEUTSCHE REICH 1939–1945

Für die Wirtschaftspolitik im Generalgouvernement (GG) ist festgestellt worden, dass sie von zwei gegensätzlichen Ansätzen bestimmt war. Zum einen wurde das GG als Reservoir für billige Arbeitskräfte und wirtschaftliche Güter angesehen, welche zum Vorteil des Reichs genutzt werden konnten. Dieser Ansatz einer unbegrenzten Ausbeutung war mit einer Politik der Desorganisation und Zerstörung verbunden. Der zweite Ansatz sah die Ausbeutung der wirtschaftlichen Kapazitäten vor Ort vor und basierte auf dem Plan, die wirtschaftliche Produktion im GG zu intensivieren. Dabei ging man davon aus, dass das GG einen eigenen operationalen Bedarf habe, der erfüllt werden musste, um dem Reich von Nutzen sein zu können. Diese miteinander konkurrierenden Pläne zur Ausbeutung des Gebiets bildeten ein konstitutives Element der deutschen Herrschaftsausformung im GG.[1]

Als Hitler am 17. Oktober 1939 sein radikales Programm zur Zukunft Polens darlegte, setzte er für das GG ausschließlich negative Ziele fest. Die deutsche Zivilverwaltung unter Generalgouverneur Hans Frank sollte dort ein „Teufelswerk" verrichten. Das Gebiet sollte weder wirtschaftlich weiter entwickelt noch administrativ organisiert werden. Gemäß den Richtlinien der Volkstumspolitik sollte es als Abschiebeterritorium für Polen aus

---

[1] RICHARD OVERY, The Economy of the German ‚New Order', in: RICHARD J. OVERY/ GERHARD OTTO/ JOHANNES HOUWINK TEN CATE, Die Neuordnung Europas. NS-Wirtschaftspolitik in den besetzten Gebieten, Berlin 1997, S. 14 ff.; GERHARD EISENBLÄTTER, Grundlinien der Politik des Reichs gegenüber dem Generalgouvernement 1939–1945, (Diss. phil.), Frankfurt/M. 1969, S. 110; WACŁAW DŁUGOBORSKI/ CZESŁAW MADAJCZYK, Ausbeutungssysteme in den besetzten Gebieten Polens und der UdSSR, in: Kriegswirtschaft und Rüstung 1939–1945, hg. v. FRIEDRICH FORSTMEIER/ HANS ERICH VOLKMANN, Düsseldorf 1977, S. 378. CHRISTOPH KLEßMANN, Die Selbstbehauptung einer Nation. NS-Kulturpolitik und polnische Widerstandsbewegung, Düsseldorf 1971, S. 36 ff.; HANS UMBREIT, Deutsche Militärverwaltungen 1938/1939. Die militärische Besetzung der Tschechoslowakei und Polens, Stuttgart 1977, S. 273.

den annektierten westpolnischen Gebieten und Juden aus der gesamten Einflusssphäre des Reichs fungieren. Wirtschaftspolitisch korrespondierte damit die Idee der unbegrenzten Ausbeutung mit dem Ziel, den Lebensstandard auf niedrigstem Niveau zu halten und die Polen zu einem führerlosen Arbeitsvolk zu degradieren.[2] Allerdings entbrannte direkt nach der Errichtung des Generalgouvernements eine Debatte über dessen wirtschaftliche Grundlagen und deren zukünftige Entwicklung. Sollte das GG zusätzliche Bevölkerung aufnehmen, so musste die wirtschaftliche Basis so weit entwickelt werden, dass eine größere Bevölkerungszahl davon leben konnte. Gleichzeitig machte eine unbegrenzte Deportation von Menschen ins GG eine Wiederingangsetzung der Wirtschaft und eine Intensivierung ihrer Leistung unmöglich. Keinesfalls half eine Politik der Desorganisation und Zerstörung bei der Erreichung auch nur eines der beiden Ziele.[3] Deshalb befürwortete Generalgouverneur Frank eine pragmatischere Herangehensweise an die Besatzungspolitik, sowohl in Bezug auf die Wirtschafts- als auch auf die Bevölkerungspolitik.[4]

Bereits erste Einschätzungen der wirtschaftlichen Situation ergaben, dass die Herausforderungen sehr viel größer waren, als in der Politik der Desorganisation einkalkuliert. Mit der Grenzziehung vom 7. Oktober 1939 hatte das Reich die wirtschaftlich profitableren Gebiete Polens direkt annektiert. Das GG war als Rumpfwirtschaft zurückgeblieben. Wirtschaftliche Probleme, wie eine unzureichende industrielle Basis, eine unproduktive Subsistenzlandwirtschaft und eine hohe, agrarisch ausgerichtete Überbevölkerung, die schon in der Zwischenkriegszeit den ökonomischen Fortschritt Polens belastet hatten, waren durch die Grenzziehung und mit der Schaf-

---

[2] Protokolle der Besprechung Hitlers mit Keitel betr.: Die Zukunft Polens, 17.10.1939, in: IMG, Bd. 26/2, 864-PS, S. 377-383; Ian Kershaw, Hitler. 1936–1945, Nemesis, London 2000, S. 237; Martin Broszat, Nationalsozialistische Polenpolitik 1939–1945, Frankfurt/M. 1965, S. 11-15.

[3] Norman Rich, Hitler's War Aims, London 1974, Bd. 2, S. 87; Werner Röhr, Die faschistische Okkupationspolitik in Polen 1939–1945 und die Stellung dieses Landes in den Plänen für die Neuordnung Europas, in: 1999, Zeitschrift für Sozialgeschichte des 20. und 21. Jahrhunderts, 7 (1992), Nr. 2, S. 57; Marten Housden, Hans Frank, Lebensraum and the Holocaust, Basingstoke, New York 2003, S. 97.

[4] Ausarbeitung der Akademie für Deutsches Recht zur „Rechtsgestaltung deutscher Polenpolitik nach volkspolitischen Gesichtspunkten", abgeschlossen im Januar 1940, 661-PS, in: IMG, Bd. 26/1, S. 207-242; Frank in der Sitzung über Ostfragen unter dem Vorsitz Görings, 12.2.1940, 305-EC, in: ebd., Bd. 36, S. 305; Christopher Browning, Die Entfesselung der ‚Endlösung'. Nationalsozialistische Judenpolitik 1939–1942. Mit einem Beitrag von Jürgen Matthäus, München 2003, S. 90-95.

fung des GG noch weiter vergrößert worden.[5] Bereits vor dem Krieg war das Territorium des GG ein landwirtschaftliches Zuschussgebiet und abhängig von der agrarischen Überschussproduktion der westpolnischen Gebiete gewesen. Die nationalsozialistischen Pläne zur Bevölkerungsverschiebung verschärften diese Probleme weiter, wie der Leiter der Hauptabteilung Ernährung und Landwirtschaft im GG, Hellmut Körner, ausführte. So hätten vor dem Krieg zwölf bis 13 Millionen Menschen auf dem Gebiet des GG gelebt, diese Zahl werde aber mit den anstehenden Deportationen von Polen und Juden auf 16 Millionen ansteigen. Dies bedeute, dass mehr Menschen mit verringertem wirtschaftlichen Potential ernährt werden müssten, so Körner.[6] Für den Winter 1939/40 hatte das Reich Importe aus den annektierten westpolnischen Gebieten für die Versorgung des GG zugesagt.[7] Langfristig allerdings war es aus deutscher Sicht nicht akzeptabel, das GG aus den neu gewonnenen Kornkammern der annektierten polnischen Westgebiete mitzuversorgen. Vor diesem Hintergrund forderte Körner für die Ernte 1940, dass alles getan werden müsse, um durch Modernisierung und Intensivierung die landwirtschaftliche Produktion im GG substantiell zu erhöhen.[8] Jedoch reiche eine Intensivierung der landwirtschaftlichen Produktion allein nicht aus, um dem GG eine gesicherte wirtschaftliche Basis zu schaffen, erklärte dagegen der damalige Leiter der Hauptabteilung Wirtschaft im GG, Karl Schlumprecht. Da es unmöglich sei, 16 Millionen Menschen von einer rein agrarischen Wirtschaft zu ernäh-

---

[5] Zu den wirtschaftlichen Problemen Polens in der Zwischenkriegszeit vgl. ZBIGNIEW LANDAU/ JERZY TOMASZEWSKI, Wirtschaftsgeschichte Polens im 19. und 20. Jahrhundert, Berlin 1986, S. 164 f.; NORMAN DAVIES, God's Playground. A History of Poland in two volumes, New York 1982, Bd. 2, S. 163-177; DOREEN WARRINER, Economics of Peasant Farming, Oxford 1939; ANTONY POLONSKY, Politics in Independent Poland 1919-1939. The Crisis of Constitutional Government, Oxford 1972; EDWARD A. RADICE, General Characteristics of the Region between the Wars, in: The Economic History of Eastern Europe 1919-1975, hg. v. MICHAEL C. KASER/ EDWARD A. RADICE, Oxford 1985, Bd. 1, S. 23-65; ALICE TEICHOVA, Industry, in: The Economic History, Bd. 1, S. 222-322; BEREND, Agriculture, in: ebd., S. 148-209.

[6] Bericht Nr. 1 über die Lage der Ernährungs- und Landwirtschaft im Generalgouvernement, 1.12.1939, AIPN, NTN 269 (Bühler-Prozess), Bl. 3; KONRAD MÜLLER, So arbeiten die Sieger für die Besiegten, in: Das Generalgouvernement (Februar 1941), S. 44. H. R. JAHN, Das Generalgouvernement – Volk und Raum, in: Das Vorfeld (Dezember 1940), S. 20 f.

[7] Sitzung der Distriktschefs und Amtsleiter des GG, 8.11.1939, in: Das Diensttagebuch des deutschen Generalgouverneurs in Polen 1939–1945, hg. v. WERNER PRÄG/ WOLFGANG JACOBMEYER, Stuttgart 1975, S. 61 f.

[8] Sitzung, 1.12.1939, in: Diensttagebuch, S. 67.; Bericht Nr. 1 über die Lage der Ernährungs- und Landwirtschaft im Generalgouvernement, 1.12.1939, AIPN, NTN 269, Bl. 8.

ren, forderte er, dass Industrie und Gewerbe im GG wieder aufgebaut und erweitert werden müssten.[9]

Vor diesem Hintergrund kam es nach einer ersten Periode der rücksichtslosen Plünderung im Winter 1939 zu einem Wechsel in der Wirtschaftspolitik. Verbündete für einen Kurswechsel fand Frank zum einen in der Wehrmacht, der er seine Unterstützung bei der Wiederingangsetzung der Rüstungsproduktion im GG zusagte. Wichtiger noch war der Kompromiss, den Frank mit dem Beauftragten für den Vierjahresplan, Hermann Göring, erreichte. Nachdem Göring das Gebiet im Herbst 1939 rücksichtslos hatte ausplündern lassen, kam er mit Frank im Dezember 1939 überein, nun eine längerfristige Ausnutzung der wirtschaftlichen Kapazitäten des GG einzuleiten. Im Gegenzug machte Frank die Dienststelle für den Vierjahresplan auf Kosten der Zivilverwaltung zur führenden wirtschaftlichen Institution im GG.[10] Gemäß dem neuen wirtschaftspolitischen Kurs sollte das GG nun insoweit gefördert werden, wie es dem Reich Vorteile brachte. Das bedeutete, dass alle Unternehmen, welche die Reichswirtschaft entlasten konnten, vor Ort produzieren sollten.[11] In der Besatzungsrealität jedoch wurde es zum strukturellen Problem der Wirtschaftspolitik im GG, dass die beiden konkurrierenden Konzepte gleichzeitig weiterverfolgt wurden. Der Versuch, vor Ort für die deutsche Kriegswirtschaft zu produzieren, wurde durch die gleichzeitige Politik der rücksichtslosen Ausbeutung vor allem des Agrarsektors unmöglich gemacht. Da das GG ein landwirtschaftliches Defizitgebiet war, wurde der Export von agrarischen Produkten im Jahr 1939/1940 beschränkt und sogar 130.000 Tonnen Getreide aus den vom Reich annektierten westpolnischen Gebieten importiert. Allerdings verlangte Göring im Februar 1940, dass das GG seine Abhängigkeit von Lebensmittellieferungen aus dem Reich verringere. Frank versicherte daraufhin eilig, dass er eine hundertprozentige Selbstversorgung zum

---

[9] Sitzung der Distriktschefs und Amtsleiter des GG, 8.11.1939, BAB, R 52 II/223.

[10] Sitzung Frank und Generalleutnant von Barckhausen, 1.12.1939, in: Diensttagebuch, S. 67 f.; Konferenz bei Generalfeldmarschall Göring, 4.12.1939, in: ebd., S. 74–77; Sitzung mit dem Leiter der Dienststelle für den Vierjahresplan im GG, Generalmajor Robert Bührmann, 8.1.1940, in: ebd., S. 84.; Göring an Frank, 30.12.1939, BAB, R 43 II/355a; Frank und das Amt des Generalgouverneurs bzgl. der Einrichtung der Dienststelle für den Vierjahresplan im GG, 9.1.1940, NTN 261 (Bühler-Prozess), Bl. 7 ff.; Abteilungsleitersitzung, 19.1.1940, in: Diensttagebuch, S. 91.

[11] Sitzung Frank und Generalleutnant von Barckhausen, 1.12.1939, in: ebd., S. 67; Konferenz bei Generalfeldmarschall Göring, 4.12.1939, in: ebd., S. 74-77; CZESŁAW ŁUCZAK, Polityka ludnościowa i ekonomiczna hitlerowskich Niemiec w okupowanej Polsce, Poznań 1979, S. 33.

Herbst 1940 anstrebe.[12] Tatsächlich begannen die deutschen Besatzungsbehörden 1940/41 sogar damit, landwirtschaftliche Produkte aus dem GG an die dort stationierten Truppen der Wehrmacht und SS zu liefern und insbesondere seit 1942/43 auch an das Reich.[13]

Um in der Lage zu sein, die landwirtschaftlichen Ressourcen des GG abzuschöpfen, war es eine der wichtigsten Aufgaben der Zivilverwaltung, die agrarische Produktion zu steigern.[14] Obwohl die deutschen Landwirtschaftsbehörden diese Aufgabe – zumindest anfangs – sehr ernst nahmen, waren ihre Bemühungen nicht besonders erfolgreich.[15] So sank der Ertrag pro Hektar bei Getreide in einem schlechten Jahr wie 1942/43 sehr weit unter das Vorkriegsniveau, während er in einem normalen Jahr wie 1943/44 das Vorkriegsniveau erreichte, aber nicht übertraf. Die Erträge für Kartoffeln und besonders für Zuckerrüben fielen in beiden Jahren hinter den Vorkriegsstand zurück. Der gesamte Ertrag von Getreide, Hackfrüchten und Ölsaaten lag 1942 und 1943 etwa ein Viertel unter dem durchschnittlichen Gesamtertrag der Jahre 1935 bis 1938.[16]

Das Scheitern der deutschen Landwirtschaftsverwaltung hatte sowohl wirtschaftliche wie auch politische Gründe. Verglichen mit den eingegliederten polnischen Gebieten erhielt das GG von Beginn an weniger landwirtschaftliche Produktionsmittel, und die Zahl verringerte sich 1942/43 weiter.[17] Darüber hinaus hatte die Deportation von polnischen Arbeitern aus dem GG in das Reich zur Folge, dass viele Landwirtschaftsunternehmen wochenlang ohne Arbeiter waren, auch weil sich die Menschen aus Furcht vor Zwangsrekrutierung versteckten. Das politische Vorgehen schloss nachteilige Rückwirkungen der im GG verfolgten Umsiedlungspolitik und

---

[12] Sitzung über Ostfragen unter dem Vorsitz Görings, 12.2.1940, 305-EC, in: IMG, Bd. 36, S. 299-307; Bericht Bührmanns über die Sitzung bei Göring, 15.2.1940, in: Diensttagebuch, S. 109.

[13] Czesław Łuczak, Landwirtschaft und Ernährung in Polen während der deutschen Besatzungszeit 1939–1945, in: Agriculture and Food Supply in the Second World War, hg. v. Bernd Martin/ Alan S. Milward, Ostfildorn 1985, S. 117.

[14] Sitzung, 1.12.1939, in: Diensttagebuch, S. 67; Bericht Nr. 1 über die Lage der Ernährungs- und Landwirtschaft im GG, 1.12.1939, AIPN, NTN 269 (Bühler-Prozess), Bl. 8; Łuczak, Landwirtschaft und Ernährung, S. 124.

[15] Edward A. Radice, Agriculture and Food, in: The Economic History, Bd. 2, S. 381; Gustavo Corni/ Horst Gies, Brot – Butter – Kanonen. Die Ernährungswirtschaft unter der Diktatur Hitlers, Berlin 1997, S. 509 f.; Landau, Tomaszewski, Wirtschaftsgeschichte, S. 215 f.; Łuczak, Landwirtschaft und Ernährung, S. 121.

[16] Karl Brandt, Management of Agriculture and Food in the German Occupied and other Areas of Fortress Europe, Stanford 1953, S. 23.

[17] Landau/ Tomaszewski, Wirtschaftsgeschichte, S. 215; Łuczak, Landwirtschaft und Ernährung, S. 117 ff.; Brandt, Management, S. 17 f.; Hellmut Körner, Zwischen Warthegau und UdSSR, Berlin 1941, S. 26.

des gegen die lokale Bevölkerung ausgeübten Terrors ebenso ein wie militärische Operationen.[18] Trotz dieses Scheiterns bei der landwirtschaftlichen Produktionssteigerung wurden die Lieferungsforderungen aus dem Reich im Zuge des andauernden und sich ausweitenden Kriegs erhöht. Damit wurde die Politik der langfristigen landwirtschaftlichen Produktionssteigerung durch eine Politik der Plünderung der landwirtschaftlichen Ressourcen zum Ziel der kurzfristigen Befriedigung der Bedürfnisse des Reichs ersetzt.[19] Dies zeigt sich an der Getreidemenge, die vom GG ins Reich exportiert wurde.[20] 1940/41 und 1941/42 setzte die deutsche Zivilverwaltung ein Ernteerfassungsziel von 27 bis 28 Prozent der geschätzten Gesamternte fest. Tatsächlich konnten nur ungefähr 13 Prozent der Gesamternte von 1940/41 und 25 Prozent der Gesamternte von 1941/42 eingezogen werden. Von diesem Getreide blieben mehr als 90 Prozent im GG zur Verteilung an die Deutschen und die urbane Bevölkerung. Dies änderte sich dramatisch, als 1942/43 das Ernteerfassungsziel von 27 auf 40 Prozent der geschätzten Gesamternte heraufgesetzt wurde. Das eingezogene Getreide ging zu 51 Prozent an das Reich und die Wehrmacht. Dieser Prozentsatz wurde 1943/44 auf 38 Prozent verringert und stieg 1944/45 auf 48 Prozent an.[21] Um die Bauern zur Ablieferung ihrer Produkte zu bewegen, richtete die Zivilverwaltung im Frühjahr 1940 ein Prämiensystem ein. Sie hatte erkannt, dass es für die Bauern in Anbetracht der großen Nachfrage keinen wirtschaftlichen Anreiz bedeutete, ihre landwirtschaftlichen Produkte zu festgesetzten Preisen an deutschen Sammelpunkten abzuliefern.[22] Im Gegenzug für die Ablieferung eines bestimmten Anteils ihrer Ernte bekamen die Bauern Bonuspunkte zusätzlich zum offiziellen Preis. Dadurch erhielten

---

[18] ŁUCZAK, Polityka ludnościowa, S. 267.; BRANDT, Management, S. 21, 24; RADICE, Agriculture and Food, S. 366, 381; LANDAU/TOMASZEWSKI, Wirtschaftsgeschichte, S. 216.

[19] ŁUCZAK, Landwirtschaft und Ernährung, S. 124; LANDAU/ TOMASZEWSKI, Wirtschaftsgeschichte, S. 215 f.

[20] RADICE, Agriculture and Food, S. 374.

[21] Exposé über die fünfjährige Aufbauarbeit der Hauptabteilung Ernährung und Landwirtschaft, 19.10.1944, AIPN, NTN 288, (Bühler-Prozess), Bl. 16; Regierungsbericht von Josef Bühler zum 4. Jahrestag des Bestehens des GG, 26.10.1943, ebd., Bl. 142 f., 149; EISENBLÄTTER, Grundlinien, S. 340; ŁUCZAK, Polityka ludnościowa, S. 400; CZESŁAW MADAJCZYK, Die Okkupationspolitik Nazideutschlands in Polen 1939–1945, Berlin 1987, S. 295.

[22] Bericht Dr. Rompes zur Beurteilung der Preise und Lebenshaltungskosten im GG, Schlussfolgerungen aus der Bereisung des GG in der Zeit zw. 12.–20.10.1941, BAB, R 43II/625.; World Economic Survey. Eleventh Year. 1942/44, hg. v. ECONOMIC, FINANCIAL AND TRANSIT DEPARTMENT OF THE LEAGUE OF NATIONS, Geneva 1946, S. 31, 116; RADICE, Agriculture and Food, S. 366.

sie ein Kaufrecht für nicht-agrarische Güter wie Textilien, Eisen- und Haushaltswaren, Zucker, Zigaretten oder Alkohol zu offiziellen Preisen.[23] Die Abteilung Preisbildung im GG verteidigte diese Herangehensweise mit dem Hinweis, dass dies nicht etwa eine simple Tauschwirtschaft sei, sondern eine normale monetäre Wirtschaft, die mit Kaufberechtigungsscheinen arbeitet.[24] Allerdings funktionierte das auf wirtschaftliche Anreize ausgelegte System von festgesetzten Erntequoten und Prämien wegen Mängeln in der Planung und Organisation nur in einem begrenzten Maße. Zudem gab es bei den Bauern einen generellen Widerwillen, die landwirtschaftlichen Produkte an die deutschen Behörden zu liefern, da sie keinen Einfluss darauf hatten, welcher Teil dieser Produkte wirklich an die autochthone Stadtbevölkerung ging und welcher an die Besatzungsarmee oder das Reich geliefert wurde.[25] Deshalb setzten die deutschen Behörden zusätzlich die Polizei, die SS, Wehrmachtsdivisionen und den Sonderdienst – das Exekutivorgan der Kreis- und Stadthauptleute – zur Ernteerfassung ein.[26] Zwangsmaßnahmen gegen einzelne Bauern reichten von Geldbußen über Gefängnisstrafen bis hin zur Einweisung in Zwangsarbeitslager und Ent-

---

[23] Bühler an die Kreishauptleute, 27.4.1940, AIPN, NTN 262 (Bühler-Prozess), S. 104 f.; Exposé über die fünfjährige Aufbauarbeit der Hauptabteilung Ernährung und Landwirtschaft, 19.10.1944, AIPN, NTN 288, Bl. 12; Bericht über den Aufbau der Hauptabteilung Wirtschaft, 10.1941, AIPN, NTN 284 (Bühler-Prozess), Bl. 35; Wirtschaftstagung, 6.–7.7.1940, in: Diensttagebuch, S. 239; Bericht Dr. Rompes zur Beurteilung der Preise und Lebenshaltungskosten im GG, Schlussfolgerungen aus der Bereisung des GG in der Zeit zw. 12.–20.10.1941, BAB, R 43II/625; Sitzung, 15.5.1940, in: Diensttagebuch, S. 201; BRANDT, Management, S. 25. RADICE, Agriculture and Food, S. 378.

[24] Abteilung Preisbildung, Allgemeiner Versorgungsplan, 28.5.1940, BAB, R52 VI/5d.

[25] Bericht Dr. Rompes zur Beurteilung der Preise und Lebenshaltungskosten im GG, Schlussfolgerungen aus der Bereisung des GG in der Zeit zw. 12.–20.10.1941, BAB, R 43II/625; World Economic Survey, S. 31. RADICE, Agriculture and Food, S. 366.

[26] Bericht des Kreishauptmanns Busko, 8.1940, BAB, R 52/III/23.; Bericht Kreishauptmann Radomsko, 8.1940, BAB, R 52/III/24; Bericht Kreishauptmann Miechow, 8.1940, ebd.; Bericht Gouverneur Warschau, 11.3.–10.4.1940, AIPN, NTN 271 (Bühler-Prozess), Bl. 15 ff.; Bericht Kreishauptmann Konskie, 8.1940, BAB R 52/III/24.; Bericht Gouverneur Lublin, 7.7.1942, AIPN, NTN 285 (Bühler-Prozess), Bl. 27 f.; Berichte der Kreishauptleute Jaroslau, Sanok und Neumarkt, 8.1940, BAB, R 52/III/24; Auszug aus dem Vortrag von Schulte-Wissermann, auf der Wirtschaftssitzung, 6.–7.7.1940, BAB, R 52/VI/5d; CORNI/GIES, Brot – Butter – Kanonen, S. 511; LANDAU/ TOMASZEWSKI, Wirtschaftsgeschichte, S. 217 f.; RADICE, Agriculture and Food, S. 367; WACŁAW DŁUGOBORSKI, Die deutsche Besatzungspolitik und die Veränderungen der sozialen Struktur Polens 1939–1945, in: Zweiter Weltkrieg und sozialer Wandel, hg. v. DERS., Göttingen 1981, S. 308.

eignung.[27] Zu Beginn der Zwangslieferungen an das Reich 1940/41 wurden nur 45 Prozent der angesetzten Quote eingesammelt. Dies waren ungefähr 13 Prozent der geschätzten Gesamternte[28] Erst 1941/1942 verlief die Ausbeutung der Landwirtschaft systematischer. Die Quoten wurden erhöht und die Methoden der Erfassung wurden brutaler.[29] Im Kriegswirtschaftsjahr 1941/42 erfassten die Deutschen rund 90 Prozent der Getreidequote, das waren ungefähr 25 Prozent der geschätzten Gesamternte. 1942/43 und 1943/44 erhöhte die Zivilverwaltung die Quote auf 40 Prozent der gesamten Ernte. Davon realisierte sie 88 Prozent im Zeitraum 1942/43 und sogar 94 Prozent in den Jahren 1943/44.[30]

Man kann also sagen, dass es mittels systematischerer Anwendung von Gewalt gelang, die landwirtschaftlichen Zwangsablieferungen zu erhöhen. Allerdings muss auch festgestellt werden, dass in keinem Jahr das Ziel voll erreicht wurde. Der Fehlbetrag ging meistens zu Lasten der Versorgung der urbanen Bevölkerung im GG.[31] Angesichts der Lebensmittelknappheit hatte die Zivilverwaltung ohnehin geplant, die Zuteilungen an die Bevölkerung so gering wie möglich zu halten.[32] Hierzu wurde ein System der Nahrungsmittelverteilung eingeführt, das den wirtschaftlichen und politischen Zielen der deutschen Verwaltung entsprach. Während die ländliche Bevölkerung als selbstversorgend galt, wurde die urbane Bevölkerung nach

---

[27] Bericht Kreishauptmann Miechow, 8.1940, BAB, R 52/III/24; Bericht Kreishauptmann Opatow, 8.1940, BAB, R 52/III/24; Regierungssitzung, 16.10.1941, in: Diensttagebuch, S. 419; Agrarstrafordnung, 9.12.1942, VOBlGG 1942, S. 754–760; CZESŁAW RAJCA, Beschlagnahme von Landwirtschaften im Generalgouvernement, in: Studia Historia Oeconomicae, XVII (1982), S. 251.

[28] ŁUCZAK, Polityka ludnościowa, S. 398; LANDAU/ TOMASZEWSKI, Wirtschaftsgeschichte, S. 217.

[29] Bericht Gouverneur Warschau, 11.3.–10.4.1940, AIPN, NTN 271, S. 17; Bericht des Generalbevollmächtigten für die Ernteerfassung im GG, Pehle, 28.10.1942, BAB, NS 19/2648; LUDWIK LANDAU, Kronika lat wojny i okupacji, Warszawa 1962, Bd. 1, S. 170, 434; JAN TOMASZ GROSS, Polish Society under German Occupation. The Generalgouvernement 1939–1944, Princeton 1979, S. 103 ff.; MADAJCZYK, Okkupationspolitik, S. 294; WERNER RÖHR, Einleitung, in: Die faschistische Okkupationspolitik in Polen (1939–1945), hg. v. DERS., Berlin 1989, S. 53; CZESŁAW ŁUCZAK, Przedsiębiorcy w okupowanej Polsce (1939–1944), in: Image przedsiębiorcy gospodarczego w Polsce w XIX i XX wieku, hg. v. RYSZARD KOŁODZIEJCZYK, Warszawa 1993, S. 229; DŁUGOBORSKI, Die deutsche Besatzungspolitik, S. 343.

[30] GROSS, Polish Society, S. 107.

[31] Hunger in Europe. A Statement of the Case for Controlled Food Relief in German Occupied Europe, hg. v. FAMINE RELIEF COMMITTEE, London 1942, S. 6.

[32] Sitzung, 1.12.1939, in: Diensttagebuch, S. 72.

beruflichen und rassischen Kategorien unterschiedlich eingestuft.[33] Die offiziellen Nahrungsmittelrationen im GG galten sogar verglichen mit den benachbarten okkupierten Gebieten als sehr gering.[34] Verschiedenen zeitgenössischen Berechnungen zufolge lag die offizielle tägliche Ration für die polnische Bevölkerung im Jahr 1941 bei ungefähr 700 Kalorien, die für die jüdische Bevölkerung bei nur rund 200 bis 300 Kalorien.[35] Es gelang der Zivilverwaltung jedoch nicht einmal, diese geringen Rationen zuverlässig bereitzustellen.[36]

Zusammenfassend lässt sich für die Landwirtschaft also sagen, dass die deutschen Bemühungen, eine Produktionssteigerung zu erreichen, fehlschlugen.[37] Es gelang zwar zunehmend, substantielle Mengen landwirtschaftlicher Produkte an das Reich zu liefern. Hingegen schaffte es die deutsche Verwaltung nicht, den landwirtschaftlichen Sektor so zu organisieren, dass sie auch die einheimische Bevölkerung, auf deren Mitarbeit sie vermehrt angewiesen war, ernähren konnte. Somit basierte die Umsetzung der deutschen Landwirtschaftspolitik im GG auf offiziell sanktionierter Unterernährung der autochthonen Bevölkerung. Dieses Scheitern im agrarischen Sektor behinderte die Errichtung einer „deutschen Ordnung" auch in den anderen Sektoren der Wirtschaft.[38]

---

[33] Abteilung Preisbildung, Allgemeiner Versorgungsplan, 28.5.1940, BAB, R52/VI/5d; Wirtschaftstagung, 6/7 Juli 1940, in: Diensttagebuch, S. 239.; Sitzung 11.3.1942, in: ebd., S. 471; Bericht Herbert Backes über die Lieferverpflichtungen des GG im IV. Kriegswirtschaftsjahr, 14.12.1942, BAB, NS 19/1995; Aktennotiz Krügers an Himmler wegen der Ernährungsfrage der Fremdvölkischen im GG, 22.1.1943, BAB, NS19/2648; World Economic Survey, S. 115, 130; Radice, Agriculture and Food, S. 393; Davies, God's Playground, Bd. 2, S. 445.

[34] Bericht Krügers über die Lage im GG, BAB, NS 19/2664.

[35] Bericht Rompes, BAB, R 43II/625; Hunger in Europe, S. 6; Bericht Dr. Häusslers über die Ernährungslage der industriellen Arbeiterschaft, 14.11.1941, in: Documenta Occupationis, Bd. 6: Karol Maria Pospieszalski, Hitlerowskie „prawo" okupacyjne w Polsce, Bd. 2: Generalna Gubernia. Wybór dokumentów i próba syntezy, Poznań 1958, S. 356-373; Wacław Jastrzębowski, Gospodarka niemiecka w Polsce 1939-1944, Warszawa 1946, S. 344.

[36] Memorandum des polnischen Haupthilfeausschusses (*Rada Główna Opiekuńcza*, RGO) an die Hauptabteilung Innere Verwaltung betreffend den freien Lebensmittelmarkt, 26.1.1943, AAN, RGO Kraków 33, S. 94; Lagebericht des Chefs der Ordnungspolizei, 15.5.1940, BA-MA, RH 53-23/25; Bericht Nr. 1 über die Lage der Ernährungs- und Landwirtschaft im Generalgouvernement, 1.12.1939, AIPN, NTN 269, Bl. 3.; Regierungssitzung, 5.9.1941, in: Diensttagebuch, S. 399 f.; World Economic Survey, S. 30.

[37] Łuczak, Landwirtschaft und Ernährung, S. 124.

[38] Rolf-Dieter Müller, Die Konsequenzen der „Volksgemeinschaft": Ernährung, Ausbeutung und Vernichtung, in: Der Zweite Weltkrieg. Analysen, Grundzüge, Forschungsbilanz, hg. v. Wolfgang Michalka, München 1989, S. 246; Corni/ Gies, Brot – Butter – Kanonen, S. 512 f.; Łuczak, Landwirtschaft und Ernährung, S. 126.

Der industrielle Sektor war durch die Ausplünderung des GG in den ersten Monaten der Okkupation schwer beschädigt worden, wie die Zivilverwaltung, die Dienststelle für den Vierjahresplan und die Verantwortlichen der Wehrmacht übereinstimmend einräumten.[39] Ohnehin war das Gebiet aufgrund geringer eigener Vorkommen in der Rohstoff- und Energieversorgung weitestgehend vom Reich abhängig.[40] So hatte das GG beispielsweise 1940/41 einen durchschnittlichen Jahresbedarf von 6.235.000 Tonnen Kohle. Es produzierte selber 1940 aber nur 15.000 Tonnen Steinkohle und 200 Tonnen Braunkohle.[41] Da aber auf Grund der Truppentransporte an die Ostfront das Schienennetz überlastet war, wurden in der Zeit von April 1940 bis März 1941 nur 3.600.000 Tonnen geliefert.[42] Als Resultat des Kohlen- und Rohstoffmangels musste die gewerbliche und industrielle Produktion im GG weitestgehend eingestellt werden.[43] Sogar wichti-

---

[39] Vortragsnotizen für Vortrag Oberost beim Oberbefehlshaber des Heeres, 15.2.1940, AIPN, NTN, 255/9, (Bühler-Prozess), S. 135 f.; Bericht der Abteilung Wirtschaft für 1940, BAB, R 52 VI/7; Bericht der Abteilung Wirtschaft des Distrikts Krakau zum 5. Jahrestag des GG, AIPN, NTN 288, S. 66 f.; Ergebnisse der Vierjahresplan-Arbeit. Ein Kurzbericht nach dem Stand vom Frühjahr 1942, BAB, R 26/I/18; Frank in der Sitzung des Reichsverteidigungsausschusses im GG, 2.3.1940, in: Diensttagebuch, S. 129; OVERY, The Economy of the German „New Order", S. 16; MADAJCZYK, Okkupationspolitik, S. 610; EDWARD A. RADICE, Changes in Property Relationships and Financial Arrangements, in: The Economic History of Eastern Europe, Bd. 2, S. 341; ŁUCZAK, Polityka ludnościowa, S. 227 ff.

[40] Arbeitsteilung im Gesamtbereich der Wirtschaftsverwaltung im GG, BAB, R52/VI/5b; HERBERT KRAFFT, Ein Jahr im großdeutschen Wirtschaftsraum, in: Das Generalgouvernement (Oktober 1940), S. 43; MÜLLER, So arbeiten die Sieger, S. 44; ERNST KUNDT, Entstehung, Probleme, Grundsätze und Form der Verwaltung des GG, in: Die Burg, April 1944, S. 55.; HELMUT MEINHOLD, Das Generalgouvernement als Transitland, in: ebd., Oktober 1941, S. 25; PETER HEINZ SERAPHIM, Die Wirtschaftsstruktur des Generalgouvernements, Krakau 1941, S. 48.

[41] Bericht über den Aufbau der Hauptabteilung Wirtschaft, Oktober 1941, AIPN, NTN 284, S. 31, 36; Bericht der Abteilung Wirtschaft für 1940, BAB, R 52 VI/7.

[42] Rüstungsinspekteur GG, General Max Schindler, an das OKW, WiRü Amt, General Thomas, 28.1.1941, BA-MA, RW 23/6a; Vierteljährlicher Überblick des Rüstungsinspekteurs über die im 3. Vierteljahr 1942 aufgetretenen wesentlichen Probleme, deren Entwicklung und Lösung, BA-MA, RW 23/1; Bericht der Abteilung Wirtschaft des Distrikts Krakau für 1940, AIPN, NTN 287 (Bühler-Prozess), Bl. 101; Bericht Biehl, Die gegenwärtige Wirtschaftslage im GG (1941), BAB, R 52/VI/8.

[43] Ebd., Bl. 2; Bericht über den Aufbau der Hauptabteilung Wirtschaft, 11.1941, AIPN, NTN 284, Bl. 28 f.; Bericht Kreishauptmann Tarnow, 8.2.1941, AIPN, NTN 280 (Bühler-Prozess), Bl. 103; Bericht Gouverneur Krakau, 17.2.1941, ebd., Bl. 16; Bericht Gouverneur Warschau, 10.2.1941, ebd., Bl. 235; Bericht Stadthauptmann Warschau, 12.5.1941, AIPN, NTN 281 (Bühler-Prozess), Bl. 70.

ge Rüstungsbetriebe waren bedroht.[44] Das Transportproblem war struktureller Natur und verbesserte sich nicht im Laufe des Kriegs. Im Dezember 1942 blockierten 550 teilweise beladene, teilweise leere Züge das Schienennetz, da dieses größtenteils nur eingleisig ausgebaut und ohne Verschiebebahnhöfe war.[45] Trotz dieser Probleme in der Rohstoff- und Energieversorgung verzeichnete die Rüstungsproduktion im GG in der Zeit vom zweiten Quartal 1941 bis zum ersten Quartal 1942 ein moderates Wachstum. In den verbleibenden drei Quartalen 1942 belief sich die Produktion auf mehr als das Doppelte im Vergleich zum Herbst 1940. 1943 stieg die Rüstungsproduktion auf mehr als das Dreifache des Jahres 1940, während sie im Jahr 1944 schließlich auf das Vierfache im Vergleich zu 1940 anstieg. Der unerledigte Auftragsbestand am Monatsende, der die tatsächliche Auslieferung um ein Vielfaches überstieg, zeigt allerdings, dass die Rüstungsindustrie im GG die Erwartungen des Reichs nicht erfüllte.[46]

Waren die Voraussetzungen für eine Ausnutzung des industriellen Sektors im GG schon nicht besonders vorteilhaft, so schuf die deutsche Politik zusätzliche Hindernisse. Dies betraf die Entscheidung zur Eliminierung der Juden aus allen Bereichen der Wirtschaft. Das Hauptargument hierfür war die Behauptung, dass die „unlauteren jüdischen" Geschäftspraktiken die Wirtschaft schädigten und einer Modernisierung der Produktion im GG im Wege ständen.[47] Allerdings bildeten Juden einen wichtigen Teil des Handels- und Handwerkswesens, auf den auch eine deutsch-gelenkte Wirtschaft im GG angewiesen war. Mit dem Ausschluss der Juden

---

[44] Rüstungsinspekteur GG, General Max Schindler, an das OKW, WiRü Amt, General Thomas, 28.1.1941, BA-MA, RW 23/6a.

[45] Vierteljährlicher Überblick des Rüstungsinspekteurs über die im 3. Vierteljahr 1942 aufgetretenen wesentlichen Probleme, deren Entwicklung und Lösung, BA-MA, RW 23/1; Überblick des Rüstungsinspekteurs über die im 4. Vierteljahr 1942 aufgetretenen wesentlichen Probleme, deren Entwicklung und Lösung, BA-MA, RW 23/2.

[46] Bericht Gouverneur Warschau, 15.10.1942, AIPN, NTN 285, S. 204; EISENBLÄTTER, Grundlinien, S. 313; ŁUCZAK, Polityka ludnościowa, S. 285.

[47] Bericht der Abteilung Wirtschaft des Distrikts Krakau zum 5. Jahrestag des GG, AIPN, NTN 288, Bl. 62.; Bericht über den Aufbau der Hauptabteilung Wirtschaft, 11.1941, AIPN, NTN 284, Bl. 38; BOGDAN MUSIAL, Deutsche Zivilverwaltung und Judenverfolgung im Generalgouvernement. Eine Fallstudie zum Distrikt Lublin 1939–1944, Wiesbaden 1999, S. 146; DIETER POHL, Der Raub an den Juden im besetzten Osteuropa 1939–1942, in: Raub und Restitution. „Arisierung" und Rückerstattung des jüdischen Eigentums in Europa, hg. v. CONSTANTIN GOSCHLER/ PHILIPP THER, Frankfurt/M. 2003, S. 66; JERZY TOMASZEWSKI, The Role of Jews in Polish Commerce, 1918–1939, in: The Jews of Poland Between the Two World Wars, hg. v. YISRAEL GUTMAN/ EZRA MENDELSOHN/ JEHUDA REINHARZ, London 1989, S. 154 ff.; GÖTZ ALY/ SUSANNE HEIM, Vordenker der Vernichtung. Auschwitz und die deutschen Pläne für eine neue europäische Ordnung, Hamburg 1991, S. 222.

wurden Löcher in den wirtschaftlichen Ablauf gerissen, welche die deutsche Zivilverwaltung nicht zu stopfen vermochte.[48] Dies zeigte sich zum Beispiel im Handwerksbereich. Gemäß den Schätzungen des Reichskuratoriums für Wirtschaftlichkeit (RKW) waren circa 50 Prozent dieses Bereiches im GG (ohne Galizien) in jüdischer Hand.[49] Gemäß diesen Kalkulationen gab es ungefähr 100.000 Handwerksbetriebe mit rund 250.000 Beschäftigten. Weitere 50.000 bis 70.000 Personen arbeiteten im Heimgewerbe. Alles in allem lebten – inklusive der Angehörigen – ungefähr 750.000 Menschen im GG vom Handwerk. Im Vergleich dazu schätzte das RKW, dass ungefähr 430.000 Menschen in Industrie und Bergbau beschäftigt waren und insgesamt 1.075.000 Menschen von Einnahmen aus diesem Sektor lebten. Demnach war der Handwerkssektor ein Schlüsselsektor für die Kriegswirtschaft im GG. In seinem Bericht stellte das RKW fest, dass im Gegensatz zur landläufigen Annahme der Handwerkssektor im GG nicht übersetzt war. Während es im Reich 20,3 Handwerksbetriebe auf 1.000 Menschen gab, lag die Zahl im GG nur bei 7,7 Handwerksbetrieben. Unter Berücksichtigung einer geringeren Nachfrage und einer niedrigeren Produktivität im GG gingen RKW-Experten davon aus, dass der Handwerkssektor im GG nicht verkleinert werden müsse, sondern sogar um 50 Prozent wachsen könne. Die jüdischen Handwerksbetriebe sollten von Polen übernommen werden; Reichs- und „Volksdeutsche" kamen aus ideologischen Gründen hierfür nicht in Frage, da sie die industrielle Oberschicht im GG bilden sollten. Allerdings waren nach Schätzungen des RKW in den Jahren 1940/41 nur rund 50.000 Handwerker aus den eingegliederten Gebieten ins GG deportiert worden. Deshalb musste die Ausbildung zusätzlicher polnischer Handwerker aus dem GG absolute Priorität für die Zivilverwaltung haben.[50] Bis zu ihrer Ermordung wurden die jüdischen Handwerker in den Ghettos als Arbeiter in Großbetrieben eingesetzt, wo sie für die Rüstungswirtschaft produzierten.[51] Als die jüdischen Rüstungsarbeiter im Sommer 1942 in die Vernichtung einbezogen wurden, hatte dies gravierende Folgen für die Rüstungsindustrie im GG, wie der Militärbefehls-

---

[48] Der Handel im Generalgouvernement, BAB, R 52/VI/22, Bl. 3 f.; Bericht Steding, IfZ, Ms 446, S. 65. Sitzung, 28.2.1940, in: Diensttagebuch, S. 124; Bericht der Abteilung Wirtschaft des Distrikts Krakau für 1940, AIPN, NTN 287, Bl. 100; Frank in der Abteilungsleitersitzung, 12.9.1940, in: Diensttagebuch, S. 281; DŁUGOBORSKI, Die deutsche Besatzungspolitik, S. 316; DIETER POHL, Von der „Judenpolitik" zum Judenmord. Der Distrikt Lublin des Generalgouvernements 1939–1944, Frankfurt/M. 1993, S. 74; MUSIAL, Zivilverwaltung, S. 148.

[49] Das Handwerk im Generalgouvernement, Bericht des Reichskuratoriums für die Wirtschaftlichkeit, Dienststelle GG, 5.1941, BAB, R 52 VI/18.

[50] Ebd., Bl. 3, 23.

[51] Ebd., Bl. 16 ff.

haber Kurt Freiherr von Gienanth in einem Memorandum an das Oberkommando der Wehrmacht (OKW) vom 18. September 1942 warnte. Von
insgesamt einer Million Arbeitern im industriellen Sektor des GG waren
300.000 Juden, darunter 100.000 Facharbeiter. In den Rüstungsbetrieben
stellten die jüdischen Arbeiter zwischen 25 und 100 Prozent der Beleg-
schaft. Dies bedeute, dass im Zuge der Vernichtung der jüdischen Rüstungsarbeiter die Produktion in einigen Unternehmen zumindest stark
behindert und in anderen gar nicht mehr möglich sein würde. Ungelernte
jüdische Arbeiter könnten möglicherweise durch Polen ersetzt werden,
allerdings nur unter der Voraussetzung, dass weniger polnische Zwangsarbeiter in das Reich deportiert würden und es der Polizei tatsächlich
gelänge, zusätzliche Arbeiter auch zu rekrutieren. Beides war eher unwahrscheinlich. Für die jüdischen Facharbeiter gab es unter keinen Umständen
Ersatz.[52] Bis August 1942 waren jüdische Arbeitskräfte immer genutzt
worden, um Lücken zu füllen, die durch den erhöhten Bedarf des Reichs an
ukrainischen und polnischen Zwangsarbeitern entstanden waren.[53]

Grobe Schätzungen besagen, dass die Gesamtzahl der Arbeiter, die aus
dem GG ins Reich gebracht wurden, zwischen 1,3 und 1,5 Millionen lag
und somit ungefähr zehn Prozent der Bevölkerung des GG ausmachte.[54]
Um diese Zahl zu erreichen, nutzten die Deutschen hauptsächlich Zwang
als Rekrutierungsinstrument. Von September bis Dezember 1939 waren
insgesamt 39.675 polnische Arbeiter mit einer Mischung aus wirtschaftli-
chem Druck und Propaganda ins Reich gebracht worden. Das war eine
durchschnittliche Rate von 10.000 Arbeitern im Monat. Als Frank allerdings im Januar 1940 ankündigte, von nun an 10.000 Arbeiter am Tag
ins Reich zu schicken, um bis Ende April die Zahl von einer Million zu
erreichen, entbrannte eine Debatte über die Rekrutierungsmethoden.[55]

---

[52] MiG an OKW, 18.9.1942, in: Faschismus – Getto – Massenmord. Dokumentation
über Ausrottung und Widerstand der Juden in Polen während des zweiten Weltkrieges, hg.
v. Jüdischen Historischen Institut in Warschau, Berlin 1961, S. 444 ff.

[53] Rundschreiben der Abteilung Arbeit beim Amt des Generalgouverneurs über die
Zwangsarbeit der jüdischen Bevölkerung, 5.7.1940, in: ebd., S. 210 ff.; Bericht Gou-
verneur Warschau, 15.10.1942, AIPN, NTN 285, S. 204 f.; CHRISTOPHER BROWNING,
Judenmord. NS-Politik, Zwangsarbeit und das Verhalten der Täter, Frankfurt/M. 2001, S.
109; NEIL GREGOR, Daimler-Benz in the Third Reich, New Haven 1998, S. 210 f.; ULRICH
HERBERT, Labour and Extermination: Economic Interest and the Primacy of Weltanschau-
ung in National Socialism, in: Past and Present, Nr. 138, Februar 1993, S. 162; MUSIAL,
Zivilverwaltung, S. 117 f., 164 f.

[54] GROSS, Polish Society, S. 78.

[55] Franks Richtlinien für den Leiter der Dienststelle für den Vierjahresplan im GG,
Generalmajor Robert Bührmann, 25.1.1940, NTN 262, (Bühler-Prozess), S. 67–71; EVA
SEEBER, Zwangsarbeiter in der faschistischen Kriegswirtschaft. Die Deportation und
Ausbeutung polnischer Bürger unter besonderer Berücksichtigung der Lage der Arbeiter aus

Während die Vertreter des Reichs dazu neigten, die nötigen Arbeiterzahlen durch Zwangsrekrutierungen zu erreichen, tendierten Vertreter der Zivilverwaltung eher dazu, die befürchteten negativen innen- und außenpolitischen Auswirkungen hervorzuheben sowie auf die mangelnden Exekutivkräfte und Transportmöglichkeiten zu verweisen. Zudem verlangte die Zivilverwaltung, dass zunächst Voraussetzungen für eine Fortführung der freiwilligen Anwerbung dadurch geschaffen werden müssten, indem sich die Behandlung der polnischen Arbeiter im Reich verbessere.[56] Dies war zwar durchaus ein gerechtfertigter Einwand, der allerdings nicht darüber hinwegtäuschen konnte, dass es sich hierbei um den Versuch einer Verlagerung der Verantwortlichkeiten für die zu geringen Rekrutierungszahlen handelte. Auch die Zivilverwaltung hatte es nicht vermocht, wirtschaftliche Anreize für die Arbeitsaufnahme im Reich zu schaffen.[57] Letztlich war die Einführung von Zwangsmaßnahmen bei der Arbeiterrekrutierung das Ergebnis eines Kompromisses zwischen Generalgouverneur Frank und Herbert Backe, der als Leiter der Geschäftsgruppe Ernährung in der Dienststelle Vierjahresplan für die Landarbeiterrekrutierung zuständig war. Die generell freiwilligen Rekrutierungsmaßnahmen sollten durch den exemplarischen Einsatz von Polizeieinheiten unterstützt werden.[58] Als 1942 der von Hitler zum Generalbevollmächtigten für den Arbeitseinsatz ernannte Fritz Sauckel die Arbeitergewinnung im GG übernahm, wurden die Rekrutierungsmethoden immer rücksichtsloser.[59] Die Arbeitsämter nahmen

---

dem sogenannten Generalgouvernement (1939–1945), Berlin 1964, S. 114 ff., 127; EDWARD L. HOMZE, Foreign Labour in Nazi Germany, Princeton 1967, S. 33; ULRICH HERBERT, Fremdarbeiter. Politik und Praxis des „Ausländer-Einsatzes" in der Kriegswirtschaft des Dritten Reiches, Berlin 1985, S. 69.

[56] Dienstversammlung der Kreis- und Stadthauptmänner des Distrikts Lublin, 4.3.1940, in: Diensttagebuch, S. 144; Besprechung über die Verschickung von Landarbeitern in das Reich, 7.3.1940, in: ebd., S. 148 f.; Frank, 12.3.1940, in: ebd., S. 152; HERBERT, Fremdarbeiter, S. 75 f., 131; HOMZE, Foreign Labour, S. 30–35; EISENBLÄTTER, Grundlinien, S. 326 f.

[57] Bericht des Distrikts Warschau, 11.4.-10.5.1940, AIPN, NTN 271 (Bühler-Prozess), Bl. 149; Sitzung, 9.5.1940, in: Diensttagebuch, S. 196; Rüstungswirtschaftlicher La-gebericht der Rüstungsinspektion Oberost, 27.3.–14.5.1940, BA-MA, RH 53-23/25, Bl. 104.

[58] Runderlass der Abteilung Arbeit, 26.4.1940, AAN, Rząd GG 1414, Bl. 58–62; HERBERT, Fremdarbeiter, S. 85 f.; für eine gegenteilige Beurteilung vgl. HOMZE, Foreign Labour, S. 38.

[59] WALTER NAASNER, Neue Machtzentren in der deutschen Kriegswirtschaft 1942–1945. Die Wirtschaftsorganisation der SS, das Amt des Generalbevollmächtigten für den Arbeitseinsatz und das Rüstungsministerium für Bewaffnung und Munition/Reichsministerium für Rüstung und Kriegsproduktion im nationalsozialistischen Herrschaftssystem, Boppard am Rhein 1994, S. 33 ff.; EISENBLÄTTER, Grundlinien, S. 330 ff.; HERBERT, Fremdarbeiter, S. 149-153, 170, 175; HOMZE, Foreign Labour, S. 104, 108 f.

meistens den Weg des geringsten Widerstandes und sammelten die Menschen einfach auf den Straßen ein, wenn sie gerade die Kirche oder das Kino verließen. Oder sie fingen die Arbeiter an Stellen ein, wo viele von ihnen versammelt waren, was bedeutete, dass sie die Arbeiter aus den Fabriken nahmen, die im GG produzierten. Nachrichten über diese Entführungen verbreiteten sich rasch und verursachten Unruhe in der Bevölkerung.[60] Ulrich Herbert hat betont, dass dies Teil der deutschen Taktik gewesen sei, gemäß der sich die polnische arbeitsfähige Bevölkerung aus Angst vor Deportation freiwillig melden sollte.[61] Jedoch versuchte die polnische Bevölkerung die Deportation zur Arbeit im Reich mit allen Mitteln zu vermeiden.[62] Die Androhung von Gewalt und Enteignung machte es nur umso wahrscheinlicher, dass die Menschen in die Wälder flüchteten und sich Widerstandsgruppen anschlossen, wie der Höhere SS und Polizeiführer (HSSPF) im GG, Friedrich Wilhelm Krüger, beklagte.[63] Polnische Historiker schätzen, dass lediglich 30 bis 40 Prozent derer, die für Arbeit im Reich rekrutiert wurden, auch tatsächlich dort ankamen.[64] Damit wurden die Erwartungen des Reichs keineswegs erfüllt. Darüber hinaus stellt sich angesichts der Tatsache, dass nur ungefähr ein Drittel der im GG angeworbenen Arbeiter auch tatsächlich im Reich ankamen, die Frage, wie effizient der Gebrauch von Zwang für die Anwerbung war.

Diese Frage muss man vor allem vor dem Hintergrund stellen, da durch die Zwangsrekrutierungen Schwierigkeiten in anderen Wirtschaftssektoren auftraten. So kritisierte der vom Reich ernannte Sonderbevollmächtigte für die Ernteerfassung im GG, Heinrich Pehle, dass die unsystematischen Rekrutierungsmethoden zu einem Ansehensverlust der Deutschen im GG führten, jedoch ohne viel zu erreichen. Besonders kritisierte er die negativen Rückwirkungen auf die Ernteerfassung. Da die Bauern fürchteten, an den offiziellen Sammelpunkten verhaftet und zur Arbeit ins Reich deportiert zu werden, war die Ablieferung von landwirtschaftlichen Produkten zurückgegangen. Manche Bauern gingen nicht selbst, sondern schickten stattdessen Kinder oder Greise zu den Sammelpunkten, die auch nach deutschen Maßstäben nicht als Arbeiter qualifiziert waren. Es sei unmög-

---

[60] Bericht Krügers über die Lage im GG, BAB, NS 19/2664.

[61] HERBERT, Fremdarbeiter, S. 187.

[62] Besprechung, 7.3.1940, in: Diensttagebuch, S. 149; Lagebericht des Chefs der Ordnungspolizei, 15.5.1940, BA-MA, RH 53-23/25; Überblick des Rüstungsinspekteurs über die im 4. Vierteljahr 1942 aufgetretenen wesentlichen Probleme, deren Entwicklung und Lösung, BA-MA, RW 23/2; Rüstungswirtschaftlicher Lagebericht der Rüstungsinspektion Oberost, 15.5.–14.6.1940, BA-MA, RH 53-23/25; HERBERT, Fremdarbeiter, S. 86 f.

[63] Bericht Krügers über die Lage im GG, BAB, NS 19/2664.

[64] MADAJCZYK, Okkupationspolitik, S. 225; GROSS, Polish Society, S. 80.

lich, mit Kindern und Greisen das abgelieferte Getreide zu verladen, klagte Pehle.[65] Dieses Beispiel zeigt, dass die Anwendung von Terror möglicherweise half, einzelne Ziele in einem der Wirtschaftssektoren zu erreichen. Gleichzeitig wurde dadurch jedoch die Erfüllung der Ziele in anderen Sektoren behindert. Somit war die Anwendung von Terror insgesamt ein eher nutzloses Instrument der Okkupationspolitik.[66] Die Rekrutierung von Arbeitern für das Reich war eine schwere Behinderung der Rüstungsproduktion im GG.[67] General Max Schindler, der Rüstungsinspekteur im GG, beschwerte sich bei seinem Vorgesetzen, dem Reichsminister für Rüstung und Kriegsproduktion, Albert Speer, dass Sauckels Aktionen die letzten Arbeiterreserven im GG aufsaugten und die Rüstungsfirmen vor Ort so gegenüber den Firmen im Reich übervorteilt würden.[68]

Während einerseits der Druck zur Produktionssteigerung im GG seit 1942 stetig wuchs, war es schwierig geworden, die Rüstungsindustrie auch nur mit ungelernten Arbeitern zu versorgen, ganz zu schweigen von Facharbeitern. Aufgrund der sich stetig verschlechternden Sicherheitslage standen die Exekutivkräfte im GG kaum mehr für die Arbeiterrekrutierung bereit.[69] Allerdings war – gemäß der Einschätzung der Rüstungsdienststellen im GG – das Problem nicht allein einem Mangel an Arbeitern geschuldet, sondern der Tatsache, dass die polnische Bevölkerung offizielle Arbeitsverhältnisse mied. Rüstungsinspekteur Schindler schätzte, dass circa 50 Prozent der Facharbeiter im GG nicht registriert waren. Dies war zum einen darauf zurückzuführen, dass auch Rüstungsarbeiter eine Deportation ins Reich fürchten mussten. Zum anderen lag es daran, dass die polnischen Arbeiter auf dem Schwarzmarkt arbeiteten.[70]

---

[65] Bericht Pehles, 28.10.1942, BAB, NS 19/2648.

[66] WERNER RÖHR, Terror und Politik. Über die Funktionen des Terrors für die faschistische Okkupationspolitik in Polen 1939–1945, in: Zeitschrift für Geschichtswissenschaft, 43 (1995), Nr. 1, S. 43.

[67] GREGOR, Daimler-Benz, S. 209 f.

[68] Überblick des Rüstungsinspekteurs über die im 3. Vierteljahr 1942 aufgetretenen wesentlichen Probleme, deren Entwicklung und Lösung, BA-MA, RW 23/1; Überblick des Rüstungsinspekteurs über die im 4. Vierteljahr 1942 aufgetretenen wesentlichen Probleme, deren Entwicklung und Lösung, BA-MA, RW 23/2.

[69] Überblick des Rüstungsinspekteurs über die im 3. Vierteljahr 1943 aufgetretenen wesentlichen Probleme, deren Entwicklung und Lösung, BA-MA, RW 23/3.

[70] Überblick des Dienststellenleiters des Rüstungskommandos Krakau über die in der Berichtszeit aufgetretenen wesentlichen Probleme, 2. Quartal 1943, BA-MA, RW 23/11; Sitzung, 15.7.1942, in: Diensttagebuch, S. 525.

Tatsächlich waren die Deutschen nie mehr als zur Hälfte Herr der Wirtschaft im GG.[71] Vielmehr bestanden zwei Wirtschaftssysteme nebeneinander: Auf der einen Seite die offizielle Kriegswirtschaft und auf der anderen Seite der schwarze oder freie Markt.[72] Das ursprüngliche Konzept für das GG war gewesen, dass ein niedriger Lebensstandard und eine Lohn- und Preisfestsetzung die industrielle Produktion hier billiger machen sollte als im Reich. Tatsächlich aber war die Produktion im GG nicht billiger, sondern teurer als im Reich. Der Grund hierfür war der Schwarzmarkt.[73] Die offizielle Kriegswirtschaft wurde von der Zivilverwaltung durch die Übernahme der Schlüsselindustrien und die Überwachung der Verteilung und Verarbeitung von Produktionsstoffen kontrolliert. Auch der Verbrauch wurde durch die amtliche Zuteilung von Lebensmitteln und Textilien an den Einzelkonsumenten reglementiert. Der freie oder schwarze Markt hingegen leistete „allen möglichen Einflüssen Folge und arbeitete meist in einer Richtung, die den Verwaltungstendenzen zuwiderlief".[74] Ein wesentlicher Grund für das Bestehen der beiden Wirtschaftssysteme und deren Auseinanderklaffen war, dass die offiziellen Zuteilungen an Lebensmitteln und Bedarfsartikeln an die polnische Bevölkerung nicht ausreichten, um auch nur den existentiellen Minimalbedarf zu decken.[75] In ihrem Bericht für März 1942 stellte die Abteilung für Preisbildung fest:

„Die amtliche Versorgung der nichtdeutschen Bevölkerung ist nur noch eine Teilversorgung, die Aufrechterhaltung der Behauptung, dass auch dieser Teil der Bevölkerung eine bei minimalsten Ansprüchen ausreichende Versorgung erhalte, wäre eine glatte Selbsttäuschung. Die Folgen dieser Unterversorgung sind ungeheuerlich. Die gesamte nichtdeutsche Bevölkerung nimmt am Tausch- und Schleichhandel passiv und meistens auch aktiv teil."[76]

---

[71] Preispolitischer Lagebericht Nr. 22 der Abteilung Preisbildung in der Regierung GG, 1.6.1943, AAN, Rząd GG 1150, Bl. 134.

[72] Überblick des Dienststellenleiters des Rüstungskommandos Krakau über die in der Berichtszeit aufgetretenen wesentlichen Probleme, 2. Quartal 1943, BA-MA, RW 23/11.

[73] Ebd., Bl. 41; Bericht der Hauptabteilung Wirtschaft über Besonderheiten der Wirtschaftslage, 5.–6.1944, BAB, R 52/VI/9, Bl. 3 f.

[74] Preispolitischer Lagebericht Nr. 22 der Abteilung Preisbildung in der Regierung GG, 1.6.1943, AAN, Rząd GG 1150, Bl. 134.

[75] Preispolitischer Lagebericht Nr. 16 der Abteilung Preisbildung in der Regierung GG, 31.3.1942, ebd., Bl. 27; Memorandum „Grundsätzliche Fragen der Preisüberwachung", 1.2.1943, AAN, Rząd GG 393/11, Bl. 14; RGO-Memorandum „Die Preisentwicklung auf dem Warschauer Markte", 5.5.1941, AAN, RGO Kraków 1081a, Bl. 1.

[76] Preispolitischer Lagebericht Nr. 16 der Abteilung Preisbildung in der Regierung GG, 31.3.1942, AAN, Rząd GG 1150, Bl. 28.

Während die offizielle Kriegswirtschaft durch festgelegte Höchstpreise im Zaum gehalten wurde, war der freie oder schwarze Markt durch ein enormes und vor allem beständiges Ansteigen der Preise gekennzeichnet.[77] Rüstungsinspekteur General Schindler stellte fest, dass ein Rüstungsarbeiter im GG höchstens 320 Zloty verdiente, durchschnittlich jedoch meist nicht mehr als 230 Zloty. Zog man hiervon die Kosten für Miete und zugeteilte Lebensmittelrationen ab, blieben vielleicht noch 160 Zloty übrig. Von diesem Geld konnte man auf dem Schwarzmarkt gerade mal ein halbes Kilo Butter kaufen. Schindler schätzte, dass ein alleinstehender Arbeiter zum Überleben im GG monatlich 800 Zloty bräuchte und ein verheirateter Arbeiter mit Kindern mindestens 1.200 Zloty.[78] Um die Lücke zu schließen, die sich auftat, da weder die offiziellen Löhne noch die offiziellen Lebensmittelrationen zum Überleben ausreichten, arbeiteten viele im offiziellen Sektor angestellte Arbeiter zusätzlich noch in der illegalen Wirtschaft, wo sie zwischen fünf- und zehnmal soviel verdienten.[79] Hieraus resultierte für die offizielle Wirtschaft das Problem der hohen Fehlzeiten der Arbeiter. Es war im GG gang und gäbe, dass Arbeiter zwei oder drei Tage in der Woche nicht zur Arbeit erschienen. Rüstungsinspekteur Schindler erklärte in der ersten Sitzung der Rüstungskommission des GG am 24. Oktober 1942, dass generell 25 Prozent der Arbeiter täglich fehlten. Im Sommer, wenn es viel Arbeit in der Landwirtschaft gab, stieg diese Zahl leicht auf 70 Prozent an. Das Resultat war, dass man im GG durchschnittlich 30 Prozent mehr Arbeiter für die Produktion brauchte als unter normalen Bedingungen.[80] Die Unternehmen wirkten dem entgegen, indem sie eigenständig für eine zusätzliche Versorgung der Beschäftigten in Form von Geldzahlungen, Deputaten oder Lebensmitteln sorgten.[81] Das bedeutete allerdings, dass sich die Unternehmen dann auf dem einen oder anderen Weg selbst am Schleichhandel beteiligen mussten.[82] Im ersten Fall kaufte

---

[77] Überblick des Dienstellenleiters des Rüstungskommandos Krakau über die in der Berichtszeit aufgetretenen wesentlichen Probleme, 2. Quartal 1943, BA-MA, RW 23/11.

[78] Besprechung Frank, Schindler und Bühler, 26.3.1943, in: Diensttagebuch, S. 634 ff.; Arbeitssitzung über die Ernährungslage der fremdvölkischen Bevölkerung im GG, 14.4.1943, in: ebd., S. 638 f.; ŁUCZAK, Polityka ludnościowa, S. 481, 487.

[79] Paul Budin an Speer, 15.10.1943, BAB, NS 19/2664; Bericht über den Aufbau der Hauptabteilung Wirtschaft, 10.1941, AIPN, NTN 284 (Bühler-Prozess), Bl. 28.

[80] Protokoll über die erste Sitzung der Rüstungskommission im GG, 24.10.1942, BA-MA, RW 23/2.

[81] Überblick des Rüstungsinspekteurs über die im 3. Vierteljahr 1942 aufgetretenen wesentlichen Probleme, deren Entwicklung und Lösung, BA-MA, RW23/1; GREGOR, Daimler-Benz, S. 204 f.

[82] Preispolitischer Lagebericht Nr. 22 der Abteilung Preisbildung in der Regierung GG, 1.6.1943, AAN, Rząd GG 1150, Bl. 131.

das Unternehmen zusätzliche Lebensmittel auf dem Schwarzmarkt, um sie an seine Arbeiter und deren Familienangehörige zu verteilen. Im zweiten Fall stellte das Unternehmen Tauschgüter für den Schwarzmarkt bereit, indem es seinen Arbeitern Naturalleistungen zugestand, die den persönlichen Verbrauch bei weitem überschritten. So erhielten zum Beispiel die Putzfrauen einer Bewirtschaftungsstelle eine jährliche Zuteilung von 480 Kilogramm Zucker pro Person verbunden mit dem Ratschlag, diesen auf dem Schwarzmarkt gegen andere Lebensmittel zu tauschen.[83] Im dritten Fall missachtete das Unternehmen einfach die Lohnregelung im GG und bezahlte höhere Löhne, mit denen die Arbeiter sich dann über den Schwarzmarkt mit Lebensmitteln versorgen sollten. Angesichts der Unmöglichkeit, diese zusätzlichen Lohnkosten bei amtlichen Preisen zu erwirtschaften, musste das Unternehmen dann selbst einen Teil seiner Produkte zu höheren Preisen schwarz verkaufen.[84]

Dieser engen Verknüpfung der gewerblichen Produktion mit dem Schleichhandel entsprach eine ähnlich enge Verbindung in der Landwirtschaft. Da es der Zivilverwaltung nicht gelang, den Bauern notwendige Betriebsmittel und grundlegende Bedarfsartikel in ausreichendem Maße zuzuteilen, verkauften oder tauschten die Bauern ihre Produkte auf dem Schwarzmarkt, wo sie auch die von ihnen benötigten industriellen und gewerblichen Artikel erstehen konnten.[85] Die Zivilverwaltung hatte sich bemüht, genau gegen dieses Problem mit der Einführung des Bonussystems anzugehen. Allerdings musste die Abteilung für Preisbildung in ihrem Bericht vom Juni 1943 zugeben, dass diese Maßnahme nur in sehr geringem Umfang erfolgreich war. Das lag zum einen daran, dass die Gesamtmenge der zur Verfügung gestellten Bonusgüter zu gering war, und zum anderen, dass viele der bereitgestellten Bonusgüter nicht den Bedarf der Bauern deckten.[86] Die Bauern erhielten zu wenig landwirtschaftliche Produktionsmittel und zu viel Alkohol und Tabak, welche dann auf dem Schwarzmarkt gehandelt wurden.[87] Zudem war es der Zivilverwaltung trotz

---

[83] Memorandum „Grundsätzliche Fragen der Preisüberwachung", 1.2.1943, AAN, Rząd GG 393/11, Bl. 14.

[84] Preispolitischer Lagebericht Nr. 22 der Abteilung Preisbildung in der Regierung GG, 1.6.1943, AAN, Rząd GG 1150, Bl. 131.

[85] Ebd.

[86] Ebd.; Preispolitischer Lagebericht Nr. 21 der Abteilung Preisbildung in der Regierung GG, 1.3.1943, ebd., Bl. 110.

[87] Preispolitischer Lagebericht Nr. 20 der Abteilung Preisbildung in der Regierung GG, 14.12.1942, ebd., Bl. 92; Lammers an Himmler, 17.4.1943, BAB, NS 19/2664; Bericht Kreishauptmann Janow-Lubelski, 8.1940, BAB, R 52/III/23; Bericht Kreishauptmann Krakau-Land, 10.1940, BAB, R 52/III/24; Bericht Kreishauptmann Zamosc, 10.1940, BAB, R 52/III/23.

des Tauschsystems nicht gelungen, die Lücke zwischen den niedrigen Preisen für landwirtschaftliche Produkte und den hohen Preisen für industrielle und gewerbliche Güter zu schließen, wie es ursprünglich intendiert gewesen war.[88]

Die zu niedrige Festsetzung des offiziellen Wechselkurses von Zloty und Reichsmark – die Reichsmark war um 33 Prozent überbewertet – verschärfte die Probleme der Preisstruktur weiter.[89] Im August 1941 verglich die Hauptabteilung Ernährung und Landwirtschaft, wie viele Kilo Roggen ein Farmer zu den offiziellen Preisen im GG und im Reich verkaufen musste, um die notwendigsten Produktionsmittel erwerben zu können. Demzufolge kostete ein Paar Arbeitsschuhe 56 Zloty oder 207 Kilo Roggen im GG, während es im Reich umgerechnet nur 25 Zloty oder 69 Kilo Roggen waren. Zudem kostete eine Motordreschmaschine im GG 7.000 Zloty oder 25.925 Kilo Roggen, verglichen mit umgerechnet nur 1.090 Zloty oder 5.800 Kilo Roggen im Reich.[90] Das bedeutete, dass besonders Kleinbauern, welche die Mehrheit im GG stellten, nicht in der Lage waren, mit ihren Bezugsscheinen gewerbliche Güter zu kaufen.[91] Im Gegensatz dazu lag der Preis für landwirtschaftliche Produkte auf dem Schwarzmarkt um ein Vielfaches höher, und gewerbliche und industrielle Güter gab es hier zu kaufen oder zu tauschen.[92]

Zusammenfassend waren es also auf der einen Seite die unzureichenden Zuteilungen von Lebensmitteln und Textilien für die Arbeiter im GG und auf der anderen Seite die mangelnde Bereitstellung von landwirtschaftlichen Arbeitsmitteln und Gebrauchsgütern für die bäuerliche Bevölkerung, die die Wurzel des Schwarzmarktes im GG bildeten. Diese beiden Fehler setzten eine Kettenreaktion in Gang: Eine Lücke in der staatlich kontrollier-

---

[88] Wirtschaftstagung, 6.–7.7.1940, in: Diensttagebuch, S. 239.

[89] Bericht über die wirtschaftspolitischen Maßnahmen im GG, Dr. Justus Schmitt, Referent im Reichswirtschaftsministerium, in: Documenta Occupationis, Bd. 6, S. 350–356; ALAN S. MILWARD, The New Order and the French Economy, Oxford 1970, S. 97; RADICE, Agriculture and Food, S. 378.

[90] Hauptabteilung Ernährung und Landwirtschaft an das Amt für Preisbildung, 18.8. 1941 wegen der Preise der landwirtschaftlichen Produktionsmittel und Bedarfsartikel, AAN, Rząd GG 1302, Bl. 312.

[91] Bericht, Kreishauptmann Tomaszow, 8.1940, BAB, R 52/III/23; Bericht, Kreishauptmann Busko, 8.1940, BAB, R 52/III/23; Bericht Pehles, 28.10.1942, BAB, NS 19/2648.

[92] Bericht über den Aufbau der Hauptabteilung Wirtschaft, 10.1941, AIPN, NTN 284, S. 35; Lammers an Himmler, 17.4.1943, BAB, NS 19/2664; LANDAU/ TOMASZEWSKI, Wirtschaftsgeschichte, S. 218.

ten Wirtschaft riss weitere Lücken an anderen Enden des Systems auf.[93] So partizipierte nahezu jede Einzelperson, jeder Betrieb und jeder Wirtschaftszweig aktiv oder passiv am Schwarzmarkt. Und da jede Branche beteiligt war, war auch alles – von Lebensmitteln über gewerbliche Güter und Rohmaterialien bis hin zu Luxusgütern – auf dem Schwarzmarkt zu haben.[94] Im Juni 1943 schätzte die Abteilung Preisbildung, dass der Schwarzmarkt wenigstens ein Drittel bei der Deckung des gesamten Bedarfs, in den Städten sogar mehr als die Hälfte, ausmachte.[95] Der polnische Haupthilfeausschuss schätzte sogar, dass bis zu 75 Prozent der Lebensmittelversorgung über den Schwarzmarkt lief.[96] Zwar war dadurch die durchschnittliche Kalorienzufuhr im GG beträchtlich höher als von den deutschen Behörden geplant und organisiert.[97] Allerdings machten es die rasant steigenden Preise für die Bevölkerung zunehmend schwierig, sich auf dem Schwarzmarkt zu versorgen. Hiervon waren die Juden am stärksten betroffen, nicht nur weil ihre offiziellen Rationen noch geringer waren als die der Polen, sondern auch weil sie mehrheitlich zur urbanen Bevölkerung gehörten. Hingegen hatte die polnische Landbevölkerung direkten Zugang zu Nahrungsmitteln und war auch in der Lage, ihre städtische Verwandtschaft mit zusätzlichen Lebensmitteln zu versorgen.[98]

Die Deutschen sahen im Schwarzmarkthandel einen zunehmenden Verfall der wirtschaftlichen Moral, wie sich etwa der Warschauer Gouverneur Ludwig Fischer beschwerte. Für ihn war es vollkommen inakzeptabel, dass deutsche Privatunternehmer sich ebenso wie staatliche Stellen

---

[93] Preispolitischer Lagebericht Nr. 22 der Abteilung Preisbildung in der Regierung GG, 1.6.1943, AAN, Rząd GG 1150, S. 132 f.

[94] Preispolitischer Lagebericht Nr. 16 der Abteilung Preisbildung in der Regierung GG, 31.3.1942, ebd., Bl. 27; Preispolitischer Lagebericht Nr. 22 der Abteilung Preisbildung in der Regierung GG, 1.6.1943, ebd., Bl. 132; RGO-Memorandum an die Hauptabteilung Innere Verwaltung, 26.1.1943, AAN, RGO Kraków 33, Bl. 94; ŁUCZAK, Polityka ludnościowa, S. 422.

[95] Preispolitischer Lagebericht Nr. 22 der Abteilung Preisbildung in der Regierung GG, 1.6.1943, AAN, Rząd GG 1150, Bl. 132 f.; ŁUCZAK, Polityka ludnościowa, S. 426.

[96] Ergänzung des RGO zur Denkschrift vom 26.1.1943 über den freien Lebensmittelmarkt, 2.2.1943, AAN, RGO Kraków 33, Bl. 98; Bericht, Stadthauptmann Warschau, 12.5.1941, AIPN, NTN 281, S. 79; RGO Krakau an Lothar Weirauch, Abteilung Bevölkerungswesen und Fürsorge, 10.3.1943, AAN, RGO Kraków 33, Bl. 102; World Economic Survey, S. 115 f.

[97] Food, Famine, and Relief, 1940–46, S. 36; World Economic Survey, S. 128; CZESŁAW MADAJCZYK, Polityka III Rzeszy w okupowawej Polsce, Bd. 2, Warszawa 1970, S. 76; GROSS, Polish Society, S. 100 ff.; OVERY, The Economy of the German „New Order", S. 26 f.

[98] Memorandum der Jüdischen Sozialen Selbsthilfe (JSS): „Die Approvisation der jüdischen Bevölkerung im GG", AŻIH, JUS 211/97, Bl. 4 f.

am Schwarzmarkt beteiligten. Insbesondere die Wehrmacht zahlte unter Missachtung der offiziellen Regelungen jeden Preis für Güter.[99] Einer der führenden Manager der Landwirtschaftlichen Zentralstelle (LZ), Friedrich Steding, erinnerte sich in seiner Nachkriegsdarstellung über die eigene Tätigkeit im GG daran, dass seine Behörde ganze Waggons landwirtschaftlicher Produktionsmittel schwarz gegen frisches Obst und Gemüse für die Behördenkantine tauschte: „Auch die LZ, obwohl Staatsunternehmen, hielt es schon frühzeitig [...] für geboten und auch gerechtfertigt, die Marktordnungs- und ähnliche Vorschriften nur insoweit zu befolgen, wie sie noch sinnvoll und mit dem Allgemeininteresse vereinbar erschienen."[100] Grundsätzlich nutzten die Deutschen im GG alles, was auch nur den geringsten Verbrauchswert besaß – von abgetragener Kleidung bis hin zu Gebrauchsgegenständen und Lebensmitteln –, zum Tauschhandel.

Auch bei Kontrollen von Restaurants war offensichtlich, „dass neben den polnischen Großschiebern gerade die sehr oft unangemessen verdienenden deutschen Wirtschaftskreise, man möchte sagen, Stammgäste polnischer Luxus- und Schlemmergaststätten sind, und so auch fortgesetzt Sabotage der deutschen Bewirtschaftungs- und Preisbestimmungen betreiben und den Polen ein schlechtes Beispiel geben".[101] Die Vorstellung, dass das deutsche Ansehen im GG durch die Teilnahme Deutscher am Schleichhandel geschädigt wurde, plagte auch HSSPF Krüger, der empört feststellte, dass der blühende Schwarzmarkt zwischen Deutschen und Polen „alle Schranken volkstumsgebundener Unterscheidung niederriss".[102] Über die Rolle des Schwarzmarktes gab es einen erhitzten Disput zwischen der Zivilverwaltung im GG und den zentralen Autoritäten im Reich. Die Zivilverwaltung nahm unter den gegebenen Umständen einen eher pragmatischen Standpunkt ein: So lange der offiziell regulierte Markt nicht ausreichend funktionierte, um der Bevölkerung wenigstens den primitivsten Lebensstandard auf legalem Wege zu ermöglichen, war es unmöglich, den Schwarzmarkt vollkommen auszuschalten.[103]

---

[99] Bericht Gouverneur Warschau, 10.12.1942, AIPN, NTN 285, Bl. 235; ŁUCZAK, Polityka ludnościowa, S. 423, 431.

[100] Bericht Stedings, IfZ, Ms 446, Bl. 94.

[101] Preispolitischer Lagebericht Nr. 17 der Abteilung Preisbildung in der Regierung GG, 6.6.1942, AAN, Rząd GG 1150, Bl. 43, 45.

[102] Bericht Krügers, BAB, NS 19/2664.

[103] Lagebericht des Chefs der Ordnungspolizei, 15.5.1940, BA-MA, RH 53-23/25; Aktenvermerk der Reichskanzlei, 26.2.1943, über eine allgemeine Aussprache Boepples, Losackers, Kritzingers, Killys, Stutterheims über die Verhältnisse im GG, IfZ, Fb 50/1-5, Bl. 48; HOUSDEN, Hans Frank, S. 101.

Seit 1942 verteidigte die Zivilverwaltung den Schwarzmarkt ganz offiziell und erklärte, dass er eine „wichtige volkswirtschaftliche Funktion" erfülle.[104] Im Gegensatz zur Zivilverwaltung, die den Schwarzmarkt als eine notwendige und nützliche Ergänzung der offiziellen Wirtschaft ansah, betrachteten ihn die Reichsbehörden als die Wurzel allen aus deutscher Sicht im GG bestehenden Übels. In den Augen von Heinrich Lammers, dem Chef der Reichskanzlei, waren die wirtschaftlichen Prinzipien der Zivilverwaltung einfach „verfehlt".[105] Backe, der Reichsminister für Ernährung und Landwirtschaft, stellte fest, dass es widersinnig sei, einerseits eine staatlich geplante Landwirtschaft aufzubauen und andererseits einen Schwarzmarkt zu fördern, auf dem die wichtigsten landwirtschaftlichen Güter zu viel höheren Preisen verkauft und im Endergebnis nicht wie geplant an die deutsche Verwaltung geliefert würden.[106]

Den Kern der Debatte bildete die Frage, ob die Probleme im GG durch einen wirklichen Mangel an Gütern oder nur durch organisatorische Fehler, die zu einer falschen Verteilung der Güter und so zur Unterversorgung geführt hatten, hervorgerufen worden waren. Während die Zivilverwaltung argumentierte, es sei einfach unmöglich, die notwendigen Gütermengen bereitzustellen, hielten die Reichsautoritäten dem entgegen, dass es im GG alles in ausreichendem Maße geben würde, wie der Schwarzmarkt letztlich beweise.[107] Und wenn es möglich sei, dass sich die Bevölkerung über den Schwarzmarkt versorge, so müsse es doch auch möglich sein, die Verteilung dieser Güter auf offiziellem Wege zu organisieren. Deshalb forderten die Reichsbehörden, dass künftig nicht mehr nur ein festgesetzter Prozentsatz, sondern die gesamte Ernte im GG durch die Zivilverwaltung eingesammelt und wieder verteilt werden sollte. Sie forderten somit eine Erweiterung der staatlichen Verwaltung auf den gesamten Verbrauchssektor.[108] Die Zivilverwaltung hingegen erklärte, dass es weder möglich noch zweckmäßig sei, im GG eine Kriegswirtschaft wie im Reich zu schaffen, da man sich hier weder auf die bereitwillige Mitarbeit der Bevölkerung verlassen könne noch die Machtmittel habe, diese zu erzwingen. Der Präsident der Hauptabteilung Wirtschaft im GG, Walter Emmerich, erklärte: „Man kann nicht hinter jeden einzelnen wirtschaftenden Menschen

---

[104] Bericht Pehles, 28.10.1942, BAB, NS 19/2648.

[105] Lammers an Himmler, 17.4.1943, BAB, NS 19/2664.

[106] Bericht Backes, 14.12.1942, BAB, NS 19/1995; ŁUCZAK, Polityka ludnościowa, S. 437-441.

[107] Preispolitischer Lagebericht Nr. 22 der Abteilung Preisbildung in der Regierung GG, 1.6.1943, AAN, Rząd GG 1150, Bl. 129.

[108] Aktenvermerk der Reichskanzlei, 26.2.1943, über eine allgemeine Aussprache über die Verhältnisse im GG, IfZ, Fb 50/1-5, Bl. 54.

einen Soldaten, einen Polizisten stellen, der aufpasst, dass er reglement-
mäßig verfährt."[109] Darüber hinaus sah die Zivilverwaltung den Schwarzmarkt im Mangel an landwirtschaftlichen Produkten begründet: Seit das
Reich 1942/43 seine Lieferforderungen drastisch erhöht hatte, sei es praktisch unmöglich geworden, die Bevölkerung offiziell zu versorgen.[110] In
dieser Situation betrachtete die Zivilverwaltung den Schwarzmarkt als die
einzige Möglichkeit, die knappen Lebensmittel zu verteilen. Deshalb führte
sie die offizielle Duldung eines Selbstversorgungsschleichhandels ein, um
Unruhen zu verhindern.[111] Dieser Selbstversorgungsschleichhandel dürfe
allerdings nicht mit dem großangelegten kommerziellen Schleichhandel
verwechselt werden, wie der Warschauer Gouverneur Fischer erklärte.
Letzterer müsse rigoros bekämpft werden. So wurden zum Beispiel Inhaber
von Lebensmittelgeschäften, deren Preise zu hoch waren, ins Konzentrationslager Treblinka deportiert.[112] Sogar HSSPF Krüger stimmte dem
Vorschlag zu, einen Selbstversorgungsschleichhandel zu dulden, bestand
aber darauf, dass diese Entscheidung nicht öffentlich gemacht werde.[113] Für
die Zivilverwaltung erfüllte der Schwarzmarkt eine Alibi-Funktion. Während eines Treffens mit dem Erzbischof von Krakau, Fürst Adam Stefan
Sapieha, am 14. Dezember 1942 erwiderte Staatssekretär Josef Bühler auf
dessen Frage, wie ein polnischer Arbeiter von den viel zu geringen offiziellen Rationen leben solle, dass es ja schließlich einen freien Markt gebe und
die deutschen Behörden illegale Lebensmitteltransporte in die Städte mehr
oder minder billigten.[114] Somit rechtfertigte die Zivilverwaltung die niedrigen offiziellen Rationen für die Bevölkerung mit der Möglichkeit von
privaten Zukäufen auf dem Schwarzmarkt. Eine ähnliche Funktion erfüllte
der freie Handel als Argument bei der Rechtfertigung der im GG betriebe-
nen Wirtschaftspolitik gegenüber dem Reich. Wollte man den Schwarzmarkt ausschalten, so hieß es, dann müsse die deutsche Verwaltung eben

---

[109] Vortrag Walter Emmerichs über die gewerbliche Wirtschaft des GG, 8.7.1942,
BAB, R52/VI/2; vgl. Preispolitischer Lagebericht Nr. 21 der Abteilung Preisbildung in der
Regierung GG, 1.3.1943, AAN, Rząd GG 1150, Bl. 108.

[110] Aktenvermerk der Reichskanzlei vom 26.2.1943 über die Verhältnisse im GG, IfZ,
Fb 50/1-5, Bl. 48.

[111] Preispolitischer Lagebericht Nr. 19 der Abteilung Preisbildung in der Regierung
GG, 6.10.1942, AAN, Rząd GG 1150, S. 71; Bericht Gouverneur Warschau, 15.6.1942,
AIPN, NTN 285, Bl. 138; Bericht Gouverneur Warschau, 15. 8.1942, ebd., Bl. 175 f.

[112] Bericht, Gouverneur Warschau, 13.4.1942, ebd., Bl. 117; Bericht Gouverneur
Warschau, 15.6.1942, ebd., Bl. 138.

[113] Preispolitischer Lagebericht Nr. 18 der Abteilung Preisbildung in der Regierung
GG, 1.12.1942, AAN, Rząd GG 1150, Bl. 56.

[114] RGO-Memorandum an die Hauptabteilung Innere Verwaltung betr. den freien Lebensmittelmarkt, 26.1.1943, AAN, RGO Kraków 33, Bl. 93.

auch die Lebensmittelversorgung der gesamten polnischen Bevölkerung übernehmen und nicht nur die der 1,4 Million Polen, die zum Nutzen Deutschlands arbeiteten. In diesem Fall allerdings wäre ein zusätzlicher Export von Lebensmitteln, den das Reich seit 1942/43 immer vehementer einforderte, kaum mehr möglich.[115] In diesem Sinne machte also gerade das Fehlen eines geordneten Wirtschaftssystems die Erfüllung der Forderungen des Reichs möglich.

Da das fundamentale Problem der Wirtschaft im GG – der Mangel an Gütern – nicht gelöst werden konnte, versuchten die Deutschen, wenigstens einen in sich geschlossenen offiziellen Sektor zu etablieren, der von ungewollten äußeren Einflüssen abgeschottet war. In diesem geschlossenen Wirtschaftssektor mussten zwei Faktoren ins Gleichgewicht gebracht werden: Zum einen die Befriedigung der Bedürfnisse der Landwirtschaft, also die Produktion von Bonusgütern, um die Ergebnisse bei der Ernteeinsammlung zu verbessern, und zum anderen die Befriedigung der Bedürfnisse der Kriegswirtschaft, d. h. die Bereitstellung von Arbeitern, Lebensmitteln und Rüstungsgütern für das Reich und die Wehrmacht.[116] Der geschlossene offizielle Sektor musste deutlich erweitert werden und auch solche Teile der bislang inoffiziellen Wirtschaft einbeziehen, ohne die die offizielle Wirtschaft nicht funktionieren konnte. Wichtigstes Projekt hierbei war die Versorgung von Angehörigen der Rüstungsarbeiter.[117] Der Ernteausnahmezustand, der für den 13. Juli 1942 verhängt worden war, schien die entscheidende Grundlage hierfür zu bieten, allerdings wurden diese Hoffnungen durch die stark gestiegenen Reichsforderungen für die Erntelieferung 1942/43 zunichte gemacht. Im März 1943 konstatierte die Abteilung Preisbildung:

„Wenn man noch vor einem halben Jahr annehmen konnte, dass die bessere Ernte und die erheblich verbesserte Erfassung eine ausreichende Lebensmittelversorgung der Bevölkerung gewährleisten und damit eine weitgehende Ordnung und Beruhigung in die Wirtschaft des Landes bringen, eine wesentliche Leistungssteigerung der gewerblichen Wirtschaft und eine Verkleinerung des schwarzen Marktes mit einem gleichzeitigen Absinken der Schleichhandelspreise zur Folge haben würden, so ist diese Hoffnung durch Umstände, für die

---

[115] Aktenvermerk der Reichskanzlei v. 26.2.1943 über die Verhältnisse im GG, IfZ, Fb 50/1-5, Bl. 48.

[116] Preispolitischer Lagebericht Nr. 22 der Abteilung Preisbildung in der Regierung GG, 1.6.1943, AAN, Rząd GG 1150, Bl. 136; Preispolitischer Lagebericht Nr. 20 der Abteilung Preisbildung in der Regierung GG, 14.12.1942, ebd., Bl. 92.

[117] Preispolitischer Lagebericht Nr. 18 der Abteilung Preisbildung in der Regierung GG, 1.8.1942, ebd., Bl. 54.

nicht die Regierung des Generalgouvernements verantwortlich ist, nicht mehr ohne weiteres oder doch nicht für nähere Zukunft begründet."[118]

Die Belastung der Versorgungssituation im Frühjahr 1943 führte zu einem bis dato ungekannten Anstieg der Preise auf dem Schwarzmarkt und zu Unruhen in der Bevölkerung:

> „Jetzt ist für jedermann erkennbar, dass weitere Belastungen nicht mehr tragbar sind, sondern zu einem Zusammenbruch der geordneten Verwaltung des Landes führen müssen. Es steht fest, dass ein grundsätzlicher Wandel im Wirtschaftssystem eintreten und das vor allem eine bessere Versorgung der Bevölkerung mit allen wirklich lebensnotwendigen Erzeugnissen erfolgen muss."[119]

Selbst als die Zivilverwaltung sich im September 1943 entschloss, große Teile der Bevölkerung von den offiziellen Lebensmittelzuteilungen auszuschließen, um die vorhandenen Vorräte auf die Rüstungsarbeiter und deren Angehörige zu konzentrieren, hatte dies keine Auswirkung auf die Situation, da die neuen offiziellen Rationen auch nicht ausreichten, um mehr als eine Minimalversorgung für die Aufrechterhaltung der Produktivität der Arbeiter zu garantieren.[120] Somit verlor der Schwarzmarkt nicht an wirtschaftlicher Bedeutung, wie das Amt für Preisbildung resigniert feststellte.[121]

Fazit

Zusammenfassend lässt sich somit festhalten, dass das GG repräsentativ für eine vom ökonomischen Standpunkt aus sinnlose Besatzungspolitik steht. Wie ich einführend dargelegt habe, erschien es der Zivilverwaltung im Dezember 1939 unmöglich, die deutschen Ziele durch die ursprüngliche Destruktionspolitik zu erreichen. Stattdessen sollten die wirtschaftlichen Ressourcen insoweit förderlich behandelt werden, wie es dem Reich nutzte. Allerdings führte die Realität der Ressourcenknappheit und der immer drastischeren wirtschaftlichen Ausbeutung durch das Reich dazu, dass die deutsche Zivilverwaltung im GG ein sehr unvollkommenes Wirtschaftssystem errichtete und letztlich genau das hinterließ, was Hitler ihr ursprünglich aufgetragen hatte: einen Trümmerhaufen. Das zugrunde liegen-

---

[118] Preispolitischer Lagebericht Nr. 21 der Abteilung Preisbildung in der Regierung GG, 1.3.1943, ebd., Bl. 108 f.

[119] Preispolitischer Lagebericht Nr. 22 der Abteilung Preisbildung in der Regierung GG, 1.6.1943, ebd., Bl. 129.

[120] RGO an Naumann, 14.9.1943, AIPN, NTN 306 (Bühler-Prozess), Bl. 17–22.

[121] Preispolitischer Lagebericht Nr. 23 der Abteilung Preisbildung in der Regierung GG, 1.9.1943, ebd., Bl. 157.

de strukturelle Problem war, dass das Deutsche Reich gleichzeitig unterschiedliche, sich gegenseitig ausschließende Ausbeutungs- und Ausnutzungsprojekte im GG verfolgte. Einerseits sollten polnische Arbeiter aus dem GG ins Reich deportiert und immer größere Mengen landwirtschaftlicher Produkte geliefert werden; andererseits versuchte man die industrielle Produktion vor Ort zu steigern. Zusätzlich zu diesen wirtschaftlichen Widersprüchen müssen politische Faktoren einbezogen werden, so die schädlichen Auswirkungen des Ausschlusses der Juden aus sämtlichen Wirtschaftsbereichen, die Ermordung jüdischer Arbeiter sowie Umsiedlungsaktionen und der Terror gegen die Bevölkerung. Die nationalsozialistische Rassenideologie diktierte die Missachtung der Grundbedürfnisse der Bevölkerung im GG und machte es für die Zivilverwaltung letztlich unmöglich, gegen die unrealistischen Reichsanforderungen zu argumentieren, da sie nicht auf die Eigenbedürfnisse des GG verweisen konnte.[122]

Auch wenn die Erwartungen des Reichs niemals voll erfüllt wurden, so wurde doch eine substantielle Menge von agrarischen Produkten und Arbeitern aus dem GG gepresst. Für das letztendliche Scheitern der Erfüllung ihrer Forderungen machten die Reichsautoritäten Franks Versagen beim Aufbau einer wirtschaftlichen Ordnung verantwortlich. Während man sicherlich auch argumentieren könnte, dass eine systematischere Ausbeutung das Herauspressen von noch mehr Ressourcen aus dem GG zum Nutzen des Reichs erlaubt hätte,[123] bleibt doch die Frage, wie unter den gegebenen Voraussetzungen ein geordneteres System der Ausbeutung hätte etabliert werden können. In Anbetracht der unterschiedlichen Zwänge, die in verschiedene Richtungen drängten, war es unmöglich, das GG zu regieren, selbst wenn Franks Vorgehen organisierter und effektiver gewesen wäre. Es ist vielmehr davon auszugehen, dass die Mischung aus Unterdrückung, Kontrolle und einer pragmatischen, *laissez faire* Tolerierung des Schwarzmarkts – wie sie von Frank und seiner Verwaltung vertreten wurde – effektiver war als die eher unrealistischen Forderungen der Reichsministerien nach einer totalen Kontrolle der Wirtschaft.[124]

Zusammenfassend kann man somit argumentieren, dass die beiden unterschiedlichen Herangehensweisen, unbeschränkte Ausbeutung und Ausnutzung der wirtschaftlichen Ressourcen vor Ort, in einer widersprüchlichen Politik endeten. Dies kombiniert mit den ideologischen Zielen, welche die Wirtschaft schwächten, bewirkte, dass die nationalsozialistische Wirtschaftspolitik im GG fundamental fehlerhaft war.

---

[122] GROSS, Polish Society, S. 90 f.

[123] OVERY, The Economy of the German „New Order", S. 18 f.

[124] CHRISTIAN GERLACH, Kalkulierte Morde. Die deutsche Wirtschafts- und Vernichtungspolitik in Weißrußland 1941 bis 1944, Hamburg 2000, S. 250.

MAREK WIERZBICKI

SOWJETISCHE WIRTSCHAFTSPOLITIK IN DEN BESETZTEN OSTGEBIETEN POLENS 1939–1941

Noch bis vor kurzem war das Thema Wirtschaftspolitik in der Zweiten Polnischen Republik während der sowjetischen Besatzung in der polnischen Geschichtsschreibung ein blinder Fleck. Dafür gibt es mehrere Ursachen. Unter anderem blockierte das kommunistische Regime während des Bestehens der Volksrepublik Polen wissenschaftliche Untersuchungen zur sowjetischen Besatzungszeit. Nach der Wende hingegen konzentrierten sich die Historiker hauptsächlich auf die Leidensgeschichte und die politisch-militärischen Aspekte unter dieser Besatzung. Erst in den neunziger Jahren erschienen erste Publikationen, die unter anderem auf die ökonomischen Fragen eingehen.[1] Im Laufe der Zeit entstanden einige mikrohistorische Studien, die die wirtschaftlichen Veränderungen unter der Sowjetregierung in einigen Regionen der polnischen Ostgebiete behandeln.[2] Nichtsdestotrotz befinden sich die Forschungen über die wirtschaftliche Entwicklung unter der sowjetischen Besatzung noch immer im Anfangsstadium. Bedeutend mehr wurde dazu in der UdSSR publiziert, wo eine Reihe von Quellensammlungen und Monographien erschienen sind. Sie haben jedoch alle eine

---

[1] Vgl. z. B.: Okupacja sowiecka w świetle tajnych dokumentów. Obywatele polscy na Kresach północno-wschodnich II Rzeczypospolitej pod okupacją sowiecką w latach 1939–1941, hg. v. TOMASZ STRZEMBOSZ, Warszawa 1996; KRZYSZTOW JASIEWICZ, Zagłada polskich Kresów. Ziemiaństwo polskie na Kresach Północno-Wschodnich pod okupacją sowiecką w latach 1939–1941, Warszawa 1997, S. 95; MICHAŁ GNATOWSKI, W radzieckich okowach. Studium o agresji 17 września 1939 r. i radzieckiej polityce w regjonie łomżyńskim w latach 1939–1941, Łomża 1997, S. 195 ff.; Zachodnia Białoruś 17 IX 1939–22 VI 1941, Bd. 1: Wydarzenia i losy ludzkie. Rok 1939 (Źródła do historii Polski XX wieku ze zbiorów Narodowego Archiwum Republiki Białoruś), Warszawa 1998; ADAM SUDOŁ, Początki sowietyzacji Kresów Wschodnich. Jesień 1939, Bydgoszcz, Toruń 1997; ALBIN GŁOWACKI, Sowieci wobec Polaków na ziemiach wschodnich II Rzeczpospolitej 1939–1941, Łódź 1998; GRZEGORZ MAZUR, Z dziejów sowietyzacji tzw. Zachodniej Ukrainy 1939–1941, in: Studia Rzeszowskie, Bd. 3, hg. v. JAN DRAUSS, Rzeszów 1996.

[2] Vgl. DANIEL BOĆKOWSKI, Społeczne i gospodarcze aspekty radzieckiej okupacji Białostocczyzny 1939–1941. Próba bilansu, in: Sowietyzacja i rusyfikacja północno-wschodnich ziem II Rzeczypospolitej (1939–1941). Studia i materiały, Białystok 2003, S. 165–180.

grundsätzliche Schwäche: sie präsentieren eine „amtliche", mit den Erwartungen der damaligen sowjetischen Machthaber übereinstimmende Version der wirtschaftlichen Entwicklung in den westlichen Kreisen der Weißrussischen und der Ukrainischen Sozialistischen Sowjetrepublik (WSSR und USSR), wie die in die Sowjetunion eingegliederten Gebiete der Zweiten Polnischen Republik damals genannt wurden. Die in diesen Publikationen vorgestellten Ergebnisse sind deshalb sehr oft weit von der Wahrheit entfernt. Umso mehr da die Autoren dieser Werke immer wieder Quellen mit Fakten unterschlugen, die zur aufgezwungenen sowjetischen Geschichtsinterpretation im Widerspruch standen.[3]

Auch israelische Historiker, die über das Schicksal der jüdischen Bevölkerung unter sowjetischer Herrschaft[4] schrieben, und Wissenschaftler aus anderen Ländern[5] berührten in ihren Werken den ökonomischen Aspekt am Rande. Wegen fehlender exakter Untersuchungen entstanden im historischen Bewusstsein der polnischen Gesellschaft und der Bevölkerung der ehemaligen UdSSR allerdings extrem unterschiedliche Vorstellungen der sowjetischen Wirtschaftspolitik in den besetzten Gebieten des polnischen Vorkriegsstaates. Die Polen verbinden mit der sowjetischen Wirtschaftspolitik den Raub des privaten Eigentums, die Plünderung von Verbänden und unterschiedlichen Institutionen, die in der Zweiten Polnischen Republik existierten, wie auch die Entwendung des Staatseigentums, das massiv in die UdSSR verschleppt wurde. Der Lebensstandard polnischer Bürger verschlechterte sich unter dem sowjetischen Regime entscheidend. Schlangen vor Geschäften wurden zum Symbol dieser Zeit und sind in den meisten Erinnerungen der Zeitzeugen präsent. Nach zwei Jahren sowjetischer Besatzung erschienen die Ostgebiete der Zweiten Polnischen Republik als wären sie von Barbarenhorden überfallen worden: nackt, zerstört, verarmt. Das negative Bild der sowjetischen Wirtschaftspolitik spiegelt sich in Tausenden Zeugnissen wider, die die Bewohner dieser Gebiete sowohl während des Kriegs wie auch danach ablegten. Eine vollkommen andere Vorstellung der sowjetischen Wirtschaftspolitik verfestigte sich in den

---

[3] Vgl. IRAIDA TSARUK, W bratskom soiuzie: socialisticheskie preobrazovaniia ekonomiki w zapadnykh oblastiakh BSSR sentiabr' 1939-iiun' 1941, Minsk 1976; M. B. IVASIUTA, Narysy istorii kolhospnoho budivnytstva w zakhidnych oblastiakh Ukrains'koï RSR, Kyïv 1962; G. I. KOVALCHAK, Rozvytok socialistychnoï promyslovosti w zakhidnykh oblastiach URSR u 1939–1941 rokakh, in: Iz istoriï zakhidnoukrains'kych zemel', Bd. 4, Kyïv 1960.

[4] Zum Beispiel DOV LEVIN, The Lesser of Two Evils. Eastern European Jewry Under Soviet Rule, 1939–1941, Philadelphia, Jerusalem 1995; BEN CION PINCHUK, Shtetl Jews under Soviet Rule, Cambridge, Massachusetts 1990.

[5] Vgl. KEITH SWORD, Soviet Economic Policy in the Annexed Areas, in: The Soviet takeover of the Polish Eastern Provinces, 1939–1941, hg. v. DERS., London 1991.

Staaten der ehemaligen UdSSR. Interessanterweise werden die ökonomischen Veränderungen unter der Sowjetregierung sogar noch 15 Jahre nach dem Zusammenbruch der UdSSR sehr positiv gewertet. Im Bewusstsein dieser Bevölkerungsgruppen prägte sich vorrangig die Entwicklung der Industrie und des Transportwesens, die Beseitigung der Arbeitslosigkeit und die Modernisierung der inkorporierten Ostgebiete Vorkriegspolens ein. Diese Prozesse werden noch immer der Rückständigkeit und der Armut aus der Zeit des polnischen Vorkriegsstaats entgegen gestellt.

Eine Art Synthese der negativen und positiven Aspekte der sowjetischen Besatzungszeit stellt das Bild der ökonomischen Entwicklung dar, welches für das historische Bewusstsein der israelischen Gesellschaft kennzeichnend ist. Darin finden sich Erinnerungen an: Beschlagnahmungen, Enteignungen und Repressionen, die aus ökonomischen Gründen die reicheren Juden trafen, Spekulantentum und Schmuggel wie auch die sowjetischen Strafmaßnahmen, die dies begleiteten, Armut und das Fehlen von Perspektiven für die jüdische Bevölkerung, die aus der deutschen Besatzungszone geflüchtet war. Es existiert aber auch die Vorstellung vom sozialen Aufstieg der ärmeren jüdischen Bevölkerungsschichten. Sie konnten unter anderem in der sowjetischen Wirtschaftsverwaltung eine Anstellung finden oder Führungspositionen in der Industrie und im Handel übernehmen.

Welches dieser Bilder kommt nun der Wahrheit am nächsten? Die Beantwortung dieser Frage ist das Ziel dieses Textes.

Die Zwischenkriegszeit

In der Zwischenkriegszeit lebten in den Gebieten der künftigen sowjetischen Besatzungszone (Wojewodschaften: Bialystok, Nowogrodek, Wilna, Polesien, Wolhynien, Tarnopol, Stanislau; östlicher Teil der Wojewodschaft Lemberg und drei Kreise der Wojewodschaft Warschau) 13.199.000 polnische Staatsbürger, die 37,3 Prozent der polnischen Gesamtbevölkerung Vorkriegspolens ausmachten.[6] Es handelte sich um ein multinationales Gebiet, wo neben zahlreichen Ukrainern, Polen und Weißrussen auch, allerdings weniger zahlreich, Juden, Litauer, Russen, Tataren, Armenier und Deutsche wohnten. Die Ostgebiete der Zweiten Polnischen Republik besaßen spezielle kulturelle, ethnische und sozioökonomische Eigenheiten. Was sie von anderen Gebieten Polens unterschied, war etwa die Rückständigkeit in praktisch allen Bereichen des wirtschaftlichen Lebens. In den Ostgebieten entwickelten sich die Industrie und die Kommunikations- und

---

[6] Mały Rocznik Statystyczny Polski. Wrzesień 1939–czerwiec 1941, London 1941, S. 9.

Infrastruktur nur sehr langsam. Die Landwirtschaft hingegen blieb nicht nur hinter den wirtschaftlich führenden Wojewodschaften, sondern auch hinter den Regionen Zentralpolens zurück. Ein Teil der landwirtschaftlich genutzten Flächen gehörte zum Großgrundbesitz (meistens 24,3 Prozent in jeder Wojewodschaft), doch der Großgrundbesitz machte nur 0,85 Prozent der landwirtschaftlichen Betriebe aus (Ende der dreißiger Jahre 0,4 Prozent).[7] Die Rückständigkeit der Ostgebiete war unter anderem an der Ertragsfähigkeit der Landwirtschaft erkennbar. Zum Beispiel erreichten die Weizenernten pro Hektar des bebaubaren Bodens elf Doppelzentner, während die durchschnittliche Leistungsfähigkeit des Weizenanbaus im gesamten Polen 12,4 Doppelzentner pro Hektar (in den westlichen Wojewodschaften 16,7) betrug. Der Ertrag beim Roggenanbau lag bei 10,6 Doppelzentner, in ganz Polen bei 12,4, in Westpolen hingegen bei 14,7 Doppelzentner pro Hektar. In den östlichen Wojewodschaften erreichten die Ernten durchschnittlich 104 Doppelzentner pro Hektar, während der Landesdurchschnitt bei 114 Doppelzentner lag (in Westpolen bei 119).[8] Auch die Ausstattung mit landwirtschaftlichen Maschinen in den Ostgebieten der Zweiten Polnischen Republik deutet auf die Rückständigkeit dieser Gebiete hin. Im ganzen Land entfielen auf 100 Hektar des bebaubaren Bodens durchschnittlich 16,5 Drehmaschinen, 21,7 Göpelwerke und 66,6 Häckselmaschinen, im Osten hingegen 5,2 Drehmaschinen, 5,7 Göpelwerke und 34,7 Häckselmaschinen.[9] Die Folge dieser Rückständigkeit, aber auch der Kriegszerstörungen, war die spürbare Armut, von der ein bedeutender Teil der Bewohner betroffen war. Der Naturalienhandel in der Landwirtschaft (in Polesien und Wolhynien) und die Hungersnöte, die zu Beginn des Frühjahrs, in der so genannten Vorerntezeit, z. B. die Wojewodschaft Wilna regelmäßig heimsuchten, waren die Kennzeichen dieser Armut.

Die Übergangszeit (September–Dezember 1939)

Am 23. August 1939 unterschrieben die UdSSR und das Dritte Reich einen Nichtangriffspakt mit dem strikt geheimen Zusatzprotokoll, das die Aufteilung der polnischen Gebiete unter den beiden Mächten vorsah.[10] In den folgenden Tagen fanden sowohl im Osten wie auch im Westen Vorbereitungen für diesen aggressiven Angriff statt. Bedeutend mehr ist über die

---

[7] Ebd., S 36 f. (Angaben aus dem Jahr 1938).

[8] JASIEWICZ, Zagłada polskich Kresów, S. 41 f.

[9] MAREK JABŁONOWSKI, Z dziejów gospodarczych Polski lat 1918–1939, Warszawa 1992, S. 127.

[10] NORMAN DAVIES, Europa. Rozprawa historyka z historią, Kraków 1998, S. 1058 f.

Vorbereitungen der deutschen Seite bekannt, doch diese wurden auf sowjetischer Seite mindestens ebenso stark betrieben. Mittels eines sorgfältig ausgearbeiteten politischen Szenarios künftiger Ereignisse in den polnischen Gebieten erstellten Stalin und seine Mitarbeiter Instruktionen, die detailliert die Schritte bezüglich ökonomischer und gesellschaftlicher Fragen bestimmten. Die Dokumente, die die Entscheidungen des Politbüros des Zentralkomitees (ZK) der Kommunistischen Partei der Sowjetunion (Bolschewiki) (*Vsesoiuznaia Kommunisticheskaia Partiia (bol'shevikov)*, VKP(b)) für den Fall der Besatzung Polens enthalten, wurden bisher noch nicht freigegeben. Die zugänglichen Dokumente der niedrigeren Ebenen erlauben jedoch, die Vorhaben der sowjetischen Machthaber auf dem sozioökonomischen Feld recht genau zu rekonstruieren.

In einem der ersten Schritte nach der Besetzung der Ostgebiete Polens sollte das sozioökonomische Leben wieder aufgebaut werden. Mit der Direktive Nr. 01 des Kriegsrats der Weißrussischen Front vom 16. September 1939 sollten die politischen Funktionäre der Roten Armee in den Kreis- und Wojewodschaftsstädten eine vorläufige zivile Administration in Form einer so genannten Übergangsverwaltung errichten und erhielten unter anderem die Aufsicht über das wirtschaftliche Leben im unterstellten Gebiet.[11] Die Direktive Nr. 01 verbot die Erwähnung von Kolchosegründungen und regelte den entgeltlichen Ankauf von Waren der Bevölkerung. Gleichzeitig ordnete sie die Angleichung des Zloty- an den Rubelkurs an, obwohl vor dem Krieg ein Zloty 3,3 Rubeln entsprochen hatte.[12] Die neu errichtete Übergangsverwaltung veranlasste die Wiederaufnahme der Arbeit im Handel und in anderen Betrieben, die im Dienstleistungsbereich tätig waren. Auf Anweisung der sowjetischen Machthaber wurden alle Geschäfte geöffnet, die dort gelagerte Ware wurde registriert und die Besitzer erhielten den Befehl, alles zum Vorkriegspreis zu verkaufen. Den Personen, die Waren versteckten oder Preise anhoben, drohten strenge Strafen.[13] Kurz danach begann der Ansturm der Rotarmisten auf die Geschäfte und ein massenhafter Ausverkauf von jeglichen Waren. Aus den sowjetischen Dokumenten geht hervor, dass der Umfang der sowjetischen Einkäufe die Erwartungen der Machthaber übertraf und sie sogar beunruhigte. Trotz der

---

[11] Anordnung des Kriegsrates der Weißrussischen Front Nr. 01 v. 16.9.1939, abgedr. in: GNATOWSKI, W radzieckich okowach, S. 195 ff.

[12] GŁOWACKI, Sowieci wobec Polaków, S. 142.

[13] Anordnung der Übergangsverwaltung der Stadt Baranowitsch und des Kreises Baranowitsch v. 19.9.1939 r., abgedr. in: Zachodnia Białoruś, Bd. 1, S. 119; Ähnliche Anordnungen verfügten andere Übergangsverwaltungen, vgl. Bericht der politischen Leitung der 3. Armee über die Umsetzung der Entschlüsse des Kriegsrates der Weißrussischen Front Nr. 01 v. 16.9.1939, in: Okupacja sowiecka w świetle tajnych dokumentów, S. 49-55.

Versuche der Führungskräfte dieser Entwicklung entgegenzuwirken, fanden auch im Oktober verstärkt Einkäufe statt, was den kompletten Ausverkauf der Geschäfte und der Lager der Großlieferanten zur Folge hatte.[14]

Am 1. Oktober 1939 fasste das Politbüro des Zentralkomitees der VKP(b) einen wichtigen Beschluss zur Situation im westlichen Weißrussland und in der Westukraine. In großem Umfang beschäftigte sich dieser mit der Lösung der wirtschaftlichen Probleme in den besetzten Gebieten. Im Bereich des Bankwesens befahl man der Übergangsverwaltung die Entsendung von Kommissaren zu jeder Bankfiliale und verbot jegliche Transaktionen ohne deren Zustimmung. Deren Arbeit sollte von zwei Bevollmächtigten der Staatlichen Bank der UdSSR („Gosbank") geleitet werden, die in Bialystok und Lemberg residierten. Zu ihren Aufgaben gehörten die Inventarisierung der Banken, die Wiederaufnahme des Tagesgeschäfts und auch die Kreditsicherung der Industriebetriebe und der staatlichen Institutionen. Darüber hinaus verbot der Beschluss des Politbüros bis zur Erteilung einer entsprechenden Genehmigung alle Bankgeschäfte mit ausländischen Finanzinstitutionen. Die Besitzer von Ersparnissen konnten zukünftig lediglich 300 Rubel täglich abheben, und zwar nur mit Einverständnis der Bankkommissare. Dies betraf ebenfalls Personen, die Kapitalanlagen in Sparkassen besaßen. Der Beschluss verpflichtete die Übergangsverwaltung zu einer sofortigen Verstaatlichung solcher Betriebe, deren Eigentümer entweder ins Ausland geflüchtet waren oder die verdächtigt wurden, die Arbeit zu sabotieren. Auch das Schicksal anderer Betriebe war besiegelt. Der gleiche Beschluss ordnete die Vorlage von Plänen an, wie große Betriebe nationalisiert werden könnten, und die Erstellung von Listen mit Firmen, die nationalisiert werden sollten. Das Politbüro beschäftigte sich ebenfalls mit den Problemen des Handelswesens im westlichen Weißrussland und in der Westukraine. Vor allem verpflichtete es die Übergangsverwaltung zur Inbetriebnahme aller Institutionen und Geschäfte, die für die Grundversorgung der Bevölkerung mit Gütern und Dienstleistungen

---

[14] Über das ungewöhnlich intensive Einkaufen der sowjetischen Soldaten und Funktionäre berichteten u. a. die Einwohner der Ostgebiete der Zweiten Polnischen Republik. Diese Aussagen wurden auf Befehl von General Władysław Anders bei der Polnischen Armee in der UdSSR hinterlegt (die sog. Bąkiewicz-Kollektion). Nach dem Krieg wurden sie im Hoover Institut in den USA deponiert. Ein Teil der Sammlung wurde im Studienbüro von Prof. Wiktor Sukiennicki nach den Kreisen sortiert, aus denen die Berichterstatter kamen (sog. Kreisauszüge). Zu Beginn der neunziger Jahre wurden Kopien der Kreisauszüge an das Archiwum Wschodnie in Warschau übergeben (AW-HI). Zu gestiegenen Einkäufen der Sowjets vgl. beispielsweise: AW-HI, Kostopol, S. 36 ff., Łuck, S. 33 ff., Horochów, S. 12, Gródek Jagielloński, S. 11 f., Lubaczów, S. 13, Sambor, S. 17, Przemyśl, S. 31 ff., Dolina, S. 27, Kołomyja, S. 34, Kałusz, S. 20 ff. u. a.; JAN TOMASZ GROSS, Revolution from Abroad. The Soviet Conquest of Poland's Western Ukraine and Western Byelorussia, Princeton 1988, S. 45–50; GŁOWACKI, Sowieci wobec Polaków, S. 41 f.

vonnöten waren. Darüber hinaus legte das Politbüro die Preise für Defizit-waren wie Salz, Streichhölzer, Erdöl und Tabak fest. Diesen Bestimmun-gen zufolge sollte im westlichen Weißrussland das Kilo Salz 20 Kopeken kosten (in der Westukraine 30 Kopeken), eine kleine Streichholzschachtel drei Kopeken, ein Liter Erdöl in der WSSR 66 Kopeken (in der USSR 65 Kopeken) und 50 Gramm Tabak 50 Kopeken.[15] Diese eigentümliche „Kor-rektur" des Eroberungsszenarios in den polnischen Ostgebieten wurde für die folgenden Wochen zum Wegweiser, wohin die ökonomischen Ver-änderungen in den besetzten Gebieten gehen sollten. Dabei beachteten die sowjetischen Machthaber nicht, dass die besetzten Gebiete Polens formal gar nicht Teil der Sowjetunion waren. Seit den ersten Oktobertagen be-richtete die sowjetische Presse über laufende Lieferungen von Defizitwaren in das westliche Weißrussland und in die Westukraine.[16]

Eine andere Form der Übernahme unterschiedlicher materieller Güter durch den sowjetischen Staat stellten die Beschlagnahmungen dar. Kon-fisziert wurde das Eigentum von polnischen Bürgern, von gesellschaftlichen und staatlichen Institutionen und von Vereinigungen und ähnlichen Organi-sationen. In den ländlichen Gebieten wurden Landwirtschaftsprodukte, lebendes Inventar und Werkzeuge beschlagnahmt. In den Städten hingegen Maschinen und andere industrielle Vorrichtungen, Waren aus Fabriklagern, Einrichtungsgegenstände aus Häusern (Möbel, Teppiche, Parkettböden, Ofenkacheln, Türen, Fenster, Heizkörper u. ä.), Kraftfahrzeuge, Zugwag-gons und Lokomotiven, Militärausrüstung und -geräte und sogar Kupferble-che von den Dächern. Ein Teil der beschlagnahmten Güter wurde vor Ort vom Militär oder dem sowjetischen Verwaltungsapparat verbraucht, den größeren Teil jedoch transportierte man in den Osten. Aus praktisch jedem Kreis wurden konfiszierte Materialien weggeschafft. Aus der Zuckerfabrik „Horodenka" z. B. wurden 1500 Waggons mit Zucker weggebracht, aus Boryslav Bohrschächte und andere Anlagen, aus Wlodzimierz Wolynski die gesamte Ausrüstung des städtischen Elektrizitätswerks und der Militärka-serne, einschließlich der Fußböden, der Türschlösser und der demontierten Kachelöfen. Ähnlich verfuhr man u. a. mit vielen Wirkmaschinen aus dem Bialystoker Textilgebiet, der vollständigen Einrichtung der Zuckerfabriken

---

[15] Entschluss des Politbüro des ZK WKP(b) v 1.10.1939 r., in: GNATOWSKI, W ra-dzieckich okowach, S. 204 f.

[16] Bericht Nr. 46 u. 54 des Volkskommissars für Innere Angelegneheiten WSSR Lav-rentij Canava für den Sekretär des ZK KP(b)B Panteleimon Ponomarenko v. 14. u. 29.10. 1939, abgedr. in: Zachodnia Białoruś 17 XI 1939 – 22 XI 1941, Bd. 1, S. 223 f., 332.

in Tarnopol, den Seifen- und Zuckerfabriken in Rowno wie auch mit einer großen Anzahl von Maschinen des Zementwerks in Zdolbunov.[17]

Im industriellen Bereich gingen die sowjetischen Machthaber langsamer und auf mehreren Ebenen vor. Zunächst gründete man in allen größeren Betrieben Fabrikkomitees (manchmal auch als Arbeiterkomitees bezeichnet), welche die Arbeit der Fabrikleitung oder der Eigentümer (insofern sie nicht ausgereist waren) kontrollieren und die Betriebe direkt leiten sollten. Die Betriebe, die von den Eigentümern verlassen worden waren, nahm der sowjetische Staat sofort in seinen Besitz. Zur wichtigsten Aufgabe der sowjetischen Machthaber im Industriebereich wurde die Inbetriebnahme inaktiver Werke. Die militärischen Aktivitäten, das Fehlen von Rohstoffen, der Mangel an erfahrenem Personal und von Möglichkeiten, Waren abzusetzen, führten zu zahlreichen Betriebsschließungen.[18] Politische Bedenken (das Streben nach einer Stabilisierung der Situation im eroberten Gebiet und die Durchführung so genannter Wahlen am 22. Oktober 1939) sowie propagandistische (der Beweis gegenüber der örtlichen Bevölkerung und der internationalen Öffentlichkeit, dass die „Arbeiter- und Bauernmacht" der „bourgeoisen polnischen Großgrundbesitzerregierung" überlegen sei) und wirtschaftliche (schnelle Einverleibung des Industriepotentials der besetzten Gebiete in den ökonomischen Organismus der UdSSR) Überlegungen bewegten die Sowjetmacht dazu, die Inbetriebnahme der Industrieproduktion vorrangig zu behandeln. Die ersten Wochen brachten keine großen Erfolge. Ein Teil der Betriebe nahm zwar die Produktion wieder auf, aber ein bedeutenderer Teil – auch wenn die Zahl schwierig zu bestimmen ist – war weiterhin stillgelegt.[19]

Parallel zu dieser Aktion fanden Vorbereitungen zur Verstaatlichung von Industriebetrieben statt. Übereinstimmend mit der Logik des sowjetischen Systems ging der Impuls in dieser Angelegenheit vom ZK der VKP(b) aus. In dem bereits erwähnten Beschluss vom 1. Oktober 1939

---

[17] Mazur, Z dziejów sowietyzacji, S. 79; AW-HI, Drohobycz, S. 18; Włodzimierz Wołyński, S. 14; Kostopol, S. 37 f.; Horochów, S. 12, Łuck, S. 36-39; Nadwórna, S. 26; Kalusz, S. 22; Soviet Economic Policy in the Occupied Part of Poland 1939–1941, London 1943, IPMS, A. 9. II 2c/49, S. 49; GŁOWACKI, Sowieci wobec Polaków, S. 38, 42.

[18] Mit Beginn der sowjetischen Besatzung wurden die Ostgebiete der Zweiten Polnischen Republik in der sowjetischen Terminologie als „Westliches Weißrussland" und „Westukraine" bezeichnet.

[19] Bericht Nr. 45 (des Volkskommissars für Innere Angelegenheiten WSSR Lavrentij Canava für den Sekretär des ZK KP(b)B Panteleimon Ponomarenko) v. 13.10.1939, abgedr. in: Zachodnia Białoruś 17 XI 1939 – 22 XI 1941, S. 208; dto. Nr. 54 v. 23.10.1939, in: ebd., S. 332; AW-HI, Białystok, S. 72 f.; Gleiche Probleme tauchten in der Westukraine auf. Vgl. SUDOŁ, Początki sowietyzacji Kresów wschodnich, S. 63, 67; GŁOWACKI, Sowieci wobec Polaków, S. 137.

hatte das Politbüro die unverzügliche Vorbereitung (innerhalb von zehn Tagen) der Betriebsnationalisierungen und deren Auflistung befohlen. Die Regierungen der sowjetischen Republiken Weißrussland und Ukraine führten die Anweisungen der Zentralgewalt zum vorgeschriebenen Termin durch. Interessanterweise geschah dies noch vor den Wahlen zu den Volksversammlungen im westlichen Weißrussland und in der Westukraine, also vor der „Willensäußerung" der Bewohner über ihre politischen Repräsentationen und damit u. a. über eventuelle Verstaatlichungen der Industriebetriebe, des Transportwesens, der Banken und des Bodens.[20]

Die Übernahme der Kontrolle über Industrie und Handel war für die neuen Machthaber kein großes Problem, vor allem da entwickelte Industriezweige fehlten und auch wegen der schwachen Urbanisierung Ostpolens. Ein wesentlich ernsteres Problem stellte die Veränderung der Eigentumsverhältnisse und der Politik in den weiten ländlichen Gebieten dar, wo die überwältigende Mehrheit der Bewohner lebte und Arbeit fand. In den in die Weißrussische Sozialistische Sowjetrepublik einverleibten Gebieten wurden nach Angaben der Abteilung für Landwirtschaft des ZK der Kommunistischen Partei (Bolschewiki) Weißrusslands (*Kommunisticheskaia Partiia (bol'shevikov) Belarusi*, KP(b)B) 3.170 Landgüter[21] mit einer Fläche von 1.650.000 Hektar konfisziert. Davon verteilte man unter den Bauern und Stallknechten 430.982 Hektar Land, 14.086 Pferde, 33.400 Rinder und anderes Vieh.[22] In den südöstlichen Gebieten, die in die Ukrainische Sozialistische Sowjetrepublik eingegliedert wurden, beschlagnahmte man nach sowjetischen Angaben 2.518.000 Hektar Boden, der Landbesitzern, der Kirche und höheren Beamten gehört hatte. Bis Mitte Dezember 1939 bekamen die 474.000 ärmsten Bauernhaushalte vom sowjetischen Staat über eine Million Hektar bebaubaren Bodens, 14.707 Hektar Wiesen- und Weideland, 296 Fischteiche, über 45.000 Pferde, beinahe 2.000 Ochsen, 75.000 Rinder und über 20.000 Schweine zugeteilt. Ein Teil der Landgüter wurde für die Bedürfnisse der Roten Armee in Besitz genom-

---

[20] Dienstvermerk vom Sekretär des ZK der KP(b)B Panteleimon Ponomarenko für den Sekretär des ZK der VKP(b) Andrej Zhdanov v. 15.10.1939, abgedr. in: Zachodnia Białoruś 17 IX 1939 – 22 VI 1941, Bd. 1, S. 228 f.

[21] Nach polnischen Vorkriegsberichten existierten hier 4695 solche Besitztümer, vgl. Jasiewicz, Zagłada polskich Kresów, S. 95.

[22] Bericht der Wirtschaftsabteilung beim ZK der KP(b)B, September 1940, NARB, fond 4, opis 28, delo 530, Bl. 90-93; In der sowjetischen Historiographie kursiert die Information über die Übergabe von einer Million Hektar Land an Bauern, Stall- und andere Knechte des Westlichen Weißrusslands, vgl. beispielsweise: Istoria gosudarstva i prava Belorusskoi SSR, Bd. 2 (1917–1975), S. 63; Marek Wierzbicki, Polacy i Białorusini w zaborze sowieckim, Warszawa 2000, S. 292 ff.

men.[23] Ungeklärt bleibt die Frage, wie viele Hektar Boden im Rahmen dieser Reform verteilt wurden. Hierbei sind sich nicht einmal die sowjetischen Quellen einig. Eine Quelle gibt z. B. an, dass im Gebiet Tarnopol 336.000 Hektar Land an die Bevölkerung übergeben worden seien, in einer anderen Quelle hingegen ist eine Zahl von 200.000 Hektar erwähnt. Im Gebiet Stanislau verteilte man einer Quelle zufolge 178.600 Hektar, in einer anderen Quelle ist von 111.000 Hektar Boden die Rede.[24] Den Höhepunkt der Veränderungen im Eigentumsrecht in den sowjetisch besetzten polnischen Gebieten stellten die Entscheidungen dar, die während der Tagungen der Volksversammlungen des westlichen Weißrusslands (28.–30. Oktober in Bialystok) und der Westukraine (26.–28. Oktober in Lemberg) getroffen wurden. Diese zwei Quasi-Parlamente waren aus den „Wahlen" am 22. Oktober 1939 hervorgegangen, die wenig mit einer demokratischen Prozedur gemein hatten, da sie unter massivem Druck des sowjetischen Sicherheitsapparates stattgefunden hatten. Die Volksversammlungen sanktionierten mit ihren Beschlüssen die Veränderungen, die bereits seit dem ersten Tag des sowjetischen Überfalls umgesetzt wurden. Gleich am Anfang wurden dort zwei Deklarationen verabschiedet, die erste über die Einführung des kommunistischen Systems und die zweite über die Eingliederung der besetzten Gebiete in die UdSSR und entsprechend in die Sowjetrepubliken Weißrussland und Ukraine. Weiterhin beschlossen die Volksversammlungen die Beschlagnahmung des Großgrundbesitzes, die Verstaatlichung des Bodens und dessen Übergabe an die Bauern.

Die vierte Deklaration betraf die Verstaatlichung der Großindustrie, des Eisenbahnwesens und der Banken, was das „Ende der Ausbeutung des Menschen durch den Menschen"[25] zu Folge haben sollte. Die Annahme dieser Deklarationen leitete formal den Prozess der Einverleibung der besetzten Gebiete ein. Am 1. November wurden die südöstlichen Gebiete Vorkriegspolens (Westukraine) und am 2. November die nordöstlichen Gebiete (westliches Weißrussland) in die UdSSR eingegliedert.

---

[23] GŁOWACKI, Sowieci wobec Polaków, S. 130. Nach anderen Angaben verteilte der sowjetische Staat etwa zwei Millionen ha Land, ca. 90.000 Pferde, 2.000 Ochsen, 86.000 Rinder, 14.000 Schweine, 32.000 Schafe und landwirtschaftliches Werkzeug. Die Zahl zwei Millionen erscheint wenig wahrscheinlich, da sie beinahe doppelt so hoch ist wie die Summe aller Angaben aus unterschiedlichen Kreisen der Westukraine.

[24] Vgl. „Soviet economic policy", IPMS, A. 9 III 2c/49, S. 9.

[25] GŁOWACKI, Sowieci wobec Polaków, S. 67 ff.

Die Sowjetisierung der Wirtschaft

Die Eingliederung der besetzten Gebiete in die UdSSR bedeutete das Ende der Übergangsphase und den Beginn des Prozesses der Sowjetisierung des wirtschaftlichen Lebens. Zur ersten Etappe der Sowjetisierung der Wirtschaft gehörte die Nationalisierung, d. h. die Übernahme der meisten Bereiche durch den Staat. Eine faktische Verstaatlichung fand auch dann statt, wenn Privatbetriebe in Institutionen mit Genossenschaftscharakter umgeformt wurden, wie z. B. im Handwerk, in der Kleinindustrie, im Handel und in der Landwirtschaft. Die Verstaatlichung der Wirtschaft war kein einmaliger Akt, sondern ein Prozess, der in einigen Bereichen (Industrie, Handel) mindestens einige Monate und manchmal – wie in der Landwirtschaft – noch länger dauerte. Noch vor den „Wahlen" am 22. Oktober nationalisierten – Umsetzung der Entscheidung vom 1. Oktober – die sowjetischen Machthaber alle Betriebe, die bis dahin von ihren Besitzern verlassen worden waren. Die Annahme der Deklaration über die Verstaatlichung der Industrie, der Banken, der Eisenbahnen und des Bodens durch die Volksversammlungen des westlichen Weißrusslands und der Westukraine beschleunigte diesen Prozess. Deshalb fällte man bereits im November 1939 erste Entscheidungen über die Nationalisierung einzelner Industriezweige. Insgesamt wurden 1.700 Betriebe und Institutionen im westlichen Weißrussland und 2.219 in der Westukraine verstaatlicht.[26]

In der gleichen Zeit wurden private Handwerksbetriebe abgeschafft. Das ZK der KP(b)B entschied zum Beispiel am 11. Dezember, in den Gebieten des westlichen Weißrusslands ein industrielles Genossenschaftswesen zu organisieren, das Handwerker und Kleinproduzenten, Besitzer von kleinen Industriebetrieben genauso wie Heimarbeiter vereinigen sollte. Ähnlich entschieden die Parteiführungen in den Gebieten der Westukraine. Die Handwerker und Kleinproduzenten sollten sich von nun an in Genossenschaften, so genannten Artele, vereinigen und einen Beitrag in Form von Werkzeugen und Rohstoffen leisten. Nach sowjetischen Angaben existierten am 1. April 1940 im westlichen Weißrussland bereits 301 Artele, denen 9.285 Handwerker angehörten.[27] Genauere Angaben zu diesem Thema stammen aus der Westukraine. So existierten dort im April 1940 475 Artele mit 19.700 Arbeitern, im August desselben Jahres hingegen waren bereits 833 Artele mit 33.500 Mitgliedern aktiv. Nach sowjetischen Angaben

---

[26] Ebd., S. 139.

[27] Sitzungsbericht des Büros des Bezirkskomitees der KP(b)B Nr. 109 p. 2 v. 11.12. 1939 u. Nr. 110 p. 4 v. 14.12.1939, NARB, fond 4, opis 38, delo 57, Bl. 142 f.; vgl. Sitzungsbericht des Büros des Bezirkskomitees der KP(b)U Nr. 5 v. 5.2.1940, RGASPI, fond 17, opis 22, delo 3113, Bl. 57; Tsaruk, W bratskom soiuzie, S. 41.

erreichte die genossenschaftliche Industrieproduktion in den westlichen Kreisen der Ukrainischen Sowjetrepublik 16 Prozent der Gesamtprodukti- on.[28] Den wenigen verbliebenen privaten Handwerksbetrieben wurde auf Grundlage des Beschlusses des Rats der Volkskommissare der UdSSR vom 19. März 1940 vorgeschrieben, sich um einen Registrierschein zu bemü- hen, der zum Gewerbe berechtigte. Diese Anordnung stellte für das private Handwerk und für die Kleinproduktion in den Ostgebieten der Zweiten Polnischen Republik quasi den „Nagel zum Sarg" dar.[29]

Die Verstaatlichung des Handelswesens verlief zweigleisig. Einerseits begann man bereits im November damit, ein staatliches Handelsnetz nach dem Vorbild des in der UdSSR bereits existierenden zu errichten, anderer- seits zerstörte man systematisch den privaten Handelsverkehr. Die Metho- den beim Vorgehen gegen Laden- und Großhandelsbesitzer waren denen ähnlich, die man gegenüber „aufsässigen" Handwerkern anwandte. Die Besteuerung wurde demnach erhöht und die Versorgung mit Waren (zum Ende des Jahres 1939 waren die meisten Läden bereits leer gekauft) und der Zugang zu Bankkrediten beschränkt. Man legte die Preise amtlich fest, so dass sie bedeutend niedriger waren als die Schwarzmarktpreise, und setzte schließlich strenge Repressionen in Fällen von Spekulation, ver- steckten Waren, Preiserhöhungen und ähnlichen Vergehen ein. In dieser Atmosphäre sank die Zahl privater Geschäfte massiv zu Gunsten von staatlichen oder genossenschaftlichen Einrichtungen. Letztere wurden ebenfalls nach sowjetischem Vorbild „reorganisiert". Praktisch war es eine Zwangsvereinigung der bereits existierenden polnischen („Społem", „Jed- ność"), jüdischen („Hema") und ukrainischen („Maslosoiuz", „Tsentro- soiuz") Genossenschaften. Sie wurden in die weißrussisch-sowjetischen und ukrainisch-sowjetischen Genossenschaften eingegliedert. Damit wurden sie der Kontrolle des sowjetischen Verwaltungsapparates unterstellt, verloren vollständig ihre Autonomie und wurden den staatlichen sowjetischen Han- delsinstitutionen angeglichen.

Die Verstaatlichung des Handels verlief in mehreren Etappen, wovon die erste bis Frühjahr 1940 andauerte. Im Gebiet von Lemberg z. B. exis- tierten zu diesem Zeitpunkt nur noch 1.244 private Geschäfte, während es am 1. September 1939 noch 7.340 gewesen waren. Auch später, wahr- scheinlich bis Frühjahr 1941, bestanden noch einige wenige private Läden, doch waren sie so selten, dass sie in sowjetischen Statistiken übergangen wurden. Der staatliche Handel hingegen begann im November 1939 (im

---

[28] KOVALCHAK, Rozvytok socialistychnoï promyslovosti, S. 130.

[29] GŁOWACKI, Sowieci wobec Polaków, S. 140 f.

Gebiet von Lemberg ab dem 11. November) und entwickelte sich stufenweise bis zum Sommer 1940.[30]

Die sowjetischen Machthaber legten ein besonderes Gewicht auf die Übernahme der Kontrolle über Banken und andere Kreditinstitute. Sie sahen darin ein wirkungsvolles Instrument zur Bekämpfung der Privatunternehmer sowie eine bedeutende Finanzspritze für die Wirtschaft des sozialistischen Staates.[31] Zum wichtigsten kurzfristigen Ziel wurde, die polnische Währung zurückzuziehen, was die Finanzumwandlungen im besetzten Gebiet bedeutend erleichterte. Am 8. Dezember 1939 entschied das Politbüro des Zentralkomitees der VKP(b) und des Rats der Volkskommissare der UdSSR über diese Angelegenheit und ordnete an, die Löhne ab dem 11. Dezember nur noch in Rubel auszuzahlen und ab dem 21. Dezember die Zahlungen in Geschäften in Rubel zu tätigen. Ab diesem Tag konnten Besitzer von Spar- und Girokonten nur noch das Äquivalent von 300 Zloty täglich in Rubel abheben. Auf diese Weise übernahm der sowjetische Staat die Ersparnisse der Wohlhabenden und der Kleinsparer und schnitt zusätzlich die vitalen Wurzeln des privaten Sektors ab. Dies erleichterte die Beseitigung des privaten Eigentums in der Wirtschaft bedeutend und verringerte das Barvermögen der gesamten Gesellschaft. Der so durchgeführte Währungsaustausch ruinierte Tausende Menschen, die ihr ganzes Leben ihre Ersparnisse bei polnischen Banken angelegt hatten. Im nächsten Schritt übernahm der sowjetische Staat in der Westukraine 414 Banken und 1.500 andere Kreditinstitute.[32] Die vollständigen Angaben über diesen Prozess im westlichen Weißrussland fehlen. Bekannt ist lediglich, dass im Bialystok-Kreis 95 Banken nationalisiert wurden, an deren Stelle man ein Netz staatlicher sowjetischer Banken errichtete.[33]

Die Industrie in den besetzten Gebieten unter sowjetischer Herrschaft

Um das Wirtschaftsleben der besetzten Gebiete nach sowjetischem Vorbild zu prägen, verfügte man für die Industrie nach der Verstaatlichung Organisationsformen, die zur damaligen Zeit in der Sowjetunion verbindlich waren. Die existierenden Industriebetriebe wurden auf Grund ihrer Bedeutung für den sowjetischen Staat in drei Gruppen untergeteilt. Die wichtigs-

---

[30] Bericht über das Handelswesen in der Lemberg-Region ab dem Einmarsch der Roten Armee, DALO, fond 3, opis 1, delo 13, Bl. 65–68.

[31] Projekt einer Verordnung des Büros vom ZK der KP(b)B, Oktober 1939, NARB, fond 4, opis 38, delo 59, Bl. 49 ff.

[32] GŁOWACKI, Sowieci wobec Polaków, S. 142 f.

[33] TSARUK, W bratskom soiuzie, S. 39

ten und bedeutendsten Werke unterlagen der Kontrolle der allrussischen Kommissariate (Ministerien), die zweite Gruppe kontrollierten die Regierungen der weißrussischen und ukrainischen Republik und in der dritten Gruppe wurden Betriebe mit geringer wirtschaftlicher Bedeutung bzw. solche, die ausschließlich für den lokalen Markt produzierten, zusammengefasst. Fabriken einer Branche organisierte man zusammen mit den kooperierenden Betrieben in so genannten Trusts (Vereinigungen). Innerhalb dieser bildete man Kombinate, in welche Unternehmen eingegliedert wurden, die insgesamt oder teilweise in den Produktionsprozess des herzustellenden Produktes involviert waren wie z. B. das pharmazeutische Kombinat. So unterstellte man, diesem Grundsatz folgend, die Zellulosefabrik in Grodno dem Volkskommissariat für Forstwirtschaft der UdSSR und die Spirituswerke in Wołkowysk dem Volkskommissariat für Ernährung der UdSSR. Im Fall der Unternehmen, die der Leitung der Kommissariate auf der Ebene der Republiken unterlagen, vereinigte man die Gerberindustrie in Grodno, die Holzindustrie in Bialystok, Pinsk, Lida und Volkovysk, die Sperrholz- und Lebensmittelindustrie in Grodno und die Textilindustrie in Bialystok.[34] Unternehmen, die lokale Ressourcen nutzten (sog. Ortsindustrie), wie z. B. kleinere Sägewerke, Kachelfabriken, Obstveredelungsbetriebe, wurden von den wirtschaftlichen Abteilungen der ausführenden Kreis- und Regionalkomitees geleitet. In der Westukraine zählten zur ersten Gruppe unter anderem Betriebe der Förderindustrie, also Erdöl- und Erdgasförderungswerke, Bergwerke, die Steinkohle und Kaliumsalz förderten, aber auch die Rohstoff verarbeitende Industrie (z. B. Raffinerien, Kaliumsalzfabriken). Deren Arbeit leiteten die Vereinigungen: „Ukrneftdobycha" mit Sitz in Boryslav, „Ukraneftpererabotka" und „Ukrgaz".[35]

Die sowjetischen Machthaber leiteten die Industrieentwicklung mittels einer zentralistischen Planung und einer peniblen Überwachung der Umsetzung der Produktionspläne. Dieses Vorgehen hatte zweifelsfrei Vorzüge wie beispielsweise die Möglichkeit der rationalen Planung der Entwicklung bestimmter Industriezweige, die Ausnutzung der lokalen Ressourcenbasis, vor allem des Treibstoffs, und der vernünftigen Auslastung der Eisenbahnwege und des Straßenverkehrs. Die sowjetische Führung legte großen Wert auf die Entwicklung der Förder- und Verarbeitungsindustrie und ließ viele neue Fabriken und Förderwerke bauen. Einige entstanden aus dem Nichts und andere, die in der Zwischenkriegszeit inaktiv gewesen waren, wurden wieder in Betrieb genommen und ausgebaut. In der ersten Hälfte des Jahres

---

[34] Beschluss des Präsidiums des Obersten Rates der WSSR „Über Nationalisierung der Industriebetriebe und Institutionen auf dem Westgebiet der WSSR", Minsk, den 22.12. 1939, in: Okupacja sowiecka, S. 60 f.

[35] BONUSIAK, Przemiany ekonomiczne w Małopolsce Wschodniej, S. 11.

1940 arbeiteten im Kreis Lemberg z. B. elf Fabriken der Leichtindustrie, darunter vier, die nach dem 17. September 1939 gegründet worden waren.[36] Einer der Wege zur Neugründung von Großbetrieben war die Beseitigung kleiner Werkstätten und Fabriken und ihre Zusammenlegung zu größeren Produktionsstätten, was unter Einsatz von geringen Investitionen geschah. Eine so erfolgte Konzentration der Produktion erlaubte einen schnellen Ausbau der Industrie, die Rationalisierung der Produktionskosten und bessere Investitionsmöglichkeiten. Als Beispiel für diese Politik kann die Reorganisation des Bialystoker Textilgebiets dienen, wo vor Kriegsausbruch in 51 Unternehmen 4.935 Arbeiter beschäftigt waren. Nur in 13 dieser Werke arbeiteten zwischen 100 bis 500 Menschen, in den restlichen arbeiteten dagegen zwischen 20 und 100 Personen. Infolge der Reorganisierung und Zusammenlegung von Unternehmen und kleinen Textilwerkstätten (insgesamt gab es 177) fiel die Zahl der Kleinbetriebe auf zehn mit vollem und 22 mit nicht vollem Verarbeitungszyklus. Die direkte Kontrolle über ihre Arbeit erhielt die Vereinigung der Textilindustrie mit Sitz in Bialystok.[37]

Die Industrie in den besetzten Territorien fand neue Absatzmärkte in den weitläufigen Gebieten der UdSSR (z. B. die Leichtindustrie) oder im befreundeten Dritten Reich (z. B. die Erdölförderungsindustrie), wohin der größte Teil des Erdöls und die verarbeiteten Produkte aus dem Boryslav-Drohobytsch-Becken verkauft wurden. Ein interessantes Vorhaben stellte der Versuch dar, die Basis der Treibstoffwirtschaft durch Ausnutzung der lokalen Braunkohle-, Torf- und Erdgasvorkommen zu verbreitern. Die Torfförderung wurde in den Kreisen Bialystok und Lemberg in Betrieb genommen. Beinahe von Null aus errichtete man Braunkohlebergwerke in der Nähe von Zloczow (Kreis Lemberg). Das Bauen einer zweiten Gaspipeline von Daszawa nach Drohobytsch und von Daszawa nach Lemberg entwickelte sich zu einer lohnenswerten Investition und ermöglichte die Verwendung von Gas als Treibstoff für Heizungen und die Produktion.[38] Zu den schwerwiegenden Nachteilen der sowjetischen Wirtschaftsweise gehörten hingegen die geringe Arbeitsproduktivität und die Materialverschwendung bei der Produktion und damit zusammenhängend übermäßig

---

[36] Leichtindustrie im Lemberger Bezirk, DALO, fond 3, opis 1, delo 2, S. 91 f.; Ergänzung der Zusammenstellung Nr. 9 über die Lage in Polen unter sowjetischer Besatzung (Generalstab der Polnischen Streitkräfte im Westen für den Oberbefehlshaber) v. 2.3.1940, AW-HI, VI-MID-10, S.17–20.

[37] Bericht über Probleme der Nationalisierung der Textilindustrie im Westlichen Weißrussland, o. Datum (wahrscheinlich: Novemebr 1939), NARB, fond 4, opis 38, delo 57, Bl. 120–124; Tsaruk, W bratskom soiuzie, S. 44 f.

[38] „Soviet economic policy", IPMS, A. 9 III 2c/49, S. 25; Ökonomische Daten des Lemberger Bezirks, 20.12.1939, DALO, fond 3, opis 1, delo 2, Bl. 21.

hohe Produktionskosten, welche die industrielle Herstellung unrentabel machten. Die Produktionskosten von Ziegeln und Kalk in Unternehmen der lokalen Industrie in der Oblast Baranowitsch überstiegen beispielsweise deutlich die amtlich festgelegten Preise für diese Produkte. In der Region Nowogrodek lagen die Produktionskosten für 1.000 Ziegel bei 240 Rubel, während der amtliche Preis 175 Rubel betrug. Die Produktion von einer Tonne Kalk kostete 375 Rubel, der amtliche Preis lag bei 70 Rubel.[39] Es scheint ein weit verbreitetes Phänomen gewesen zu sein, dass staatliche Zuwendungen für die industrielle Produktion als normal betrachtet wurden. Im Frühjahr 1940 z. B. forderte die Verwaltung in der Oblast Baranowitsch Zuschüsse für die Ziegelproduktion in allen Ziegelwerken in diesem Gebiet. Sie begründete ihre Bitte mit zu hohen Produktionskosten und zu niedrigen amtlichen Preisen für Ziegel.[40] Die niedrige Arbeitsproduktivität und der hohe Materialverbrauch während des Produktionsprozesses waren eine Folge der schlechten Organisation und der ungenügenden Arbeitsdisziplin. Zu einer echten Plage wurden Produktionsstillstände, die durch Rohstoff-, Treibstoff- und Materialmangel oder Maschinenstörungen entstanden. Die Arbeiter waren nicht an den ökonomischen Ergebnissen des Betriebes interessiert, weil ihre Löhne nicht von der Produktivität des Unternehmens abhängig waren. Die Machthaber bezahlten die Leistungen der Arbeiter in der Regel niedrig und hinderten sie an eigenständigem Handeln (z. B. durch die Auflösung unabhängiger Gewerkschaften). Diese „revanchierten" sich mit fehlender Initiative und Verantwortung für das Schicksal des Betriebs, mit Diebstählen und mit der Erledigung privater Angelegenheiten während der Arbeitszeit. Strenge Strafen für Diebstahl und eigenmächtiges Verlassen des Arbeitsplatzes oder Verspätungen bewirkten nichts.

Aufgrund des organisatorischen Chaos verlief die Entwicklung der Industrie bedeutend langsamer als in den Wirtschaftsplänen angenommen. Zahlreiche Investitionen und uneffektive Wirtschaftsmethoden zwangen die sowjetische Parteiführung zum Einsatz radikaler Maßnahmen, um den Arbeitskräftemangel abzumildern. Am 19. Januar 1941 entschieden die Machthaber der Weißrussischen Sowjetrepublik beispielsweise, in allen Abholzungsbetrieben bezahlte Zwangsarbeit beim Fällen und der Abfuhr von Holz einzuführen. In diesem Zusammenhang wurden die Kreis- und

---

[39] Bericht über den Zustand der Industrie im Nowogrodeker Bezirk, NARB, fond 4, opis 38, delo 230, Bl. 55; vgl. auch, Plan narodowo-gospodarczy obwodu białostockiego na rok 1941, in: „Sztandar Wolności", Nr. 106, 8. Mai 1941, S. 2.

[40] Bericht für den Sekretär des ZK der KP(b)B Ponomarenko über den Zustand der Bauindustrie in der Oblast Baranowitsch v. 15.2.1941, NARB, fond 4, opis 38, delo 230, Bl. 21.

Regionalverwaltungen verpflichtet, die Abholzung von 64.000 Kubikmetern und den Abtransport von 72.000 Kubikmetern Holz zu organisieren. Die Arbeitspflicht umfasste Kolchosebauern und Bauern, die alleine auf eigene Rechnung tätig waren, befreit waren lediglich Arbeiter anderer staatlicher Betriebe und Institutionen. Diejenigen, die versuchten, sich der Zwangsarbeit zu entziehen, sollten vor Gericht gestellt werden.[41] Zwangsarbeit wurde auch in anderen Wirtschaftszweigen eingeführt, etwa beim Bau von Befestigungsanlagen und Flughäfen in allen Kreisen der besetzten polnischen Ostgebiete. Sie stellte also eine gängige Praxis dar und war kein außergewöhnliches Mittel. Die Effektivität der Zwangsarbeit war jedoch gering, sie galt dennoch als Allheilmittel gegen die Krankheiten der sowjetischen Wirtschaft.

Die sowjetischen Machthaber versuchten ebenfalls, die Kompetenzen des Führungspersonals in den Industriebetrieben zu verbessern. Nach der Besetzung polnischer Gebiete wurden viele Arbeiter in Führungspositionen befördert, ohne dabei darauf zu achten, ob diese Menschen die nötigen Qualifikationen dafür besaßen. Oft war das neue Führungspersonal deshalb nicht in der Lage, die anvertrauten Betriebe zu leiten. Die kommunistischen Machthaber versuchten daraufhin, Abhilfe zu schaffen. Im Frühjahr 1941 organisierten die lokalen Parteistrukturen eine Reihe ökonomischer Schulungen, die den neu eingesetzten Fabrikleitern betriebswirtschaftliche Fragen näher bringen sollten. Mit der Absicht, genügend qualifizierte Kader für die westlichen Kreise der Weißrussischen und der Ukrainischen Sozialistischen Sowjetrepublik gewährleisten zu können, wurden Berufs- und Handwerksschulen eingerichtet. Am 17. Mai 1941 z. B. beschlossen der Rat der Volkskommissare der Weißrussischen SSR und das Zentralkomitee der KP(b)B in der Zeit zwischen Juni und August 1941 2.530 Berufsschüler aus den östlichen Kreisen der WSSR für den Einsatz im Kreis Baranowitsch zu mobilisieren. Die Durchführung dieses Vorhabens wurde allerdings am 22. Juni 1941 durch den Ausbruch des deutsch-sowjetischen Kriegs unterbrochen.

---

[41] Fernschreiben, Reihe „6" Nr. 608 v. 19.1.1941 über die Zwangsarbeit bei der Waldrodung, FGAGO, fond 6195, opis 1, delo 194, f. 2-3; Antwort auf das Fernschreiben, ebd., Bl. 8; zum Thema Zwangsarbeit bei der Waldabholzung, für die Verteidigungsindustrie und für andere Bereiche der Wirtschaft vgl. auch die Informationen aus polnischen Quellen, z. B.: AW-HI, Lubaczów, S. 40; Przemyśl, S. 74; Sanok, S. 25 f.; Luboml, S. 13; Sarny, S. 2; Kostopol, S. 94 f.; Łuck, S. 39; Bóbrka, S. 28; Jarosław, S. 38; Sambor, S. 41 f.; Łomża, S. 91; Brasław, S. 26; Nieśwież, S. 60; Prużana, S. 36; Kosów Poleski, S. 37; Kobryń, S. 45 ff.; Józef Abłażej, Wspomnienia wojenne „Małoletniaka" – żołnierza AK Batalionu Nowogródzkiego „Bogdanka" marzec 1939 – wrzesień 1944, AW, Sign. II/1193, Bl. 28 f.; Edward Bernolak, Pamiętnik, AW, Sign. II/1237/2k, mps, S. 12-16.

Ein anderes Mittel, um die wirtschaftliche Effizienz zu steigern, war die Anregung zu Konkurrenz und Wettbewerb (die sog. Stachanov-Bewegung). Obwohl die kommunistischen Machthaber versuchten, diesen Plan in den meisten Betrieben umzusetzen, bestanden Wettbewerb und Konkurrenz oft nur auf dem Papier und hatten damit keinen großen Einfluss auf die Produktionserfolge der Betriebe.

Die Landwirtschaftsproduktion in den Jahren 1940–1941

Eine radikale Veränderung der sowjetischen Politik gegenüber den ländlichen Gegenden der Ostgebiete der Zweiten Polnischen Republik fand Anfang des Jahres 1940 statt. Bereits im Dezember 1939 hörte man in der sowjetischen Propaganda damit auf, die individuelle Bewirtschaftung auf dem Land sowie die Vorteile der Landreform anzupreisen. Seit Januar 1940 waren die Akzente verschoben: Auf einmal wurden die kollektiven den individuellen Formen der Landwirtschaft vorgezogen. Gleichzeitig begann die Kollektivierung der Landwirtschaft. Sie bestand in einer stufenweise durchgeführten Beseitigung von Privatbetrieben und der Gründung von Höfen, die entweder dem Staat (sog. Sowchose, *sovetskoe khoziaistvo*) oder bestimmten Gruppen von Dorfbewohnern (z. B. Bauern, Stall- und Bauernknechten) gehörten. Letztere erhielten den Namen „Kolchose" (*kollektivnoe khoziaistvo*) und waren eine Art landwirtschaftliche Genossenschaft. Charakteristisch für sie war ihre vollständige Unterordnung unter den Staat, was im Übrigen in allen genossenschaftlichen Institutionen im sowjetischen Staat der Fall war.

Die Kollektivierung verlief als Prozess auf verschiedenen Ebenen und in mehreren Etappen. Als Erstes wurden Maschinen-Traktoren-Stationen (MTS) organisiert, welche die technische Versorgung der Kolchosen und – was ebenfalls wichtig war – die politische Kontrolle über die ländlichen Gebiete gewährleisten sollten. In den in das sowjetische Weißrussland eingegliederten Gebieten plante man die Schaffung von 101 MTS-Stellen, in den in die sowjetische Ukraine eingegliederten Gebieten sollten es 174 sein. Die Basis dieser Sammelstellen sollten verstaatliche, meist ehemalige polnische Land- und Siedlungsgüter bilden, von denen man Wohnhäuser und wirtschaftliche Gebäude, landwirtschaftliche Maschinen wie auch anderes Inventar übernommen hatte[42]. Die sowjetische Führung übergab den MTS-Stellen eine bedeutende Anzahl an landwirtschaftlichen Maschinen und Werkzeugen. Im zweiten und dritten Quartal des Jahres 1940 wurden unter anderem von der UdSSR an das westliche Weißrussland

---

[42] JASIEWICZ, Zagłada polskich Kresów, S. 248.

1.000 Schlepper, 600 Pflugmaschinen, 400 Grubber, 400 Sämaschinen, 100 Dreschmaschinen wie auch Erdöl und Ersatzteile geliefert. Es wurde auch qualifiziertes Personal für die Maschinenbedienung und Betriebsführung abgestellt.[43]

Im nächsten Schritt bildete man staatliche Landwirtschaftsbetriebe, die so genannten Sowchose. Bereits am 28. Januar 1940 fällte der Rat der Volkskommissare der WSSR die Entscheidung Nr. 90 „Über die Organisierung der Sowchose in den westlichen Kreisen der WSSR", welche die Gründung von 24 staatlichen Landwirtschaftsbetrieben anordnete. Erst nach diesem Beschluss entschieden in dieser Angelegenheit am 19. Februar 1940 der Rat der Volkskommissare der UdSSR und das Politbüro des ZK der VKP(b). Sie ordneten an, in den westlichen Kreisen der Ukrainischen SSR 31 und sogar 28 Sowchose in den Gebieten des westlichen Weißrusslands zu errichten. Die staatlichen Landwirtschaftsbetriebe sollten auf dem Boden großer Landwirtschaftsgüter geschaffen werden, da sie bessere ökonomische Konditionen besaßen. Nach einigen Monaten, am 17. Juni 1940, beschlossen das Politbüro des ZK der VKP(b) und der Rat der Volkskommissare der UdSSR sieben weitere Sowchose in den westlichen Kreisen der Ukrainischen SSR zu gründen. Man kann somit annehmen, dass in der Westukraine bis zum 22. Juni 1941 mindestens 38 staatliche Landwirtschaftsbetriebe entstanden sind.[44] Gleichzeitig lief die Schaffung der landwirtschaftlichen Genossenschaften an, deren Eigentümer Bauerngruppen (Kollektive) sein sollten. Die kollektivistische Bewirtschaftung sollte nach den Vorstellungen der sowjetischen Machthaber – ähnlich wie in der UdSSR in den dreißiger Jahren – mit der Zeit zum Absterben der individuellen Bewirtschaftung in den besetzten ostpolnischen Gebieten führen. Ab April 1940 waren landwirtschaftliche Betriebe verpflichtet, ihre Landwirtschaftserzeugnisse an den Staat zu liefern. Die Zwangslieferungen umfassten u. a. Getreide, Kartoffeln, Fleisch und Milch. Der Grad der Belastung mit Zwangsabgaben hing von der Nutzfläche ab. Mit den verhältnismäßig höchsten Abgaben wurden also die größten Betriebe belastet, die von „Kulaken" (kommunistische Bezeichnung für reichere Bauern, die sich mit ihrem Besitz vom Rest der jeweiligen Gemeinde abhoben) betrieben wurden. Die ärmsten Betriebe hingegen mussten am wenigsten abgeben. Zu

---

[43] TSARUK, W bratskom soiuzie, S. 79 f.; K. I. DOMORAD, Bor'ba kommunisticheskoi partii za kollektivizaciiu selskogo khoziaistva zapadnykh oblastei Belorussii nakanune Vielikoi Otechestvennoi Voiny (sentiabr' 1939 – iiun' 1941) (unveröffentl. Diss. phil. Minsk 1955), S. 186 f.

[44] GŁOWACKI, Sowieci wobec Polaków, S. 134 ff.; Nach anderen Quellen entstanden in den Jahren 1940–41 in der Westukraine 180 Sowchose und landwirtschaftliche Betriebe, vgl. IVASIUTA, Narysy istorii, S. 46.

Gunsten der armen Bauern legte die sowjetische Regierung in den westlichen Kreisen der Weißrussischen (18. April 1941) und Ukrainischen (24. März 1941) SSR zudem eine Norm für die Landnutzung fest. Auf der Grundlage dieser Beschlüsse legte man die maximale Größe eines Betriebes je nach Standort auf fünf bis 15 Hektar fest. Desgleichen entschied man, den Betrieben, die mehr Nutzfläche besaßen, ihren Überschuss wegzunehmen. Infolge der Kampagne entzog man reichen Bauern allein in den Gebieten des westlichen Weißrusslands etwa 540.000 Hektar Land und teilte es den Kolchosen und den ärmsten Teilen der Bevölkerung zu. Die Aktion wurde von zahlreichen Missständen begleitet, wie etwa Gesetzesbrüchen und uneffektiver Bewirtschaftung von enteignetem Boden, aber auch von zahlreichen Fällen passiven Widerstands der Bauern.[45] Trotz bedeutender finanzieller Aufwendungen und organisatorischer Anstrengungen, die in die Errichtung und den Ausbau der Kolchosen investiert wurden, entsprachen die Ergebnisse bei weitem nicht den Erwartungen der Herrschenden. Die wirtschaftlichen Erträge in diesen Betrieben (wie auch in den Sowchose) lagen in der Regel auf einem äußerst niedrigen Niveau. Der Alltag der Kolchosen und Sowchose war allgemein geprägt von gravierender Misswirtschaft, die sich unter anderem in Verschwendung, weit verbreitetem Diebstahl, schlechter Arbeitsorganisation wie auch offensichtlicher Unfähigkeit des Führungspersonals manifestierte. Administrativer Druck und andere Maßnahmen des sowjetischen Führungsapparats führten dazu, dass stetig neue Kolchosen gegründet wurden. Im Juni 1941 existierten in der Westukraine bereits 2.589 und im westlichen Weißrussland 1.115 Kolchosen.[46] Erst der deutsche Angriff auf die Sowjetunion stoppte den Prozess der Kollektivierung für einige Jahre. Die negative Einstellung der Landbevölkerung in den Ostgebieten der Zweiten Polnischen Republik gegenüber der Kollektivierung der Landwirtschaft kam erst nach dem Ausbruch des deutsch-sowjetischen Krieges voll zum Vorschein. Fast augenblicklich nach dem Verschwinden der sowjetischen Machthaber zerfielen alle bis dahin organisierten Kolchosen von selbst, und die Bauern kehrten zu individueller Bewirtschaftung zurück.

---

[45] Vgl. Bericht über die Erfüllung der Verordnung v. 18.4.194 „Über die Einführung der Höchstnormen für die Bodenzuteilung für die einzelne Bauernwirtschaft in den Bezirken Baranowitsch, Bialystok, Brest, Vileiov und Pinsk in der WSSR", NARB, fond 4, opis 28, delo 978, Bl. 36–40; Sondermeldung Nr. 22 über Arbeit der Staatsanwaltschaft der WSSR, NARB, fond 4, opis 28, delo 979, Bl. 177 f.

[46] Iwasiuta, Narisi istorii, S. 67; Bericht über die Herstellung der sowjetischen Ordnung in der Landwirtschaft in den Westgebieten der WSSR, NARB, fond 4, opis 46, delo 186, Bl. 44.

Die Umgestaltung des Handelswesens

Wie bereits erwähnt, hatten die sowjetischen Machthaber um die Jahreswende 1939/1940 die meisten privaten Handelsstellen beseitigt und durch Institutionen ersetzt, die nach dem Vorbild der damals in der UdSSR existierenden Betriebe organisiert waren. Die Eigentumsumgestaltungen im Handel fanden ab November 1939 statt. Erst am 29. Januar 1940 jedoch entschied die sowjetische Parteiführung, die Projektvorlage des Rats der Volkskommissare der UdSSR „Über die Organisation des staatlichen und genossenschaftlichen Handels und über die Preise in den westlichen Kreisen der Weißrussischen und Ukrainischen SSR" zu bestätigen. Auf Grundlage dieser Verordnung wurden in den besetzten Gebieten sowjetische Handelsinstitutionen geschaffen. Durch diese sollten die Ernten aufgekauft, die Bevölkerung mit notwendigen Lebensmitteln und Gewerbeartikeln versorgt und die kollektiven Versorgungsstellen, Großhandlungen und Kommissionsläden verwaltet werden. Neben dem staatlichen Handelsnetz war die Schaffung einer sowjetischen Lebensmittelgenossenschaft vorgesehen, die ähnliche Ziele verfolgen sollte wie der staatliche Handel. Man plante, die gesamte Umgestaltung bis 15. März 1940 zu beenden. Der Handel mit Lebensmitteln eigener Produktion war auf Märkten zu Marktpreisen zugelassen.[47] Unterdessen verschlechterte sich die Lebensmittelversorgung in den neu besetzten Gebieten von Monat zu Monat. Die meisten privaten Geschäfte wurden aufgelöst, in denjenigen, die noch existierten, fehlten die Waren. Der Einkaufswahn im Herbst 1939 hatte die Vorräte aufgebraucht, was einen folgenreichen Mangel an Lebensmitteln und Gewerbeartikeln verursachte. Die sowjetische Regierung versuchte, diesen mit Lieferungen der notwendigsten Waren aus der UdSSR zu beheben. Zu diesem Zweck erhielten die sowjetischen Regional-, Stadt- und Kreisverwaltungen die Anweisung, Pläne für notwendige Lieferungen zu erstellen, die dann von sowjetischen Handelsinstitutionen realisiert werden sollten. Die Lieferpläne wurden auf der Grundlage von Verbrauchsnormen pro Einwohner erstellt und mit der Einwohnerzahl des jeweiligen Kreises oder der Region multipliziert. Mit Beginn des Jahres 1940 wurden diese Pläne im Quartalsrhythmus erstellt, was eine angemessene Versorgung gewährleisten sollte. Trotzdem wich die Realisierung dieses Vorhabens bedeutend von den Vorgaben ab. Im ersten Quartal 1940 wurde die Situation bei der Lebensmittelversorgung geradezu katastrophal.[48]

---

[47] GŁOWACKI, Sowieci wobec Polaków, S. 144 f.

[48] Ergänzung der Zusammenstellung Nr. 9 über die Lage in Polen unter sowjetischer Besatzung (Generalstab der Polnischen Streitkräfte im Westen für den Oberbefehlshaber) v. 2.3.1940, AW-HI, VI-MID-10, Bl. 17–20; Zusammenstellung der Informationen Nr. 14

Sichtbarster Ausdruck der Probleme bei der Lebensmittelversorgung war die dynamische Entwicklung des Schwarzmarkts, der im Winter 1939/40 das wichtigste Element des Wirtschaftslebens in den besetzten Gebieten darstellte, ähnlich wie in den anderen Regionen des sowjetischen Staates. Dort konnten sich die örtliche Bevölkerung wie auch die Ankömmlinge aus der UdSSR mit Waren versorgen, die selten (oder nie) in staatlichen oder genossenschaftlichen Geschäften zu finden waren, wie z. B. Zucker, Butter, Mehl, Molkereiprodukte, Graupen, Speck, Kartoffeln, Salz, Tabak, Kleidung, Strickwaren, Uhren, Alkohol, Süßigkeiten, Zitrusfrüchte, Baumaterial u. ä. Trotz eines offiziellen Verbots tolerierte die sowjetische Verwaltung den Schwarzmarkt, da er die Defizite des offiziellen Markts abschwächte und darüber hinaus den Vertretern des sowjetischen Establishments den Zugang zu vielfältigen Gütern sicherte. Diese verfügten über bedeutend größere Bargeldsummen und damit auch über eine größere Kaufkraft als die übrigen Einwohner der Ostgebiete der Zweiten Polnischen Republik. Der größte Nachteil des Schwarzmarkts bestand in den überhöhten Preisen für Defizitartikel, die vielfach (manchmal sogar mehr als zehnfach) über den amtlichen Preisen lagen. Je nach dem Angebot auf dem Markt oder den finanziellen Möglichkeiten der Bevölkerung veränderten sich die Preise auch sehr schnell.[49]

Der Lebensstandard der Bevölkerung verschlechterte sich gegenüber der Vorkriegszeit sehr deutlich, und das nicht nur wegen der unzureichenden Versorgungslage. Die Löhne der Arbeiter, der Beamten und der Lehrer überschritten kaum das Vorkriegsniveau und pendelten zwischen 80 und 250 Rubel, während die Preise um ein Vielfaches gestiegen waren. Zum Kreis der Bessergestellten gehörten Personen in Führungspositionen im Verwaltungs- und Sicherheitsapparat oder in der Industrie (zwischen 600 und 1.200 Rubel Gehalt) und die Gewinner der Arbeiterwettbewerbe, die sehr viel mehr als die Tagesnorm erarbeiteten. Ihre Lebenssituation wurde zudem durch den Zugang zu einem speziellen Netz von Läden für höhere Beamte des sowjetischen Apparats verbessert, in denen die Möglichkeit bestand, sich mit nötigen Artikeln zu vergleichsweise niedrigen Preisen zu

---

über die Lage in Polen unter sowjetischer u. litauischer Besatzung, ebd., VI-MID-11, Bl. 10 f.

[49] PINCHUK, Shtetl Jews under Soviet Rule, S. 59-64; CZESŁAW MADAJCZYK, Niemieckie dokumenty o sytuacji Polaków pod okupacją radziecką w roku 1940, in: Dzieje Najnowsze, Nr. 3, 1991, S. 60, 63, 65; Zusammenstellung Nr. 12 über die Lage in Polen unter sowjetischer Besatzung, v. 3.4.1940, AW-HI, VI-MID-12, Bl. 12; OKSANA V. PETROV-SKAIA, Realii sovetskoi zhizni: Kul'tura i byt Bresta v 1939–1941 gg., in: Radziecka agresja 17 września 1939 r. i jej skutki dla mieszkańców ziem północno-wschodnich II Rzeczypospolitej. Studia i materiały, Białystok 2000, hg. v. MICHAŁ GNATOWSKI, S. 241 ff.

versorgen.[50] Diesem Kreis gehörte jedoch eine so kleine Gruppe Arbeiter an, dass der durchschnittliche Bewohner der Ostgebiete der Zweiten Polnischen Republik die sowjetische Regierungszeit in den Jahren von 1939 bis 1941 vor allem mit Massenverelendung, langen Schlangen vor den Kassen und leeren Ladenregalen in Erinnerung behielt. Einen ähnlichen Eindruck hatten die Korrespondenten der westlichen Presse, die den Verlauf der sowjetischen Besatzung in den östlichen Gebieten der Zweiten Polnischen Republik beobachteten.[51]

Schlussfolgerungen

Die Jahre 1939 bis 1941, die im Zeichen der sowjetischen Besatzung standen, waren für die Wirtschaft in den Ostgebieten Ostpolens zweifelsfrei verhängnisvoll. Die Unterwerfung der Gebiete durch die UdSSR bedeutete nicht nur eine Besatzung im klassischen Sinn, sondern führte zu einer radikalen Veränderung des sozioökonomischen Systems nach sowjetischem Vorbild. Bis heute gibt es keine eindeutige Antwort auf die Frage, welchen Sinn die politischen, gesellschaftlichen und wirtschaftlichen Veränderungen hatten. Es existieren einige Hypothesen, die versuchen, die Logik der sowjetischen Politik in dieser Zeit zu erklären.

---

[50] „Soviet economic policy", IPMS, A. 9 III 2c/49, S. 43 f.; PETROVSKAIA, Realii sovetskoi zhizni, S. 239-246.

[51] Sowjetische Besatzung, wahrscheinlich Frühjahr 1941, AZHRL, Sign. 89, Bl. 91 f.; Bericht Nr. 80 v. 7.1.1940, AAN, MID 36, Bl. 104; Bericht Nr. 91 v. 18.1.1940, ebd., Bl. 104; Bericht Nr. 91 v. 18.1.1940, ebd., MID 37, Bl. 67; Bericht Nr. 125 v. 21.1.1940, ebd., MID 39, Bl. 58; Bericht Nr. 128 v. 24.1.1940, ebd., Bl. 89; Bericht Nr. 160 v. 29.3.1940, ebd., MID 40, S. 209; Bericht Nr. 195 v. 10.5.1940, ebd., MID 42, Bl. 75; Life under Soviets. Destruction of Economic Life in Poland, in: News from Poland (a Daily Bulletin of News and Comments Issued by the Polish Press Bureau in London), no 212, March 30th, 1940, p. 2–4, ebd., Sign. 52, Bl. 94 ff.; AW-HI, Drohobycz, S. XI f.; Gródek, S. 12; Bóbrka, S. 28 f.; Dobromil, S. 33; Sambor, S. 44; Przemyśl, S. 31-34, 78; Sanok, S. 26; Kowel, S. 60; Kostopol, S. 98 f.; Łuck, S. 36 f.; Białystok, S. 69 f.; Ostrów Mazowiecki, S. 28; Łomża, S. 94 f.; Wilno, S. 40; Nowogródek, S. 44 f.; Szczuczyn, S. 38 f.; Nieśwież, S. 62 f.; Pruzna, S. 36; Brześć n. Bugiem, S. 52; Stanisław Klimpel, Jak przeżyłem trzy okupacje, AW, Sign. II/1325/2k, 4-mps, S. 41 f.; Barbara Stańko-Bródkowa, Losy Polaków z kolonii Raczyn (Ziuków) w latach 1939–1943, AW, Sign. II/1433/2kw, mps, Bl. 17; Stefan Buchner, Pamiętnik. Rok pod czerwoną gwiazdą. Brody: wrzesień 1939–wrzesień 1940, AW, Sign. II/1856/2k, mps, Bl. 9; Zdzisław Koksanowicz, Wspomnienia, AW, Sign. II/1328/2k, mps, Bl. 13 ff.; Zbigniew Małyszycki, Moje Kresy – Lubiesów. Wspomnienia z lat okupacji 1939–1944, AW, Sign. II/1368/2kw, mps, Bl. 18 f.; Zygmunt Bieniasz, Wspomnienia, AW, Sign. II/1239/2k, mps, Bl. 16 ff.; Edward Bernolak, Pamiętnik, AW, Sign. II/1237/2k, mps, Bl. 4-6.

Eine von ihnen behauptet, dass die Ostgebiete der Zweiten Polnischen Republik als potenzielles Kriegsgebiet im erwarteten Konflikt mit Deutschland behandelt wurden. Dies würde den Raub und die Ausfuhr von Maschinen, Fabrikausstattungen, Ernten, Vieh und privatem Eigentum polnischer Bürger aus den besetzten Gebieten in das Innere des sowjetischen Staates erklären. Auch die breit angelegten Pläne zum Bau von Militärflughäfen und Befestigungsanlagen können in diesem Zusammenhang verstanden werden. Anhänger einer anderen Theorie verweisen darauf, dass der sowjetische Staat zwischen 1939 und 1941 in den Gebieten, die in die UdSSR eingegliedert wurden, bedeutende Investition tätigte, u.a. in der Landwirtschaft (Maschinen, Dünger), in der Industrie (Bau und Ausbau von Fabriken), beim Ausbau von Verkehrsnetzen (neue Eisenbahnstrecken und Straßen) und im zivilen und militärischen Bereich. Der Staat hätte dies nicht getan, wenn die politischen Entscheidungsträger militärische Handlungen in diesen Gebieten erwartet hätten, und damit die schnelle Zerstörung ihrer Investitionen.

Zur Besonderheit der sowjetischen Besatzung gehörte der Drang nach Auslöschung aller Elemente der kapitalistischen Wirtschaftsweise. Zudem wollte Stalin auch während und nach dem Krieg nichts von der Rückgabe der im Herbst 1939 besetzten polnischen Gebiete wissen. Er bezeichnete sie unverändert als das „Land der Weißrussen und Ukrainer", wobei er lediglich ein kleines Zugeständnis im Fall der Bialystok-Region machte. Das Wirtschaftssystem wurde während der Jahre 1939 bis 1940 nicht vollständig umgewandelt, vor allem weil der Kriegsausbruch dazwischenkam. Doch sogar innerhalb einer so kurzen Zeit veränderte sich das Wirtschaftsleben der besetzten Gebiete tiefgreifend. Es wurden die Strukturen der Vorkriegswirtschaft, die auf unterschiedlichen Eigentumsformen beruhten, zerstört, so dass sie nie mehr in ihrer traditionellen Erscheinung wiederhergestellt werden konnten. Bedeutende Fortschritte machte auch die Vereinigung mit dem Wirtschaftssystem des sowjetischen Staates. Dies war dank der Einführung von kommunistischen juristisch-organisatorischen Formen möglich und dank der fehlenden Autarkie der Ostgebiete der Zweiten Polnischen Republik im Bereich der Produktion von Industrierohstoffen oder von Produkten des täglichen Bedarfs. Während vor dem Krieg Rohstoffe und Fertigprodukte aus den Zentral- und Westgebieten des polnischen Staates exportiert wurden – in die nordöstlichen Landesteile manchmal sogar Landwirtschaftsprodukte –, mussten diese Gebiete in den Jahren 1939 bis 1941 von der UdSSR mit fehlenden Rohstoffen, Waren und Anlagen versorgt werden.[52] Das Versorgungssystem aus dem Osten wies

---

[52] Vgl. WITOLD ORMICKI, Życie gospodarcze Kresów Wschodnich Rzeczpospolitej Polskiej, Kraków 1929, S. 182-186.

schwerwiegende Mängel auf, es war jedoch unabdingbar für ein relativ stabiles Funktionieren der 1939 inkorporierten Gebiete. Nicht nur aus rein politischen, sondern auch aus wirtschaftlichen Gründen wurden die Gebiete der Zweiten Polnischen Republik innerhalb kurzer Zeit zu einem Teil des sowjetischen Imperiums (mit peripherem Charakter), und ihre Interessen wurden denen des sowjetischen Staates untergeordnet. Darunter litt ein großer Teil der Bevölkerung, da die Menschen unter der Sowjetregierung eine spürbare Senkung ihres Lebensstandards und Sozialstatus' erfuhren. Der Logik des stalinistischen Systems folgend übernahm der sowjetische Staat ungeniert die materiellen Ressourcen polnischer Bürger, indem er eine Vereinheitlichung „nach unten" einführte.

Die staatlich gesteuerte Politik der Stellenbesetzung innerhalb des wirtschaftlichen Lebens machte den Staat zum größten Arbeitgeber, der willkürlich über den Arbeitsmarkt und damit über die Existenzsicherung der Bürger verfügte. Die Lage verschlechterte sich kontinuierlich aufgrund einer starken Inflation, die durch fallende Kaufkraft und sinkende Reallöhne wie auch durch die faktische Unmöglichkeit, die eigene Grundversorgung auf legalem Weg sicherzustellen, verursacht wurde, was Einkäufe auf dem Schwarzmarkt geradezu erzwang. Auf diese Weise ordnete der sowjetische Staat auch die Interessen der Individuen den seinen unter, und er vergrößerte sein Wirtschaftspotenzial u. a. mit der Ausnutzung der materiellen Ressourcen der Bevölkerung in den Ostgebieten der Zweiten Polnischen Republik. Die Jahre 1939 bis 1941 wurden somit für die dortigen Bewohner zu einer eigentümlichen Lektion in Staatsbürgerkunde und polnischem Patriotismus. Was weitgehend den verzweifelten Widerstand breiter gesellschaftlicher Schichten in den polnischen Ostgebieten erklärt, den sie gegenüber der Sowjetmacht nach dem Zweiten Weltkrieg leisteten.

DIETER POHL

DEUTSCHE WIRTSCHAFTSPOLITIK IM BESETZTEN OSTPOLEN 1941–1944

Die östlichen Landesteile Polens, die im September 1939 von der Roten Armee besetzt wurden, machten die Hälfte des polnischen Staatsterritoriums aus. Dennoch hatten sie bei weitem nicht die Wirtschaftskraft wie die Gebiete westlich des Bugs. Etwa 37 Prozent der Bevölkerung und 27 Prozent der Wirtschaftsbetriebe befanden sich in Ostpolen. Dies lag nicht nur am geringen Grad der Urbanisierung und der vergleichsweise schlechten Infrastruktur, sondern auch an der Wirtschaftspolitik der Zweiten Polnischen Republik, die sich in den dreißiger Jahren auf die Errichtung des Zentralen Industriereviers (*Centralny Okręg Przemysłowy*) in Zentralpolen konzentrierte.

Ebenso wie die Besatzungspolitik im Allgemeinen sind auch die wirtschaftlichen Maßnahmen der Besatzungsmacht in den östlichen Gebieten vergleichsweise wenig untersucht worden. Dies liegt vor allem in der Tendenz begründet, die meisten dieser Landesteile bereits für die Zeit ab Ende 1939 nicht mehr als zur Polnischen Republik gehörig zu betrachten. Deshalb fielen sie bis in die achtziger Jahre – mit Ausnahmen – nicht in die rege polnische Forschung zur Besatzungsgeschichte; dieses Muster ist im Westen weitgehend übernommen worden. Das ändert sich freilich seit den neunziger Jahren. Nicht nur fielen politische Rücksichtnahmen gegenüber der Sowjetunion weg, auch in den heutzutage weißrussischen und ukrainischen Gebieten kann nun erstmals eine moderne, tiefgehende Untersuchung der Kriegszeit in Angriff genommen werden. Die Wirtschaftspolitik unter Besatzung im inzwischen westweißrussischen Gebiet hat Christian Gerlach im Rahmen seiner monumentalen Studie detailliert untersucht,[1] für

---

[1] CHRISTIAN GERLACH, Kalkulierte Morde. Die deutsche Wirtschafts- und Vernichtungspolitik in Weißrußland, Hamburg 1999, S. 231-502. Gerlach bezieht mittelbar auch den Bezirk Bialystok und das Generalkommissariat Wolhynien-Podolien ein, da Teile dieser Gebiete nach dem Krieg in Weißrussland eingingen. JERZY TURONEK, Białoruś pod okupacją niemiecką, Warszawa 1993, klammert die Wirtschaftspolitik aus. Vgl. ALEXAN-

Ostgalizien und Wilna wird sie in neuen Publikationen eher am Rande thematisiert.[2] Kaum erforscht ist hingegen Besatzung und Wirtschaft im (westlichen) Wolhynien und Podolien, soweit es damals zu den Kresy (ehemalige polnische östliche Grenzgebiete) gehörte. Der Bezirk Bialystok, ein deutsches Besatzungsterritorium, das ebenfalls vorher zeitweise unter sowjetischer Herrschaft gestanden hatte, nach 1944 aber weitgehend beim polnischen Staat verblieb, ist vor allem wegen der vergleichsweise schlechten Quellenlage kaum näherer Betrachtung unterzogen worden.[3]

Ausgangspunkt für eine Betrachtung der deutschen Wirtschaftspolitik sind nicht nur die allgemeinen Wirtschaftsdaten, sondern auch die Rolle der vorangehenden sowjetischen Besatzungspolitik in diesem Rahmen. Zweifelsohne hatte diese massive Auswirkungen auf die ganze Wirtschaftsstruktur gehabt.[4] Vereinfacht gesagt, betraf dies drei Bereiche: Erstens die terroristische Innenpolitik, die sich tendenziell eindeutig gegen bestimmte ethnische und soziale Gruppen richtete, wenn auch die Zielgerichtetheit dieser Maßnahmen in der neuen Forschung etwas relativiert wurde.[5] Unternehmer und Grundbesitzer wurden nicht nur benachteiligt, sondern oft auch Opfer von Verhaftungen und Deportationen. Zudem verschwand die deutsche Minderheit in Wolhynien und Ostgalizien nach den deutsch-sowjetischen Vereinbarungen zur „Repatriierung" 1939/40. Zweitens veränderten die sowjetischen Behörden die Eigentumsstruktur grundlegend: Größere Unternehmen und der Handel wurden verstaatlicht, Handwerker in Artele gezwungen und es wurde mit der Kollektivierung der Landwirtschaft be-

---

DER BRAKEL, Baranowicze 1939–1944. Eine ostpolnische Region unter sowjetischer und deutscher Besatzung, (Diss. phil.), Mainz 2006.

[2] WŁODZIMIERZ BONUSIAK, Małopolska Wschodnia pod rządami Trzeciej Rzeszy, Rzeszów 1990, S. 56–86; GRZEGORZ MAZUR, Pokucie w latach II wojny światowej, Kraków 1993; GRZEGORZ HRYCIUK, Polacy we Lwowie 1939–1944. Życie codzienne, Warszawa 2000, S. 258–289; STANISŁAWA LEWANDOWSKA, Losy Wilnian. Zapis rzeczywistości okupacyjnej. Ludzie, fakty, wydarzenia 1939–1945, Warszawa 2004.

[3] MICHAŁ GNATOWSKI, Białostocczyzna w latach wojny i okupacji hitlerowskiej, Białystok 1979.

[4] Vgl. MAREK WIERZBICKI, Zmiany społeczne i gospodarcze wsi kresowej w latach 1939–1953, in: Tygiel narodów. Stosunki społeczne i etniczne na dawnych ziemiach wschodnich Rzeczpospolitej 1939–1953, hg. v. KRZYSZTOF JASIEWICZ, Warszawa 2002, S. 95–144; sowie sein Beitrag in diesem Band; ALBIN GŁOWACKI, Proces nacjonalizacji gospodarki na zaanektowanych ziemiach wschodnich II RP (1939–1941), in: Dzieje najnowsze, Nr. 2, 2004, S. 94–117; WŁODZIMIERZ BONUSIAK, Przemiany ekonomiczne w Małopolsce Wschodniej w latach 1939–1941, in: Okupacja sowiecka ziem polskich 1939–1941, hg. v. PIOTR CHMIELOWIEC, Rzeszów [u.a.] 2005, S. 94–110.

[5] Vgl. KRZYSZTOF JASIEWICZ, Zagłada polskich Kresów. Ziemiaństwo polskie na Kresach Północno-Wschodnich Rzeczypospolitej pod okupacją sowiecką 1939–1941, Warszawa 1997.

gonnen. Drittens betrieb die sowjetische Verwaltung ihre eigene Wirtschaftspolitik, die durchaus auf eine Verbesserung der Infrastruktur abzielte. Im Endergebnis war die Wirtschaft in Ostpolen aber durch die sowjetischen Eingriffe massiv geschädigt, die Enteignung quasi schon vorweggenommen worden.

Diese Maßnahmen wirkten sich somit auch auf die Wirtschaftspolitik unter deutscher Besatzung aus, unter die das gesamte Territorium etwa ab dem 10. Juli 1941 fiel. In diesen ersten Wochen wurde Ostpolen zwar nur begrenzt Opfer von Kriegszerstörungen, dafür umso mehr von Plünderungen und systematischem Abtransport von Beutegut. Freilich blieben die Versuche sowjetischer Behörden, Unternehmen, Anlagen und Vorräte zu zerstören oder zu evakuieren, wegen der kurzen Zeitspanne bis zur deutschen Eroberung im Ansatz stecken. Nicht selten fiel das Fachpersonal, dessen überwiegende Mehrheit von sowjetischen Behörden ebenfalls kaum evakuiert werden konnte, deutschen Verbrechen zum Opfer. Die Wehrmacht und ihr Wirtschaftsstab Ost organisierten die ersten wirtschaftlichen Maßnahmen bis Ende Juli/Anfang August 1941, bis eine Zivilverwaltung das Heft in die Hand nahm. Lediglich Wolhynien ging erst im September 1941 in Zivilverwaltung über. Sowohl von der Organisation her als auch vom Wirtschaftsraum aus gesehen, zerfiel die Besatzungspolitik nun in drei Teile mit drei Währungen: Reichsmark – Rubel – Zloty: Aus dem Raum Bialystok–Grodno wurde der Bezirk Bialystok gebildet, der formal an Ostpreußen angeschlossen zu den annektierten Gebieten zählte, die Regionen von Wilna bis Podolien gingen an das Reichsministerium für die besetzten Ostgebiete, also eine neue Institution, während Ostgalizien als fünfter Distrikt dem Generalgouvernement angeschlossen wurde, in welchem schon seit eineinhalb Jahren die deutsche Besatzungs- und Wirtschaftspolitik herrschte. Während die Wirtschaftspolitik in den ersten Wochen, also vor allem die Ausplünderung von Unternehmen und Vorratslagern, zunächst vorrangig durch die Beuteorganisationen der Wehrmacht und deren Wirtschaftskommandos betrieben wurde, übernahmen unter der Zivilverwaltung die jeweils zuständigen Abteilungen, meist Landwirtschaft, Wirtschaft (für Handel und Gewerbe) und Arbeit, die Verantwortung. Die Wehrmacht verblieb mit ihren kleinen Rüstungskommandos, die weiterhin die Tätigkeit der kriegswichtigen Betriebe koordinierten. Wirkliche Rüstungsbetriebe existierten freilich nur in Ostgalizien.

Strukturelle Grundlagen

Der Horizont dieser Politik war weitgehend bestimmt von den Zukunftsplänen der nationalsozialistischen Führung. Sowohl Ostgalizien als auch der

Bezirk Bialystok und einige kleine Gebiete im Nordosten wurden frühzeitig in die Pläne zur „Germanisierung" einbezogen, freilich in einer langen Perspektive von 20 bis 25 Jahren. Hier war also eigentlich eine Eigentumspolitik anvisiert, die auf Erhalt und langfristig sogar auf Ausbau der Wirtschaftsstruktur zielen sollte. Die Siedlungsparameter für das Generalkommissariat (GK) Weißruthenien blieben hingegen schemenhaft und ohne größere Bedeutung für die Politik. Hier wie auch im Generalbezirk Wolhynien-Podolien war nicht an einen Aufbau gedacht, vielmehr beschleunigte die Besatzung eine De-Industrialisierung.[6]

Angesichts eines Krieges, der für die Wehrmacht unerwartet schlecht verlief, rückten jedoch langfristigen Planungen immer mehr in den Hintergrund. Die maximale Ausbeutung aller Gebiete blieb höchste Priorität für alle ökonomischen Erwägungen. Dies bestimmte die Ansätze zu einer Reprivatisierung ganz entscheidend. Sie waren jedoch schon von vornherein deutlich beschränkt: Eigentum des polnischen Staates oder der Kirche galt als „herrenlos" ebenso von solchen Personen, die von der sowjetischen Geheimpolizei 1940/41 verhaftet oder deportiert worden waren. Jüdische Eigentümer wurden von der antisemitischen Besatzungsmacht grundsätzlich nicht in ihren Überlegungen berücksichtigt. Somit machte die so genannte Treuhandverwaltung einen erheblichen Teil der deutschen Wirtschaftspolitik aus. Landwirtschaftliche Flächen, die nicht für eine Reprivatisierung in Frage kamen, wurden zusehends zu Großgütern zusammengelegt. Ähnlich wie in der Westhälfte Polens wurden vorzugsweise reichsdeutsche Treuhänder für größere Unternehmen eingesetzt, oftmals Personen, die sich als unfähig und korrupt erwiesen. Auch die kommunale Wirtschaftspolitik, die durch Beschlagnahmungen erheblich aufgebläht war, entwickelte sich wenig produktiv.

Eine Reprivatisierung wurde zwar, vor allem in Ostgalizien, früh ins Auge gefasst. Doch wie überall in den Gebieten, die seit 1941 besetzt wurden, entzündeten sich daran heftige politische Debatten, und die Verwaltung ging äußerst zögerlich vor. Hier dominierte vielfach die Haltung, eine weitgehend verstaatlichte Wirtschaftsform sei für die kriegsökonomische Ausbeutung geeigneter als die Rückkehr zu privaten Strukturen. In Ostgalizien sollten zunächst nur landwirtschaftliche Anwesen bis zu einer Fläche von 7,5 Hektar zurückgegeben werden, ab 1943 dann bis 20 Hektar. Zumeist hatten jedoch die Bauern schon unmittelbar nach der deutschen Besetzung zur Selbsthilfe gegriffen und ihre alten Besitztümer aus den Kolchosen gelöst. Im Bezirk Bialystok versuchte die deutsche Verwaltung,

---

[6] GERLACH, Kalkulierte Morde, S. 418 ff. Innerhalb der Ukraine sollte der Siedlungsschwerpunkt östlich der polnischen Grenze liegen.

diese spontane Reprivatisierung vereinzelt wieder rückgängig zu machen.[7] Auf der anderen Seite beschlagnahmte nicht nur die sowjetische, sondern auch die deutsche Besatzung landwirtschaftliches Eigentum, so bei Juden, bei Nichterfüllung von Kontingenten, aber auch zur Anlage von Truppenübungsplätzen. Allein in Ostgalizien wurden auf diese Weise, zusätzlich zu den sowjetischen Verstaatlichungen, weitere 237.000 Hektar eingezogen.[8]

Felder der Wirtschaftspolitik

Welche Bedeutung hatte Ostpolen für die deutsche Wirtschaftspolitik? Vier Felder sollen hier kurz herausgegriffen werden, die für diese Gebiete typisch und somit für eine nähere Betrachtung von besonderem Interesse sind: Die Arbeitskräftepolitik, die Beschlagnahme landwirtschaftlicher Produkte, die Ölförderung in Ostgalizien und die städtische Wirtschaftspolitik.

1) Ostpolen galt vor dem Krieg als Region mit einem vergleichsweise hohen Arbeitskräftepotential, das freilich zumeist als relativ gering qualifiziert eingeschätzt wurde. Unter sowjetischer Besatzung nahm die Bevölkerungszahl zunächst zu, nachdem vor allem Juden sich aus dem deutsch besetzten Teil Polens hatten retten wollen. Diese wie auch ein erheblicher Teil der Einheimischen wurden 1940/41 entweder in Sondersiedlungen im Innern der Sowjetunion deportiert oder zur Arbeitsverpflichtung in sowjetische Industriegebiete wie den Donbass geschickt. Unmittelbar nach dem deutschen Einmarsch wurde zwar nur ein kleiner Teil der arbeitsfähigen Bevölkerung von sowjetischen Behörden evakuiert, jedoch ein erheblicher Satz junger Männer noch zur Roten Armee eingezogen. Dennoch gelangte die überwiegende Mehrheit der arbeitsfähigen Einheimischen unter deutsche Besatzung. Dort wurde umgehend die so genannte Arbeitspflicht eingeführt.[9] Dies bedeutete jedoch weniger die sofortige Mobilisierung aller Arbeitsfähigen als vielmehr die Pflicht zur Registrierung bei den neu eingerichteten Arbeitsämtern. Im Herbst 1941 herrschte in vielen Städten Arbeitslosigkeit, nicht zuletzt begründet durch den zeitweisen Zusammenbruch der Wirtschaft im Krieg.[10] Viele Arbeitslose versuchten, möglichst schnell an irgendeine Art von Beschäftigung zu kommen, um die notwendi-

---

[7] GERLACH, Kalkulierte Morde, S. 363.

[8] MIROSŁAW SYCZ, Spółdzielczość ukraińska w Galicji w okresie II wojny światowej, Warszawa 1997, S. 129.

[9] Verordnung über die Einführung der Arbeitspflicht in den besetzten Ostgebieten, 5.8.1941, vgl. GERLACH, Kalkulierte Morde, S. 452.

[10] HRYCIUK, Polacy we Lwowie, S. 259.

gen Lebensmittelkarten zu erhalten. Nicht wenige versuchten ihr Glück in
der Verwaltung. So blähten sich auch die Verwaltungsapparate unter der
Besatzung auf. Unter deutscher Besatzung existierte nicht nur die Arbeitspflicht, sondern es gab auch weiter gehende Formen der Zwangsarbeit.
Insbesondere Juden wurden bald willkürlich zur Zwangsarbeit herangezogen oder über die neuen Judenräte rekrutiert. Meist mussten sie öffentliche
Arbeiten wie Trümmerräumen verrichten und wurden dabei ausgesucht
schlecht behandelt. Bald kamen auch gefangene Rotarmisten in Lager auf
ostpolnischem Gebiet, vor allem in Baranowitsch, Kowel, Lemberg,
Rowno und Wilna. Ein Teil der Gefangenen wurde bei Arbeiten für die
Besatzungsmacht eingesetzt, unter anderem beim Schienen- und Straßenbau. Freilich führte die Besatzungsmacht durch die schlechte Behandlung
der Gefangenen und die Senkung der Nahrungsrationen im Oktober 1941
ein Massensterben unter den Rotarmisten herbei, so dass dieses Reservoir
an Arbeitskräften im Frühjahr 1942 kaum noch verfügbar war.[11] Die Totalvernichtung der Juden in den Regionen Baranowitsch, Nowogrodek und
Wolhynien zwischen Mai und November 1942 führte zugleich zur Stilllegung zahlloser mittlerer und größerer Betriebe in diesem Raum, die fast
ausschließlich mit jüdischen Zwangsarbeitern betrieben worden waren.[12] Im
Vergleich zur Westhälfte Polens fanden diese Massenmorde einen noch
massiveren Niederschlag in der Wirtschaft. Hier dominierte die mittelstän-
dische Wirtschaft, die zu einem erheblichen Teil, in größeren Städten
überwiegend, von Juden betrieben worden war. So schlug der vermeintli-
che Überschuss an Arbeitskräften im Frühjahr 1942 in einen Mangel um.
Früher als in anderen Gebieten, die seit Juni 1941 von der Wehrmacht
besetzt wurden, begann in Ostgalizien die Rekrutierung von Arbeitern für
das Reich. Mit vollmundigen Versprechungen lockte man bereits im September 1941, lange vor den großen „Ostarbeiter"-Rekrutierungen, Tausende junger Menschen aus Ostgalizien und dem Bezirk Bialystok ins Reich.
Vor allem die ländlichen Gebiete waren von der Rekrutierung von Zwangsarbeitern betroffen, die in Ostgalizien seit Herbst 1941 und in den übrigen
Gebieten seit Frühjahr 1942 massiv angegangen wurde. Wie überall in
Osteuropa wirkte dabei eine Mischung aus schlechten Lebensbedingungen,
Druck auf die kommunalen Verwaltungen und unmittelbare Zwangsanwen-
dung zusammen. Generell wird der Rekrutierung bis in den Frühsommer

---

[11] Vgl. V. KOROL', Tragediia viis'kovopolonenykh na okupovanii teritoriï Ukraïni v
1941–1944 r., Kiïv 2002, S. 86, 93 ff.

[12] GERLACH, Kalkulierte Morde, S. 695 ff., 714 ff.; Rüstungs-Inspektion Ukraine:
Tätigkeitsbericht 16.–31.8.1942, 16.9.–30.9.1942, in: Institut für Zeitgeschichte München,
Mikrofilm T-77, r. 1093, fr. 1045-1056, Tätigkeitsbericht 1.10.–15.12.1942, T-77, r.
1094, fr. 13 (Geschirrfertigung und Sattlerei Dubno, Möbelfabrik Pinsk usw.).

1942 ein gewisser Grad an Freiwilligkeit attestiert. Allein aus Ostgalizien und aus Wolhynien wurden je etwa 300.000 Personen ins Reich gebracht, das machte etwa sechs bis sieben Prozent der jeweiligen Gesamtbevölkerung aus. Im Gegensatz zu den Deportierten aus den Reichskommissariaten wurden die ukrainischen Ostgalizier, etwa 235.000 Personen, nicht als „Ostarbeiter", also als schlechteste Kategorie, eingestuft. Polen galten als so genannte P-Arbeiter, die Ukrainer wurden überhaupt nicht gekennzeichnet.[13] Die genaue ethnische Zusammensetzung der Arbeiter ist umstritten. Zeitgenössische Quellen gehen davon aus, dass aus Wolhynien überproportional viele Polen ins Reich deportiert wurden, weil sowohl die Arbeitsbehörden als auch die Hilfspolizei weitgehend mit Ukrainern besetzt waren. Diese versuchten wiederum zu verhindern, dass ihre eigene Volksgruppe herangezogen wurde. Von den Arbeitern, die aus Ostgalizien ins Reich kamen, waren hingegen etwa 70 Prozent Ukrainer und 30 Prozent Polen.[14] Aus nordöstlichen Gebieten gelangten weit weniger Menschen als Zwangsarbeiter ins Reich. Für das GK Weißruthenien liegen nur Gesamtzahlen vor (116.000 Menschen, von denen mehr als die Hälfte aus polnischem Gebiet stammte), für das GK Wolhynien-Podolien bis Mitte 1943 (283.000) und den Bezirk Bialystok (ca. 40.000).[15] Insgesamt sind wohl über 850.000 Menschen auf diesem Weg ins Reich gelangt.

2) Die Beschlagnahme von Agrarprodukten spielte ab 1941 eine immer größere Rolle im Kalkül der deutschen Wirtschaftspolitik. Nicht nur sollte die Wehrmacht, die auf unabsehbare Zeit in der Sowjetunion kämpfte, „aus dem Lande" ernährt werden, sondern es war vorgesehen, auch Engpässe bei der Versorgung im Reich, die auf hohem Niveau bleiben sollte, dadurch zu beheben. Grundsätzlich galt die Ernte von 1941 zwar als überdurchschnittlich gut, überspannte Erwartungen deutscher Funktionäre wurden jedoch enttäuscht. So wurden 1941/42 aus Ostgalizien, dem wichtigsten Anbaugebiet Ostpolens, statt der erwarteten 415.000 Tonnen Getreide nur 110.000 Tonnen eingetrieben. Hierbei wirkten sich weniger die Kriegszerstörungen aus als vielmehr der schleppende Aufbau der deutschen Erfassung, schwere Frostschäden beim Wintergetreide, die Evakuierung sowjetischer Landwirtschaftsfunktionäre und die Rekrutierung junger Männer zur Roten Armee, Schwierigkeiten beim Transportwesen und schließlich die Dnjestr-Flut im Süden Galiziens im Herbst 1941. Schon die

---

[13] BONUSIAK, Małopolska Wschodnia, S. 44 ff.

[14] GRZEGORZ HRYCIUK, Przemiany narodowościowe i ludnościowe w Galicji Wschodniej i na Wołyniu w latach 1931–1948, Toruń 2005, S. 210, 274.

[15] GERLACH, Kalkulierte Morde, S. 460. Hinzuzurechnen sind die Arbeiter aus dem Wilnagebiet.

Ernte 1942/43 zeigte eine deutliche Steigerung. Zwar konnten wieder nicht die anvisierten 432.000 Tonnen erreicht werden, doch mit 340.000 Tonnen wurde fast der Distrikt Lublin als bisher wichtigstes agrarisches Gebiet eingeholt. Erst im letzten Erntejahr unter deutscher Besatzung, 1943/44, kam die enorme Bedeutung der Agrarfläche und der Böden Ostgaliziens zum Tragen. Aus dem Distrikt wurden fast 460.000 Tonnen Getreide geliefert, ein Drittel des gesamten Aufkommens im Generalgouvernement.[16] Die Ernte in den nordöstlichen Gebieten fiel im Jahr 1941 schlechter aus. Hier waren sowohl die Böden weniger qualitätsvoll, man denke an die polesischen Sümpfe, als auch die Landwirtschaft noch weniger mechanisiert. 1942 konnte die Getreideablieferung zwar auf etwa 50.000 Tonnen gesteigert werden, dies machte jedoch nur etwa 30 Prozent des Solls aus. 1943 waren Erfassung und Abtransport agrarischer Produkte dann durch die Aktivitäten der Partisanenbewegung zunehmend behindert. Eine Mittelposition nahm hier Wolhynien ein. Die Steigerung der Ablieferungen aus der Landwirtschaft ist auf eine Reihe von Faktoren zurückzuführen. Die landwirtschaftliche Besatzungsverwaltung und eine zugehörige Transportorganisation etablierten sich erst Ende 1941 auf regionaler Ebene. Dem Generalgouvernement wurde im August 1942 von den zentralen Stellen in Berlin eine massive Erhöhung der Ablieferung ans Reich auferlegt, von ursprünglich 100.000 auf nicht weniger als 600.000 Tonnen Getreide. Ähnliche Forderungen richteten sich an das Reichskommissariat Ukraine.[17]

Zur Maximierung der Ablieferungsergebnisse wandten die Besatzer eine Reihe von unterschiedlichen Maßnahmen gegenüber den Bauern an. Einerseits sollte Kaufkraft abgeschöpft werden, andererseits erhöhten sich Quoten und auch Repressalien bei angeblich mangelnder Ablieferung massiv. Gleichzeitig senkte die Besatzungsverwaltung die Rationen für die Einwohner und beschleunigte die Ermordung der Juden. In Gebieten wie dem Raum Brest wurde die Lebensmittelversorgung schon Anfang 1942 auf ein Minimum heruntergefahren.[18]

In der Nordhälfte Ostpolens wirkte sich der Partisanenkrieg massiv auf die landwirtschaftliche Ausbeutung aus. Nicht nur requirierten die Partisanen selbst Lebensmittel in großem Ausmaß und verhinderten deutsche

---

[16] CZESŁAW RAJCA, Walka o chleb 1939–1944. Eksploatacja rolnictwa w Generalnym Gubernatorstwie, Lublin 1991, S. 58 ff.

[17] CHRISTIAN GERLACH, Die Bedeutung der deutschen Ernährungspolitik für die Beschleunigung des Mordes an den Juden 1942, in: DERS., Krieg, Ernährung, Völkermord. Forschungen zur deutschen Vernichtungspolitik im Zweiten Weltkrieg, Hamburg 1998, S. 215 ff., 239 ff.; DERS., Kalkulierte Morde, S. 247

[18] Ebd., S. 280.

Beschlagnahmungen,[19] auch der brutale Anti-Partisanenkrieg der Besatzer legte die Landwirtschaft ganzer Regionen lahm. So massakrierten SS-Einheiten die Einwohner selbst in solchen Dörfern, in denen die Abgabequoten voll erfüllt wurden.[20] Im Frühjahr 1943 brach die Getreideablieferung im Generalkommissariat Weißruthenien deshalb weitgehend zusammen; nur noch etwa fünf Prozent der Erträge zu Friedenszeiten konnten erbracht werden.[21] Die Partisanen verhinderten nicht nur die Einbringung der Ernte, sondern zerstörten auch in großem Ausmaß die gelagerten Ernteerträge.

Schließlich wirkte sich die Terrorkampagne der ukrainischen nationalistischen Untergrundarmee UPA aus, die im Frühjahr 1943 mit einer „ethnischen Säuberung" gegen die Polen in Wolhynien begann, bei der wahrscheinlich an die 80.000 Menschen ermordet wurden. Ende 1943 griffen diese Mordaktionen auf Ostgalizien über.[22] In den Dörfern mit polnischer Bevölkerungsmehrheit kam die Landwirtschaft Mitte 1943 praktisch zum Erliegen.

3) Das bedeutsamste Gut für die deutsche Rüstung, das aus Ostpolen kam, war das Öl aus dem Gebiet Drohobytsch-Boryslav. Zunächst hatten die einrückenden Mineralölkommandos befürchtet, dass es den sowjetischen Behörden gelungen sei, die Anlagen noch rechtzeitig zu zerstören. Tatsächlich fielen Förderanlagen und Raffinerien jedoch weitgehend unversehrt in deutsche Hände, so dass unter Hochdruck noch im Herbst 1941 die Produktion wieder aufgenommen werden konnte.[23] Ein deutsches Konsortium, zunächst die Beskiden Öl AG, die schon die Felder in Westgalizien unter sich hatte, später in Karpaten Öl AG umbenannt, übernahm die Ausbeutung. Allein hier genehmigte die Besatzungsmacht massive Investitionen in

---

[19] Vgl. ZYGMUNT BORADYN, Niemen – rzeka niezgody. Polsko-sowiecka wojna partyzancka na Nowogródczyźnie 1943–1944, Warszawa 1999, S. 82 ff.; ALEXANDER BRAKEL, „Das allergefährlichste ist die Wut der Bauern". Die Versorgung der Partisanen und ihr Verhältnis zur Zivilbevölkerung. Eine Fallstudie zum Gebiet Baranowicze 1941–1944, in: VfZ 55 (2007), S. 393-424.

[20] GERLACH, Kalkulierte Morde, S. 992; vgl. Bericht Gebietslandwirt in Dubno, 21.6. 1943, in: IfZ Fb 101/33, Bl. 585–598; Beauftragter Vierjahresplan, 10.8.1943, IfZ Fb 101/26, Bl. 582 ff.

[21] Die deutsche Wirtschaftspolitik in den besetzten sowjetischen Gebieten 1941–1943. Der Abschlußbericht des Wirtschaftsstabes Ost und Aufzeichnungen eines Angehörigen des Wirtschaftskommandos Kiew, hg. v. ROLF-DIETER MÜLLER, Boppard 1991, S. 153.

[22] Aus der umfänglichen Literatur vgl. Antypolska akcja OUN-UPA. Fakty i interpretacje, hg. v. GRZEGORZ MOTYKA/ DARIUSZ LIBIONKA, Warszawa 2003.

[23] Im Detail: MIECZYSŁAW WIELICZKO, Polski przemysł naftowy pod niemiecką okupacją w latach 1939–1945, Lublin 2001, S. 105 ff.

Ostpolen. Insgesamt gelang in ganz Galizien die Förderung von etwa 1,2 Millionen Tonnen Mineralöl. Die durchschnittliche Leistung aus der Zeit der Zweiten Polnischen Republik konnte jedoch nicht erreicht werden. Das produzierte Benzin ging dann entweder direkt an die deutschen Truppen im Südteil der Front oder wurde für die Motorisierung der Landwirtschaft im Generalgouvernement (GG) und im Reichskommissariat Ukraine verwendet. Ursprünglich hatte das galizische Öl keine größere Bedeutung für die deutsche Kriegführung, die sich vor allem auf Lieferungen aus Rumänien, die Vorkommen im Wiener Becken und die deutschen Hydrierwerke stützte. Nachdem jedoch die Ölfelder im Kaukasus 1942 nicht oder nur zerstört in deutsche Hände fielen, stieg mit der galizischen Förderung auch deren Anteil am Gesamtvolumen. Zwar machte er auch dann nur drei bis vier Prozent des deutschen Mineralölaufkommens aus, Galizien stellte damit jedoch zugleich den größten Beitrag aus allen besetzten Gebieten.[24] Von den galizischen Erdgasvorkommen entfielen zwei Drittel auf die Gebiete östlich des Sans. Allein das Feld in Stryj lieferte monatlich 65 Millionen Kubikmeter, die vor allem zur Eisenverarbeitung verwendet wurden.[25] Gering blieb hingegen die Förderung von Braunkohle, die in wenigen westukrainischen Schachtanlagen betrieben wurde.

Quantitativ bedeutend, doch aus politischer Sicht eher sekundär, blieben die anderen Rohstofflieferungen aus Ostpolen, vor allem Holz und Torf, letzterer war wichtig für die Energieerzeugung. Gerade hier schlug sich der sowjetische Partisanenkrieg ab Frühjahr 1942 massiv in der Besatzungswirtschaft nieder. Für die gesamte Forstwirtschaft in den seit Mitte 1941 besetzten Gebieten schätzten deutsche Stellen, dass Ende 1942 70 Prozent der Waldfläche von Partisanen bedroht oder beherrscht sein würden. Zahlreiche Torfwerke mussten aufgegeben werden und wurden anschließend vom sowjetischen Untergrund weiter genutzt.[26]

4) Die städtische Wirtschaft in Ostpolen hatte für die deutsche Kriegsanstrengung nur sekundäre Bedeutung. In den wenigen größeren Städten waren es vor allem Textil- und Holzverarbeitungsbetriebe, in geringerem Maße auch Metallverarbeitungsbetriebe oder Ziegeleien, die nun unter deutscher Hoheit weiterliefen.[27] So arbeiteten etwa in Lemberg 163 Betrie-

---

[24] RAINER KARLSCH/ RAYMOND G. STOKES, Faktor Öl. Die Mineralölwirtschaft in Deutschland 1859–1974, München 2003, S. 218 ff. (v. a. gegenüber Ölschiefer aus Estland).

[25] Die deutsche Wirtschaftspolitik in den besetzten sowjetischen Gebieten, S. 251.

[26] Ebd., S. 150 ff.

[27] Vgl. Beispiele in: Die deutsche Wirtschaftspolitik in den besetzten sowjetischen Gebieten.

be mit etwa 9.000 Personen für die Wehrmacht. Einige größere Unternehmen gab es auch in Pinsk, dort befanden sich einige Betriebe der Holzindustrie und die so genannte Staatswerft.[28] Oft hatten die Unternehmen ursprünglich Juden gehört, die ab 1940 enteignet worden waren und jetzt vielfach als Zwangsarbeiter befristet für die deutsche Kriegführung arbeiten mussten. Vor allem die Textilbetriebe hatten eine gewisse Bedeutung. Sie arbeiteten nicht nur für die Wehrmacht, sondern sollten auch die einheimische Kaufkraft etwas abschöpfen. Zeitweise war sogar geplant, eine Art „Textilgürtel" von Bialystok bis Lemberg einzurichten, während die altsowjetischen Gebiete zu Lieferanten von Textilrohstoffen degradiert würden.[29] Doch die Totalvernichtung der jüdischen Gemeinden vor allem zwischen Juli und November 1942 brachte viele der Betriebe zum Erliegen.[30] Kleingewerbe- und Handelsbetriebe wurden nur begrenzt nach dem deutschen Einmarsch wieder eröffnet, dann oft schon im Herbst 1941 erneut geschlossen und entsprechend 1942 nur teilweise reprivatisiert. Während in Lemberg immerhin sofort wieder 800 der 4.600 Geschäfte öffnen durften, waren es in Bialystok nur wenige. In Brest wurden noch Ende 1943 lediglich knapp 100 Läden gezählt.[31] Ohnehin konnten Juden ihre Geschäfte, die einen erheblichen Teil in diesem Sektor ausmachten, nur kurz oder gar nicht mehr in Gang setzen. Doch waren die Bedingungen auch für nichtjüdische Unternehmer schlecht, die Versorgung klappte nicht, und die Besatzungsmacht bemühte sich im Rahmen der so genannten Rationalisierung ab Anfang 1943 um Betriebsschließungen. Eine wichtige Funktion übernahmen deshalb die wieder zugelassenen Genossenschaften mit ihren kleinen Läden, die meistens von Ukrainern und teilweise von Polen organisiert wurden. Insbesondere die ukrainischen Genossenschaften in Ostgalizien wurden von der Besatzungsmacht gefördert und dehnten ihre Tätigkeit aus, nicht zuletzt angesichts der Ermordung der Juden.[32]

Im Gegensatz zu den Gebieten westlich des Bugs blieb das Engagement deutscher Privatunternehmen in Ostpolen gering. Versuche der lokalen Stellen, Unternehmen aus dem Reich anzulocken, scheiterten meist. Le-

---

[28] THOMAS SANDKÜHLER, „Endlösung" in Galizien. Der Judenmord in Ostpolen und die Rettungsaktionen von Berthold Beitz, Bonn 1996, S. 97; GERLACH, Kalkulierte Morde, S. 388.

[29] CZESŁAW MADAJCZYK, Die Okkupationspolitik Nazideutschlands in Polen 1939–1945, Berlin 1987, S. 577; GERLACH, Kalkulierte Morde, S. 399 ff.

[30] RAUL HILBERG, Die Vernichtung der europäischen Juden, Frankfurt/M. 1990, S. 400.

[31] GERLACH, Kalkulierte Morde, S. 282 f.

[32] SYCZ, Spółdzielczość ukraińska w Galicji, S. 135 ff.; vgl. CZESŁAW ŁUCZAK, Polityka ludnościowa i ekonomiczna hitlerowskich Niemiec w okupowanej Polsce, Poznań 1979, S. 362 f.

diglich der Handel in den Kreisen wurde von so genannten Einsatzfirmen übernommen, außerdem kriegswichtige Arbeiten wie Baumaßnahmen. Ansonsten fehlten aber offensichtlich aus Sicht der Unternehmen Infrastruktur und lohnende Objekte; selbst SS-Betriebe fanden sich nur sporadisch, etwa die Deutschen Ausrüstungswerke im Lemberger Lager an der Janowskastraße. Zudem konzentrierten sich die Betriebsverlagerungen aus dem Reich, die ab 1942 in Folge des Bombenkriegs geplant und teilweise auch praktiziert wurden, auf Zentralpolen. Die Kresy galten als wenig sicheres Pflaster, spätestens seit September/Oktober 1943 rückte dort die Ostfront immer näher.

Spezifika Ostpolens

Fassen wir kurz die Spezifika Ostpolens für die deutsche Wirtschaftspolitik unter der Besatzung zusammen: Zwar wurden die Regionen 1941 weitgehend von Kriegszerstörungen verschont, und somit fiel der größte Teil der Betriebe unversehrt in deutsche Hand. Die dortige ökonomische Struktur wurde aber als besonders schwach angesehen und war zudem durch die Sowjetisierung massiv deformiert. Deshalb nahm die wirtschaftliche Aktivität der Besatzungsmacht und damit auch die Zwangsarbeit vor Ort, d. h. vor allem die Zwangsarbeit von Juden, keine größeren Ausmaße an. Überhaupt wurde der städtischen Wirtschaft eine geringe Rolle beigemessen. Vielmehr waren es die Agrargebiete, hier insbesondere Ostgalizien, denen das Interesse galt. Zunächst wurden die Ablieferungen deutlich erhöht, dann rückte immer mehr die Deportation von Arbeitskräften für das Reich in den Mittelpunkt. Die Lieferung des ostgalizischen Öls hatte sicherlich die größte unmittelbare Bedeutung für die Kriegsführung, sie beschränkte sich jedoch auf eine kurze Phase und einen begrenzten quantitativen Rahmen.

Überhaupt ist eine deutliche Divergenz zwischen der Besatzung durch die Reichskommissariate und durch das Generalgouvernement (in Ostgalizien) zu spüren. Nicht nur waren die strukturellen Voraussetzungen für die Wirtschaftspolitik in Ostgalizien besser, auch die tendenzielle Bevorzugung der ukrainischen Galizier durch das Besatzungsregime schlug sich hier nieder. Zudem fehlte dort bis Herbst 1943 eine echte Widerstandsbewegung. Die übrigen Territorien erfuhren hingegen ein Schicksal wie die meisten der besetzten sowjetischen Gebiete, mit schlechteren Lebensbedingungen und massiver Gewalt auch gegen nichtjüdische Einwohner. Aus der Perspektive der Besatzer waren industrielle Kerne wie die Großstädte Minsk und Kiew oder das Donezbecken wirtschaftlich weit interessanter als Ostpolen.

Stärker als westlich des Bugs ist die deutsche Wirtschaftspolitik in Ostpolen untrennbar mit den Massenverbrechen in diesen Gebieten verbunden, die sie eher beschleunigte als verlangsamte. Und anders als in der Westhälfte Polens konterkarierten die Untergrundbewegungen in den östlichen Gebieten die Ziele und die Durchsetzbarkeit der Besatzung in erheblichem Ausmaß. Schon seit Mitte 1942 galt ein erheblicher Teil der Waldgebiete als unkontrollierbar, im Jahr darauf entzogen die verschiedenen Untergrundbewegungen der Besatzungsherrschaft nördlich Ostgaliziens einen beachtlichen Teil der landwirtschaftlichen Erträge. Vollends zerstört wurde die Infrastruktur und die gewerbliche Wirtschaft bei der Rückeroberung durch die Rote Armee, die sich in Schüben von Februar bis Oktober 1944 hinzog. Die deutsche Besatzungsherrschaft brachte Ostpolen den Tod von etwa 1,5 Millionen Menschen, die Deportation von über 850.000 Arbeitskräften ins Reich und eine weitgehende Zerstörung der Wirtschaft beim Rückzug. Ein wirtschaftlicher Aufbau ist kaum festzustellen; vielmehr sollte das Gebiet, wie alle anderen besetzten Territorien, kurzfristig maximal für die deutsche Kriegsführung ausgebeutet werden.

FACETTEN DER GEWALT

PIOTR MAJEWSKI

NATIONALSOZIALISTISCHE UNTERDRÜCKUNGS-MASSNAHMEN IM GENERALGOUVERNEMENT WÄHREND DER BESATZUNG

„Die in der Mitte Europas sitzenden Deutschen […] zeigten dem Westen ein anderes Gesicht als dem Osten. […] Gegenüber dem Westen sprachen sie nämlich vom ‚Schutz der gemeinsamen Errungenschaften der europäischen Kultur vor der bolschewistischen Überflutung‘. Im Osten haben wir gesehen, wofür dieser Schutz gedacht war: der Sättigung […] im einfachsten Sinne, […] die zunächst sämtliche Spuren der europäischen Gemeinschaft in der Kultur des Gefressenen auslöscht, und dann […] alles Übrige verzehrt."

> Kazimierz Wyka, Życie na niby. Pamiętnik po klęsce, Kraków 1984

„All das kennzeichnet eine seltsame Kurzsichtigkeit und […] eine unentwegte, vorzeitige Ausnutzung des in diesem Krieg noch nicht endgültig errungenen Sieges."

> Adam Ronikier, Pamiętniki 1939-1945, Kraków 2001

Die meisten NS-Unterdrückungsmaßnahmen gegenüber der polnischen Zivilbevölkerung fallen unter die Kategorie der Terrorhandlungen.[1] Die einzelnen Methoden der Repression waren recht unterschiedlich und erstreckten sich auf alle Gruppen und Schichten der Gesellschaft. Sie trafen insbesondere diejenigen Polen, die vom Besatzungsregime als tatsächliche bzw. potentielle Feinde des Dritten Reichs eingestuft wurden. Die Terrorakte richteten sich gegen die wertvollsten menschlichen Güter überhaupt – Freiheit und Leben. Die verfolgten Polen wurden dazu gezwungen, Haus und Heimat zu verlassen bzw. Zwangsarbeit zu verrichten. Dabei beraubte man sie ihrer Existenzgrundlagen und schränkte ihre Bildungsmöglichkeiten drastisch ein. Sie durften nicht mehr am öffentlichen Leben teilnehmen und erlitten irreversible materielle Verluste. Die tragischste Form der Unterdrückung bildete die „physische Auslöschung der tatsächlichen und

---

[1] KAROL M. POSPIESZALSKI, Terror hitlerowski w Polsce 1939–1945, in: Przegląd Zachodni 20, 1964, Nr. 1, S. 17-35.

potentiellen Feinde des Reiches bzw. der Herrschaft Hitlers sowie die Ausrottung ganzer Kollektivgemeinschaften, deren Existenz man aus politischen, rassischen, ethnischen, ideologischen oder gesellschaftlichen Erwägungen für unerwünscht hielt".[2]

Für die Art der Kriegsführung und die Ausübung der Besatzungsherrschaft galten die Vorschriften des zeitgenössischen Völkerrechts. Die Haager Landkriegsordnung von 1907 untersagte z. B. generell jegliche Zerstörung oder Beschlagnahmung von feindlichem Eigentum. Abweichungen von diesem Prinzip wurden lediglich aufgrund kriegsbedingter „Notwendigkeiten" zugelassen.[3] Diese beruhten auf der Grundprämisse, dass ein Landkrieg offiziell angekündigt werden musste. Außerdem beherrschte der Besatzerstaat das feindliche Territorium laut Haager Konvention bis zu einem Friedensschluss oder der endgültigen Eroberung nur provisorisch – zwar in eigenem Namen, aber zugleich nur in Stellvertretung des verdrängten Staats, der seine Souveränität weiterhin behielt. Daher mussten sich die Eingriffe der Besatzungsmacht in die einzelnen Lebensbereiche der Bevölkerung in den besetzten Gebieten in Grenzen halten. Die Besatzungsmacht besaß also vor Abschluss eines Friedensvertrages nicht das Recht, territoriale Annexionen vorzunehmen. Sie war vielmehr verpflichtet, die öffentliche Ordnung und die Organisation des gesellschaftlichen Lebens aufrechtzuerhalten. Zugleich war das bisher geltende Recht einzuhalten. Darüber hinaus bestand die völkerrechtliche Pflicht, das Leben, die Menschenwürde, das Privateigentum, die familiären Rechte und die Ausübung religiöser Kulthandlungen der unterworfenen Bevölkerung zu achten. Generell unzulässig war die Beschlagnahme von Privatvermögen, die allenfalls aufgrund dringender Bedürfnisse der Besatzungsarmee durchgeführt werden durfte. Dem besonderen Schutz seitens der Besatzungsmacht unterlag das „Eigentum der Gemeinden und der dem Gottesdienste, der Wohltätigkeit, dem Unterrichte, der Kunst und der Wissenschaft gewidmeten Anstalten".[4]

Am 8. Oktober 1939 ordnete Hitler die Eingliederung folgender polnischer Gebiete in das Deutsche Reich an: Pommerellen, Wojewodschaft

---

[2] Zit. nach: CZESŁAW ŁUCZAK, Pod niemieckim jarzmem (Kraj Warty 1939–1945), Poznań 1996, S. 14; DERS., Polityka ludnościowa i ekonomiczna hitlerowskich Niemiec w okupowanej Polsce, Poznań 1979, S. 72 ff.

[3] CEZARY BEREZOWSKI, Ochrona prawno-międzynarodowa zabytków i dzieł sztuki w czasie wojny, Warszawa 1948, S. 44 ff., 54 f.; STANISŁAW NAHLIK, Grabież dzieł sztuki. Rodowód zbrodni międzynarodowej, Wrocław 1958.

[4] Die Haager Landkriegsordnung, hg. v. RUDOLF LAUN, Wolfenbüttel, Hannover 1947, S. 95; BEREZOWSKI, Ochrona prawno-międzynarodowa, S. 94 f., 100-103, 108 f.; JULIUSZ BARDACH/ BOGUSŁAW LEŚNODORSKI/ MICHAŁ PIETRZAK, Historia państwa i prawa polskiego, Warszawa 1985, S. 533 f.

Posen, Teile der Wojewodschaft Lodz, Oberschlesien, Dabrowa-Becken, westliche Landkreise der Wojewodschaft Krakau, nördlicher Teil der Wojewodschaft Warschau (Regierungsbezirk Zichenau) und der Raum Sudauen. Am 12. Oktober 1939 erließ Hitler eine Verordnung über die zivile Verwaltung der nicht annektierten polnischen Gebiete. Die Verordnung trat am 26. Oktober 1939 in Kraft. Auf diese Weise entstand das Generalgouvernement (GG), das sich aus folgenden Territorien zusammensetzte: Teile der Wojewodschaft Warschau einschließlich der polnischen Hauptstadt sowie die Wojewodschaften Kielce, Lublin und Krakau (ohne westliche Landkreise) und die westlich des Sans gelegenen Gebiete der Wojewodschaft Lemberg. Bis 24. Juli 1940 wurde die amtliche Bezeichnung „Generalgouvernement" durch den Zusatz „für die besetzten polnischen Gebiete" ergänzt.[5] In seiner offiziellen Erklärung zum Amtsantritt leistete Generalgouverneur Hans Frank folgendes Versprechen: „Euer Leben könnt Ihr weiterhin getreu nach den bisherigen Sitten führen. Eure polnische Eigenart dürft Ihr in allen gesellschaftlichen Erscheinungsformen behalten."[6] Damit wurde die de facto bis zum 25. Oktober 1939 aufrechterhaltene Militärverwaltung in den besetzten Gebieten Polens von einer zivilen Administration abgelöst. Nach Ausbruch des deutsch-sowjetischen Krieges erfolgte am 1. August 1941 die Angliederung der Wojewodschaften Lemberg, Stanislau und Tarnopol als Distrikt Galizien an das GG.[7]

Laut amtlichen Angaben aus dem Jahr 1939 wies das Staatsgebiet der Zweiten Polnischen Republik eine Fläche von 389.720 Quadratkilometern auf, die von 35.339.000 Menschen besiedelt wurde. Das Generalgouvernement erstreckte sich bis 1. August 1941 auf ein Gebiet von 95.463 Quadratkilometern mit 11.542.000 Einwohnern. In den Städten des GG lebten etwa 3,2 Millionen (30 Prozent) und in den Dörfern ca. 7,3 Millionen (70 Prozent) Menschen. Das GG bildete also 24,5 Prozent des Territoriums und 32,6 Prozent der Bevölkerung Vorkriegspolens. Das GG umfasste insgesamt 157 Städte und 963 Landgemeinden.[8] Die Bevölkerung des GG teilte sich laut polnischen Schätzungen von 1939 in folgende Sprachinseln auf: Polnisch – 9,9 Millionen (85,5 Prozent), Deutsch – 61.000 (0,5 Prozent), Jiddisch bzw. Hebräisch – 1,3 Millionen (10,6 Prozent), Ukrainisch

---

[5] GERHARD EISENBLÄTTER, Grundlinien der Politik des Reiches gegenüber dem Generalgouvernement 1939–1945, (Diss. Phil.), Frankfurt/M. 1969; CZESŁAW MADAJCZYK, Die Okkupationspolitik Nazideutschlands in Polen, Köln 1988.

[6] DERS., Polityka III Rzeszy w okupowanej Polsce, Bd. 1, Warszawa 1970, S. 101.

[7] CZESŁAW ŁUCZAK, Polska i Polacy w drugiej wojnie światowej, Poznań 1993, S. 96 f.

[8] Mały rocznik statystyczny Polski. Wrzesień 1939 – czerwiec 1941, London 1941, (Tab. 9-11), S. 4 f.

(ohne den „Distrikt Galizien") – 357.000 (3,1 Prozent), Weißrussisch –
3.000 (unter 0,1 Prozent), Russisch – 10.000 (0,1 Prozent), Tschechisch –
1.000 (unter 0,1 Prozent). Die Bevölkerung fühlte sich laut eigenen Angaben folgenden Religionen zugehörig: römisch-katholisch – 9,4 Millionen
(80,9 Prozent), griechisch-katholisch – 325.000 (2,8 Prozent), orthodox –
273.000 (2,3 Prozent), protestantisch – 113.000 (1 Prozent), jüdisch – 1,4
Millionen (12,1 Prozent). Im Dezember 1940 bildeten die Polen im GG
83,3 Prozent der dortigen Gesamtbevölkerung. Dieser Anteil sank (einschließlich des Distrikts Galizien) bis Ende 1942 auf 64,1 Prozent. Dagegen stieg der Anteil der Deutschen im GG von 0,9 auf 1,4 Prozent,
während sich der Anteil der Ukrainer von vier auf 22,7 Prozent erhöhte.
Zum Panorama der Nationalitäten im GG gehörten auch circa 80.000
„Goralen" (Bergbewohner im polnisch-slowakischen Grenzraum – Anm. d.
Ü.). Nach amtlichen deutschen Angaben lebten zu Beginn des Jahres 1943
insgesamt 16,8 Millionen Menschen im GG, darunter 70 Prozent Polen, 27
Prozent Ukrainer, zwei Prozent Deutsche und ein Prozent Juden.[9] Das GG
war in vier Distrikte unterteilt: Krakau (26.400 Quadratkilometer – 3,7
Millionen Einwohner), Radom (25.000 Quadratkilometer – 2,5 Millionen
Einwohner), Lublin (25.000 Quadratkilometer – 2,5 Millionen Einwohner)
und Warschau (17.000 Quadratkilometer – 3,7 Millionen Einwohner). Am
1. August 1941 gliederte man den Distrikt Galizien (50.000 Quadratkilometer – 5,5 Millionen Einwohner) an das GG an und brachte die dazugehö-
rigen Behörden in Lemberg unter.

Die Zivilverwaltung im GG leitete bis Kriegsende Hans Frank, der von
Hitler ernannt worden war und diesem direkt unterstand. Als Amtssitz
wählte Frank die Stadt Krakau. Die im GG stationierten Militäreinheiten
unterlagen hingegen nicht seiner Hoheitsgewalt. Der Generalgouverneur
bildete daher das einzige Herrschaftsorgan des NS-Regimes, das zumindest
in formalrechtlicher Hinsicht von allen anderen Behörden des Dritten
Reichs unabhängig blieb. Exekutive bzw. beratende Funktionen erfüllte
indessen das Amt des Generalgouverneurs, das seit 9. Dezember 1940
unter der Bezeichnung „Regierung des Generalgouvernements" fungierte.
Die Regierung bestand aus einem Staatssekretariat und mehreren Haupt-
abteilungen, die vornehmlich für innere Angelegenheiten, Propaganda,
Bauwesen, Wissenschaft und Lehre zuständig waren. Die Distrikte wurden
von Verwaltungschefs geleitet, die ab 1941 als Distriktgouverneure fun-

---

[9] Ebd., S. 9 f. (Tab. 16-17); Amtliches Gemeinde- und Dorfverzeichnis für das Gene-
ralgouvernement, Krakau 1943 (Übersicht 1-3); DANUTA SKORWIDER, Organizacja władz
niemieckich na terenie dystryktu warszawskiego w latach 1939–1945, in: Raporty Ludwiga
Fischera, gubernatora dystryktu warszawskiego, 1939–1944, hg. v. KRZYSZTOF DUNIN-
WĄSOWICZ/ MAREK GETTER/ JÓZEF KAZIMIERSKI, Warszawa 1987, S. 42; BARDACH/
LEŚNODORSKI/ PIETRZAK, Historia państwa, S. 533; ŁUCZAK, Polska i Polacy, S. 196.

gierten und in allen Personal- und Sachfragen der Weisung des Generalgouverneurs unterstanden. Die Kreise und Städte unterlagen so genannten Kreis- und Stadthauptmännern. Die zentralistischen Strukturen der Zivilverwaltung des GG spiegelten sich in den einzelnen Distrikten in leicht modifizierter Form wider.[10] Das NS-Regime liquidierte die administrativen Organe des besetzten polnischen Staates. Davon unberührt blieben lediglich die Kommunalverwaltungen mit den Bürgermeistern in den Städten und den Gemeindevorstehern auf dem Land, die dennoch unter deutscher Oberaufsicht standen. Polnisches Recht galt fortan nur noch in denjenigen Fällen, in denen es nicht mit Reichsrecht oder höherrangigen Militärgesetzen kollidierte.[11]

Durch die Errichtung des Generalgouvernements war jedoch weder dessen Rechtsstatus klar definiert noch das weitere Schicksal der polnischen Gebiete und der dort lebenden Bevölkerung besiegelt worden. Eine endgültige Lösung für diese Fragen sollte nämlich erst nach einem für Deutschland siegreichen Krieg gefunden werden. Das GG war also kein neues Staatsgebilde, da die Oberhoheit beim Dritten Reich lag. Abgesehen davon stellte das GG im Gegensatz zu den annektierten Gebieten kein eigenes Reichsterritorium dar. Dennoch kam es auch im GG zur realen Machtübernahme der NS-Herrschaftsträger. Dabei erhielt insbesondere Generalgouverneur Frank einen souveränen Handlungsspielraum, der ihm in der Praxis eine sehr weitgehende Unabhängigkeit gegenüber den zentralen Reichsbehörden verschaffte. Diese Souveränität zeigte sich auch in der Verfügungsgewalt über das „Vermögen des ehemaligen polnischen Staates".

Vor diesem Hintergrund traten rasch zahlreiche Kompetenzkonflikte zwischen SS, Wehrmacht, GG-Verwaltungsstellen und zentralen Reichsbehörden auf. Die Effizienz der Besatzungsherrschaft im Alltag wurde jedoch nicht nur durch diesen Kompetenzwettstreit von vornherein erheblich begrenzt. Die Besatzungsverwaltung schlitterte in ein „einkalkuliertes Chaos". Denn abgesehen von inkompetenten, überhastet agierenden Funktionären und einer allgegenwärtigen Korruption fehlte es auch an der nötigen Koordination bei der Erteilung von Weisungen und Anordnungen.

---

[10] MADAJCZYK, Polityka III Rzeszy, Bd. 1, S. 105, 108, 118 f.; STANISŁAW PIOTROWSKI, Hans Franks Tagebuch, Warszawa 1963, S. 29-58, 77-82, 216-236.

[11] BARDACH/ LEŚNODORSKI/ PIETRZAK, Historia państwa, S. 542-543; SKORWIDER, Organizacja władz niemieckich, S. 46-50; MADAJCZYK, Polityka III Rzeszy, Bd. 1, S. 108; EUGENIUSZ CEZARY KRÓL, Propaganda i indoktrynacja narodowego socjalizmu w Niemczech 1919–1945, Warszawa 1999, S. 550.

Diese Situation verschaffte dem polnischen Widerstand entscheidende Handlungsspielräume gegenüber der Besatzungsmacht.[12]

Die Lage im GG hing in erster Linie von dem dort geltenden Besatzungsrecht ab. Die strafrechtlichen Vorschriften sollten vor allem sämtliche Anzeichen des Widerstands gegen das NS-Regime bereits im Keim ersticken. Der Erlass vom 31. Oktober 1939 über die Bekämpfung von Gewaltakten führte dabei einen breiten Kanon von Straftatbeständen im GG ein, der u. a. folgende Vergehen beinhaltete: feindliches Auftreten in der Öffentlichkeit gegenüber dem Deutschen Reich, dem Machthaber des GG oder den dort vorhandenen Einrichtungen und Gebäuden; Aufruf zur Nichtbefolgung von Anweisungen der NS-Behörden und Angriffe auf deutsche Reichsbürger im GG bzw. deren Vermögen. Für alle diese Vergehen sah man ausschließlich die Todesstrafe vor. Öffentliche Aufwiegler und ihre Helfershelfer wurden genauso wie die Haupttäter bestraft. Die Todesstrafe war auch im Fall der unterlassenen Benachrichtigung über geplante Straftaten vorgesehen. Das Besatzungsrecht im GG stellte darüber hinaus folgende Handlungen unter das höchste Strafmaß: Aktivitäten innerhalb der Widerstandsbewegung, Sabotage, Unterlassung der angeordneten Registrierung von Offizieren, illegale Grenzübertritte, Nichterfüllung der Arbeitspflicht, nicht eingehaltene Quotenlieferungen von landwirtschaftlichen Gütern, illegale Viehschlachtungen und Schwarzmarkthandel, Überschreiten der amtlich festgelegten Preise, Hören ausländischer Rundfunksender, Aufrechterhaltung intimer Beziehungen zu Deutschen und Hilfsleistungen für versteckte Kriegsgefangene, geflohene Häftlinge, Partisanen, Juden und Zigeuner. Die konkrete Prüfung der oben genannten Tatbestände sollten polizeiliche Standgerichte vornehmen.

In der Praxis führte das Besatzungsrecht im GG einerseits zu massenhaften Ermordungen, die formaljuristisch als Ausführung der standrechtlichen Todesurteile behandelt wurden. Daneben diente aber auch die Schutzhaft als oft genutztes Mittel der Repression. Dabei wurden Personen, die der Tätigkeit für die Widerstandsbewegung verdächtigt wurden, für unbestimmte Zeit in Konzentrationslager (KZ) verschleppt. Abgesehen davon führte das NS-Regime im GG auch spontane Straßenrazzien und einzelne öffentliche Exekutionen durch. Dabei galten verschärfte Untersuchungsverfahren. Am 2. Oktober 1943 erließ Generalgouverneur Frank eine Verordnung zur „Bekämpfung von Angriffen gegen das deutsche Aufbauwerk". Demnach waren „Nichtdeutsche, die in der Absicht, das deut-

---

[12] CZESŁAW MADAJCZYK, Trzecia Rzesza i życie kulturalne na terytoriach przez nią okupowanych, in: Inter arma non silent Musae. Wojna i kultura 1939–1945, hg. v. DERS., Warszawa 1977, S. 188; DERS., Polityka III Rzeszy, Bd. 1, S. 109; ŁUCZAK, Polska i Polacy, S. 97; KRÓL, Propaganda i indoktrynacja, S. 243.

sche Aufbauwerk im Generalgouvernement zu verhindern oder zu stören, gegen Gesetze, Verordnungen oder behördliche Anordnungen und Verfügungen verstoßen, [...] mit dem Tode zu bestrafen".[13] Das NS-Strafrecht im GG verlieh den Anführern der einzelnen Militär- und Polizeiverbände die willkürliche Befugnis, festgenommene Partisanen und deren Gehilfen ohne vorherige Gerichtsverhandlung zum Tode zu verurteilen. Darüber hinaus galt eine weitgehende Sippenhaftung. So konnten z. B. sämtliche männlichen Verwandten eines Attentäters zusammen mit diesem standrechtlich hingerichtet werden.[14] Für die Regelung des öffentlichen Lebens im GG waren ferner folgende Verordnungen von Bedeutung, die als spezifische Repressionsmittel dienten: Am 26. Oktober 1939 erließ man eine Verordnung über die Herausgabe von Druckerzeugnissen.[15] Am 15. November 1939 ordnete das NS-Regime die „Beschlagnahme des Vermögens des früheren polnischen Staates innerhalb des Generalgouvernements" an.[16] Demzufolge sollte das gesamte „bewegliche und unbewegliche Vermögen des früheren polnischen Staates nebst Zubehör einschließlich aller Forderungen, Beteiligungen, Rechte und sonstiger Interessen innerhalb des Generalgouvernements [...] zum Zwecke der Sicherstellung gemeinnütziger Werte aller Art beschlagnahmt" werden.[17] Die Inbesitznahme der Vermögenswerte des polnischen Staates erschöpfte sich jedoch nicht nur in deren „Sicherstellung", sondern ermöglichte auch Veränderungen und Zuwächse, was letztendlich einer Güterkonfiszierung gleichkam.

Ergänzend zu diesen Vorschriften wurde am 24. Januar 1940 eine Verordnung über das Vermögen von natürlichen und juristischen Personen erlassen. Dieses durfte demnach zur „Erfüllung gemeinnütziger Aufgaben" jederzeit beschlagnahmt werden. Die Verordnung sah auch die „Einziehung herrenlosen Vermögens" vor.[18] Am 16. Dezember 1939 erließ man eine „Verordnung über die Beschlagnahme von Kunstgegenständen im Ge-

---

[13] Zit. nach: Documenta Occupationis, Bd. 6: KAROL MARIA POSPIESZALSKI, Hitlerowskie „prawo" okupacyjne w Polsce, Bd. 2: Generalna Gubernia. Wybór dokumentów i próba syntezy, Poznań 1958, S. 516.

[14] ŁUCZAK, Polska i Polacy, S. 104 f.

[15] Verordnung (VO) über die Herausgabe von Druckerzeugnissen v. 26.10.1939, in: Verordnungsblatt des Generalgouverneurs für die besetzten polnischen Gebiete (VOBlGGP), 1939, S. 7.

[16] VO über die Beschlagnahme des Vermögens des früheren polnischen Staates innerhalb des Generalgouvernements v. 15.11.1939, in: ebd., S. 37.

[17] Zit. nach: Documenta Occupationis, Bd. 6, S. 260.

[18] VO über die Beschlagnahme von privatem Vermögen im Generalgouvernement v. 24.1.1940, in: Verordnungsblatt für das Generalgouvernement (VOBlGG), T. 1, 1940, S. 23; vgl. Documenta Occupationis, Bd. 6, S. 244 f., 262 ff.; ŁUCZAK, Polska i Polacy, S. 201 ff.

neralgouvernement".[19] Widerstand bei der Ausführung dieser Verordnung
wurde unter Strafe gestellt. Dabei drohte Personen, die versuchten,
„Kunstwerke zu verheimlichen, zu veräußern oder aus dem Generalgouvernement zu verbringen"[20], eine Gefängnisstrafe. Aber auch „wer eine
nach dieser Verordnung obliegende Auskunft" verweigerte, musste mit der
Inhaftierung rechnen. Die Gesamtheit des Kulturlebens im GG regelte die
am 8. März 1940 erlassene „Verordnung über die kulturelle Betätigung".[21]
Demnach unterlag jeder, der sich „öffentlich auf dem Gebiet der Musik,
der bildenden Künste, des Theaters, des Films, des Schrifttums, der Presse
und des Lichtbildwesens" betätigte, der „Aufsicht der Abteilung für Volks-
aufklärung und Propaganda im Amt des Generalgouverneurs"[22].

Gesellschaftliche Aktivitäten in der Öffentlichkeit wurden am 23. Juli
1940 durch die „Verordnung über das Vereinswesen im Generalgouvernement" untersagt.[23] Das Recht auf legale Tätigkeit behielten lediglich karitative Vereine sowie das Polnische Rote Kreuz (*Polski Czerwony Krzyż*,
PCK) und der Haupthilfeausschuss (*Rada Główna Opiekuńcza*, RGO).[24] In
diesem Zusammenhang erließ das NS-Regime weitere Rechtsakte für das
GG, die folgende Bereiche betrafen: Schulwesen, u. a. die Abschaffung der
Hochschulen (31.10.1939), Verlagswesen (31.10.1939), „Beschlagnahme
und Abgabe von Rundfunkgeräten" (15.12.1939), Privatschulen (12.4.
1940), Privatunterricht (23.4.1940) und Registrierung von Kinos (18.10.
1940) und Stiftungen (1.8.1940).[25] Infolgedessen bildete sich in Polen ein
im Vergleich zum übrigen Europa außerordentlich restriktives System der
Besatzungsherrschaft heraus. Allein schon der theoretische Gehalt des
Besatzungsrechts war von den damals geltenden völkerrechtlichen Normen
weit entfernt und stand in krassem Widerspruch zu den altrömischen Recht-
straditionen einer europäischen Zivilgesetzgebung.

Der deutschen Politik im GG lagen Prämissen zugrunde, die im Grunde
genommen erst nach der vollständigen Besetzung der polnischen Gebiete
endgültig festgelegt wurden – nach dem Fiasko der zeitweilig angestrebten
Bildung eines polnischen Pufferstaats auf den Trümmern der Zweiten Pol-

---

[19] VO über die Beschlagnahme von Kunstgegenständen im Generalgouvernement v.
16.12.1939, in: VOBlGGP, 1939, S. 209; vgl. Documenta Occupationis, Bd. 6, S. 446 ff.

[20] Ebd., S. 448.

[21] VO über die kulturelle Betätigung im Generalgouvernement v. 8.3.1940, in:
VOBlGG, T. 1, 1940, S. 103.

[22] Documenta Occupationis, Bd.6, S. 421.

[23] Ebd., S. 451-454.

[24] VO über das Vereinswesen im Generalgouvernement v. 23.8.1940, in: VOBlGG, T.
1, 1940, S. 225; vgl. Documenta Occupationis, Bd. 6, S. 402.

[25] Ebd., S. 391-457.

nischen Republik.[26] Erst der bewusste Verzicht auf die Bildung eines „Reststaates" und die Entstehung des GG führten zu wichtigen Entscheidungen, die sich auf das öffentliche Leben in Polen unmittelbar auswirkten. Am 31. Oktober 1939 trafen sich Frank und Reichspropagandaminister Joseph Goebbels zu einem Meinungsaustausch. Letzterer plädierte dafür, dem polnischen Volk sämtliche Möglichkeiten einer kulturellen Weiterentwicklung gewaltsam zu nehmen. Nicht von ungefähr kam es daher bereits am 27. Oktober 1939 zur Verhaftung des Warschauer Stadtpräsidenten Stefan Starzyński. Am 6. November 1939 stellte man sechs Professoren der Krakauer Jagiellonen-Universität unter Arrest, während eine Woche später Mitarbeiter der Katholischen Universität Lublin vom NS-Regime massiv verfolgt wurden.[27] Am 27. Dezember 1939 wurden im Warschauer Vorort Wawer 107 unschuldige polnische Zivilisten erschossen. Die Massenhinrichtung geschah in Reaktion auf die Ermordung zweier Wehrmachtssoldaten durch gewöhnliche polnische Verbrecher, deren Identität den Besatzungsbehörden bekannt gewesen war. Dieser Racheakt bildete für die polnische Wahrnehmung des NS-Regimes im GG eine spezifische Zäsur.[28] Im Diensttagebuch von Generalgouverneur Frank taucht im Eintrag vom 19. Januar 1940 folgende Notiz auf:

„Am 15. September 1939 erhielt ich den Auftrag, die Verwaltung der eroberten Ostgebiete aufzunehmen, mit dem Sonderbefehl, diesen Bereich als Kriegsgebiet und Beuteland rücksichtslos auszupowern, es in seiner wirtschaftlichen, sozialen, kulturellen, politischen Struktur sozusagen zu einem Trümmerhaufen zu machen. Unter dem Einfluss der Erziehungsarbeit der letzten Monate hat sich diese Einstellung völlig gewandelt. Heute sieht man in dem Gebiet des Generalgouvernements einen wertvollen Bestandteil des deutschen Lebensraumes. Aus dem absoluten Zerstörungsprinzip ist der Grundsatz geworden, dieses Gebiet insoweit mit aller Förderung zu behandeln, als es dem Reich in seiner jetzigen Lage Vorteile zu bringen vermag."[29]

Ein grundlegendes Ziel der Besatzungsherrschaft in Polen bestand in der sukzessiven Eliminierung aller gesellschaftlichen Gruppen, die für elitär

---

[26] MADAJCZYK, Polityka III Rzeszy. Bd. 1, S. 94-100, 127; DERS., Generalna Guberna w planach hitlerowskich. Studia, Warszawa 1961; DERS., Kształtowanie systemów okupacyjnych w Europie Środkowej przez III Rzeszę (1938–1945), Łódź 1971; DERS., Kultura europejska a faszyzm. Szkice, Wrocław 1979; MIECZYSŁAW WIELICZKO, Dzieje społeczne Polaków w warunkach okupacji 1939–1944/1945, Lublin 1999.

[27] MADAJCZYK, Polityka III Rzeszy. Bd. 2, S. 102 f., 128 f.; DERS., Trzecia Rzesza i życie kulturalne, S. 184.

[28] ŁUCZAK, Polska i Polacy, S. 102.

[29] Das Diensttagebuch des deutschen Generalgouverneurs in Polen 1939–1945, hg. v. WERNER PRÄG/ WOLFGANG JACOBMEYER, Stuttgart 1975, S. 91.

gehalten wurden. Zu diesem Zweck schränkte das NS-Regime im GG den Zugang zu den Grund- und Berufsschulen erheblich ein bzw. senkte das dort herrschende Lehrniveau drastisch. Zugleich löste man sämtliche allgemeinbildenden Gymnasien und Hochschulen ersatzlos auf. Wie gewünscht diese Entwicklung war, bezeugt eine öffentliche Äußerung von Generalgouverneur Frank vom 25. Februar 1940: „Eine Steigerung des Bildungsniveaus des polnischen Volkes liegt auf keinen Fall in unserem Interesse."[30] Die NS-Besatzungsmacht griff von Beginn an zu zahlreichen Unterdrückungsmaßnahmen gegen die polnische Intelligenz und diejenigen gesellschaftlichen Gruppen, die durch ihre patriotischen Aktivitäten und ihr sozialradikales Engagement auffielen. Unter gezielten Repressionen hatten insbesondere auch Polen zu leiden, die an den Kämpfen gegen die frühere deutsche Teilungsmacht aktiv teilgenommen hatten, wie z. B. ehemalige Teilnehmer der Aufstände in Schlesien und Großpolen nach dem Ersten Weltkrieg. Beispielhaft für die brutalen Massenhinrichtungen der gesellschaftlichen Eliten Polens im GG war die seit Anfang 1940 vorbereitete so genannte „Außerordentliche Befriedungsaktion" (AB-Aktion), die von Mai bis Juli 1940 zur Ausführung kam. Leiter der „AB-Aktion" war der Befehlshaber der Sicherheitspolizei und des SD Bruno Streckenbach. Infolge der Massenmorde (hauptsächlich Erschießungen) kamen insgesamt über 3.500 Angehörige der polnischen Intelligenz ums Leben. Die Exekutionen der in Warschau inhaftierten Personen fanden u. a. im Wald von Palmiry unweit der polnischen Hauptstadt statt. Dort wurden am 20./21. Juni 1940 insgesamt 358 Menschen füsiliert. Unter den Opfern befanden sich auch der ehemalige Sejm-Marschall Maciej Rataj, der herausragende PPS-Aktivist Mieczysław Niedziałkowski sowie der Warschauer Vizepräsident Jan Pohoski, der Olympiasieger Janusz Kusociński sowie zahlreiche Parlamentarier und Kulturschaffende aus der Hauptstadt Polens. Die Vernichtungsaktion fand im Schatten der Kämpfe an der Westfront statt.

Die „AB-Aktion" stellte keine Ausnahme dar. Auf internationales Echo stieß die bereits am 6. November 1939 durchgeführte „Sonderaktion Krakau". Im Rahmen dieser Unterdrückungsmaßnahme wurden 183 Professoren der Krakauer Jagiellonen-Universität und der dortigen Bergbau- und Hüttenakademie verhaftet, die zuvor zu einem Vortrag ins ehrwürdige Collegium Novum der Universität geladen worden waren. Der angekündigte Vortrag trug den harmlos klingenden Titel „Die Stellung des Dritten Reiches und des Nationalsozialismus zu Wissenschaft und Universität".

---

[30] Ebd., S. 120; JERZY KRASUSKI, Dzieje szkolnictwa polskiego w okresie okupacji hitlerowskiej 1939–1945, Warszawa 1977; JACEK CHROBACZYŃSKI, Praca oświatowa w Krakowie 1939–1945. Studium o polityce okupanta, „podziemiu oświatowym" i postawach społeczeństwa, Kraków 1986.

Trotz ihres zumeist hoch betagten Alters deportierte man die inhaftierten Gelehrten am 9. November 1939 zunächst nach Breslau und überführte sie drei Wochen später ins KZ Sachsenhausen. Unter dem starken Druck der internationalen Öffentlichkeit wurden am 8. Februar 1940 die 101 ältesten Lagerhäftlinge freigelassen. Ein erheblicher Teil von ihnen starb jedoch infolge übergroßer physischer Auszehrung bald nach der Rückkehr in die Heimat. Die übrigen Häftlinge verlegte man ins KZ Dachau, von wo aus deren stufenweise Freilassung erfolgte. Während des Aufenthalts in den Konzentrationslagern kamen insgesamt 20 polnische Gelehrte ums Leben, darunter die Professoren Stanisław Estreicher, Kazimierz Kostanecki und Ignacy Chrzanowski.

Zu einer ähnlichen Aktion kam es am 11. November 1939 in Lublin, wo insgesamt 14 Professoren der Katholischen Universität in Vorbeugehaft kamen. Diese ließ man ab Februar 1940 sukzessive auf freien Fuß.[31] Die Vernichtungsaktionen gegen die gesellschaftlichen Führungsschichten im GG wurden nach dem deutschen Überfall auf die Sowjetunion auf ganz Ostpolen ausgedehnt.[32] Eine spezielle Polizeitruppe aus dem GG unter dem Kommando von Eberhard Schöngarth inhaftierte und ermordete am 4. Juli 1941 auf den Wuleckie-Hügeln bei Lemberg insgesamt 40 Personen. Zu den Opfern gehörten auch 22 Professoren der dortigen Hochschulen und einige von ihren Familienangehörigen. Darunter befanden sich u. a. der frühere Ministerpräsident Kazimierz Bartel und der Schriftsteller Tadeusz Boy-Żeleński. Am 11. Juli 1941 nahmen die NS-Behörden über 100 Studenten der Lemberger Hochschulen fest und ließen diese höchstwahrscheinlich erschießen.[33] In Stanislau ermordeten SS-Männer unter Leitung von Hans Krüger am 3. August 1941 einige Hundert Vertreter der jüdischen und polnischen Intelligenz. Dieser Massenaktion fielen u. a. Gymnasiallehrer zum Opfer. Die physische Auslöschung der gesellschaftlichen Eliten Polens fand (in geringerer Intensität) hauptsächlich durch Deportationen in Konzentrationslager eine Fortsetzung. Dies betraf insgesamt etwa 20.000 Menschen. Darüber hinaus kam es zu Verschleppungen zur Zwangsarbeit und zu größeren Hinrichtungsaktionen.[34]

---

[31] GABRIELE LESSER, Leben als ob. Die Untergrunduniversität Krakau im Zweiten Weltkrieg, Freiburg/Br. 1988; Podstępne uwięzienie profesorów Uniwersytetu Jagiellońskiego i Akademii Górniczej (6.XI.1939r.). Dokumenty, hg. v. JÓZEF BUSZKO/ IRENA PACZYŃSKA, Kraków 1995.

[32] ŁUCZAK, Polska i Polacy, S. 102 f.; JAN PIETRZYKOWSKI, Akcja AB w Częstochowie, Katowice 1971.

[33] WALDEMAR BONUSIAK, Kto zabił profesorów lwowskich? Rzeszów 1989.

[34] ŁUCZAK, Polska i Polacy, S. 103.

Von äußerst repressivem Charakter war auch der langfristige Plan zur „Germanisierung" der östlich des Dritten Reichs gelegenen Territorien. Der so genannte Generalplan Ost sah die Aussiedlung und Vernichtung der im Osten Europas unterjochten Völker vor, an deren Stelle Deutsche angesiedelt werden sollten. In Polen erreichte die NS-Exterminierungspolitik im Jahr 1942 ihren Höhepunkt. Denn in diesem Jahr weiteten die Vernichtungslager Belzec, Sobibor und Treblinka ihre Tätigkeit aus. Parallel dazu initiierte die SS eine riesige Aussiedlungsaktion im Raum Zamosc. Während seines Aufenthalts in Lublin und Zamosc gab der Reichsführer SS, Heinrich Himmler, am 20. Juli 1941 die geheime Anweisung, die Stadt Zamosc – „Himmlerstadt" – zum Kern eines deutschen „Großsiedlungsgebiets" im GG zu machen. Der so genannte Globocnik-Plan (benannt nach dem SS- und Polizeiführer im Distrikt Lublin, Odilo Globocnik) befand sich bereits im November 1941 in der Phase der Realisierung. Am 4. August 1942 legte SS-Obergruppenführer Friedrich Wilhelm Krüger dem Generalgouverneur die geplanten Ansiedlungsprojekte im Raum Zamosc und Lublin zur Bestätigung vor. Die bald darauf im Herbst 1942 in die Wege geleiteten Massenaussiedlungen von Polen aus der Region Zamosc bildeten einen ersten großen Schritt auf dem Weg zur Realisierung des Generalplans Ost. Dieser Plan sah zahlreiche Hinrichtungen von Polen (seit Mitte 1941) und die massenhafte Vernichtung russischer und polnischer Juden vor (1941 bzw. 1942). Angesichts der sich zunehmend verschlechternden militärischen Lage schränkte man Anfang 1943 die Vorbereitungen zur Konkretisierung des Generalplans Ost stark ein, und verschob sie auf die Zeit nach einer siegreichen Beendigung des Krieges.

Zu Stätten der unablässigen Unterdrückung der polnischen Bevölkerung wurden vor allem die Gefängnisse und Konzentrationslager des NS-Regimes. An diesen Orten litten während des Kriegs einige Hunderttausend Polen, wobei die Dauer ihres Zwangsaufenthalts im Einzelfall höchst unterschiedlich war. In den deutschen Gefängnissen des GG starben Zehntausende Menschen an Hunger, zu schwerer körperlicher Arbeit, Misshandlungen und Arzneimangel. Zahlreiche Häftlinge wurden noch in den letzten Tagen der Besatzungsherrschaft ermordet, da man keine Zeit mehr für Evakuierungsaktionen fand und sich zudem „unbequeme" Zeugen der Massenvernichtung vom Hals schaffen wollte.[35] Von besonderer Art war die physische Auslöschung und wirtschaftliche Ausbeutung in den Vernichtungs- und Konzentrationslagern, die de facto Zwangsarbeitslager waren. Der Holocaust nahm in Auschwitz-Birkenau, Treblinka, Belzec und Sobibor die schlimmsten Ausmaße an. Die Verschleppung polnischer Staatsbürger in die KZ erfolgte aus Gründen der Prävention, Repression

---

[35] DERS., Polityka ludnościowa i ekonomiczna, S. 113 f.

und Rassepolitik. Präventiv motivierte Deportationen begannen bereits im November 1939 und dauerten in ihrer ersten, intensivsten Phase bis Mai 1940. Dieser Verhaftungswelle fielen circa 40.000 Menschen zum Opfer. Präventionsabsichten standen auch hinter den Deportationen in die Konzentrationslager, die auf Anweisung des Reichsführers SS zwischen Juli und November 1941 durchgeführt wurden. Demzufolge sollten nach Ausbruch des deutsch-sowjetischen Krieges alle staatsfeindlichen „Elemente" eliminiert werden. Weitere präventive Massendeportationen fanden um die Jahreswende 1942/43 statt. Diese gründeten zum einen in Himmlers Erlass vom 23. August 1942 über die Verhaftung aller polnischen Offiziere der Zwischenkriegszeit, die sich im GG aufhielten. Daneben spielte aber auch die am 17. Dezember 1942 herausgegebene Verordnung von Gestapochef Heinrich Müller bezüglich der Überführung „asozialer Elemente" in die Konzentrationslager eine maßgebliche Rolle. Als „asozial" galten dabei nicht nur arbeitsscheue Personen, sondern auch alle Polen, die der Zusammenarbeit mit der Widerstandsbewegung verdächtigt wurden. Die letzte, aus Gründen der Prävention erfolgte Massendeportation in die Konzentrationslager fand unmittelbar nach der Niederschlagung des Warschauer Aufstands statt und erfasste etwa 68.000 Polen. Insgesamt verschleppte das NS-Regime circa fünf Millionen polnische Staatsbürger in die KZ. Über drei Millionen von ihnen mussten dort ihr Leben lassen.[36] Auf der deutschen Polizei im GG lastet hingegen der Tod von mehreren Hundert Polen, der oftmals infolge der verschärften, brutalen Verhöre eintrat, die gemäß den Richtlinien des Reichssicherheitshauptamts (RSHA) ausdrücklich gestattet waren.[37]

Die massenhaften Repressionen des NS-Regimes im GG fanden hingegen während der „Befriedungsaktionen" statt. Für die Sicherheit der militärischen Einrichtungen und Verkehrswege war der Militärbefehlshaber im GG (MiG) verantwortlich. Gemäß einer Direktive des Oberkommandos der Wehrmacht (OKW) vom 13. März 1941 besaß dieser die Pflicht, mit den Einheiten von SS und Polizei während den Befriedungsaktionen zusammenzuarbeiten. Die erste größere Aktion, die von 31. März bis 11. April 1940 stattfand, richtete sich gegen den Partisanenverband unter Major Henryk Dobrzański „Hubal" und erstreckte sich auf 31 kleine Dörfer im Raum Kielce. Dabei gingen über 600 Bauernhöfe in Flammen auf, 712 Polen wurden hingerichtet und über 200 gefangen genommen. Eine breit angelegte „Säuberungsaktion" gegen die polnischen Partisanen im GG setzte im Mai 1942 ein. Diese Aktion erstreckte sich auf weite Teile des

---

[36] ŁUCZAK, Polska i Polacy, S. 109 ff.

[37] Ebd., S. 106; WŁODZIMIERZ BORODZIEJ, Terror und Politik. Die deutsche Polizei und die politische Widerstandsbewegung im Generalgouvernement 1939–1944, Mainz 1999.

Lubliner Distrikts. Von Juni bis August 1942 führte die deutsche Polizei unter Beteiligung von Wehrmachtsverbänden in zahlreichen kleineren Städten und Dörfern spontane Massenrazzien durch. Die dabei festgenommene Zivilbevölkerung wurde zur Zwangsarbeit nach Deutschland oder in Arbeitslager verschleppt. Seit Herbst 1942 kamen die als Präventivmaßnahmen bezeichneten „Säuberungsaktionen" auch in anderen Regionen systematisch in Gang. Zugleich fanden massenhafte Exekutionen, Verhaftungen und Deportationen statt. Die Wehrmacht nahm, als stärkstes Schutzschild des NS-Regimes, insbesondere seit Sommer 1943 verstärkt an den Unterdrückungsmaßnahmen von SS und Polizei teil. Denn zu diesem Zeitpunkt wurde das GG bereits als ein vom Partisanenkrieg erfasstes Territorium betrachtet. Die „Befriedungsaktionen" erstreckten sich auf über 440 Dörfer und Siedlungen im GG.[38]

Die Unterdrückungsmaßnahmen des NS-Regimes im GG spielten sich vor allem auf lokaler Ebene ab und wurden bislang von der historischen Forschung nur unzureichend untersucht. Die Zeitzeugenberichte über das Alltagsleben im Warschauer Vorort Białołęka sind z. B. mit Verfolgungsschilderungen überfüllt. Bereits am 24. Februar 1940 verhaftete man in Heinrichau, Legionowo und Jablonna ca. 600 Personen als Reaktion auf die Ermordung des deutschen Bürgermeisters von Legionowo. Den blindlings durchgeführten Repressionen fielen ähnlich wie im Warschauer Vorort Wawer auch viele Kinder und alte Menschen zum Opfer. So starben z. B. am 26. Februar 1940 insgesamt 190 Menschen in Palmiry. Am 2. Mai 1943 kamen in der Nähe des Dorfs Bukowiec sieben Männer aus Warschau gewaltsam ums Leben. Laut Zeugenaussagen beförderten die NS-Behörden im Frühjahr 1943 wiederholt Einwohner von Warschau in das Waldgebiet von Jablonna, um sie dort hinzurichten. Aus den Erzählungen von Konstanty Szczepański aus Jablonna geht z. B. hervor, dass man im Frühjahr 1943 etwa 150 Männer in drei verdeckten Wagenbuden in den Wald bei Legionowo und Choszczówka transportierte, diese anschließend erschoss und die Leichen begrub. Am 20. April 1943 kam es infolge eines Sabotageakts in der deutschen Spiess-Fabrik im Warschauer Vorort Tarchomin zur Hinrichtung von mehreren polnischen Fabrikarbeitern. Im August 1943 wurden unweit des Dorfes Bukowiec 13 Polen in Gefängniskleidung kurzerhand füsiliert.[39] Als Rache für den Tod von SS-Brigadeführer Franz Kutschera ließ das NS-Regime im GG insgesamt 18 Einwohner der Ortschaften Heinrichau und Legionowo ermorden. Diese Hinrichtungsaktionen

---

[38] ŁUCZAK, Polska i Polacy, S. 107; ZYGMUNT KOSZTYŁA, Oddział Wydzielony Wojska Polskiego majora „Hubala", Warszawa 1987.

[39] WŁADYSŁAW BARTOSZEWSKI, Der Todesring um Warschau 1939–1944, Kraków 1969, S. 45, 180, 191 f.

bildeten jedoch längst nicht die einzige Form der Repression: In der Pfarrei Tarchomin verhaftete man den Pfarrvikar Zygmunt Ruszczak[40] und deportierte ihn nach Auschwitz. Abgesehen davon musste die gesamte Bevölkerung der Vorstädte Warschaus nach dem Attentat auf Kutschera 15 Millionen Zloty Kriegssteuern bezahlen.[41] Die Bauern auf dem Land wurden hingegen mit besonderen Zwangsabgaben auf ihre Ernteerträge belastet, während in vielen Pfarreien die Kirchenglocken beschlagnahmt wurden.

Für ein umfassendes Gesamtbild der Repressionen im GG ist ein Blick auf die NS-Wirtschaftspolitik unerlässlich. Dies betrifft insbesondere die Bereiche Erwerbsarbeit, Banken und Kreditwesen, Geldmengenpolitik, Versicherungen, Steuern, Versorgung mit Nahrungsmitteln, Kleidung und anderen täglichen Gebrauchsgegenständen und das Wohnungswesen.[42] Die deutsche Wirtschaftspolitik im GG war für alle Gruppen der polnischen Gesellschaft sehr folgenreich. Besonders negative Auswirkungen auf finanzkräftige polnische Bürger hatten die galoppierende Inflation sowie die im April 1940 herausgegebene neue polnische Währung mit einem sehr ungünstigen Wechselkurs (2 Zloty = 1 Reichsmark) und das Verbot des Devisenhandels.

Die Pläne der NS-Machthaber bezüglich des GG sahen eine maximale Ausbeutung der polnischen Arbeitskräfte vor. In diesem Zusammenhang führte man eine allgemeine Arbeitspflicht für Polen und einen generellen Arbeitszwang für Juden ein. Die Tarifverträge wurden durch neue Abmachungen ersetzt, die die Arbeitsbedingungen erheblich verschlechterten. Bedeutenden Einschränkungen unterlagen ferner die Rechte der Angestellten im Sozialversicherungsbereich. Zusätzlich zur Arbeitspflicht vor Ort wurden polnische Bürger massenhaft zur Zwangsarbeit nach Deutschland verschleppt. Zu diesem Zweck führten die NS-Behörden häufig Straßenrazzien durch. Insgesamt deportierte man aus dem GG etwa 1,2 Millionen Polen ins Dritte Reich. Bis 7. Juli 1944 belief sich diese Zahl für das GG und den Bezirk Bialystok auf 1.214.000. Zudem wurden 67.000 polnische Staatsbürger als Vergeltung für den Warschauer Aufstand ins Dritte Reich verschleppt. Von November bis Dezember 1944 ereilte 16.000 Polen aus dem GG das gleiche Schicksal.[43] Die Ernährung der polnischen Bevölke-

---

[40] W drodze do jubileuszu 1949–1999, hg. v. MIROSŁAW BIELAWSKI, Warszawa 1996, S. 17.

[41] STANISŁAWA LEWANDOWSKA, Okupowanego Mazowsza dni powszednie 1939–1945, Warszawa 1993, S. 34.

[42] ŁUCZAK, Polska i Polacy, S. 244-303.

[43] Ebd., S. 180 f., 277 ff.; SZYMON DATNER, Wywóz ludności polskiej na roboty niewolnicze do Niemiec, in: Biuletyn Głównej Komisji Badania Zbrodni Hitlerowskich w Polsce, Nr. 16, 1967, S. 33-37; EVA SEEBER, Zwangsarbeiter in der faschistischen Kriegs-

rung regelte ein System von Lebensmittelkarten. Die vom jeweiligen Arbeitsplatz abhängigen, unterschiedlich hohen Nahrungsmittelrationen waren insgesamt völlig unzureichend. Die Menschen waren daher gezwungen, sich zusätzlich auf dem Schwarzmarkt mit Gütern des alltäglichen Bedarfs zu versorgen.[44] Der tägliche Energiegehalt der Nahrungsmittelrationen betrug in den Kriegsjahren: 1941 – 845 Kalorien, 1942 – 1.070 Kalorien, 1943 – 855 Kalorien und 1944 – 939 Kalorien.[45]

Abgesehen davon brachte die Besatzungsherrschaft auch im Bereich der Versicherungen äußerst ungünstige Veränderungen mit sich. Denn der staatliche Betrieb für Sozialversicherungen (*Zakład Ubezpieczeń Społecznych* – ZUS) wurde aufrechterhalten und erhielt fortan eine Monopolstellung. Zugleich liquidierte man alle Betriebs-, Zunft- und Privatkrankenkassen aus der Zwischenkriegszeit ersatzlos. Den polnischen Juden wurde das Recht auf Sozialversicherung völlig abgesprochen. Die Diskriminierung der Polen beruhte indessen auf der Erhöhung der Versicherungsbeiträge bei gleichzeitiger Einschränkung der Versicherungsleistungen: Senkung der Unterstützungszahlungen bei Krankheit und Geburt, Reduzierung der allgemein- und zahnärztlichen Versorgung, Verringerung der Arzneimittelrationen, Begrenzung der stationären Krankenhausbehandlung und Ausschluss der Familienangehörigen eines Versicherten von medizinischen Leistungen. Einige Personengruppen wurden generell vom Recht auf Pension oder Rente ausgeschlossen, wie z. B. ein Teil der Staatsbeamten, ehemalige Kriegsteilnehmer und Personen, denen eine feindliche Haltung gegenüber dem Besatzungsregime unterstellt wurde. Insgesamt mussten beinahe alle Polen im GG spürbare Kürzungen der bisherigen Finanz- und Sachleistungen im Versicherungsbereich hinnehmen.

In der Steuerpolitik gingen die Deutschen hingegen mit fiskalischen Maßnahmen vor. In den Anfangsmonaten der Zivilverwaltung im GG wurde die nichtdeutsche Bevölkerung dazu verpflichtet, sämtliche Steuerforderungen aus der Zeit vor dem 1. September 1939 unverzüglich zu begleichen. Darüber hinaus erhöhte man die bisherigen Steuersätze aus der Zwischenkriegszeit und ließ die Progressionskurve der Einkommensteuer auf 70 Prozent ansteigen. Zugleich wurden alle bislang geltenden Steuerermäßigungen abgeschafft. Ein Paradebeispiel für die starke Reglementierung im Steuerbereich war das Bußgeld bei unterlassener Steuerzahlung, das sich auf 50 Prozent der zu begleichenden Verbindlichkeiten belief. In den jüdischen Ghettos im GG herrschte hinsichtlich der konkreten Steuer-

---

wirtschaft, Berlin 1964, S. 141-144; ZYGMUNT MAŃKOWSKI, Między Wisłą a Bugiem 1939–1944, Lublin 1978, S. 299.

[44]　BARDACH/ LEŚNODORSKI/ PIETRZAK, Historia państwa, S. 545.

[45]　ŁUCZAK, Polska i Polacy, S. 274 f., 290 ff., 305.

belastung weitgehend Beliebigkeit, die vom Erfindungsreichtum der zuständigen NS-Behörden vor Ort abhing. Abgesehen davon führte man neue Steuern ein, wie z. B. den so genannten Wehrbeitrag, der von der Zivilverwaltung im GG direkt an die Reichskasse abgeführt wurde (insgesamt ca. 2,48 Milliarden Reichsmark). Das NS-Regime erlegte der nichtdeutschen Bevölkerung im GG darüber hinaus spezielle Kriegssteuern auf. So mussten z. B. die Einwohner von Warschau und Umgebung nach dem Attentat auf SS-Brigadeführer Kutschera insgesamt rund 100 Millionen Zloty entrichten. Diese Kriegssteuern zog man auch in Form von Naturalien ein (Pelzartikel, warme Kleidung, Ski bzw. Skistiefel und Schlitten). Darüber hinaus wurden der nichtdeutschen Bevölkerung im GG sehr oft autonome Sonderstrafen oder zusätzliche individuelle Geldbußen auferlegt.[46]

Charakteristisch für die NS-Besatzungspolitik in Europa war die Beibehaltung der so genannten Einheimischen Polizei vor Ort.[47] Die Polnische Polizei – auch „blaue" Polizei genannt – übte also innerhalb der deutschen Zivilverwaltung in Polen Funktionen aus, die zahlreiche Wege für eine Kollaboration eröffneten. Die bestehenden Polizeikommissariate zur Überwachung von Basaren und Marktplätzen, Geschäften und Handwerksbetrieben wurden weiter ausgebaut. Auf diese Weise kam die „blaue" Polizei im GG dem NS-Regime bei der Bekämpfung des Schwarzmarkts im Land zur Hilfe. Darüber hinaus wirkte die „blaue" Polizei an der so genannten Beschäftigungspolitik der NS-Behörden mit (Assistenz bei den Razzien zur Ergreifung von potentiellen Zwangsarbeitern, Begleitschutz für Übergangslager). Abgesehen davon leistete die „blaue" Polizei bei der alljährlichen „Ernteerfassung" (zwangsweise Konfiszierung der Agrarerträge) tatkräftige Unterstützung. Die „blaue" Polizei musste ferner folgende Aufgaben übernehmen: äußere Bewachung der Ghettos und der Arbeitslager, Assistenz bei der Durchführung von Hinrichtungen, Überwachung der Exekutionsstätten, Teilnahme an „Befriedungsaktionen" gegen Partisanen im Rahmen von so genannten Rollkommandos.

Der sich in die Länge ziehende Krieg war für die rein kosmetischen, inkonsequenten Korrekturen der deutschen Politik im GG von entscheidender Bedeutung. Die NS-Machthaber rechneten im Übrigen nur mit sporadischen internationalen Reaktionen auf die Besatzungsherrschaft in Polen, so wie z. B. unmittelbar vor dem deutschen Angriff auf Norwegen und Dänemark. Denn zu der Zeit erklärte die NS-Propaganda das GG gerade offiziell zur „Heimstätte des polnischen Volkes". Den Polen wurde dabei

---

[46] Ebd., S. 252-270.

[47] MAREK GETTER, Policja Polska w Generalnym Gubernatorstwie 1939–1945, in: Przegląd Policyjny 9, 1999, Nr. 1-2, S. 74-91; ADAM HEMPEL, Pogrobowcy klęski. Rzecz o policji „granatowej" w Generalnym Gubernatorstwie 1939–1945, Warszawa 1990.

offiziell das Recht auf eine nationale Entwicklung in bestimmten Bereichen eingeräumt. Vor diesem Hintergrund ließ man über 100 inhaftierte Krakauer Gelehrte wieder frei. Gleichzeitig regte Generalgouverneur Frank die Vorbereitung der oben erwähnten „AB-Aktion" an, deren Durchführung parallel zur Niederlage Frankreichs erfolgte. Gewisse Anzeichen für eine Entschärfung der NS-Besatzungsherrschaft konnte man auch im Vorfeld des deutschen Überfalls auf die Sowjetunion wahrnehmen.[48] Das rücksichtslose und grausame Vorgehen der SS – des Fürsprechers und Exekutors des Massenterrors in Polen – kollidierte daher wiederholt mit bestimmten „milderen" Einzelmaßnahmen der deutschen Zivilverwaltung im GG. Die Massenhinrichtungen ließen die polnische Widerstandsbewegung weiter anwachsen und beeinträchtigten die Funktionsabläufe der Industrie und des Transportwesens erheblich. Zur Vorbereitung der polnischen Gebiete auf die deutsche Besiedlung war eine allgemeine Beruhigung der Lage im GG unbedingt erforderlich. Die Befehlshaber der Wehrmacht zeigten sich allein schon aufgrund der Sicherstellung von regelmäßigen Nahrungsmittellieferungen an der Aufrechterhaltung der öffentlichen Ordnung im Hinterland interessiert.

Weitergehende Vorschläge einer Veränderung des politischen Kurses gegenüber der polnischen Zivilbevölkerung tauchten vor dem Hintergrund der deutschen Niederlage bei Stalingrad auf. Reichspropagandaminister Goebbels ließ in einem Rundschreiben vom 15. Februar 1943 durchblicken, dass er eine neue Einstellung des Dritten Reichs gegenüber den unterworfenen Nationen für angebracht hielt. Generalgouverneur Frank stimmte dieser veränderten Vorgehensweise zu und räumte ein, dass die bisherige Politik der „Revolver, Kugeln und Konzentrationslager" längst nicht die beabsichtigte Wirkung gezeigt habe. Daher sei man nunmehr zu bestimmten Zugeständnissen an die Polen im Bereich Kultur und Bildung bereit. Diese kleinlaut formulierten Zusagen trafen jedoch in der Reichskanzlei auf entschiedenen Widerstand. Abgesehen davon gelang es der deutschen Seite nicht, propagandistischen Nutzen aus den Massenmorden von Katyn zu ziehen. Denn die Nachrichten über die von der ehemaligen sowjetischen Besatzungsmacht verübten Verbrechen konnten die Grausamkeiten des NS-Regimes nicht verdecken. Auch die vom polnischen Haupthilfeausschuss auf der Konferenz vom 23. Juli 1943 geforderte Unterbrechung der Zwangsaussiedlungen im Raum Zamosc stieß nicht auf die erhoffte positive Resonanz in der polnischen Gesellschaft. Angesichts der stärker werdenden Widerstandsbewegung kam es zu einer zunehmenden Eskalation des NS-Terrors. Ende Juni 1943 teilte Himmler den untergeordneten Stellen in einer Dienstanweisung mit, dass u. a. der Bezirk Bialystok und das GG als

---

[48] MADAJCZYK, Polityka III Rzeszy, Bd. 2, S. 115, 130 f., 181.

„Bandenkampfgebiete" zu betrachten seien. Daher habe jeder Offizier (vom Hauptmannsrang aufwärts) das Recht, ohne vorheriges Beweisverfahren unverzüglich bestimmte Vergeltungsmaßnahmen zu ergreifen. Anfang Oktober 1943 kündigte Generalgouverneur Frank per Verordnung eine forcierte „Bekämpfung von Angriffen gegen das deutsche Aufbauwerk" an.[49]

Die neuen Ziele der NS-Propaganda wurden Anfang 1944 zunehmend erkennbar. Die dabei angestrebte politische Lockerung spiegelt sich z. B. im Tagebucheintrag von Frank vom 18. März 1944 deutlich wider:

> „Mir kam es von Anfang an darauf an, dieses Land für die Zeit des Krieges, den ich von vornherein länger schätzte als nur ein oder zwei Jahre, sicherzustellen. Dazu gehört, dass man ein Land pfleglich behandelt. […] Wenn ich einem solchen Lande alles wegnehme, dann kann ich von ihm keine Leistung mehr verlangen; […] ich muss ihm Schulen, Kirchen, Konzerte geben, ich muss ihm eine Versorgung sicherstellen und ihm im Laufe der Zeit das Gefühl geben, dass, wenn die Bevölkerung loyal im europäischen Abwehrkampf gegen den Bolschewismus mitgekämpft hat, einmal das deutsche Volk sagen wird: nun wollen wir den Kampf mit den Polen beenden, Ihr sollt unter deutscher Führung brav Eurer Arbeit in Zukunft nachgehen, in Eure kulturellen Belange reden wir Euch nicht hinein. Das ist das Ziel meiner Volkstumspolitik."[50]

Diese „Liberalisierung" der deutschen Besatzungspolitik wurde im Distrikt Krakau in folgenden Propagandamaßnahmen sichtbar: Am 27. Oktober 1943 errichtete man im neuen Gebäude der Krakauer Jagiellonen-Bibliothek ein „Chopin-Museum", das, nur in deutscher Sprache, als „Staatsbibliothek" fungierte.[51] Ferner wurde Mitte März 1944 im Krakauer Alten Theater das so genannte Polnische Volkstheater Krakau für die polnische Bevölkerung eröffnet. Darüber hinaus kündigte Frank am 5. April 1944 in einem Gespräch mit dem Krakauer Erzbischof Adam Sapieha die Neugründung von Gymnasien mit polnischer Unterrichtssprache (ab 1.10.1944) an. Außerdem sollte das Fach Erdkunde von nun an wieder in den allgemeinbildenden Schulen unterrichtet werden. Abgesehen davon gründete man eine „Polnische Verlags-GmbH" und gestattete dem bereits 1942 entstandenen Philharmonischen Orchester im GG, sich auch weiterhin zu betätigen.[52]

---

[49] Ebd. Bd. 1, S. 168 f., 177, 181, 183, 196-200; KRÓL, Propaganda i indoktrynacja, S. 556.

[50] Zit. nach: PIOTROWSKI, S. 429; vgl. Nowy kurs polityczny, in: Biuletyn Informacyjny v. 20.5.1943.

[51] PIOTROWSKI, S.152.

[52] MADAJCZYK, Trzecia Rzesza i zycie kulturalne, S. 199; PIOTR MATUSAK, Edukacja i kultura Polski Podziemnej 1939–1945, Siedlce 1997, S. 250, 400; EUGENIUSZ CEZARY KRÓL, Polityka hitlerowska wobec szkolnictwa polskiego na terenie Generalnej Gubernii

Die sich abzeichnende Endphase der NS-Besatzungsherrschaft und der Warschauer Aufstand boten dem NS-Regime im GG eine weitere willkommene Gelegenheit zur Vorführung der eigenen Machtposition. Diese Tendenz wurde durch die tiefe Enttäuschung vieler Polen über die alliierte Politik und die schwelende Vertrauenskrise in der einheimischen Bevölkerung bezüglich der Entscheidungsträger des polnischen Untergrundstaats nur noch verstärkt. Anlässlich des 5. Jahrestags der Bildung des GG kündigte Frank per Verordnung die Teilhabe von Repräsentanten der polnischen Zivilbevölkerung an den Verwaltungsstrukturen des GG an. Der Mitte November 1944 an die polnische Öffentlichkeit ergangene Aufruf der deutschen Militärbehörden zur Anwerbung von „freiwilligen Helfern" für die Wehrmacht endete dagegen in einem Fiasko. Dabei verstrickte sich die deutsche Besatzungspolitik erneut in unlösbare Widersprüche. Denn obwohl man der polnischen Bevölkerung einerseits die oben genannten Vorschläge einer gewissen Kooperation unterbreitete, wandte man zugleich die bisherigen Terrorinstrumente weiterhin an. Unverändert wurden Massenrazzien zur Aushebung von Zwangsarbeitern unternommen, wobei der Kreis der Verfolgten mit einer brutalen Behandlung seitens des NS-Regimes zu rechnen hatte. Darüber hinaus fiel die polnische Hauptstadt während und nach dem Warschauer Aufstand wiederholten Brandanschlägen und Plünderungen zum Opfer.[53] Die von deutscher Seite in der Endphase der Besatzungsherrschaft geleisteten, halbherzigen politischen Versprechungen waren in den Augen der polnischen Gesellschaft völlig unglaubwürdig. Da das Ende der Okkupation sehr rasch eintrat, kann die Tragweite derartiger Gesten eigentlich gar nicht objektiv eingeschätzt werden. Die Lockerung der politischen Zügel sollte jedenfalls eine Aura der Stabilität im GG schaffen und die Aufmerksamkeit von der sich rapide verschlechternden militärischen Lage des Dritten Reichs ablenken. Die zögerlichen Annäherungsversuche der NS-Machthaber gegenüber der polnischen Bevölkerung kamen jedoch über unkoordinierte Einzelakte nicht hinaus. Sämtliche Bestrebungen der deutschen Zivilverwaltung, dennoch die Sympathien der unterjochten Gesellschaft zu gewinnen, waren von zwei Kardinalfehlern begleitet: Sie führten nie zu einer tatsächlich spürbaren Änderung des politischen Kurses und kamen außerdem viel zu spät.[54]

1939-1945, Warszawa 1979, S. 176-182; MADAJCZYK, Polityka III Rzeszy, Bd. 1, S. 134, 185.

[53] ANDRZEJ KRZYSZTOF KUNERT, Rzeczpospolita Walcząca. Powstanie Warszawskie 1944, Warszawa 1994; WŁADYSŁAW BARTOSZEWSKI, Dni walczącej stolicy. Kronika Powstania Warszawskiego, Warszawa 2004.

[54] MADAJCZYK, Polityka III Rzeszy, Bd. 1, S. 189, 192-195, 201 f.; KRÓL, Propaganda i indoktrynacja, S. 569-572; Documenta occupationis, Bd. 6, S. 399.

Nach einschlägigen Schätzungen wurde bei der Belagerung Warschaus im September 1939 etwa zehn Prozent der bebauten Fläche zerstört. Während der Liquidierung des Ghettos im Frühjahr 1943 betrug dieser Anteil circa zwölf Prozent und stieg im Verlauf des Warschauer Aufstands sogar auf etwa 25 Prozent. Infolge der gezielten Vergeltungsaktionen nach der Niederwerfung des Aufstands verlor die polnische Hauptstadt etwa 30 Prozent ihrer Bausubstanz.[55] Das Ausmaß der Zerstörung Warschaus im Lauf des Kriegs beschrieb der bekannte polnische Kulturtheoretiker und Soziologe Stanisław Ossowski rückblickend wie folgt: „Während das Jahr 1939 eher architektonische als urbanistische Probleme aufwarf und das Jahr 1943 das Problem der Stadtviertel auf die Tagesordnung brachte, tauchte um die Jahreswende 1944/45 das Problem Warschau auf."[56]

Über 5,1 Millionen polnische Staatsbürger fielen der Exterminierungspolitik des NS-Regimes insgesamt direkt oder indirekt zum Opfer. Etwa 800.000 Polen wurden infolge der Unterdrückungsmaßnahmen zu Langzeitinvaliden, während über eine Million an den verschiedensten Krankheiten litten. Circa 100.000 Polen verloren aufgrund der brutalen Repressionen ganz oder teilweise ihre Arbeits- bzw. Lernfähigkeit. Etwa 55 Prozent der 863.000 polnischen Staatsbürger, die einen KZ- oder Gefängnisaufenthalt überlebt hatten, starben nach dem Krieg vorzeitig.[57] Infolge unmittelbarer Vernichtungsmaßnahmen kamen circa 1,75 Millionen Polen ums Leben.[58] Von den etwa 3,5 Millionen Juden, die 1939 in der Zweiten Polnischen Republik lebten, starben im Lauf des Zweiten Weltkrieges über 2,7 Millionen. Davon wurden circa zwei Millionen in den Konzentrations- und Vernichtungslagern ermordet, während etwa 500.000 in den Ghettos und Arbeitslagern umkamen. Die übrigen jüdischen Staatsbürger Polens fielen Exekutionen und Mordaktionen zum Opfer. Die meisten polnischen Juden starben im GG – über 1,8 Millionen.[59] Die polnische Intelligenz musste insgesamt den Verlust von 50.000 Menschen hinnehmen. 37,5 Prozent aller Polen mit höherer Ausbildung kamen durch gezielte Vernichtungsmaßnahmen der NS-Besatzungsmacht ums Leben. Die menschlichen Verluste der polnischen Gesellschaft betrugen insgesamt 21 Pro-

---

[55] SZYMON DATNER, Zburzenie Warszawy, in: Straty wojenne Polski w latach 1939–1945, Poznań 1960, S. 111 f.; KRZYSZTOF DUNIN-WĄSOWICZ, Warszawa w latach 1939–1945, in: ebd., S. 358 f.

[56] STANISŁAW OSSOWSKI, Odbudowa stolicy w świetle zagadnień społecznych, in: Pamięć warszawskiej odbudowy 1945–1949. Antologia, hg. v. JAN GÓRSKI, Warszawa 1972, S. 302 f.

[57] ŁUCZAK, Polska i Polacy, S. 683 ff.

[58] Ebd., S. 116.

[59] MADAJCZYK, Polityka III Rzeszy, Bd. 2, S. 328; ŁUCZAK, Polska i Polacy, S. 127 f.

zent.[60] Sämtliche Formen der Repression bewirkten eine deutliche Verlangsamung der natürlichen demographischen und gesellschaftlichen Entwicklungsprozesse.[61] Die materiellen Verluste beliefen sich hingegen auf 39 Prozent des Staatseigentums Polens.[62] Im Lauf der systematischen Verwüstungen während und nach dem Warschauer Aufstand[63] wurden z. B. die Bestände der Warschauer Archive zu 92,8 Prozent und die Baudenkmäler zu 92 Prozent zerstört.[64] Laut den 1947 angestellten Untersuchungen des Warschauer Büros für Rückforderungen und Entschädigungen waren infolge des Krieges 43 Prozent der kulturellen Güter der Zweiten Polnischen Republik vernichtet worden.[65] Eine aktuelle Verlustschätzung alleine für

---

[60] Zestawienie strat (1946), AAN, Biuro Odszkodowań Wojennych (BOW) 10, Bl. 16 f.; Zestawienie strat (1947), ebd., BOW 11, Bl. 40; AAN, Delegatura Rządu, Straty kulturalne, Bl. 52-61; Kap. 4: Szkoły wyższe i nauka, Lista strat profesorów, docentów i asystentów podczas wojny i okupacji 1939-1944, Bl. 92-96; Kap. 7: Księgarstwo i czytelnictwo, Lista strat dziennikarzy polskich podczas wojny wedle stanu z 14 III 1944, Bl. 137-141; Kap. 14: Literatura; vgl. ANDRZEJ KRZYSZTOF KUNERT, Lista strat kultury polskiej 1939-1945. Bd. 1, Warszawa 1998; Ofiary wojny (twórcy kultury), in: Biuletyn Historii Sztuki i Kultury, 1946, Nr. 1-2, S. 1; MICHAŁ WALICKI, Po wojnie, in: ebd., S. 4 f.; BOLESŁAW OLSZEWICZ, Lista strat kultury polskiej (1 IX 1939–1 III 1946), Warszawa 1947, S. XI–XIII: Próba bibliografii strat osobowych Polski w latach 1939–1946; Pamięć tych co odeszli, Archeion 17, 1948, S. 8-19; WITOLD SUCHODOLSKI, Wydział Archiwów Państwowych, Kwartalnik Historyczny 54, 1947, S. 120; Straty kultury polskiej 1939–1944, hg. v. ADAM MORDĘGA/ TYMON TERLECKI, Glasgow 1945; Wspomnienia o pracownikach naukowych i członkach Polskiego Towarzystwa Historycznego zmarłych w latach 1939–1945, Kwartalnik Historyczny 53/3–4, 1946, S. 405-659; Uzupełnienie nekrologii wojennej, Kwartalnik Historyczny 54, 1947, S. 58-72.

[61] CZESŁAW ŁUCZAK, Szanse i trudności bilansu demograficznego Polski w latach 1939–1945, Dzieje Najnowsze 26/2, 1994, S. 13. In den vom Dritten Reich besetzten Teilen des polnischen Staatsgebiets kamen durch direkte oder indirekte Vernichtungsmaßnahmen sowie infolge von Kriegshandlungen ca. 1,5 Millionen ethnische Polen ums Leben.

[62] DERS., Polska i Polacy, S. 683 ff.

[63] WOJCIECH KOWALSKI, Likwidacja skutków wojny w dziedzinie kultury, Warszawa 1990; PIOTR MAJEWSKI, Wojna i kultura. Instytucje kultury polskiej w okupacyjnych realiach Generalnego Gubernatorstwa 1939–1945, Warszawa 2005.

[64] DERS., Akcja pruszkowska. Ochrona zbiorów kulturalnych w powstaniu warszawskim i po jego upadku, Rocznik Warszawski 32, 2004.

[65] Zestawienie strat i szkód wojennych Polski w latach 1939–1945 AAN, BOW 10, Bl. 16 f.; ebd., 11, Zestawienie strat (1947), Bl. 35 f., 41, 56-59, 65, 68; Andere Verlustschätzungen erstellte das Warschauer Büro für Kriegsentschädigungen; vgl. Straty i szkody wojenne poniesione przez resort kultury i sztuki. Uwagi, wnioski, oceny, zestawienia, opracowania (1944–1945), AAN, BOW 148, Bl. 35; Zestawienie terytorialne strat z dziedziny kultury i sztuki, ebd., Bl. 36; Zestawienie strat wojennych poniesionych przez Polskę podczas II-iej wojny światowej w dziedzinie kultury i gospodarki, ebd., Bl. 55 f.; Straty kulturalne Polski a problemy rewindykacyjno-odszkodowawcze. Tezy, opracowania, uwagi (1945–1946), AAN, BOW 235; JAN PRUSZYŃSKI, Dziedzictwo kultury Polski. Jego straty i ochrona prawna, Bd. 2, Kraków 2001, S. 411-414, 420.

die Stadt Warschau beläuft sich auf eine Schadenssumme von insgesamt 54,6 Milliarden US-Dollar.[66]

Die tragische Bilanz des Zweiten Weltkrieges besteht jedoch nicht nur aus immensen Verlusten von Menschenleben und materiellen Gütern. Denn eine tiefgreifende Demoralisierung, die Infragestellung traditioneller Werte und Haltungen sowie die Negierung von moralischen Autoritäten der Zwischenkriegszeit waren nach 1945 für sämtliche Schichten und Gruppen der polnischen Gesellschaft kennzeichnend. Die oftmals sehr grausame Realität der Besatzungsherrschaft führte trotz der von den Führern der polnischen Untergrundbewegung angemahnten hohen ethischen Verhaltensnormen zur Herausbildung von größeren sozialen Randmilieus, in denen diese Normen konterkariert wurden.[67] Der Krieg warf darüber hinaus die schwierigen Fragen der Kollaboration und des Verrats auf. Paradoxerweise kam es dabei vor, dass die edle Haltung des Widerstands gegen die NS-Besatzungsmacht nach Kriegsende im kommunistischen Polen regelrecht zu einer drückenden moralischen Belastung wurde. Diese dramatischen Zusammenhänge beschrieb der polnische Literat Karol Ludwik Koniński rückblickend sehr treffend:

„Jeder gewöhnt sich an den Diebstahl. Sie stehlen bei Zugtransporten; die Lokführer schaffen die Heizkohle für eine Flasche Wodka beiseite. Im Arbeiterwaggon hört man nur noch von Diebstählen; jeder rühmt sich irgendeines Diebstahls. Heute ist der Diebstahl von öffentlichem Eigentum eine patriotische Tat, da das gesamte öffentliche Eigentum in den Händen des Eroberers liegt. Die Seuche dieser Sklavenpsyche breitet sich bereits weiter aus; doch wie wird man mit einer solchen Psyche einen neuen Staat errichten?! Mit derart üblen Angewohnheiten und einer von Beginn an derart starken Demoralisierung?"[68]

---

[66]   Straty Warszawy 1939–1945. Raport, hg. v. WOJCIECH FAŁKOWSKI, Warszawa 2005, S. 12.

[67]   Vgl. KLAUS-PETER FRIEDRICH, Problem polskiej kolaboracji podczas II wojny światowej, Res Publica Nowa 12/11, 1998, S. 46-52; PIOTR MADAJCZYK, Zdrada – współdziałanie – pasywność, in: Więź, Nr. 5, 2002, S. 112-121.

[68]   Zit. nach: KAROL L. KONIŃSKI, Uwagi 1940–1942, hg. v. BRONISŁAW MAMOŃ, Poznań 1987, S. 192-195 (11.3.1942).

Maria Rutowska

Nationalsozialistische Verfolgungsmaßnahmen gegenüber der polnischen Zivilbevölkerung in den eingegliederten polnischen Gebieten

Die im Folgenden versuchte knappe Analyse dieser vielschichtigen Problematik konzentriert sich auf eher grundsätzliche Thesen. Dabei werden zwangsläufig nur die vom NS-Regime am häufigsten angewandten, brutalsten Formen von Terror und Unterdrückung der polnischen Zivilbevölkerung in den vom Deutschen Reich annektierten Gebieten Polens näher beleuchtet. Auch die exakte statistische Ermittlung der konkreten Ausmaße der Repressionen muss daher lückenhaft bleiben. Nichtsdestotrotz stützen sich die diesbezüglich angestellten Überlegungen auf eine sehr umfangreiche Fachliteratur, in der alle wesentlichen Quelleneditionen berücksichtigt werden.

In den wissenschaftlichen Abhandlungen über den Zweiten Weltkrieg werden die meisten der vom NS-Regime angeordneten Unterdrückungsmaßnahmen gegenüber der polnischen Zivilbevölkerung zugleich als Terrorakte definiert. Der Sammelbegriff „Terror" bezieht sich auf das gegen fundamentale Menschenrechte verstoßende Handeln der nationalsozialistischen Herrschaftsträger in Polen, das in der polnischen Gesellschaft weithin Grauen und Entsetzen auslöste.[1] Die zahlreichen Unterdrückungsmaßnahmen erfassten alle Schichten und Gruppen der polnischen Gesellschaft. Sie verletzten die höchsten Güter des Menschen – Freiheit und Leben. Zu Opfern des NS-Terrors wurden somit alle Polen, die vom NS-Regime als tatsächliche oder potentielle Feinde des Deutschen Reichs angesehen wurden. Infolge der nationalsozialistischen Repressionen mussten zahlreiche Polen ihre angestammte Heimat verlassen oder Sklavenarbeiten verrichten. Darüber hinaus wurden die Betroffenen von schulischer Bildung und den vielfältigen Formen des kulturellen Lebens systematisch ausgeschlossen.

---

[1] Karol Marian Pospieszalski, Terror hitlerowski w Polsce 1939–1945, in Przegląd Zachodni 20, 1964, Nr. 1, S. 17-35.

Abgesehen davon richteten die Unterdrückungsmaßnahmen auch große materielle Schäden an, deren Ausmaß sich auch heute nur schwer einschätzen lässt. Durch die Unterzeichnung des Ribbentrop-Molotov-Pakts am 23. August 1939 und die endgültige militärische Niederlage Polens im September 1939 fiel das gesamte polnische Staatsgebiet unter die Herrschaft des Dritten Reichs und der Sowjetunion. Dabei wurden circa 50 Prozent des Territoriums der Zweiten Polnischen Republik von der UdSSR und etwa 25 Prozent vom Deutschen Reich annektiert.

Die übrigen von der Wehrmacht okkupierten Gebiete Zentralpolens wurden gemäß der Verordnung Hitlers vom 12. Oktober 1939 (mit Wirkung vom 26. Oktober 1939) im so genannten Generalgouvernement für die besetzten polnischen Gebiete zusammengefasst. Dieses seit Juli 1940 offiziell nur noch als Generalgouvernement (GG) bezeichnete Territorium unterlag der zivilen Befehlsgewalt von Generalgouverneur Hans Frank. Am 8. Oktober 1939 ordnete Hitler offiziell die Eingliederung von drei Wojewodschaften Vorkriegspolens ins Deutsche Reich an: Posen, Pommerellen und Oberschlesien. Darüber hinaus annektierte man Teile der Wojewodschaften Lodz, Kielce, Krakau und Warschau. Auf diesem Gebiet mit einer Gesamtfläche von 91.974 Quadratkilometern wurden neue Verwaltungsstrukturen eingeführt, in deren Folge auch zwei neue Reichsgaue entstanden: Westpreußen (ab 2. November 1939 Reichsgau Danzig-Westpreußen) und Posen (ab 29. Januar 1940 Reichsgau Wartheland). Hingegen wurden die im Süden Polens annektierten Gebiete zunächst der Provinz Schlesien angegliedert und Ende Januar 1941 der neu geschaffenen Provinz Oberschlesien zugeordnet. Letztere umfasste die frühere Wojewodschaft Schlesien und die aus den Wojewodschaften Kielce und Krakau übernommenen Landkreise. Den nördlichen Teil Masowiens wandelte man in den Regierungsbezirk Zichenau um. Nach dem deutschen Angriff auf die Sowjetunion wurde der am 1. August 1941 neu entstandene Bezirk Bialystok der bereits bestehenden Provinz Ostpreußen angegliedert. Die Gesamtfläche aller vom Deutschen Reich eingegliederten Gebiete in Polen betrug damit über 123.000 Quadratkilometer.[2] Nach einschlägigen Schätzungen lebten in den vom Deutschen Reich annektierten Gebieten Vorkriegspolens im Jahr 1939 insgesamt 10.139.000 polnische Staatsbürger, darunter 8.905.000 Polen (87,8 Prozent), 603.000 Juden (5,9 Prozent), 600.000 Deutsche (5,9

---

[2] CzesŁaw Madajczyk, Polityka III Rzeszy w okupowanej Polsce, Bd. 1, Warszawa 1970, S. 66-71; CzesŁaw Łuczak, Polska i Polacy w drugiej wojnie światowej, Poznań 1993, S. 91-95; Documenta Occupationis, Bd.11: Położenie ludności w rejencji katowickiej w latach 1939–1945. Ausgewählte Quellen, red. v. WacŁaw DŁugoborski/ Janina Molendowa/ Irena Srokowa/ Andrzej Szefer, Poznań 1983, S. VIII-XI; WŁodzimierz Bonusiak, Polska podczas drugiej wojny światowej, Rzeszów 2003, S. 55, 68.

Prozent), 11.000 Ukrainer (0,2 Prozent) und 21.000 Menschen anderer Nationalitäten.[3] Trotz der formalen Angliederung bestimmter polnischer Gebiete an den einheitlichen Wirtschafts- und Währungsraum des Deutschen Reichs blieben diese durch eine eigens errichtete Polizeigrenze vom bisherigen Reichsterritorium getrennt. Diese territoriale Abgrenzung sollte sicherstellen, dass die vom NS-Regime geplanten Vorhaben im Bereich der Nationalitätenpolitik bezüglich der dort ansässigen polnischen Zivilbevölkerung verwirklicht werden konnten.

Die nationalsozialistischen Konzeptionen bezüglich der im Zweiten Weltkrieg okkupierten polnischen Gebiete gingen weit über die Ziele der preußischen Kolonisierungspolitik der spätwilhelminischen Ära hinaus. Denn Hitler strebte in erster Linie die rücksichtslose Eroberung von neuem „Lebensraum im Osten" Europas an. Die betreffenden Gebiete sollten von ihren ursprünglichen, überwiegend slawischen Einwohnern entvölkert und durch die Ansiedlung deutscher Bauern vollständig „germanisiert" werden. Die Entscheidung für diese Vorgehensweise resultierte aus der NS-Rassenideologie, die eine „Germanisierung" fremder Völker von vornherein ablehnte und stattdessen eine „Germanisierung des Bodens" dieser Völker propagierte. Daher bildete die vollständige Ausrottung der polnischen Zivilbevölkerung in den vom Deutschen Reich annektierten Gebieten und deren Neubesiedlung durch Deutsche die unverzichtbare Grundlage aller nationalsozialistischen „Germanisierungspläne". Aber auch die anderen großangelegten Unterdrückungsaktionen im Rahmen der NS-Nationalitätenpolitik zielten vor allem auf die deutliche Reduzierung der polnischen Zivilbevölkerung in den betreffenden Gebieten ab. Zu diesen repressiven Instrumenten gehörten die planmäßige Judenvernichtung, die Ausrottung der polnischen Zivilbevölkerung (insbesondere der Intelligenz) bzw. deren Isolierung in Konzentrationslagern (KZ) und Haftanstalten, Deportationen zur Zwangsarbeit und die „Germanisierung" mittels der so genannten Deutschen Volksliste (DVL). Darüber hinaus schränkte man die Fortpflanzungsmöglichkeiten und die physischen Existenzgrundlagen der polnischen Gesellschaft erheblich ein. Dies zeigte sich u.a. an der Erhöhung des zulässigen Heiratsmindestalters und der Begrenzung bzw. dem Mangel von medizinischer Grundversorgung und Arzneimitteln für Polen. Abgesehen davon kürzte das NS-Regime den Mutterschaftsurlaub für Polinnen auf vier Wochen und führte extrem niedrige Lebensmittelrationen ein, um die phy-

---

[3] STANISŁAW WASZAK, Demografic Picture of the German Occupation in Poland, The Western Review, July-August 1947, S. 50 f. (= Beilage d. Przegląd Zachodni 3, 1947); Allein im Gebiet des späteren Bezirks Bialystok lebten im Jahr 1939 insgesamt 1.682.000 polnische Staatsbürger, darunter 1.042.000 Polen, 198.000 Juden, 427.000 Ukrainer, 3.800 Deutsche und 9.500 Menschen anderer Nationalitäten.

sischen Regenerationskräfte innerhalb der polnischen Zivilbevölkerung möglichst gering zu halten. Alle diese Maßnahmen bewirkten eine unaufhaltsam steigende Krankheitsanfälligkeit, die in vielen Fällen zum vorzeitigen Tode führte.

Um die in den vom Deutschen Reich annektierten polnischen Gebieten vorgesehene Nationalitätenpolitik zu realisieren, erteilte Hitler den dort amtierenden Gauleitern und Oberpräsidenten weitreichende Vollmachten. Einen sehr starken, unmittelbaren Einfluss auf die NS-Politik gegenüber der polnischen Zivilbevölkerung besaß insbesondere Heinrich Himmler in seiner Funktion als Reichsführer SS, Chef der Deutschen Polizei und Reichskommissar für die Festigung deutschen Volkstums.[4] Gerade die Polizei und die SS verfügten in Polen über besondere Befugnisse, die ihnen den Charakter einer zweiten Lokalgewalt im Land verliehen. Denn diesen beiden Herrschaftsinstitutionen des Dritten Reichs oblag die Leitung von Erschießungskommandos und die Errichtung von Konzentrations-, Vernichtungs- und Arbeitslagern sowie Judenghettos. Zum Kompetenzbereich von Gestapo und SS gehörte auch die zwangsweise Aus- und Übersiedlung von Polen und Juden aus den annektierten polnischen Gebieten. Abgesehen davon waren Gestapo und SS für die „staatliche" Verfolgung von denjenigen Polen zuständig, die als politische Führer und Mitglieder konspirativer Organisationen aktiv waren.[5] Die tragischste Folge der Unterdrückungspolitik war sicherlich die direkte, rücksichtslose Vernichtung von Menschenleben. Wie der Historiker Czesław Łuczak betont, „strebten die NS-Machthaber in Polen bewusst nach der physischen Auslöschung der tatsächlichen und potentiellen Feinde des Reiches bzw. der Herrschaft Hitlers sowie nach der Ausrottung ganzer Kollektivgemeinschaften, deren Existenz man aus politischen, rassischen, ethnischen, ideologischen oder gesellschaftlichen Erwägungen für unerwünscht hielt".[6]

Am 22. August 1939 erläuterte Hitler bei einer geheimen Unterredung mit den Generälen der Wehrmacht seine Kriegsziele gegenüber Polen, wobei er ein „gnadenloses Vorgehen" und die physische Vernichtung der Bevölkerung „polnischer Abstammung" ankündigte.[7] Bereits vor dem 1. September 1939 wurden konkrete Richtlinien zur Realisierung dieser Ziele

---

[4] CZESŁAW MADAJCZYK, Faszyzm i okupacje 1938–1945, Bd. 1, Poznań 1983, S. 70.

[5] MARTIN BROSZAT, Zweihundert Jahre deutsche Polenpolitik, Frankfurt/M. 1972, S. 284-285.

[6] CZESŁAW ŁUCZAK, Pod niemieckim jarzmem (Kraj Warty 1939–1945), Poznań 1996, S. 14.

[7] WINFRIED BAUMGART, Zur Ansprache Hitlers vor den Führern der Wehrmacht am 22.8.1939, VfZ 16, 1968, S. 120-149; Zweite Ansprache Hitlers an die Oberbefehlshaber v. 22.8.1939, in: IMT, Bd. 26 (Dok. 1014 – PS), S. 523 f.

erlassen. Diese von höchster Stelle erteilten Anweisungen hielt sogar der Chef des Sicherheitsdienstes, Reinhard Heydrich, für „außerordentlich radikal".[8] Innerhalb weniger Tage nach Ausbruch des Zweiten Weltkriegs trat der Charakter dieser Richtlinien unübersehbar zutage: Die deutsche Luftwaffe bombardierte militärisch ungeschützte Städte in Polen, wobei Jagdflieger mit ihren Bordwaffen fliehende Zivilisten ins Visier nahmen. Abgesehen davon schreckte man im Rahmen der Kriegshandlungen nicht davor zurück, polnische Zivilisten und Kriegsgefangene zu erschießen.

Die zivile Verteidigung der Städte in Polen und der dabei auftauchende Widerstand dienten als willkommener Vorwand, um weitere Repressionen und Vergeltungsaktionen gegenüber der polnischen Bevölkerung einzuleiten. Daher wurden im Einklang mit Himmlers Verordnung vom 3. September und dem Wehrmachtsbefehl vom 6. September 1939 alle am Widerstand beteiligten Polen zu „Banditen" erklärt und damit zum Tode verurteilt. Die unvollständigen Listen der zur Liquidierung bestimmten Personen ergänzten gezielte Hinweise von Angehörigen der deutschen Minderheit, die polnische Teilnehmer ziviler Widerstandsaktionen den zuständigen NS-Stellen oftmals namentlich meldeten.

Bei den auf diese Weise durchgeführten öffentlichen Exekutionen kamen allein im Warthegau bis Kriegsende etwa 900 Menschen ums Leben.[9] In allen vom Deutschen Reich annektierten polnischen Gebieten wurden so insgesamt über 1.200 Menschen ermordet, die der so genannten Nationalen Abwehr und anderen Widerstandsorganisationen angehörten. Darüber hinaus erkannten die NS-Behörden 38 Polen, die den Sitz der Polnischen Post in Danzig verteidigten, nicht als Kriegsgefangene an und veranlassten ihre Hinrichtung. Der unverzüglichen Exekution fielen insgesamt einige Hundert polnische Kriegsgefangene – darunter etwa 100 Offiziere – zum Opfer.[10]

Abgesehen von den Planungen für einen Krieg gegen Polen trafen die NS-Machthaber insgeheim Vorbereitungen zur physischen Auslöschung der polnischen Führungsschichten. Unmittelbar nach der Eroberung maßgeblicher Frontabschnitte durch die Wehrmacht betraten daher auch zahlreiche Einsatzgruppen der Sicherheitspolizei und des SD polnischen Boden. Sie hatten die Aufgabe, anhand von vor dem Kriegsausbruch erstellten speziellen Listen, dem so genannten Sonderfahndungsbuch Polen, circa 60.000 polnische Staatsbürger zu verhaften. Dieser gigantische Steckbrief enthielt die Namen von herausragenden Vertretern aus Politik und Gesellschaft

---

[8] ŁUCZAK, Pod niemieckim jarzmem, S. 14.

[9] Ebd., S. 20.

[10] SZYMON DATNER, 55 dni (1.IX.–25.X.1939) Wehrmachtu w Polsce, Warszawa 1967.

sowie Kultur und Wissenschaft. Außerdem waren in den Listen die aktiven Teilnehmer der nationalen Aufstände der Jahre 1918 bis 1921 und alle angeblich deutschfeindlich eingestellten Personen verzeichnet. Auf der Basis der übernommenen polnischen Akten, die oftmals sehr unterschiedlicher Art waren, verfassten seit Kriegsbeginn auch die Angehörigen von Polizei und anderer Sicherheitsdienste zusätzliche Namenslisten. Die von den Einsatzgruppen durchgeführte Aktion lief unter dem Decknamen „Unternehmen Tannenberg". Diese operativen Einheiten kooperierten mit den Ende September 1939 gebildeten Selbstschutzverbänden, die sich aus Vertretern der deutschen Minderheit in Polen zusammensetzten. Die im Sonderfahndungsbuch verzeichneten polnischen Staatsbürger sollten nach ihrer Verhaftung in Konzentrationslager verschleppt bzw. unverzüglich hingerichtet werden.[11] Laut Czesław Madajczyk stellte das Vorgehen des „volksdeutschen" Selbstschutzes eine weitere Welle des Polizeiterrors dar, die unmittelbar nach dem Überschreiten der Front die „Feinde" des Dritten Reichs erfasste: die polnischen Führungsschichten und die Angehörigen der Widerstandsbewegung.[12] Am frühesten setzte die systematische Ausrottung der Führungseliten in Danzig-Westpreußen und im Wartheland ein. Die organisierten Vernichtungsaktionen fanden dort zwischen Ende September und Dezember 1939 unter dem Deckmantel der „politischen Flurbereinigung" statt, wobei diese in der Provinz Schlesien und im Regierungsbezirk Zichenau erst 1940 beendet wurden. Obwohl die „politische Flurbereinigung" letztlich alle Schichten und Gruppen der polnischen Gesellschaft umfasste, erlitten die Angehörigen der Intelligenz zweifellos die höchsten Verluste. Daher nannte man die verbrecherischen Maßnahmen zur Liquidierung der polnischen Führungsschichten offiziell auch „Intelligenzaktion". Infolge dieser Maßnahmen kamen in den eingegliederten Gebieten insgesamt über 40.000 Menschen ums Leben, darunter circa 30.000 in Danzig-Westpreußen, circa 10.000 im Wartheland, über 2.000 in der Provinz Schlesien und etwa 1.000 im Regierungsbezirk Zichenau.[13] Ende

---

[11] KAZIMIERZ RADZIWOŃCZYK, „Akcja Tannenberg" grup operacyjnych Sipo i SD w Polsce jesienią 1939 r., in: Przegląd Zachodni 22, 1966, Nr. 5, S. 94-106; KLAUS-MICHAEL MALLMANN/ JOCHEN BÖHLER/ JÜRGEN MATTHÄUS, Einsatzgruppen in Polen. Darstellung und Dokumentation, Darmstadt 2008.

[12] MADAJCZYK, Polityka III Rzeszy. Bd. 2, S. 235 f.

[13] CZESŁAW ŁUCZAK, Polityka ludnościowa i ekonomiczna hitlerowskich Niemiec w okupowanej Polsce, Poznań 1979, S. 72 ff.; BARBARA BOJARSKA, Eksterminacja inteligencji polskiej na Pomorzu Gdańskim. Wrzesień–grudzień 1939, Poznań 1972; Documenta Occupationis, Bd.11, S. VI; WALDEMAR MONKIEWICZ, Polityka narodowościowa w Rejencji Ciechanowskiej i Obwodzie Suwałki w latach 1939-1945, in: Przymus germanizacyjny na ziemiach polskich wcielonych do Rzeszy Niemieckiej w latach 1939-1945, hg. v. WŁODZIMIERZ JASTRZĘBSKI, Bydgoszcz 1993, S. 155-172.

Oktober 1939 kam es in den eingegliederten Gebieten (zunächst nur in Danzig-Westpreußen) zu den ersten „Euthanasie"-Tötungen. Diesen Maßnahmen fielen bis 1941 Geistesgestörte und Tuberkulosekranke, aber auch unheilbar kranke Menschen und behinderte Kinder im Wartheland, in der Provinz Schlesien und im Regierungsbezirk Zichenau zum Opfer. Insgesamt kamen im Zweiten Weltkrieg auf diese Weise circa 12.000 Polen ums Leben.[14]

Ab Anfang 1940 nahm die Zahl der öffentlichen Massenexekutionen langsam ab. Stattdessen begannen die NS-Machthaber mit der massenhaften Deportation der polnischen Zivilbevölkerung (insbesondere der Führungsschichten) in Konzentrationslager, die zum Werkzeug der physischen Liquidierung und zu riesigen Sammelbecken für menschenunwürdige Sklavenarbeit wurden. Diese Funktionen erfüllten während des Krieges sämtliche KZ (mit ihren Außenstellen) im Deutschen Reich und in den vom NS-Regime beherrschten Gebieten Europas. Insgesamt befanden sich etwa 130.000 „präventiv" verhaftete Polen in den Konzentrationslagern, darunter knapp 10.000 im Wartheland.[15] In den dort errichteten Lagern kamen circa 4.000 Einwohner aus der Provinz Oberschlesien[16] und etwa 900 aus Danzig-Westpreußen ums Leben.[17] Polnische Staatsbürger starben also nicht nur in den Konzentrationslagern auf „altem" Reichsgebiet, sondern vor allem auch in neu errichteten Lagern in Polen und anderen vom Deutschen Reich beherrschten Ländern Europas. Die meisten Polen gingen in Auschwitz-Birkenau, Dachau, Majdanek, Mauthausen-Gusen, Ravensbrück, Groß-Rosen und Neuengamme elendig zugrunde. In den eingegliederten Gebieten entstanden zwei Konzentrationslager. Das erste wurde bereits im September 1939 bei der gleichnamigen Ortschaft Stutthof in Danzig-Westpreußen errichtet. Bis Januar 1945 kamen im KZ Stutthof, seinen Außenstellen und bei der Evakuierung seiner Lagerhäftlinge insgesamt circa 65.000 Menschen unterschiedlicher Nationalität – darunter auch Polen – ums Leben.[18] Das zweite und zugleich größte KZ in den annektierten polnischen Gebieten war Auschwitz, das Ende April 1940 in

---

[14] ŁUCZAK, Polityka ludnościowa i ekonomiczna, S. 84; STANISŁAW BATAWIA, Zagłada chorych psychicznie, in: BGKBZHwP, 1947, Nr. 3, S. 93-106.

[15] ŁUCZAK, Pod niemieckim jarzmem, S. 19.

[16] ANDRZEJ SZEFER, Próba podsumowania wstępnych badań nad stratami ludności cywilnej województwa katowickiego w latach okupacji hitlerowskiej, in: Zaranie Śląskie 32, 1969, Nr. 2, S. 253.

[17] WŁODZIMIERZ JASTRZĘBSKI/ JAN SZILING, Okupacja hitlerowska na Pomorzu Gdańskim w latach 1939–1945, Gdańsk 1979, S. 126.

[18] Ebd., S. 124; siehe auch Obozy hitlerowskie na ziemiach polskich 1939–1945. Informator encyklopedyczny, Warszawa 1979, S. 492-502; KRZYSZTOF DUNIN-WĄSOWICZ, Obóz koncentracyjny Stutthof, Gdynia 1966.

Schlesien errichtet wurde. In diesem Lager fanden während des Zweiten Weltkriegs mindestens 1,1 Millionen Menschen den Tod. Bis zur Befreiung Ende Januar 1945 deportierte man etwa 1,3 Millionen Menschen nach Auschwitz-Birkenau, darunter 1,1 Millionen Juden, 140.000-150.000 Polen, 23.000 Zigeuner, 15.000 sowjetische Kriegsgefangene und 25.000 Angehörige anderer Nationalitäten. Von den insgesamt 1,3 Millionen nach Auschwitz-Birkenau deportierten Menschen wurden lediglich 400.000 offiziell als Lagerinsassen registriert. Auf die übrigen Häftlinge (fast ausschließlich Juden) wartete unmittelbar nach der Ankunft im Lager der Tod durch Vergasung. Allein ein Drittel (laut offiziellen Angaben ca. 400.000) aller nach Auschwitz-Birkenau deportierten Personen waren polnische Staatsbürger. Davon waren circa 300.000 jüdischer Abstammung und etwa 140.000-150.000 nichtjüdische Polen (von denen ca. 70.000-75.000 ums Leben kamen).[19]

Die überwiegende Mehrheit der polnischen nicht-jüdischen Lagerinsassen befand sich aus politischen Gründen im KZ, und zwar als Vergeltung für die Teilnahme am Widerstand bzw. wegen des Verdachts auf konspirative Aktivitäten innerhalb der polnischen Unabhängigkeitsbewegung. In Lagerhaft wurden auch Polen genommen, die hinsichtlich Sozialstatus und Bildungsniveau zur gesellschaftlichen Führungsschicht gehörten. Diesen als unerwünscht betrachteten Personenkreis deportierte man „präventiv" in die KZ. Nach Auschwitz gelangten vor allem Personen, die bei Polizeirazzien aufgespürt worden waren, aber auch Teilnehmer der konspirativen polnischen Unabhängigkeitsbewegung, die man kurzerhand füsilieren ließ. Ein ähnliches Schicksal traf auch diejenigen Polen, die Standgerichten oder so genannten Sonderbehandlungen zum Opfer fielen.[20] Nach Ausbruch des Warschauer Aufstands am 1. August 1944 deportierte man bis Kriegsende circa 13.000 Einwohner der polnischen Hauptstadt nach Auschwitz.[21]

Die Judenpolitik des Dritten Reichs führte zu einem der größten Verbrechen der Menschheitsgeschichte – dem Holocaust. Die millionenfache Vernichtung der jüdischen Bevölkerung bildet 'das tragischste Kapitel der

---

[19] FRANCISZEK PIPER, Auschwitz: Wie viele Juden, Polen, Zigeuner… wurden umgebracht? Kraków 1992, S. 16-19; JAN SEHN, Obóz koncentracyjny Oświęcim-Brzezinka, Warszawa 1964.

[20] ŁUCZAK, Polska i Polacy, S. 113; DERS., Pod niemieckim jarzmem, S. 19; JASTRZĘBSKI/ SZILING, Okupacja hitlerowska, S. 126.

[21] DANUTA CZECH, Kalendarium der Ereignisse im Konzentrationslager Auschwitz-Birkenau 1939–1945, Reinbek b. Hamburg 1989, S. 847 f., 857, 868.

Geschichte des Zweiten Weltkriegs.[22] Die systematische Ausrottung der in Polen ansässigen Juden dauerte bis zur Niederwerfung des NS-Regimes, wobei vier Perioden zu unterscheiden sind: September bis Dezember 1939; die Jahre 1940 bis 1941; 1942 bis Ende August 1944; September 1944 bis zur Befreiung der polnischen Gebiete.[23] Was die annektierten Gebiete anbelangt, so gingen die NS-Machthaber in den ersten Monaten ihrer Herrschaft in Polen nur in Danzig-Westpreußen dazu über, größere jüdische Gemeinden zu vernichten (ca. 7.000 Juden wurden ermordet). In den Jahren 1940 bis 1941 konzentrierte man die jüdische Bevölkerung aus dem Wartheland sowie aus Danzig-Westpreußen und dem Regierungsbezirk Zichenau vorübergehend in Ghettos und Arbeitslagern bzw. siedelte sie direkt ins GG um. In der Provinz Oberschlesien erfolgte die Deportation der Juden in die Ghettos im Jahr 1942. Bis Ende 1941 wurde die jüdische Bevölkerung vor allem durch übermäßige körperliche Arbeit und Aushungerung liquidiert. Abgesehen davon führte man in dieser Zeit hauptsächlich im Wartheland und im Bezirk Bialystok einige Dutzend Massenexekutionen durch.[24] Das im November 1941 errichtete Vernichtungslager Kulmhof galt als „Vorbild" für die bald darauf gegründeten anderen Vernichtungslager, die u. a. auch im GG entstanden. In Kulmhof begann das NS-Regime mit der massenhaften Ausrottung der polnischen Juden, die überwiegend im Wartheland ansässig waren. In der ersten Phase des Lagerbetriebs (Dezember 1941 bis 7. April 1943) kamen über 145.000 Häftlinge ums Leben, während die Zahl der Todesopfer in der zweiten Phase (8. April 1944 bis Januar 1945) 7.126 betrug. Insgesamt mussten in Kulmhof circa 153.000 Juden ihr Leben lassen.[25] Wissenschaftlichen Schätzungen von Czesław Madajczyk und Czesław Łuczak zufolge kamen von den 1939 in Polen lebenden etwa 3,5 Millionen Juden im Lauf des Zweiten Weltkriegs etwa 2,7 Millionen ums Leben. Davon wurden circa zwei Millionen in den Vernichtungs- und Konzentrationslagern ermordet, während etwa 500.000 in Ghettos und Arbeitslagern starben. Zudem erlitten circa 200.000 Juden durch Exekutionen, Mordaktionen und unter anderen Begleitumständen den Tod. Die meisten polnischen Staatsbürger jüdischer Abstammung starben

---

[22] Enzyklopädie des Holocaust. Die Verfolgung und Ermordung der europäischen Juden. 3 Bde., hg. v. ISRAEL GUTMAN, Berlin 1993.

[23] ŁUCZAK, Polska i Polacy, S. 122.

[24] DERS., Polityka ludnościowa, S. 90-95; vgl. TERESA PREKEROWA, Wojna i okupacja, in: Najnowsze dzieje Żydów w Polsce w zarysie (do 1950 roku), hg. v. JERZY TOMASZEWSKI, Warszawa 1993; Życie i zagłada Żydów polskich 1939–1945. Relacje świadków, hg. v. MICHAŁ GRYNBERG/ MARIA KOTOWSKA, Warszawa 2003.

[25] SŁAWOMIR ABRAMOWICZ, Stan polskich badań nad ośrodkiem zagłady w Chełmnie nad Nerem, in: Ośrodek Zagłady w Chełmnie nad Nerem i jego rola w hitlerowskiej polityce eksterminacyjnej, hg. v. Muzeum Okręgowe Konin, Konin 1995, S. 14.

im GG (ca. 1,8 Millionen). Im Wartheland belief sich die Zahl der Opfer auf 280.000 bis 300.000, in der Provinz Oberschlesien auf circa 100.000, im Regierungsbezirk Zichenau und in Danzig-Westpreußen auf etwa 32.000 und im Bezirk Bialystok auf 160.000 bis 200.000. In den übrigen Gebieten Polens kamen insgesamt knapp 300.000 Juden ums Leben.[26]

Die vom NS-Regime geschaffenen Vernichtungs-, Konzentrations- und Zwangsarbeitslager (zur „Erziehung") wurden rasch zu Orten der systematischen Unterdrückung der polnischen Zivilbevölkerung im Zweiten Weltkrieg. In diese Lager deportierte man Hunderttausende Polen, wobei der Zwangsaufenthalt im Einzelnen von sehr unterschiedlicher Dauer war. Die übelsten Lebensbedingungen herrschten in den annektierten Gebieten, da die dort entstandenen Lager zumeist in scharf bewachte Strafanstalten für Polen umgewandelt wurden. In den Lagern kamen infolge von Auszehrung, zu schwerer körperlicher Arbeit, Misshandlungen, Arzneimangel und aus anderen Gründen Zehntausende Polen ums Leben. Viele von ihnen mussten in den letzten Tagen der NS-Herrschaft einen gewaltsamen Tod erleiden, was vor allem auf oftmals sehr überhastete Evakuierungsaktionen zurückzuführen ist. Sicherlich spielte dabei aber auch der Wunsch der NS-Machthaber eine Rolle, sich möglichst aller Zeugen ihrer Ausrottungspolitik zu entledigen.[27]

Allein im Wartheland gerieten während des Kriegs über 50.000 Polen in Haft. Die größten Lagergefängnisse dieses Reichsgaus befanden sich in Rawitsch, Wronke bzw. Warthestadt, Schieratz, Posen (Fort VII), Poggenburg, Lodz bzw. Litzmannstadt, Ostrowo und Hohensalza.[28] Allein im Posener Polizeigefängnis an der Młyńska-Straße kamen von 1940 bis Januar 1945 insgesamt 1.639 Polen ums Leben. Dagegen starben im Posener Fort VII zur gleichen Zeit 479 und im Lager Poggenburg 468 polnische Häftlinge.[29] In Danzig-Westpreußen fanden in den Poli-zeigefängnissen und Haftanstalten Graudenz, Thorn und Bromberg sowie in anderen Ortschaften insgesamt 1.117 Polen den Tod. Zu bevorzugten Orten der nationalen

---

[26] MADAJCZYK, Polityka III Rzeszy. Bd. 2, S. 328; ŁUCZAK, Polska i Polacy, S. 127 f.; JÓZEF MARSZAŁEK, Stan badań nad stratami osobowymi ludności żydowskiej Polski oraz nad liczbą ofiar obozów zagłady w okupowanej Polsce, in: Dzieje Najnowsze 26, 1994, Nr. 2, S. 35.

[27] ŁUCZAK, Polityka ludnościowa i ekonomiczna, S. 113 f.

[28] DERS., Pod niemieckim jarzmem, S. 33 ff.

[29] MARIAN OLSZEWSKI, Straty i martyrologia ludności polskiej w Poznaniu 1939–1945, Poznań 1973, S. 97, 164, 198; DERS., Hitlerowskie obozy, więzienia, ośrodki eksterminacji i ludobójstwa w okupowanej Wielkopolsce, in: Kronika Wielkopolski, 1985, Nr. 1, S. 11-29; ANNA WALENDOWSKA-GARCZARCZYK, Eksterminacja Polaków w zakładach karnych Ra-wicza i Wronek w okresie okupacji hitlerowskiej 1939–1945, Poznań 1981; KRZYSZTOF PŁONKA, Martyrologium obozu hitlerowskiego w Żabikowie 1943–1945, Żabikowo 2004.

Unterdrückung wurden in diesen Gebieten die zur „Erziehung" der als deutschfeindlich eingestuften Polen errichteten Zwangsarbeitslager in Potulitz, Mühltal und Thorn, deren Häftlingszahl im Januar 1945 auf über 11.000 anstieg. Infolge der dort herrschenden katastrophalen Lebensbedingungen und Misshandlungen durch das Lagerpersonal verloren 2.050 Polen ihr Leben.[30] In der Provinz Oberschlesien entstanden die größten Lagergefängnisse an folgenden Orten: Kattowitz, Teschen, Lublinitz, Myslowitz, Sosnowitz, Bendsburg und Wadowitz. Nach zeitgenössischen deutschen Angaben hielten sich in diesen Gebieten im November 1944 insgesamt 5.694 Polen (darunter ab 1942 auch Frauen) auf.[31] Allein in Kattowitz fanden zwischen dem 9. Oktober 1941 und dem 22. Januar 1945 insgesamt 552 Polen den Tod, während im gleichen Zeitraum in Myslowitz 249 und in Sosnowitz 287 Polen starben.[32]

Ein Hauptinstrument der Unterdrückung der polnischen Zivilbevölkerung war die Justiz des NS-Regimes. Denn bereits im September 1939 schuf man so genannte Sondergerichte und Standgerichte in Polen. In den eingegliederten Gebieten waren darüber hinaus so genannte Oberlandesgerichte tätig. Ab dem 30. Dezember 1941 galt für Polen und Juden ein besonderes Strafrecht, das bei folgenden „Tatbeständen" die Todesstrafe vorsah: Tätigkeit in der konspirativen Unabhängigkeitsbewegung, illegaler Waffenbesitz, Anschläge auf Deutsche bzw. deutsche Institutionen, Sabotageakte, Vernachlässigung der Arbeitspflicht, illegaler Handel mit und Notschlachtungen von Vieh, Empfang ausländischer Radiosender sowie Hilfsleistungen für versteckte Kriegsgefangene, Partisanen, Juden und Zigeuner. Die Todesstrafe drohte aber auch bei zahlreichen anderen Aktivitäten, die von den NS-Behörden als Verbrechen angesehen wurden.[33] In den eingegliederten Gebieten galt seit dem 17. September 1940 die so genannte Polen-Vermögensverordnung. Unter Berufung auf diese Verordnung konfiszierte das NS-Regime sukzessive sämtliche Güter und Besitztümer des polnischen Staates in den Grenzen von 1939, einschließlich der Selbstverwaltungsorgane und der Industrie-, Transport- und Landwirt-

---

[30] JASTRZĘBSKI/ SZILING, Okupacja hitlerowska, S. 112-127.

[31] Więzienia hitlerowskie na Śląsku, w Zagłębiu Dąbrowskim i w Częstochowie 1939–1945, hg. v. ANDRZEJ SZEFER, Katowice 1983, S. 8.

[32] Imienne spisy zmarłych więźniów, in: ebd., S. 32-44, 138-155, 162-194.

[33] ALFRED KONIECZNY, Pod rządami wojennego prawa karnego Trzeciej Rzeszy. Górny Śląsk 1939–1945, Wrocław 1972, S. 115 ff., 129-134; Documenta Occupationis, Bd. 5: KAROL MARIAN POSPIESZALSKI, Hitlerowskie prawo „okupacyjne" w Polsce. Wybór dokumentów, Bd. 1: Ziemie „wcielone", Poznań 1952, S. 336-339; PRZEMYSŁAW MNICHOWSKI, Hitlerowskie sądownictwo specjalne w tzw. Kraju Warty narzędziem zbrodni przeciw ludzkości, Kronika Wielkopolski 1, 1985, S. 30-40.

schaftsbetriebe. Darüber hinaus schuf man spezielle Einrichtungen und Ämter, die das geraubte Vermögen verwalten sollten.[34]

Die Repressionen bezüglich der polnischen Zivilbevölkerung erstreckten sich auch auf die Bereiche Bildung, Kultur, Religion und Geistesleben. So wurden bereits in den ersten Wochen der NS-Herrschaft in den annektierten Gebieten alle polnischen Museen, Bibliotheken, Buchhandlungen, Verlage, Theater und Kinos aufgelöst. Aber auch alle dort bislang tätigen Vereine und Bildungs- bzw. Kultureinrichtungen fielen den Liquidierungsmaßnahmen zum Opfer. Das gesamte Vermögen dieser Institutionen wurde vom NS-Regime konfisziert.

Auch das gesamte polnische Schulwesen (einschließlich der Hochschulen) wurde per Verwaltungsakt abgeschafft. Im Gegenzug entstanden im Wartheland einige wenige deutsche Schulen für polnische Kinder (sog. Polenschulen), die in der Regel nur drei Klassen umfassten. Der dort abgehaltene Unterricht beschränkte sich auf zwei bis drei Wochentage und bot lediglich drei Lehrfächer an: Rechnen, Zeichnen und Deutsch. Der Unterricht wurde von deutschen Frauen geleitet, denen zumeist die nötigen Qualifikationen fehlten. In Kleinstädten und Dörfern mussten die Kinder der „Polenschulen" vom 9. Lebensjahr an verschiedene körperliche Tätigkeiten in der Landwirtschaft verrichten. In Danzig-Westpreußen machten die NS-Behörden in allen Schulen den Gebrauch der deutschen Sprache zur Pflicht. Zugleich herrschte dort das uneingeschränkte Verbot der polnischen Sprache. Die Schulen wurden also zum wichtigsten Ort der massenhaften „Germanisierung" der jungen Generation. Nach Abschluss der Grundschule schickte man die polnischen Kinder direkt zur Zwangsarbeit. In der Provinz Oberschlesien fielen 70 bis 80 Prozent aller als „polnisch" eingestuften Kinder unter die allgemeine Schulpflicht. Abgesehen davon mussten diese verschiedenste körperliche Arbeiten ausführen, wenn auch in geringerem Umfang als im Wartheland. Außerdem durfte die Mehrheit der jungen Polen in den annektierten Gebieten keine Berufsschule besuchen. Dieses Verbot galt im Wartheland, im Regierungsbezirk Zichenau und im

---

[34] Dabei handelte es sich um lokale Agenturen der sog. Haupttreuhandstelle Ost (HTO), die zunächst in Posen, Danzig, Kattowitz und Zichenau, später aber auch in Bialystok tätig war. Zu den Aufgaben der HTO gehörte die Konfiszierung des Vermögens polnischer Wirtschaftsunternehmen und deren Verwaltung bis zur Übernahme durch deutsche Eigentümer. Das auf dem Land konfiszierte Vermögen oblag hingegen der 1940 gegründeten „Ostdeutschen Landbewirtschaftungs-Gesellschaft G.m.b.H. – Ostland", die im Juli 1942 in „Reichsgesellschaft für Landbewirtschaftung G.m.b.H. – Reichsland" umbenannt wurde, ŁUCZAK, Polska i Polacy, S. 202 f.; TADEUSZ JANICKI, Wieś w Kraju Warty (1939–1945), Poznań 1996, S. 29; CZESŁAW ŁUCZAK, Dzień po dniu w okupowanej Wielkopolsce i Ziemi Łódzkiej (Kraj Warty). Kalendarium wydarzeń 1939–1945, Poznań 1993, S. 93.

östlichen Teil der Provinz Oberschlesien. Erst ab März 1943 konnten diejenigen polnischen Schüler, die zur Verrichtung ihrer Arbeit eine theoretische Mindestausbildung benötigten, die vom NS-Regime gegründeten Berufsschulen bzw. Werkberufsschulen besuchen. Dagegen erwarben junge polnische Arbeiter in Danzig-Westpreußen und im westlichen Teil Oberschlesiens in den ersten Kriegsjahren zumindest elementare Kenntnisse in den Berufsschulen. Erst nach der vom NS-Regime angeordneten Eintragung in die so genannte Deutsche Volksliste (DVL) verbot man allen Polen den Besuch von Berufsschulen.[35]

In den eingegliederten Gebieten wurde Deutsch zur Amtssprache. Auf den Gebrauch der polnischen Sprache im öffentlichen Leben reagierten die NS-Behörden in den einzelnen Reichsgauen recht unterschiedlich. Während im Regierungsbezirk Zichenau in der Öffentlichkeit weiterhin Polnisch gesprochen werden durfte, wurde diese Sprache im Wartheland insbesondere in den Arbeitsbetrieben geradezu bekämpft. In der Provinz Oberschlesien galt ein rigoroses Verbot der polnischen Sprache für alle diejenigen Polen, die sich in die Deutsche Volksliste eingetragen hatten. Die größten Ausmaße nahm der Kampf gegen die polnische Sprache jedoch in Danzig-Westpreußen an, wo das Verbot sowohl die „Volksdeutschen" als auch alle übrigen Polen betraf.[36]

Die nationalsozialistischen Pläne zur „Germanisierung" der annektierten polnischen Gebiete spiegelten sich in der Verordnung vom 4. März 1941 über die Deutsche Volksliste wider. Dabei teilte man die einheimische und in der DVL erfasste Bevölkerung dieser Territorien in vier verschiedene Kategorien ein: Zur ersten Kategorie wurden diejenigen Personen deutscher Abstammung gezählt, die sich in der Zwischenkriegszeit durch ihre aktive Tätigkeit im Volkstumskampf bereits „bewährt" hatten. Zur zweiten Kategorie rechnete man hingegen alle Personen, die sich – wenn auch nur in passiver Weise – „nachweislich ihr Deutschtum bewahrt" hatten. Die dritte Kategorie erstreckte sich auf drei Gruppen von Menschen: Personen mit

[35] MADAJCZYK, Polityka III Rzeszy, Bd. 2, S. 143-146; MARCELI PODLASZEWSKI, Szkolnictwo powszechne na Pomorzu Gdańskim podczas okupacji hitlerowskiej, in: Gdańskie Zeszyty Humanistyczne. Prace Pomorzoznawcze, Nr. 14, 1966; MARIAN WALCZAK, Szkolnictwo zawodowe w Polsce w okresie okupacji hitlerowskiej, Wrocław 1993; MARIA BANASIEWICZ, Polityka naukowa i oświatowa hitlerowskich Niemiec na ziemiach polskich „wcielonych" do Trzeciej Rzeszy w okresie okupacji 1939–1945, Poznań 1980; MARIAN WALCZAK, Szkolnictwo wyższe i nauka polska w latach wojny i okupacji 1939–1945, Wrocław 1978; MARIA RUTOWSKA, Straty osobowe i materialne kultury w Wielkopolsce w latach II wojny światowej, Warszawa, Poznań 1984.

[36] KONRAD CIECHANOWSKI, Walka z językiem polskim i zewnętrznymi przejawami życia polskiego na Pomorzu Gdańskim w latach 1939–1945, in: Przymus germanizacyjny, S. 33 f.

210 Maria Rutowska

überwiegend deutscher Herkunft und „germanophiler" Gesinnung, deutsch-stämmige Personen mit in der Regel ehelichen „Bindungen zum Polentum" und „als deutsche Volkszugehörige anzuerkennende Personen kaschubischer, masurischer, slonzakischer und oberschlesischer Abstammung". In der vierten, eher kleinen und sehr heterogenen Kategorie befanden sich „aktiv verpolte Deutschstämmige" (sog. Renegaten), die offiziell als „polonisierte Deutsche" galten und aus ihrer Zugehörigkeit zur polnischen Nation keinen Hehl machten.[37]

Die mittels der DVL angestrebte „Eindeutschung" der polnischen Zivilbevölkerung in den 1939 annektierten Gebieten gestaltete sich insgesamt recht uneinheitlich. Denn die dabei z. B. im Wartheland und im Regierungsbezirk Zichenau angewandten Methoden unterschieden sich von der gängigen Praxis in der Provinz Oberschlesien und in Danzig-Westpreußen erheblich. Der Gauleiter des Warthelands, Arthur Greiser, und der Gauleiter von Ostpreußen, Erich Koch, stimmten darin überein, dass sich auf der DVL lediglich Personen befinden durften, die wenigstens zu 50 Prozent ethnisch-deutscher Abstammung waren. Daher zwang man die Polen in diesen Gebieten in der Regel nicht zur Eintragung in die DVL. Infolge dieser Art von „Germanisierungspolitik" stieg die Zahl der zu den Kategorien 3 und 4 gehörenden „Volksdeutschen" im Januar 1944 im Wartheland auf etwa 90.000 (zwei Prozent der polnischen Bevölkerung) und in den an Ostpreußen angegliederten polnischen Gebieten auf etwa 14.000 (1,4 Prozent der polnischen Bevölkerung) an.[38]

Indessen interpretierten der Oberpräsident der Provinz Oberschlesien und der Gauleiter von Danzig-Westpreußen die Verordnung vom 4. März 1941 etwas radikaler und zwangen die polnische Zivilbevölkerung in diesen Gebieten auf unterschiedliche Weise zur massenhaften Eintragung in die DVL. Laut Włodzimierz Jastrzębski „beruhte dieser Zwang vor allem darauf, geeignete Voraussetzungen für Einschüchterungen, ökonomischen Druck und materielle Anreize zu schaffen, und zwar in einem Maße, das den Menschen keine andere Wahl mehr ließ, als mit Zustimmung der polnischen Exilregierung die Eintragung in die Kategorie 3 der DVL zu

---

[37] JASTRZĘBSKI/ SZILING, Okupacja hitlerowska, S. 167-170; MADAJCZYK, Polityka III Rzeszy, Bd. 1, S. 440-446; Documenta Occupationis, Bd. 4: KAROL MARIAN POSPIESZAL-SKI, Niemiecka lista narodowa w „Kraju Warty". Wybór dokumentów, Poznań 1949; vgl. MARTIN BROSZAT, Nationalsozialistische Polenpolitik 1939–1945, Frankfurt/M. 1965, S. 119 f.

[38] WŁODZIMIERZ JASTRZĘBSKI, Bilans rządów niemieckich na ziemiach polskich wcielonych do Rzeszy (1939–1945), in: Wrzesień 1939 roku i jego konsekwencje dla ziem zachodnich i północnych Drugiej Rzeczypospolitej, hg. v. RYSZARD SUDZIŃSKI, Toruń, Bydgoszcz 2001, S. 177-180; ŁUCZAK, Pod niemieckim jarzmem, S. 60.

beantragen".[39] Im Endeffekt waren aufgrund dieser „Germanisierungs-
methoden" in der Provinz Oberschlesien gegen Ende der NS-Herrschaft
insgesamt 45,7 Prozent der dort ansässigen polnischen Zivilbevölkerung in
der Kategorie 3 der DVL verzeichnet. Offiziellen Angaben von Mai 1944
zufolge lag diese Zahl sogar noch höher, da man damals 59,5 Prozent aller
Polen in Danzig-Westpreußen zur Kategorie 3 der DVL rechnete.[40]

Besonderen Repressionen des NS-Regimes unterlag auch die Seelsorge
der katholischen Kirche in den eingegliederten Gebieten. Über die dabei
konkret angewandten Unterdrückungsmethoden entschieden die Leiter der
einzelnen Verwaltungseinheiten vor Ort. Die größten Beschränkungen der
kirchlichen Tätigkeit machten sich im Wartheland bemerkbar, wo im
September 1941 alle Strukturen der katholischen Kirche aufgelöst wurden.
Bereits zuvor hatte man die Anzahl der dort wirkenden polnischen Geistlichen durch Exekutionen, Verhaftungen, Deportationen in Konzentrationslager und Aussiedlungen ins Generalgouvernement drastisch reduziert.
Darüber hinaus wurden die meisten Kirchen zwangsweise geschlossen, so
dass im April 1944 für die circa 3,3 Millionen Polen des Warthelands nur
noch 60 Gotteshäuser offen standen.

Auf ganz ähnliche Weise verfuhr das NS-Regime in den an Ostpreußen
angegliederten Territorien. Auch in Danzig-Westpreußen und der Provinz
Oberschlesien bildete die „Germanisierung" des katholischen Klerus' das
Hauptziel der NS-Religionspolitik. Seit 1940 herrschte in Danzig auf
Anweisung von Gauleiter Albert Forster rigoroses Predigt- und Beicht-
verbot in polnischer Sprache. Abgesehen davon ordnete Forster an, alle
Sakralgegenstände aus den Kirchen zu entfernen, die polnische Aufschrif-
ten oder Embleme enthielten. In der Provinz Oberschlesien regierten indessen nach der Zwangsaussiedlung der polnischen Bischöfe von Kattowitz
deutsche Generalvikare. Die Abhaltung von polnischsprachigen Gottesdien-
sten war nur in denjenigen Kreisen dieser Provinz erlaubt, in denen keine
massenhafte Eintragung von Polen in die DVL erfolgt war.[41] Den Untersu-

---

[39] Documenta Occupationis, Bd. 14: Administracja, ludność, gospodarka, kultura i
oświata na polskich ziemiach wcielonych do Trzeciej Rzeszy w świetle dokumentów, hg. v.
WŁODZIMIERZ JASTRZĘBSKI, Bydgoszcz, Poznań 1999, S. 14.

[40] Ebd., S. 15 f.; ANDRZEJ SZEFER, Stan badań nad problematyką narodowościową
okupanta hitlerowskiego na Górnym Śląsku ze szczególnym uwzględnieniem niemieckiej
listy narodowej oraz hitlerowskich wysiedleń Polaków i Żydów, in: Przymus germanizacyjny, S. 107-111; vgl. KRZYSZTOF STRYJKOWSKI, Położenie osób wpisanych w Wielkopolsce na niemiecką listę narodowościową w latach 1945–1950, Poznań 2004.

[41] KAZIMIERZ ŚMIGIEL, Kościół katolicki na polskich ziemiach wcielonych do Rzeszy
Niemieckiej (1939–1945). Sytuacja i podsumowanie wyników badań, in: Wrzesień 1939 r.,
S. 190 ff.; JAN SZILING, Polityka okupanta hitlerowskiego wobec Kościoła Katolickiego

chungen von Jan Woś und Wiktor Jacewicz zufolge mussten in ganz Polen insgesamt 6.367 katholische Geistliche zahlreiche Repressionen erleiden, die in 2.304 Fällen mit dem Tod endeten. Von den circa 2.100 Diözesanpriestern, die unmittelbar vor Kriegsausbruch ihren pastoralen Dienst im späteren Wartheland ausübten, kamen 815 (knapp 39 Prozent) ums Leben. In die Konzentrationslager entsandte man hingegen 1.092 Geistliche, von denen 682 starben. Den Zwangsübersiedlungen ins GG fielen circa 400 Priester zum Opfer. In Danzig-Westpreußen kamen infolge der Repressionen insgesamt 50 Prozent aller katholischen Priester ums Leben, während die Verluste in der Provinz Oberschlesien bei 13,6 Prozent und im Regierungsbezirk Zichenau und Bezirk Bialystok bei 31,4 Prozent lagen.[42]

Die Mehrheit der polnischen Bevölkerung war von den massenhaften Zwangsumsiedlungen ins GG und den Umsiedlungen bzw. Deportationen zur Zwangsarbeit unmittelbar betroffen. Denn die Realisierung des Hauptziels der NS-Politik in den annektierten polnischen Gebieten – die „Germanisierung" des Bodens – erforderte eine gewaltsame Verdrängung der dort ansässigen Bevölkerung. Die Massenumsiedlungen ins Generalgouvernement setzten bereits im Herbst 1939 ein. Gemäß den von deutscher Seite vorbereiteten Plänen sollte die Zahl der ins GG „transferierten" Polen und Juden allein bis Februar 1940 auf eine Million ansteigen. Die Bedürfnisse des lokalen Arbeitsmarkts und der zunehmende Widerstand der Zivilbehörden des GG gegen die Übernahme einer größeren Anzahl von Umsiedlern standen der Realisierung dieser Ziele jedoch im Wege. Die Gegentendenzen wurden durch den von Hitler vorbereiteten Krieg gegen die Sowjetunion und die dadurch entstehenden enormen Transportprobleme nur noch verstärkt, so dass das NS-Regime im Frühjahr 1941 von seinen ursprünglichen Plänen zur Bevölkerungsverschiebung in Polen zunehmend abrückte. Unter den brutalen Aussiedlungsaktionen und den damit verbundenen Vermögenskonfiszierungen hatte zweifellos die polnische Bevölkerung des Warthelands besonders stark zu leiden. Zusätzlich begünstigt wurde diese Entwicklung durch die radikale Haltung des dortigen Gauleiters Greiser, der das von ihm regierte Territorium durch die rücksichtslose Entfernung aller dort lebenden Polen vollständig „germanisieren" wollte. Greiser war nämlich ein entschiedener Gegner von allen Formen einer beschränkten „Germanisierung", da er dieses Vorgehen bereits im preußischen Teilgebiet Polens im 19. Jahrhundert als gescheitert betrachtete.

1939–1945. Tzw. Okręgi Rzeszy: Gdańsk-Prusy Zachodnie, Kraj Warty i Regencja Katowicka, Poznań 1970, S. 250-262.

[42] WIKTOR JACEWICZ/ JAN WOŚ, Martyrologium polskiego duchowieństwa rzymskokatolickiego, 5 Hefte, Warszawa 1977–1981.

Bei der Zwangsaussiedlung der Polen wandten die NS-Behörden vor allem folgende Selektionskriterien an: Grad der politisch-gesellschaftlichen Aktivität und persönliche Prädispositionen für die Übernahme von Führungspositionen in der konspirativen polnischen Unabhängigkeitsbewegung; etwaige Zugehörigkeit zur polnischen Intelligenz; Vermögensverhältnisse und Wohnbedingungen; nach 1918 erfolgte Niederlassung in den annektierten polnischen Gebieten; ablehnende Haltung ortsansässiger Deutscher gegenüber bestimmten Polen. Während ein Teil der zwangsausgesiedelten Polen und Juden ohne Umwege direkt ins GG gelangte, hielt man die übrigen Betroffenen vor der endgültigen Deportation zunächst in eigens eingerichteten Übersiedlerlagern gefangen. Letztere wurden anfangs in allen annektierten polnischen Gebieten gebildet. Die größten Lager dieser Art befanden sich u. a. in Posen (Główna-Straße), Thorn, Dirschau, Potulitz, Soldau, Czechowitz, Kochlowitz und Groß Gorschütz. Einige dieser Übersiedlerlager fungierten seit März 1941 als Zwangsarbeitslager. Ab Frühjahr 1940 ging man dazu über, alle zwangsausgesiedelten Polen und Juden vor ihrer endgültigen Deportation für ein bis zwei Wochen in die Übersiedlerlager in Lodz zu verlegen. Erst danach „transferierte" man die Betroffenen in Eisenbahnwaggons ins GG.[43] Insgesamt gelangten durch die organisierten Aussiedlungsaktionen über 280.000 Polen und Juden aus dem Wartheland ins GG. Hingegen wurden aus Danzig-Westpreußen circa 41.000, der Provinz Oberschlesien etwa 22.000 und dem Regierungsbezirk Zichenau circa 20.000 Polen und Juden ins GG deportiert. Zwischen Herbst 1939 und Frühjahr 1941 gelangten über 400.000 Polen und Juden aus den annektierten polnischen Gebieten infolge von Zwangsaussiedlungen, Evakuierungs- oder Fluchtaktionen ins GG.[44]

Abgesehen davon setzte das NS-Regime bereits seit Anfang 1941 weitere Pläne zur „Verdrängung" bzw. „Ausschaltung" der polnischen Bevölkerung in die Tat um. Diese Pläne beinhalteten vor allem lokale Umsiedlungen innerhalb einzelner Reichsgaue oder Regierungsbezirke. Zu diesem Zweck vertrieb man auf dem Land zahlreiche Familien aus ihren angestammten Bauernhöfen und siedelte sie unter weitaus schlechteren Lebens-

---

[43] Obozy hitlerowskie w Łodzi, hg. v. ALBIN GŁOWACKI/ SŁAWOMIR ABRAMOWICZ, Łódź 1998.

[44] WŁODZIMIERZ JASTRZĘBSKI, Hitlerowskie wysiedlenia z ziem polskich wcielonych do Rzeszy 1939–1945, Poznań 1968; MARIA RUTOWSKA, Wysiedlenia ludności polskiej z Kraju Warty do Generalnego Gubernatorstwa 1939–1941, Poznań 2003, S. 39; Documenta Occupationis, Bd. 8: Wysiedlenia ludności polskiej na tzw. ziemiach wcielonych do Rzeszy 1939–1945. Wybór źródeł, hg. v. CZESŁAW ŁUCZAK, Poznań 1969; vgl. detaillierte Zahlenangaben in: ISABEL HEINEMANN, „Rasse, Siedlung, deutsches Blut". Das Rasse- und Siedlungshauptamt der SS und die rassenpolitische Neuordnung Europas, Göttingen 2003, S. 225-232.

bedingungen außerhalb der jeweiligen Ortschaften an. In den Städten quartierten die NS-Behörden zahlreiche polnische Bürger durch Zwangsräumungen in urbane Randgebiete bzw. entlegene Seitenstrassen um. Die auf diese Weise frei werdenden Wohnungen sollten als Büroflächen für verschiedenste Institutionen oder als Wohnraum für neu anzusiedelnde Deutsche genutzt werden. In den annektierten polnischen Gebieten waren von derartigen Bevölkerungsverschiebungen insgesamt über 475.000 Menschen betroffen, darunter circa 345.000 Menschen im Wartheland, 70.000 in Danzig-Westpreußen und knapp 60.000 in der Provinz Oberschlesien.[45]

Die meisten Opfer der gewaltsamen Bevölkerungsverschiebungen in Polen wurden ins Deutsche Reich oder in die vom NS-Regime beherrschten europäischen Länder deportiert. Über 95 Prozent der im Zweiten Weltkrieg beschäftigten polnischen Staatsbürger mussten dort unter Zwang verschiedenste körperliche Tätigkeiten verrichten. Bei Nichtfolgeleistung der namentlichen Aufforderung der NS-Behörden zur Zwangsarbeit im Ausland drohten anfangs Bußgelder, Lebensmittelkürzungen oder Vermögenskonfiszierungen. Wenn diese Formen der Bestrafung jedoch keine Wirkung zeigten, ordnete man individuelle Haftstrafen an oder deportierte die Betreffenden in Konzentrationslager. Die Deportationen der polnischen Zivilbevölkerung zur Zwangsarbeit im „alten" Deutschen Reich wurden mit unterschiedlicher Intensität durchgeführt. Die größte Anzahl von Polen „transferierte" man zu diesem Zweck im Jahr 1942 aus den eingegliederten Gebieten und dem GG. Seit Anfang 1943 ging jedoch die Zahl der Deportierten infolge erheblicher Engpässe bei den frei verfügbaren Arbeitskräften spürbar zurück. Das NS-Regime nötigte im Zweiten Weltkrieg insgesamt 2.826.000 Einwohner Polens (in den Grenzen von 1938) zur Zwangsarbeit, darunter allein 700.000 Menschen aus den eingegliederten Gebieten. Allerdings verbrachten de facto nicht alle von ihnen die ganze Kriegszeit als Zwangsbeschäftigte im Deutschen Reich. Einige der Betroffenen arbeiteten dort lediglich einige Wochen oder Monate, da oftmals schwere Krankheiten oder der vorzeitige Tod den vorgesehenen längeren Aufenthalt jäh abkürzten.[46] Die vom NS-Regime in Polen betriebene Lohn- und Beschäftigungspolitik bildete eine äußerst leidvolle Form der systematischen Unterdrückung. Denn im Frühjahr 1940 wurde für die polnische Zivilbevölkerung im Alter von 14 bis 65 Jahren ein allgemeiner Arbeitszwang eingeführt.

---

[45] ŁUCZAK, Polska i Polacy, S. 145 f.; MADAJCZYK, Polityka III Rzeszy. Bd. 1, S. 334 ff.; RUTOWSKA, Wysiedlenia, S. 37.

[46] CZESŁAW ŁUCZAK, Praca przymusowa Polaków w Trzeciej Rzeszy, Warszawa 1999, S. 61; Documenta Occupationis, Bd. 10: Praca przymusowa Polaków pod panowaniem hitlerowskim 1939–1945. Wybór źródeł, hg. v. ALFRED KONIECZNY/ HERBERT SZURGACZ, Poznań 1976.

Die in den annektierten polnischen Gebieten oder im „alten" Deutschen Reich beschäftigten Polen besaßen nicht mehr das Recht, Arbeitsverträge bzw. Arbeitsauflösungsverträge abzuschließen. Darüber hin-aus mussten die in der Landwirtschaft beschäftigten polnischen Arbeiter in der Provinz Oberschlesien, im Regierungsbezirk Zichenau und im Bezirk Bialystok auf ihr Urlaubsrecht ersatzlos verzichten. In den übrigen eingegliederten Gebieten schränkte man den Arbeitsurlaub auf sieben Tage im Jahr ein. Je länger der Krieg andauerte, desto länger wurde auch die Arbeitszeit. Allen Personen, die versuchten, sich der auferlegten Zwangsarbeit auf irgendeine Weise zu entziehen, drohten strenge Sanktionen, die außer Bußgelder und Prügelstrafen auch zeitlich unbefristete KZ-Aufenthalte umfassten. Das Mindestgehalt für eine Arbeitsstunde betrug im Wartheland 55,5 Prozent, in der Provinz Oberschlesien 66,6 Prozent und in Danzig-Westpreußen 72,7 Prozent des Durchschnittsgehalts eines deutschen Arbeiters. Abgesehen davon wurden die Einkünfte der polnischen Arbeiter mit mehreren finanziellen Abzügen belastet (z. B. der sog. Polenabgabe), die sich insgesamt auf zehn bis 30 Prozent des jeweiligen Bruttoeinkommens beliefen.[47]

Das NS-Regime griff darüber hinaus zu folgenden Unterdrückungsmaßnahmen: Unterbringung polnischer Familien in miserabel ausgestatteten Wohnungen; extrem niedrige Lebensmittel- und Kleidungszuteilungen; ungenügende Leistungen im Sozialversicherungsbereich und mangelnde ärztliche Versorgung. Alle diese Repressionen sollten auf lange Sicht zur massiven Absenkung des natürlichen Bevölkerungswachstums der polnischen Gesellschaft führen, und zwar sowohl durch weitaus geringere Geburtenzahlen als auch durch erheblich größere Sterbequoten. Äußerst leidvoll bekam die polnische Zivilbevölkerung das gesamte vom NS-Regime entworfene Verbotssystem zu spüren, das die persönlichen Freiheiten aller Polen weitestgehend einschränken sollte. Dies betraf insbesondere die individuelle Bewegungsfreiheit. Denn abgesehen von der Einhaltung polizeilicher Sperrstunden musste für Reisen aus dem Wohnort eine behördliche Sondergenehmigung eingeholt werden. In den annektierten polnischen Gebieten durften Polen weder Telefone oder Radiogeräte noch Sportausrüstungen oder Gebrauchsgegenstände zur körperlichen Entspannung besitzen. Streng untersagt war auch der Besitz von scheinbar geringfügigen Wertsachen wie Grammophonplatten oder die Veranstaltung von Tanzabenden in Privatwohnungen. In einigen Ortschaften erlaubte man polnischen Bürgern nicht einmal das Betreten von Parks, geschweige denn das Verweilen auf den dort vorhandenen Sitzbänken.

---

[47] ŁUCZAK, Polska i Polacy, S. 277-293.

Der gegenwärtige Forschungsstand lässt lediglich für einige wenige Repressionskategorien genauere statistische Angaben zu. Denn die diesbezüglichen Erhebungen des Warschauer Büros für Kriegsentschädigungen aus den Jahren 1945 bis 1946 bedürfen größtenteils einer eingehenden wissenschaftlichen Verifizierung.[48] Quellengestützten numerischen Schätzungen zufolge, die inzwischen teilweise mithilfe neuester historischer Forschungen zur NS-Herrschaft in Polen überprüft wurden, kamen während des Zweiten Weltkriegs in den vom Deutschen Reich annektierten polnischen Gebieten etwa 200.000 nichtjüdische Polen ums Leben, was einem Anteil von 2,8 Prozent aller dort damals lebenden Polen entspricht. Fügt man allerdings die Opfer unter der jüdischen Bevölkerung in diesen Territorien hinzu, so kommt man auf eine Gesamtzahl von über 800.000 Menschen.[49] Auch hinsichtlich der größten Unterdrückungsmaßnahmen des NS-Regimes gegenüber der polnischen Zivilbevölkerung (Aus- und Umsiedlungen bzw. Deportationen zur Zwangsarbeit) sind konkrete statistische Festlegungen möglich. Wie oben erwähnt, gelangten circa 400.000 Polen und Juden infolge von Zwangsaussiedlungen und Evakuierungs- oder Fluchtaktionen aus den annektierten polnischen Gebieten ins Generalgouvernement. Die angeordneten innerregionalen Umsiedlungen erstreckten sich auf über 474.000 Polen, während knapp 700.000 Polen zur Zwangsarbeit ins „alte" Deutsche Reich oder in andere vom NS-Regime besetzte Länder Europas deportiert wurden. Insgesamt erfassten die massenhaften Aus- und Umsiedlungen sowie die Deportationen zur Zwangsarbeit also etwa 1,4 Millionen Polen. Alle diese Formen der Repression bewirkten letztlich eine starke Verlangsamung der natürlichen demographisch-gesellschaftlichen Entwicklungsprozesse in Polen und führten außerdem zu gewaltigen materiellen Verlusten der polnischen Nation.

---

[48] Zestawienie polskich strat biologicznych podczas II-ej wojny światowej, hg. v. Biuro Odszkodowań Wojennych przy Prezydium Rady Ministrów, Warszawa 1947, AIZ, Dok. V-27.

[49] CZESŁAW ŁUCZAK, Szanse i trudności bilansu demograficznego Polski w latach 1939–1945, in: Dzieje Najnowsze 26, 1994, Nr. 2, S. 13; Insgesamt kamen in den vom NS-Regime beherrschten Teilen des polnischen Staatsgebiets infolge direkter oder indirekter Vernichtungsaktionen und im Lauf der Kriegshandlungen ca. 1,5 Millionen Polen ums Leben.

ALEKSANDR GUR'IANOV

DIE SOWJETISCHE REPRESSIONSPOLITIK IN DEN BESETZTEN POLNISCHEN OSTGEBIETEN 1939–1941

Die breit angelegte Unterdrückung der Bevölkerung bildete einen Schwerpunkt beim Vorgehen der sowjetischen Führung in den von der UdSSR nach dem 17. September 1939 einverleibten polnischen Territorien. Gegenstand der vorliegenden Untersuchung ist die kritische Analyse der statistischen Angaben des Volkskommissariats für Innere Angelegenheiten (*Narodnyi komissariat vnutrennikh del*, NKVD) zu den von 17. September 1939 bis 22. Juni 1941 eingeleiteten sowjetischen Unterdrückungsmaßnahmen gegenüber polnischen Staatsbürgern. Das Problem der Authentizität von Zahlenangaben über verfolgte Personen wurde bereits durch frühere komparatistische Analysen sowjetischer Quellen grundlegend geklärt.[1] In

---

[1] Vgl. STANISŁAW CIESIELSKI/ GRZEGORZ GRYCIUK/ ALEKSANDER SREBRAKOWSKI, Masowe deportacje radzieckie w okresie II wojny swiatowej, Wrocław 1993, S. 179; ALEKSANDER GURJANOW (ALEKSANDR GUR'IANOV), Cztery deportacje 1940–41, in: Karta Nr. 12, 1994, S. 114-136; NATALIA LEBEDEVA, Katyn': prestuplenie protiv chelovechestva, Moskva, 1996, S. 77, 251, 254, 328; OLEG GORLANOV/ ARSIENIJI ROGINSKII, Ob arestakh v zapadnykh oblastiakh Belorussii i Ukrainy v 1939–1941 gg., in: Repressii protiv polakov i pol'skikh grazhdan, hg. v. ALEKSANDR GUR'IANOV, Moskva 1997, S. 77-113; ALEKSANDR GUR'IANOV, Pol'skie spetspereselentsi v SSSR v 1940–1941 gg., in: Repressii protiv polakov, S. 114-136; DERS., Masshtaby deportatsii naseleniia v glub' SSSR v mae–iiune 1941 g., in: Repressii protiv polakov, S.137-175; DERS., Deportowani z Kresów Wschodnich na Syberię (1940–1941), in: Syberia w historii i kulturze narodu polskiego, hg. v. ANTONI KUCZYŃSKI, Wrocław 1998, S. 353-361; ALEKSANDER GURJANOW, Sowieckie represje wobec Polaków i obywateli polskich w latach 1936–1956 w świetle danych sowieckich, in: Europa nieprowincjonalna. Przemiany na ziemiach wschodnich dawnej Rzeczypospolitej (Białoruś, Litwa, Łotwa, Ukraina, wschodnie pogranicze II Rzeczypospolitej Polskiej) w latach 1772–1999, hg. v. KRZYSZTOF JASIEWICZ, Warszawa–London 1999, S. 972-982; STANISŁAW CIESIELSKI/ WOJCIECH MATERSKI/ ANDRZEJ PACZKOWSKI, Represje sowieckie wobec Polaków i obywateli polskich, Warszawa 2002, S. 33. Die sowjetischen Angaben darüber, wie viele Menschen unter Unterdrückungsmaßnahmen zu leiden hatten, liegen mehrfach unter den polnischen Schätzungen, vgl. ALBIN GŁOWACKI, Ocalić i repatriować, Łódź 1994, S. 22-25; DERS., Sowieci wobec Polaków na ziemiach wschodnich II Rzeczypospolitej 1939–1941, Łódź 1998, S. 196, 219, 298, 333, 355, 376.

jüngster Zeit erschienen wertvolle Publikationen mit bislang unbekannten Quellen aus dem Nationalarchiv der Republik Belarus[2] und dem Zentralarchiv des Föderalen Sicherheitsdienstes der Russischen Föderation.[3] Anhand der darin veröffentlichten Dokumente lassen sich frühere Schätzungen über das Ausmaß der Massendeportationen präzisieren und gewinnen dadurch an Glaubwürdigkeit.

In der folgenden Abhandlung werden die neuesten Ergebnisse der gründlichen Verifizierung dieser Schätzungen dargestellt (leider nicht in ihrer Gesamtheit, sondern nur fragmentarisch). Dabei werden die statistischen Angaben mit den veröffentlichen bzw. in Druck befindlichen Namenslisten der Personen verglichen, gegen die Unterdrückungsmaßnahmen eingeleitet wurden. Neu ist auch der Versuch, die bisherigen Schätzungen zu den in den Jahren von 1939 bis 1941 in den Lagern und in der Verbannung vernichteten bzw. verstorbenen Menschen einer Bilanz zu unterziehen.

Im behandelten Zeitraum wandten die sowjetischen Machthaber in den annektierten Gebieten zwei Grundformen politischer Repression gegenüber der polnischen Bevölkerung an: Deportation und Inhaftierung (Gefangenschaft). Als Deportationen definieren wir Zwangsumsiedlungen, die folgende Merkmale aufwiesen:

– Massencharakter, d. h. die Umsiedlungen umfassten jeweils eine große Gruppe von Menschen und nicht einzelne Personen oder Familien;
– kollektiver Charakter der Verhängung der Repressionen gemäß dem Kriterium der Zugehörigkeit jeder umgesiedelten Person zu einer bestimmten (z. B. sozialen) größeren Menschengruppe;
– Einsatz eines staatlichen Repressionsapparats in Form des NKVD und seiner Heeresverbände;
– Einschränkungen der Freiheit der ausgesiedelten Personen durch ihre Verschickung in die so genannte Sonderverbannung, mit dem Verbot die Ortschaften zu verlassen, in die sie angesiedelt wurden, wobei den Betroffenen zumindest formal eine gewisse Bewegungsfreiheit innerhalb der jeweiligen Ortschaften zugestanden wurde. Die Einschränkung der Freiheit der betreffenden Personen konnte entweder in der Isolierung von der lokalen Bevölkerung durch die Unterbringung in Sondersied-

---

[2] Zachodnia Białoruś 17 IX 1939 – 22 VI 1941, Bd. 2: Deportacje Polaków z północno-wschodnich ziem II Rzeczypospolitej: 1940–1941, Warszawa 2001, S. 253.

[3] Deportacje obywateli polskich z Zachodniej Ukrainy i Zachodniej Białorusi w 1940 roku, hg. v. WIKTOR KOMOGAROW/ WASILIJ CHRISTOFOROW/ BERNADETTA GRONEK/ GRZEGORZ JAKUBOWSKI/ ARTUR KACZMAREK/ ALEKSANDR KURCZAJEW/ WŁADIMIR MAKAROW/ PIOTR MIELECKI/ NATALIA PIERIEMYSZLENNIKOWA/ MAŁGORZATA SŁOŃ-NOWACZEK/ JĘDRZEJ TUCHOLSKI/ WŁADIMIR WINOGRADOW, Warszawa, Moskwa 2003 (in polnischer und russischer Sprache), S. 752.

lungen des NKVD (*spetsposiolki*) bestehen oder in der Ansiedlung unter der freien Bevölkerung vor Ort, aber unter ständiger Aufsicht der lokalen NKVD-Organe, verbunden mit einer regelmäßigen Meldepflicht. Kennzeichnend für die Gefangenschaft als eine Form der sowjetischen Unterdrückung war:

– Freiheitsberaubung durch Zwangseinweisung in Gefängnisse, „Besserungs-Arbeitslager" (*isprovitelno-trudovoi lagier'*, ITL) oder „Besserungs-Arbeitskolonien" (*isprovitelno-trudovoia koloniia*, ITK);[4]
– Individuelles Gerichtsverfahren: Die Beschuldigten wurden auf Grund eines richterlichen Beschlusses verhaftet, gegen sie wurde dann ein Untersuchungsverfahren eingeleitet, das in der Regel mit einem Urteil eines Gerichts, eines Militärtribunals oder eines außergerichtlichen Organs, wie das „NKVD-Sonderkollegium" (*Osoboie Soveshchanie*, OSO), endete. Die meisten Personen wurden zu mehrjährigen Freiheitsstrafen verurteilt und in „Besserungs-Arbeitslagern" untergebracht. Einige Häftlinge erhielten aber das höchste Strafmaß – den Tod durch Erschießung.

Zu den politischen Repressionen der sowjetischen Machthaber gehörte außerdem die unrechtmäßige Inhaftierung von Soldaten der polnischen Armee in den Kriegsgefangenenlagern des NKVD. Denn Polen und die UdSSR befanden sich damals offiziell nicht im Kriegszustand, zudem hatten die polnischen Soldaten an den Kämpfen gegen die Rote Armee zumeist gar nicht teilgenommen. Diese Form der Repression beinhaltete einige Merkmale der oben bereits genannten zwei Arten der Unterdrückung. Denn einerseits wurde abermals ein kollektives Kriterium, hier der Militärdienst, herangezogen, andererseits kam es erneut zur Freiheitsberaubung (Zwangseinweisung in bewachte Lager). Es gab auch viele polnische Gefangene, die ohne Gerichtsurteil hingerichtet wurden. Zunächst im Frühjahr 1940 im Rahmen derselben Großaktion, bei der die Kriegsgefangenen der Lager Kozel'sk, Ostashkov und Starobel'sk ermordet wurden. Aber auch während der Gefängnisevakuierungen durch das NKVD vor dem Einrücken deutscher Truppen im Sommer 1941, als viele politische Gefangene kurzerhand ermordet wurden. Unter die Kategorie Repression fallen auch die Opfer der Verbrechen von Katyn, also diejenigen Kriegsgefangenen, die ohne Gerichtsurteil in Katyn, Kalinin und Charkow ermordet wurden.

---

[4] Die „Besserungs-Arbeitskolonien" waren für Verurteilte mit bis zu drei Jahren Freiheitsentzug vorgesehen. Die politischen Gefangenen gelangten jedoch für gewöhnlich nicht dorthin, da sie in der Regel strengere Urteile erhielten und daher in „Besserungs-Arbeitslagern" inhaftiert wurden.

Tabelle 1: Sowjetische Repressionspolitik in den Ostgebieten der Zweiten Polnischen Republik 1939–1941

Kategorien der Verfolgten	Operationsbeginn	Zahl der Unterdrückten (in Tausenden)		darunter: Todesopfer vor der Amnestie (in Tausenden)	
		nach statistischen Angaben	n. Namenslisten	Hingerichtete	Verstorbene
Kriegsgefangene (Stand v. 1.12.1939) + Internierte aus Litauen und Lettland	17.9.1939 + Sommer 1940	45	41,5	14,6	2,3 [a]
Inhaftierte	17.9.1939–22.6.1941	108-112	16,4	18,5	(7,1) [b]
Deportierte:					
Sonderumsiedler-Ansiedler (*spetspereselentsy-osadniki*)	10.2.1940	141	62,3		12,2 [c]
Familien von Verfolgten	13.4.1940	61			(1,5?) [d]
Sonderumsiedler-Flüchtlinge (*spetspereselentsy-bezhentsy*)	29.6.1940	76-79	25,9		2,2 [c]
Verbannte zur Ansiedlung (*ssylnoposelentsy*)	22.5.1941 14.6.1941 20.6.1941	31-52	1,1		?
Insgesamt		462-490	147,2	33,1	25,3 + ?

a) darunter Verstorbene und Verschollene während der Evakuierung des Lagers Lemberg im Sommer 1941;
b) geschätzte Zahl der Verstorbenen in den „Besserungs-Arbeitslagern" bei einer vorausgesetzten relativen Sterblichkeitsrate von 9 % innerhalb von zwei Jahren und einer Häftlingszahl (polnische Staatsbürger) von 71.481;
c) vorausgesetzt, dass die monatliche Durchschnittszahl der Verstorbenen im Juli und August 1941 der aus den vorherigen Monaten des Aufenthalts in der Verbannung entsprach;
d) geschätzte Zahl der in der Verbannung Verstorbenen bei einer vorausgesetzten relativen Sterblichkeitsrate von 2,5 % innerhalb von 1,5 Jahren;

Die Soldaten der polnischen Armee, die in Kriegsgefangenenlager verschleppt wurden, bildeten die erste Personengruppe, die von den sowjetischen Repressionen betroffen war.[5] Etwa 240.000 bis 250.000 polnische Soldaten gerieten in sowjetische Kriegsgefangenschaft. In den ersten zwei Kriegsmonaten wurde die überwiegende Mehrheit von ihnen wieder freigelassen oder der deutschen Seite überstellt. Gemäß dem Stand vom 1. Dezember 1939 hielten sich knapp 40.000 polnische Soldaten in den sowjetischen Kriegsgefangenenlagern auf. Rechnet man die über 5.000 bis Ende 1939 in Litauen und Lettland internierten Soldaten hinzu, die im Sommer 1940 in NKVD-Kriegsgefangenenlager verlegt wurden, so kommt man auf eine Gesamtzahl von 45.000 Personen, die längerfristig (mehr als drei Monate) in sowjetischer Kriegsgefangenschaft ausharren mussten.

Davon wurden 14.600 Kriegsgefangene der „Sonderlager" Starobel'sk, Kozel'sk und Ostashkov im April und Mai 1940 erschossen gemäß dem am 5. März 1940 gefassten Beschluss des ZK-Politbüros der Kommunistischen Partei der Sowjetunion (Bolschewiki) (*Vsesoiuznaia Kommunisticheskaia Partiia (bol'shevikov)*, VKP(b)). Darüber hinaus starben in den Jahren von 1939 bis 1941 457 Kriegsgefangene in den Lagern, während 1.834 infolge deutscher Bombardierungen ums Leben kamen bzw. nach der „Evakuierung des Lagers Lemberg" im Juni/Juli 1941 verschollen blieben. Insgesamt sind demnach etwa 2.300 Tote und Verschollene zu verzeichnen.[6]

Abgesehen davon kam es im Herbst 1939 zu den ersten Massenverhaftungen unter der Zivilbevölkerung. Nach NKVD-Angaben wurde die Festnahme von insgesamt 108.000 Menschen (bis Juni 1941) in den im September 1939 besetzten Gebieten mit dem Vorwurf begründet, dass diese „konterrevolutionäre Verbrechen" begangen hätten. Über 42.000 Festgenommene stammten aus den westlichen Regionen der Weißrussischen Sozialistischen Sowjetrepublik (WSRR) und knapp 66.000 aus den westlichen Regionen der Ukrainischen Sozialistischen Sowjetrepublik (USRR). Hinzuzurechnen sind ferner die ab Juli 1940 in Litauen verhafteten Personen, die bei Kriegsausbruch polnische Staatsbürger gewesen waren. Den NKVD-Berichten zufolge verhaftete diese Behörde in den Jahren 1940 bis 1941 in der litauischen Sowjetrepublik insgesamt 4.300 Personen (die von Einheiten des NKVD auf Bahnhöfen und innerhalb der Roten Armee verhafteten Personen nicht mitgerechnet). Die Zahl der polnischen Einwohner aus den einverleibten polnischen Ostgebieten (Stadt Wilna und Umgebung)

---

[5] Vgl. LEBEDEVA, Katyn'; WOJCIECH MATERSKI, Wprowadzenie, in: Indeks Represjonowanych. Bd. IX: Jeńcy zmarli i zaginieni, hg. v. EWA RYBARSKA, Warszawa 1999, S. 11-17; CIESIELSKI/ MATERSKI/ PACZKOWSKI, Represje sowieckie, S. 7, 10, 33.

[6] Unter die Kategorie „Während der Evakuierung des Lagers Lemberg verschollen" fallen sowohl die vom NKVD-Begleitheer unterwegs erschossenen Personen (u. a. gefasste Flüchtlinge) als auch diejenigen Kriegsgefangenen, die sich nach erfolgreicher Flucht retten konnten (deren Zahl bleibt unbekannt). In Tabelle 1 wurden dennoch alle Verschollenen zu den Todesopfern gerechnet.

lässt sich daraus nicht gesondert ermitteln. Ihr Anteil könnte theoretisch sogar bis zu 100 Prozent betragen haben, belief sich jedoch wahrscheinlich nur auf 30 bis 50 Prozent. Daher ist davon auszugehen, dass 1939 bis 1941 schätzungsweise 108.000 bis 112.000 polnische Staatsbürger verhaftet wurden.[7]

Etwa 1.200 von ihnen wurden zum Tode verurteilt. Diese Zahl könnte noch höher liegen, denn aus den Statistiken können oft diejenigen in der westlichen WSRR und USRR verhafteten Personen nicht herausgefiltert werden, die erst in den östlichen Regionen beider Sowjetrepubliken bzw. im Landesinneren der UdSSR verurteilt wurden. Aufgrund des so genannten Katyn-Beschlusses des ZK-Politbüros der VKP(b) vom 5. März 1940[8] ließ man 7.305 Personen ohne vorheriges Gerichtsurteil ermorden. Darüber hinaus fielen mindestens 10.000 Menschen den von Ende Juni bis Juli 1941 durchgeführten Massenerschießungen zum Opfer. Denn in den ersten Wochen nach dem deutschen Überfall auf die Sowjetunion wurden im Laufe der „Gefängnisevakuierungen" circa 1.000 Einwohner aus der westlichen WSRR und über 9.000 Einwohner aus der westlichen USRR ermordet (laut Dokumenten der Begleitheere und der Gefängnisabteilung des NKVD).[9] Insgesamt ließ der NKVD also mindestens 18.500 Gefangene hinrichten. Einige der zu Freiheitsstrafen verurteilten Personen starben noch während ihrer Gefangenschaft. Die Übrigen ließ man Ende August 1941 infolge des am 12. August 1941 vom Präsidium des Obersten Sowjets der UdSSR verkündeten Amnestieerlasses für polnische Staatsbürger wieder frei.

Anhand der statistischen Angaben des NKVD über die Zahl der Todesfälle unter den Häftlingen lässt sich der genaue Anteil der polnischen Staatsbürger nicht ermitteln. Tabelle 1 enthält daher nur die Ergebnisse folgender Überlegungen: Es ist davon auszugehen, dass die jährliche Sterberate unter den Gefangenen der „Besserungs-Arbeitslager" in den Jahren

---

[7] Abgesehen von den während der Massendeportation im Mai/Juni 1941 „Verhafteten", die in den nachfolgenden Schätzungen zu den Deportationen berücksichtigt sind.

[8] Vgl. Katyń. Dokumenty ludobójstwa. Dokumenty i materiały archiwalne przekazane Polsce 14 października 1992 r., hg. v. Instytut Studiów Politycznych Polskiej Akademii Nauk, Warszawa 1992, S. 43. Es ist jedoch nicht auszuschließen, dass im Frühjahr 1940 in Wirklichkeit ca. 11.000 Lagerhäftlinge aus den im Beschluss des ZK-Politbüros vom 5.3.1940 erwähnten westlichen Gebieten der WSRR und USRR erschossen wurden.

[9] Vgl. ALEKSANDR KOKURIN, Ewakuacja więzień – w dokumentach Zarządu Więziennictwa NKWD, in: KRZYSZTOF POPIŃSKI/ ALEKSANDR KOKURIN/ ALEKSANDR GURJANOW, Drogi śmierci. Ewakuacja więzień sowieckich z Kresów Wschodnich II Rzeczypospolitej w czerwcu i lipcu 1941, Warszawa 1995, S. 68-153; ALEKSANDR GURJANOW, Ewakuacja więzień – w dokumentach Wojsk Konwojowych NKWD ZSRR, in: Ebd., S. 154-181.

1939 bis 1941 durchschnittlich bei 4,5 Prozent lag (laut Quellenlage betrug die Sterberate 1939 bis zu 3,8 Prozent, 1940 3,3 Prozent und 1941 6,5 Prozent).[10] Zieht man von der Gesamtzahl der verhafteten Personen (108.000–112.000) die Opfer der Massenmorde von Katyn und die Häftlinge ab, die aufgrund von Gerichtsurteilen erschossenen wurden (insgesamt circa 8.500), sowie diejenigen Personen, die aus politischen Gründen beim deutschen Angriff auf die Sowjetunion in Gewahrsam genommen wurden (ca. 31.000–32.000)[11], so ergibt sich daraus die Zahl der verhafteten polnischen Staatsbürger, die noch vor dem 22. Juni 1941 in die „Besserungs-Arbeitslager" gelangten – also schätzungsweise etwa 70.000. Die sowjetischen Machthaber sprachen gegenüber der polnischen Exilregierung im Oktober 1941 von einer Zahl in dieser Größenordnung, nämlich von 71.481 Gefangenen.[12]

Wenn alle polnischen Häftlinge bis zum 1. Oktober 1939 in die „Besserungs-Arbeitslager" eingeliefert wurden, so kann man von einem zweijährigen Gefängnisaufenthalt ausgehen (bis 1. Oktober 1941). In diesem Zeitraum kamen gemäß der vorausgesetzten jährlichen Sterblichkeitsrate insgesamt neun Prozent (zweimal 4,5 Prozent) der ursprünglich Verhafteten ums Leben. Falls sich die von sowjetischer Seite offiziell angegebene Zahl von 71.481 polnischen Gefangenen auf das Endstadium von deren Inhaftierung bezieht (d. h. 91 Prozent der anfangs registrierten Zahl), müssen im Lauf von zwei Jahren circa 7.100 polnische Staatsbürger gestorben sein. Falls diese Zahlenangabe jedoch den ursprünglichen Status quo definiert (100 Prozent), verringert sich die geschätzte Zahl der Todesopfer auf etwa 6.400. Ein vorausgesetzter zweijähriger Zwangsaufenthalt in den „Besserungs-Arbeitslagern" führt bei der Berechnung ferner zu einer überhöhten Todesrate, da die Haftzeit für die meisten polnischen Staatsbürger etwas kürzer ausfiel. Der in Tabelle 1 angegebene Richtwert von circa 7.100 verstorbenen Gefangenen stellt also wahrscheinlich eine maximale Schätzung dar.

Das bedeutsamste Mittel der sowjetischen Repressionen in Ostpolen bildeten die Massendeportationen der Jahre 1939 bis 1941 ins Landesinnere

---

[10] Bei diesen Angaben handelt es sich um eigene Berechnungen des Verfassers auf der Basis von publizierten Statistiken der „Hauptverwaltung für Lager" (GULag), vgl. Istoriia stalinskogo GULaga. Konets 1920-kh – pervaia polovina 1950-kh godov, Bd. 4: Naselenie GULaga: chislennost' i uslovia soderzhania, hg. v. I. V. Bezborodova/ V. M. Hrustalev, Moskva 2004, S. 110 f.

[11] Dabei wird vorausgesetzt, dass 80 % der über 39.000 Personen, die damals in den Gefängnissen der westlichen USRR und WSRR sowie in Wilna und Švenčionys in Gewahrsam gehalten wurden, politische Gefangene waren (vgl. Gurjanow, Ewakuacja więzień, S. 174-181).

[12] Stanisław Kot, Rozmowy z Kremlem, London 1959, S. 83 f.

der UdSSR. In diesem Zeitraum wurden vier großangelegte Verschleppungsaktionen durchgeführt. Die Opfer der einzelnen Massendeportationen wurden in den NKVD-Namenslisten unterschiedlichen Kategorien von Verbannten zugeordnet. Ihre in Tabelle 1 ersichtliche jeweilige Anzahl wurde bereits publiziert.[13] Während der ersten Deportationswelle am 10. Februar 1940 siedelte man über 139.000 Personen aus (ca. 50.000 aus der westlichen WSRR und ca. 89.000 aus der westlichen USRR). Darunter befanden sich die Familien von Militär- und Zivilsiedlern sowie Forstarbeiter und andere Vertreter der Dorfbevölkerung. Diese Personengruppe erhielt im NKVD-Jargon die Sammelbezeichnung „Sonderumsiedler-Ansiedler" (*spetspereselentsy-osadniki*). Die anderen Deportierten wurden in von der Außenwelt völlig abgeschnittene „Sondersiedlungen" (*spetsposelki*) des NKVD verschickt, die sich im europäischen Norden der Sowjetunion, am Ural, in Sibirien und der Altai-Region sowie in Nordkasachstan befanden. In den Folgemonaten „übersandte" man dorthin auch kleinere Gruppen von „Sonderumsiedler-Siedlern". Aus den NKVD-Dokumenten konnten nähere Informationen zu drei dieser Deportationsgruppen entnommen werden, die insgesamt 1.800 Personen umfassten.[14] Unter Berücksichtigung dieser Zahl dürften also insgesamt schätzungsweise circa 141.000 „Sonderumsiedler-Siedler" deportiert worden sein.

Den Statistiken der Abteilung für Arbeitssiedler im GULag (*Otdel trudovykh pereselentsei*, OTP) zufolge, die im Februar 1941 in die Abteilung für Arbeits- und Sondersiedler (*Otdel trudovykh i spetsial'nykh pereselentsei*, OTSP) umbenannt wurde,[15] kamen ab Beginn der Deportationen bis 1. Juli 1941 (also innerhalb von 16 Monaten) 10.864 „Sonderumsiedler-Siedler" ums Leben. Die Freilassung dieser Personengruppe setzte erst Ende August 1941 nach der für polnische Staatsbürger angeordneten Amnestie ein. Die Berichte der Abteilung für Arbeits- und Sondersiedler enthalten zwar keine vollständigen Angaben über die Sterberate der „Sonderumsiedler-Ansiedler" im Juli/August 1941. Wenn man jedoch davon ausgeht, dass in diesem Zeitraum die monatliche Sterberate ebenso hoch war wie in den 16 Monaten zuvor, dürften vor der Realisierung des Amnestieerlasses insgesamt circa 12.200 „Sonderumsiedler-Ansiedler" verstorben sein.

Die zweite Deportationswelle am 13. April 1940 erfasste die Familienangehörigen derjenigen Personen, die bereits von Repressionen betroffen

---

[13] Vgl. Anm. 1.

[14] Vgl. GARF, fond 9479, opis 1, delo 57, Bl. 37; ebd., d. 75, Bl. 5; ebd., d. 76, Bl. 42; RGVA, fond 38082, opis 2, delo 1, Bl. 37-72.

[15] Die Berichterstattung der Zentralabteilungen OTP und OTSP stützte sich auf Berichte und Mitteilungen örtlicher NKVD-Behörden.

waren und in Kriegsgefangenenlagern und Gefängnissen einsaßen. Diese Deportierten erhielten die offizielle Bezeichnung „auf dem Verwaltungsweg Verbannte" bzw. „Familienmitglieder der Repression Unterworfenen". Unter diese Kategorie fielen insgesamt 61.000 Personen (ca. 29.000–30.000 aus der westlichen WSRR und ca. 31.000–32.000 aus der westlichen USRR), die nach Kasachstan verschleppt und dort unter Aufsicht des NKVD inmitten der einheimischen Bevölkerung untergebracht wurden. Konkrete Quellenangaben über die Zahl der in Verbannung verstorbenen „Familienmitglieder der Repression Unterworfenen" konnten bislang nicht ermittelt werden. Wenn man jedoch in Übereinstimmung mit Stanisław Ciesielski eine Sterberate von 2,5 Prozent für den gesamten Verbannungszeitraum dieser Deportiertenkategorie annimmt,[16] erhält man den in Tabelle 1 angegebenen Schätzwert in Höhe von etwa 1.500 Verstorbenen.

Die dritte Deportationswelle, die am 29. Juni 1940 einsetzte, erfasste insgesamt 76.000 bis 79.000 Verbannte[17] aus den deutsch besetzten Gebieten Zentralpolens (darunter ca. 23.000 Personen aus der westlichen WSRR und ca. 51.000 aus der westlichen USRR).[18] Diese Art von Deportierten hießen im NKVD-Jargon „Sonderumsiedler-Flüchtlinge", die auf „Sondersiedlungen" verteilt wurden. Letztere unterschieden sich zwar in der Regel von den „Sondersiedlungen" der „Sonderumsiedler-Ansiedler", aber sie befanden sich zumeist in denselben Regionen im Landesinneren der UdSSR. Bei Angaben zu diesen Massendeportationen taucht in den Akten erstmals eine verhältnismäßig große Anzahl von Personen auf, für die der NKVD eine weitere Kategorie schuf: über 16.000 „alleinstehende Flüchtlinge", die in einer Quelle auch als „Verhaftete"[19] bezeichnet werden. Aus NKVD-Dokumenten geht hervor, dass diese Personengruppe im Jahr 1940 ohne Gerichtsurteil nicht in „Sondersiedlungen", sondern in „BesserungsArbeitslager" gesteckt wurde. Laut dem Beschluss von 1941 sollten die Betreffenden jedoch (mit Ausnahme der inzwischen vom NKVD-„Sonderkollegium" in Abwesenheit verurteilten Personen) von ihren Lagern aus in die Verbannung geschickt werden.[20] Dennoch bleibt unklar, ob alle „allein-

---

[16] Vgl. STANISŁAW CIESIELSKI, Polacy w Kazachstanie w latach 1940–1946, Wrocław 1996, S. 46, 153.

[17] Die derart große Streuung der Gesamtzahl der damals deportierten Personen geht aus einzelnen Dokumenten der Zentralabteilungen OTP und OTSP hervor.

[18] Daraus ergibt sich eine Summe von ca. 74.000 Verbannten, vgl. Deportacje obywateli polskich, S. 632 f., die unter der oben genannten Gesamtsumme liegt. Es ist somit unklar, aus welcher Sowjetrepublik – USRR oder WSRR – die übrigen Verbannten damals ausgesiedelt wurden.

[19] Ebd., S. 632 f., 682.

[20] GARF, fond 9479, opis 1, delo. 76, Bl. 6 f., 31.

stehenden Flüchtlinge" im Jahr 1940 tatsächlich in die „Besserungs-Arbeitslager" gelangten (unter den 1940 auf die „Sondersiedlungen" verteilten „Sonderumsiedler-Flüchtlingen" gab es auch „alleinstehende Flüchtlinge") und ob deren Zahl in den NKVD-Haftstatistiken berücksichtigt wurde.

Berichten der Zentralabteilungen OTP und OTSP zufolge verstarben von Beginn der Verbannung bis 1. Juli 1941 (also innerhalb von 11,5 Monaten) insgesamt 1.855 „Sonderumsiedler-Flüchtlinge". Ähnlich wie im Fall der „Sonderumsiedler-Ansiedler" ist angesichts der in den OTSP-Berichten fehlenden umfassenden Zahlenangaben über die Todesfälle im Juli/August 1941 davon auszugehen, dass die durchschnittliche Sterberate in diesen beiden Monaten den Vormonaten entsprach. Auf diese Weise ergibt sich eine Schätzung in Höhe von 2.200 „Sonderumsiedler-Flüchtlingen", die seit Beginn der Verbannung bis zur Realisierung des Amnestieerlasses ums Leben kamen.

Die vierte Massendeportation führte der NKVD im Mai und im Juni 1941 durch. Im Gegensatz zu 1940, als lediglich die Bewohner der ehemaligen Ostgebiete der Zweiten Polnischen Republik verschleppt wurden, erfasste die Deportationswelle von 1941 auch die baltischen Republiken, Bessarabien und die Nordbukowina. Die bei dieser Aktion deportierten Personen fielen unter die Kategorie „zur Ansiedlung Verbannte" (*ssyl'no-poselentsy*), wobei die aus dem Baltikum, Bessarabien und der Nordbukowina ausgesiedelten Familienoberhäupter von ihren Angehörigen getrennt und zur Kategorie der „Verhafteten" gerechnet wurden. Die ge-schätzten Zahlen der dabei verschleppten polnischen Staatsbürger weisen eine große Streuung auf: man geht von 31.000 bis 52.000 Personen aus (20.000–24.000 aus der westlichen WSRR, 11.000 aus der westlichen USRR und bis zu 17.000 aus der litauischen Sowjetrepublik). Diese Differenzen resultieren vor allem daraus, dass sich die Zahl der Einwohner Vorkriegspolens unter den aus der litauischen Sowjetrepublik deportierten Personen nicht glaubwürdig ermitteln lässt.[21] Außerdem weichen die Quellenangaben zu den Deportationen aus der westlichen WSRR voneinander ab. Abgesehen davon liegt die Zahl der verstorbenen, „zur Ansiedlung verbannten" Polen letztlich im Dunkeln, obwohl sie sicherlich um ein Vielfaches niedriger gewesen sein dürfte als bei anderen verfolgten Gruppen. Denn der Zwangsaufenthalt in der Verbannung fiel bis zur Umsetzung des Amnestiebeschlusses für die davon betroffenen polnischen Staatsbürger relativ kurz aus und dauerte durchschnittlich höchstens zwei bis zweieinhalb Monate.

---

[21] Die breite Streuung der Zahlenangaben zu den aus der litauischen Sowjetrepublik deportierten Staatsbürgern Vorkriegspolens lässt sich wohl auf einen Differenzbereich von 3.000–9.000 Personen „verengen".

Während der Deportationen im angegebenen Zeitraum wurden insgesamt 309.000 bis 333.000 polnische Staatsbürger (höchstwahrscheinlich ca. 320.000) ins Landesinnere der UdSSR verschickt. Die Gesamtzahl aller verfolgten polnischen Staatsbürger sämtlicher Kategorien in den Jahren von 1939 bis 1941 belief sich auf 462.000 bis 490.000 Personen, also fast eine halbe Million Menschen. Die Deportierten bildeten dabei ganz offensichtlich die überwiegende Mehrheit – 67 bis 68 Prozent aller Polen, die in den ersten beiden Kriegsjahren unter den Repressionen der Sowjetmacht zu leiden hatten.

Über 58.000 der verfolgten polnischen Staatsbürger verloren bis September/Oktober 1941 ihr Leben. Mindestens 33.000 von ihnen wurden erschossen, während etwa 25.000 während des Zwangsaufenthalts in Lagern oder in der Verbannung verstarben. Die Zahl der Todesfälle bietet lediglich eine erste Orientierungshilfe, da sich die oben genannten Schätzwerte zu den verstorbenen Häftlingen, „Sonderumsiedler-Ansiedlern" und „Sonderumsiedler-Flüchtlingen" als überhöht erweisen könnten und zudem nähere Angaben zur verhältnismäßig niedrigen Zahl der „zur Ansiedlung Verbannten" fehlen. Dabei ist zu betonen, dass die oben genannten Zahlen sich nur auf den Zeitraum bis zur Realisierung des Amnestieerlasses für polnische Staatsbürger beziehen. Denn deren Existenzbedingungen waren nach der Amnestie oftmals weitaus tragischer als während des regulären Zwangsaufenthalts in der Verbannung oder in Lagergefangenschaft. Zahlreiche Polen kamen nämlich nach ihrer Freilassung ums Leben. Gleichwohl ließ sich die genaue Zahl der nach der Amnestie auf sowjetischem Boden verstorbenen polnischen Staatsbürger bislang nicht ermitteln.

Die vierte Säule von Tabelle 1 enthält Zahlenangaben zu denjenigen verfolgten Personen, deren NKVD-Dokumente erforscht wurden – vor allem Namenslisten, Personalakten und Nachweise in Personenkarteien. Aufgrund dieser Dokumentation konnte eine Reihe von Namenslisten verschiedener Gruppen von verfolgten polnischen Staatsbürgern erstellt werden. Die Namenslisten ermöglichen u. a. die Verifizierung der Opferzahlen einzelner Verfolgungskategorien. Anhand von Tabelle 1 zeigt sich jedoch, dass der Weg zur umfassenden Überprüfung dieser Parameter noch weit ist. Nur in Bezug auf die Kriegsgefangenen sind die Namenslisten[22] weitestgehend vollständig (ca. 92 Prozent). Was hingegen die in den Jahren von 1939 bis 1941 verhafteten Personen angeht, so enthalten die bisher

---

[22] Indeks Represjonowanych. Bd. 1: Rozstrzelani w Katyniu, hg. v. MARIA SKRZY-ŃSKA-PŁAWIŃSKA, Warszawa 1995; Bd. 2: Rozstrzelani w Charkowie, hg. v. DIES., Warszawa 1996; Bd. 3: Rozstrzelani w Twerze, hg. v. DIES., Warszawa 1997; Bd. 5: Jeńcy w Griazowcu i Suzdalu, hg. v. EWA RYBARSKA, Warszawa 1998; Bd. 9: Jeńcy zmarli i zaginieni, hg. v. DIES., Warszawa 1999; Bd. 11: Jeńcy w Juży, hg. v. DIES., Warszawa 2000; Bd. 12: Jeńcy obozu lwowskiego, hg. v. DIES., Warszawa 2001.

veröffentlichten Namenslisten nicht einmal 15 Prozent aller Personen dieser Kategorie.[23] Solange dieser Prozentsatz nicht auf 100 Prozent angestiegen ist, ist die Überprüfung der statistischen Angaben des NKVD unmöglich. Die Zahlen zu den Deportierten sind hingegen aussagekräftiger. Denn sie erfassen circa 44 Prozent der verschleppten „Sonderumsiedler-Siedler" und etwa 33 Prozent der verschickten „Sonderumsiedler-Flüchtlinge".

Bislang fehlen jedoch Namenslisten zu den anderen beiden Deportiertenkategorien mit Ausnahme der kleinen, unvollständigen Aufstellung über die „zur Ansiedlung Verbannten", die in die Autonome Sozialistische Sowjetrepublik (ASSR) Komi verschickt wurden.[24] Die bislang erstellten Listen beziehen sich auf die verschleppten polnischen Staatsbürger der Oblast Archangel'sk (wo sich damals die größte Anzahl von Polen auf sowjetischem Boden aufhielt), der ASSR Komi und der Oblast Vologda. Dies ermöglicht die Verifizierung der statistischen Angaben der Zentralabteilungen OTP und OTSP, denen die Berichte und Meldungen der NKVD-Behörden dieser drei Regionen zugrunde liegen. Diese Angaben erscheinen im Folgenden unter der Kategorie „Ansiedlungen".

Zu einer anderen statistischen Kategorie gehören die Dokumente der Begleitheere und der Abteilung für Eisenbahn- und Wassertransporte des NKVD. Aufgrund dieser Angaben konnten Kataloge zu den „gestaffelten" Bahntransporten der Deportierten für die Jahre 1940[25] und 1941[26] angelegt und die Anzahl der verschickten Verbannten („Staffel-Züge") ermittelt werden. Eine dritte statistische Kategorie beinhaltet Angaben aus NKVD-Berichten und NKVD-Meldungen über den Verlauf und die Ergebnisse der einzelnen Aussiedlungsaktionen in der ukrainischen und weißrussischen Sowjetrepublik, die der Zentrale des NKVD übermittelt wurden. Diese Zahlenangaben fallen im Folgenden unter die Kategorie „Aussiedlungen".

---

[23] Vgl. Listy katyńskiej ciąg dalszy. Straceni na Ukrainie, hg. v. MAREK TARCZYŃSKI/ ZUZANNA GAJOWNICZEK, Warszawa1994; Indeks Represjonowanych. Bd. 6: Aresztowani w rejonie Lwowa i Drohobycza, hg. v. AGNIESZKA KNYT, Warszawa 1998; Bd. 10, T. 1: Więźniowie łagrów w rejonie Workuty, hg. v. AGNIESZKA KNYT/ ALEKSANDER GURJANOW/ JEWGIENIJA CHAJDAROWA, Warszawa 1999; Bd. 15: Aresztowani na „Zachodniej Białorusi", hg. v. ELIZA DZWONKIEWICZ/ WACŁAW ARESZKA, Warszawa 2003.

[24] Vgl. Pokaianie. Komi respublikanskii martirolog zhertv massovykh politicheskikh repressii, Bd. 5, hg. v. MICHAIL ROGACHËV, Siktuvkar 2002, S. 467–773; Indeks Represjonowanych. Bd. 14: Deportowani w obwodzie archangielskim (Bd. 1 u. 2), hg. v. EWA RYBARSKA/ ALEKSANDER GURJANOW/ ANDRIEJ RACZINSKIJ/ TATIANA ŁOZINSKAJA, Warszawa 2003–2004; T. 3, hg. v. ELIZA DZWONKIEWICZ/ ALEKSANDER GURJANOW/ ANDRIEJ RACZINSKIJ/ TATIANA ŁOZINSKAJA, Warszawa 2004; Deportowani w obwodzie wołogodzkim, hg v. EWA RYBARSKA/ ANNA DZIENKIEWICZ/ SIERGIEJ STAROSTIN, Warszawa 2005.

[25] GURJANOW, Cztery deportacje, S.130-135.

[26] DERS., Masshtaby deportacii naseleniia, S. 164-172.

Die drei oben genannten statistischen Kategorien und die bislang erstellten Namenslisten werden in Tabelle 2 miteinander verglichen.

Tabelle 2: Vier Kategorien von deportierten polnischen Staatsbürgern unterschiedlicher Zusammensetzung im statistischen Vergleich

Kategorie bzw. Gruppe der Deportierten	„Aussiedlungen"	„Staffelzüge"	„Ansiedlungen"	Namenslisten
Siedler im 1. Quartal 1940 insgesamt	139.286[I]	139.002[II]	139.596[III]	
Siedler 1940 im Oblast Archangel'sk angesiedelt		42.116[IV]	41.855–42.181[IV]	
Siedler im Februar 1940 in der ASRR Komi und im Bezirk Kirov angesiedelt		11.399[V]	11.321[VI]	
Siedler im Februar 1940 in den Bezirken Vologda und Jaroslau angesiedelt		8.595[VII]	8.434[VIII]	
Familien der Verfolgten insgesamt	59.694[IX]	59.000-61.000[X] 59.416[XI] 59.557[XII]	60.182 – 61.092[XIII]	
Flüchtlinge insgesamt	74.387[XIV]	73.663[XV]	76.382-78.615[XVI]	
Flüchtlinge im Bezirk Archangel'sk und der ASRR Komi angesiedelt		17.530[IV]	21.873[IV]	
Flüchtlinge und Siedler im Juli 1940 im Bezirk Vologda angesiedelt		4.816[XVII]	4.976[XVIII]	
Siedler und Flüchtlinge im Bezirk Archangel'sk angesiedelt			54.693-55.019[IV]	54.793-55.171[IV]
Siedler und Flüchtlinge in der ASRR Komi angesiedelt			19.839[XIX]	19.412[XX]
Siedler und Flüchtlinge im Bezirk Vologda angesiedelt			13.602[XXI]	13.940[XXII]

[I] Vgl. Deportacje obywateli polskich, S. 240-245; Deportacje Polaków, S.168-175.
[II] 98 „Staffel-Züge" im 1. Quartal 1940 (97 „Staffel-Züge" und ein Sammeltransport nach Suchobezvodnoje) sowie Teile des „Staffel-Zugs" Suchobezvodnoje–Usolskaja (386 Personen); vgl. GURJANOW, Cztery deportacje, S. 130-132, 134.

III Vgl. GARF, fond 9479, opis 1, delo 61, Bl. 34-39.

IV Vgl. ALEKSANDER GURJANOW, Wprowadzenie, in: Indeks Represjonowanych. Bd. 14: Deportowani w obwodzie archangielskim, Bd. 2, S. 43 ff., 47 ff.

V Acht „Staffel-Züge" kamen an der Bahnstation Murašy an; vgl. GURJANOW, Cztery deportacje, S.131-132.

VI Gesamtsumme der „Ansiedlungen" in der ASRR Komi (vgl. GARF, fond 9479, opis 1, delo 62, Bl. 67) und im Bezirk Kirov (vgl. ebd., Bl. 37).

VII Fünf „Staffel-Züge" kamen im Bezirk Vologda und einer im Bezirk Jaroslau an; vgl. GURJANOW, Cztery deportacje, S. 130-132.

VIII Gesamtsumme der „Ansiedlungen" in den Bezirken Vologda und Jaroslau; vgl. GARF, fond 9479, opis 1, delo 62, Bl. 67.

IX Vgl. Deportacje obywateli polskich, S. 459, 463, 465.

X 56.171 Personen in 47 „Staffel-Zügen", deren jeweilige Insassenzahl bekannt ist (durchschnittlich 1195 Personen pro „Staffelzug") und schätzungsweise 3.000–5.000 in drei oder vier „Staffelzügen" mit unbekannter Insassenzahl; vgl. GURJANOW, Cztery deportacje, S. 119.

XI ¨Übersicht über die Einsatzbereitschaft der NKVD-Begleitheere im 2. Quartal 1940"; vgl. ebd., S. 115.

XII Angaben der NKVD-Haupttransportverwaltung; vgl. Deportacje obywateli polskich, S. 505, 509, 513, 517, 521.

XIII Streuungsbreite der Zahlenangaben von NKVD-Meldungen aus der kasachischen Sowjetrepublik und der Bilanzen des OTP GULag NKVD; vgl. ebd., S. 561; GARF, fond 9479, opis 1, delo 59, Bl. 13, 25; ebd., fond 9479, opis 1, delo 61, Bl. 126; ebd., fond 9479, opis 1, delo 62, Bl. 65.

XIV Abgesehen von der zusätzlichen Kategorie „alleinstehende Flüchtlinge"; vgl. Deportacje obywateli polskich, S. 633.

XV 56 „Staffel-Züge" mit Abfahrtsdaten zwischen 28. Juni und 5. Juli 1940; vgl. GURJANOW, Cztery deportacje, S. 134 f.

XVI Streuungsbreite der Zahlenangaben in den Dokumenten von OTP bzw. OTSP GULag NKVD; vgl. GARF, fond 9479, opis 1, delo 61, Bl. 27-33, 55-60; ebd., fond 9479, opis 1, delo 62, Bl. 60-62; ebd., fond 9479, opis 1, delo 89, Bl. 219.

XVII Drei „Staffel-Züge" mit Zielstationen im Bezirk Vologda und ein „Staffel-Zug" mit einer Zielstation im Bezirk Leningrad unmittelbar an der Grenze zum Bezirk Vologda; vgl. GURJANOW, Cztery deportacje, S. 134-135.

XVIII Zusammen mit 3.959 „Sonderumsiedler-Flüchtlingen" verschickte man in den Bezirk Vologda weitere 1.017 „Sonderumsiedler-Ansiedler"; vgl. GARF, fond 9479, opis 1, delo 75, Bl. 5.

XIX Vgl. GARF, fond 9479, opis 1, delo 61, Bl. 27; ebd., fond 9479, opis 1, delo 62, Bl. 67.

XX Vgl. Pokaianie. Komi respublikanskii martirolog, Bd. 5, S. 467-754.

XXI 735 aus dem Bezirk Gorkov verlegte Personen miteingerechnet, aber ohne Berücksichtigung der kleineren, aus anderen Regionen überstellten Deportiertengruppen; vgl. GARF, fond 9479, opis 1, delo 62, Bl. 67; ebd., fond 9479, opis 1, delo 75, Bl. 5, 19.

XXII Vgl. Indeks Represjonowanych. Bd. 17: Deportowani w obwodzie wołogodzkim.

In einigen Rubriken von Tabelle 2 war es nötig, die Angaben benachbarter Regionen zu summieren, da in diesen Fällen die Parameter der „Staffel-Züge" keine differenzierte Ermittlung der Zahl der angesiedelten Verbannten in den einzelnen Regionen zulassen: bei den „Sonderumsiedler-Ansiedlern" – ASRR Komi, Unterbezirke Kirov, Vologda und Jaroslau; bei den „Übersiedler-Flüchtlingen" – Oblast Archangel'sk und ASRR Komi, da alle „Sonderumsiedler", die letztendlich in die „Sondersiedlungen" der ASRR Komi gelangten, zunächst in benachbarten Regionen aus den „Staffel-Zügen" entfernt wurden („Siedler" an der Bahnstation Murašy in der Oblast Kirov und „Flüchtlinge" an der Bahnstation Kotlas in der Oblast Archangel'sk). Ein Teil der „Siedler" aus dem „Staffel-Zug", der an den Bahnstationen Halyč und Nieja in der Oblast Jaroslau anhielt, wurde in die Oblast Vologda umgeleitet.[27] Aus Tabelle 2 geht hervor, dass die Übereinstimmung zwischen den Zahlenangaben über „Aussiedlungen", „Staffel-Züge" und „Ansiedlungen" bei den „Sonderumsiedler-Ansiedlern" und ihren einzelnen Gruppen insgesamt sehr hoch ist (Abweichungen in Höhe von 1–2 %). Eine ähnlich große Konvergenz der Parameter zeigt sich bei den deportierten Familienmitgliedern von verfolgten Personen (Abweichungen bis zu 3,5 %).

Im Fall der „Sonderumsiedler-Flüchtlinge" ist die numerische Übereinstimmung weitaus geringer. Die Zahl der „Staffel-Züge" aller „Sonderumsiedler-Flüchtlinge" ist zwar ähnlich hoch wie die Zahl der „Aussiedlungen", aber beide Parameter („Aussiedlungen" und „Staffel-Züge") fallen dennoch um 4.000 bis 5.000 niedriger aus als die maximale Anzahl der „Ansiedlungen" (Abweichung von ca. 6 %). Hinsichtlich der Oblast Archangel'sk und der ASRR Komi beträgt die Divergenz sogar bis zu 20 Prozent. In den Quellen konnten die Ursachen für diese Abweichungen nicht ausfindig gemacht werden. Dabei ist es keineswegs ausgeschlossen, dass in dem bereits dargestellten Katalog über die Deportiertentransporte zwei „Staffel-Züge" fehlen. Denn in den Dokumenten der Begleitheere ist lediglich von 56 „Staffel-Zügen" der „Sonderumsiedler-Flüchtlinge" die Rede, während in den unlängst veröffentlichten Angaben der NKVD-Haupttransportverwaltung 58 „Staffel-Züge" dokumentiert sind.[28] Unter den katalogisierten „Staffel-Zügen", die die Oblast Archangel'sk erreichten, befand sich tatsächlich kein einziger, der aus Lemberg abgefahren war. Hingegen erscheinen auf der Namensliste, die anhand von Karteien und Personalakten aus dem Archiv des Informationszentrums des Amtes für Innere Angelegenheiten in Archangel'sk erstellt wurde, etwa 2.800 „Son-

---

[27] Vgl. Deportacje obywateli polskich, S. 272, 290.
[28] Vgl. ebd., S. 616-627.

derumsiedler-Flüchtlinge" aus Lemberg und Umgebung.[29] Die unterschiedlichen Parameter können auch mit der unsicheren Zahl der „alleinstehenden Flüchtlinge" zusammenhängen, die in den „Besserungs-Arbeitslagern" angesiedelt wurden. Vielleicht wurde ein Teil von ihnen unmittelbar nach der Deportation in „Sondersiedlungen" und nicht in den ursprünglich vorgesehenen „Besserungs-Arbeitslagern" untergebracht. Und vielleicht traf man die Entscheidung über die teilweise Umwandlung dieser Lager in „Sondersiedlungen" erst zu einem Zeitpunkt, zu dem die „Staffel-Züge" bereits unterwegs waren.

Der Vergleich der „Ansiedlungen" mit den Namenslisten der Deportierten weist indessen eine sehr hohe Übereinstimmung auf: Die maximalen Abweichungen bei der Oblast Archangel'sk belaufen sich auf höchstens ein Prozent, während sie bei der ASRR Komi und der Oblast Vologda nicht mehr als 2,5 Prozent betragen.

Die Konvergenz der Zahl der „Ansiedlungen" mit den Berechnungen anhand von Namenslisten bestätigt vor allem die Glaubwürdigkeit der NKVD-Berichterstattung zu den „Ansiedlungen" in den Oblasten Archangel'sk und Vologda sowie in der ASRR Komi. Sie zeugt aber auch von der weitgehenden Vollständigkeit der erstellten Namenslisten über die deportierten polnischen Staatsbürger, die in diese drei Regionen (insbesondere in die Oblaste Archangel'sk und Vologda) verbannt wurden. Diese statistische Übereinstimmung ermöglicht zugleich eine weitere wichtige Teilverifizierung der Gesamtzahl aller „Sonderumsiedler-Siedler" und „Sonderumsiedler-Flüchtlinge" in der Sowjetunion.

---

[29] Vgl. Indeks Represjonowanych, Bd. 14: Deportowani w obwodzie archangielskim, Bd. 3.

David Silberklang

Am seidenen Faden

Überlegungen zum Schicksal der Juden im besetzten Polen 1939–1945

Einen Überblick über das Schicksal der Juden im besetzten Polen während des Zweiten Weltkriegs und des Holocaust zu geben, ist eine sehr schwere Aufgabe. Einerseits ist das Schicksal der Juden in Polen ein zu großes Thema, um es in einem Artikel abzuhandeln. Andererseits ist es ein Thema, dessen Grundzüge im Kontext einer Diskussion über die deutsche und die sowjetische Besatzung in Polen während des Kriegs geklärt werden müssen. Alle Juden waren von der jeweiligen Politik der Nazis und der Sowjets betroffen sowohl speziell als Juden als auch zusammen mit der übrigen Bevölkerung. Aber gerade unter den Nazis erlitten die Juden ein ganz besonderes Schicksal, das nur ihnen vorbehalten war.

Einleitend möchte ich mit der Geschichte von Benjamin Rogaczewski beginnen. Am 5. Juni 1941 erhielt der Judenrat von Lublin einen Brief der Deutschen Bank in Berlin, in dem stand, dass die Bank einen Scheck in Höhe von 13 US-Dollar, ausgestellt von der Liberty National Bank in Chicago, für den polnisch-jüdischen Kriegsgefangenen Benjamin Rogaczewski erhalten habe, der im Lager Lipowa 7 interniert war. Der Brief wies darauf hin, dass die Deutsche Bank bereit sei, die Summe in Zloty von ihrer Warschauer Filiale aus zu überweisen, sobald Rogaczewski die beiliegenden Formulare ausgefüllt habe. Der Judenrat sandte die ausgefüllten Formulare am 21. Juni an die Deutsche Bank zurück, aber dann kam am 11. Juli ein weiteres Schreiben der Bank, das besagte, dass es beim Ausfüllen der Formulare einen Fehler gegeben habe. Die Bank teilte mit, dass sie das Geld aus ihrer Warschauer Filiale überweisen werde, sobald Herr Rogaczewski die Formulare korrekt ausgefüllt habe. Am 16. Juli schrieb der Judenrat an Benjamin Rogaczewski, um ihm mitzuteilen, was zu tun sei.[1] Die Dokumente geben keinen Aufschluss über den Ausgang

---

[1] Schreiben der Deutschen Bank, Berlin, an den Judenrat Lublin v. 5.6. u. 11.7.1941; Judenrat „Obmann" [Bekker] an den Lagerrat in Lipowa 7, 16.7.1941, YVA, O.6/11b.

dieser Episode. Wir wissen nicht, ob Benjamin Rogaczewski das Geld jemals erhalten hat. Auch wissen wir nicht, wer das Geld geschickt hat. Hingegen ist klar, dass jemand in Chicago von Herrn Rogaczewskis Verbleib wusste und versuchte, ihm zu helfen. Dieses materielle und geistige Rettungsseil in die Vereinigten Staaten wurde am 7. Dezember 1941 gekappt.

Diese Geschichte spiegelt ein sehr viel größeres Phänomen während der ersten beiden Jahre der nationalsozialistischen Besatzung wider – die Kontakte zwischen Juden im besetzen Polen (und in Europa im Allgemeinen) und Menschen im Ausland. Diese Kontakte stellten ein Rettungsseil in Form von Hilfssendungen, eines Hoffnungsfadens und einer Verbindung zur Außenwelt dar. Sie wurden erst durch den Kriegseintritt der USA und der UdSSR gekappt. Die Bedeutung der Verluste dieser Kontakte ist auf zwei Ebenen anzusiedeln. Erstens wurden diese Verbindungen genau zu dem Zeitpunkt unterbrochen, als die Ermordung der Juden begann und sie dieses Rettungsseil wahrlich am allernötigsten hatten. Wer auch immer in Chicago in der Lage gewesen war, etwas über den Aufenthaltsort und die Situation von Benjamin Rogaczewski herauszufinden und ihm 13 Dollar zu schicken, war dazu nicht länger in der Lage. Herr Rogaczewski stand der „Endlösung" nun ganz alleine gegenüber. Und damit kommen wir zur zweiten Ebene – eine Hauptquelle der Hoffnung war verloren. Der Verlust von Hilfssendungen bedeutete schlechtere Lebensbedingungen, während der Verlust der Kontakte den Verlust einer Verbindung für Informationen nach draußen und damit auch den Verlust der Hoffnung bedeutete. Auf tragisch-ironische Weise unterstützen dieselben Faktoren, die notwendig waren, um Nazi-Deutschland zu bezwingen, auch die Besiegelung des jüdischen Schicksals: der Eintritt der UdSSR und der USA in den Krieg. Das Rettungsseil zu ihrer letztmöglichen Hoffnung wurde gekappt durch den Kriegseintritt der USA am 7. Dezember 1941. Das Todeslager Kulmhof öffnete nur einen Tag später. Nun konnten keine neugierigen Augen von außerhalb mehr dazwischen kommen.

Warum berichte ich an dieser Stelle von dieser Geschichte? Sie spiegelt die fundamental unterschiedlichen Zeitabläufe des Zweiten Weltkriegs und des Holocaust wider. Innerhalb eines Jahres nach Kriegseintritt der USA waren die meisten polnischen Juden bereits tot. Zu dem Zeitpunkt, als die Alliierten in der Normandie landeten oder die Polen bereit waren, ihren nationalen Aufstand gegen die Nationalsozialisten zu versuchen, gab es kaum noch jüdische Menschen, die hätten gerettet werden können. Als die Nationalsozialisten mit der Ermordung der Juden begannen und für dieses Unternehmen alle Macht und alle Ressourcen eines leistungsfähigen und modernen Staates einsetzten, standen ihnen die Juden als Gruppe alleine gegenüber.

Besondere Merkmale der nationalsozialistischen und der
sowjetischen Politik und deren Umsetzung

Die Art und Weise, wie die Nationalsozialisten die Juden behandelten, war
gekennzeichnet von Totalität und Unbarmherzigkeit. Die nationalsozialistische Ideologie sah ohne Ausnahme alle Juden als einen unveränderlichen
Typus an. Alle Maßnahmen betrafen alle Juden, und sobald das systematische totale Morden begann, konnte kein Jude eine Ausnahme darstellen. Es
würde keine Kompromisse geben. Es war eine *seek-and-destroy*-Mission.
Davon zeugt das Durchkämmen der Wälder nach allen versteckten Juden,
selbst den unbewaffneten.[2] Im Distrikt Lublin wurden beispielsweise etwa
99 Prozent der Juden getötet, einschließlich derjenigen, die flohen und als
Partisanen zu kämpfen versuchten. Die Maßnahmen, die den Juden vorbehalten waren, basierten auf einer singulären Ideologie, die in den Juden
ein Übel von kosmischen Ausmaßen sah.

Im Unterschied zu den Nationalsozialisten war der Umgang des sowjetischen Regimes mit den Juden gekennzeichnet durch Misstrauen und Auflösung – Misstrauen gegenüber den zionistischen, bundistischen, folkistischen
oder anderen politischen Aktivitäten; Misstrauen gegenüber den religiösen
Aktivitäten und Auflösung aller Privatunternehmen, ob groß oder klein;
Auflösung der jüdischen Gemeindestrukturen. Sie verboten alle jüdischen
politischen Parteien und erzwangen eine radikale Veränderung des jüdischen Bildungssystems, schlossen hebräischsprachige, jiddische und
religiöse Schulen und ersetzten sie durch kommunistische Schulen im
sowjetischen Stil, von denen in einigen auf Jiddisch unterrichtet wurde. Die
Religionsausübung wurde stark eingeschränkt und viele Synagogen wurden
geschlossen. Geschäfte in jüdischem Besitz wurden dicht gemacht oder
verstaatlicht, und da ein bedeutender Teil der arbeitenden jüdischen Bevölkerung sich aus Kleinunternehmern zusammensetzte, trafen diese Maßnahmen die wirtschaftliche Existenz der Juden besonders hart. In Pinsk
wurden beispielsweise 140 jüdische „Industrieunternehmen" verstaatlicht,
darunter 37 Getreidemühlen. Am härtesten traf dies wirtschaftlich wohl die
jüdischen Männer mittleren oder fortgeschrittenen Alters, die als Klein-
händler, Hausierer und mit ähnlichen Berufen ihr Geld verdienten. Ihre
Erwerbstätigkeiten wurden verboten und sie hatten Schwierigkeiten, sich
auf die neuen Hilfsarbeiten umzustellen. Die jüdischen Zeitschriften in
ganz Ostpolen wurden eingestellt, bis auf eine einzige kommunistisch-
jüdische Tageszeitung – den *Bialystoker Shtern* – der bis Juni auf Jiddisch

---

[2] Viele Arbeiten beziehen sich auf die Fahndung nach versteckten Juden; vgl. etwa:
CHRISTOPHER R. BROWNING, Ganz normale Männer. Der Reserve-Polizeibataillon 101 und
die „Endlösung" in Polen, New York 1992, S. 165-178.

erschien. Gleichzeitig wurde es anderen Nationalitäten, wie etwa den Ukrainern und den Polen, im selben Gebiet gestattet, mehr Zeitschriften in ihren jeweiligen Sprachen zu publizieren als vor der sowjetischen Machtübernahme. Hinzu kam, dass viele jüdische Führungspersönlichkeiten und Aktivisten aller politischen Parteien verbannt wurden. Insgesamt wurden über 200.000 Flüchtlinge in den Osten der Sowjetunion deportiert, darunter über 60.000 polnischstämmige Juden. Die sowjetische Politik gegenüber den Juden in den sowjetisch-besetzten Gebieten Polens führte im Wesentlichen zu einer Auflösung der jüdischen Gemeinden.[3]

Trotz dieser Maßnahmen ist jedoch klar, dass die meisten Juden in Ostpolen die Sowjets den Nationalsozialisten prinzipiell vorzogen. Für sie waren die Sowjets ohne Zweifel das kleinere von zwei Übeln. Befürwortete und demonstrierte das nationalsozialistische Regime große Kapazitäten bei der Implementierung einer bösartigen antisemitischen Politik, so stand die Sowjetunion für eine Gesellschaft auf der Basis von Gleichheit, selbst wenn diese schwerwiegende Fehler aufwies und vehement antireligiös war. Für die jüdische Jugend wie auch für die jungen Leute anderer Nationalitäten und ethnischer Gruppen bot die sowjetische Besatzung in den ostpolnischen Gebieten folglich eine Menge Möglichkeiten. Juden konnten ohne den *Numerus clausus* der Vorkriegszeit und ohne die offene Feindschaft vieler Lehrer und Kommilitonen Schulen und Universitäten besuchen, und sie konnten darauf hoffen, Anstellungen im öffentlichen Dienst und in anderen Berufen und Professionen zu finden, die ihnen unter dem vorhergehenden polnischen Regime verwehrt worden waren. Im Bewusstsein der bösartigen Bestialität des nationalsozialistischen Regimes, das von Westen heranstürmte, und in der Erwartung und Hoffung, dass das sowjetische Regime weniger hart sein würde, flohen Hunderttausende Juden, wie Hunderttausende andere Menschen in Polen auch, nach Osten. Selbstverständlich flohen viele dieser Menschen mit der Intention, einen sicheren Hafen auf dem sowjetischen Territorium zu finden, während andere lediglich vor der näher kommenden Front davonliefen. Es wird allgemein angenommen, dass es etwa 300.000 Juden schafften, in die Sowjetunion zu gelangen.[4] In der Regel waren dies jüngere Erwachsene; älteren Menschen, für die die Flucht beschwerlicher war, blieben eher zurück. Dies bedeutet, dass das

---

[3] Vgl. DOV LEVIN, The Lesser of Two Evils: Eastern European Jewry Under Soviet Rule, 1939–1941, Philadelphia 1995, S. 65-68, 89-166, 194-197, 272 f.; YITZHAK ARAD, History of the Holocaust – The Soviet Union and Annexed Territories (Hebräisch), Jerusalem 2004, S. 99-141. (In der neueren Forschung wurden die Zahlen nach unten korrigiert, vgl. ALEKSANDR GUR'IANOV, Die sowjetische Repressionspolitik in den besetzten Ostgebieten der Zweiten Polnischen Republik 1939–1941, in diesem Band; Anm. d. Hg.)

[4] LEVIN, ebd., S. 179 f.; ARAD, ebd., S. 106.

demographische Profil der jüdischen Gemeinden, die 1939 unter national-sozialistische Herrschaft fielen, oft älter war als vor dem Krieg, mit allen damit einhergehenden Schwierigkeiten, die dies hinsichtlich des Unterhalts für Familien wie auch für die gesamte jüdische Gemeinschaft mit sich brachte. Ganz eindeutig stellte die UdSSR aus jüdischer Sicht – im besten Fall – einen gemischten Segen dar, wohingegen die nationalsozialistische Besatzung ein vollkommenes Desaster war.

Als die Nationalsozialisten 1939 West- und Zentralpolen eroberten, fanden sie existierende jüdische Gemeinde- und Führungsstrukturen vor – die *Kehillah* –, auf deren Basis sie ihre Kontrolle aufzubauen suchten und den Judenrat schufen. Im Gegensatz dazu fanden die Nationalsozialisten, als sie die Gebiete eroberten, die in sowjetischer Hand gewesen waren, dort verkümmerte oder gar keine Gemeindestrukturen mehr vor: Die *Kehillah* war aufgelöst worden, viele der jungen Männer und der Führungs-persönlichkeiten lebten in der Verbannung, zahlreiche Synagogen waren dicht gemacht, die zionistische Bewegung sowie andere politische Bewe-gungen einschließlich ihrer Aktivitäten innerhalb der jüdischen Gemeinden waren verboten und die jüdischen Schulen geschlossen oder radikal ver-ändert worden. Wie wir wissen, wurde nach dem Krieg den jüdischen Gemeinden in der Sowjetunion und im kommunistischen Polen ebenfalls nicht erlaubt, sich frei zu entfalten. Sie wurden von den kommunistischen Machthabern und oft auch aufgrund der lokalen Feindseligkeit beziehungs-weise der Feindseligkeit der örtlichen Bevölkerung streng kontrolliert.

Die frühe Politik der Nationalsozialisten

In der ersten Zeit der Besatzung von 1939 bis 1940 waren die Maßnahmen der Nationalsozialisten gegenüber den Juden gekennzeichnet von willkürli-cher Gewalt und Massenmord. Die Juden waren Prügeln, öffentlichen Erniedrigungen, Entführungen auf offener Strasse sowie Zwangsarbeit, Isolation, Mord und Massenmord ausgesetzt. Von Beginn an litten sie unter Massenvertreibungen, Deportationen und wurden sogar auf Todesmärsche geschickt. Viele Tausend Juden wurden aus ihrer Heimat deportiert: aus dem Reich ins Generalgouvernement (GG), wie z. B. die Nisko-Deportatio-nen im Oktober 1939[5] und die Deportation von 1.200 Juden aus Stettin in

---

[5] SE'EV GOSHEN, Eichmann und die Nisko-Aktion im Oktober 1939, in: VfZ, Nr. 10, 1981, S. 74-96; DERS., The Nisko Operation (1939-1940), (Hebräisch) Dapim: Studies on the Shoah, Nr. 2, 1981, S. 177-195; JONNY MOSER, Nisko, the First Experiment in Depor-tation, in: Simon Wiesenthal Center Annual, Nr. 2, 1985, S. 1-30; PHILIP FRIEDMAN, The Lublin Reservation and the Madagascar Plan: Two Aspects of Nazi Jewish Policy during the Second World War, in ders., Roads to Extinction: Essays on the Holocaust, Philadelphia

den Distrikt Lublin im Februar 1940;[6] aus den deutsch annektierten Gebieten in Polen ins Generalgouvernement;[7] von einem Ort im Generalgouvernement an einen anderen;[8] von einigen Orten im Generalgouvernement über die Grenze in Gebiete, die unter sowjetischer Hoheit standen, wie etwa im Dezember 1939 der Todesmarsch von mehr als 2.000 Männern aus Chełm und Hrubieszow in Richtung der neuen Grenze.

Am 1. Dezember 1939 wurden in Chelm etwa 2.000 jüdische Männer zusammengetrieben und in das mehr als 50 Kilometer südlich gelegene Hrubieszow abgeführt. Die meisten wurden von den SS- und „Selbstschutz"-Angehörigen[9] auf dem Weg erschossen, und die wenigen Hundert,

---

1980, S. 34-58; CHRISTOPHER R. BROWNING, Die Entfesselung der „Endlösung". Nationalsozialistische Judenpolitik 1939–1942, Berlin 2003, S. 65-74.

[6] Judenrat von Lublin, Jahresbericht, APL, RŻL 8 (Kopie im YVA, O.6/389; im Weiteren nur mit Titel zit.), Bl. 36, 67 f.; Brief: Lammers an Himmler, 28.3.1940, einschließlich eines Berichts v. 14.3.1940, Die Deportation wird fortgesetzt, Der Todesmarsch von Lublin – Erfrierungstode, Nürnberger Dokumente (NG-2490); Liste der Ankömmlinge aus Stettin und ihre endgültigen Verlegungsorte, in APL, RŻL 166; Sterbeliste der Stettiner Juden, APL, RŻL 167; Äußerungen des Chefs des Reichssicherheitshauptamtes, 30.1.1940, Nürnberger Dokumente (NO-5322); YVA, Zeugenaussagen von Manfred Heymann, O.2/794; Erich Mossbach, O.33/2149; Elsa Meyring, O.33/2212; Vera Beckhard, O.33/2426 und Moshe Zylberberg, M.1.E/1402; KRYSTYNA MODRZEWSKA, Pamiętnik z Okresu Okupacji, in: BŻIH, Nr. 31, 1959, S. 65-68; Lebenszeichen aus Piaski; Briefe Deportierter aus dem Distrikt Lublin 1940–1943, hg. v. ELSE ROSENFELD/ GERTRUD LUCKNER, München 1968, S. 7–25; SARAH ERLICHMAN-BANK, In Impure Hands (Hebräisch), Tel Aviv 1970, S. 19 f.

[7] Viele Wissenschaftler haben die Bevölkerungspolitik der Nationalsozialisten für die besetzten Gebiete im Zusammenhang mit der antijüdischen Politik während der ersten Periode der NS-Besatzung in Polen untersucht; vgl. JOSEPH B. SCHECHTMAN, European Population Transfers 1939–1945, New York 1946; GÖTZ ALY, „Endlösung": Völkerverschiebung und der Mord an den europäischen Juden, Frankfurt/M. 1995; BROWNING, Die Entfesselung der Endlösung, S. 65-172; JANINA KIEŁBOŃ, Migracja ludności w dystrikcie lubelskim w latach 1939–1944, Lublin 1995, S. 132; Was die Sicht der Juden auf diese Politik anbelangt, siehe etwa: Zamość in its Agony and Destruction (Hebräisch), hg. v. ZE'EV TAMARI, Tel Aviv 1953, S. 103; Zeugenaussage v. Mieczysław Garfinkel, YVA, O.33/ 322; Zeugenaussage Garfinkel (Wiesbaden 1962), YVA, TR.10/1146Z, Bd. 17, Bl. 3729 f.; ZYGMUNT KLUKOWSKI, Diary from the Years of Occupation 1939–44, Urbana und Chicago 1993, S. 62; EMANUEL RINGELBLUM, Diary and Notes from the Warsaw Ghetto: September 1939–December 1942 (Hebräisch), Jerusalem 1992, Eintrag vom 21.12.1939, S. 31.

[8] Vgl. ADINA (ELKIN) EICHENBAUM, In a Snowstorm into the Unknown, und MECHL (MISHA) ECKHAUS, [I] Survived Two World Wars, in: Ostrów-Lubelski Book, hg. v. DAVID STOKFISCH (auf Jiddish), Tel Aviv 1987, S. 99, 260; ARYEH BARNEA, The Jews of Lubartów: Life, Holocaust, Remnants (Hebräisch), Tel Aviv 1987, S. 13; Zeugenaussage von Baruch und Sarah Roizman, YVA, O.3/3554; Puławy Yizkor Book (Jiddisch), MORDECHAI W. BERNSTEIN, New York 1964, Zeugenaussagen von Golda Pajek Kupfer, Etl Szabason-Briefman und Golda Teich, S. 387, 388, 393.

[9] Polizeiliche Hilfseinheiten, die sich aus „Volksdeutschen" zusammensetzten.

die Hrubieszow in derselben Nacht erreichten, waren bis auf die Knochen durchgefroren und völlig erschöpft. Am nächsten Tag wurde weiteren 2.000 Männer aus Hrubieszow befohlen, zusammen mit den überlebenden Juden aus Chelm auf einer gewundenen Route in Richtung des Flusses Bug zu marschieren. Sehr viele wurden auf dem Weg erschossen, anderen gelang es zu fliehen, bis nur noch einige hundert Juden übrig waren, als sie an eine Kreuzung kamen. Sie wurden in zwei Gruppen aufgeteilt, die eine schickte man nach Sokal, das im sowjetischen Hoheitsgebiet lag, die andere nach Belz. Die erste Gruppe wurde gezwungen, gegenüber von Sokal in den Bug zu steigen, die Wachen der Roten Armee eröffneten jedoch das Feuer, um sie an der Überquerung zu hindern. Diejenigen, die eine der beiden Städte lebend erreichten, erhielten Hilfe der lokalen Gemeinde – in Sokal von der jüdischen Gemeinde, in Belz auf Drängen des Dorfpfarrers von einem örtlichen Frauenkomitee.[10] Nach dieser Anfangsperiode der nationalsozialistischen Besatzung wurden die Maßnahmen der Nationalsozialisten gegenüber den Juden systematischer und einheitlicher, mit Verordnungen über ihre Kennzeichnung mit Sternen oder Armbinden und die Auferlegung obligatorischer Zwangsarbeit. Die Folgen der Kennzeichnung können nicht schwerwiegend genug eingeschätzt werden. Sie brandmarkten Juden wie Tiere auf einem Bauernhof und trennten sie von der Gesellschaft. Dies führte zu noch größerer Isolierung und dem Gefühl, dass sie ihren Verfolgern alleine gegenüberstanden.

Während der ersten ungefähr achtzehn Monate der Besatzung kam es zu einer Art Überschneidung zwischen der antijüdischen Politik der Nationalsozialisten und ihrer Bevölkerungspolitik in Bezug auf Polen und „Volks-

---

[10] Zu Chelm und Hrubieszow: Aus dem YVA: M.2/235, Zeugenaussage von Dr. J. L., Jerusalem, 5.1942; Josef Rechtschaft, Zeugenaussage v. 27.10.1960, TR.11/01121/V; Zeugenaussage von Abraham Dichter, O.2/213; Zeugenaussage von Avraham und Sheindl Goldfarb, O.3/2140; Ahuva Shamai-Grossfeld, O.3/3135; O.12/46, ungenannter 16jähriger Zeuge, 1942; Anszel Krechman, M.1.E/1249; Benjamin Szporn, M.1.E/1463; Moshe Moskal, Avraham Zimmerman, Hersh Pachter, M.1.E/1536; Zeugenaussage von Joel Ponczak, O.33/243; Zeugenaussage von Jakob Finkelstein, M.9/576; The Pogrom in Chełm, M.10.AR.1/1006; Zeugenaussage von Zipora Hurwitz, Moreshet Archive (MA), A.296; RINGELBLUM, Diary and Notes, 12.12.1939, S. 20; Memorial Book for the Chełm Community (Jiddisch und Hebräisch), hg. v. SHIMON KANTZ, Tel Aviv 1981, Zeugenaussagen von Ben-Zion Brucker, J. Feinsztok, Yitzhak Grojskopf, Haim Sobol, Manes Citrin, J. Hertz, Lazar Cohen, S. 663, 689, 698, 699, 703-706, 710; Pinkas Hrubieszów (Hebräisch und Jiddisch), hg. v. BARUCH KAPLINSKI, Tel Aviv 1969, Zeugenaussagen von Moshe Moskal und Avraham Zimmerman, Eliahu Zylberberg, Reuven Katz, Zwi Pachter, Roza Zylbermintz, Avraham und Shaindl Goldfarb, S. 613 f., 650, 693 ff. ARIEL HURWITZ, The Death March of the Jews of Chełm and Hrubieszów to the Bug River, December 1939, (unveröffentlichte Magisterarbeit), Hebrew University of Jerusalem 1984; MARTIN GILBERT, The Holocaust: A History of the Jews of Europe During the Second World War, New York 1985, S. 104; DERS., Atlas of the Holocaust, London 1982, S. 33 f.

deutsche". Das NS-Regime annektierte Westpolen und machte sich daran, dieses Gebiet zu „germanisieren" und den „menschlichen Abfall" – Polen und Juden – ostwärts ins Generalgouvernement zu verschicken. Zwischen Oktober 1939 und Frühjahr 1941 waren die meisten derjenigen, die aus Westpolen ins Generalgouvernement vertrieben wurden, Polen und mit ihnen zusammen viele Tausend Juden. Hinsichtlich der Juden bestand die Motivation jedoch nicht nur darin, die neu annektierten Gebiete zu „germanisieren", sondern auch darin, alle Juden aus dem deutschen Einflussgebiet zu entfernen. Dies ist der Grund, weshalb die Vertreibung der Juden ins GG noch von einer Reihe von Spezialplänen und „Lösungen" für die „Judenfrage" begleitet wurde, wie etwa dem „Reservat Lublin". Die Juden sollten nicht einfach nur raus aus Deutschland, sondern aus allen Ländern, die von Deutschland kontrolliert wurden. Sobald es um die Juden ging, führte die NS-Ideologie zu einer Politik, die ohne Ausnahme alle Juden in jede zu ergreifende Maßnahme mit einschloss. Parallel dazu wurden die Juden aus dem Wirtschaftsleben ausgeschlossen, was an mehreren Orten zu ihrer völligen Verarmung führte. Diese völlige Verarmung hatte selbstverständlich auch Auswirkungen auf ihren Gesundheitszustand. Vielerorts grassierten Hungertod und Krankheiten, was zu einem Massensterben führte, lange bevor die Deportationen im Kontext der „Endlösung" begannen.[11]

Im Lauf des Jahres 1940 wurde die Zwangsarbeit für Juden immer stärker systematisiert und immer weiter ausgedehnt, wobei Juden in einem breiten Spektrum nationalsozialistischer Projekte arbeiteten, etwa in der Landgewinnung, im Bauwesen und bei der Grenzbefestigung oder in Werkstätten und Fabriken verschiedener Art. Die Bedingungen in diesen Zwangsarbeitseinrichtungen waren oft sehr hart und die Behandlung durch die deutschen Aufseher grausam und brutal. Viele Juden starben durch die Zwangsarbeit oder wurden dauerhaft verstümmelt.[12] Letztendlich waren die Juden nicht Teil der nationalsozialistischen Bevölkerungspolitik, sondern standen außerhalb davon. Über kurz oder lang sollten sie verschwinden, „auf die eine oder andere Weise".

---

[11] Viele Quellen beschäftigen sich mit diesen Maßnahmen, der Verschlechterung des Gesundheitswesens und den parallel dazu in die Höhe schnellenden Todesraten; vgl. z. B. ISAIAH TRUNK, Judenrat, New York 1972, S. 143-171.

[12] Siehe z. B. BROWNING, Entfesselung der Endlösung, S. 209-248; FELICJA KARAI, The Conflict Among German Authorities Over Jewish Slave Labor Camps in the General Government, (Hebräisch), in: Yalkut Moreshet, Nr. 52 (April 1992), S. 107-122; DAVID SILBERKLANG, A Step Towards Death: The Belzec Forced Labor Camps in 1940, (Hebräisch), in: Dapim – Studies in the Shoah, Nr. 19, 2005; RAUL HILBERG, The Destruction of the European Jews, New York 1985, S. 249-259, für eine kurze, interessante Analyse des Entwicklungsverlaufs der jüdischen Zwangsarbeit in Polen.

Die Nationalsozialisten und die „Endlösung"

Wie wir wissen, begann der systematische Massenmord an den Juden mit dem deutschen Einmarsch in die Sowjetunion am 22. Juni 1941 in den neu eroberten Gebieten im Osten. Bis zum Jahresende ermordeten die vier Einsatzgruppen der Sicherheitspolizei und des SD zusammen mit vielen anderen Polizeieinheiten, die zu diesem Zweck in die UdSSR eindrangen, in diesen Gebieten schätzungsweise 500.000 Juden. Ghettos, die hier eingerichtet wurden, waren Teil des Mordprozesses, und für die meisten Juden in diesen Gebieten kam der Massenmord dem Ghetto zuvor. Das Massensterben in den Ghettos im GG und in Litzmannstadt verlief parallel zur Erfahrung des Massenmords im Osten. Im Herbst 1941 und 1942 entwickelten die Nationalsozialisten ein Konzept für spezielle Vernichtungslager, um sich der Juden zu entledigen. Diese Lager waren streng geheim (anders als viele Konzentrations- und Arbeitslager) und sie waren speziell darauf ausgerichtet, die Juden zu beseitigen. Ein besonderes Problem verlangte nach einer besonderen und der radikalsten aller möglichen Lösungen. Diese mörderische Unbarmherzigkeit und Totalität war den Juden vorbehalten; nur für sie entwickelten die Nationalsozialisten eine „Endlösung."

Das Jahr 1942 war wahrscheinlich das mörderischste Jahr des Holocaust. Zu Beginn des Jahres waren etwa 80 Prozent der Juden, die im Holocaust umkommen sollten, noch am Leben. Am Ende des Jahres waren 80 Prozent dieser Menschen tot. Dies zeigt sich in der Differenz zwischen der geschätzten Anzahl der Juden im GG, die im Protokoll der Wannsee-Konferenz genannt wird, und den Zahlen in dem bekannten Bericht von Richard Korherr ein gutes Jahr später. Zusammengenommen zeigen diese beiden Dokumente, dass es zu Beginn des Jahres 1942 im Generalgouvernement 2.284.000 Juden gab, von denen am Ende des Jahres nur noch weniger als 298.000 übrig waren. Selbstverständlich sind diese Daten nicht wortwörtlich zu nehmen. Sie müssen sorgfältig analysiert und erklärt werden. Dennoch wird das Ausmaß des Mordens während dieses einen Jahres allein im GG deutlich.[13] Die Vorbereitungen für das Morden und der Mordprozess an sich beinhalteten das nochmalige Zählen, Registrieren und Durchsuchen der Juden, nachdem dies bereits bei zahlreichen Gelegenheiten von den Nationalsozialisten vorgenommen worden war. Bei der Pla-

---

[13] Nürnberg Dokument NG-2586-G, Protokoll der Wannsee-Konferenz, 20. Januar 1942; Nürnberg Dokument NO-5194, Korherr-Bericht, 23. März 1943. Beide Dokumente sind in zahlreichen Quellensammlungen abgedruckt worden; vgl. Documents on the Holocaust, hg. v. YITZHAK ARAD/ YISRAEL GUTMAN/ AVRAHAM MARGALIOT, Jerusalem 1981, S. 249-261, 332 ff.

nung und der Durchführung der Zählung und bei der Selektion der jüdischen Zwangsarbeiter, die vorerst am Leben bleiben sollten, pflegten die
deutsche Zivilverwaltung, die SS und die Polizei miteinander zu kooperieren. Die Zivilbehörden überwachten in der Regel die Judenräte bei der
Erhebung der Zählung, einschließlich der Auflistung von Fertigkeiten und
Erwerbstätigkeiten, und die SS gab daraufhin neue Identitätskarten
und/oder Arbeitsdokumente für jene Juden aus, die zu diesem Zeitpunkt
noch nicht umgebracht werden sollten. Im Distrikt Lublin wurden beispielsweise weniger als zehn Prozent der Juden eines jeden Unterbezirks
zur Zwangsarbeit ausgewählt.[14] Das Ergebnis all dieser Aktivitäten war,
dass die überwältigende Mehrheit der Juden in Polen bis Ende Dezember
1942 tot war, sei es durch Erschießungen in den zuvor sowjetisch annektierten Gebieten, durch Hunger und Krankheiten innerhalb der Ghettos, die
im deutsch besetzten Territorium lagen, oder durch Vergasung oder Erschießung in diesen Gebieten. Jene Juden, die 1942 von den Nazis am
Leben gelassen worden waren, wurden 1943 und 1944 systematisch aufgespürt, zusammengetrieben und getötet, sogar einschließlich der meisten
Zwangsarbeiter. Juden in Verstecken oder in den Wäldern wurden beständig gejagt und getötet. Die nationalsozialistische Politik gegenüber den
Juden in Polen war in dieser Zeit im Wesentlichen auf Ergreifung und
Tötung ausgerichtet, was nicht beabsichtigte, irgendjemanden am Leben zu
lassen.

Unterschiedliche jüdische Reaktionen

Die hervorstechenden Merkmale in den Reaktionen der Juden auf die Nazis
waren ihre Hilflosigkeit und ihr Empfinden, in einer feindlichen Umgebung
zu leben. Die polnischen Juden versuchten, in den Maßnahmen der Nationalsozialisten eine Regelmäßigkeit zu entdecken, um ihr Überleben
sicherzustellen. Waren die Deutschen der Auffassung, dass Juden unpro-
duktiv und deshalb „nutzlose Esser" seien, so machten sich einige Juden
daran, ihre Produktivität und Nützlichkeit unter Beweis zu stellen, um auf
diese Art und Weise Lebensmittel für sich, ihre Familien und die Gemeinde
zu sichern.[15] Was für die meisten Juden unvorstellbar war, war die unter-
schiedslose Sichtweise der Nationalsozialisten auf die ganze jüdische Bevöl-

---

[14] DAVID SILBERKLANG, The Holocaust in the Lublin District (Dissertation, Hebrew
University of Jerusalem, 2003), S. 236-239, 268 ff.

[15] Zu jüdischen Einstellung zum Thema Arbeitskraft, vgl. YISRAEL GUTMAN, The
Concept of Labor in Judenrat Policy, in: Patterns of Jewish Leadership in Nazi Europe
1933–1945, Jerusalem 1979, S. 151-180.

kerung, selbst auf diejenigen, die man zeitweilig wegen ihrer Fertigkeiten ausnutzen konnte.

Eine der schwierigsten Lektionen, die die Juden unter den Deutschen zu lernen hatten, war, dass der einzige Sinn, der hinter der Art und Weise steckte, wie die Nationalsozialisten sie behandelten, deren rassistischer Antisemitismus war. „Rationale" Überlegungen spielten lediglich eine nachgeordnete und vorrübergehende Rolle in der NS-Politik gegenüber den Juden. Diese Politik teilte nicht dasselbe rationale Denken, das anderen Regierungen und Politikentwürfen zugrunde lag. Deshalb mussten die Juden etwas lernen, was wahrscheinlich eine unmögliche Aufgabe für den Durchschnittsbürger jeder Gesellschaft ist: sie mussten Gesetzlose werden, um auf ihr Überleben hoffen zu können. Dies war sogar bereits vor den systematischen Ermordungen im Rahmen der „Endlösung" der Fall. An vielen Orten, etwa in Warschau und Lodz, konnte das Befolgen jeder deutschen Anordnung in Bezug auf Lebensmittel, Schmuggel, Wohnsitz, Fortbewegung, Konfiszierungen und Arbeit zu einem frühen Tod führen. Die Juden waren wie die meisten Menschen jedoch dahingehend sozialisiert, sich an die Gesetze zu halten. So funktionieren Gesellschaften. Es ist für Einzelne, Gemeinschaften und ganz zu schweigen für eine ganze Bevölkerung äußerst schwierig, den Gehorsam vor dem Gesetz zu verlernen. Unter den Nationalsozialisten hatten die Juden mit der härtesten Strafe – dem Tod – zu rechnen, wenn sie dabei erwischt wurden, dass sie die NS-Verordnungen nicht befolgten. Da sie jedoch mit einem langwierigen, qualvollen Tod zu rechnen hatten, wenn sie sich strikt an die Regeln hielten, und mit einem möglicherweise schnellen Tod, falls sie nicht gehorchten, wählten viele Juden einen unauffälligen Ungehorsam. Dies wird mit dem hebräischen Ausdruck *amidah* bezeichnet. Das Konzept umfasst verschiedene Formen des unbewaffneten Widerstands und des Versuchs, angesichts des nationalsozialistischen Ansturms zu überleben, einschließlich illegaler Aktivitäten. Dies ähnelt in vielerlei Hinsicht dem, was einige als „passiven" Widerstand bezeichnen würden, aber im Fall der Juden während des Holocaust war dies alles andere als passiv. Es schloss aktives und bewusstes Eingehen von Risiken ein.[16]

„Die Menschen leben in Panik […]. Jeder spricht über die Evakuierungen, aber niemand weiß tatsächlich etwas darüber. Die Leute fragen einander, werden wir evakuiert oder vielleicht erschossen? Niemand weiß irgendetwas mit Sicherheit […]. Wir fragen uns selbst, wohin führen die Deutschen die vollgeladenen

---

[16] Zu *amidah* vgl. YEHUDA BAUER, Rethinking the Holocaust, New Haven, London 2001, S. 119-137, 148-166; MEIR DWORZECKI, The Day-to-Day Stand of the Jews, in: Jewish Resistance During the Holocaust, Jerusalem 1971, S. 152-181, sowie Diskussion: S. 181-190.

Züge mit Evakuierten? [...] Wir sind in einem Zustand des totalen Zusammen-
bruchs. [...] Nur ein rasches Kriegsende kann uns retten. Es ist besonders
schwer zuzusehen, wie alle evakuiert werden, wie die Deutschen die Menschen
in Viehwaggons schieben."[17]

Zygmunt Klukowskis Beschreibung der Reaktionen auf Deportationen
bezieht sich nicht auf Juden, sondern auf die Reaktionen von Polen bei der
Evakuierung polnischer Dörfer in der Gegend von Zamosc Ende 1942. Die
Deutschen benutzten polnische Polizisten und Feuerwehrleute beim Zu-
sammentreiben ihrer Landsleute, wie auch die gleiche Art von Einheiten
(zusammen mit jüdischen Polizisten) eingesetzt wurden, um Juden zu-
sammenzutreiben. Ungewissheit, Angst und Panik überwogen, und als die
Deportationen der Dorfbevölkerung anhielten, flohen und versteckten sich
immer mehr Polen in den Wäldern. Klukowskis Beschreibung der polnischen Reaktionen auf die Deportationen, von seinem Standpunkt in
Szczebrzeszyn aus gesehen, ähnelt stark den Beschreibungen der jüdischen
Reaktionen auf deren Deportationen, die kurz vor den Deportationen der
Polen einsetzten. Die Juden wussten nicht, wohin ihre Glaubensbrüder und
-schwestern geschickt wurden, und sie waren darauf angewiesen, mit ihren
eigenen, sehr begrenzten Mitteln zu versuchen, an Information zu kommen.
Viele Faktoren trugen zu dieser Unwissenheit bei, darunter die aktive
Irreführung und die Fehlinformationen durch die Nationalsozialisten, die
Brutalität der Deportationsaktionen, welche verhinderte, dass die Menschen
innehielten, um darüber nachzudenken, was da gerade geschah, wie auch
die normale menschliche Unfähigkeit, das Unfassbare und Unmögliche
vorauszusehen oder intuitiv zu erfassen.

Wann wurde einigen Juden klar, was die Nazis mit ihnen vorhatten?
Selbst wenn einige Juden in verschiedenen Ländern verlässliche Informationen etwa über das Schicksal der Deportierten erhielten, so erreichte sie
dieses Wissen erst, nachdem die meisten Juden eines bestimmten Ortes
bereits ermordet waren. Nur dann waren vielleicht einige der verbliebenen
Juden in der Lage, daraus zu folgern, dass auch sie vom Tod bedroht
waren, unabhängig von Alter, Geschlecht, Gesundheitszustand oder Fertigkeiten. Dies war der Hintergrund für viele der versuchten Aufstände oder
Massenfluchten, die von Juden unternommen wurden. Die brutalen Massendeportationen und systematischen Massenermordungen waren der Kontext, in dem die Versuche, einen Aufstand im Ghetto zu organisieren,
auftraten. Alle versuchten Massenfluchten und Aufstände fanden zwischen
1942 und 1943 statt, als die Alliierten noch sehr weit entfernt waren und
der polnische Untergrund noch nicht bereit für seinen eigenen Aufstand

---

[17] KLUKOWSKI, Diary from the Years of Occupation, Einträge: 7.-14.12.1942, S. 229
ff.

war. Die Juden konnten hingegen nicht länger warten. Und so standen sie dem mächtigsten Land der Welt mit ihren Plänen für eine Massenflucht oder für einen Aufstand allein und hilflos gegenüber. Die Juden in Polen verspürten insgesamt nicht nur ein Gefühl der kollektiven Verlassenheit angesichts des nationalsozialistischen Ansturms auf sie, sondern auch das Gefühl des Verlassenseins durch ihre Nachbarn. Sie spürten, dass sie sich in einer feindlichen Umgebung befanden. Wie Klukowski am 26. November 1942 festhielt: „Es gibt viele Leute, die die Juden nicht als menschliche Wesen, sondern als Tiere ansehen, die vernichtet werden müssen."[18]

Während des Holocaust ein Jude in Polen zu sein bedeutete, ständig gejagt, angegriffen, isoliert und vom Tode bedroht zu sein, nicht nur durch die Deutschen, sondern auch durch die Nachbarn oder andere Personen aus der lokalen Bevölkerung. Die Vorkommnisse in Tuczyn,[19] Lachwa,[20] Janiszow,[21] Markuszow und die Erfahrungen der Juden in den Wäldern sind nur einige der Fälle, die dies illustrieren.[22] In jedem der genannten Orte fand 1942 eine Massenflucht statt, in deren Folge fast alle der Geflüchteten getötet wurden. In Markuszow flüchteten am Morgen des 9. Mai, auf Drängen des Judenratsvorsitzenden Shlomo Goldwasser, mehr als Tausend Juden in den nahe gelegenen Wald, aber fast niemand von ihnen überlebte. In Janiszow meldete sich der einzige Überlebende von mehreren Hundert, die am 6. November in den Wald geflohen waren, später selbst im Zwangsarbeitslager Budzyn, das von dem mörderischen Reinhold Feiks

---

[18] Ebd., S. 227

[19] Vgl. SHMUEL SPECTOR, The Holocaust of Volhynian Jews, 1941–1944, Jerusalem 1990, S. 214-217.

[20] Vgl. SHALOM CHOLAWSKY, The Jews of Bielorussia During World War II, Amsterdam 1998, S. 193-199.

[21] Vgl. P. Kristal, YVA, M.1.E/571; Zeugenaussage von Hillel Borensztajn, M.1.E/595; Zeugenaussagen von Eli Fiszman, M.1.E/714 und 715; Zeugenaussage von Yaakov Farber, M.1.E/716; DANIEL FREIBERG, Darkness Covered the Earth (Hebräisch), Tel Aviv 1970, S. 107-113; The Rachów/Annopol Book: Testimonies and Memoirs (Hebräisch und Jiddisch), Tel Aviv 1978, Zeugenaussagen von B. Kleinman sowie Avrahamcze und Manis Brafman; Gespräch mit Rabbi Eli Fishman (Freehold, New Jersey), 2.8.2002; KdO Galicia, Hans Heitzinger, Zusammenfassung des Berichts des KdO Lublin zur Flucht aus Annopol, der an die Polizei in Galizien verteilt wurde, 13.11.1942, United States Holocaust Memorial Museum Archive, RG 11.001, Microfilm Roll 82, Fond 1323, Opis 2, Folder 292b (Ich danke Professor Raul Hilberg, dass er mich auf dieses Dokument des KdO aufmerksam gemacht hat.); vgl. SHMUEL KRAKOWSKI, The War of the Doomed, New York 1984, S. 86 ff.; DAVID SILBERKLANG, Die Juden und die ersten Deportationen aus dem Distrikt Lublin, in: „Aktion Reinhardt": Der Völkermord an den Juden im Generalgouvernement 1941–1944, hg. v. BOGDAN MUSIAL, Osnabrück 2004, S. 141-164.

[22] Vgl. Destruction and Heroism from the Town Markuszów, hg. v. DAVID SHTOKFISZ, Tel Aviv 1955, S. 159-194; KRAKOWSKI, War of the Doomed, S. 61 f.

kommandiert wurde. Dies erschien ihm sicherer, als sich auf den Schutz seiner Mitmenschen zu verlassen. Sicherlich verdankten viele Juden, die überlebten, ihr Leben Polen (oder anderen), die ihr eigenes Leben einsetzten, um sie zu retten, und oft war für einen Rettungsversuch die geheime Organisierung einer ganzen Reihe von Menschen nötig. Das Lesen von Überlebendenberichten in Archiven oder veröffentlichten Memoiren enthüllt häufig, was an der Oberfläche aussehen mag wie ein Widerspruch – die Beschreibung einer feindlichen und unzuverlässigen polnischen oder ukrainischen Umgebung und eines Polen oder anderen Christen, der große Risiken auf sich nahm, um diese jüdische Person zu retten.

In Polen einen Juden zu retten, war selbstverständlich eine komplizierte Angelegenheit, und viele der Retter waren selbst komplexe Persönlichkeiten. Nehmen wir etwa Zofia Kossak-Szczucka, eine der Gründerinnen und Führungspersönlichkeiten der „Żegota", der bekannten polnischen Hilfsorganisation für die Juden. Sie war eine ausgesprochene Antisemitin. Dennoch war sie auch eine Frau, die aufgrund ihrer religiösen und nationalen Überzeugungen nicht daneben stehen konnte, wenn Menschen massenweise ermordet wurden. Infolgedessen riskierte sie häufig ihr Leben bei dem Versuch, so viele Juden wie möglich zu retten.[23] Die Geschichte von Valenti Beck ist ebenfalls bezeichnend für die Komplexität. Beck war ein polnischer „Volksdeutscher" in Zolkiew, aber er war kein Befürworter der Nationalsozialisten. Nachdem die Nazis 1941 die Stadt besetzt hatten, übergab man ihm das Haus der Melmans, einer jüdischen Familie, die im Ghetto interniert worden war. Als Beck und seine Familie das Haus in Besitz nahmen, sagte er den Melmans, dass er dies nur tue, weil er müsse, aber dass sie jederzeit zu ihm kommen könnten, wenn sie Hilfe benötigen sollten. Er versprach, das Haus nach dem Krieg zurückzugeben. Vom Tag der ersten Aktion in der Stadt, dem 22. November 1942, bis zur Befreiung durch die Sowjets im Juli 1944 versteckten Beck, seine Frau Julia und die Tochter Aleksandra Juden in ihrem Keller. Am Tag der letzten Aktion, dem 6. April 1943, wuchs die Zahl der Juden, die im Keller versteckt waren, auf achtzehn an, die alle überlebten. Beck legte von Zeit zu Zeit extreme Verhaltensweisen an den Tag, von bemerkenswerter Aufopferung und Risikobereitschaft bis hin zu betrunkenen Drohungen, alle Juden auszuliefern. Beck und seine Frau versorgten die versteckten Juden mit allem Nötigen, einschließlich Nahrung und Hygienemöglichkeiten, wie auch mit

---

[23] Zur Komplexität ihrer Persönlichkeit siehe z.B. JAN BŁOŃSKI, Polish Catholics and Catholic Poles: The Gospel, National Interest, Civic Solidarity, and the Destruction of the Warsaw Ghetto, in: Yad Vashem Studies, Nr. 25, 1996, S. 181-196. Zofia Kossak-Szczucka wurde von Yad Vashem als eine der Gerechten unter den Völkern geehrt. Siehe YVA, M.31/2377a.

menschlichem Kontakt und Neuigkeiten von draußen. Er und seine Frau freundeten sich mit Nazis an, einschließlich der örtlichen Gestapo-Offiziere, und luden sie regelmäßig zu sich nach Hause ein, alles als Deckmantel für ihre Aktivitäten. Beck enthüllte seine dunklere Seite, wenn er den Juden gelegentlich damit drohte, sie auszuliefern, um Schluss zu machen mit dem Ärger und der Gefahr, und manchmal, wenn er betrunken war, schlug er seine Frau. Clara Schwarz, eine junge Frau im Teenageralter, die unter den versteckten Juden war, schrieb in ihrem Tagebuch von ihrer Angst vor Beck in diesen dunklen Momenten, wie auch von ihrer Bewunderung für ihn. Beck lieferte die Juden jedoch nicht aus. Seine Großherzigkeit erwies sich vielmehr just in einer Situation, als er androhte, alle Juden hinauszuwerfen. Am 6. April 1943 erschienen zwei kleine Kinder, der neunjährige Zigusz Olender und seine vierjährige Schwester Zusia, an seiner Tür, die der Auflösung des Ghettos entkommen waren. Beck nahm sie auf und zwang die Juden, die sich in seinem Keller versteckten, die Kinder aufzunehmen – gegen den Willen von einigen der Versteckten, die Angst hatten, dass die Vierjährige sie letztlich durch ihr Weinen verraten würde. Beck sprach ein Machtwort und bestand darauf, dass sie die Kinder aufnähmen, andernfalls würde er sie alle hinauswerfen. Nach dem Krieg bot Familie Melman Beck aus Dankbarkeit an, ihm das Haus zu überschreiben, aber er und seine Familie spürten, dass sie nicht länger in Zolkiew bleiben konnten, welches nun Teil der Sowjetunion war. Als Polen, als „Volksdeutsche" und vor allem als Judenretter hatten sie das Gefühl, dass ihr Leben von ihren Nachbarn bedroht sei, wenn sie in der Stadt blieben. Deshalb zogen sie nach Polen, in eine Stadt, in der sie niemand kannte.[24]

Die Geschichte von Valenti, Julia und Aleksandra Beck verdeutlicht die Schwierigkeit der Rettung, aber auch den Heroismus, die Selbstaufopferung und die kreative Initiative, die oft nötig war, um mit den Rettungsversuchen Erfolg zu haben. Es erinnert uns daran, dass die Retter Menschen waren, die menschliche Schwächen hatten, wie andere Menschen. Aber es spiegelt auch die Reaktionen der Umgebung. Letztendlich verdankten achtzehn Menschen den Becks ihr Leben, die Becks jedoch fanden sich infolge ihrer Rettungsaktivitäten entwurzelt, weil ihre Nachbarn ihnen die Rettung von Juden nicht verzeihen konnten.

Was war die Realität der Juden in Polen vis-à-vis ihrer Nachbarn? Sie lag irgendwo zwischen dem einen Extrem, dem unter Juden weit verbreiteten Gefühl von sie umgebender, unterschiedsloser Feindschaft, des

---

[24] Zu Beck, seiner Frau Julia und seiner Tochter Aleksandra, die alle von Yad Vashem als Gerechte unter den Völkern geehrt wurden, vgl. CLARA SCHWARZ KRAMER, From the Depths: A Diary from the Period of the Nazi Occupation of Żółkiew, (Hebräisch), in: Sefer Żółkiew, hg. v. A. Rapaport, Tel Aviv 1969, S. 617-774; YVA, M.31/2687.

Preisgegeben- und Alleinseins, und dem anderen Extrem, das versucht, die Polen als reine Opfer darzustellen, deren überwiegende Gefühlsregung schmerzhaftes Mitgefühl für die Juden war und deren Anstrengungen alle entschieden darauf ausgerichtet waren, Juden zu retten. Es scheint, als habe es viele Retter, jedoch sehr viel mehr Schurken gegeben, und als hätten die Gleichgültigen bzw. feindseligen Gleichgültigen den allergrößten Teil ausgemacht. Und es ist bemerkenswert, dass alle drei Gruppen offensichtlich sowohl Menschen einschließen, die keine Antisemiten waren, als auch solche, die vehemente Judenhasser waren.

Fazit

Das Schicksal der Juden in Polen war gekennzeichnet von einem kompromisslosen Rundum-Angriff, mit Wenigem, was ihnen Hilfe bot. Sie erlitten die Auflösung ihres Lebens, so wie sie es gekannt hatten, unter der sowjetischen wie auch unter der deutschen Herrschaft. Sie erlitten den Verlust der Freiheit, den Verlust der Existenzgrundlage und das Exil unter den Sowjets, und dasselbe und noch viel Schlimmeres unter den Deutschen. Sie konnten nie wissen, von wo der nächste Schlag oder der letzte, tödliche Schlag kommen würde, noch konnten sie wissen, woher ihnen eine helfende Hand gereicht würde. Sie waren in die Enge getrieben und überwältigt von einer Phalanx von Feinden und von Gewalt, die ihre Möglichkeiten zum Gegenkampf überstieg.

Abschließend zur Erfahrung von Juden in Polen während des Holocaust ein Blick auf die Geschichte eines Jungen namens Srólek, der nach dem Krieg eine Zeitlang in einem Heim für jüdische Kinder in Otwock lebte, das von Franciszka Oliwa geleitet wurde. Srólek hatte mit seiner Mutter und seiner älteren Schwester im Ghetto von Legionowo gelebt. Als das Ghetto aufgelöst wurde, ergriff die Mutter die beiden Kinder (er war elf, seine Schwester 13) und floh auf die umliegenden Felder. Als sie sich von der Stadt entfernten, sah Sróleks Mutter, dass sie von deutschen Polizisten entdeckt worden waren, die begannen, ihnen nachzujagen. Als die Polizisten näher kamen, drängte Sróleks Mutter ihre Kinder, weiterzulaufen und sich nicht umzudrehen. Dann warf sie sich herum und stürzte sich auf die Polizisten, in einem verzweifelten Versuch, diese aufzuhalten. Sie kämpfte einige Minuten mit ihnen, bis diese sie erschossen. Sróleks Schwester schaffte es in die wenige Kilometer entfernten Wälder, schloss sich den Partisanen an und fiel einige Monate später im Kampf. Srólek rannte auf den ersten Bauernhof, den er sah, und hechtete in eine große Hundehütte im Hof. Darin lag ein großer Hund, der ihn hineinließ. Als die Polizisten sich der Hundehütte näherten, sprang der Hund sie an, knurrend und kläf-

fend, und jagte sie fort. Beinahe ein Jahr lang lebte Srólek in der Hundehütte. Der Bauer wusste, dass er da war, wechselte jedoch nie ein Wort mit
ihm. Aber er verriet ihn auch nicht. Manchmal gab der Bauer zusätzliche
Nahrung in den Hundetrog, offensichtlich für Srólek. Der Hund ließ Srólek
oft zuerst essen, und nahm sein Futter erst, wenn dieser fertig war. Im
Winter schlief der Hund eng neben Srólek, um ihn warm zu halten. Und
auf diese Weise überlebte Srólek den Krieg.[25] Wer ist der Gerechte in
dieser Geschichte? Ganz klar ist dies der Hund. Der Bauer war kein
schlechter Kerl, aber der mutige Held der Geschichte ist der Hund. Im
Verhalten dieses Hundes liegt die Herausforderung an die Menschen dieser
Zeit und an alle Menschen in allen Zeiten.

Ein Jude in Polen während des Holocaust zu sein, bedeutete ein Leben
zu leben, welches extrem unsicher war, mit einer über neunzigprozentigen
Wahrscheinlichkeit, ermordet zu werden, wenn nicht von deinem Feind,
dann von den aktiven Kollaborateuren deiner Feinde, und wenn nicht von
diesen, so von einem Landsmann oder gar von einem Nachbarn oder früheren Freund. Während des Holocaust ein Jude in Polen zu sein bedeutete,
ein Leben zu leben, das am seidenen Faden hing, mit sehr wenig Hoffnung
auf Rettung. Und wenn Hilfe kam, dann kam sie aus den unwahrschein-
lichsten, gänzlich unvorhersagbaren Quellen. Für die Juden gab es zu
wenige Menschen und weit zu wenige Gemeinden und Gesellschaften mit
der moralischen Stärke und dem Mut dieses Vierbeiners.

---

[25] YVA, M.49.P/289.

DIE BEVÖLKERUNGSPOLITIK

Frank M. Grelka

Zur Transformation des polnischen Nationalstaates in einen kolonialen Rassenstaat

Die Nationalitätenpolitik der deutschen Besatzungsbehörden in Ostpolen 1941–1944

Das Primat deutscher Politik im Generalgouvernement (GG) war die wirtschaftliche Ausbeutung, auf die eine Kolonisation der besetzten Gebiete folgen sollte. Dass die Bevölkerung nur Objekt deutscher Kriegsziele im besetzten Polen war, wurde durch deutsche und polnische Forschungen bereits hinlänglich geklärt.[1] Auf den ersten Blick scheint es deshalb schwierig zu sein, von einer Nationalitätenpolitik deutscher Besatzungsbehörden in den ostpolnischen Gebieten 1941 bis 1944 zu sprechen. Zwar wurden die Bürger der Zweiten Polnischen Republik wegen ihrer ethnischen Zugehörigkeit unterschiedlich behandelt. Jedoch geschah dies nicht etwa, um das Nationalbewusstsein der einen gegenüber der anderen Gruppe zu stärken, sondern zielte auf die ethnische Entmündigung und Versklavung der autochthonen Zivilbevölkerung insgesamt ab. Durch die Eliminierung der Träger des nationalen und kulturellen Bewusstseins unter den Polen, Ukrainern und Juden und die Einschränkung von Bildungsmöglichkeiten sowie des kulturellen Lebens sollte die polnische Vorkriegszivilisation innerhalb kürzester Zeit zwangsweise in einen mittelalterlichen Feudalstaat transformiert werden. Deutsche Rassenanthropologen entschieden über den Wert der Bevölkerungsgruppen, die nicht mehr nach Nationen, sondern

---

[1] Vgl. Martin Broszat, Nationalsozialistische Polenpolitik: 1939–1945, Stuttgart 1961; Gerhard Eisenblätter, Grundlinien der Politik des Reichs gegenüber dem Generalgouvernement 1939–1945, Frankfurt/M. 1969; Czesław Łuczak, Polityka ludnościowa i ekonomiczna hitlerowskich Niemiec w okupowanej Polsce, Poznań 1979; vgl. Bogdan Musiał, Niemiecka polityka narodowościowa w okupowanej Polsce 1939–1945, in: PiS, Nr. 2(6), 2004, S. 13-34.

nach „Stämmen" und „Menschenschlag" (dinarisch, alpin, nordisch, ost-
baltisch etc.) klassifiziert wurden. Sie sollten über kein „National"-, sondern allenfalls über ein „Stammesbewusstsein" verfügen:[2]

> „Es ergibt sich das Zukunftsbild eines Volkes, das keine Wissenschaft, Litera-
> tur, Kunst, Musik auf höherer Ebene entwickeln kann und unter dem führenden
> deutschen Volk von diesem gelenkte [...] Funktionen des ungelernten Arbeiters
> ausübt. Wenn diese Entwicklung in diesem Sinne folgerichtig weitergeht, dann
> wird es [...] eine geschlossene deutsche Oberschicht geben, die gesellschaftlich
> [...] abgesondert, das Herrenvolk darstellt [...]. Es ergibt sich [...] eine Par-
> allele mit den mittelalterlichen Zuständen, denn selbstverständlich wird auch
> das kulturelle und wirtschaftliche Leben in seinen oberen Lagen von den Deut-
> schen getragen werden [...]."[3]

Nicht die speziellen Eigenschaften der ethnischen Gruppen (gemeinsame
nationale Geschichte, Sprache und ein Nationalstaat wie im Fall der ehemaligen polnischen Titularnation) waren ausschlaggebend, sondern die rassische Herkunft bestimmte die Art des Umgangs der Besatzungsmacht mit
ihnen. Die grundlegende psychische Verfassung eines Volkes werde durch
seine rassische Konstitution bestimmt, die wiederum zu einer bestimmten
Geschichtsauffassung, zu einer bestimmten Weltanschauung führe, so ein
Beamter der GG-Verwaltung.[4] Das anachronistische Paradigma der „Rasse" ersetzte also das der „Nation" und nivellierte somit ausnahmslos alle
sozial, historisch und kulturell geprägten Besonderheiten der verschiedenen
ethnischen Gruppen. Gleichzeitig wurde auf diese Weise eine theoretische
Kategorie eingeführt, um die Bevölkerung nach willkürlichen Kriterien in
„minderwertig", „kulturunfähig" bzw. „kulturschöpferisch" und „herr-
schaftsfähig" zu klassifizieren. Praktisch wurden Ukrainer, Polen und
Juden in diesem deutschen Wertekanon schlicht ihrer ethnischen und damit
politischen Identität beraubt. Ideologisch verbarg sich dahinter das von
Heinrich Himmler angeregte und von Hitler abgesegnete Modell der Schaffung eines „Völkerbreis" mit dem Ziel der „Entnationalisierung".[5] Die

---

[2] WALTER FÖHL, Die Bevölkerung des GG, in: Das Generalgouvernement. Seine
Verwaltung und seine Wirtschaft, hg. v. JOSEF BÜHLER, Krakau 1943, S. 33-56.

[3] Dr. Csaki: Eindrücke einer Vortragsreihe durch das GG 6.–11.12.1940, zit. nach:
Quellen zur Schulpolitik der Besatzer in Polen 1939–1945, hg. v. GEORG HANSEN, Münster
1994, Dokument Nr. 21.

[4] FRITZ ARLT, Übersicht über die Bevölkerungsverhältnisse im Generalgouvernement,
in: Innere Verwaltung, Bevölkerungswesen und Fürsorge, hg. v. Volkspolitischer Informationsdienst der Regierung des GG, Krakau 1940, S. 35.

[5] EISENBLÄTTER, Grundlinien, S. 81 f.; über den maßgeblichen Einfluss Himmlers auf
die NS-Nationalitätenpolitik vgl. MUSIAŁ, Niemiecka polityka.

einzige Identität, die den Ukrainern und Polen in diesem System blieb, war eine negative, nämlich die Identität der „Nichtjuden".[6] Hilfreich ist ein Vergleich mit der Nationalitätenpolitik der deutschen Militärverwaltung in Litauen, Ostpolen und der Ukraine während des Ersten Weltkriegs. Obgleich die preußischen Besatzer sich auch in den Jahren von 1916 bis 1918 zivilisatorisch und anthropologisch den so genannten Ostvölkern gegenüber als überlegen betrachteten, war diese Politik doch von einem konstruktiven Sendungsbewusstsein geprägt. Seinerzeit strebten die Besatzer danach, nicht nur auszubeuten, sondern in den ehemaligen Nordostgebieten der Ersten Polnischen Republik eigene Vorstellungen von Ordnung und Zivilisation umzusetzen. Diese „Aufbauarbeit" war Mittel zum Zweck für einen zukünftigen *Cordon sanitaire* deutschfreundlicher Ukrainer, Polen und Balten gegenüber dem sich in seine ethnischen Einzelteile auflösenden russischen Reich.[7] Anthropologische Betrachtungen über das, wie es genannt wurde, „fremde Volkstum im Gebiete ‚Ober Ost'" waren eher von Neugier an einer exotischen, fremden Welt als von Ausrottungsgedanken geprägt.[8] Der entscheidende Unterschied zu den Jahren 1941 bis 1944 war gewiss, dass man bereit war, diesen Völkern eine politische Rolle unter deutscher Hegemonie einzuräumen. Setzte der NS-Staat auf Ansiedlung eines „volksdeutschen Bollwerks"[9] und Marginalisierung der einheimischen Ethnien, verfolgte die deutsche Militärverwaltung in den ostpolnischen Gebieten ein nationalitätenpolitisches Konzept der Konsolidierung nationaler Bestrebungen („Revolutionierung").[10]

Die Niederlage des Kaiserreichs an der Ostfront legte Hitler bereits in den zwanziger Jahren als „Schwäche" aus und setzte daher militärisch auf eine Annexionspolitik alten Stils:

„Sie [die nationalsozialistische Bewegung] versteht unter Außenpolitik die Sicherung durch Erhaltung der Freiheit und Beschaffung der notwendigen Voraussetzungen zum Leben [...]. Sie kennt kein Germanisieren oder Deutschisieren, wie dies beim nationalen Bürgertum der Fall ist, sondern nur die Ausbreitung des eigenen Volkes. Sie wird im unterworfenen, so genannten germanisierten Tschechien oder Polen niemals eine nationale oder gar völkische

---

[6] Die Nachfrage nach katholischen Geburtsurkunden für die sog. Ariernachweise, die auf Anfrage vom „Archivamt des Gouverneurs des Distrikts Galizien" ausgestellt wurden, war dementsprechend groß, AAN, 689/59a, Bl. 274.

[7] Karl Haushofer – Leben und Werk, hg. v. HANS-ADOLF JACOBSEN, Bd. 1, Boppard 1979, S. 129.

[8] Zwei Jahre deutscher Arbeit im Generalgouvernement, Warschau, Berlin 1943.

[9] [FRIEDRICH WILHELM] SIEBERT, Die Verwaltung im Generalgouvernement, in: Generalgouvernement, S. 82.

[10] FISCHER, Griff, S. 427.

Stärkung erblicken, sondern eine rassische Schwächung unseres Volkes [...]. Und vieles, was wir als selbstverständlich ansehen, erscheint dem deutschen Bürgertum als unbegreiflich oder gar grauenhaft."[11]

Mit anderen Worten, eine zukünftige deutsche Nationalitätenpolitik in Osteuropa habe sich der Blut-und-Boden-Ideologie Hitlers unterzuordnen. In der Praxis wurde „Nationalitätenpolitik" in den ostpolnischen Gebieten aus dem Selbstverständnis der NS-Ideologen ein Instrument zur Unterdrückung und Selektion der Bevölkerung. Die dazu nötigen Massenverbrechen gegen unerwünschte ethnische Gruppen galten im Sinne derselben Ideologie als „selbstverständlich" (Hitler) und daher legitim. Der „völkischen Neuordnung" lag die Befreiung zukünftigen deutschen Lebensraums vom „Bastardierungsprozess" zugrunde, was einer „volksbiologischen Germanisierung" den Weg ebnen sollte.[12]

Die deutsche Verwaltung ging 1943 von einer Gesamtbevölkerung im GG von 17 Millionen Menschen aus. Die Ostgebiete, hier ist an erster Stelle der am 1. August 1941 gegründete Distrikt Galizien zu nennen, waren mit rund 4,2 Millionen Einwohnern die bevölkerungsreichsten Gebiete. 500.000 Juden aus diesem Verwaltungsbereich waren in der Statistik bereits nicht mehr enthalten.[13] Zu den „Volksgruppen" zählte die Besatzungsmacht die Polen (11 Millionen), Ukrainer (4 Millionen), Deutsche, „Goralen" (80.000), Russen (13.000), Weißruthenen (5.000) sowie einige Hundert Angehörige „kaukasischer Stämme".[14] Eine erhebliche Wandlung seines „völkischen Gefüges" – so ein Beamter der Innenverwaltung der Regierung von Generalgouverneur Hans Frank – habe das GG durch die Angliederung Galiziens erfahren. Dort stünden 3,3 Millionen (80 Prozent) Ukrainer rund 800.000 Polen gegenüber. Wenn der Krieg gewonnen sei, könne aus den Polen und aus den Ukrainern und dem, was sich da herumtreibe, Hackfleisch gemacht werden. Aber im Augenblick komme es nur darauf an, ob es gelingen werde, fast 15 Millionen Menschen eines Volkes, das sich gegen die Nationalsozialisten organisiere, in Ruhe, Ordnung, Arbeit und Disziplin zu halten.[15]

---

[11]   Hitlers zweites Buch. Ein Dokument aus dem Jahre 1928, hg. v. GERHARD L. WEINBERG, Stuttgart 1961, S. 78 f.

[12]   EISENBLÄTTER, Grundlinien, S. 41.

[13]   FÖHL, Bevölkerung, S. 30.

[14]   Ebd., S. 31.

[15]   Deutsche Politik in Polen 1939–1945. Aus dem Diensttagebuch von Hans Frank, Generalgouverneur in Polen, hg. v. IMMANUEL GEISS/ WOLFGANG JACOBMEYER, Opladen 1980, S. 181 f.

Zur verwaltungspolitischen Kompetenzverteilung

Für den Krieg gegen die Sowjetunion 1941 wurden politische Erwägungen langfristigen „ernährungspolitischen" Zielen voll und ganz untergeordnet.[16] Grundlage für die Verwirklichung dieses Ziels waren „Führererlasse" für die militärische, ziviladministrative und polizeiliche „Sicherung der neu besetzten Ostgebiete",[17] denen zufolge eine schnellst mögliche Umwandlung der Militär- in eine Zivilverwaltung angestrebt wurde. Obwohl auch die Wehrmacht in Befehlen ihrer Führung auf die neue Art der Kriegsführung vorbereitet worden war, bevorzugten der NS-Staat und die Beamten der Zivilverwaltung in Zusammenarbeit mit dem Reichssicherheitshauptamt (RSHA), die „notwendigen Maßnahmen" exekutieren zu lassen, als dies der Militärverwaltung zu überlassen.[18] Von Bedeutung für die nationalsozialistische Führung waren in diesem Zusammenhang Vorbehalte von Vertretern des Oberkommandos des Heeres (OKH) bezüglich der „Behandlung politisch-polizeilicher Angelegenheiten" gegenüber der einheimischen Bevölkerung beim Überfall auf Polen durch SS-Verbände. Diesen „Skrupeln" begegnete das RSHA durch die Einführung eines Höheren SS- und Polizeiführers (HSSPF) mit mehreren „Einsatzkommandos" innerhalb der Militärverwaltung, aber dem direkten Befehl des Reichsführer SS (RFSS) unterstellt.

Die Militärs standen aus Sicht der politischen Führung im Verdacht, eine eigene Russlandpolitik auch gegenüber den einheimischen politischen Kräften zu verfolgen, die aber aus Sicht der kolonialen Interessen des Reiches nur hinderlich sein konnte.[19] Deshalb waren schon drei Tage nach dem Überfall so genannte Wehrmachtsbefehlshaber geschaffen worden. Ihnen oblag zwar einerseits die militärische Sicherung, andererseits aber sollten sie bereits die künftigen Reichskommissare bei der Verwaltung des Landes unterstützen, ohne „die Ausnutzung des Landes für die Versorgung

---

[16] Allgemeine wirtschaftspolitische Richtlinien für die Wirtschaftsorganisation Ost, Gruppe Landwirtschaft, vom 23.5.1941, in: GERD R. UEBERSCHÄR, Dokumente zum „Unternehmen Barbarossa" als Vernichtungskrieg im Osten, in: Der deutsche Überfall auf die Sowjetunion, hg. v. GERD R. UEBERSCHÄR/ WOLFRAM WETTE, Frankfurt/M. 1991, S. 323.

[17] Der Reichsminister und Chef der Reichskanzlei an die Obersten Reichsbehörden Rk. 1074 B, 18.7.1941, BAB, R 43II/689c.

[18] Der Chef der Sicherheitspolizei und des SD an den Chef der Ordnungspolizei, 2.7.1940, BAB, R 19/395.

[19] Vgl. BOGDAN MUSIAL, Deutsche Zivilverwaltung und Judenverfolgung im Generalgouvernement. Eine Fallstudie zum Distrikt Lublin 1939–1944, Wiesbaden 1999, S. 19.

der kämpfenden Truppe" zu vernachlässigen.[20] Zur weiteren Einschränkung der Befugnisse der Militärverwaltungsstäbe wurde vier Tage später Hermann Görings Weisungsbefugnis „zur höchstmöglichen Ausnutzung der vorgefundenen Vorräte und Wirtschaftskapazitäten"[21] auch der Wehrmacht gegenüber erlassen.[22] Während die Zivilverwaltung in den übrigen besetzten Gebieten, das betraf in erster Linie die geschaffenen Reichskommissariate, künftig von Alfred Rosenberg als Reichsminister für die besetzten Ostgebiete (RMbO) und einem gleichnamigen Ministerium verwaltet werden sollte, unterstand Frank im GG ausschließlich Hitler.[23] Allein im neu besetzten Ostgalizien sowie in Wolhynien, als östlicher Teil der Zweiten Polnischen Republik und nun mit der Hauptstadt Rowno westlicher Teil des Reichskommissariats, war die exekutive Macht der örtlichen Zivilverwaltung durch den Wehrmachtsbefehlshaber Ukraine bzw. die Armeebefehlshaber, aber vor allem durch das RSHA unter Himmler eingeschränkt.[24] Mit anderen Worten: Die Besatzungspolitik in den ostpolnischen Gebieten wurde ohne nationalitätenpolitische Rücksichtnahmen verfolgt, wie von Görings Richtlinien zur ökonomischen Ausbeutung und Himmlers rassenideologischen Vernichtungszielen vorgegeben.

Aus Sicht der Reichskanzlei war Erich Koch die verwaltungspolitische Idealbesetzung in Bezug auf die Behandlung der einheimischen Bevölkerung. Im August 1941 wurde er zum Reichskommissar für die Ukraine bestimmt. Während Frank im GG einen „Kompromiss" aus Vernichtungszielen und möglichst großer ökonomischer Ausbeutung anstrebte,[25] sabotierte Koch selbst diese Linie, wo er nur konnte. Frank unterschied zwischen den ethnischen Gruppen lediglich in Hinblick auf die Kosten-Nutzen-Rechnung. Dagegen diskriminierte der Reichskommissar der Ukraine die autochthone Bevölkerung mit nahezu indifferenter Verachtung. An seine

---

[20] Erlass des Führers über die Ernennung von Wehrmachtbefehlshabern in den neu besetzten Ostgebieten, 25.6.1941, 18.7.1941, BAB, R 43II/689c.

[21] Die deutsche Wirtschaftspolitik in den besetzten sowjetischen Gebieten 1941–1943. Der Abschlußbericht des Wirtschaftsstabes Ost und Aufzeichnungen eines Angehörigen des Wirtschaftskommandos Kiew, hg. v. ROLF-DIETER MÜLLER, Boppard/R. 1991, S. 401.

[22] Der Reichsminister und Chef der Reichskanzlei an die Obersten Reichsbehörden Rk. 1074 B, 18.7.1941, BAB, R 43II/689c, hier: Erlass des Führers über die Wirtschaft in den neu besetzten Ostgebieten, 29.6.1941.

[23] Erlass des Führers über die Verwaltung der neu besetzten Ostgebiete, 17.7.1941, ebd.

[24] Erlass des Führers über die polizeiliche Sicherung der neu besetzten Ostgebiete, 17.7.1941, ebd.

[25] Grundlegend zum unmittelbaren Zusammenhang zwischen der NS-„Bevölkerungspolitik" und der wirtschaftlichen Ausbeutung im GG, vgl. ŁUCZAK, Polityka ludnościowa.

Beamten gab Koch folgende Richtlinie zur Behandlung der Zivilbevölkerung aus:

> „Wir haben sie befreit; im Gegenzug dürfen sie kein anderes Ziel kennen, als für uns zu arbeiten. Da darf es keine menschliche Kameradschaft geben [...]. Streng genommen sind wir unter Negern [...]. Die Bevölkerung ist einfach dreckig und faul [...]. In meinem Gebiet wird jeder erschossen, der auch nur ein Anzeichen von Intelligenz zeigt [...]."[26]

Koch setzte alles daran, um die von Rosenberg angeordnete siebenjährige Schulpflicht für die einheimische Bevölkerung zu untergraben.[27] Er reduzierte sie zunächst auf vier Jahre. Ab dem 12. Dezember 1941 ließ er dann alle Schulen, außer die vierklassigen Volksschulen, schließen.[28] Gegenüber seinen Mitarbeitern äußerte er, dass selbst eine dreiklassige Grundschule einen noch zu hohen Bildungsgrad der Einheimischen zur Folge habe. Rosenberg gelang es nie, Koch von der Linie Franks zu überzeugen. Rosenbergs Überlegung war, dass das vorgesehene Schulsystem keine politisch unerwünschte einheimische Intelligenz hervorbringen würde, eine Ausbildung aber dennoch notwendig sei, weil dadurch breitere Bevölkerungsschichten im deutschen Interesse mehr leisten und produzieren könnten, als dies bei Analphabeten der Fall sei.[29]

Generalgouverneur Frank fürchtete angesichts des Regimes seines Kollegen Koch im benachbarten RkU um seine Art der „ökonomischen Nationalitätenpolitik" zur Ausbeutung des GG. Am 4. Dezember 1942 sah er deshalb das „Verhältnis zu den Ukrainern"[30] als gefährdet an. Im RkU, so Frank, würden diese noch schlimmer behandelt als in der Zweiten Polnischen Republik. Die Brutalität des Reichskommissars verurteile die deutsche Besatzung in der Dniepr-Ukraine auch wirtschaftlich zum Fiasko.[31] Im Grunde ging es hier um zwei Strategien nationalsozialistischer Wirtschaftspolitik im besetzten Ostpolen. Während Frank im GG die Kuh (die dortigen Arbeitskräfte), die zum Melken vorgesehen war, nicht

---

[26] ALEXANDER DALLIN, German Rule in Russia 1941–1945: A Study of Occupation Policies, London 1957, S. 148 f.

[27] JONATHAN STEINBERG, The Third Reich Reflected. German Civil Administration in the Occupied Soviet Union, 1941–1944, in: English Historical Review, CX, 437, 1995, S. 630 ff.

[28] VOLODYMYR KOSYK, Nimets'ka skhil'na polityka v Raikhskomisariati Ukraïny (1941–1944), in: Vyzvol'ni shliakhy, Nr. 3(47), 1994, S. 353 f.

[29] BLANKA JERABEK, Das Schulwesen und die Schulpolitik im Reichskommissariat Ukraine 1941–1944 im Lichte deutscher Dokumente, München 1991, S. 152 f.

[30] Diensttagebuch des deutschen Generalgouverneurs in Polen 1939–1945, hg. v. WERNER PRÄG/ WOLFGANG JACOBMEYER, Stuttgart 1975, S. 589.

[31] Deutsche Politik, S.181 f.

schlachten wollte, stand Koch für die radikale und rücksichtslose Ausbeutung bzw. interpretierte die NS-Lebensraumideologie orthodox. „Lieber
Schmuck und Halsketten für die Einheimischen als politische Diskussionen
wie im GG", war seine Devise.[32] Die Politik Kochs, im Vergleich zum
Vorgehen Franks eher destruktiv, hatte nichtsdestoweniger auch demo-
graphisch-strategische Implikationen. War es für Frank im GG nützlich
gewesen, ein gewisses Maß an Ukrainisierung gegen den bestimmenden
polnischen Kultureinfluss zuzulassen, bestand im RkU eine solche Notwendigkeit nicht. In den meisten Gebieten des Reichskommissariats traf die
deutsche Politik auf eine ethnisch nahezu indifferente Gesellschaft, in der
sich nur eine Minderheit ihrer ethnischen Wurzeln bewusst war. Die überwiegende Mehrheit aber definierte sich mit Hilfe lokaler (die „Hiesigen")
und nicht nationaler Kategorien.[33] Dementsprechend waren hier ethnisch-
nationale Kategorien nahezu bedeutungslos, und der Einfluss nationalbe-
wusster Elemente hätte diese politische Gleichgültigkeit[34] nur stören können.

Anders im Generalkommissariat Wolhynien. Hier bestand die Bevölkerung zu mehr als zwei Dritteln aus Ukrainern, die zwar politisch und
national durch den Widerstreit zwischen ukrainischen Kommunisten und
ukrainischen Nationalisten aus der Zeit der Zweiten Polnischen Republik
aufgestachelt worden waren, deren Aktivisten aber infolge der restriktiven
Nationalitätenpolitik Kochs ins GG geflüchtet waren. Immerhin funktionierte die einzig legale Interessenvertretung für Angelegenheiten der ethnischen Gruppen im gesamten RkU, der Ukrainische Vertrauensrat in
Wolhynien. Auf Erlass Rosenbergs[35] war der aus Poltava stammende
ehemalige Sejm-Abgeordnete Stepan Skrypnik als Leiter des Rates eingesetzt worden, der sich am 31. August 1941 zu seiner ersten Sitzung zu-
sammenfand.[36] In seinen „Richtlinien für die deutsche Politik in der Ukraine" traf der Reichskommissar weitere Präventivmaßnahmen gegen jegli-

---

[32] Mitteilungen des Reichskommissars Koch, 21.6.43, BAB, R 94/4b.

[33] KAREL CORNELIUS BERKHOFF, Hitler's Clean Slate. Everyday Life in the Reichskommissariat Ukraine, 1941–1944 (Univ. of Toronto Ph.D. thesis, 1998), S. 306 f.

[34] „There is simply no evidence to support the notion that the many deprivations under
Nazi rule made the Dnieper Ukrainians more conscious of their ethnicity. They were, and
continued to be, very little interested in ethnicity, let alone nationalism. As a result, from a
Ukrainian nationalist point of view, they were not ‚real' Ukrainians", in: ebd., S. 320 f.

[35] Das OKW, Abwehr II an Verbindungsoffizier der Heeresgruppe Süd, 10.7.1941, zit.
nach: VOLODYMYR KOSYK, Ukraïna v Druhii svitovii viini u dokumentakh, Bd. 1, L'viv
1997/1998, S. 158.

[36] Ukrainischer Vertrauensrat in Wolhynien an den Herrn Reichskommissar für die
Ukraine in Rowno, 11.9.1941, TDAHOU, fond 1, opis 23, delo 40, Bl. 38-41; vgl.
BERKHOFF, Hitler's Clean Slate, S. 78.

chen ukrainischen politischen Einfluss. Um einen ungestörten Aufbau des Kommissariats vornehmen zu können, sei es nötig, die Einreise aller „voreiligen Elemente aus der Westukraine" ins RkU zu stoppen, um damit zu verhindern, dass sie Wirkung entfalten könnten.[37] Die „Selbstverwaltung" sollte ausschließlich aus Einheimischen gebildet werden, aber nicht über Gemeinde- und Kreisverwaltungen hinaus, und stets unter der Leitung eines deutschen Gebietskommissars. Religiöse Bindungen seien hingegen nicht zu stören, es sei denn, sie würden politisch aufgeladen.[38] Vor allem also vor Emigranten fürchtete sich der Reichskommissar. Deren Rückführung sei auf das „geringst mögliche Maß" zu beschränken, vor allem bei Personen, deren Tätigkeit sich politisch auswirke.[39]

Für die einheimische Bevölkerung in Wolhynien und im Distrikt Bialystok, der ebenfalls dem Machtbereich Kochs zugeschlagen worden war, bedeutete die deutsche Herrschaft eine dramatische Verschlechterung: Für die wolhynischen Juden hatte sie die totale Vernichtung zur Folge,[40] das Leben von Polen und Ukrainern war vom reinen Kampf ums Überleben gekennzeichnet. Religionsfreiheit hatten die ethnischen Gruppen im Vergleich zur Bevölkerung in den ehemaligen sowjetischen Gebieten des RkU schon vor dem deutschen Einmarsch genießen können.

Die Versuche ukrainischer Nationalisten, an der Seite der vorrückenden Wehrmacht innerhalb der ehemaligen ostpolnischen Gebiete, die von den Sowjets verlassen worden waren, eine ukrainische Selbstverwaltung zu errichten, wurden im Rahmen des RkU nach nur wenigen Wochen jäh gestoppt. Noch bis Ende Oktober war das RSHA damit beschäftigt, einem aus ihrer Sicht bedenklichem *Laisser-faire* der Wehrmachtsvertreter in den rückwärtigen Heeresgebieten in Bezug auf diese Selbständigkeitsbestrebungen Einhalt zu gebieten. Beklagt wurde der starke Einfluss der Organisation Ukrainische Nationalisten, Bandera-Fraktion (OUN-B), deren Mitglieder von der Wehrmacht für die Verwaltung in Wolhynien rekrutiert worden waren.[41] In einem Resümee von Ende September 1941 musste die Sicherheitspolizei sogar einräumen, dass es die OUN-B geschafft habe, sich „vielerorts den

---

[37] Vgl. Liste führender Persönlichkeiten der ukrainischen Emigration, BAB, R 94/24.

[38] Richtlinien für die deutsche Politik in der Ukraine, 11.1941–7.1942, BAB, R 94/2; Mitteilungen des Rk Koch, 21.6.43, ebd., R 94/4b.

[39] Rückführung ukrainischer Emigranten aus dem GG, 14.3.1942, BAB, R 94/4a.

[40] SHMUEL SPECTOR, The Holocaust of the Volhynian Jews, 1941–1944, Jerusalem 1990.

[41] Ereignismeldung UdSSR Nr. 34, Der Chef der Sicherheitspolizei und des SD, 26.7.1941, BAB, R 58/215.

Schein der Legalität" zu geben.[42] Nachdem deutsche Polizeieinheiten nahezu das gesamte Verwaltungsnetz der bis dahin in Wolhynien dominierenden Bandera-Fraktion der OUN zerschlagen hatten, fanden politische Bestrebungen der ukrainischen Nationalbewegung ab Mitte September 1941 fast ausschließlich aus dem Untergrund statt. Das deutsche Vorgehen bot den ethnischen Gruppen im Generalkommissariat Wolhynien keine Möglichkeit für eigene Bestrebungen. Auf Ebene der Landkreise (Rajon) war eine einheimische Verwaltung nur dort gestattet, wo diese aus Mangel an deutschen Beamten unerlässlich war. Deutschfreundliche Bestrebungen ukrainischer Nationalisten waren nach der Konsolidierung der deutschen Zivilverwaltung unerwünscht. Die von der Berliner Kriegspropaganda verheißene „neue europäische Ordnung", von der sich die Einheimischen – im Vergleich zur Sowjetdiktatur – einen Gewinn an zivilisatorischen Elementen erwartet hatten, schuf in diesem Gebiet ein politisches, kulturelles und wirtschaftliches Vakuum, eine Ordnung, die nur solange aufrechtzuerhalten war, solange militärischer Friede herrschte. Besonders nach der deutschen Niederlage bei Stalingrad und dem Vormarsch der Roten Armee durch das RkU bewahrheitete sich bald, was Generalfeldmarschall Walter von Reichenau bereits Anfang 1942 prognostiziert hatte:

„Der letzte Bauer hat schließlich begriffen, daß der Deutsche nicht als selbstloser Befreier ins Land kam [...]. Äußerungen und Maßnahmen führender Beauftragter des Reiches haben zudem den Eindruck aufkommen lassen, dass der Ukraine nur die Bedeutung eines kolonial auszubeutenden Gebietes zukomme [...]. Nur zu leicht kann aus einem Bundesgenossen, den man hätte haben können, ein haßerfüllter Gegner werden. Wer die Geschichte der Ukraine kennt, weiß, daß sie viele Jahrhunderte [...] für ihre nationale Unabhängigkeit gekämpft hat. Sie wird nicht zögern, den Kampf auch gegen uns aufzunehmen, wenn es um ihre nackte Existenz geht [...]."[43]

Als Mitte 1943 bereits mehr als die Hälfte des Generalkommissariats Schitomir unter Kontrolle entweder sowjetischer oder ukrainischer Partisanen stand, beschlossen die Ukrainer das Machtvakuum durch die Etablierung einer eigenen politischen Ordnung zu füllen. Der ethnische ukrainische Nationalismus griff dabei auf die beiden Grundprinzipien deutscher Nationalitätenpolitik als Eroberungspolitik zurück: Erstens die Entfesselung militärischer Pogrome zur Vernichtung unerwünschter nationaler Gruppen und zweitens die Strategie

---

[42] Ereignismeldung UdSSR Nr. 99, Der Chef der Sicherheitspolizei und des SD, 30.9. 1941, ebd., R 58/217; Fernschreiben von HBIX 29335 an AOK 11, 18.9.1941, BA-MA, RH 20/11/333.

[43] Denkschrift des Generalfeldmarschalls von Reichenau zur Ukrainerfrage, Abschrift 26.1.1942, ebd., RW 31/203; vgl die ähnlich lautende Analyse der Abwehr II bei Heeresgruppe Süd, 28.10.1941, ebd., RW 4/329.

des Partisanenkriegs als Vernichtungskrieg. In den Jahren des Abzugs der deutschen Besatzungsbehörden aus Ostpolen, 1943/44, wurde die polnische Minderheitsbevölkerung zum Hauptfeind des integralen ukrainischen Nationalismus, der seine Vorbilder im „integralen Antisemitismus" der deutschen Besatzungspolitik suchte.[44] Während des Rückzugs der Wehrmacht wurde die Ukrainische Aufstandsarmee (*Ukrains'ka Povstans'ka Armiia*, UPA) zur tonangebenden Macht in den ostpolnischen Gebieten. In den Meldungen der OUN-B kommt die militärische Strategie der UPA zum Ausdruck. An die Stelle der deportierten und ermordeten Juden wurde die polnische Zivilbevölkerung als Hauptfeind gesetzt. Die Polen so zu behandeln wie die Deutschen die Juden, erschien den Ukrainern als legitimes Mittel in diesem Krieg. Nach dem Rückzug der Wehrmacht und der deutschen Polizei und in Folge des Machtvakuums, das von der deutschen Verwaltung zurückgelassen worden war,[45] konnte die UPA endlich ihren Plan, die so genannte antipolnische Aktion, verwirklichen. Da in der Westukraine die Polen als die letzten Gegner auf dem Weg zu einem monoethnischen ukrainischen Nationalstaat galten, wurden diese zur Zielscheibe des Terrors bei der Eroberung ukrainischen Lebensraums.

Koch zeigte sich im Zusammenhang mit dem ukrainischen Aufstand vor allem um die „Sicherung der heranwachsenden Ernte" besorgt. In einem zusammenfassenden Bericht über den „derzeitigen Stand der Bandenlage" in Wolhynien sorgte er sich wegen der personellen Schwäche der deutschen Gendarmerie und der Truppenpolizei: Man sei zu schwach, um gegen die nationalukrainischen Banden, die zum Teil über 10.000 Mann und mehr verfügten, ernstlich etwas auszurichten. Somit habe die Bevölkerung klar erkannt, dass die deutsche Polizei völlig hilflos sei und ihr keinerlei Schutz gewähren könne.[46] Noch deutlicher hatte der Generalkommissar für Wolhynien und Podolien eine Woche zuvor das ganze Ausmaß der Ohnmacht der deutschen Exekutive geschildert: Es gebe in Wolhynien kein Gebiet, welches nicht bandenverseucht sei, sowohl die Wehrmacht als auch die Polizei seien in keiner Weise mehr Herr der Lage.[47] „Die Überfälle auf polnische Siedlungen nahmen in diesem Monat einen derartigen Umfang an, dass die

---

[44] ANDRZEJ MENCWEL, Gwiazda na starej chałupie (2), in: Gazeta Wyborcza, 22.-23.6.2002.

[45] Ein Bericht des SS-Führungsstabs für Bandenbekämpfung bestätigt, dass die UPA bis Ende Juni 1943, also noch vor dem Vormarsch der Roten Armee in dieses Gebiet, nahezu ganz Wolhynien unter ihre Kontrolle bringen konnte, HSSPF – Rußland-Süd – Führungsstab f. Bandenbekämpfung, 30.6.1943, BA-MA, RH 22/122.

[46] Der Reichskommissar für die Ukraine an den Herrn Reichsminister Alfred Rosenberg, 25.6.1943, BAB, NS 19/1433.

[47] Der Generalkommissar für Wolhynien und Podolien, 18.6.1943, ebd.

Bewohner der noch nicht überfallenden Ortschaften zu Tausenden die Dörfer verließen und den bewohnten Städten zustrebten und sich freiwillig zum Arbeitseinsatz im Reich meldeten."[48]

Bestärkt durch die Auflösungserscheinungen der deutschen Verwaltung in Polesien und Wolhynien ernannte die UPA Wolhynien zur Wiege einer ukrainischen Staatlichkeit, wörtlich zum Hoheitsgebiet der UPA („Republik UPA"). In diesem Gebiet war die polnische Minderheit „unerwünscht" und wurde von der UPA aufgefordert, sich in „ihren eigenen unabhängigen Staat" zu begeben. Andernfalls sollte sie von der ukrainischen Armee beseitigt werden.[49] Damit folgte man also wohlgemerkt nicht der Nationalitätenpolitik im GG, sondern vielmehr der Theorie und Praxis der deutschen Bevölkerungspolitik in Ostmitteleuropa. Die Entfernung einer als unerwünscht definierten Bevölkerungsgruppe war für die Nationalisten Voraussetzung für die Neuordnung dieser Gebiete im ukrainischen Sinn.[50] Im Kontext dieser Ereignisse beklagte Generalgouverneur Frank im September 1943 gegenüber Reichsminister Rosenberg dass „in den letzten Wochen über 20.000 Personen aus Wolhynien wegen der dortigen Verhältnisse in das Generalgouvernement geflüchtet" seien. Frank sah dadurch die innere Sicherheit im Distrikt Galizien gefährdet.[51] Er wies jede Schuld am Erstarken der UPA von sich und stellte vielmehr die Ukraine-Politik seines Kollegen Koch im Reichskommissariat in Frage.[52] Im Gegensatz zu Koch, so Frank, sei es ihm durch eine entsprechende Politik gegenüber den an sich polen- und sowjetfeindlich eingestellten ukrainischen Volkszugehörigen aller sozialen Schichten gelungen, nicht nur Sicherheit und Ordnung aufrechtzuerhalten, sondern auch „den ukrainischen Bevölkerungsteil zu einer korrekten und zum Teil sogar hingebenden Mitarbeit heranzuziehen". Unverständlich sei ihm deshalb die Bitte, etwaige national-ukrainische reichsfeindliche Bestrebungen wegen der Gefahr ihres Übergreifens auf das

---

[48] Ebd., Bl. 38.

[49] MYKOLA LEBED', UPA. Ukraïns'ka povstans'ka armiia. Ïï heneza, rist i diï u vyzvol'nii borot'bi ukraïns'koho narodu za Ukraïns'ku samostiinu sobornu derzhavu., Teil 1: Nimets'ka okupaciia Ukraïny, Drohobycz 1993 (Neudruck der Originalausgabe von 1946), S. 89.

[50] Vgl. MICHAEL G. ESCH, „Gesunde Verhältnisse". Deutsche und polnische Bevölkerungspolitik in Ostmitteleuropa 1939–1950, Marburg 1998, S. 324.

[51] Der Generalgouverneur an den Herrn Reichsminister für die besetzten Ostgebiete, 16.9.1943, BAB, NS 19/1433.

[52] Bei anderer Gelegenheit hatte sich Frank folgendermaßen zur Politik Kochs geäußert: „Politik ist mehr als Gewalt. Die Gewalt ist eine lächerliche ABC-Angelegenheit. Die Staatskunst beginnt jenseits der Gewalt [...]. Ich bin [...] dafür verantwortlich, daß in diesem Raum für die deutsche Ostfront keine Rebellion im Rücken entsteht", zit. nach: Deutsche Politik, S. 181 f.

RkU im Distrikt Galizien sorgfältig zu beobachten."[53] Um Missverständnissen gleich vorzubeugen, Frank machte sich keinesfalls die Sache der nationalen Gruppen zu eigen, sondern suchte nach den effektivsten Wegen, diese als Arbeitskräfte für das Reich „urbar" zu machen. Schließlich war es Frank, der Anfang 1940 als Beauftragter für den Vierjahresplan die Ausbeutung aller mobilisierbaren Ressourcen des GG, darunter „Bereitstellung und Transport von mindestens einer Million Land- und Industriearbeitern und -arbeiterinnen ins Reich" als Hauptmaxime seiner „Kolonial"-Verwaltung ausgegeben hatte.[54] Franks Dilemma war, dass er seine Regierungsbeamten Nationalitätenpolitik machen ließ. Doch der Spagat zwischen der Anweisung Hitlers, das GG sowohl als Abschiebeterritorium als auch als Arbeitskräftereservoir zu nutzen, und auf der anderen Seite, „Aufbauarbeit" im GG zu leisten,[55] war nicht zu vollziehen. Frank folgte somit gewissermaßen den Resten einer konstruktiven deutschen Besatzungspolitik in der Ukraine aus dem Ersten Weltkrieg, die der damalige Generalstabschef Wilhelm von Groener im Sommer 1918 auf die Kompromissformel, Einbindung „nationaler Faktoren" und Ausübung „überwältigenden wirtschaftlichen Zwangs",[56] gebracht hatte. Mit dieser Tradition wurde nach Errichtung der Zivilverwaltung in Ostpolen im Spätsommer 1941 zugunsten einer Vernichtungs- und Siedlungspolitik auf Kosten der einheimischen Nationalitäten, in erster Linie der polnischen Juden, gründlich gebrochen. Frank sparte diesbezüglich nicht mit Kritik an der Berliner Nationalitätenpolitik in Ostpolen:

> „Wenn es nicht gelingt, dann kann ich vielleicht sagen: Ich habe 2 Millionen Polaken umgebracht. Ob dann aber die Züge an die Ostfront fahren, ob die Monopolbetriebe arbeiten, die jeden Monat 500.000 Liter Wodka und so und so viele Millionen Zigaretten liefern, von der wir allein 450.000 t Getreide ans Reich geliefert haben, das steht auf einem anderem Blatt."[57]

---

[53] Der Generalgouverneur an den Herrn Reichsminister für die besetzten Ostgebiete, 16.9.1943, BAB, NS 19/1433.

[54] EISENBLÄTTER, Grundlinien, S. 78; Richtlinien Franks an den Leiter der Dienststelle für den Vierjahresplan Generalmajor Bührmann, 25.1.1940, S. 2 f.; Dok. 1375-PS, abgdr. in: IMG, Bd. 27, S. 200-206.

[55] ESCH, „Gesunde Verhältnisse", S. 344.

[56] Groener an OB Ost zu dort. Ia, 5.6.1918, BA-MA, Nl Groener N 46/173; vgl. WINFRIED BAUMGART, General Groener und die deutsche Besatzungspolitik in der Ukraine 1918, in: GWU, Nr.21, 1970, S. 328: Baumgart hatte schon damals festgestellt, dass die Ukraine 1918 der Sache, nicht der Form nach kein unabhängiger souveräner Staat gewesen war, sondern ein „deutsches Generalgouvernement" mit Erscheinungsformen, die an vergleichbare Zustände des Zweiten Weltkrieges erinnerten.

[57] Deutsche Politik, S. 181 f.

Die Verarmung der Bevölkerung stellte im Fall der polnischen Juden ein wichtiges Bindeglied für die Genese der Judenvernichtung dar. Dabei war die Vernichtung ihrer wirtschaftlichen Existenzgrundlage ein wichtiger Zwischenschritt zu ihrer physischen Vernichtung. Das ist ein Aspekt, der in der neueren Forschung noch nicht ausreichend gewürdigt wurde. So ist etwa die endlose Diskussion zwischen der Haupttreuhandstelle Ost (HTO), den Wohlfahrtsämtern und der regionalen Gauselbstverwaltung bezüglich der Unterstützung von „ortsarmen Juden" nicht weniger wichtig als die Auseinandersetzung zwischen der deutschen Ghettoverwaltung in Litzmannstadt und der HTO über die Ansprüche an dem im Ghetto befindlichen Eigentum aller Art. In diesem Kontext wird im Übrigen der fundamentale Unterschied in der Behandlung jüdischer und nichtjüdischer polnischer Staatsbürger und ihres Eigentums deutlich. Eigentumsbeschlagnahmungen hatten bei Juden und Polen sehr unterschiedliche existentielle Folgen. Im Fall der Juden standen sämtliche Unternehmen und Betriebe zur Beschlagnahme an, im Fall der Polen ging faktisch jedoch nur ein Teil der Betriebe in kommissarische Verwaltung über, wohingegen vor allem kleine und kleinste Betriebe – diejenigen, die den Deutschen als unverkäuflich galten – im Besitz ihrer vormaligen Eigentümer blieben.[58]

Nationalitätenpolitik im GG musste also in erster Linie wirtschaftlich effektiv sein. Diesbezüglich machte sich die Regierung des GG in Person von Staatssekretär Josef Bühler auf der Wannseekonferenz am 20. Januar 1942 die bevölkerungspolitische Linie der SS zu eigen. Weil die Juden aus ihrer Sicht Kosten verursachten und Bühler zufolge „arbeitsunfähig" und noch dazu „Seuchenträger" seien, behinderten sie den wirtschaftlichen Aufbau des GG und müssten daher „so schnell wie möglich aus dem Gebiet des GG entfernt werden".[59] Dementsprechend tief war die Zivilverwaltung in die Vernichtung der polnischen Juden verstrickt.[60] Aber gleichzeitig bemühte sie sich, Polen und Ukrainer für den Aufbau zu instrumentalisieren, um so das GG zu einem leistungsfähigen Bestandteil des „Großdeutschen Wirtschaftsraums" werden zu lassen bzw. mittelfristig in den deutschen Siedlungsraum einzubeziehen.[61]

---

[58] INGO LOOSE, Die Beteiligung deutscher Kreditinstitute an der Vernichtung der ökonomischen Existenz der Juden in Polen 1939–1945, in: Die Commerzbank und die Juden 1933-1945, hg. v. LUDOLF HERBST/ THOMAS WEIHE, München 2004, S. 223-271.

[59] Besprechungsprotokoll, Geheime Reichssache, zit. nach: ESCH, „Gesunde Verhältnisse", S. 352.

[60] Eine Vertiefung dieses Aspekts würde den Rahmen dieser Darstellung sprengen und ist außerdem vergleichsweise gut erforscht, vgl. MUSIAL, Zivilverwaltung, S. 215 ff.

[61] ESCH, „Gesunde Verhältnisse", S. 343.

In wirtschaftlicher Hinsicht genossen ukrainische und polnische Staatsbürger die relativ größte Freiheit. Insbesondere das ukrainische Genossenschaftswesen, vor allem die Lebensmittelproduktion, erlebte einen Aufschwung, nicht zuletzt deshalb, weil es von der deutschen Besatzungsverwaltung mit nicht unerheblichen Investitionskrediten unterstützt wurde.[62] Mirosław Sycz belegt in seiner aufschlussreichen Studie zum ukrainischen Genossenschaftswesen in Galizien während des Zweiten Weltkriegs, dass die ukrainischen Genossenschaften aus ökonomisch-logistischen Gründen unangetastet blieben und zum „einzigen Partner für deutsche Wirtschaftsinstitutionen" im GG avancierten.[63] In der Tat befürchtete Frank durch die schlechte Behandlung der Ukrainer im RkU negative wirtschaftliche Folgen für das GG: „Die Theorie von der totalen Ausrottung, der restlosen Versklavung, der völligen Rechtlosmachung ist ein schwerer Verstoß gegen die Interessen unseres Vaterlandes."[64] Damit nicht genug: Als Frank im Sommer 1942 in seiner Eigenschaft als „Reichsrechtsführer" der Partei in einer Vortragsreihe an Universitäten im Reich öffentlich forderte: „Kein Reich ohne Recht – auch das unsere nicht!",[65] wurde er auf Weisung Hitlers aller seiner Parteiämter entbunden. Trotz des Drängens der „Kamarilla" um Himmler und den Leiter der Parteikanzlei der NSDAP, Martin Bormann, hielt Hitler jedoch an Frank als Generalgouverneur fest, obwohl dieser selbst im August 1942 Hitler seinen Rücktritt angeboten hatte.[66]

Der Anschluss Ostgaliziens an das GG am 1. August 1941 hatte zweifelsohne nicht nur verwaltungstechnische Gründe. Aus einem Schriftstück der inneren Verwaltung geht deutlich hervor, dass es sich hierbei nicht zuletzt um eine Maßnahme gegen den ukrainischen Nationalismus handelte. Eine rein ukrainische Verwaltung sei wirtschaftlich von Nachteil, da auch „nur bei teilweise ukrainischer Führung" die politischen Auseinandersetzungen zwischen Polen und Ukrainern den wirtschaftlichen Aufstieg stark hemmen würden, hieß es darin.[67] Die „fremdvölkischen Gruppen" sollten

---

[62] Antwort des Generalgouverneurs Dr. Frank zur Denkschrift vom 21. Juni 1941, in: CIUS, t. 1, S. 316.

[63] MIROSŁAW SYCZ, Spółdzielczość ukraińska w Galicji w okresie II wojny światowej, Warszawa 1997, S. 245.

[64] Diensttagebuch, S. 906.

[65] Ebd., S. 552 ff.; vgl. MARTIN BROSZAT, Nationalsozialistische Polenpolitik, Stuttgart 1961, S. 80 ff.; EISENBLÄTTER, Grundlinien, S. 290 ff.

[66] Dazu neuerdings: MARTYN HOUSDEN, Hans Frank. Lebensraum and the Holocaust, Basingstoke u.a. 2003, S. 172-176.

[67] „Durch Einsetzen der Zivilverwaltung würde die ukrainische Selbständigkeitsbewegung in diesem Gebiet stark unterdrückt, weil die deutsche politische – und wirtschaftliche Führung einem straff organisierten Verwaltungsapparat eingegliedert ist", zit. nach: Der

für sich selbst sorgen, ohne durch eine gemeinsame Arbeit zusammen-
geschweißt zu werden. Dabei ging man davon aus, dass die Ukrainer nicht
mit den Volksgruppen zusammenarbeiten würden, die sie bisher entrechtet
hatten (Polen und Juden).[68] Das Regime von Frank benutzte die Ukrainer
als Speerspitze dieser *divide-et-impera*-Politik und erlaubte u. a. eine beschränkte Hilfsverwaltung und eine ukrainische Hilfspolizei. Man habe, so
Frank, im GG drei Bevölkerungskategorien. Die Ukrainer müsse man
einigermaßen gut behandeln, für sie müsse man eine gewisse Versorgungs-
garantie übernehmen, die Gründe dafür lägen Frank zufolge „auch in
unserer Polenpolitik". Gleichzeitig müsse man die Ukrainer auch um einen
Grad unsicherer halten als die in deutschem Dienst stehenden Polen. Die
Ukrainer sollten vor allem Hilfe zur Selbsthilfe erhalten, da sie sehr selbst-
bewusst und außerdem zum großen Teil Selbstversorger seien.[69]

Ideologisch wurde die bevorzugte Behandlung mit einer rassischen
Überlegenheit dieser gegenüber den Polen und Juden begründet. Zwar sei
es verfehlt, von einer „ukrainischen Rasse" zu sprechen, festzustellen sei
aber, „daß [...] besonders durch eine politisch-ideologische Sammlung der
Ukrainer eine Typisierung auch im Gesamten erfolgt ist, die zu einer
Abhebung der Ukrainer von den anderen Volksgruppen in rassischer Hinsicht führt".[70] In der Verwaltung durfte teilweise Ukrainisch gesprochen
werden, das ukrainische Schulwesen erlebte quantitativ einen rapiden
Aufschwung[71] und die ukrainische autokephal-orthodoxe wie auch die
griechisch-katholische Kirche erfreuten sich neuer Glaubensfreiheit.[72] Die
Regierung von Frank beabsichtigte mit der Installierung politisch bedeu-
tungsloser Selbsthilfeorganisationen[73] nicht nur Polen und Juden gegeneinander auszuspielen, sondern gleichsam Raum für nationalukrainische

---

Kreishauptmann Abt. Ernährung und Landwirtschaft an Herrn Dr. Gareis, Wirtschafts-
kommando Lemberg, 9.7.1941, TDAVOVUU, fond 4329, opis 1, delo 1, Bl. 6 f.

[68] FRITZ ARLT, Die Ordnung der Fürsorge und Wohlfahrt im Generalgouvernement,
Krakau 1940, S. 4.

[69] Deutsche Politik, S. 61 f.

[70] FRITZ ARLT, Übersicht über die Bevölkerungsverhältnisse im Generalgouvernement,
(Volkspolitischer Informationsdienst der Regierung des GG, H. 3, 1940), S. 47.

[71] N.V. ANTONIUK, Ukrains'ke kul'turne zhyttia v Heneral'nii Hubernii, Lviv 1997, S.
38-45.

[72] Grundlegendes Dokument zum Thema der deutschen Zugeständnisse für die Ukrainer
im GG vgl.: Antwort des Generalgouverneurs zur Denkschrift der Ukrainer, 17 listopada
1939r., in: CIUS, t. 1, S. 48.

[73] Statut UHA vgl.: VOLODYMYR KUBIIOVYCH, Ukraintsi v Heneral'nii Hubernii 1939–
1941, Chicago 1975, S. 454.

Belange zu schaffen.[74] Gleichwohl waren die Rechte des Ukrainischen Hauptausschusses (UHA) stark limitiert. Das Komiteestatut war von der Hauptabteilung der Inneren Verwaltung vorgeschrieben worden. Darin war als vorwiegende Aufgabe des UHA vorgesehen, die deutsche Verwaltung personell, logistisch und vor allem finanziell zu entlasten. Vorwiegend in den Ressorts Ernährungshilfe für die Bevölkerung,[75] Jugenderziehung sowie Hilfe für Flüchtlinge und Evakuierte (vor allem aus der am 27. Oktober 1939 der Sowjetukraine angeschlossenen Westukraine) und für die Angehörigen von Kriegsgefangenen.[76] Im Unterschied zur Jüdischen Sozialen Selbsthilfe und dem Polnischen Hauptbetreuungsrat (*Rada Główna Opiekuńcza,* RGO) wurde der Ukrainische Hauptausschuss aus dem Budget des GG mitfinanziert. Hingegen ernährte das polnische und jüdische Komitee aus Spenden der eigenen Mitglieder und zum Teil aus ausländischen Mitteln große Teile der eigenen Bevölkerung. Der UHA verfügte über ein entschieden größeres Maß an Selbstverwaltung. Seine karitative Tätigkeit konnte er über ukrainische Genossenschaften refinanzieren. Zudem unterstützte die deutsche Ordnungsmacht den Aufbau einer sozialen Infrastruktur für die Ukrainer u. a. durch den Bau von ukrainischen Krankenhäusern, Kinderheimen und Sanatorien.[77]

Der Historiker Gerhard Eisenblätter weist darauf hin, dass mit dieser Art der Selbstverwaltung einerseits die Bevölkerung sich selbst überlassen blieb, andererseits die deutsche Verwaltung entlastet wurde, möglichst wenig Verantwortung übernahm und trotzdem ihre Interessen wahrnehmen konnte.[78] Die drei Hilfskomitees waren von der GG-Verwaltung installiert worden, um konfliktträchtige Fragen der Versorgung, der medizinischen Betreuung, des Schulwesens und der Kultur nicht auf die Besatzer zu konzentrieren, sondern die „Wohlfahrt" der Bevölkerung zur „Selbsthilfe" zu überlassen. Zugleich folgte die Einrichtung dieser Selbsthilfeorganisationen einer definierten „volkstumspolitischen" Linie aus Ausbeutung und politischer Überwachung. Treffend beschrieben wurde dies von dem im GG verantwortlichen Beamten für „Volkstumsfragen":

---

[74] Vgl. DERS., Menii 85. Molode Zhyttia, Paris, München 1985, S. 90: „Ich erinnere mich gut an die Worte des Gouverneurs [...]:‚Meine Herren, ihr werdet so viel haben, wieviel ihr Euch erobert, aber erobert maßvoll', dazu Kubiiovych in seinen Memoiren selbst: ‚Wir haben schnell gelernt, daß man die Deutschen vor vollendete Tatsachen stellen muß, aber mit Maß.'"

[75] BOGDAN KROLL, Rada Główna Opiekuńcza 1939–1945, Warszawa 1985, S. 94.

[76] Richtlinien für die Arbeit in den ukrainischen Hilfskomitees, 4.5.1940, BAB, R 52 III/6.

[77] ARLT, Ordnung der Fürsorge, S. 33 ff.

[78] EISENBLÄTTER, Grundlinien, S. 82.

„Die Grundsätze unserer Fürsorge- und Wohlfahrtsarbeit im GG sind also politischer Art. Die Behandlung aller Fürsorge- und Wohlfahrtsfragen geschieht nach deutschen rassischen und bevölkerungspolitischen Gesichtspunkten [...]. Um indirekt Einfluss auf die Volksgruppen nehmen zu können, fällt der Fürsorge die Aufgabe zu, die Fürsorge- und Hilfsmittel zu steuern und die Volksgruppen zu beobachten zur Sicherung gegen sozial bedingte politische Gegenbewegungen."[79]

Die Regierung des GG lag damit genau auf der Linie des Rüstungsinspekteurs der Ukraine, der im Dezember 1941 unter Einbeziehung des GG von einem bevölkerungspolitischen Massenproblem berichtete. Er gab zu bedenken, dass wenn man die Juden und die Kriegsgefangenen umkommen ließe und die Großstadtbevölkerung zum erheblichen Teil dem Hungertode ausliefere, die Frage unbeantwortet bleibe, wer denn dann eigentlich Wirtschaftswerte produzieren solle.[80]

Die Aufwertung der Ukrainer vom Stiefkind der Zweiten Polnischen Republik zum Musterschüler der Besatzungsmacht (z. B. hatten nur die Ukrainer ihr „eigenes Ministerium" bei der Regierung des GG)[81] war gewiss kein Verdienst der ukrainischen Eliten. Es war schlicht die logische Konsequenz deutscher Besatzungspolitik in Ostpolen: Während der Transformation des polnischen Rechtsstaats in eine Rassenhierarchie jüdischer und slawischer Arbeitskräfte war die „Volksgruppe der Ukrainer" (so der zeitgenössische deutsche Sprachgebrauch) im Rahmen politischer (polnisch-ukrainischer Antagonismus), aber vor allem im Sinne ideologischer Kriegsziele anderen Ethnien gegenüber rassisch privilegiert.[82] Hinsichtlich dieser rassenanthropologischen „Sonderstellung" der Ukrainer bestehen Analogien zum deutschen Ukrainerbild während des Ersten Weltkriegs. 1916 sah man den „Wert der ukrainischen Rasse" darin, dass sich bei ihr mongolische Einflüsse, wie sie bei den Russen im Körperbau noch zum Ausdruck kämen, nicht nachweisen lassen würden.[83] Außerdem sähe er hier überall diese blondköpfigen, blauäugigen Ukrainerkinder, ließ Hitler Mitte August

---

[79] ARLT, Ordnung der Fürsorge, S. 5.

[80] UEBERSCHÄR, Dokumente, S. 338 ff.

[81] Unter dem Namen „Ukrainisches Referat" in der Hauptabteilung Innere Verwaltung des GG unter Leitung des Veteranen der Ukrainisch-Galizischen Armee, Leutnant Alfred Bisanz.

[82] Vgl. ARLT, Übersicht, S. 46 f.: „durch die Emanzipationsbewegung der ukrainischen Volksgruppe in den letzten Jahren ist ein Germanisierungsprozess eingetreten, der in bezeichnender Weise zu einer gewissen Typisierung geführt hat [...], der zu einer Abhebung der Ukrainer von den anderen Volksgruppen in rassischer Hinsicht führte."

[83] PAUL OSTWALD, Die Ukraine und die ukrainische Bewegung, Essen 1916, S. 8 f.

1942 aus der Ukraine verlautbaren, während Himmler seinem Vorgesetzten bestätigte, dass die Ukrainer von den Goten abstammten.[84]

Unwillkürlich stellt sich in diesem Spannungsfeld zwischen „nationalsozialistischer Rassenordnung und Selbständigkeitsbestrebungen" die Frage nach der Positionierung zwischen Widerstand und Kollaboration seitens der drei ethnischen Gruppen. Bezüglich der Ukrainer im GG kann nicht eindimensional von einer Gruppe Kollaborateure gesprochen werden. Wenngleich die gesellschaftliche Legitimität des UHA auf der Benachteiligung des polnischen und jüdischen Komitees basierte, waren die Ukrainer doch auch Teil der nach rassischen Kriterien untergeordneten Gesellschaft. Zudem waren mit dieser Legitimität keine politischen Vorteile verbunden, sondern es ging dem UHA in den ersten Jahren der Besetzung nur darum, die Ausbeutung der eigenen Bevölkerung durch deutsche Behörden im Vergleich zu anderen Gruppen „billiger Arbeitskräfte"[85] geringer zu halten. Dennoch: erst aus seiner relativ bevorzugten Stellung heraus vermochte es der UHA, konsequent eine Strategie der Ukrainisierung in Südostpolen anzuwenden. Mit Blick auf den im Jahr 1943 beginnenden polnisch-ukrainischen Konflikt und im Kontext der Schwäche der deutschen Ordnungsmacht waren durch die Arbeit des UHA in als ethnisch ukrainisch betrachteten Gebieten Ostpolens nicht zuletzt konkrete politische Ansprüche unter der Bevölkerung geweckt worden. Wie bereits geschildert, wurden diese nach deutschem Vorbild unter der Regie der OUN-B/UPA und gegen die polnische Bevölkerung realisiert. Dieser Anspruch war gewiss das Ergebnis einer ideologischen Kollaboration für eine „nationale Emanzipation" durch den UHA.[86]

Die Organe der Selbsthilfe waren die Kristallisationspunkte dreier völlig verschiedener Alltagserfahrungen in einem multiethnischen Gebiet unter deutscher Fremdherrschaft. In diesem Zusammenhang spielen die unterschiedlichen Ambitionen und Hoffnungen, die an die Arbeit der drei Komitees geknüpft wurden, eine entscheidende Rolle. Für die Ukrainer war der Ukrainische Hauptausschuss nicht zuletzt Vehikel einer wirtschaftlichen und kulturell-religiösen Aufwertung. Für die Polen war der Hauptbetreuungsrat vor allem eine karitative Einrichtung, ebenso für die polnischen Juden die Jüdische Soziale Selbsthilfe, allerdings war ihr Überleben unter diesen Besatzern „nicht vorgesehen".

---

[84] CZESŁAW MADAJCZAK, Generalny Plan Wschodni, Warszawa 1990, S. 291.

[85] IMG, Bd. 26, Nürnberg 1947, PS-864, S. 378 f.

[86] CZESŁAW MADAJCZYK, Między neutralną wpólpracą ludności terytoriów okupowanych a kolaboracją z Niemcami, in: Biuletyn Głównej Komisji Badania Zbrodni przeciwko Narodowi Polskiemu, Nr. 34, 1992, S. 37.

Auch die hier skizzierte Nationalitätenpolitik war Teil einer Rassenpolitik, welche die ethnischen Gruppen viel direkter betraf. Anders formuliert: Nationalitätenpolitik war eine Art Steckenpferd der Zivilverwaltung
im GG. Politischer Alltag im GG war eine Besatzungspolitik unter Regie
des RSHA, die von Evakuierung, Zwangsumsiedlung und Arbeitszwang
gekennzeichnet war. Die Rechtsprechung im GG illustriert, wie nationalitätenpolitische Maßnahmen als Feigenblatt für schlichte Vernichtungspolitik
dienten. Die unterschiedliche Behandlung der „Volksgruppen" lässt sich an
kaum einem anderen Dokument so gut nachvollziehen wie anhand des
Gesetzkodexes für das Generalgouvernement.[87] Im Allgemeinen galten im
Distrikt Galizien für die Nationalitäten dieselben Bestimmungen wie schon
im GG seit Oktober 1939. Grundsätzlich wurde zwischen „Angehörigen
des ehemaligen polnischen Staates" (Polen, Ukrainer)[88] und „Juden" unterschieden, die nach deutschem Recht nicht mehr gemäß ihrer polnischen
Staatszugehörigkeit, sondern nach ihrer „Rasse" zu identifizieren waren.
Juden hatten ähnlich wie „Zigeuner" keine rechtsstaatliche Stellung. Dies
sollte nach außen durch den Judenstern noch unterstrichen werden.[89] Sie
galten lediglich als „Bevölkerung", während Ukrainer, Polen und „Goralen" rassisch als „Nichtjuden" galten, eine „Volkstums- oder Stammeszu-
gehörigkeit" hatten und ihnen als Minderheiten und Angehörige des ehemaligen polnischen Staates eine rechtsstaatliche Stellung eingeräumt wurde.[90]
Die rechtliche Diskriminierung der Juden im Rahmen der völkerrechts-
widrigen Behandlung der gesamten Bevölkerung erstreckte sich auf alle
Lebensbereiche. Sie wurden durch dieses „Recht" im Sinne der NS-Rassenideologie systematisch verfolgt und mittelbar durch zwangsweise Sepa-
rierung in übervölkerten und mit Lebensmitteln und Medikamenten absicht-
lich unterversorgten Wohnvierteln (im Amtsdeutsch: „Jüdischer Wohnbezirk"[91]) dezimiert. Dabei sollten Hunger und die Verbreitung von Seuchen
und Krankheiten zynischerweise noch von den Juden selbst verwaltet

---

[87] Das Recht des Generalgouvernement, Bd. 1-2 mit Anhang: Das Recht des Distrikts
Galizien, hg. v. ALBERT WEH, Krakau 1941, hier vor allem relevant der Anhang das
Distrikt Galizien betreffend.

[88] Ebd., A 301: Erste Durchführungsvorschrift über die Einführung von Kennkarten im
GG, 13.6.1941.

[89] Ebd., A 400: Verordnung über die Bestimmung des Begriffs ‚Jude' im GG, 24.7.
1940; A 405: Verordnung über die Kennzeichnung von Juden und Jüdinnen im GG,
23.11.1939.

[90] Ebd., A 301: Erste Durchführungsvorschrift zur Verordnung v. 26.10.1939 über die
Einführung von Kennkarten im GG, 13.6.1941.

[91] Ebd., A. 415: Verordnung über den jüdischen Wohnbezirk in Warschau, 19.4.1941.

werden.[92] „Arbeitsrechtlich" galt für die Polen „öffentliche Arbeitspflicht" gegen Entlohnung.[93] Für die Juden hingegen galt Zwangsarbeitspflicht, die noch um Meldepflicht und Ausgangssperre erweitert worden war.[94] Nichtbefolgung wurde mit einer Zuchthausstrafe von bis zu zehn Jahren bestraft.[95] Für die „Erfüllung des Arbeitszwangsdienstes" hatten nach einer Verfügung des HSSPF im GG, Friedrich Wilhelm Krüger, die Judenräte selbst zu sorgen.[96] Im Gegensatz zu ihren ehemaligen ukrainischen und polnischen Mitbürgern waren es ausschließlich die Juden, die ihr Vermögen restlos melden und damit de facto den Raub ihres Hab und Guts durch den NS-Staat in die Wege leiten mussten.[97] Das deutsche Rechtsverständnis hatte also unvergleichlich viel mehr Einfluss auf ihren Lebensalltag, als das bezüglich der Ukrainer und Polen im GG der Fall war. Zeugnis dessen sind u. a. das „Schächtverbot" (unter dem Vorwand der „Tierquälerei")[98], eine Auflage zur Benutzung des öffentlichen Personennahverkehrs[99] und ein Verbot der Zustellung postalischer Sendungen von jüdischen Absendern (zur „Vermeidung von Seuchengefahr").[100]

Rechtliche Unterschiede zwischen polnischer und ukrainischer Bevölkerung in den ostpolnischen Gebieten ergaben sich vor allem aus Richtlinien über die einheimische Gerichtsbarkeit. Zwar gab es im GG, in den Grenzen bis 1. August 1941, eine polnische Jurisdiktion, doch wurden hier ausschließlich Rechtssachen verhandelt, die zuvor von deutschen Richtern

---

[92] Ebd., A. 411 und 412: Erste und zweite Durchführungsvorschrift über die Einsetzung von Judenräten, 25.4. und 7.6.1940.

[93] Ebd., A. 333: Erste Durchführungsvorschrift zur Verordnung v. 26.10.1939 über die Einführung der Arbeitspflicht für die polnische Bevölkerung des GG, 31.10.1939.

[94] Ebd., A 425: Verordnung über die Einführung des Arbeitszwangs für die jüdische Bevölkerung des Generalgouvernements v. 26.10.1939; A 426: Erste und zweite Durchführungsvorschrift über die Einführung des Arbeitszwanges für die jüdische Bevölkerung des Generalgouvernements, 11.12.1939.

[95] Ebd., A 427: Zweite Durchführungsvorschrift über die Einführung des Arbeitszwanges für die jüdische Bevölkerung des Generalgouvernements, 11.12.1939.

[96] Ebd., A 478: Dienstbefehl an die Judenräte für die Erfassung und Gestellung der Juden zur Zwangsarbeit, 20.1.1940.

[97] Ebd., A 435: Verordnung über die Pflicht zur Anmeldung jüdischen Vermögens im GG, 24.1.1940.

[98] Ebd., A 480: Verordnung über das Schächtverbot, 26.10.1939.

[99] Ebd., A 490: Verordnung über die Benutzung öffentlicher Verkehrsmittel durch Juden im GG, 20.2.1941.

[100] Ebd., A 495: Anordnung über die Einstellung von Päckchen und Paketen von jüdischen Aufliefern, 21.11.1941.

delegiert worden waren.[101] Ähnlich wie im Distrikt Galizien, aber mit dem entscheidenden Unterschied für die polnische Bevölkerung, dass hier als Gerichtssprache Ukrainisch galt.[102] Sinnbildlich für die rechtlich privilegierte Stellung der Ukrainer im GG steht der Erlass zur Anerkennung ihrer kirchlichen Feiertage im GG.[103]

In den Augen der deutschen Besatzer waren Polen und Ukrainer im GG zu Dienern des deutschen Herrenvolks bestimmt, wobei Ukrainer kulturell und in Glaubensfragen bevorzugt behandelt werden sollten, während die Juden als „drittes Volkstum" galten, das dementsprechend „am schlechtesten" zu behandeln war.[104] Auch die Bildungspolitik im GG war von einer deutlichen ethnischen Differenzierung geprägt. Für die heranwachsende Generation verbesserte sich die Lage im Vergleich zur Vorkriegszeit allein für die Ukrainer. Der Generalgouverneur garantierte den Ukrainern 1941 Schulbildung in 929 ukrainischen Schulen und 200 Kursen für Analphabeten.[105] Der Vorsitzende des UHA, Volodymyr Kubiiovych, bezeichnete das GG deshalb als „Hauch der Heimat"[106] und „einen Quell des nationalen Lebens", welcher den Ukrainern unter polnischer und sowjetischer Besatzung versagt worden sei. Der Ausbau des ukrainischen Schulnetzes sei der „wohlwollenden Haltung der deutschen Schulbehörden und der vollständigen materiellen Sicherung durch den Staat" zu verdanken.[107] Seit Eingliederung der ostpolnischen Gebiete in das GG sei man, so ein GG-Offizieller, bemüht, ein eigenständiges ukrainisches Schulwesen mit einer entsprechenden Lehrerausbildung aufzubauen.[108] Hingegen wurden Judenräte gezwungen, jüdische Schulen ohne Unterstützung der deutschen Verwaltung zu unterhalten, die nach deutschem Recht zynischerweise als „Privat-

---

[101] Ebd., C 150: Verordnung über die polnische Gerichtsbarkeit im Generalgouvernement, 19.2.1940.

[102] Ebd., Gal C 145: Verordnung über die nichtdeutsche Gerichtsbarkeit im Distrikt Galizien und die Überleitung der Rechtspflege in den ehemals sowjetischen Gebietsteilen, 19.10.1942.

[103] Ebd., F 144: Erlass über die Anerkennung der ukrainischen Feiertage im GG, 5.4.1941.

[104] Dr. Csaki: Eindrücke einer Vortragsreihe durch das GG 6.–11.12.1940, zit. nach: Quellen zur Schulpolitik, Dokument Nr. 21.

[105] TORZECKI, Polacy i Ukraińcy, S. 54; MĘKARSKI, Die Südostgebiete Polens zur Zeit der deutschen Besatzung (Juni 1941 bis Juni 1943), in: JGO 34, 1968, S. 389; „Ukraïns'ki Shchodenni Visti", 30.7.1941.

[106] Ebd., 19.7.1941.

[107] Ebd., 30.7.1941.

[108] Ministerialrat Pax: Bericht über eine Bereisung des GG, zit. nach: Quellen zur Schulpolitik, Dok. 129.

schulen" gelten sollten.[109] Polnische Universitäten wurden unterschiedslos geschlossen und höhere Schulen in technische Berufsschulen umgewandelt, nur Grundschulen und Berufsschulen standen den so genannten Polenkindern offen.[110]

Im Frühjahr 1943 rechnete eine Denkschrift aus der Reichskanzlei gründlich mit der bisherigen Regierungspolitik des Generalgouverneurs ab. Frank wurden Versagen, übersteigertes Herrschergefühl, Eitelkeit und Selbstgefälligkeit vorgeworfen und ihm unterstellten Beamten Bestechlichkeit und „gemeinsame Sache mit den Juden". Gleichzeitig wurde eine deutlich härtere Linie gegenüber den Einheimischen eingefordert. Diese sollte von Frank durch Rohstofferfassung für die deutsche Kriegswirtschaft ohne Rücksicht auf die Ernährungslage der Einheimischen sowie die gewaltsame Erfassung von Zwangsarbeitern umgesetzt werden. Trotz dieser Auflage wurde der Generalgouverneur angewiesen, soweit möglich, Truppen aus der einheimischen Bevölkerung für den militärischen Kampf gegen den Bolschewismus zu gewinnen.[111]

Die Folgen dieser ethnisch differenzierten Nationalitätenpolitik im GG sind in Bezug auf die Opfer allein für Polen und Juden aufgearbeitet. Angaben über die Zahl ermordeter und zu Zwangsarbeit verschleppter Ukrainer sind hingegen nur fragmentarisch überliefert.[112] Als sicher gilt aber, dass relativ mehr Ukrainer als Polen zur Arbeit ins Reich deportiert worden sind.[113] Nahezu drei Millionen Juden polnischer Staatsangehörigkeit kamen infolge der deutschen Besatzungsherrschaft ums Leben. Davon sind etwa 1,8 Millionen Juden in den Vernichtungslagern und etwa 900.000 Juden durch Erschießungen ermordet worden, rund 300.000 konnten überleben.[114] Etwa 1.500.000 Polen ließen unter deutscher Herrschaft ihr Leben.[115] Ausgerottet mit vergleichbarer Intention wie die jüdische Bevölke-

---

[109] Das Recht, A 420: Verordnung über das jüdische Schulwesen im GG, 31.8.1940.

[110] Quellen zur Schulpolitik, S. 230 f.

[111] Ebd., am Ende der Denkschrift wird eine Absetzung Franks und der Regierungselite im GG erwogen.

[112] Nur marginal historisch erforscht ist bisher die Art und Anzahl der „Erfassung" der sog. Ostarbeiter aus dem GG, darunter vor allem der ukrainischen – von zentraler Bedeutung dürfte dabei das Dok. 147 aus dem Kubiiovych-Nachlass sein, CIUS, Bd. 1, S. 546–549, aus dem am 26.3.1943 die Zahl von 400.000–500.000 ukrainischen Zwangsarbeitern im Reich, darunter 200.000 allein aus dem Distrikt Galizien, hervorgeht.

[113] Polska – Ukraina trudna odpowiedź, hg. v. Naczelna Dyrekcja Archiwów Państwowych, Warszawa 2003, S. 31.

[114] Zu den Opferzahlen vgl. DIETER POHL, Der Völkermord an den Juden, in: Deutschpolnische Beziehungen 1939–1945–1949, hg. v. WŁODZIMIERZ BORODZIEJ/ KLAUS ZIEMER, Osnabrück 2000, S. 130.

[115] MUSIAL, Niemiecka polityka, S. 34.

rung wurden vor allem die polnische Intelligenz sowie qualifizierte Facharbeiter. Grundsätzlich ist dabei dem Historiker Sycz zuzustimmen, der feststellte, dass die neue politische Situation für die polnische Bevölkerung schlicht eine „Besatzung" bedeutete, während es sich aus Sicht der Ukraine alleine um einen „Wechsel des Okkupanten" handelte, „mit dem ein großer Teil der ukrainischen Gesellschaft Hoffnungen auf Verbesserung ihrer Situation verband".[116] Und die dritte Gruppe, also die Juden im GG, sahen Sycz zufolge alleine in der karitativen Arbeit eine Perspektive für das eigene Überleben.

Exekutoren dieser selektiven Nationalitätenpolitik auf der Ebene der Lokalverwaltung in den polnischen Ostgebieten waren in der Regel Besatzungsbehörden mit deutschen und österreichischen Beamten. In der kleinsten Verwaltungseinheit im Rahmen des Distrikts Galizien, den Landkommissariaten, waren dies in der Regel die „deutschen Gendarmerieposten". Sie bestanden aus fünf bis zehn Polizeibeamten, die den SS-Einheiten am jeweiligen Standort der Kreishauptmannschaft unterstellt waren. SS-Kommandos kamen insbesondere zur Durchführung so genannter Judenaktionen in die Bezirke. Dort sekundierten ihnen lokale, als Polizeiposten eingesetzte ukrainische Nationalisten. Der lokale Judenrat war für die Organisation der örtlichen Ghettos sowie den „geordneten Abzug" zu den Exekutionsplätzen oder zur Deportation in die Vernichtungslager zuständig. Die Aufgabe deutscher Bezirksarbeitsämter war die Vermittlung polnischer und ukrainischer Zwangsarbeiter ins Reich.[117]

Betrachtet man diesen totalitären Makro- und Mikrokosmos deutscher Herrschaft in Ostpolen von 1941 bis 1944 in seiner Gesamtheit, dann wird deutlich, dass das primäre Ziel der deutschen Nationalitätenpolitik dort die völlige Eliminierung einer ethnischen Gruppe war – der Juden. Die Behandlung der beiden anderen Gruppen war unterschiedlich: Die Polen wurden weitgehend aus dem öffentlichen Leben ausgeschaltet, während die ukrainische Minderheit eine deutliche Aufwertung in kultureller Hinsicht erlebte. Gerade diese Erfolge im religiösen und Bildungsbereich provozierten negative Reaktionen auf polnischer Seite. Zwar sicherte die Förderung der ukrainischen Gruppe die Loyalität ihrer offiziellen Vertreter gegenüber der Regierung des GG, dennoch gelang es nicht, die interethnischen Beziehungen zu konsolidieren. Die Generallinie amtlicher deutscher „Ukrainisierungs"-Politik im GG verfolgte die Beschränkung des Einflusses der

---

[116] SYCZ, Spółdzielczość, S. 159.

[117] BAL, B 162/5162, Bl. 59 ff., 145 ff., 156-160; B 162/5165, Bl. 843 ff.; B 162/5166, Bl. 1198-1204; B 162/5178, Bl. 5330 f.; B 162/5180, Bl. 5787 f.; B 162/4130, Bl. 109 f., 121.

organisatorisch und politisch mächtigsten ukrainischen Organisation in den besetzten Ostgebieten, der OUN.[118] Zur Machtsicherung wurden apolitische ukrainische und polnische Selbsthilfeorganisationen gefördert, gleichzeitig wurde die Liquidierung der polnischen und ukrainischen Nationalbewegung angestrebt. Als dann aber die deutschen Behörden Ende 1943 den Rückzug antraten, war es mit der ukrainischen Loyalität vorbei. Infolge der Unterdrückung jeglicher Selbständigkeitsbestrebungen hatte die Besatzungsmacht den polnisch-ukrainischen Konflikt vertieft und Auseinandersetzungen provoziert. Zwischen den politischen und militärischen Vertretern der polnischen und ukrainischen Nationalbewegung war eine Atmosphäre des gegenseitigen Misstrauens und Hasses geschaffen worden.

Im Namen einer selbständigen Ukraine übernahmen bewaffnete Verbände der ukrainischen Nationalbewegung die Macht und wandten eliminatorische Methoden der deutschen Nationalitätenpolitik in diesen Gebieten nun selbst gegen die polnische Zivilbevölkerung an. Dieser Konflikt war deutlich von den Rahmenbedingungen deutscher Politik gegenüber beiden ethnischen Gruppen geprägt. So hatten die deutschen Behörden in den Ostgebieten der Zweiten Polnischen Republik polnische und ukrainische Hilfspolizeieinheiten gebildet, die repressiv gegen die jeweils andere Gruppe vorgegangen waren. Im Verlauf der so genannten antipolnischen Aktion der OUN/UPA klagten sich polnische und ukrainische Verbände gegenseitig der polizeilichen Kollaboration mit den Deutschen an. War im Jahr 1941 noch die „jüdisch-bolschewistische Verschwörung" das propagandistische Leitmotiv der OUN-B, so war 1944 die Rede von „Fällen des deutsch-polnischen Terrors", die es im Namen der selbständigen Ukraine zu bekämpfen gelte.[119]

Im Kontext des Vormarschs der Roten Armee durch Ostgalizien im Herbst 1943 versprach die OUN-B-Fraktion einem Vertreter des RSHA, geheimdienstlich im Kampf gegen Bolschewismus, Kommunismus und Polentum zusammenarbeiten zu wollen.[120] Im Gegenzug forderte die Bandera-Fraktion u. a. deutsche Unterstützung gegen polnischen Terror und

---

[118] *Meldungen aus dem Reich 1938-1945. Die geheimen Lageberichte des Sicherheitsdienstes der SS*, hg. v. HEINZ BOBERACH, Koblenz 1984, Meldung Nr. 57, 23.2.1940.

[119] Pol's'kyi teror w Ternopil's'kii oblasti w misiatsiach sichni i liutomu 1944 r., TDAVOVUU, fond 3833, opis 1, delo 157, Bl. 5; Nadzvychainyi zvit, cz. 15/44: Aktu nimets'ko-pol's'koho teroru, 23 III 1944 r., ebd., Bl. 25 f.; Politychnyi zvit vid 23.3.-23.5.1944, ebd., Bl. 30; vgl. FRANK M. GRELKA, „Antypolska akcja" OUN-UPA na Wołyniu i w Galicji Wschodniej. Uwagi przy okazji badania paradygmatu stosunków poskoukraińskich, in: PiS, Nr. 2(6), 2004, S. 279-306.

[120] Bericht 10, IV N–90/44 an den Befehlshaber der Sipo und des SD im GG, SS-Oberführer und Oberst der Polizei Bierkamp, 13.3.1944 r., TDAVOVUU, f. 4628, op. 1, Bl. 169.

Provokationen gegen die ukrainische Zivilbevölkerung.[121] Die ukrainischen Nationalisten waren erneut bereit, gegen einen gemeinsamen Feind mit den deutschen Behörden zu paktieren. In den Folgemonaten konzentrierten sich bis Anfang 1941 die Aktionen der ukrainischen Nationalpartisanen vor allem auf die „Säuberung" Ostgaliziens von polnischer Zivilbevölkerung. Mit dieser Politik der „verbrannten Erde" sollte die Machtübernahme durch sowjetische Behörden in diesen Gebieten verhindert werden.[122] Als neue Qualität in den ukrainisch-polnischen Beziehungen darf bezeichnet werden, was in einem SS-Bericht aus Ostgalizien vom Mai 1944 zum „Volkstumskampf" stilisiert wurde:

> „Der Volkstumskampf ist, durch die ukrainischen Banden hervorgerufen, wieder erneut entfacht worden. Die Überfälle auf polnische Dörfer und Siedlungen und auf Liegenschaften nehmen in erschreckendem Maße zu. Bei diesen Überfällen werden die Anliegen durch Brand vernichtet und die Polen, soweit man ihrer habhaft wird, erschlagen oder erschossen. So wurden z.B. in der Nacht zum 10.4.[1944] [...] von [...] 320 Gehöften 200 eingeäschert. Hierbei sind etwa 200 Stück Vieh und 60 Pferde mitverbrannt. Von den Einwohnern wurden 42 getötet und 19 verletzt. In der Nacht zum 12.4. wurden durch eine nationalukrainische Bande die Liegenschaften Rzyczki und Hrobeno vollständig und Hyjcze bis auf die Brennerei abgebrannt. Weiter wurden noch Zaborze, Wendzin und Kurow abgebrannt. Am 14.4. wurde Stanislowka mit Brandmunition beschossen. Durch das entstandene Feuer brannte ein Teil der Ortschaft ab. Insgesamt wurden im Monat April 1944 645 Polen durch die ‚UPA' getötet. Nachweislich ist diese Ziffer noch erheblich höher, da in vielen Fällen die Spuren hinsichtlich der tatsächlich getöteten Polen durch die ‚UPA' bewusst verwischt wurden."[123]

Der Mobilisierungsgrad der ukrainischen Nationalbewegung war trotz oder gerade wegen der repressiven deutschen Besatzungsherrschaft bei Kriegsende höher denn je zuvor. Auch das polnische Nationalbewusstsein stieg durch die repressive Nationalitätenpolitik derart, dass das politische, kulturelle und militärische Leben der Polen in den Untergrund (Bildungseinrichtungen, Untergrundarmee, Vertreter der polnischen Exilregierung) verlegt werden konnte. Trotz oder gerade wegen aller Repressionen konsolidierte sich das polnische Nationalbewusstsein aus begründeter Feindschaft und moralischer Überlegenheit gegen die Besatzungsmacht.

---

[121] Ebd., Bl. 168 f.

[122] GRZEGORZ MOTYKA, Tak było w Bieszczadach. Walki polsko-ukraińskie 1943–1948, Warszawa 1997, S. 125–128; vgl. BA-MA, RH 24/48-259, Gruppe Geh. Feldpolizei 70, Aussenstelle b. XXXXVIII. Pz. K., 27.2.1944.

[123] HSSPF im GG, I c (BdS), 17.5.1944, BAB, R 70 Polen/76.

Wirkungsvoll war die deutsche Nationalitätenpolitik in den ostpolnischen Gebieten in tragischer Weise allein in Bezug auf die jüdische Bevölkerung Wolhyniens und Galiziens, die ab dem Frühjahr 1942 systematisch ermordet wurde.[124] Fatale Folgen hat die Besatzungspolitik für die polnisch-ukrainischen Beziehungen bis heute. Sie war der eigentliche Katalysator des Bürgerkriegs zwischen der Doktrin des *status quo ante bellum* der polnischen Exilregierung und des aufgestauten bewaffneten ukrainischen Nationalismus, der mit der „antipolnischen Aktion" die Büchse der Pandora der seit 1918 bestehenden zwischenethnischen Beziehungen öffnete.

Fazit

Durch den „Fall Barbarossa" war Ostpolen und seine Bevölkerung seit Sommer 1941 nur noch Teil eines rechtlosen Raumes, der erobert und ausgebeutet werden sollte. Das ist das, was Vejas Liulevicius mit „Triumph von Raum" beschreibt, also die Umsetzung eines radikalen Mythos von Osteuropa und den osteuropäischen Völkern in gewaltsame Aktionen als integraler Bestandteil der NS-Ideologie und ihrer nationalitätenpolitischen Umsetzung.[125] Mit zunehmender Kriegsdauer zeichnete sich diese Willkür der „europäischen Kriegswirtschaft" in den besetzten Ostgebieten paradoxerweise dadurch aus, dass man hier Lebensraum einschließlich seiner Bevölkerung vernichtete, welcher ursprünglich als zukünftiges Ressourcenparadies „Großdeutschlands" eingeplant worden war.[126] Die Politik gegenüber den ethnischen und nationalen Minderheiten war somit kein Kompromiss aus Einbindung „nationaler Faktoren" und Ausübung „überwältigenden wirtschaftlichen Zwangs" mehr. Mit diesem Konzept deutscher Besatzungspolitik in Osteuropa im Ersten Weltkrieg (Litauen, Ukraine, Polen) wurde gebrochen. Somit kann hinsichtlich dieses Teilaspekts der Okkupationsforschung von einer neuen Qualität deutscher Besatzungspolitik gesprochen werden.

---

[124] *Katastrofa i opir ukraïns'koho evreistva (1941–1944). Narysy z istoriï Holokostu i oporu v Ukraïni,* hg. v. INSTYTUT POLITYCHNYKH I ETNONATSIONAL'NYKH DOSLIDZHEN', Kyïv 1999, S. 248-255.

[125] VEJAS GABRIEL LIULEVICIUS, War Land on the Eastern Front. Culture, National Identity, and German Occupation in World War I, Cambridge 2000, S. 247.

[126] Vgl. BARKAI, AVRAHAM, Das Wirtschaftssystem des Nationalsozialismus, Frankfurt/M. 1988, S. 224.

INGO HAAR

BEVÖLKERUNGSPOLITIK IM GENERALGOUVERNEMENT

NATIONALITÄTEN-, JUDEN- UND SIEDLUNGSPOLITIK IM SPANNUNGSFELD REGIONALER UND ZENTRALER INITIATIVEN

Erst ist jüngster Zeit wendet sich das Interesse der Zeitgeschichte der NS-Bevölkerungspolitik im Zweiten Weltkrieg und ihrer europäischen Dimension zu.[1] Bevölkerungspolitik wird dabei verstanden als das Ineinandergreifen von Planung, Umsetzung und Kontrolle von sozialtechnischen Eingriffen in die Struktur einer Gesellschaft, sei es durch eine Geburten- und Familienpolitik, durch gelenkte Migration, Nationalitätenpolitik oder durch räumlich differenzierte Infrastrukturförderung.[2] Erste Pionierarbeiten hatten in den achtziger Jahren des letzten Jahrhunderts die Familien-, Gesundheits- und Sozialpolitik im Nationalsozialismus untersucht.[3] Dem folgte ein zweiter Forschungsschub, in dem nach der Funktion der Bevölkerungspolitik während der NS-Besatzungsherrschaft gefragt wurde. Dazu fasste Götz Aly den Erkenntnisstand folgendermaßen zusammen: „Die Nazi-Ideologie gewann ihre Wirksamkeit nicht aus dem isolierten, staatlich gesteuerten Haß gegen Juden oder Geisteskranke, Zigeuner oder Slawen, sondern aus der totalitären Einheit [...] negativer und positiver Bevölke-

---

[1] German Scholars and Ethnic Cleansing 1920–1945, hg. v. INGO HAAR/ MICHAEL FALHBUSCH, New York 2004; ERIC J. SCHMALTZ/ SAMUEL D. SINNER, The Nazi Ethnographic Research of Georg Leibrandt and Karl Stumpp in Ukraine, and It´s North American Legacy, in: Holocaust and Genocide Studies, Nr. 14, 2000, S. 28-64, HANS-CHRISTIAN PETERSEN, Der Wissenschaftler als Sozial-Ingenieur: Die Konstruktion der „Fremdheit" des osteuropäischen Judentums im Werk Peter-Heinz Seraphims, in: Kwartalnik Historii Żydów, Nr. 213, 2005, S. 11-30.

[2] JOSEF EHMER, „Nationalsozialistische Bevölkerungspolitik" in der neueren historischen Forschung, in: Bevölkerungslehre und Bevölkerungspolitik im „Dritten Reich", hg. v. RAINER MACKENSEN , Opladen 2004, S. 21-59, hier S. 38 ff.

[3] GISELA BOCK, Zwangssterilisation im Nationalsozialismus. Studien zur Rassenpolitik und Frauenpolitik, Opladen 1986.

rungspolitik."[4] In den momentanen Forschungen geht es nun um die Frage, wie bevölkerungswissenschaftliche Paradigmen politisch genutzt wurden und inwieweit sie in völkermörderische Praxis umschlugen. Diese neue Thematik lehnt sich eng sowohl an die Genozid- als auch die Täterforschung an. Inzwischen hat die Forschung die Umsiedlungspolitik der Nationalsozialisten im besetzten Polen auf das Primat rationaler Strukturentwicklungsplanungen zurückgeführt, wie sie im Zuge der europäischen Nationalstaatsbildungen und Modernisierungen üblich waren. Das *Tertium comparationis* bildete die Rationalisierung der Agrarstruktur, flankiert von Überbevölkerungsexpertisen und Zwangsmigrationen. Dieser Weg versuchte, die NS-Verbrechen der Deutschen in Polen mit der Vertreibung der Deutschen durch Polen von 1944 bis 1950 zu vergleichen.[5] Dabei traten jedoch andere Strukturmerkmale der NS-Bevölkerungspolitik analytisch zurück: gezielte Massaker gegen die sozialen Eliten und ethnische Minderheiten, Geburtenkontrollen, Deportationen und Assimilationen.

In der hier vorgelegten Studie geht es nun um die Verflechtung von NS-Bevölkerungspolitik und demographischer Expertise im Generalgouvernement (GG), um den Prozess der Vernichtungs- und Siedlungspolitik und um die spezifische Handschrift von Generalgouverneur Hans Frank darin. Zum besseren Verständnis wird es eine knappe Einführung in die Vorgeschichte geben. Die polnische Forschung nahm die Position ein, dass die Siedlungs- und Vernichtungspolitik in Polen allein auf den Reichskommissar für die Festigung deutschen Volkstums (RKF), Heinrich Himmler, und Konrad Meyers Generalplan Ost zurückging. Diese These wird genauso kritisch beleuchtet wie die deutsche Interpretation, Frank habe auf diesem Feld versucht, quasi als Gegenpol zu Himmlers SS, den Rechtsstaat zu erhalten,[6] wobei die „Endlösung" auf anonyme Kräfte und eine „kumulative Radikalisierung", nicht aber auf konkrete Täter und Prozesse zurückge-

---

[4]   GÖTZ ALY, „Endlösung". Völkerverschiebung und der Mord an den europäischen Juden, Frankfurt/M. 1995, S. 374-382.

[5]   MICHAEL G. ESCH, „Gesunde Verhältnisse". Deutsche und polnische Bevölkerungspolitik in Ostmitteleuropa 1939–1950, Marburg 1998, S. 83-129; DERS., Bevölkerungsverschiebungen und Bevölkerungspolitik 1939–1950, in: Deutsch-polnische Beziehungen 1939–1945–1949, hg. v. WŁODZIMIERZ BORODZIEJ/ KLAUS ZIEMER, Osnabrück, 2000, S. 189-213.

[6]   Das Diensttagebuch des deutschen Generalgouverneurs in Polen 1939–1945, hg. v. WERNER PRÄG/ WOLFGANG JACOBMEYER, Stuttgart 1975, S. 25 f. Die Position, Hans Frank habe eine „reine" Verwaltung auf Basis des „Rechtsstaats" angestrebt, ist eine Fehleinschätzung. Hier wird ein Typ der rationalen Herrschaft aus Max Webers Herrschaftssoziologie unterstellt, der nur theoretisch, aber nicht real existierte.

führt wird.[7] Diese Fallstudie rückt die Pläne und Praktiken der NS-Vernichtungspolitik im Generalgouvernement in den Mittelpunkt. Dabei wird das „Sonderlaboratorium" der SS im Distrikt Lublin besonders einbezogen,[8] weil sich hier die regionalen und zentralen Planungen im europäischen Rahmen kreuzten.

Die NS-Bevölkerungspolitik von 1933–1939: „negative" und „positive" Auslese

Die Praxisfelder der NS-Bevölkerungspolitik lassen sich nicht von den Ordnungsmodellen der deutschen Bevölkerungswissenschaften und ihren Expertenkulturen trennen, die sich gegen Ende des 19. Jahrhunderts in den Milieus der bürgerlich-konservativen und völkisch-nationalistischen Sozial- und Reformbewegung herausgebildet hatten. Ihre Vertreter verbündeten sich mit der Übergabe der Regierungsgewalt an die Nationalsozialisten ab 1933 mit ihnen. Im Gegenzug übernahm das NS-Regime das sozialtechnische Angebot dieser Eliten, die rassistischen Ziele des NS-Regimes in der Innen- und Außenpolitik durch wissenschaftliche Experten zu perfektionieren. Das alte Ziel einer „Nationalbiologie" des deutschen Volkes ging in die neue Vision über,[9] eine biologische Polizei könnte die Substanz des Volkes auf exekutivem Weg regulieren. Dieses Ordnungsmodell basierte darauf, die soziale Struktur einer „Rasse" oder eines „Volkes" durch gezielte soziale und biologische Eingriffe zu verbessern. Bevölkerungswissenschaftler, ob es sich nun um Rassen- oder Sozialhygieniker, Anthropologen oder Statistiker, Agrarsoziologen oder Volkskundler handelte, gingen davon aus, „daß es zwischen den biologischen Qualitäten der Menschen und den sozialen Verhältnissen und Vorgängen eine Wechselbeziehung gebe und daß man aus den biologisch-medizinischen Befunden ‚Rezepte für eine künftige Neuordnung des sozialen Gemeinwesens' ableiten könne, ja müsse, wenn man die angeblich rasante Ruinierung der biologischen Volkssubstanz stoppen wolle".[10]

---

[7] HANS MOMMSEN, Umvolkungspläne des Nationalsozialismus und der „Holocaust", in: Die Normalität des Verbrechens. Bilanz und Perspektiven der Forschung zu den nationalsozialistischen Gewaltverbrechen, hg. v. HELGE GRABITZ u. a., Berlin 1994, S. 68-84.

[8] Zamojszczyzna – Sonderlaboratorium der SS. Zbiór dokumentów polskich i niemieckich z okresu okupacji hitlerowskiej, hg. v. CZESŁAW MADAJCZYK , Warszawa 1979.

[9] WILHELM SCHALLMAYER, Vererbung und Auslese im Lebenslauf der Völker. Eine staatswissenschaftliche Studie aufgrund der neueren Biologie, Jena 1903, S. 335.

[10] JÜRGEN REULECKE, Rassenhygiene, Sozialhygiene, Eugenik, in: Handbuch der deutschen Reformbewegungen 1880–1933, hg. v. DIETHART KERBS, Wuppertal 1998, S. 197-210, hier S. 201ff.

Das Rassenparadigma war gegen Anfang der dreißiger Jahre ein verbindliches sozialtechnisches Grundaxiom, das nicht nur sozialmedizinischen, sondern auch agrarsoziologischen und geopolitischen Ordnungsmodellen zugrunde lag. Die NS-Bevölkerungspolitik strebte nicht nur die quantitative Veränderung der Anzahl der Mitglieder des deutschen „Volkes" an, um im vermeintlichen „Kampf um den Lebensraum" gegen die Fremden aus dem Osten besser dazustehen, womit die Slawen und die Juden gemeint waren;[11] sie stellte die eigene Bevölkerung ebenso zur Disposition: so genannte „Asoziale", „Erbkranke" und Angehörige nichtgermanischer Völker und Rassen unterlagen der Geburtenverhinderungspolitik und sozialer Ausgrenzung.[12] Familien deutscher Herkunft, die mehrere „gesunde" Kinder hervorbrachten, erhielten soziale Förderung.[13] Im NS-Regime überwogen aber die antinatalistischen Maßnahmen: Eheverbote oder Zwangssterilisierungen ergänzten den Ausschluss des vermeintlich Kranken oder Fremden. Jeder Deutsche unterlag der Pflicht, seine genealogische Herkunft offenzulegen. Dieser Nachweis sollte zeigen, dass es keinen jüdischen Einfluss gab. Die Großstadt, und mit ihr die Zuwanderung, wurden einer niedergehenden Moderne zugeordnet.[14]

Den Immigranten, also Polen und Juden, begegneten die deutschen Bevölkerungsforscher mit Ablehnung,[15] auch wenn diese bereits „assimiliert" waren. Die Nationalsozialisten stellten die Differenz zwischen „Autochthonen" und Fremden künstlich her. Erst ihre rassistischen Gesetze verwandelten integrierte Deutsche jüdischer Herkunft in „Fremdvölkische". Die ganze Bevölkerung wurde der Arierprüfung unterzogen. „Erbhöfe", also mittelständisch-landwirtschaftliche Betriebe, die per Gesetz von einer juden- und slawenfreien Familie zu betreiben waren, galten den

---

[11] Vgl. INGO HAAR, Bevölkerungspolitische Szenarien und bevölkerungswissenschaftliche Expertise im Nationalsozialismus. Die rassistische Konstruktion des Fremden und das Grenz- und Auslandsdeutschtum, in: Das Konstrukt „Bevölkerung" vor, im und nach dem „Dritten Reich", hg. v. RAINER MACKENSEN, Opladen 2005, S. 340-370.

[12] WINFRIED SÜß, Der Volkskörper im Krieg. Gesundheitspolitik, Gesundheitsverhältnisse und Krankenmord im nationalsozialistischen Deutschland 1939-1945, München 2003, S. 32 f., 311 f.; GISELA BOCK, Zwangssterilisation im Nationalsozialismus; HANS-WALTER SCHMUHL, Rassenhygiene. Nationalsozialismus und Euthanasie. Von der Verhütung zur Vernichtung lebensunwerten Lebens 1890-1945, Göttingen 1987.

[13] LISA PINE, Nazi Family Policy, 1933-1945, Oxford 1997; JÜRGEN CROMM, Familienbildung in Deutschland, Opladen 1998, S. 265 ff.

[14] URSULA FERDINAND, Die Debatte „Agrar- versus Industriestaat" und die Bevölkerungsfrage, in: Das Konstrukt „Bevölkerung", hg. v. RAINER MACKENSEN, S. 111-149, hier S. 124 ff.

[15] Vgl. HANS HARMSEN, Denkschrift zum Deutschen Bevölkerungsproblem, Berlin 1927, S. 2 f.; KONRAD MEYER, Raumordnung als nationalsozialistische Arbeit, in: Jahrbuch der nationalsozialistischen Wirtschaft, 1937, S. 98.

Raumplanern als vorbildlich. Der NS-Staat stützte die „Erbhöfe" durch gezielte Subventionen, verbunden mit einer Raumplanung für strukturschwache Regionen, insbesondere an der Ostgrenze zu Polen.[16] Karl Haushofer, der im Münchener Abkommen die Kartenvorlagen zur Neuordnung der ČSR organisierte, richtete ab 1937 den Blick der imperialen Raumplanung auf bevölkerungspolitische Sozialtechniken. Im Organ der deutschen Raum- und Siedlungsplaner hielt er fest, dass der eroberte Raum nicht nur durch Soldaten, sondern auch durch die Brechung der Fertilität verfeindeter Völker zu sichern sei. Er empfahl den kontinentalen Aufbau einer neuen „Grenz- und Wehrsiedlung". So sollten ethnische Mischungen zwischen den „Völkern" und „Rassen" verhindert werden. Ferner ging es ihm um die Prävention gegen eine Verstädterung der Landbevölkerung. Ethnische Mischungen galten ihm als „Unterwanderung" dessen, was er als Lösung des von ihm konstatierten Bevölkerungsproblems ausmachte: Die Aktivierung der „Schutzkraft des wehrwilligen, bodenfesten Siedlers" an den Grenzen. Es ging ihm also nicht nur um die Durchsetzung ethnischer Homogenität in den Grenzräumen Ostmitteleuropas, sondern auch um die Brechung der Reproduktionsfähigkeit fremder Bevölkerungen im „Kampf um Lebensraum".[17]

Als Hitler in der Reichstagsrede vom 6. Oktober 1939 die künftigen Besatzungspläne offenlegte, sprach er von einer „neuen Ordnung der ethnographischen Verhältnisse". Sein Modell sah, ganz im Sinne Haushofers, eine ethnische Entflechtung multiethnisch zusammengesetzter Räume vor. Hitler plante, die Grenzen des Deutschen Reichs bis an die Grenze der Sowjetunion heranzuführen. Zu diesem Zweck sollten die deutschen Minderheiten aus dem sowjetischen Einflussbereich in das besetzte Polen umgesiedelt und die Polen, anders als im bisherigen Besatzungsgebiet, nationalstaatlich liquidiert werden.[18] In seiner Reichstagsrede vom 31. Januar 1939 hatte er bereits die „Vernichtung der jüdischen Rasse in Europa" angekündigt.[19] Um beide Ziele umsetzen zu können, betraute Hitler die Volksdeutsche Mittelstelle der SS (VoMi) mit der „Heim-ins-

[16] ESCH, Bevölkerungsverschiebungen, S. 189-192.

[17] KARL HAUSHOFER, Grenz- und Wehrsiedlung, in: Reichsplanung, Organ der Akademie für Landesforschung und Reichsplanung, Nr. 3, 1937, S. 29, 32.

[18] Vgl. Hitler. Reden und Proklamationen 1932–1945, Bd. 2: Untergang, 1. Halbband: 1939–1940, hg. v. MAX DOMARUS, Wiesbaden 1973, S. 1383

[19] Adolf Hitler in einer öffentlichen Erklärung vor dem Deutschen Reichstag in Berlin am 30.1.1939, aus: Verhandlungen des Reichstags, Stenographische Berichte für die Wahlperiode 1939–1942, Bd. 460, S. 16, zitiert nach: EBERHARD JÄCKEL, Hitlers Herrschaft, Stuttgart 1991, S. 94.

Reich"-Politik.[20] Himmler sollte die „Volksdeutschen" aus dem sowjetischen Herrschaftsbereich in Polen ansiedeln. Das setzte umfangreiche Vertreibungsprogramme voraus. Die Inklusion der deutschen Minderheiten basierte auf Staatsverträgen, die Freiwilligkeit, Vermögensausgleich und einen humanitären Ablauf festlegten.[21] All das blieb der polnischen Bevölkerung, ob Jude, Slawe oder „Zigeuner", verwehrt. Am 7. Oktober unterschrieb Hitler seinen „Erlass zur Festigung deutschen Volkstums", der die fast vollständige Umwidmung Polens in „deutsche Ostgebiete" vorsah, und ernannte Himmler als Reichsführer SS und Chef der deutschen Polizei zum Reichskommissar für die Festigung deutschen Volkstums. Somit kam ihm die Planungshoheit im Politikfeld Umsiedlung und Vernichtung zu. Die Zivilverwaltung im Reichsgau Danzig-Westpreußen legte er in die Hände Albert Forsters, im Warthegau in Arthur Greisers. Der Jurist Hans Frank, Hitlers früherer Minister ohne Geschäftsbereich, erhielt das Generalgouvernement. Er herrschte über eine Art Kolonialland, das dem Reich auf kurze Sicht als ein beliebig auszubeutendes Reservoir von natürlichen und menschlichen Ressourcen dienen sollte. Außerdem wurde es als Aufnahmeraum für die aus den besetzten Ostgebieten zu deportierenden Polen und Juden und als Vorfeld für den geplanten Angriff auf die Sowjetunion genutzt.

Erste Bevölkerungspolitikszenarien hatten sich im Dezember 1939 konkretisiert, als SS-Einsatzgruppen und Wehrmacht erste Massaker verübten.[22] Für die NS-Bevölkerungspolitikexperten Erhard Wetzel und Gerhard Hecht war die ethnische Segregation der polnischen Bevölkerung besiegelt. Sie schlugen nach dem Muster „positiver" und „negativer" Auslese vor, die leistungs- und eindeutschungsfähigen Personen zu integrieren und die jüdischen Familien auszugrenzen. Juden waren so genannten Asozialen gleichgestellt. Sie unterlagen wie die polnische Führungsschicht der „Sonderbehandlung".[23] Ein ähnliches Szenario schlugen die traditionel-

---

[20] Vgl. VALDIS LUMANS, Himmlers Auxiliaries. The Volksdeutsche Mittelstelle and the German National Minorities of Europe (1933–1945), Chapel Hill 1993.

[21] Erläuterungen zu dem Rundschreiben des Reichskommissars zur Festigung deutschen Volkstums an die Obersten Reichsbehörden, 17.10.1940, den allgemeinen Anordnungen zum Erlass des Führers und Reichskanzlers zur Festigung deutschen Volkstums vom 7.10.1939 beiliegend, APP, Volksdeutsche Mittelstelle Posen 79, Bl. 10 ff.

[22] DOROTHEE WEITBRECHT, Ermächtigung zur Vernichtung. Die Einsatzgruppen in Polen im Herbst 1939, in: Genesis des Genozids. Polen 1939–1941, hg. v. KLAUS-MICHAEL MALLMANN/ BOGDAN MUSIAL, Darmstadt 2004, S. 57-70.

[23] ERHARD WETZEL/ GERHARD HECHT, Die Frage der Behandlung der ehemaligen polnischen Gebiete nach rassenpolitischen Gesichtspunkten, 5.11.1939, BAB, R 49, abgd. in: KAROL MARIA POSPIESZALSKI, Hitlerowskie „prawo" okupacyjne w Polsce, Teil 1: Ziemie wcielone, Poznań 1952, S. 2-28

len Eliten der Weimarer Republik vor. Karl C. von Loesch und Werner Hasselblatt, die Vordenker und Interessensvertreter des Grenz- und Auslandsdeutschtums, legten als Auftragsarbeit für Hermann Behrends im Dezember 1939 eine eigene „Polendenkschrift" vor.[24] Der Vizechef der VoMi hatte zuvor angefragt, was „außer Totschießen, Evakuierung" „noch schnell im Kriege" gemacht werden könne.[25] Die Nationalitätenforscher empfahlen die „Reduktion" des polnischen „Volkes auf einen Bruchteil seines Gesamtbestandes". Den rund eine Million „Volksdeutschen", die der Kreis als demographische Basis für die Neuansiedlungspolitik im Warthegau und in Danzig-Westpreußen einrechnete, standen 600.000 Juden und 500.000 Polen gegenüber, die in das GG zu deportieren waren. Mehrere Hunderttausend Polen wurden als Zwangsarbeiter angesehen. Die Polen, die bis zum Ende des Ersten Weltkriegs in Preußen integriert waren, galt es zu assimilieren. Das Szenario enthielt als weitere Eingriffe: die Liquidation der Eliten und soziale „Auslese", die Zerschneidung der polnischen Nachbarschaften durch deutsche Siedlungen, die Konzentration der Nationalpolen auf ausgewählte Regionen und die Brechung der polnischen Fertilität.[26] All das lief auf eine Genozidlösung sowohl an der jüdischen als auch an der slawischen Mehrheitsbevölkerung hinaus. Unter „Genozid" versteht diese Studie nicht die Verengung des Begriffs auf die industrielle Tötung der Juden, sondern die Summe von Maßnahmen, um ein Volk zu ermorden.[27] Dieser Genozid betraf potentiell 11.380.000 Menschen, die im Generalgouvernement auf einer Fläche von 95.743 Quadratkilometern lebten.[28] Davon waren 1.139.000 Personen Juden.[29]

---

[24] MICHAEL WILDT, Generation der Unbedingten. Das Führungskorps des Reichssicherheitshauptamtes, Hamburg 2002, S. 379. Behrends war 1937 der Leiter der Zentralabteilung I Weltanschauliche Auswertung.

[25] Hermann Behrends im Ausschuss für Nationalitätenrecht, 8.12.1939, BAB, R 61/236.

[26] Rechtsgestaltung deutscher Polenpolitik nach volkspolitischen Gesichtspunkten im juristischen Teil als Vorlage für den nationalitätenrechtlichen Ausschuss der Akademie für Deutsches Recht, 1.1940, BAB, R 61/243.

[27] Vgl. RAPHAEL LEMKIN, Axis Rule in occupied Europa. Laws of Occupation. Analyses of Gouvernment. Proposals for Redress, Washington 1944, S. 86-89.

[28] CZESŁAW ŁUCZAK, Polityka ludnościowa i ekonomiczna hitlerowskich Niemiec w okupowanej Polce, Poznań 1979, S. 13 ff. Die Besatzer gaben erst 1943 Zahlen aus. Die Anzahl der „Volksdeutschen" im GG sollte geheim bleiben. Außerdem erschwerten die Umsiedlungen die Schätzung; vgl. JOSEF BÜHLER, Die Bevölkerung des Generalgouvernements, in: Das Generalgouvernement, hg. v. MAX FREIHERR DU PREL, Würzburg 1942, S. 27-55.

[29] MARTIN GILBERT, Die Endlösung, Frankfurt/M. 1984, S. 36.

Bevölkerungspolitik im Generalgouvernement:
„AB-Aktion" und Judenverfolgung

Frank teilte mit Hitler zwar das Ziel, die polnische Bevölkerung des GG auf lange Sicht entweder zu assimilieren oder zu vernichten. Das erschien Frank aber erst nach 50 bis 100 Jahren als realisierbar.[30] Staatsterror war für ihn von Anfang an eines von zwei Mitteln, durch das er seine Herrschaft stabilisieren wollte. Darin glich er den Gauleitern der eingegliederten Ostgebiete. Als Mittel bot sich die radikale „ethnische Dekomposition" der polnischen Gesellschaft in beherrschbare Einzelgruppen an.[31] Seine Aufgabe unterschied ihn von den Ostgauleitern, die ihre Herrschaftsgebiete ethnisch säuberten. Ihm ging es um die Stabilisierung seiner Region, in der demographisch die polnische Bevölkerung überwog. Deshalb räumte er den Vertretern kommunaler polnischer Partikularinteressen ein beschränktes Selbstverwaltungsrecht ein. Die Post, die Polizei, die Bahn und das Gesundheitswesen blieben auf der Arbeits-, aber nicht auf der Leitungsebene polnisch. Die begrenzte Selbstverwaltung unterlag dem Gebot, jede Form organisierter Interessensvertretung zu unterlassen. Absprachen zwischen einzelnen Interessensgruppen waren verboten. Die Besatzungsmacht strebte, trotz ihrer dünnen Personaldecke, die totale Kontrolle der polnischen Gesellschaft an. Das war ohne die Ausübung von Terror, ein Hauptmerkmal nationalsozialistischer Herrschaftspraxis, aber auch ohne ein Konzept, durch das die unterschiedlichen ethnischen Gruppen gegeneinander ausgespielt und instrumentalisiert werden konnten, nicht möglich.

Den Besatzern war klar, dass Polen zwar als Grenz- und Verwaltungseinheit, aber nicht als Nationalstaat konsolidiert war. 1931 standen den 22,2 Millionen polnischen Muttersprachlern 4,8 Millionen Ukrainer, 2,5 Millionen Juden, 1,5 Millionen Weißrussen, 700.000 Deutsche, 80.000 Russen und Litauer sowie 30.000 Tschechen gegenüber.[32] Die Ukrainer, Weißrussen und Litauer aus dem ehemaligen Zarenreich, aber auch Deutsche und Juden, partizipierten kaum am polnischen Staat. Sie wurden von

---

[30] Hans Frank kam am 30.5.1940 anlässlich einer Polizeisitzung in Krakau auf den Umschwung in Hitlers Meinung zwischen Oktober–Dezember 1939 zurück, das GG als Herrschaftsbereich des Deutschen Reichs anzusehen. Das war eine Absage einer möglichen polnischen Nationalstaatsbildung unter Hitlers Vorherrschaft, vgl. Diensttagebuch, S. 209 f.

[31] Vgl. JACEK ANDRZEJ MŁYNARCZYK, Die zerrissene Nation. Die polnische Gesellschaft unter deutscher und sowjetischer Herrschaft 1939–1941, in: Genesis des Genozids, S. 146.

[32] ALFONS KRYSIŃSKI, The Polish and Non-Polish Populations on the Territory of the Republic of Poland in the Censuses, taken on Nov. 30th 1921, and Dec. 9th. 1931, in: The Polish and Non-Polish Populations of Poland. Results of the Population Census of 1931, Warsaw 1932, S. 65.

der polnischen Mehrheitsbevölkerung zwar in die Pflicht genommen, aber auch ausgegrenzt.[33] Die deutsche Oberschicht war durch die polnische Agrarreform geschwächt. Die Ukrainer wiederum träumten von einem eigenen Staat, was sie im Bündnis gegen die Sowjetunion in die Arme Józef Piłsudskis getrieben hatte. Doch der polnische Nationalstaat unterdrückte die orthodoxe Kirche und ersetzte das ukrainische Gemeindewesen durch eigene Verwaltungsspitzen. Die schärfsten Repressionen richteten sich gegen die jüdische Minderheit.[34] Die polnische Siedlungsplanung hatte sie auf einen Bevölkerungsfaktor reduziert, der einer angestrebten Agrarreform im Weg stand. Ohnehin hatten Betriebszersplitterung, Erbteilung und eine unzureichende Bodenreform die notwendige Modernisierung der polnischen Agrarwirtschaft verhindert.[35] Als Lösung des Problems diskutierten die nationalistischen Eliten Polens ebenso wie die NS-Eliten eine Abwanderung der Juden nach Palästina oder Madagaskar.[36]

Im Fall des Generalgouvernements nutzte Frank die Minderheitenprobleme radikal aus. Zu den bevorzugten Gruppen gehörten die Ukrainer und die „Goralen". Allerdings handelte es sich bei den etwa 119.000 „Goralen", die Fritz Arlt als Leiter der Abteilung Bevölkerungswesen und Fürsorge und SD-Mitarbeiter speziell für das GG als Minderheit auswies,[37] um eine nur kleine, autochthone Bevölkerungsgruppe von Bergbauern und Hirtennomaden aus der Tatra. Der Großteil der ukrainischen Minderheit in Polen strebte dagegen den eigenen Nationalstaat an, zumindest Teilautonomie. Nach Schätzungen der Abteilung Bevölkerung und Fürsorge lebten auf dem 17.000 Quadratkilometer großen Siedlungsgebiet der Ukrainer im Generalgouvernement 1.200.000 Einwohner. Davon galten nur 744.000 Personen als Ukrainer im engeren Sinne.[38] Sie sollten gegen die polnische Mehrheitsbevölkerung ausgespielt werden. Ihr Zentrum befand sich in der Region Chelm im Distrikt Lublin. Die ukrainischen Kollaborateure stellten

---

[33] Vgl. RODERICH VON UNGERN-STERNBERG, Die Bevölkerungsverhältnisse in Estland, Lettland und Polen. Eine demographisch-statistische Studie, Berlin 1939, S. 83-126.

[34] HEIKO HAUMANN, Geschichte der Ostjuden, München 1991; FRANK M. SCHUSTER, Zwischen allen Fronten. Osteuropäische Juden während des Ersten Weltkrieges (1914–1919), Wien 2004.

[35] THEODOR OBERLÄNDER, Die agrarische Überbevölkerung Polens, Berlin 1935.

[36] KATRIN STEFFEN, Jüdische Polonität. Ethnizität und Nation im Spiegel der polnischsprachigen jüdischen Presse 1918–1939, S. 267 ff.; MAGNUS BRECHTKEN, „Madagaskar für die Juden." Antisemitische Idee und politische Praxis 1885–1945, München 1993, S. 93 ff.; ESCH, „Gesunde Verhältnisse", S. 83-87.

[37] FRITZ ARLT, Übersicht über die Bevölkerungsverhältnisse im Generalgouvernement, Volkspolitischer Informationsdienst der Regierung des Generalgouvernements: Innere Verwaltung Bevölkerungswesen und Fürsorge, Heft 3, S. 56.

[38] Ebd., S. 43.

am 1. November 1939 den Kontakt zu deutschen Dienststellen her. Sie baten Reichsaußenminister Joachim von Ribbentrop darum, die „Polonisierung" rückgängig zu machen. Um ihre kulturelle Identität zu erhalten, forderten sie die Vertreibung der polnischen und jüdischen Bevölkerung aus ihrem Siedlungsgebiet.[39] Um die ethnische Segregation der Nationalitäten im Generalgouvernement umzusetzen, ließ Frank alle Angehörigen der jeweiligen ethnischen Minderheiten erfassen. Die Russen wurden aufgrund des deutsch-sowjetischen Flüchtlingsabkommens in die Sowjetunion abgeschoben. Da weder zunächst Hitlers noch Franks Pläne eine „Germanisierung" des restlichen Polens vorsahen, richtete sich eine weitere Erfassungsaktion gegen die Deutschen im Bug-Weichsel-Raum um Chelm und Lublin, die aber auf das gesamte Generalgouvernement ausgedehnt wurde.[40]

Vom 31. Juli 1940 bis zum 3. März 1941 registrierte die Volksdeutsche Mittelstelle 49.197 Personen im GG. 35,6 Prozent von ihnen stufte das Kommando der Einwandererzentralstelle (EWZ) als A-Fälle ein, was für diesen Personenkreis den Arbeitseinsatz – auf Bewährung – im Altreich bedeutete. 60,3 Prozent der Erfassten kamen als O-Fälle für eine Umsiedlung in die eingegliederten Ostgebiete in Frage. Sie wurden im Zuge der Nah- und Fernpläne des RKF im GG erfasst, registriert und gegen die vertriebenen Polen und Juden aus den eingegliederten Ostgebieten ausgetauscht.[41] Nur 4,1 Prozent wurden zum G-Fall erklärt, was den Ausschluss aus der Volksgruppe bedeutete.[42] Die 600 ukrainischen Familien, die hinter der deutsch-sowjetischen Demarkationslinie zusammen mit den Wolhyniendeutschen in der Sowjetunion für den Verbleib im deutschen Herrschaftsgebiet optierten, wurden in den Distrikt Lublin abgeschoben. Ihre Ansiedlung diente der Stabilisierung des ukrainischen Siedlungsgebiets. Sie bekamen die Wohnplätze der umgesiedelten Deutschen zugewiesen. Odilo Globocnik, SS- und Polizeiführer (SSPF) im Distrikt Lublin, sprach von „Tauschsiedlungen".[43] Dieser Distrikt galt als Siedlungsgebiet der Ukrai-

---

[39] Memorandum des Ukrainischen Zentralkomitees in Chelm für Ribbentrop, 1.11. 1939. Diese Schrift wurde durch den Stadtkommissar von Chelm am 6.11.1939 an den Distriktchef in Lublin weitergeleitet, APL, 498 (Gouverneur des Distrikts Lublin)/156, Bl. 1-4.

[40] Der HSFPP beim Reichsstatthalter in Posen im Wehrkreis XXI im Ansiedlungsstab Posen v. 19.7.1940, und Organisationsplan der Umsiedlung der Deutschen aus dem Raume Bug-Weichsel, AIPN, 667 (Chef der Sipo und des SD, EWZ Posen, Dienststelle Litzmannstadt)/159, Bl. 8 f., 10-13.

[41] Aktenvermerk Koppes über eine Besprechung zwischen Arthur Greiser und Hans Frank in Krakau vom 4.11.1940, AIPN, NTN 36 (Greiser-Prozess), Bl. 557.

[42] Zwischenbericht über die Erfassungsaktion im GG, Erfassungsgebiet westlich der Weichsel, Stichtag: 3.3.1941, AIPN, 369 (Der Chef der Sipo und des SD, EWZ Litzmannstadt I)/55, Bl. 2.

[43] Globocnik an Zörner, 15.10.1940; APL, 498/164, Bl. 14.

ner. Ende 1940 rief ihre Selbstverwaltung die in Warschau lebenden Ukrainer auf, in diese Region umzusiedeln.[44] Die Umsiedlungen im Generalgouvernement zwischen Ukrainern, Polen und Deutschen kamen sich rasch mit den europäischen Bevölkerungspolitikplänen in die Quere. Immerhin galt der Distrikt Lublin als Auffangraum für die deportierten Polen und Juden aus den eingegliederten Ostgebieten. Der Höhere SS- und Polizeiführer (HSSPF) im GG, Friedrich Wilhelm Krüger, erklärte im Dezember 1939, dass im Zuge der Deportation von Polen und Juden aus den eingegliederten Ostgebieten bis Frühjahr 1940 insgesamt eine Million Polen und Juden aufgenommen werden müssten. Er plante, die ortsansässigen Juden aus dem Wirtschaftsleben abzuziehen, zu kasernieren und im Straßenbau einzusetzen. Doch schon im ersten Halbjahr 1940 rech-nete die Planung der Inneren Verwaltung des Generalgouvernements mit neuen Deportationen. Es sollten über 1,6 Millionen Personen bewegt werden: 641.000 Polen, Juden und Zigeuner aus den deutschen Ostgebieten in das Generalgouvernement; aus dem GG nach Deutschland 840.000 polnische Zwangsarbeiter und von Russland nach Polen und umgekehrt 75.000 Menschen. Infolge der Räumung von Truppenübungsplätzen kamen weitere 120.000 Polen hinzu.[45] Frank sprach von einer „modernen Völkerwanderung"; ein Euphemismus für die Zerschlagung der gewachsenen Sozial- und Wirtschaftsstrukturen der polnischen Gesellschaft.

Die volle Härte der deutschen Genozidpolitik traf zunächst einmal die jüdische Bevölkerung im GG. Frank löste die kulturelle und religiöse Selbstverwaltung der Juden am 23. November 1939 auf.[46] Die jüdische Kultur sollte ausgelöscht werden. Wer rituelle Schächtungen vornahm, dem drohte KZ-Haft.[47] Am 28. November 1939 folgte die Einrichtung von Judenräten als Vorstufe ihrer Erfassung. Die Gemeindeangehörigen konnten ihre Räte zwar selbst wählen. Die Judenräte hafteten aber für die rasche Registrierung ihrer Gemeindemitglieder. Zudem konnten die Kreishauptmänner die freie Wahl der Räte aufheben.[48] Die Kreishauptmänner rekrutierten sich fast vollständig aus der NSDAP. Sie waren in Personalunion

---

[44] Aufruf zur Umsiedlung an die Ukrainer in Warschau, ca. 11./12.1940; APL, 498/166, Bl. 8.

[45] Übersicht über die Umsiedlungen im Generalgouvernement, 1.2.1940; APL, 498/133, Bl. 1.

[46] Verordnungsblatt des Generalgouverneurs für die besetzten polnischen Ostgebiete 1939 zur Aufhebung der Steuerbefreiung; APL, 501(Kreishauptmann Lublin)/75, Bl. 16.

[47] Verordnung über das Schächtverbot, 26.10.1939, APL, 501/75, Bl. 1.

[48] Verordnung über Einsatz des Judenrates, 28.12.1939, APL, 501/75, Bl. 4.

Standortführer der Partei.[49] Es handelte sich also bei den Leitern der regionalen Zivilerwaltung um eine politisch homogene Funktionselite. Die zweite Durchführungsvorschrift sah Arbeitszwang und die Deportation der Juden in Arbeitslager vor. Das betraf alle Juden im Alter zwischen 15 und sechzig Jahren. Sie wurden von den Kreis- und Stadthauptleuten erfasst.[50] Ende April 1940 waren zumindest im Distrikt Lublin fast alle Juden registriert.[51] Den polnischen Juden war bereits ab Ende 1939 die Basis für die kulturelle und soziale Eigenständigkeit in der polnischen Gesellschaft entzogen. Aber es drohte Schlimmeres. Bereits am 20. November 1939 machte sich Arthur Seyß-Inquart, der bis zu seiner Abkommandierung am 25. Mai 1940 zum Reichskommissar für die besetzten Niederlande als Stellvertreter Franks fungierte, mit dem Distrikt Lublin vertraut. Er reiste mit dem ersten Distriktgouverneur und SS-Brigadeführer Friedrich Schmidt nach Wlodawa und Cycow. Offenbar galt der Distrikt Lublin als Endstation aller europäischen Juden: „Dieses Gebiet mit seinem stark sumpfigen Charakter könnte [...] als Judenreservat dienen, welche Maßnahme womöglich eine starke Dezimierung der Juden herbeiführen könnte."[52] Ein Teil der NS-Funktionselite spielte zu diesem Zeitpunkt mit dem Gedanken einer für Juden tödlichen Seuchenpolitik. Eine verschärfte Ausgangssperre unterband jedenfalls bereits ihre Flucht.[53] Die erste systematische Mordaktion richtete sich aber nicht gegen die Juden. Frank hob am 22. Mai 1940 ausdrücklich das Ausreiseverbot auf, um die Auswanderung der Juden zu befördern.[54] Auch Heinrich Gottong, Leiter der Abteilung Bevölkerungswesen und Fürsorge, hielt am Ziel der „Reservation" für Juden nur aus dem Grund fest, weil es eine Zwischenlösung war.[55]

Franks erster Schlag gegen die polnischen Eliten im Generalgouvernement erfolgte im Frühjahr 1940 unter dem Decknamen „Außerordentliche

---

[49] Odilo Globocnik im Vernehmungsprotokoll über den Fall Henning von Winterfeld im Ehrengerichtsverfahren vor dem Obersten Parteigericht vom 30.12.1941, BAB, BDC, Henning von Winterfeld, Bl. 9.

[50] Zweite Durchführungsvorschrift zur Verordnung vom 26.10.1939 über Einführung des Arbeitszwanges für Juden im Generalgouvernements vom 12.12.1939, APL, 501/15, Bl. 7.

[51] Kreishauptmann Zamosc an den Höheren SS- und Polizeiführer in Krakau und Lublin, 6.4.1940, APL, 498/271, Bl. 25.

[52] HANS GÜNTHER ADLER, Der verwaltete Mensch. Studien zur Deportation der Juden aus Deutschland, Tübingen 1974, S. 125 f.

[53] Zweite Durchführungsvorschrift zur Verordnung vom 26.10.1939, siehe Anm. 50.

[54] Vgl. Diensttagebuch, S. 205.

[55] Arbeitsgrundlagen der Abteilung Innere Verwaltung, Bevölkerungswesen und Fürsorge, 6.4.1940, APL, 498/891, Bl. 52.

Befriedungs-Aktion", auch als „AB-Aktion" bekannt. Am 30. Mai 1939 hielt er fest:

> „Was wir jetzt an Führerschicht in Polen festgestellt haben, das ist zu liquidie-ren, was wieder nachwächst, ist von uns sicherzustellen und in einem ent-sprechenden Zeitraum wieder wegzuschaffen. Wir brauchen diese Elemente nicht erst in die Konzentrationslager des Reiches abzuschleppen, denn dann hätten wir nur Scherereien und einen unnötigen Briefwechsel mit den Familien-angehörigen, sondern wir liquidieren die Dinge im Lande [sic!]."[56]

Bruno Streckenbach, dem verantwortlichen Befehlshaber der Sicherheits-polizei und des SD im GG, zufolge sollten rund 3.000 Männern und Frauen ermordet werden. Weitere 3.500 so genannte Berufsverbrecher sollten folgen, um sie aus dem gesellschaftlichen Leben auszuschalten. Außerdem ging es darum, Platz in den Gefängnissen zu schaffen.[57] Frank zog damit den Gauleitern Greiser und Erich Koch nach, die die sozialen Eliten Polens ebenfalls systematisch umbringen ließen.[58] Dass nicht nur Platz in den Gefängnissen, sondern zudem der Wohnraum ganzer Dörfer, Siedlungen und Städte im Generalgouvernement für die anstehenden Umsiedlungs-aktionen benötigt wurde, war nicht nur Frank und seinem HSSPF, sondern auch den Distriktsadministrationen bekannt. Sie waren die eigentlichen Verwalter der umfassenden Ansiedlungspläne. Bereits am 4. März 1940 klärte Frank seine regionalen Ansprechpartner im Distrikt Lublin darüber auf, dass er, in Absprache mit Hermann Göring, zwar den Plan Himmlers vereiteln konnte, 7,5 Millionen Polen im Generalgouvernement aufnehmen zu müssen. Er konnte jedoch die Übernahme sämtlicher Juden aus dem Altreich, weiterer 100.000 bis 120.000 Polen und 30.000 Zigeuner nicht hintertreiben. Mit Göring erzielte Frank die Übereinkunft, seine eigene Treuhandstelle könne jüdische Vermögen verwerten.[59] So profitierte das Generalgouvernement selbst von den umfangreichen Beschlagnahmungen, was in den eingegliederten Ostgebieten nicht der Fall war. Die Zwangs-lage, in die sowohl die Ostgaue als auch das Generalgouvernement durch die Umsiedlungspolitik geführt wurden, stellte Franks Kompromiss in

---

[56] Frank in der Dienstbesprechung vom 30.5.1939, in: Diensttagebuch, S. 212.

[57] Das geht aus Bruno Streckenbachs Rede vor Hans Frank und den SSPF des General-gouvernements, 30.5.1940, hervor, in: Ebd., S. 215.

[58] Erfahrungsbericht über die Umsiedlung von Polen und Juden aus dem Reichsgau Wartheland, 26.1.1940, des HSSPF beim Reichsstatthalter in Posen im Wehrkreis XXI als Beauftragter des RKF, Amt für die Umsiedlung der Polen und Juden, AIPN, NTN 13 (Greiser-Prozess), Bl. 35.

[59] Hans Frank auf der Dienstleiterversammlung der Kreis- und Stadthauptmänner im Distrikt Lublin, 4.3.1939, in: Diensttagebuch, S. 146 f.

Frage. Die Gauleiter aus den eingegliederten Ostgebieten drängten ihn, weitere Juden aufzunehmen. Welche Destruktivkräfte eine mit modernen Mitteln ausgestattete Bevölkerungswissenschaft zu entfalten vermag, zeigen die Szenarien, die als Reaktion auf die Zwangslage entfaltet wurden. Peter-Heinz Seraphim, der im Institut für deutsche Ostarbeit die „Judenfrage" bearbeitete, konstatierte 1940 das Problem einer neuen Überbevölkerung für das GG, weshalb er die Schaffung eines Judenreservats in Lublin ablehnte. Er rechnete aus, dass im Juli 1940 1.870.000 Juden im GG lebten. Die Vorkriegszahlen gingen von 1.269.000 Juden aus. Für die Differenz machte Seraphim explizit keinen natürlichen Zuwachs verantwortlich, sondern die Aufnahme der 350.000 Juden aus den neuen Ostgauen. Das wiederum zog einen für ihn inakzeptablen „Verjudungsprozess" nach sich.[60] Eine andere Expertise regte das Auswärtige Amt an.[61] Als Friedrich Burgdörfer, Präsident des Bayrischen Statistischen Amtes und Leiter der deutschen Volkszählung, am 17. Juli 1940 „Zur Frage der Umsiedlung der Juden" Stellung nahm, rechnete er nicht nur die Zahl der jüdischen Bevölkerung in Europa, den USA und Asien vor; er spielte auch die Machbarkeit von deren Deportation nach Madagaskar durch. Solche logistisch nicht umsetzbaren Szenarien münzten das Resultat der Judendeportation in das GG in ein neues Problem um, das durch neue Maßnahmen gelöst werden musste.

Indessen entwickelte Frank in Reaktion auf die Pläne der Ost-Gauleiter und der Reichsinstanzen eigene Bevölkerungsszenarien. Am 31. Juli 1940 diskutierte er mit Greiser, HSSPF Wilhelm Koppe aus dem Warthegau und Friedrich Wilhelm Krüger, welche Engpässe sich aus den geplanten Deportationswellen ergäben. Frank selbst wollte im Sommer 1940 alle Juden aus Krakau vertreiben. Das betraf 45.000 bis 50.000 Personen.[62] Diese Aktion kollidierte aber mit dem Plan Greisers, die 250.000 im Ghetto Litzmannstadt festgehaltenen Juden abzuschieben. Greiser hatte Frank über das Problem in Kenntnis gesetzt, dass Seuchen im Ghetto Litzmannstadt den Krankenstand seiner Adimistration bis auf 30 Prozent hochschnellen ließen. Auch hätte Himmler ihn vertröstet, alle europäischen Juden nach Abschluss eines Friedensvertrags mit Frankreich nach Übersee zu deportieren. Greiser hob hervor, dass die Evakuierung der Juden in das Generalgouverne-

---

[60] Vgl. Pressezusammenfassung des Szenarios „Das Judenproblem – statistisch" (R 57/826b); vgl. PETER HEINZ SERAPHIM, Die Judenfrage im Generalgouvernement als Bevölkerungsproblem, Die Burg 1, 1940, S. 56-63.

[61] Vgl. HANS JANSEN, Der Madagaskar Plan. Die beabsichtigte Deportation der europäischen Juden nach Madagaskar, München 1997, S. 316 ff., 330 f.

[62] Franks Besprechung über das „Judenproblem" mit Arthur Greiser, 31.7.1940, in: Diensttagebuch, S. 261.

ment nur eine „Zwischenlösung" sei.[63] Bruno Streckenbach, der die Burg-
dörfer-Denkschrift offenbar kannte, stand diesem Szenario skeptisch gegenüber. Gleichzeitig wies HSSPF Krüger darauf hin, dass er mit 30.000
Zigeunern aus dem Altreich rechne.[64] Allen Sitzungsteilnehmern muss klar
gewesen sein, dass sich die Wohnraum- und Versorgungslage im Distrikt
Lublin dramatisch zuspitzen würde, kämen weitere Juden hinzu. Am Ende
der Besprechung gestand Frank seinem Nachbarn Greiser zu, dass die
„Germanisierung" des Warthegaus gegenüber der Stabilisierung des GG
Vorrang habe.[65] Er nahm nicht nur weitere Juden auf, sondern er beschloss
auch noch die „Aussiedlung der Juden aus Krakau".

Um die Zwangsmigration der Juden von Krakau nach Lublin zu beschleunigen, täuschte Frank vor, sie könnten sich dort frei niederlassen und
Handel treiben.[66] Kaum erreichten sie Lublin, wurden sie aber, ebenso wie
die örtlichen Juden, beraubt.[67] Schließlich hob Frank im November 1940
endgültig das Auswanderungsgebot für Juden auf.[68] Somit waren die teils in
Arbeitslagern, teils in Auffangdörfern internierten Juden auf Zwangsarbeit
angewiesen. Es ist kein Zufall, dass sich die Lage der Juden Lublins ab
März 1941 zuspitzte: die jüdische Bevölkerung war sozial und räumlich
separiert, ohne lebensnotwendige Ressourcen. Die Orte, an denen die
Juden zusammengepresst wurden, waren reine Wartestationen. Doch ihre
Umsiedlung blieb aus. Die Lebensumstände der Juden im Distrikt Lublin
waren ab März 1941 mörderisch: In der Stadt Lublin und in einigen kleine-
ren Orten wie Zamosc waren Ruhr und Flecktyphus ausgebrochen.[69] Die
Verwaltung ging zwar zusammen mit der jüdischen Selbsthilfe mit Impfun-

---

[63] Vgl. Arthur Greisers Ausführungen zum „Judenproblem" auf der Zusammenkunft
vom 31.7.1940, ebd.

[64] HSSPF Krüger auf der Besprechung über die „Judenfrage", 31.7.1939, in Krakau
zwischen Hans Frank und Arthur Greiser; auf dieser Besprechung waren noch BdS im GG,
Streckenbach, und HSSPF Koppe aus dem Warthegau präsent sowie Herbert Mehlhorn, der
die Verwaltung des GG vertrat, in: Ebd., S. 264 ff.

[65] Hans Frank während der Besprechung mit Arthur Greiser über die „Judenfrage",
31.7.1939 in Krakau, in: Ebd.

[66] Anordnung der Inneren Verwaltung des Generalgouverneurs für die Kreis- und
Hauptleute in Lublin über die „Einsiedlung der Juden", 2.8.1940, APL, 501/140, Bl. 8.

[67] Bekanntmachung des Judenrats v. 25.8.1940, APL, 618 (Judenrat in Zamosc), Bl.
33.

[68] Hans Frank an die Passstellen der Inneren Verwaltung in den Distrikten, 23.11.
1940, APL, 498/891, Bl. 294.

[69] Bekanntmachung des Standortarztes Dr. Ullmann und des Judenrats, 1.3.1940, APL,
618.

gen dagegen vor,[70] aber nicht um den jüdischen Opfern zu helfen. Die Impfaktionen dienten in erster Linie dem Zweck, das Übergreifen der Seuchen auf andere Bevölkerungsgruppen, vor allem auf die deutsche Zivilverwaltung, zu verhindern.

Die „Seuchenpolitik" war ein Instrument der Zivilregierung des GG, sich der in Ghettos und Auffangdörfern konzentrierten Juden zu entledigen, wie auch das Beispiel des Warschauer Ghettos zeigt. Dort führte das Einschließen der Juden in Kombination mit ihrer Enteignung, ungenügenden Lebensmittelrationen, gezielten Grausamkeiten durch die Besatzer und fehlenden Erwerbsmöglichkeiten zu katastrophalen Zuständen. Die unzureichenden medizinischen Hilfsleistungen richteten sich an die arbeitsfähigen Juden, während die Kranken den Seuchen überlassen wurden. Schließlich gab die Warschauer Gesundheitsverwaltung das Leben der Juden auf, nachdem die übergeordneten Dienststellen ein Massensterben nahelegten.[71] Nicht nur weil die Juden aus rassistischen Gründen auf potentielle Seuchenträger reduziert und nicht als behandlungsbedürftige Kranke angesehen wurden, unterblieb jede vernünftige Hilfe. Die Juden selbst, nicht aber die Seuchen, galten als Problem. Die „fremdvölkischen" Menschen „Asiens" erschienen den Gesundheitsexperten als potentielle Seuchenträger, weshalb es galt, sie aus Gründen der bakteriologischen Prävention aus dem „deutschen Lebensraum" zu entfernen.[72]

Die Frage, ob Frank nur der Vertreter einer pragmatischen Ausbeutungspolitik war oder ob er selbst radikalisierend in die „Endlösung" eingegriffen hat, ist offen.[73] Wahrer des Rechtsstaates waren er und seine Zivilverwaltung auf keinen Fall. Als Frank sich im Oktober 1941 mit der Frage an den Reichsminister für die besetzten Ostgebiete, Alfred Rosenberg, wandte, ob er nicht seine Juden aufnehmen könne, stimmte dieser

---

[70] Bekanntmachung des Judenrats, 30.10.1940, über die Anordnung der Behörden, die jüdische Bevölkerung gegen Typhus und Ruhr zu impfen, APL, 618, Bl. 59.

[71] UTE CAUMANNS/ MICHAEL G. ESCH, Fleckfieber und Fleckfieberbekämpfung im Warschauer Ghetto und die Tätigkeit der deutschen Gesundheitsverwaltung 1941/42, in: Geschichte der Gesundheitspolitik in Deutschland im 20. Jahrhundert – von der Weimarer Republik bis in die Frühgeschichte der „doppelten Staatsgründung", hg. v. WOLFGANG WOELK/ JÖRG VÖGELE, Berlin 2002, S. 225-262.

[72] PAUL WEINDLING, Die deutsche Wahrnehmung des Fleckfiebers als Bedrohung aus dem Osten im Ersten und Zweiten Weltkrieg, in: Medizingeschichte und Gesellschaftskritik, hg. v. MICHAEL HUBENSTORF , Husum 1997, S. 324-339.

[73] DIETER POHL, Von der „Judenpolitik" zum Judenmord. Der Distrikt Lublin des Generalgouvernements 1939-1944, Frankfurt/M. 1993, S. 102 ff., nimmt an, Frank habe nicht radikalisierend auf Hitlers Entschluss eingewirkt, die europäischen Juden zu töten; Aly und Musial gehen vom Gegenteil aus, ALY, Endlösung, S. 358 ff.; MUSIAL, Zivilverwaltung, S. 193 f.

zwar zu, bot aber nichts Konkretes an.[74] Ab Ende Sommer 1941 hatten sich neben der „Seuchenpolitik" andere „Lösungen" ergeben. Himmler befahl im August die Wiederaufnahme der Deportationen der europäischen Juden. Außerdem waren die SS-Einsatzgruppen in der eroberten Sowjetunion dazu übergegangen, die Juden dort systematisch zu ermorden.[75] Nun war die Eigeninitiative lokaler Akteure gefragt. Bereits im Sommer hatte sich im Fall der Juden aus dem Ghetto Litzmannstadt bei Paul Werner Hoppe, dem Vize-Kommandanten im KZ Stutthof, durchgesetzt, nur die arbeitsfähigen Juden am Leben zu lassen. Der Grund lag u. a. in dem Sachzwang begründet, die vom SD unterbrochenen Deportationen aus dem Altreich, Österreich und Prag in den Warthegau und in das GG wieder aufzunehmen.[76] SSPF Globocnik schlug im April 1941 ähnliches vor.[77] Als Hitler im September 1941 die Teildeportationen von Juden aus dem Altreich in das GG wieder zuließ, und diese Deportationen mit einer finalen „Lösung" der „Judenfrage" verknüpfte, war das Schicksal der Juden besiegelt. In Auschwitz und im Distrikt Lublin war der Bau von Vernichtungslagern beschlossen worden.[78] Ausgangspunkt bildete die „Aktion Reinhard", an der auch die T-4 Spezialisten teilnahmen, die zuvor den Krankenmord an über 70.000 deutschen Kindern und Erwachsenen begangen hatten.[79] Das Ziel der „Aktion Reinhard" war die Tötung der 2.284.000 Juden, die, nach den statistischen Vorgaben für die Wannsee-Konferenz,[80] in den fünf Distrikten des Generalgouvernements in Warschau, Lublin, Radom, Krakau und Lemberg lebten. Die Gruppe der T-4 Täter baute für diesen Zweck, in enger Verbindung mit Globocnik, drei Massentötungsanlagen in Belzec, Sobibor und Treblinka. Frank reflektierte diese Situation am 16. Dezember 1941 folgendermaßen:

---

[74] Hans Frank im Gespräch mit Alfred Rosenberg, 14.10.1941, in: Diensttagebuch, S. 413.

[75] POHL, Judenpolitik, S. 91 f.

[76] PETER WITTE, Zwei Entscheidungen in der „Endlösung der Judenfrage": Deportationen nach Lodz und Vernichtung in Chelmno, in: Theresienstädter Studien und Dokumente, hg. v. MIROSLAV KÁRNÝ u. a., Prag 2005, S. 38-68, hier S. 43.

[77] BOGDAN MUSIAL, Ursprünge der „Aktion Reinhardt". Planung des Massenmordes an den Juden im Generalgouvernement, in: „Aktion Reinhardt". Der Völkermord an den Juden im Generalgouvernement 1941–1944, hg. v. DERS., Osnabrück 2004, S. 49-85.

[78] TOMASZ KRANZ, Das Konzentrationslager Majdanek und die „Aktion Reinhardt", in: „Aktion Reinhardt", S. 233-255.

[79] SCHMUHL, Rassenhygiene, Nationalsozialismus, Euthanasie, S. 210; PATRICIA HEBERER, Eine Kontinuität der Tötungsaktionen. T4-Täter und die „Aktion Reinhardt", in: „Aktion Reinhardt", S. 289.

[80] Protokoll der „Wannsee-Konferenz", 20.1.1942, in: Akten zur Deutschen Auswärtigen Politik 1918–1945, Göttingen 1969, S. 267-275

„Mit den Juden – das will ich ihnen auch ganz offen sagen – muß so oder so Schluß gemacht werden. [...] Ich werde daher den Juden gegenüber grundsätzlich nur von der Erwartung ausgehen, daß sie verschwinden. Sie müssen weg."

Letztlich optierte auch er für einen Völkermord:

„Aber was soll mit den Juden geschehen? Glauben Sie, man wird sie im Ostland in Siedlungsdörfern unterbringen? Man hat uns in Berlin gesagt: weshalb macht man diese Scherereien; wir können im Ostland oder im Reichskommissariat auch nichts mit ihnen anfangen, liquidiert sie selber."

Er kündigte zwar an, dass die Zivilverwaltung in diese Lösung nicht eingebunden sein würde, und sprach von einem „Aufbruch" nach Osten „weltgeschichtliche[r] Art".[81] Gemeint waren jedoch die Verdrängung der Juden nach Osten und die Neuansiedlung „Volksdeutscher" im GG. Frank bezog sich zwar auf einige der bevölkerungs- und raumpolitischen Eckpunkte, die später in das Raumplanungsprogramm des RKF, in den Generalplan Ost, aufgenommen wurden. Dieser Plan existierte zu diesem Zeitpunkt aber noch nicht. Er konnte Himmler im März 1942 nur in Umrissen und erst drei Monate später konkreter dargelegt werden.[82] Insofern lässt sich für den Zeitraum, in dem die Ermordung der polnischen Juden im GG besiegelt wurde, keine auf den Generalplan Ost zurückgehende „Sogwirkung" ausmachen.

Die „Aktion Reinhard" und die „Globocnik-Brücke" im Distrikt Lublin

Himmlers Beauftragter in Lublin, der SSPF Globocnik, war ein ehrgeiziger und brutaler Organisator der Deportations- und Umsiedlungspolitik. Die Entscheidung, zwischen September und Oktober 1941 die „Endlösung der Judenfrage" im Distrikt Lublin durch Massenerschießungen und Vergasungsanlagen im Zuge der „Aktion Reinhard" einzuleiten, stand in engem Zusammenhang mit dem Paradigmenwechsel in der Bevölkerungs- und Siedlungspolitik im GG.[83] Im Verlauf dieser Aktion, das Morden auch auf die nichtjüdische polnische Mehrheitsbevölkerung auszudehnen, ging auf Globocniks Initiative zurück. In der Bevölkerungspolitikplanung assistierte ihm Franz Stanglica. Als ehemaliger Mitarbeiter des Wiener Haus- und Hofarchivs war er Spezialist für Wehrsiedlungen und Ansiedlungsfragen

---

[81] Hans Frank während der Sitzung vom 16.12.1941, in: Diensttagebuch, S. 457 ff.

[82] Vgl. Vom Generalplan Ost zum Generalsiedlungsplan, hg. v. CzESŁAW MADAJCZYK, München 1994, S. 42, 91 ff.

[83] CHRISTOPHER BROWNING, Die Entfesselung der „Endlösung". Nationalsozialistische Judenpolitik 1939–1942, München 2003, S. 515 ff.

der Habsburger Monarchie in Südungarn.[84] 1937 war er Mitarbeiter von Wilhelm Grau, dem Leiter der Abteilung Judenforschung im Reichsinstitut für die Geschichte des neuen Deutschlands.[85] Im KZ Sachsenhausen war er im Oktober 1940 als einfacher Wachmann eingestellt worden. Mit der Vernichtungs- und Umsiedlungspolitik hatte er sich 1941 bekannt gemacht, als er im Verwaltungsstab des KZ Auschwitz an der Raumplanung mitarbeitete.[86] Welche Pläne Globocnik und Stanglica verfolgten, geht aus dem Bericht eines Mitarbeiters des Rasse- und Siedlungshauptamtes der SS vom 15. Oktober 1941 hervor. Es war von Himmler am 30. Oktober 1940 angewiesen worden, sich an der „Auslese" der so genannten einzudeutschenden Polensippen im Kreis Zamosc zu beteiligen. Die deutschstämmigen Polen sollten entweder assimiliert oder dem Vernichtungsprozess übergeben werden.[87] Diese „positive" und „negative" „Auslese" war Teil eines komplexen Planungsszenarios. Offensichtlich wollte Globocnik die alte Habsburger „Siedlungsbrücke" zwischen den Deutschen im südöstlichen Polen bis in das rumänische Siebenbürgen durch Neuansiedlung reaktivieren. Ihm ging es um die „allmähliche Säuberung des gesamten Generalgouvernements von Juden und Polen zwecks Sicherung der Ostgebiete". Zu diesem Zweck wollte er „im westlichen Zwischengebiet das verbleibende Polentum siedlungsmässig ,einkesseln' und allmählich wirtschaftlich und biologisch erdrücken".[88] Intern nannte der Lubliner SSPF dieses Vorhaben die „Globocnik-Brücke".[89] Himmler nahm den Plan Globocniks vom Oktober 1941 nicht nur dankend auf, er radikalisierte ihn beträchtlich. Der General-

---

[84] FRANZ STANGLICA, Die Auswanderung der Lothringer in das Banat und die Batschka im 18. Jahrhundert, Frankfurt/M. 1934; FRANZ STANGLICA, Die Ansiedlung von Oberösterreichern in Deutsch-Mokra im 18. Jahrhundert, in: Deutsches Archiv für Landes- und Volksforschung, Nr. 1, 1937, S. 840-855.

[85] Vgl. WALTER MESSING, Beiträge zur Geschichte der Juden in Wien und Niederösterreich im 16. Jahrhundert, in: Jahrbuch des Vereines für Geschichte der Stadt Wien, Nr.1, 1939, S. 11-49; DERS., Die Kontributionen der Wiener Judenschaft im 17. Jahrhundert, in: Jahrbuch des Vereines für Geschichte der Stadt Wien, Nr. 3/4, 1942, S. 14-72.

[86] Ich danke Herbert Hutter vom Hofkammerarchiv Wien für diese Personalien zu Oranienburg, die im Österreichischen Staatsarchiv, Finanzarchiv, Kurrentakten, Zl. 1.117/1940, und für Auschwitz im Hofkammerarchiv, Archivverhandlungen, Zl. 142/1941, zu finden sind.

[87] Anordnung des Reichsführers SS betreffend „Durchführung der Auslese der einzudeutschenden Polensippen", 20.10.1940, AIPN, 667/160, Bl. 113.

[88] Hellmut Müller, Erster Lagebericht über die Verhältnisse in Lublin an den Chef des Rasse- und Siedlungshauptamtes SS-Gruppenführer Hofmann, 15.10.1941, BAB, BDC, SSO Odilo Globocnik.

[89] Aktennotiz für SS-Obersturmführer von Mohrenschild, 13.3.1942; AIPN, 891 (SSPF Lublin)/4, Bl. 107.

plan Ost, den ihm Konrad Meyer parallel zur Siedlungs- und Vernichtungs-
planung in Lublin am 2. Juli 1942 vorgelegte,[90] fasste sämtliche Planungs-
szenarien für das gesamte östliche Polen und die Sowjetunion vom Baltikum bis zum Schwarzen Meer zusammen.[91] Dieser Plan kam aber viel zu
spät, um entscheidend auf die Raum- und Bevölkerungsplanung in Lublin
Einfluss nehmen zu können.

Meyers Plan sah vor, ganz Ostmitteleuropa mit einem Netz neuer deutscher Städte und Autobahnen zu überziehen, die ihrerseits von „Wehr-
dörfern", also SS-Stützpunkten mit eigener Infrastruktur und landwirtschaftlicher Produktion, geschützt werden sollten. Binnen 30 Jahren sollte
die gesamte slawische Bevölkerung dezimiert, assimiliert und durch deutsche Siedler ersetzt werden.[92] Trotz der nicht zu unterschätzenden Dimensionen des Generalplans Ost war er für die Planung und Durchführung der
Bevölkerungs- und Siedlungspolitik im Generalgouvernement nachrangig.
Das drückt sich in der Aktennotiz vom 27. Oktober 1942 aus, in der SS-
Hauptstürmführer Gustav Hanelt, der Leiter der Forschungsstelle Ost-
unterkünfte, sich bei Globocnik darüber beschwerte, dass Udo von Schau-
rodt, Konrad Meyers Architekt im Berliner RKF, die Raumordnungsskizze,
die Stanglica für den Distrikt Lublin entworfen hatte, als eigenen Entwurf
ausgegeben hatte. Stanglicas Skizze war aber schon von Reinhold von
Mohrenschild, Stellvertreter des RKF in Lublin, als Planungsgrundlage
angenommen worden.[93] Das Szenario ging nicht von Berlin, sondern von
Lublin aus, wo Stanglica vor den Mordaktionen die statistischen Rohdaten
der jüdischen und polnischen Bevölkerung zusammenstellte. Nach Globocnik war das die wichtigste Vorarbeit für die Aktion: „Die Verdrängung
außereuropäischen Blutes in den besetzten Gebieten wird erst dann vorgenommen werden können, wenn die Bevölkerungszusammensetzung
festgestellt ist und die deutschen Siedlungszentren bestimmt worden
sind."[94]

Stanglica legte die Eckpunkte für die Raum- und Bevölkerungsordnung
für die Zeit nach der „Aktion Reinhard" fest, indem er sowohl einen Aus-

---

[90] Vgl. Vom Generalplan Ost, S. 90.

[91] Bereits in den zwanziger Jahren war die Prämisse der Volks- und Kulturbodenforschung suggestiv vom deutschen Kulturboden zwischen Reval und dem Schwarzen Meer
ausgegangen, um anschlussfähig an Expansionsbestrebungen innerhalb der rechtsradikalen
Expansionisten zu bleiben, vgl. MICHAEL FAHLBUSCH, „Wo der deutsche … ist, ist
Deutschland!" Die Stiftung für deutsche Volks- und Kulturbodenforschung in Leipzig
1920–1933, Bochum 1994.

[92] Ebenda, S. VII.

[93] Aktennotiz von SS-Hauptsturmführer Hanelt, 27.10.1942; AIPN, 891/6, Bl. 284.

[94] Globocnik an den Rasse- und Siedlungsführer im Distrikt Lublin, 13.11.1941,
AIPN, 891/1, Bl. 31.

siedlungsplan für die polnische als auch einen Ansiedlungsplan für die deutsche Bevölkerung vorlegte. Globocnik sandte Himmler am 3. Juni 1942 noch während der „Aktion Reinhard" zwei Expertisen zu: den Bericht über die „Tätigkeit auf dem Gebiet des Deutschtums im Distrikt Lublin nach dem Stand vom 1.6.1942" und eine Dokumentation über die Geschichte der Juden in Lublin, einschließlich demographischer Bestandsaufnahmen.[95] Am 20. Juli besuchte Himmler persönlich die „Forschungsstelle Globocnik".[96] Am 15. August stand der Plan zur „Entvölkerung des Distrikts Lublin" fest. Es sollten 400.000 Polen deportiert werden, um 3.000 deutschen Herdstellen Platz zu machen. Als Neusiedler stellte Himmler Globocnik neben den reaktivierten „Volksdeutschen" aus dem Kreis Zamosc 1.400 umgesiedelte deutsche Familien aus Bessarabien zur Verfügung.[97] Die berüchtigte SS-Einheit Dirlewanger führte die Aktion durch.[98] Frank stand dem Plan zwar skeptisch gegenüber, erklärte sich aber zur Mitwirkung bereit, wenn die Krakauer Raumplanung eingebunden würde. Frank wollte die Gelegenheit nutzen, um im Zuge der „Entvölkerung" eigene Staatsdomänen zu gründen.[99] Er wandte aber ein, im Distrikt Galizien existiere jede Menge Brachland, um dort mit der „Germanisierung" zu beginnen. Er fürchtete nicht nur den polnischen Widerstand, sondern auch das Ende des Systems zur Ernteerfassung, also um die Nahrungsmittel für das Reich.[100]

Als im August eine letzte Besprechung zwischen Globocnik und seinem SS-Stab stattfand, stand die Zielplanung der Aktion fest. Innerhalb kürzester Zeit galt es 59.000 Polen zu „evakuieren" und 1.460 Herdstellen an „Volksdeutsche" umzuverteilen. Diese „Umsiedlungsaktion" verband Globocnik mit einer agrarökonomischen „Flurbereinigung", der sogenannten Z-Aktion. Sie sah Enteignungen und die Zusammenfassung polnischer Kleinbetriebe zu Großbauernhöfen vor.[101] Die agrarischen Großbetriebe waren in die Hände der SS umzulegen. In diesem arbeitsteiligen Prozess schaffte die VoMi die „Volksdeutschen" heran, die von Ort zu Ort gegen vertriebene Polen ausgetauscht wurden. Die Zweigstelle Lublin der Um-

---

[95] Globocnik an Himmler, 3.7.1942, AIPN, MF 339, Bl. 2647902.

[96] Aktenvermerk vom Amtschef im Persönlichen Stab des Reichsführers-SS, Wüst, 10.8.1942, BAB, BDC, SSO Odilo Globocnik.

[97] Aktennotiz der Besprechung zwischen Globocnik und seinen Polizeiführern, 15.8.1942; AIPN, 891/5, Bl. 147.

[98] Dienstbesprechung bei Globocnik, 26.2.1943, AIPN, 667/160, Bl. 44.

[99] Vgl. hierzu die Besprechung Hans Franks mit Distriktsgouverneuren, 4.8.1942, in: Diensttagebuch, S. 540.

[100] Ebd., S. 538, 541.

[101] Geheime Arbeitsanweisung für die Z-Aktion von 1942, AIPN, 667/139, Bl. 1.

wandererzentralstelle (UWZ) Litzmannstadt erfasste alle Polen, um sie in ihren Lagern in „Fremdstämmige" und Arbeitsunfähige, Asoziale und Fürsorgeempfänger zu selektieren.[102] Ihre „Rassegutachter" wählten aus diesem Kreis geeignete Polen aus, um sie entweder in Zwangsarbeit oder in ein Assimilationsverfahren zu pressen. Zu diesem Zweck stellte die UWZ Namenslisten auf, in denen die Gefangenen in vier Wertungskategorien unterteilt wurden. Sie kamen in das Gefangenenlager der UWZ, das ein Fassungsvermögen von 10.500 Personen hatte. Die Dörfer sollten am Ende „restlos von Polen" gesäubert sein. Die Ukrainer, die im Gegensatz zu den Polen Hausrat, Wagen und Pferde mitnehmen durften, wurden ebenfalls „umgesetzt", konnten aber in das ukrainische Siedlungsgebiet abwandern.[103]

Die erste Umsiedlungs-Aktion fand am 27. November statt, zeitgleich mit der Heranführung der deutschen Siedler. Die SS erzielte aber nicht den gewünschten Erfolg: in den ersten „bereinigten" Dörfern belief sich die Zahl der Festgesetzen auf nur 60 Prozent, was im weiteren Verlauf der Aktionen mit einer Quote von 15 Prozent am Ende drastisch unterschritten wurde. Trotzdem erfasste die UWZ im Verlauf der ersten sieben Tage der Aktion insgesamt 3.513 Personen. 698 Menschen durften wieder nach Zamosc zurückkehren; 2.815 Personen überwies die UWZ in ihr Gefangenenlager, wo sie hierarchisiert wurden. Insgesamt wurden 198 Menschen der Kategorie II zugeordnet, 1.909 der Kategorie III und 708 der letzten Kategorie IV. Die Polen, die in die Kategorie II fielen, waren privilegiert. Die Personen der Kategorie III verschickte die UWZ entweder ins Altreich, wo sie Zwangsarbeit zu leisten hatten, oder sie beließ sie für den gleichen Zweck im Generalgouvernement. Die Polen der Kategorie IV deportierte der SD in das „Arbeitslager Auschwitz".[104] Die Letzteingestuften kamen dort am 13. Dezember an. 314 Männer und Jungen erhielten die Nummern 82.548 bis 82.859; 318 Frauen und Mädchen die Nummern 26.810 bis 17.032. Von den 644 Häftlingen, die nach Auschwitz deportiert wurden, flüchteten 14 Personen. Da zwei Mütter ihre kleinen Söhne als Mädchen ausgaben, um sie weiter bei sich zu behalten, erhielten sie die Nummern für weibliche KZ-Häftlinge, was die Aufseher bemerkten. Deshalb wurden

---

[102] Der Sonderstab der EWZ beruhte auf Mitarbeitern des RuSHA; vgl. ISABELL HEINEMANN, „Rasse, Siedlung, deutsches Blut". Das Rasse- und Siedlungshauptamt der SS und die rassenpolitische Neuordnung Europas, Göttingen 2003.

[103] Aktennotiz der Besprechung zur bevorstehenden Ansiedlung von Volksdeutschen im Kreis Zamosc beim SS-Arbeitsstab, 7.11.1942, AIPN, 667/157, Bl. 14.

[104] Chef der Sipo und des SD, EWZ Posen, Dienststelle Litzmannstadt, Zweigstelle Zamosc: Tätigkeitsbericht über die erste Woche der Tätigkeit in Zamosc für die Zeit 27.11.–3.12.1942, AIPN, 667/164, Bl. 6 ff.

die beiden Jungen am 21. Dezember mit Phenolspritzen ermordet.[105] Solche Verbrechen sprachen sich rasch herum, so dass die Betroffenen flüchteten. Erste Gefechte zwischen Polen und den NS-Polizeikräften behinderten zudem die Aus- und Ansiedlungen. Am Ende verließen die Polen der umliegenden Kreise ihre Dörfer und flohen in die Wälder.[106] Alle flüchtigen Bauern, aber auch die Bauern, die später festgenommen wurden, kamen in das UWZ-Lager in Zamosc,[107] und ein kleiner Teil der Festgenommenen von dort aus nach Auschwitz.[108] Da die polnischen Dorfbewohner noch vor der Einkesselung ihrer Dörfer flüchteten, mussten die Nationalsozialisten einlenken. Sie gestanden den Zwangsarbeitern aus Zamosc zu, ihren Kindern und Großeltern zu schreiben und Geld zu schicken. Dieser Personenkreis, der der Wertungsgruppe II und III zugeteilt worden war, sollte nämlich nach Berlin deportiert werden, um gegen Juden ausgetauscht zu werden. Eigentlich waren die Hinterbliebenen in den „Rentendörfern" auserkoren, ihr Leben in Subsistenzwirtschaft zu fristen. Das Briefschreiben diente nicht dem Wohl der Hinterbliebenen, sondern der Täuschung. Denjenigen, die noch nicht deportiert worden waren, sollte die Angst genommen werden, dass sie in Konzentrationslager gesteckt würden. Zu diesem Zeck organisierte die UWZ-Litzmannstadt den gezielten Transfer von Postkarten von Berlin nach Zamosc. Ferner erklärte der SD den „Evakuierten", die Aktion, sie zu Arbeiten heranzuziehen, diene dem Kampf gegen Judentum und Bolschewismus. Den polnischen Zwangsarbeitern aus der Region Zamosc wurde in Berlin in Aussicht gestellt, nach „guter Arbeitsleistung" ihre Verwandten besuchen zu dürfen.[109]

Das Scheitern der Umsiedlungspolitik in Zamosc wurde am 22. Januar 1943 intern vermerkt.[110] Trotzdem hielt Globocnik während der Dienstbesprechung am 26. Februar mit dem Beauftragten des RKF fest, dass die Evakuierungen fortzusetzen seien. Er wollte den Kreis und die Stadt Zamosc bis Sommer 1943 räumen. Dafür standen bereits „Volksdeutsche" aus Kroatien bereit. Das Festhalten an diesem Plan war möglicherweise als

---

[105] DANUTA CZECH, Kalendarium der Ereignisse im Konzentrationslager Auschwitz-Birkenau 1939–1945, Hamburg 1989, S. 358 f.

[106] Tätigkeitsbericht über die Umsiedlungen der UWZ/Zweigstelle Zamosc, 14.12. 1942, AIPN, 667/164, Bl. 11.

[107] Aktennotiz über die Aufgabe der UWZ vom 23.9.1942, AIPN, 667/159, Bl. 12; Gestapo/Stapo Litzmannstadt an Krumey vom 22.12.1942 über die „Evakuierung von Polen im Distrikt Lublin", AIPN, 667/159, Bl. 190.

[108] CZECH, Kalendarium, S. 381.

[109] Erklärung der EWZ für die nach Berlin Deportierten Arbeitsfähigen aus dem Kreis Zamosc, AIPN, 667/161, Bl. 1.

[110] Hahn an Krumey, 22.1.1943, AIPN, 667/160, Bl. 13.

Machtdemonstration des SD gegenüber Frank gedacht gewesen. Vor allem aber war sie eine Form der Selbstmobilisierung des RKF. Die Forschung hat als Grundlage für diese Aktionen den Generalplan Ost angesehen, also die Genozidplanung gegenüber den Slawen in Ostmitteleuropa.[111] Diese Schlussfolgerung ist m. E. zu differenzieren. Auf die Judenvernich-tung nahm dieser Plan keinen Einfluss mehr. Diese ging auf die vorausgegangene Zwangsmigrationspolitik zurück, die nicht passiv kumulativ, sondern sukzessiv in eine Genozidpolitik überführt wurde. Für die Ansiedlungen in Lublin galten die Umsiedlungsaktionen im Zuge der Nah- und Fernplanung des SD und die Ansiedlungspolitik in den polnischen Westgebieten als Vorbilder, was aber noch genauer untersucht werden muss. Der Generalplan Ost, und damit das Szenario eines Genozids im Genozid, war 1942/43 bar jeder Umsetzungschance. Die Besatzer mussten ganz im Gegenteil für 1943, nachdem sie ihre Volkszählung durchgeführt hatten, einen deutlichen Anstieg der polnischen Bevölkerungszahl hinnehmen. Im GG, Galizien eingerechnet, lebten im Jahr 1943 rund 17 Millionen Polen. Das waren 1,5 Millionen Menschen mehr im Vergleich zur Vorkriegszeit. Dafür machte die deutsche Statistik den ungebrochenen Geburtenanstieg verantwortlich. Die jüdische Bevölkerung fand in dieser Zählung keine Berücksichtigung.[112]

Die Umsiedlungspolitik in Zamosc war jedenfalls schon nach drei Monaten gescheitert. Globocnik stellte den noch nicht vertriebenen Bauern im Kreis Zamosc frei, ihre Äcker weiter zu bestellen. Von Krakau aus setzte sich HSSPF Krüger damit durch, die „ausgesiedelten Polen" nicht mehr individuell in vier Wertungsgruppen zu unterteilen, sondern im geschlossenen Familienverband umzusiedeln. Damit fiel auch das Nebenziel der Familienzerstörung weg. Globocnik sah sich dem Vorwurf ausgesetzt, er führe das „Ansiedlungsgebiet als eine Art zoologischer Garten". Er stellte sich darauf ein, den verbliebenen Polen mitteilen zu müssen, die Aussiedlung würde „abgeblasen". Intern verkaufte er sein Scheitern als raffinierten Plan, damit die Polen im kommenden Frühjahr ihre Äcker bestellen könnten. Davon sollten die „Volksdeutschen" profitieren, wenn sie denn kämen.[113] Die Siedlungspolitik im Distrikt Lublin endete im De-

---

[111] Zamojszczyzna, S. 14. Seine These, die Siedlungspolitik sei über den Februar 1943 hinausgeführt worden, ist m. E. nicht zu halten. Es kam aber zu so genannten Bandenaktionen.

[112] Vgl. WALTER FÖHL, Die Bevölkerung des Generalgouvernements, in: Das Generalgouvernement. Seine Verwaltung und seine Wirtschaft, hg. v. JOSEF BÜHLER, Krakau 1943, S. 30 f.

[113] Dienstbesprechung am 26.2.1943 beim Beauftragten des RKF in Lublin; Aktennotiz von SS-Hauptsturmführer Hütte an Hans Ehlich, RSHA Amt III B, 4.3.1943, AIPN, 667/160, Bl. 45, 60.

saster. Die Berliner Planungsabteilung im RKF verschob bis zu ihrer Auflösung am 1. September 1944 nur noch Akten, aber keine Ansiedler mehr.[114] Franks späte Ablehnung der Aktionen des RKF in Lublin ist nicht als prinzipienfester Widerspruch gegen die Umsiedlungs- und Vernichtungspolitik zu werten. Die Zivilregierung stellte sich der „Lösung der Judenfrage" nicht in den Weg. Es gab zwar Streit, aber nur um Kompetenzen.[115] Frank griff Globocnik erst an, als er am 23. Februar in Krakau davon unterrichtet wurde, dass die „Ostvölker" in die Abwehr der sowjetischen Offensive einzubinden seien. Er beendete zwar die Umsiedlungen, aber nur um die polnischen Arbeits- und Rohstoffreserven für die Kriegswirtschaft weiter auszunutzen. Als er – nach der Niederlage in Stalingrad und noch vor dem gescheiterten Gegenangriff in Kursk – zur Kenntnis nahm, dass Berlin die „Fremdenpolitik um 180°" herumwarf, erklärte er, „daß eine Politik mit Revolvern, Kugeln und Konzentrationslagern nicht zum Ziel führe".[116] Das war ein bemerkenswertes Eingeständnis. Es bezog sich nur auf den Fehlschlag der Umsiedlungspolitik, nicht aber auf die Vernichtungspolitik gegenüber den Juden. Gemessen am Ziel der NS-Eliten, das Generalgouvernement einer „ethnischen Flurbereinigung" zuzuführen, um es dem Reich bevölkerungspolitisch anzupassen, waren Frank und Himmler gescheitert, nicht aber am Ziel, die europäischen Juden zu ermorden.

---

[114] MADAJCZYK, Generalplan Ost, S. 288 f.

[115] So die These in der Einleitung zum: Diensttagebuch, S. 25 f.

[116] Aktenvermerk einer Besprechung zw. Hans Frank und der Hauptabeilung Propaganda im GG, 23.2.1943, AIPN, NTN 256 (Bühler-Prozess), Bl. 70-75.

MARTIN DEAN

DIE SOWJETISCHE UND DIE DEUTSCHE BESATZUNG IN OSTPOLEN AUS JÜDISCHER SICHT

Zur Unmöglichkeit des direkten Vergleichs

Die absolut überwältigenden Auswirkungen des Holocaust, der viele jüdische Gemeinden in Ostpolen vollständig ausradierte und selbst in den großen Städten nur kleine Reste davon übrig ließ, machen einen direkten Vergleich mit der kurzen Periode der sowjetischen Besatzung problematisch. Nichtsdestotrotz sind die Auswirkungen der sowjetischen Herrschaft auf die jüdische Bevölkerung in beachtlichem Maße *en detail* erforscht worden, und es ist ein recht klares Bild entstanden. Der Titel von Dov Levins Studie bringt es auf den Punkt, aus jüdischer Perspektive gab es keinen Zweifel, die sowjetische Besatzung war: „Das kleinere von zwei Übeln".[1] Ein Überlebender aus der Stadt Lenin,[2] in der Nähe von Pinsk, hielt im *Yizker-bukh*[3] der Stadt fest:

> „Die Rote Armee [...] rückte vor und [...] Lenin [...] kam infolgedessen unter die Souveränität der Sowjetunion, und dank dieser Tatsache lebte die ortsansässige jüdische Bevölkerung noch einmal etwa zwei Jahre lang weiter unter menschlichen Bedingungen. In dieser Hinsicht war ihr Schicksal besser als das derjenigen, die westlich des Flusses Bug lebten, die mit der Eroberung Polens sofort in die Hände der Nazis fielen und von Raub und Zerstörung unerwartet überfallen wurden."[4]

---

[1] DOV LEVIN, The Lesser of Two Evils: Eastern European Jewry under Soviet Rule, 1939–1941, Jerusalem 1995.

[2] Der Ortsname „Lenin" leitet sich vom Nachnamen des letzten Gutsbesitzers, Graf Olel'kovichey (1586), ab und hat nichts zu tun mit dem Pseudonym des kommunistischen Revolutionärs Vladimir I. Ul'ianov (Lenin).

[3] Gedenkbuch; weitverbreitetes Genre, mit dem die Überlebenden nach dem Holocaust ihrer zerstörten Gemeinden und Toten gedachten (Anm. d. Ü.).

[4] MORDECHAI BEN AHARON-LEYB ZEYTSIK, The Town of Lenin During the Years 1939–1941, in: Kehilat Lenin: Sefer Zikaron, hg. v. MOSHE TAMARI, Tel Aviv 1957, S. 47-64.

Für viele Juden markierte die sowjetische Besatzung den Beginn ihrer Not, obwohl noch weit Schlimmeres folgen sollte. Eine andere Überlebende erinnert sich:

„Es begann, als die Russen ankamen, weil wir plötzlich als ‚bourgeois' galten. Das Geschäft wurde geschlossen. Unsere Verhältnisse änderten sich ziemlich. Mit der russischen Besatzung begannen die Erniedrigungen, und dies setzte sich mit der deutschen Okkupation fort, die Bedingungen verschlechterten sich fortlaufend."[5]

Da die massiven zerstörerischen Auswirkungen der nationalsozialistischen Besatzung die jüdische Wahrnehmung der sowjetischen Herrschaft so vollständig überschatten, werde ich mich zunächst der vielschichtigeren Erfahrung der sowjetischen Besatzung und den jüdischen Reaktionen darauf zuwenden.

Die Begrüßung der sowjetischen Streitkräfte

Bereits vor Ausbruch des Kriegs gab es bei den jüdischen Gemeinden im Osten Polens wenig Zweifel daran, wo die größere Gefahr lag. Am 25. August 1939 schickten die Vorsteher der jüdischen Gemeinde in Nadworna, im Bezirk Stanislau in Ostgalizien, einen Brief an den jüdischen Ausschuss im polnischen Sejm, in dem sie an diesen appellierten, umgehend ein jüdisches Komitee zur Verteidigung Polens gegen Hitler einzurichten, und Juden dazu aufforderten, sich der polnischen Armee anzuschließen.[6] In dem Chaos, das dem deutschen Einmarsch folgte, als Juden sich bedroht fühlten und in einigen Orten sogar attackiert wurden, waren viele von ihnen erleichtert, als die sowjetischen Streitkräfte eintrafen. Dies versprach zumindest die Wiederherstellung der öffentlichen Ordnung.[7] Örtliche kommunistische Sympathisanten, darunter auch Juden, begrüßten die Sowjets anfangs mit Freude. Sie halfen dem neuen Regime bei der Einrichtung einer provisorischen Verwaltung und bei der Verhaftung der

---

[5] USHMM, RG-50.030*0082, Interview mit Rachel Mutterperl Goldfarb, 16.9.1991.

[6] Vgl. Żydzi w obronie Rzeczypospolitej: materiały konferencji w Warszawie 17 i 18 października 1993 r., hg. v. JERZY TOMASZEWSKI, Warszawa 1996, S. 135 ff.

[7] MARTIN DEAN, Collaboration in the Holocaust: Crimes of the Local Police in Belorussia and Ukraine, 1941–1944, London, New York 2000, S. 7; z. B. stellten in Lenin die jüdischen Jugendlichen, obwohl sie nicht über Waffen verfügten, während des Interregnums eine Selbstschutzorganisation auf, um Plünderer zurückzuschlagen, vgl. ZEYTSIK, Lenin, S. 47-64. Die Bauern des Dorfes Demidowszczyna brachten im September 1939 beispielsweise einen Juden um, der während des kurzen Interregnums aus geschäftlichen Gründen aus Antopol gekommen war, vgl. Antopol: mi-toldoteha shel kehila ahat be-Polesyah, hg. v. YOSEF BEN ISRAEL LEVINE, Tel Aviv 1967, S. 120 ff.

polnischen Polizei. Die Ankunft von sowjetischen Funktionären aus dem Osten im November 1939 hatte jedoch zur Folge, dass viele örtliche kommunistische Aktivisten aus ihren Stellungen entlassen oder auf eine untergeordnete Funktion zurückgestuft wurden.[8]

Wirtschaftliche Auswirkungen

Im Wirtschaftsbereich leiteten die sowjetischen Behörden eine rigide Politik der Verstaatlichung aller Industrie- und Handelsbetriebe ab einer bestimmten Größe ein. Für die Juden war dies eine zweischneidige Angelegenheit. Während viele jüdische Geschäftsleute und Ladenbesitzer enteignet wurden und ihre Existenzgrundlage verloren, erhielten die jüdischen Handwerker, die gezwungen wurden, sich den „Artel" genannten Kooperativen anzuschließen, zumindest einen beständigen, wenn auch niedrigen Lohn. Zudem bekamen jüngere Juden neue Möglichkeiten, für den Staat zu arbeiten oder eine Ausbildung zu absolvieren. Ein Überlebender erklärte dazu: „Unter den Russen […] hatten Juden gleiche Möglichkeiten und Rechte auf allen Gebieten, eine Situation, die unter dem polnischen Regime nicht existierte."[9] Obwohl die Arbeitslosigkeit insgesamt sank, litten die Juden dennoch unter der allgemeinen Güterknappheit und besonders unter der Abschaffung des Zloty, was die meisten finanziellen Rücklagen zunichte machte.

Kulturleben

Eine aggressive Säkularisierungspolitik zwang Juden, am Sabbat und an Feiertagen zu arbeiten, und die neue Bildungspolitik verbot den Unterricht auf Hebräisch und unterstütze die Assimilierung. Mancherorts unterrichteten jüdische Schulen dennoch weiter auf Jiddisch.[10] Die meisten religiösen und politischen Organisationen der jüdischen Bevölkerung wurden aufgelöst und selbst die Geburts- und Heiratsregister wurden dem Staat übertragen. Obwohl einige jiddische Publikationen unter der sowjetischen Herrschaft weiter existierten, dienten sie lediglich als Sprachrohr der Regierung und förderten eher die Zerstörung als das Wachstum jüdischer Kultur, wie Dov Levin dargelegt hat. Um ihre Familien zu ernähren, mussten sich jüdische

---

[8] SHMUEL SPECTOR, The Holocaust of Volhynian Jews, 1941–1944, Jerusalem 1990, S. 24; Memorial book of David-Horodok, Oak Park 1981, S. 57.

[9] DEAN, Collaboration, S. 7.

[10] E. S. ROZENBLAT/ I. YELENSKAYA, Pinskie Evrei: 1939–1944, Brest 1997; Ich danke Katherina von Kellenbach für den Hinweis auf diese Quelle.

Schriftsteller der neuen Situation anpassen und sich in die Parteilinie ein-
reihen, während andere nur eine Anstellung als Arbeiter fanden.[11]

Deportationen

Bald nach der Annexion der ostpolnischen Gebiete begannen die sowjetischen Behörden mit einer Reihe von Massendeportationen von Angehörigen
aller ethnischen und religiösen Bevölkerungsgruppen. Entscheidend dabei
war die Zugehörigkeit zu einer bestimmten sozialen Klasse oder politischen
Richtung, was im gesamten Besatzungsgebiet Angst hervorrief. Unter den
Verhafteten waren viele Tausend Juden, vor allem Geschäftsleute, politische Aktivisten und viele Flüchtlinge aus dem Westen. Ein Überlebender
aus Slonim erinnert sich wie folgt daran: „Eine Reihe jüdischer Flüchtlinge
aus [West-]Polen äußerte den Wunsch zurückzukehren, […] um ihre Win-
terkleidung zu holen. Die Sowjets ermutigten sie, dies zu tun. Als sie
vortraten, wurden ihre Namen auf eine Liste gesetzt. Die Sowjets deportierten sie dann nach Kasachstan und erlaubten ihnen nicht, nach Hause
zurückzukehren."[12] Statistiken zur Anzahl der verhafteten oder deportierten
Juden sind kürzlich auf der Basis von neu zugänglichem sowjetischem
Archivmaterial[13] erstellt worden, und das Holocaust Memorial Museum hat
kürzlich Akten aus den KGB-Archiven in Kasachstan und Usbekistan zu
den Juden erhalten, die dort während des Kriegs registriert waren. Allerdings waren in vielen Gegenden Juden unter den Deportierten gemessen
an ihrem Bevölkerungsanteil überrepräsentiert. Obwohl eine Reihe von
ihnen in sowjetischer Gefangenschaft starb, erwiesen sich die Deportationen für diese Juden im Nachhinein ironischerweise als Segen, da sie „dank
ihres Exils von der Vernichtung verschont blieben"; ihre Chancen zu überleben waren beträchtlich größer als die ihrer Glaubensbrüder und -schwes-
tern, die unter die deutsche Besatzung gerieten.[14]

---

[11] LEVIN, Two Evils, S. 115-152.

[12] DEAN, Collaboration, S. 6.

[13] Vgl. vor allem den Artikel von Alexander Gur'ianov von der in Moskau ansässigen
Stiftung Memorial Foundation in diesem Band.

[14] Zit. in: ZEYTSIK, Lenin. Die vorhergehende Passage liest sich wie folgt: „Zu jener
Zeit sahen die Exilierten in ihrer Bestrafung eine schreckliche Katastrophe, die über sie
gekommen war, aber am Ende des Krieges konnten sie wie einst Joseph zu seinen Brüdern
in Ägypten sagen: ‚Ihr habt Schlimmes für mich vorgesehen, aber Gott hat Gutes vorgesehen' (Genesis 50:20)."

Grundlegende Folgen der sowjetischen Besatzung

Die bedeutsamste Folge der sowjetischen Herrschaft für die Juden war die Zerstörung ihres religiösen Lebens und Gemeindelebens und selbst säkularer Institutionen, begleitet von der Angst, sich auf der Straße auch nur zu treffen oder zu unterhalten. Andererseits ging diese Atomisierung der jüdischen Gesellschaft einher mit der Chance bzw. der Notwendigkeit der Assimilation und der Integration in das sowjetische Regime, welches zumindest formelle Gleichheit mit anderen Sowjetbürgern bot. Auch wenn die wirtschaftlichen Folgen insgesamt weitgehend negativ waren, besonders für diejenigen, die etwas zu verlieren hatten, so betrafen sie doch die Juden als Individuen und nicht als Gruppe, abhängig vor allem von ihrem Sozialstatus und ihren früheren politischen Zugehörigkeiten. Selbst die extremeren Maßnahmen wie Verhaftung und Deportation waren darauf ausgerichtet, den unabhängigen Geist und mögliche Feindseligkeit einzelner Juden und bestimmter Organisationen, wie etwa den Zionisten, gegenüber dem Regime zu brechen, mit dem vorrangigen Ziel, sie besser an die sowjetische Gesellschaft anzupassen.

Die nationalsozialistische Besatzung: Ausbeutung und Zerstörung

Bereits in den allerersten Stunden des deutschen Angriffs am 22. Juni 1941 wurden Juden zusammen mit kommunistischen Funktionären als Ziele der Politik der Ermordung, Erniedrigung und Ausbeutung herausgegriffen. Auch wenn die umfassende Vernichtung ganzer jüdischer Gemeinden nicht vor August 1941 begann, und es danach noch eine Weile dauerte, bis die Juden dies begriffen, so war der verheerende Charakter der deutschen Herrschaft für die Juden doch von Beginn an offensichtlich. Während mehr als 250.000 Juden aus Ostgalizien und der Gegend um Bialystok in Todeslager deportiert wurden, ermordeten die Nationalsozialisten die jüdischen Opfer in Ostpolen überwiegend durch Massenerschießungen in Gruben nahe ihres Zuhauses. Häufig beteiligten sich auch Teile der lokalen Bevölkerung aktiv an diesen Massakern. Die Mordaktionen fanden in zwei Wellen statt, die erste im Sommer und Herbst 1941, eine zweite von 1942 bis 1943, die vor allem die brutale Zerstörung der Ghettos umfasste.

Die Erinnerungen der Überlebenden und die seltenen zeitgenössischen Zeugnisse stellen eine verheerende Chronik von einzelnen und massenhaften Tötungen, Erniedrigungen und materieller Bedrängnis dar und der schrecklichen Vorahnung des bevorstehenden Schicksals. Wie diese Berichte nahelegen, gab es eine fortschreitende Eskalation der deutschen Politik und einen breit angelegten Versuch, jüdische Arbeitskraft und materielle Ressourcen als Teil des Vernichtungsplans auszubeuten. Hier war der Holocaust kein abstrakter mechanischer Prozess, sondern ein grausames Schauspiel, das Auswirkungen auf die gesamte ortsansässige Bevölkerung hatte. Aus jüdischer Sicht waren es der Verrat und die Gier der früheren Nachbarn, Arbeitskollegen und Geschäftspartner, die sie mehr verletzten als der unerklärliche Hass der fremden Invasoren.

Antijüdische Maßnahmen zu Beginn der Besatzung

Im Gegensatz zu den sowjetischen Besatzern behandelten die Deutschen die gesamte jüdische Bevölkerung von Beginn an als undifferenzierte und feindliche Masse und sie versuchten, sie strikt vom Rest der Bevölkerung zu trennen. Die anfänglichen Massenerschießungen durch die Einsatzgruppen im Sommer 1941, die manchmal als Aktionen gegen die lokale „Intelligenz" bezeichnet wurden, waren in erster Linie gegen Juden gerichtet, besonders gegen wohlhabende und angesehene Bürger oder diejenigen, die der Kooperation mit den Sowjets beschuldigt wurden. Am 20. Juni 1941 führten die deutschen Streitkräfte beispielsweise eine solche „Aktion" in Mir aus, bei der 19 Juden und drei Nicht-Juden selektiert wurden. Die Deutschen transportierten die Opfer, angeblich für einen Arbeitseinsatz, auf einem LKW aus der Stadt und erschossen sie in einem nahe gelegenen Wald.[15]

Um ihre Politik effizienter umzusetzen, richteten die Nationalsozialisten „Judenräte" ein. Bezeichnenderweise wurden der Vorsitzende des Rats und alle seine Mitglieder persönlich für das gute Betragen der gesamten Gemeinde verantwortlich gemacht. Deutsche Militärkommandanten erhielten die Anweisung, im Fall jeglicher feindlicher Handlungen die härtesten Bestrafungen, einschließlich der Todesstrafe, gegen die Mitglieder des Judenrats zu verhängen.[16] Wenn Ratsmitglieder die immer weniger erfüllbaren Forderungen der Deutschen behinderten oder verweigerten, wurden sie entlassen oder auch sehr häufig erschossen und durch andere ersetzt, die gefügiger waren.

Die jüdische Bevölkerung war zudem einer Vielzahl von belastenden und restriktiven Bestimmungen ausgesetzt, die sie ihrer Grundrechte be-

---

[15] New Scotland Yard, War Crimes Unit, Dokumente S171B, S173C, S97, D3684, S175B, D1766 und S87A.

[16] Verwaltungsanordnung Nr. 2 des Befehlshabers des rückwärtigen Heeresgebiet Mitte, General von Schenckendorff, 13.7.1941, abgedr. in: Verbrechen der Wehrmacht: Dimensionen des Vernichtungskrieges 1941–1944, hg. v. Hamburger Institut für Sozialforschung, Hamburg 2002, S. 79.

raubten. So gab etwa der Gebietskommissar von Nowogrodek am 26. September 1941 folgende Anweisungen aus: jeder Jude musste eine Identitätskarte bei sich haben und einen gelben Stern tragen. Juden war es strikt verboten, die Stadt ohne offizielle Erlaubnis zu verlassen, sich in irgendeiner Form geschäftlich zu betätigen, auf den Markt zu gehen oder die Bürgersteige zu benutzen.[17]

Enteignungen

In den ersten Monaten der Besatzung wurden die Juden fortwährend „Abgabeforderungen" unterworfen, wie der Abgabe von Wertgegenständen oder sonstigen Gütern, die von der deutschen Armee benötigt wurden. Der Bürgermeister von Mlynow sammelte beispielsweise im August 1941 jüdisches Gold, Silber und andere Wertgegenstände, die von der Wehrmacht über Rowno nach Berlin weitergeleitet wurden.[18] Wie beschlagnahmte deutsche Akten und Berichte von Überlebenden für die Stadt Glebokie belegen, fanden unablässig Plünderungen des verbliebenen jüdischen Eigentums statt. Bei ihrer Ankunft requirierten die neuen Zivilverwalter Möbelstücke und die Juden hatten sich in Reihen anzustellen, um ihre wertvollen Erbstücke an die Nationalsozialisten abzugeben. Und als das Ghetto eingerichtet wurde, warteten junge christliche Mädchen wie Geier darauf, die verlassenen jüdischen Häuser zu plündern.[19]

Ghettoisierung

Die Deutschen führten die Ghettoisierung in den meisten Städten Ostpolens als integralen Bestandteil des Vernichtungsprozesses durch, in vielen Fällen wurden dabei auch die Juden aus den umliegenden Dörfern zusammengetrieben. Nicht alle Ghettos waren abgeriegelt, aber üblicherweise wurden alle Juden in einem separaten Stadtteil konzentriert, um den Kontakt mit Nicht-Juden zu minimieren. Ihnen wurde verboten, das Ghetto ohne Erlaubnis zu verlassen, und sie konnten erschossen werden, wenn sie außerhalb der Begrenzungen aufgegriffen wurden. Lebensmittelrationen für

---

[17] USHMM, RG-22.002M (GARF, fond 24, 7021-81-112).

[18] BAB, R 2104/21, Bl. 341-462.

[19] M. RAJAK/ Z. RAJAK, Memorial Book of Glebokie, 1994; vgl. MARTIN DEAN, Die Enteignung des jüdischen Vermögens im Reichskommissariat Ostland 1941–1944, in: „Arisierung" im Nationalsozialismus: Volksgemeinschaft, Raub und Gedächtnis, hg. v. IRMTRUD WOJAK/ PETER HAYES, Jahrbuch des Fritz Bauer Instituts, Nr. 4, 2000, S. 201-218.

Juden bestanden lediglich aus einigen Hundert Gramm Brot, was weniger war als für die nichtjüdische Bevölkerung und nicht ausreichte, um damit länger als einige Monate zu überleben. An den meisten Orten gingen heimlich Tauschgeschäfte mit ansässigen Bauern weiter, allerdings mussten Juden ihre verbliebenen Kleidungsstücke oder letzten Besitztümer für kleinste Essensreste tauschen. In den meisten Ghettos verhungerten Menschen und starben an Krankheiten, aber da diese Ghettos nur kürzere Zeit bestanden, geschah dies nicht in vergleichbaren Größenordnungen wie in Warschau. In einigen Ghettos wurden Selektionen von nützlichen Arbeitskräften durchgeführt, die dann abgesondert unter etwas besseren Bedingungen lebten, während die Arbeitsunfähigen, so genannte nutzlose Esser, als Erste ermordet wurden.

Zwangsarbeit

In ganz Ostpolen wurden Juden unter dem NS-Regime zur Zwangsarbeit gezwungen, die in vielen Fällen unbezahlt war, abgesehen von der Möglichkeit, etwas zusätzliche Nahrung zu erhalten. Sehr oft war dies begleitet von körperlichen Misshandlungen. An einigen Orten wurden Juden dazu gezwungen, sinnlose oder besonders erniedrigende Aufgaben zu übernehmen. Man setzte sie vor allem beim Straßenbau, als Putzkräfte und Hausgehilfen, aber auch in den Werkstätten der Armee und, wenn sie über besondere Fertigkeiten verfügten, als Facharbeiter ein. Die Kombination Ghettoisierung und Zwangsarbeit bedeutete, dass die Nationalsozialisten die Juden nicht in den Gulag schickten, sie brachten vielmehr den Gulag zu den Juden, dies war Teil ihres Plans, den Osten von unerwünschten Volksgruppen zu reinigen. Das waren die schrecklichen Bedingungen für jene Juden, denen gestattet wurde, ein wenig länger zu leben, um ihre Arbeitskraft auszubeuten, bevor man sie ermordete.

Ghetto-Liquidierungen

Für die Ghetto-Liquidierungen von 1942 und 1943 war bezeichnend, dass sich die meisten Juden keinerlei Illusionen bezüglich ihres Schicksals machten und viele versuchten, dem Tod zu entgehen, indem sie sich in sorgfältig vorbereiteten Bunkern oder Verstecken im Ghetto verbargen. Folglich spielte die örtliche Polizei, die sich überwiegend aus Weißrussen und Ukrainern, aber auch aus Polen[20] zusammensetzte, eine sehr aktive

---

[20] MARTIN DEAN, Poles Serving in the German Local Police in the Eastern Districts of Poland and Their Role in the Holocaust, in: Polin, Nr. 18, 2005, S. 353-366.

Rolle beim Durchsuchen der leeren Ghettos nach Verstecken oder beim Durchkämmen der Wälder nach Flüchtigen. Um ihr Ziel der totalen Vernichtung zu erreichen, griffen die Deutschen aufgrund ihrer eigenen eingeschränkten Kräfte in großem Maßstab auf die örtliche Polizei und auf Denunziationen der Bauern zurück. Auf diese Weise töteten sie über 95 Prozent der Juden.

Fazit

Aus jüdischer Sicht ist ein direkter Vergleich der beiden Regimes ganz klar unangebracht. Die große Erleichterung, die viele Juden beim Auftauchen der Roten Armee im September 1939 zeigten, ist nur vor dem Hintergrund der undenkbar furchtbaren Gestalt der deutschen Alternative zu verstehen, da die meisten von ihnen weder Sympathie für die Kommunisten hegten noch diesen formell angehörten. Der sowjetische Vormarsch verwandelte die Todesstrafe für die Juden in lebenslange Haft, wie es ein zeitgenössischer jüdischer Beobachter reumütig ausdrückte.[21]

Es werden jedoch einige merkwürdig ironisch-paradoxe Wendungen sichtbar, wenn man die unmittelbaren Auswirkungen der beiden Regimes auf das Leben der jüdischen Bevölkerung vergleicht. Während die sowjetische Besatzung jüdische Gemeindeaktivitäten weitgehend unterdrückte, die Gemeinden zerschlug und den Einzelnen auf seine eigenen Ressourcen zurückwarf, trug die extreme NS-Unterdrückung hingegen dazu bei, jüdische Identität zu stärken, indem sie ausnahmslos alle Juden den bedrängten Verhältnissen der Ghettos unterwarf, wo ihr Schicksal durch ihre Gruppenzugehörigkeit besiegelt wurde.

Trotz der Integrationsmöglichkeiten und sogar trotz der Aufstiegschancen um den Preis der kulturellen Anpassung, die das sowjetische Regime den Juden bot, stimmten die Wenigen, die die Ghettos in Ostpolen überlebt hatten, nach dem Krieg fast alle mit den Füßen ab: Sie nahmen ihre frühere „polnische Staatsangehörigkeit" in Anspruch, um die Sowjetunion zu verlassen. Die meisten von ihnen wanderten über Polen nach Israel, in die USA oder andere westliche Staaten aus. Die antijüdische Kampagne, die Stalin in der Nachkriegszeit führte, brachte die wenigen Juden, die geblieben oder aus dem Osten zurückgekehrt waren, in der Tat dazu, einen Großteil der verbliebenen Überreste ihrer jüdischen Identität zu unterdrücken. Daher ist die detaillierte Geschichte des jüdischen Lebens unter beiden Besatzungen am lebendigsten in den persönlichen Berichten verzeichnet, die in *Yizker-bikhern* in Israel oder etwa gar in Argentinien veröffentlicht wurden.

---

[21] LEVIN, Two Evils, S. 293.

Ich möchte mit einem Brief schließen, geschrieben aus einem DP-Camp in Deutschland, der die unterschiedlichen Auswirkungen der beiden Besatzungen treffend zusammenfasst:

„Liebe Freunde, ich, Gishke Falayes aus Rubieżewicze, die einzige Tochter von Leyzer Shmuel, dem Prediger, schreibe an Euch. Ich bin jetzt in einem Lager im verfluchten Deutschland, in der amerikanischen Zone. Von meiner großen, verzweigten Familie bin ich als Einzige am Leben geblieben, zusammen mit meiner einzigen Tochter. Nicht mit Tinte, sondern mit heißen Tränen und mit dem Blut meines in Stücke gerissenen Herzens schreibe ich diesen Brief, um ins Gedächtnis zu rufen, was war und was von uns geblieben ist. In den ersten Tagen nach Ausbruch des verfluchten Zweiten Krieges wurde unsere Stadt, die an der Grenze zu Russland lag, von den Bolschewiken annektiert, in Einklang mit dem berüchtigten Pakt mit Hitler. Wir gingen als polnische Bürger schlafen und fanden über Nacht heraus, dass wir zu Russland gehörten. Natürlich wurden die Geschäfte geschlossen und alles konfisziert. Es gab nichts, und niemand war seines Lebens sicher. So ging es mit uns weiter bis zu Hitlers plötzlichem Überfall auf Russland. Und dann begannen die wahren Probleme [...]. In den Händen der verfluchten Deutschen begannen wir fürchterlich zu leiden. Zu Beginn registrierten sie uns, befahlen uns gelbe Flecken zu tragen und zwangen uns zu harter Arbeit. Der Zweck war, uns zu erniedrigen und zu schwächen, so dass wir uns am Ende ohne Widerstand abschlachten lassen würden [...]. Aber was für ein Leben war das? Wir hörten nur von Massakern in den umliegenden Ortschaften, die unseren Herzen nahe waren. Was für ein Leben war das, als wir auf den Tod warteten? Wir wurden in lebende Tote verwandelt. Die offenen Gräber, in die wir lebendig geworfen würden, klafften bedrohlich vor uns." [22]

---

[22]   „The Terrible Destruction of the Jews of Rubieżewicze and the Surrounding Area" (Brief einer Überlebenden an ihre Landsleute in Amerika), von Gishke Falayes, in: Sefer Rubiz'evits', Derevnah veha-sevivah, Tel Aviv 1968, S. 249-252.

REAKTIONEN DER UNTERDRÜCKTEN BEVÖLKERUNG

RYSZARD KACZMAREK

DIE KOLLABORATION IN DEN EINGEGLIEDERTEN OSTGEBIETEN 1939–1945

Die Kollaboration in den eingegliederten polnischen Gebieten als ein Sonderfall

Der Begriff „Kollaboration" ist in Bezug auf die eingegliederten Gebiete nur schwer zu definieren.[1] Nach dem Beispiel Frankreichs wird dabei zwischen Kollaboration (als staatliche Kollaboration - *collaboration d'État*) und dem so genannten Kollaborationismus (*collaborationisme*) unterschieden. Diese Differenzierung wurde bereits während des Kriegs benutzt. Zum ersten Mal verwendete der französische Faschist Marcel Déat am 4. November 1940 in der Zeitung *L'Œuvre* den Terminus „Kollaborateure" zur Differenzierung von staatlicher Kollaboration.[2] Unter staatlicher Kollaboration versteht man gewöhnlich die Zusammenarbeit einer legalen oder auf einer legalistischen Rechtsformel beruhenden staatlichen Institution mit dem nationalsozialistischen Deutschland. Zur Grundlage einer solchen Institution gehörten pragmatisch verstandene politische und ökonomische Interessen. So war es etwa im Fall des Vichy-Regimes. Dabei ging es zunächst darum, die französischen Interessen zu sichern, und längerfristig, im Fall eines deutschen Sieges, um die Möglichkeit, die Nachkriegsordnung mitzugestalten, die dann in Anlehnung an die deutsche Hegemonie aufgebaut werden würde.

Die praktische Realisierung dieser Art der Kollaboration hatte seit dem Treffen zwischen Henri Philippe Pétain, dem Staatschef des Vichy-Re-

---

[1] Ausführlich über die Erscheinung der Kollaboration in Europa vgl. CZESŁAW MA-DAJCZYK, Faszyzm i okupacje 1938–1945. Wykonywanie okupacji przez państwa Osi w Europie, Bd. 2: Mechanizmy realizowania okupacji, Poznań 1984, S. 335-387; HANS UMBREIT, Herrschaftsanspruch und Herrschaftswirklichkeit in den besetzten Gebieten, in: Das Deutsche Reich und der Zweite Weltkrieg, Bd. 5/1, Kriegsverwaltung, Wirtschaft und personelle Ressourcen 1939–1941, hg. v. Militärgeschichtliches Forschungsamt, Stuttgart 1988, S. 328-348.

[2] PIERRE GIOLITTO, Volontaires Français sous l'uniforme allemand, Saint-Amand-Montrond-Perrin 2000, S. 21.

gimes, und Hitler im Oktober 1940 in Montoire vier Aspekte: Einen politischen, einen ökonomischen, einen militärischen und einen Massenaspekt, der sich mit der täglichen Existenz der Bevölkerung in den besetzten Gebieten verband. Der erste Aspekt beinhaltete eine Einschränkung der Souveränität des kollaborierenden Staates und die Notwendigkeit, das strategische Vorgehen in der Außen- und Innenpolitik abzusprechen. Ökonomisch betrachtet bedeutete die staatliche Kollaboration, die ökonomischen Ressourcen des kollaborierenden Staates mit dessen Erlaubnis für die Kriegsziele des Dritten Reichs auszunutzen. Während des Vichy-Regimes kooperierten bei der Produktion von Kriegsmaterial beispielsweise viele französische Firmen direkt mit deutschen Unternehmen.[3] Darüber hinaus wurden fast 700.000 Franzosen, mit dem Einverständnis der französischen Regierung, nach Deutschland zur Zwangsarbeit gebracht. So wurde Frankreich zum größten Exporteur qualifizierter Arbeitskräfte und zum zweitgrößten, nach Polen, Lieferanten unqualifizierter Arbeitskräfte.[4]

Zum Element der staatlichen Kollaboration gehört auch die massive Beteiligung der Staatsbürger an dieser Zusammenarbeit. Dies setzte sich u. a. zusammen aus: Denunziationen, kollaborationswilligen Medien, der Mitbeteiligung an bzw. der Duldung von Denunziationen der Aktivisten der Widerstandsbewegung oder ihrer Sympathisanten und dem Einverständnis zur Ermordung von Juden. Dieses Vorgehen war oft weniger durch die staatliche Doktrin oder reale ideologische Überzeugungen motiviert als vielmehr durch persönliche Ressentiments, Verängstigung und das politische und gesellschaftliche Klima, das erlaubte, solche Haltungen öffentlich zu propagieren. Allerdings darf man dabei nicht vergessen unter welchen bedeutsamen Voraussetzungen dies stattfand: die in der Innenpolitik souveränen staatlichen Machthaber hatten die offizielle Erlaubnis für eine solche Zusammenarbeit seitens der Staatsbürger des kollaborierenden Staates gegeben.

Die größten Emotionen rief jedoch der militärische Aspekt der Kollaboration hervor. Es ist allerdings schwierig, diesen eindeutig als staatliche Kollaboration zu qualifizieren. Trotz der Tatsache, dass Frankreich im militärischen Konflikt offiziell neutral war, bedeutete dies eine tatsächliche militärische Zusammenarbeit mit Deutschland in den nicht besetzten Gebieten der afrikanischen Kolonien einschließlich des Widerstands gegen eine eventuelle Invasion der Alliierten. Was die Menschen aber am meisten empörte, war das Einverständnis des Vichy-Regimes zur Gründung von

---

[3] DAVID PRYCE-JONES, Paris during the German Occupation, in: Collaboration in France: Politics and Culture during the Nazi Occupation 1940–1944 , hg. v. GERHARD HIRSCHFELD/ PATRIC MARSH, Oxford 1989, S. 15-31.

[4] NICHOLAS ATKIN, Pétain, London, New York 1998, S. 174.

französischen Freiwilligen-Einheiten der Waffen-SS und der Miliz, die dann eine verbrecherische Rolle bei der Bekämpfung der Widerstandsbewegung und bei der Vernichtung der Juden spielten.

Der so genannte Kollaborationismus ist dagegen anders zu behandeln, da er vor allem ideologisch geprägt war. Er beinhaltete die teilweise oder auch umfassende Akzeptanz der nationalsozialistischen Ideologie, vor allem im Kontext der Schaffung einer so genannten neuen europäischen Ordnung, die man durch die Bolschewisierung Europas bedroht sah. Diese Einstellung musste sich nicht zwangsläufig mit den offiziell eingenommenen Positionen der staatlichen Machthaber decken, oft stand sie in der ersten Kriegsphase an der Grenze zur Irredenta oder einfach zum Staatsverrat. Sie trat sowohl auf, wie etwa in Frankreich, unter den Anhängern des Faschismus oder auch direkt als nationalsozialistische Ideologie. Der Historiker Yves Durand schreibt in Bezug auf Frankreich: „Kollaborationismus bedeutet, das Engagement auf der Seite der Besatzer nicht aufgrund der Notwendigkeit existierender Verhältnisse zu adaptieren, sondern freiwillig die nationalsozialistische Ideologie zu akzeptieren und auf dieser Grundlage nach einer engen Allianz mit den Deutschen zu suchen."[5] Solche Kollaborateure waren vom Faschismus als Bewegung fasziniert, von seiner Idee, seiner Inszenierung und seinem politischen Programm.

Der so genannte Kollaborationismus in den eingegliederten Gebieten in West-, Süd- und Osteuropa hing mehr mit der Grenzlage dieser Regionen zusammen, also mit den Aktivitäten der dort lebenden deutschen Minderheit oder separatistischer Parteien und Organisationen, deren Kontakte zum Dritten Reich oft noch aus der Zwischenkriegszeit stammten. Aus diesen Gruppen rekrutierten sich später die Mitglieder der nationalsozialistischen Partei oder die Freiwilligen der Waffen-SS. Dies führte jedoch auch zu ernsten Problemen für die Deutschen, da das Verhältnis der deutschen Minderheit zum Nationalsozialismus vor dem Krieg oftmals uneindeutig war.

Notwendig ist noch eine terminologische Eingrenzung. Sowohl die Vertreter der staatlichen Kollaboration als auch die Anhänger des so genannten Kollaborationismus gingen grundsätzlich davon aus, dass die andere Seite zu einer Zusammenarbeit bereit sei. In den Ostgebieten, die ins Dritte Reich eingegliedert wurden, stellte sich die Bereitschaft zur Zusammenarbeit seitens der Deutschen allerdings als fragwürdig da. Was alle eingegliederten Gebiete unter rechtlich-administrativem Aspekt verband, war die einseitige Entscheidung über ihre Annexion. Die polnischen Gebiete wurden nach der militärischen Unterwerfung im September 1939,

---

[5] YVES DURAND, La France dans la Deuxième Guerre mondiale 1939–1945, Paris 1993, zit. nach: PIERRE GIOLITTO, Volontaires française, S. 21.

und nachdem Hitler das Konzept der Schaffung eines polnischen Satelliten-staats mit dem Dekret vom 8. Oktober schließlich verworfen hatte, einge-gliedert.[6] In diesem Fall beruhte die Annexion nicht auf ethnischen Krite-rien, sondern entsprang den wirtschaftlichen Bedürfnissen des Reichs. Sie fand gleichzeitig ohne unmittelbare Berufung auf eine Grenzrevision statt, die dem Zustand aus der Zeit vor dem Ersten Weltkrieg entsprochen hätte. Auf diese Weise wurden schließlich die Provinzen Posen und Westpreußen samt Danzig an das Reich, die Wojewodschaften Zichenau und Suwalken an Ostpreußen und der Regierungsbezirk Kattowitz, bei gleichzeitiger Ausdehnung des Regierungsbezirks Oppeln, an Schlesien angegliedert.[7] Einen gesonderten Charakter trug die Annexion des Kreises Bialystok im August 1941 nach dem Ausbruch des deutsch-sowjetischen Kriegs.[8]

Im Westen gliederte man als Erstes am 18. Mai 1941 die drei belgischen Grenzbezirke Eupen, Malmedy und Moresnet in die Rheinprovinz ein. Auf der Grundlage eines unveröffentlichten Dekrets von Hitler vom 18. Okto-ber 1940 entschied man über die endgültige Eingliederung des Großherzog-tums Luxemburg und schuf einen neuen Kreis: Gau Moselland. Am 2. August 1940 gliederte man in ähnlicher Weise Elsass in den Gau Baden und Lothringen in den Gau Saarpfalz (später Gau Westmark) ein.[9] Im Süden fand die Annexion der jugoslawischen Gebiete auf der Grundlage des Führerdekrets vom 14. April 1941 statt, wodurch zwei neue Zivilver-waltungseinheiten gebildet wurden: Untersteiermark und Oberkrain. Sie wurden in die bereits existierenden Gaue Steiermark und Kärnten eingeglie-dert.[10]

Die Gebiete, die nach dem Ausbruch des Zweiten Weltkriegs annektiert wurden, waren nicht nur durch ihre administrative Eigenart bestimmt. Die Tatsache, dass sie, zumindest formell, zu einem integralen Teil des Dritten Reichs wurden, mündete in einer anders akzentuierten Politik der Deut-schen gegenüber der lokalen Bevölkerung. Man kann mit Sicherheit in den

---

[6] Vgl. MARTIN BROSZAT, Nationalsozialistische Polenpolitik 1939–1945, Stuttgart 1961, S. 31-37; CZESŁAW MADAJCZYK, Polityka III Rzeszy w okupowanej Polsce, Bd. 1, Warszawa 1970, S. 64-82.

[7] Vgl. EDWARD JĘDRZEJEWSKI, O niemieckiej administracji na terenach włączonych do rejencji opolskiej w latach 1939–1945, in: Studia Śląskie, Seria Nowa, Bd. 16, Opole 1969, S. 46 ff.; RYSZARD KACZMAREK, Górny Śląsk w strukturze terenów wcielonych do Trzeciej Rzeszy, in: Studia i materiały z dziejów Śląska, hg. v. ANTONI BARCIAK, Bd. 22, Katowice 1997, S. 134-140.

[8] MADAJCZYK, Polityka III Rzeszy, Bd. 1, S. 211 f.

[9] RYSZARD KACZMAREK, Niemiecka polityka narodowościowa na terenach wcielonych do Rzeszy w latach 1939–1945, in: Wieki Stare i Nowe, Bd. 2, hg. v. IDZI PANIC/ MARIA WANDA WANATOWICZ, Katowice 2001, S. 245 f. (dort weitere Literatur zu diesem Thema).

[10] Ebd., S. 246 f.

eingegliederten Gebieten nicht von staatlicher Kollaboration sprechen, denn
es fehlte der Souverän, der im Namen des besiegten Staats hätte sprechen
und Angebote der lokalen Bevölkerung vermitteln können. Diesbezüglich
unterschieden sich die eingegliederten Gebiete im Osten und Süden nicht
von besetzten Gebieten wie dem Generalgouvernement (GG). Im Westen
akzeptierte auch das Vichy-Regime schweigend den neuen Status quo im
Elsass und in Lothringen und übergab das Schicksal der Bevölkerung dieser
verlorenen Provinzen in deutsche Hände. Der Unterschied zwischen den
eingegliederten und den besetzten Gebieten bestand in der Haltung der
Deutschen gegenüber der Bevölkerung dieser Landesteile. Das Reich
akzeptierte in den eingegliederten Gebieten die Möglichkeit, die lokale
Bevölkerung nicht in Ausnahmefällen, sondern in Massen in eine Zusammenarbeit einzubeziehen, was natürlich „kollaborationistische" Haltungen
begünstigte – also Einstellungen, die – wie bereits festgestellt – eine ideologische Grundlage hatten und deren Vertreter die ideologischen Grundsätze
des Nationalsozialismus' akzeptierten.

Gerade wegen der unterschiedlichen Haltung der Nationalsozialisten
gegenüber der inländischen Bevölkerung erscheint bei der Ergründung der
Phänomene Kollaboration und „Kollaborationismus" eine Betrachtung der
eingegliederten Gebiete im westlichen und südlichen Europa grundlegend.
Dies muss im Zusammenhang mit den Aktivitäten der so genannten Grenz-
gauleiter gesehen werden, die zum Ziel hatten, die in all diesen Gebieten
lebenden deutschen Minderheiten nicht nur in die „Volksgemeinschaft"
einzubeziehen, sondern sie für eine Zusammenarbeit auf ideologischer
Ebene zu gewinnen. Nicht weniger bedeutend ist, wie die Reaktion der
lokalen Bevölkerung auf solche potenziellen Angebote ausfiel.

Die Beziehungen zwischen der lokalen Bevölkerung und dem Besat-
zungsstaat in den eingegliederten Gebieten wurden bisher unterschiedlich
beschrieben. In einer mehrbändigen deutschen Publikation, die den Stand
der Forschung über den Zweiten Weltkrieg zusammenfasst, werden die
gegenseitigen Beziehungen beispielsweise ausschließlich dichotomisch
betrachtet: Kollaboration oder Widerstand[11]. Es erscheint jedoch präziser,
das Problem in Form eines Kontinuums zu betrachten, bei dem der aktive
und passive Widerstand und die Kollaboration tatsächlich die beiden ent-
gegengesetzten Pole bilden, wobei jedoch das gesamte Verhaltensspektrum
beibehalten bleibt. Als Zentrum dessen kann dann sowohl in quantitativer

---

[11] UMBREIT, Herrschaftsanspruch, S. 328.

als auch qualitativer Hinsicht die Anpassung bestimmt werden. Auf diese Art der Betrachtung verweisen vor allem vergleichende Studien.[12]

Kollaboration in den eingegliederten polnischen Gebieten

Die „Kollaborationisten"

Die Tatsache, dass in den eingegliederten polnischen Gebieten eine staatliche Kollaboration nicht möglich war, ergab sich natürlich aus dem fehlenden Angebot von deutscher Seite. Anders stellt sich das Problem der auftretenden „kollaborationistischen" Haltungen dar. Die eingegliederten polnischen Gebiete gehörten zu Landesteilen, in denen vor dem Kriegsausbruch die deutsche Minderheit eine enorme Rolle gespielt hatte. Hauptsächlich aus ihren Vertretern rekrutierte sich die Gruppe der aktiven Kollaborateure. Der polnische Historiker Dariusz Matelski schätzt, dass etwa 600.000 Personen der insgesamt annähernd 10.130.000 Menschen in den eingegliederten polnischen Gebieten Deutsche waren.[13] Sie wurden zu einer potenziellen Basis für „kollaborationistische" Haltungen, die auf ideologischer Zusammenarbeit gründeten. Diese Rolle übernahmen vor allem die Aktivisten der Jungdeutschen Partei (JdP). Ihren Anführern Rudolf Wiesner und Max Wambeck wurden sofort mit dem Beginn des Kriegs goldene NSDAP-Abzeichen verliehen als Beweis für ihre Verdienste um das Dritte Reich wie auch die nationalsozialistische Bewegung.

Die ersten Anzeichen derartiger Aktivitäten wurden bereits im September 1939 sichtbar. Der Handlungsspielraum deutscher Parteien war vor dem Ausbruch des Kriegs mit administrativen Maßnahmen deutlich eingeschränkt worden und die als nationalsozialistisch eingestufte JdP musste ihre Arbeit einstellen. Ihre Mitglieder kamen größtenteils in der NSDAP unter oder in anderen ihr ideologisch nahe stehenden Organisationen. Ihrer Meinung nach sollten sie eine führende Rolle im politischen Leben der eingegliederten Gebiete spielen. Symptomatisch für die trügerischen Hoffnungen der JdP-Aktivisten war jedoch das Fiasko eines ihrer NSDAP-Landesleiter. Im Jahr 1938 wurde Wiesner, nachdem er zugunsten der deutschen Minderheit im Olsa-Gebiet interveniert hatte, als Senator abberufen, und nach Einführung der Präventivmaßnahmen gegen JdP-Aktivsten

---

[12] Vgl. Anpassung, Kollaboration, Widerstand. Kollektive Reaktionen auf die Okkupation, hg. v. WOLFGANG BENZ/ JOHANNES HOUWINK TEN CATE/ GERHARD OTTO, Berlin 1996.

[13] DARIUSZ MATELSKI, Niemcy w Polsce w XX wieku, Warszawa, Poznań 1999, S. 189.

wurde er im Sommer 1939 verhaftet. Er kam erst durch eine Intervention des britischen Botschafters in Warschau, Howard Kennard, wieder frei. Nach seiner Freilassung reiste er unverzüglich ins Deutsche Reich. Als die Entscheidung über die Eingliederung der polnischen Ostgebiete bekannt gegeben wurde, hielt sich Wiesner mit seinen politischen Ambitionen nicht zurück. Er glaubte, dass ihn seine politische Karriere, ähnlich wie bei Konrad Henlein im Sudetenland, für die Rolle eines politischen Führers zumindest in Oberschlesien, aber auch in den gesamten eingegliederten polnischen Gebieten, prädestinieren würde. Diese Hoffnung war aber vergeblich. Seine Bemühungen um eine Stelle als Gauleiter in einem neu eroberten Gebiet wurden sowohl von Josef Wagner, dem Gauleiter Schlesiens, wie auch später von Fritz Bracht, dem Gauleiter Oberschlesiens, nicht berücksichtigt. Zerstritten mit der gesamten deutschen Führungsschicht im Kattowitzer Gebiet zog er sich verbittert zurück und bekleidete lediglich die rein formelle Position eines Provinzialrats. Von da an beurteilte er die Nationalpolitik in Oberschlesien entschieden negativ. Seiner Meinung nach wurden ortsansässige Deutsche, die auf Führungspositionen gut vorbereitet waren, von der Macht ausgeschlossen. Seine Aktivitäten und die der ihm nahe stehenden Anführer der Vorkriegs-JdP beschränkten sich in der Praxis auf unwesentliche Tätigkeiten mit Propagandacharakter wie die Erstellung von Publikationen und die Ausrichtung von Massenveranstaltungen. Allerdings galt Wiesner unter den ortsansässigen Deutschen weiterhin als der unumstrittene ehemalige Anführer.[14]

Ähnlich symptomatisch verlief der Zusammenbruch einer zweiten Initiative ebenfalls aus dem Kreis der deutschen Minderheit. Danach sollten diejenigen zu „kollaborationistischen" Aktivitäten herangezogen werden, die in der Vorkriegszeit separatistische Lösungen in Teschener Schlesien, einem Grenzgebiet zwischen der Tschechischen Republik und Polen, befürwortet hatten. Die Initiative dafür kam im Sommer 1939 von Kurt Witt, dem Verfasser des populären Buches „Die Teschener Frage", das im Jahr 1935 in Berlin herausgegeben worden war. Witt verwies auf die Separatisten um Josef Kożdoń als potenzielle Verbündete der Deutschen im Kampf um das Teschener Schlesien. Die Bewegung lebte Ende der dreißiger Jahre wieder auf, als die Sudetenfrage neue Dimensionen annahm. Dabei übernahmen die Befürworter einer engen Zusammenarbeit mit dem Dritten Reich und der Sudetendeutschen Partei die Vorherrschaft. Bereits im Mai 1938 stellten die Deutschen und die Kożdoń-Anhänger in Teschener Schle-

---

[14] Mehr zur Person Rudolf Wiesner in: RYSZARD KACZMAREK, Rudolf Wiesner – przywódca górnośląskich nazistów, in: Śląsk w myśli politycznej i działalności Polaków i Niemców w XX wieku, Bd. 2, hg. v. DANUTA KISIELEWICZ/ LECH RUBISZ, Opole 2004, S. 195-211.

sien gemeinsame Listen für die Kommunalwahlen auf. Die Besetzung des Olsa-Gebiets durch Polen im Rahmen des Münchner Abkommens im gleichen Jahr nahmen sie somit enttäuscht auf, obwohl sie anfänglich noch ihre Loyalität zum polnischen Staat bekundet hatten.[15] Im Jahr 1939 beschäftigte sich Witt in einer Denkschrift, mit Blick auf die Koždoň-Anhänger, damit, wie der immer mehr anschwellende nationale Konflikt im Teschener Schlesien für die deutschen Interessen genutzt werden könnte. Parallel zu den Kriegshandlungen in Polen gab er eine „Vertrauliche Denkschrift zur Teschener Frage" heraus. Den größten Teil darin umfasste die historische Beschreibung des – wie er ihn nannte – Oderberg-Teschen-Bielitz-Karwin-Jablunkau-Passes. Insgesamt zielte die Schrift auf die Beantwortung der Frage, wie die Zukunft der Schlesier und der österreichischen Deutschen aussehen könnte. Die Denkschrift entstand wahrscheinlich im Sommer 1939 und illustriert sehr deutlich die Stimmung unter der deutschen Minderheit nach der Besetzung der Tschechischen Republik. Als einzige Lösung postulierte Witt „die Rückgliederung aller 1920 und 1938 an Polen gefallenen Teile des Teschener Schlesiens an das Reich".[16] Witt ging davon aus, dass es keinen Zweifel an den prodeutschen Einstellungen der gesamten Bevölkerung Ostschlesiens geben könne und im Olsa-Gebiet eine Rückkehr zur Situation der Jahre 1914 bis 1918 erwartet werde. In diesem Zusammenhang schlug er vor:

„1. Auswertung der unhaltbaren Verhältnisse im Teschener Schlesien diesseits und jenseits der Olsa mit allen Mitteln der Propaganda (Presse, Rundfunk usw.); 2. Übernahme der Volksabstimmungsparole der Bevölkerung; 3. Im A-Fall Besetzung des Gebietes bis an die Bialka mit Einschluss der deutschen Stadt Biala in Galizien durch schlesische Heeresverbände; Proklamierung der Volksabstimmung, gegebenfalls in Form einer Reichstagsergänzungswahl, in zwei Zonen: a. Olsagebiet, b. Bielitzer Ost-Teschen."[17]

Witt propagierte zudem die Aufnahme angemessener Aktivitäten nach dem Einmarsch deutscher Einheiten in dieses Gebiet, wobei er den ortsansässigen Deutschen eine bedeutende Rolle zuschrieb:

„Die Fehler, die ich bei meiner Tätigkeit beim Zivilstab Troppau vielfach beobachten konnte (ungenügende Vorbereitung des zivilen Einsatzes im Bereich

---

[15] KRZYSZTOF NOWAK, Ruch koźdoniowski na Śląsku Cieszyńskim, in: Regionalizm a separatyzm – historia i współczesność, hg. v. MARIA WANDA WANATOWICZ, Katowice 1995, S. 40-43; KRZYSZTOF NOWAK, Ruch ślazakowski na Śląsku Cieszyńskim, in: Mniejszości narodowe na Śląsku Cieszyńskim dawniej i dziś, Czeski Cieszyn/ Český Těšín 2001, S. 59 f.

[16] Kurt Witt, Die Teschener Frage, BA-MA, RH 20-14/183, Bl. 189

[17] Ebd., Bl. 192.

der Wirtschaft usw.), sind durch sofortige Aufnahme der vorbereitenden Arbeiten zu vermeiden. Beispiel: Das komplizierte Schwerindustriegebiet benötigt sofort mit einrückender Truppe Bereitstellung von mindestens 70 leitenden Berg- und Hütteningenieuren; Sicherstellung des Fernsprechnetzes, einer einheimischen provisorischen Verwaltung, auch für Justiz, Schule, Gemeinde, Executive, etc. Gleiche Vorbereitungen sind für das Bielitzer Gebiet zu treffen. Grundsätzlich sind für das gesamte Teschener Schlesien und für das ehemalige preussische Ost-Oberschlesien gesonderte Zivilstäbe aufzustellen. Der Zivilstab für das Teschener Schlesien ist in 2 Sektionen aufzugliedern: 1. Für das Olsaland, Dienstbereich Oderberg bis Jablunkau, aber aus verwaltungspolitischen Gründen einschliesslich des schon seit 1920 polnischen Teiles der Stadt Teschen; 2. Für das Bielitzer Teschen, Dienstbereich Bielitz, Skotschau, Golleschau, Dziedzitz, Schwarzwasser und Biala, aber ausschliesslich des seit 1920 polnischen Teiles der Stadt Teschen. Diese Vorbereiten sind ohne Verzögerung aufzunehmen. Für das Olsagebiet ist vom Verfasser aus engster Kenntnis der Sachlage bereits ein ausführlicher Plan aufgestellt worden."[18]

Der Plan von Witt ging ähnlich kläglich unter wie die Hoffnungen, die Wiesner und die JdP-Aktivisten formuliert hatten. Keine dieser Aktivitäten erbrachte ein positives Ergebnis im Sinne der deutschen Minderheit, d. h. die Schaffung von Institutionen, in denen ihre Vertreter in führende Positionen der Verwaltung hätten integriert werden können. Sie spielten lediglich auf lokaler Ebene eine große Rolle und fanden sich nur selten auf der Präsidialstufe eines Bezirks, einer Provinz oder eines Reichsgaus wieder.[19] Im September 1939 hatten viele von ihnen die einmarschierenden Deutschen begrüßt und an der Bildung einer nationalsozialistischen Verwaltung teilgenommen, aber die Reichsdeutschen schoben sie schnell zur Seite. Koždoň selbst akzeptierte übrigens die NS-Rassenpolitik und den damit verbundenen Terror nicht. Noch vor dem Krieg veröffentlichte er im Organ der Schlesischen Volkspartei *Nasz Lud* (Unser Volk) Artikel, die die Hitlerbewegung kritisierten.[20]

Die Beschwerden der „Volksdeutschen" darüber, dass sie übergangen wurden, wies das Innenministerium mit der Begründung zurück, sie besäßen nicht die entsprechende Ausbildung und Berufspraxis, die für höhere Positionen in der staatlichen Verwaltung notwendig sei. Bei den ortsansässigen Deutschen wuchs darüber die Unzufriedenheit, und es bildeten sich sogar lokale Gruppen derjenigen, die von der Situation enttäuscht waren. Die Verbitterung war umso größer, da die Reichsdeutschen, die sie erset-

---

[18] Ebd., Bl. 193 f.

[19] Vgl. RYSZARD KACZMAREK, Górnoślązacy w administracji niemieckiej rejencji katowickiej, in: Górny Śląsk i Górnoślązacy w II wojnie światowej, hg. v. WOJCIECH WRZESIŃSKI, Bytom 1997, S. 51-65.

[20] NOWAK, Ruch ślązakowski, S. 59 f.

zen sollten, sich nicht durch besondere Professionalität auszeichneten und kein großes Interesse daran zeigten, auf ihren neuen Posten zu bleiben. Diese gingen stattdessen sogar soweit zu behaupten, der Dienst im Osten stelle so etwas wie eine „Strafkompanie" für einen deutschen Beamten dar.[21]

Bereits zu Beginn des Kriegs war somit deutlich, dass die Möglichkeiten zur Kollaboration in den eingegliederten Gebieten vollkommen von der Entscheidung der deutschen Machthaber und nicht vom Willen der Kollaborateure abhingen. In der Praxis entschieden ab dem 8. Oktober 1939 die jeweiligen Gauleiter über die Zulassung der lokalen Bevölkerung zur Zusammenarbeit innerhalb der administrativen Führung und der mit ihr verbundenen nationalsozialistischen Partei. Diese legten aber den Schwerpunkt auf eine ethnische und rassistische Politik und die „Verdeutschung" derjenigen, die man „der Ehre für würdig" erachtete, zur „deutschen Volksgemeinschaft" zu gehören. Damit wurde der Beitritt zur NSDAP und in die angeschlossenen Organisationen innerhalb der eingegliederten polnischen Gebiete zum hauptsächlichen Indikator des so genannten Kollaborationismus. Meistens war dieser freiwillige Schritt nämlich Ausdruck der Haltung gegenüber den Besatzern und der eigenen Weltanschauung, mit der die Grundsätze der nationalsozialistischen Partei akzeptiert wurden. Äußerst schwierig ist es jedoch, die Zahl der „neuen" Nationalsozialisten zu nennen, die in den eingegliederten polnischen Gebieten vor und nach 1939 der Partei beigetreten sind. In den Statistiken wurden sie zusammen mit den Beitritten auf dem Gebiet des Altreichs erfasst. Schätzen kann man lediglich, wie groß die Gruppe der neu aufgenommenen „Volksdeutschen" war.

Im Reichsgau Danzig-Westpreußen beabsichtigte Gauleiter Albert Forster, etwa 20 Prozent der Bevölkerung in die NSDAP aufzunehmen. Die Mitgliederzahl der nationalsozialistischen Partei betrug in Danzig, nach dem Stand von März 1939, 40.144 Personen. Ende des Jahres 1940 soll die Zahl der aufgenommenen „Volksdeutschen", dem Gauleiter zufolge, bereits bei 20.000 gelegen haben. Nach Angaben, die den gesamten Parteikreis Pommerellen umfassen, erreichte die Zahl der Parteimitglieder bis 1943 fast 100.000.

---

[21] BAB, R 58/154, Bl. 83.

Tabelle 1: Zahl der Mitglieder der NSDAP im Parteikreis Danzig-Westpreußen 1941–1943

Jahr	Monat	Zahl der Mitglieder der NSDAP, die regelmäßig Beiträge zahlen*	Gesamtzahl der Mitglieder der NSDAP
1941	Januar	55.254	–
	Februar	58.788	70.350
	März	60.625	72.404
	April	61.086	73.106
	Juni	62.096	–
	Juli	62.296	–
	September	62.706	76.061
	Oktober	63.371	76.926
	Dezember	62.353	–
1942	Februar	64.180	79.928
1943	März	74.128	93.449
	April	76.039	95.876
	Mai	76.752	96.933

* Die ständig ansteigende Zahl der Mitglieder, die ihre Beiträge nicht zahlten, hing zum größten Teil mit der Einberufung zur Wehrmacht zusammen.

Quelle: Mitgliederzahl der NSDAP, Gau Danzig-Westpreußen, BAB, Slg. Schumacher 376. (Die Daten zu den Mitgliederzahlen der NSDAP-Mitglieder im Gau Danzig-Westpreußen wurden dem Autor von Prof. Jan Szyling zur Verfügung gestellt.)

Dies würde bedeuten, dass dieses Gebiet eindeutig an der Spitze der Kreise mit den höchsten Mitgliederzahlen in der NSDAP stand, die sich aus „Volksdeutschen" rekrutierten.[22] In Pommerellen wurde auch am schnellsten eine Regionalstruktur der NSDAP errichtet (zwischen Oktober 1939 und Oktober 1940), die 29 bis 31 Kreiskomitees und 500 Ortsgruppen umfasste.[23]

---

[22] WŁODZIMIERZ JASTRZĘBSKI/ JAN SZYLING, Okupacja hitlerowska na Pomorzu Gdańskim w latach 1939–1945, Gdańsk 1979, S. 61.

[23] EDWARD CICHY, Faszyzm w Gdańsku 1939–1945, Toruń 1993, S. 83.

Die Zahl der Mitglieder im Warthegau war schon unvergleichlich kleiner. Die organisierten Parteimitglieder beteiligten sich im Jahr 1943 an 40 Kreisorganisationen und 549 Ortsgruppen. Was die Mitgliederzahl angeht, stehen uns lediglich Bruchstücke der statistischen Angaben aus den Jahren 1941 bis 1943 zur Verfügung.

Tabelle 2: Zahl der Mitglieder der NSDAP im Warthegau 1941–1943

Jahr	Monat	Zahl der Mitglieder der NSDAP, die regelmäßig Beiträge zahlen	Gesamtzahl der Mitglieder der NSDAP
1941	Oktober	20.224	–
1942	Februar	27.425	–
1943	April	37.250	47.663

Quelle: Mitgliederzahl der NSDAP, Warhegau, BAB, Slg. Schumacher 376.

Darüber hinaus waren im Warthegau, nach dem Stand von Februar 1942, 40.000 Personen in der SS und 45.000 in der SA organisiert.[24] Ein gutes Beispiel für die Bewahrung des Elitecharakters bei der Aufnahme in die NSDAP stellen die Angaben in Litzmannstadt dar, die kennzeichnend für die gesamte, dort von Reichsstatthalter Arthur Greiser realisierte Politik sind. Trotzdem die deutsche Minderheit in der Vorkriegszeit sehr zahlreich war, blieb dort die NSDAP eine kleine Organisation. Im Jahr 1941 akzeptierte der Gauleiter die Aufnahme von 5.000 „Volksdeutschen". Vor der vollständigen Einstellung weiterer Aufnahmen stieg deren Zahl lediglich um zehn Prozent auf 5.500. Auch die Personalbesetzung der Parteiposten in Litzmannstadt ist ein Beweis dafür, dass die „Volksdeutschen" nicht zu einem schnellen Aufstieg in hohe NSDAP-Positionen zugelassen wurden. In der Stadt übernahmen die Funktionen der Kreisleiter zuerst Vorkriegsaktivisten des Deutschen Volksverbandes, Ludwik Wolff (bis 1941) und danach Herbert Mees (1941 bis 1943), doch später standen an dieser Stelle nur noch „Reichsdeutsche".[25]

---

[24] HENRYK ZIMNIAK, Ludność niemiecka w Kraju Warty (Reichsgau Wartheland) w latach 1939–1945, in: Przymus germanizacyjny na ziemiach polskich wcielonych do Rzeszy Niemieckiej w latach 1939–1945, hg. v. WŁODZIMIERZ JASTRZĘBSKI, Bydgoszcz 1994, S. 92.

[25] MIROSŁAW CYGAŃSKI, Z dziejów okupacji hitlerowskiej w Łodzi, Łódź 1965, S. 136-140.

In der gesamten oberschlesischen Provinz pendelte die Zahl der Parteimitglieder während des Kriegs zwischen 75.000 und 107.000. Grob abzuschätzen ist jedoch, in welchem Verhältnis die Zahl der Mitglieder in dem Teil, der vor 1939 zum Reich gehört hatte, zu der Zahl in dem Gebiet steht, das 1939 ins Reich eingegliedert wurde. Die Mitgliederzahl der NSDAP in Oberschlesien betrug im ersten notierten Zeitraum (Dezember 1940) etwa 70.000. Einen verhältnismäßig kleinen Teil machten dabei die Neumitglieder aus. Ihre Zahl stieg bis zum Jahr 1943 auf maximal 37.000 an, denn vor der Einführung der Deutschen Volksliste (DVL) waren Aufnahmen in die NSDAP Ausnahmen und hingen mit Verdiensten im politischen Leben vor 1939 zusammen. Dies macht fast den vollständigen Zuwachs an Mitgliedern der NSDAP in der oberschlesischen Provinz (26 Kreis- und 914 Ortsgruppen) aus. In dem eingegliederten Regierungsbezirk Kattowitz und in Teilen der eingegliederten Kreise des Bezirks Oppeln fiel dieser Zuwachs selbstverständlich bedeutend kleiner aus. Aus den Direktiven von Gauleiter Fritz Bracht geht hervor, dass ab 1942 die Aufnahme neuer Mitglieder aus dem Kreis der „Volksdeutschen" gestoppt wurde. Mit der Verfügung von Oktober 1941 wies der Gauleiter eindeutig darauf hin, dass es nicht Ziel sei, eine möglichst große Zahl von „Volksdeutschen" in die Partei aufzunehmen:

„Es sollen in der Regel nur diejenigen Volksdeutschen, die im Volkstumskampf nachweislich erhebliche Verdienste erworben, sich nach der Eingliederung im aktiven Parteidienst bewährt haben, und auch in weltanschulicher Hinsicht die erforderlichen Voraussetzungen erfüllen, aufgenommen werden. Wenn ich hinsichtlich des zur Aufnahme zugelassenen Personenkreises bestimmt habe, dass politische Leiter, Walter und Warte bis einschl. Blockleiter und Blockwarter in die Partei berufen werden können, so soll damit ausschliesslich solchen politischen Leitern, Waltern und Warten, die sich, ganz gleich auf welchem Platz sie stehen, durch besondere Einsatzbereitschaft ausgezeichnet haben, die Möglichkeit zum Erwerb der Parteimitgliedschaft gegeben werden. Keinesfalls ist meine Anweisung so auszulegen, das jeder Volksgenosse, der einige Zeit eine ehrenamtliche Tätigkeit ausübt, bereits damit ein Anrecht auf die Parteiaufnahme erworben habe, also alle derzeitig im Parteidienst stehenden Volksgenossen bereits in absehbarer Zeit Parteigenossen werden müssten. Tausende von Kameraden, die zumindest in gleicher Weise den Voraussetzungen entsprechen, stehen als Soldaten an der Front und können nur deshalb derzeitig nicht bei einer Parteiaufnahme Berücksichtigung finden."[26]

---

[26] Anordnung A 50 v. 30.9.1941, betr.: Parteiaufnahme Volksdeutscher in den eingegliederten Gebieten des Gaues Oberschlesien, „Gau Anordnungsblatt" Folge 26/41, 6.10.1941, Ausgabe O, S. 101 f.

Im Einzelnen sollten nur Personen der Kategorie 1 der DVL, die seit einem Jahr ehrenamtlich in der Partei aktiv gewesen waren, aufgenommen werden, und in Ausnahmefällen Personen der Kategorie 2, wenn sie in der NSDAP ununterbrochen seit 1939 ehrenamtlich aktiv gewesen waren. Personen, die nicht zu den Kategorien 1 und 2 der Deutschen Volksliste gehörten, die aber bereits vorher eine Mitgliedschaft in der NSDAP inne hatten, sollten jedoch im negativen Sinne verifiziert werden.[27] Ausführliche Angaben zur Mitgliedschaft in der NSDAP in der Oberschlesischen Provinz sind aus Tabelle 3 ersichtlich.

Tabelle 3: Die Zahl der NSDAP-Mitglieder in den Parteikreisen: Schlesien, Niederschlesien und Oberschlesien 1939–1943

Jahr	Monat	Schlesien	Niederschlesien	Oberschlesien
1939	März	260.121	–	–
1941	Januar	291.546	219.387	72.159
1942	Februar	–	238.297	91.765
1943	Mai	–	262.396	107.342

Quelle: Zahl der Mitglieder der NSDAP in Oberschlesien, BAB, NS 1/1116.

Diese Daten lassen erkennen, dass in Schlesien ab 1942 weniger Menschen in die NSDAP aufgenommen wurden. In den Akten des Schatzmeisters der Parteikanzlei sind genaue Angaben über die Zahlen der neuen Parteimitglieder im Jahr 1942 aus allen eingegliederten Gebieten enthalten. Insgesamt wurden in diesem Jahr etwa 14.000 neue Mitglieder rekrutiert. Zudem besitzen wir für das Jahr 1942 ebenfalls die Zahl der neu Aufgenommenen in, wie es genannt wurde, „den ehemals polnischen Gebieten der oberschlesischen Provinz", sie beträgt 1.872 Personen (vgl. Tabelle 4). Dies waren gerade mal 13 Prozent aller Neumitglieder. Leider existieren keine ähnlichen Angaben aus anderen Jahren, es ist jedoch nicht anzunehmen, dass die Rekrutierung in den eingegliederten Gebieten in Oberschlesien mehr als 20 Prozent ausmachte (vielleicht bis auf die Jahre 1940/41, die in dieser Hinsicht besonders gewesen sein könnten). Dies würde bedeuten, dass die Zahl der Parteimitglieder in diesem Gebiet zwischen 6.000 und 8.000 schwankte. Im gleichen Jahr liegen die Zahlen der neuen Partei-

---

[27] „Gau Anordnungsblatt", Folge 26/41, 6 X 1941, Ausgabe O, Anordnung: A 50, v. 30.9.1941, Betr.: Parteiaufnahme Volksdeutscher in den eingegliederten Gebieten des Gaues Oberschlesien, S. 101 f.

mitglieder in den anderen eingegliederten polnischen Gebieten wesentlich höher: Für den Reichsgau Danzig-Westpreußen beträgt die Zahl 8.576 Personen, für den Warthegau 14.554 Personen (im Vergleich zum GG, wo nur 1.654 Personen aufgenommen wurden).

Tabelle 4: Die Zahl der Aufgenommenen in die NSDAP in den in das Dritte Reich eingegliederten Gebieten im Jahr 1942[*]

Gebiet	Zahl der in die NSDAP Aufgenommenen
Oberschlesien	1.872
Warthegau	14.554
Danzig-Westpreußen	8.576
Ostpreußen	696
Generalgouvernement	1.654
Elsass	10.742
Eupen-Malmedy	2.480
Luxemburg	1.572
Kärnten	145
Steiermark	52

[*] Es fehlen Angaben für den Gau Saarpfalz/Westmark, also die eingegliederten Gebiete Lothringens.

Quelle: Zahl der aufgenommenen Mitglieder in die NSDAP in den in das Reich eingegliederten Gebieten nach Monatsberichten, 1.1.1942–31.12.1942, BAB, NS 1/1116, 2.

Sicherlich müssen diese Zahlen ins Verhältnis zur Gesamtzahl der Deutschen aus den Kategorien 1 und 2 der DVL gesetzt werden, um bestimmen zu können, wie groß die Gruppe der „Eingedeutschten" war. Deutschen Angaben von Ende des Jahres 1942 zufolge stellte sich der Anteil der Deutschen, die in der DVL eingetragen waren, anders dar als allgemein in der Literatur angenommen wird. Den Kategorien 1 und 2 der Deutschen Volksliste, nach dem Stand von 1942, ordnete man prozentual die meisten Menschen im Warthegau und in Ostpreußen zu (ohne Einbeziehung der Personen, die keine Kategorie der DVL zugesprochen bekommen hatten).

Tabelle 5: Die Zahl der Aufgenommenen in die DVL in den eingegliederten polnischen Gebieten (Stand Ende des Jahres 1942)

Gebiet	Alle DVL-Eingetr.	DVL 1	DVL 1 in %	DVL 2	DVL 2 in %	DVL 3	DVL 3 in %	DVL 4	DVL 4 in %
Ostpreußen	45.000	8.500	18,9	21.500	47,8	13.500	30	1.500	3,3
Danzig-Westpreußen	1.153.000	150.000	13,0	125.000	10,07	870.000	75,6	8.000	0,7
Wartheland	476.000	209.000	43,9	191.000	40,1	56.000	11,8	20.000	4,2
Oberschlesien	1.450.000	120.000	8,3	250.000	17,2	1.020.000	70,3	60.000	4,2
Zusammen	3.124.000	487.500	15,6	587.500	18,8	1.959.500	62,7	89.500	2,9

Quelle: Das Deutschtum in den eingegliederten polnischen Gebieten 1935 und Ende 1942, BAB, Sygn. R 153/286.

Dies ermöglichte auch in Regionen, wo die Eintragungen in die DVL – wie beispielsweise im Warthegau und in Ostpreußen – im Vergleich zur Gesamtbevölkerungszahl verhältnismäßig gering waren, eine aktive nationalsozialistische Indoktrinierung der Menschen zu betreiben. Daher wurden vergleichsweise viele von ihnen in die Kategorien 1 und 2 der DVL aufgenommen. Im Warthegau waren über 400.000 Personen in diese Kategorien eingeordnet worden. In Gebieten, wo die Gesamtzahl derjenigen, die sich in die DVL getragen hatten, um ein Vielfaches höher lag, wurden weit weniger Personen den Kategorien 1 und 2 zugeordnet: in Danzig-Westpreußen waren es 275.000 Personen, in Oberschlesien 370.000.

Nach dem Krieg galten in den eingegliederten Gebieten aber nicht nur diejenigen, die die nationalsozialistische Ideologie verinnerlicht hatten, als Kollaborateure, sondern zwei weitere Kennzeichen wurden als Ausdruck von Kollaboration erachtet. Dazu zählte als Erstes die Beteiligung an Organisationen, die der NSDAP angeschlossen waren. In diesem Fall ist es sogar schwierig, glaubwürdige Schätzungen abzugeben. Nach Kriegsende wurde meistens auf Zugehörigkeit zu solchen Organisationen wie Hitlerjugend (HJ) und Bund Deutscher Mädel (BDM) und auch SA geachtet. Während des Kriegs wurden jedoch Personen, die diesen Organisationen angehörten, nicht automatisch, wie die NSDAP-Mitglieder, als „Renegaten" behandelt. Die Zugehörigkeit zu einer dieser Organisationen ergab sich in den eingegliederten polnischen Gebieten größtenteils aus der Lebenssituation desjenigen, der sich daran beteiligte. Oft war der Beitritt durch den Beruf, die Situation in den Schulen, den administrativen Druck usw. begründet.[28] Die zweite massenhafte Erscheinung, die mit Kollaboration gleichgesetzt wurde, war der Dienst im deutschen Militär, insbesondere in den freiwilligen Formationen der Waffen-SS. Leider fehlen dazu genaue Angaben. Das Problem lässt sich daher nur im Kontext der Verurteilungen wegen Kollaboration nach dem Krieg betrachten. Scheinbar war der freiwillige Dienst im deutschen Militär, obwohl er ins Zentrum der öffentlichen Diskussion gerückt wurde, nur ein Ausnahmefall. Allerdings gibt es zum Ende des Kriegs, im Jahr 1944, auch einzelne dokumentierte Fälle von Zwangsmusterungen in die Waffen-SS. Nie wurden jedoch gesonderte Einheiten der Waffen-SS aus „Volksdeutschen" der eingegliederten polnischen Gebiete gebildet, was ansonsten sowohl im besetzten Westen als auch im Osten die Norm war. „Volksdeutsche" in NS-Soldatenuniform wurden auch in diesen Gebieten zu einem massiven Problem, da sie eine unmittelbare Konsequenz der deutschen Bevölkerungspolitik darstellten. Deutschen Angaben aus dem Jahr 1942 zufolge wurden in Danzig-Westpreußen 35 Prozent aller berufstätigen Männer im wehrfähigen Alter und in Großpolen fast 20 Prozent eingezogen.[29] Die Zahl der Oberschlesier aus der ehemaligen schlesischen Wojewodschaft, die in den Reihen der Wehrmacht an allen Fronten des Zweiten Weltkriegs kämpften, schätzt man auf 120.000 bis 150.000 Personen (etwa 37 Prozent aller Männer im wehrfähigen Alter).

Mit dem Beginn der Niederlage im Jahr 1943 wurde für die nationalsozialistischen Machthaber immer offensichtlicher, dass die Eingetragenen in der DVL dem Militärdienst immer mehr abgeneigt waren. Verstärkt wurde diese Haltung noch durch die schwierige Situation ihrer Familien, die ohne gesicherte Existenz zurückbleiben mussten.[30] Im Bericht einer oberschlesischen Gruppe der NSDAP wurde die allgemeine Unzufriedenheit unter Frontsoldaten über die Klassifikation in die Kategorie 3 der DVL folgendermaßen beschrieben: „Zweifellos hat die Eingruppierung vieler Wehrmachtsangehöriger in die Liste 3 nicht gerade ermutigend gewirkt. Es sind sehr viele Klagen bei mir eingelaufen, bei denen immer wieder betont wurde: ‚Ich muß im Osten kämpfen und bin nur in die 3 aufgenommen

---

[28] ADAM DZIUROK, Zwischen den Ethnien. Die Oberschlesier in den Jahren 1939–1941, in: Genesis des Genozids. Polen 1939–1941, hg. v. KLAUS-MICHAEL MALLMANN/ BOGDAN MUSIAL Darmstadt 2004, S. 227 ff.

[29] BERNHARD R. KROENER, Die personellen Ressourcen des Dritten Reiches im Spannungsfeld zwischen Wehrmacht, Bürokratie und Kriegswirtschaft, in: Das Deutsche Reich und der Zweite Weltkrieg, Bd. 5/1, S. 988.

[30] IRENA SROKA, Górnoślązacy w Wehrmachcie, in: Górny Śląsk i Górnoślązacy, S. 126.

worden'.[31] Der Dienst in der Wehrmacht konnte aber tat-sächlich zum Wegbereiter für Kollaboration werden. Am 19. Mai 1943 gab Hitler eine Verordnung heraus, nach der die deutsche Staatsbürgerschaft bedingungslos an Ausländer ausgehändigt werden sollte, die sich beim Dienst im deutschen Militär, in der Waffen-SS, der Polizei und der Organisation Todt hervorgetan hatten. Er bezog jedoch die zahlenmäßig größte Gruppe, die Oberschlesier, nicht mit ein, was damit begründet wurde, dass ihre Zahl beim deutschen Militär zu hoch sei.[32] Es fehlt aber auch nicht an Gegenbeispielen. Wie Untersuchungen über Ritterkreuzträger zeigen, stammten 20 Prozent der Ausgezeichneten aus dem polnischen Oberschlesien (diese elitäre Gruppe umfasste in dem Gebiet 152 Personen).[33]

Das Problem der Kollaboration in den eingegliederten polnischen Gebieten nach 1945

Ausgehend von der recht unklaren Definition von Kollaboration schuf man nach dem Ende des Kriegs eine juristische Norm, die in Polen dann als obligatorisch galt. Dafür bestimmte man den Begriff „Kollaboration" neu, und zwar nicht im politischen, sondern im rechtlichen Sinne. Man kann dabei von einer neu erarbeiteten Definition des Begriffs „Kollaboration" sprechen, die im Zusammenhang mit der Verfolgung der so genannten Hitlerischen Verbrechen oder „Verbrechen unter der Besatzung in den eingegliederten Gebieten" verfasst wurde.

Zum grundsätzlichen Rechtsakt, der nach dem Zweiten Weltkrieg den Verantwortungsbereich und das Strafmaß bestimmte, gehörte das so genannte Augustdekret. Am 31. August 1944 gab das kommunistische Polnische Komitee der Nationalen Befreiung ein Dekret heraus „über das Strafmaß für hitlerisch-faschistische Verbrecher, die des Mordes und der Misshandlung von Zivilpersonen und Kriegsgefangenen schuldig sind, wie auch für Verräter der Polnischen Nation". Es ist mehrmals überarbeitet worden, zum letzten Mal im Jahr 1949.[34] Das „Augustdekret" war von

---

[31] NSDAP Ortsgruppe Alt Berun, Ortsgruppenleiter an die Kreisleitung der NSDAP in Pleß, Alt Berun, 13.2.1944, APK, Gruppe: Kreisleitung Pleß, MF 16.501, Bl. 62 f.

[32] IRENA SROKA, Policyjny spis ludności i niemiecka lista narodowa na Górnym Śląsku (przepisy normatywne, wyniki), in: Przymus germanizacyjny, S. 134 f.

[33] MIRABELLA ROGALA, Udział Górnoślązaków w walkach armii niemieckiej w latach 1939–1945. Odznaczeni krzyżem rycerskim na Górnym Śląsku. Katowice 2004 (unveröffentl. Magisterarbeit), S. 28.

[34] ALEKSANDER KOCHAŃSKI, Polska 1944–1991. Informator historyczny, Bd. 1. Podział administracyjny. Ważniejsze akty prawne decyzje i enuncjacje państwowe (1944–1956), Warszawa 1996.

grundsätzlicher Bedeutung für die Verurteilung von Personen, die wegen „Hitlerischer Verbrechen" angeklagt wurden, aber auch bei Anklagen wegen jeder Art von Zusammenarbeit mit den Besatzern, also der Kollaboration mit den Deutschen. Der Begriff wurde gleichermaßen auf das gesamte Gebiet des besetzten Polens angewandt, ohne dabei – was im analysierten Fall ausschlaggebend wäre – zwischen den ehemaligen eingegliederten Gebieten und dem ehemaligen GG zu unterscheiden:

- Die Höchststrafe (Todesstrafe) sollten die Gerichte für folgende Straftaten verhängen: Unterstützung der Besatzungsmacht bei Morden, Misshandlung und Verfolgung von Personen aus der Zivilbevölkerung und von Kriegsgefangenen; Handlungen zum Nachteil der Zivilbevölkerung und von Kriegsgefangenen; Verhaftung und Deportation von festgenommenen und gesuchten Personen;
- Für die erpresserische Androhung der Auslieferung an die Besatzer (*Szmalcowniki*) sah man eine Strafe von 15 Jahren Gefängnis oder lebenslänglich vor;
- Als zusätzliche Strafen galten der Entzug der Bürgerrechte und – obligatorisch – des Besitzes;
- Bei einer erzwungenen Zusammenarbeit mit den Besatzern blieben die Strafen unverändert, aber die Bürgerrechte und der Besitz wurden nicht entzogen.

Im „Augustdekret" wurde nicht näher präzisiert, die Mitgliedschaft in welchen Organisationen zur Grundlage für die Strafverfolgung wegen „Hitlerischer Verbrechen" werden sollte. In den juristischen Kommentaren, die noch im Jahr 1945 erschienen, wurde ausgeführt, dass der Gesetzgeber dabei solche Organisationen und Verbände im Sinn hatte, die auf Durchführung von solchen Verbrechen abzielten, wie im Dekret beschrieben. Dazu rechnete man die SS, die Gestapo, den SD, aber auch die NSDAP und die SA. Nicht dazu wurde die Mitgliedschaft in der polnischen Polizei, in der Hilfspolizei und im jüdischen Ordnungsdienst gerechnet, außer wenn einem Angehörigen dieser Organisationen persönliches Engagement zugunsten der Besatzer nachgewiesen werden konnte.[35] In der darauf folgenden Fassung des Dekrets vom Dezember 1946 kam es wegen der Probleme mit den Kriegsverbrechern, die dem internationalen Recht unterstanden, zu einer Veränderung dieser Definition. Nötig geworden war dies aufgrund der Urteile von Nürnberg und dem Beitritt Polens zum Londoner Abkommen vom 8. August 1945 über die Verfolgung und Verurteilung der Hauptkriegsverbrecher. Die offizielle Erklärung zum Beitritt wurde am 25. September 1945 abgegeben, das Abkommen wurde von

---

[35] JERZY SAWICKI, O prawie sądów specjalnych, in: Wymiar sprawiedliwości w odrodzonej Polsce 22 VII 1944–22 VII 1945, Warszawa 1945, S. 57.

Polen aber erst am 25. Juni 1947 ratifiziert.[36] Ab diesem Zeitpunkt erkannte Polen diejenigen Organisationen als verbrecherisch an, die als solche auch vom Internationalen Kriegsverbrechertribunal in Nürnberg definiert wurden. Mit der Änderung vom 10. Dezember 1946 wurden unter Paragraf 3 des „Augustdekrets" bereits genau die Organisationen auflistet, in denen eine frühere Mitgliedschaft als Verbrechen angesehen wurde:

- Führungspositionen in der NSDAP (die Auslegung war jedoch viel breiter als in Nürnberg, man rechnete alle Führungspositionen dazu, sogar einschließlich der Blockleiter der NSDAP – in der Praxis war dies jeder so genannte politische Leiter; erst mit der Novellierung von 1948 wurde klar gestellt, dass nur Ortsgruppenleiter, Leiter auf Kreisebene und höhere Positionen als Führungspositionen zu gelten hatten);
- die Mitgliedschaft in der SS;
- die Mitgliedschaft in und die Zusammenarbeit mit der Gestapo;
- die Mitgliedschaft im und die Zusammenarbeit mit dem SD.

Jedem, der sich an einer dieser Organisationen beteiligt hatte, drohte eine Gefängnisstrafe von mindestens drei Jahren bis einschließlich der Todesstrafe. Man rückte aber davon ab, den Besitz der Familie (Ehepartner und Kinder) des Täters zu konfiszieren. Ein Novum war vor allem, dass die Mitgliedschaft in der SA nicht mehr aufgelistet worden war. Dies ergab sich aus einer Entscheidung des Obersten Gerichts, das am 7. Dezember 1947 urteilte, dieser Verband sei im Sinne der Rechtssprechung des Internationalen Tribunals in Nürnberg keine verbrecherische Organisation und seine Mitglieder könnten lediglich auf Grundlage des Dekrets vom 28. Juni 1946 wegen Verrats an der polnischen Nation verurteilt werden. Ein Problem stellte auch die Beteiligung an der Waffen-SS dar. Aufgrund der Entscheidung der Aufsichtsbehörde über die Staatsanwaltschaft und das Sondergerichtswesen (*Nadzór nad Prokuraturą i Sądownictwem Specjalnym*) vom Januar 1946 ging man davon aus, dass die Mitgliedschaft in dieser Organisation als strafbar eingestuft werden würde. Auch wenn ihre Angehörigen Militäruniformen trugen, war von Beginn an deutlich, dass sie für verbrecherische Handlungen vorgesehen waren, die mit regulärer Kriegsführung kaum etwas zu tun hatten. Zahlreiche juristische Zweifel führten jedoch allmählich dazu, dass das Vorgehen abgemildert wurde. Im Jahr 1948 schloss das Oberste Gericht diejenigen Personen von der strafrechtlichen Verfolgung aus, die zwangsrekrutiert worden waren, und berief sich dabei auf geltende internationale Normen. Polen machte bei der Ausweitung der Definition „verbrecherische Organisationen" auf weitere Organisationen, die das Internationale Tribunal in Nürnberg nicht als verbrecherisch eingestuft hatte, seine Souveränitätsrechte geltend. Dies

---

[36] KOCHAŃSKI, Polska 1944–1991.

bestätigte das Oberste Nationale Gerichtstribunal (*Najwyższy Trybunał Narodowy*) mit seinem Urteil im Jahr 1947. In Polen galten demnach die Belegschaften der Konzentrationslager als Mitglieder verbrecherischer Organisationen, 1948 schloss man davon jedoch diejenigen aus, die zwangsrekrutiert worden waren. Grundsätzlich bezog sich der Terminus „Beteiligung an verbrecherischen Organisationen" auch auf die Funktionäre der HJ, des Nationalsozialistischen Kraftfahrerkorps, des Nationalsozialistischen Fliegerkorps, der Frauenschaft (aber nicht des Frauenwerks), des NS-Lehrerbunds, der Ukrainischen Aufstandsarmee, der SS-Division Galizien und sogar des so genannten Selbstschutzes.[37] Insgesamt wurden nach Angaben des polnischen Ministeriums für Öffentliche Sicherheit von 1948 über 10.000 Personen wegen der „Beteiligung an der Organisation Wehrwolf und hitlerisch-faschistischen Organisationen und Kriegsverbrechen" – wie es in den Berichten hieß – verurteilt.

Dem polnischen Historiker Włodzimierz Borodziej zufolge stellten die Verurteilten eine heterogene Gruppe dar. Neben echten Kriegsverbrechern fanden sich Menschen, die die Mindeststrafe von drei Jahren Gefängnis alleine wegen ihrer Mitgliedschaft in einer der Organisationen erhielten, die als „hitlerisch" eingestuft worden waren. Es gab aber auch diejenigen, derer Arbeit im Untergrund als verbrecherische und prodeutsche Aktivität verurteilt wurde. Borodziej schreibt, dass 676 Personen registriert wurden, die Kriegsgerichte wegen so genannter politischer Verbrechen zum Tode verurteilten. Darunter befanden sich nur 32 Deutsche beziehungsweise „Volksdeutsche", denen aber andererseits am ehesten eine Begnadigung durch den Staatspräsidenten gewährt wurde (Präsident Bolesław Bierut sprach in 43 Prozent dieser Fälle Begnadigungen aus, während es gegenüber Ukrainern nur 15 Prozent waren).[38] Dies bestätigt eine fragmentarische Analyse der Urteile, die das Sonderstrafgericht (*Specjalny Sąd Karny*) in Thorn gegenüber Kriegsverbrechern verhängt hat (38 Prozent der Urteile im Jahr 1945 waren Freisprüche, im Jahr 1946 waren es 48 Prozent). Wie der polnische Historiker Adam Dziurok feststellt, verhaftete man nach dem Krieg in der Wojewodschaft Schlesien mehr als 5.000 Personen wegen der Betätigung in nationalsozialistischen Organisationen (darunter fielen auch die SA, die HJ, der BDM und der Bund Deutscher Osten). Von ihnen

---

[37] Besprechung des „Septemberdekrets" und seiner Folgen auf der Grundlage von: ADAM DZIUROK, Śląskie rozrachunki. Władze komunistyczne a byli członkowie organizacji nazistowskich na Górnym Śląsku w latach 1945–1956, Warszawa 2000, S. 144-156.

[38] WŁODZIMIERZ BORODZIEJ, Sprawa polska i przemieszczenia ludności w czasie II wojny światowej, in: Niemcy w Polsce 1945–1950. Wybór dokumentów, Bd. 1: Władze i instytucje centralne. Województwo olsztyńskie, hg. v. WŁODZIMIERZ BORODZIEJ/ HANS LEMBERG, Warszawa 2000, S. 76.

wurden etwa 1.500 Personen vor Gericht gestellt und wegen „Verrats an der polnischen Nation" auf Grundlage des Dekrets vom 31. August 1944 angeklagt.[39] Der Historiker Bogdan Musial hat die Vorgehensweise der Gerichte untersucht und festgestellt, dass „die allgemeinen Regeln eines geordneten und rechtsstaatlichen Strafverfahrens in Theorie wie in Praxis eingehalten wurden, dürfte deutlich geworden sein. [...] Dies spricht dafür, daß gegen die nach Polen ausgelieferten NS-Täter rechtsstaatlich vorgegangen wurde."[40]

Viele derjenigen, die in späteren Prozessen verurteilt wurden, weilten zunächst als deutsche Soldaten in Gefangenenlagern. Ihre Entlassung wurde verhindert, wenn ein freiwilliger Beitritt in die deutsche Armee, die Mitgliedschaft in der SS, der SA, der NSDAP und deutschen Vorkriegsorganisationen festgestellt wurde oder sie „Volksdeutsche" aus dem GG waren. Die Übrigen unterstanden einem normalen Verifizierungsverfahren durch eine speziell dafür einberufene Kommission, was ihren Aufenthalt in den Lagern verlängerte, so dass manche erst in den Jahren 1948 bis 1950 die Lager verlassen konnten.[41]

Zur Zeit werden fragmentarische Untersuchungen an Dokumenten in der Kattowitzer Abteilung des Instituts des Nationalen Gedenkens (*Instytut Pamięci Narodowej*) vorgenommen, die neue Erkenntnisse bei der Erfassung der Situation nach dem Krieg bringen könnten. Der polnische Staatssicherheitsdienst (*Służba Bezpieczeństwa*) registrierte in den siebziger Jahren die Fälle von Personen, die wegen Kriegsverbrechen in der Schlesischen Wojewodschaft angeklagt wurden. Eine Analyse von zehn Prozent zufällig ausgewählter Fälle (im Ganzen wurden 5.000 Fälle registriert) lässt folgende Schlüsse zu:

– 33 Prozent wurden wegen Mitgliedschaft in Organisationen, die der NSDAP angegliedert waren, angeklagt; meistens handelte es sich dabei um die SA, darüber hinaus wurden auch die HJ und der BDM genannt; oft stützten sich diese Anklagen auf weitere Vorwürfe, wie „Verrat an der polnischen Nation", verbrecherisches Verhalten gegenüber Polen usw.;

– 27 Prozent wurden wegen Mitgliedschaft in der NSDAP angeklagt (davon jeder fünfte wegen der Ausübung einer leitenden Funktion, es

---

[39] DZIUROK, Śląskie rozrachunki, S. 256 ff.

[40] Zum Sonderstrafgericht in Thorn, JANINA WOJCIECHOWSKA, Przestępcy hitlerowscy przed Specjalnym Sądem Karnym w Toruniu (1945–1946), Toruń 1965, S. 23; Allgemein zum Wirken der Gerichte, BOGDAN MUSIAL, NS-Kriegsverbrecher vor polnischen Gerichten, in: Vierteljahreshefte für Zeitgeschichte, Nr. 47, 1999, S. 52.

[41] JERZY KOCHANOWSKI, W polskiej niewoli. Niemieccy jeńcy wojenni w Polsce 1945–1950, Warszawa 2001, S. 62 f.

treten jedoch fast ausschließlich niedrige Positionen der Parteihierarchie in Erscheinung: Blockleiter, Zellenleiter der NSDAP); bei der Begründung für die Anklageerhebung beschränkte man sich auch hier nicht auf die Parteimitgliedschaft, sondern zählte ebenfalls die zahlreichen angeschlossenen Organisationen auf;

– Zwölf Prozent der Angeklagten waren Funktionäre unterschiedlicher Formationen der deutschen Polizei;

– Elf Prozent wurden angeklagt, weil sie Menschen bei den Nationalsozialisten denunziert hatten (wovon der Hälfte der Denunzianten konkrete Taten zugeschrieben wurden, die zur Verhaftung oder zum Tod von Polen und Juden führten);

– Sieben Prozent waren Mitglieder der SS oder der Waffen-SS;

– In sechs Prozent der Fälle lautete der einzige Vorwurf: „Verrat der polnischen Nation", wobei meist vermerkt wurde, dass es sich um Personen der Kategorien 1 oder 2 der DVL handle;

– Die übrigen Fälle hängen nicht mit den eingegliederten Gebieten zusammen; es geht dabei z. B. um Angehörige der deutschen Polizei aus dem Reich, die weiterhin in Schlesien lebten, oder um Personen, die aus dem ehemaligen Generalgouvernement übernommen wurden.

Es wurden folgende Strafen verhängt: 21 Prozent der Angeklagten wurden zu Gefängnisstrafen oder Arbeitslager verurteilt, weitere acht Prozent verbrachten eine lange Zeit im Gefängnis (manchmal zwei bis drei Jahre); zwei Personen erhielten die Todesstrafe, die auch vollstreckt wurde. Die meisten Gefängnisstrafen, wie auch die zwei Todesstrafen, wurden wegen Denunziationen ausgesprochen, die zum Tod von Polen und Juden führten oder zu ihrer Verhaftung und anschließenden Deportation in Konzentrationslager.

Unter den Nachkriegsprozessen in Oberschlesien zählten die Fälle von Gestapozuträgern zu den spektakulärsten. Großes Aufsehen erregte die Verhandlung gegen Paweł Ulczok, Wiktor Grolik und Gerhard Kampert in Kattowitz, die für die Zerschlagung des Kattowitzer Inspektorats der Heimatarmee und die Verhaftung des Chefs des AK-Nachrichtendienstes verantwortlich waren. Gorlik und Kampert enttarnten auch die Polnische Arbeiterpartei (*Polska Partia Robotnicza*, PPR) in Schlesien. In diesem Fall konnte die Gestapo äußerst wirkungsvoll vorgehen. Ihre Spitzel zerschlugen nicht nur innerhalb von wenigen Monaten den oberschlesischen Kreis der PPR und den Stab der ihr unterstellten Volksarmee (*Armia Ludowa*, AL), sondern stellten sich sogar an die Spitze der oberschlesischen Organisation der PPR und der AL. Der Leiter des Kreises, Edward Żabiński, wurde dabei getötet. Weitere Festnahmen wurden wahrscheinlich nur durch die Niederlage der deutschen Armee im Januar 1945 verhindert. Die Spitzel selbst traten noch 1945 kurzzeitig als Führer lokaler Kommunisten auf und strebten sogar nach dem Posten des Polizeichefs und des Stadtpräsidenten von Kattowitz.[42] Erfolglos fahndete man nach weiteren Spitzeln. Zu den bekanntesten gehörten Karol Seeman, der sich als Kommandant des Bezirksstabs der Volksarmee ebenfalls als Verräter entpuppt und zur Verhaftung von Stefan Franciszok beigetragen hatte, wie auch Helena Mateja (Mathea), die für die Zerschlagung des schlesischen Kreises der AK mitverantwortlich gewesen war. In ihrem Fall sind die Ermittlungen bis heute nicht abgeschlossen.[43]

Kollaboration in den in das Dritte Reich eingegliederten Gebieten in West-, Süd- und Osteuropa – Versuch eines Vergleichs

Zum Schluss lohnt es sich, wieder darauf zurückzukommen, die Erscheinungen der Kollaboration und des „Kollaborationismus" in allen eingegliederten Gebieten – wenn auch sehr allgemein – zu vergleichen. Deutliche Übereinstimmungen finden sich bei der staatlichen Kollaboration. Nirgendwo, mit Ausnahme der spezifischen Situation in Luxemburg, tritt diese Form auf lokaler – aus deutscher Sicht – Ebene in Erscheinung. Unabhängig von der Stärke der separatistischen Bewegungen in den jeweiligen Grenzregionen, den Vorkriegsaktivitäten der deutschen Minderheit und auch dem Grad ihrer nationalsozialistischen Indoktrinierung entstanden keine unabhängigen unter Vormundschaft des Reichs stehenden staatlichen Institutionen. Die Ursache dafür war profan – das fehlende Angebot seitens der Deutschen. Für die Entscheidungsträger in Berlin galten alle eingegliederten Regionen als offizielle oder inoffizielle Staatsgebiete des Reichs und sie sahen somit keine Notwendigkeit, dort halbsouveräne staatliche Institutionen zu etablieren.

Ähnlichkeiten bestanden in West-, Ost- und Südeuropa auch bezüglich der Bevölkerungspolitik. Die Deutschen versuchten, diejenigen Volksgruppen in den eingegliederten Gebieten, die „zur Eindeutschung" auserwählt worden waren, schnell von den übrigen Bewohnern zu separieren. Gleichzeitig mit dem Prozess der Integration dieser Gebiete in das Reich bemühten sich die Besatzer, „kollaborationistische" Haltungen mit gezielter nationalsozialistischer Indoktrinierung zu unterstützen. Diese Politik war

---

[42] Über die Folgen der Tätigkeit der Gestapo-Spitzel für die Aktivität der Kattowitzer Organisation der PPR: RYSZARD KACZMAREK, Penetracja struktur śląskiego okręgu ZWZ-AK przez gestapo, in: Wkład polskiego wywiadu w zwycięstwo aliantów w II wojnie światowej, hg. v. ZDZISŁAW J. KAPERA/ MARIAN ZGÓRNIAK, Kraków 2004, S. 223-246.

[43] STANISŁAW SENAT/ MICHAŁ LIS, W latach II wojny światowej, in: Dzieje ruchu robotniczego na Górnym Śląsku, hg. v. FRANCISZEK HAWRANEK, Opole 1982, S. 371 f.

allerdings sehr uneinheitlich und gestaltete sich in jedem dieser Gebiete anders. Im Osten ging man fast sofort dazu über, Strukturen der NSDAP und der ihr angegliederten Organisationen zu bilden. Leider ist es wegen dem unzureichenden Forschungsstand nicht möglich, präzise Angaben über die Zahl der Mitglieder in der nationalsozialistischen Partei zu machen. Bekannt sind die Zahlen für die gesamten Provinzen, wodurch das Zahlenverhältnis zwischen den Reichsdeutschen und den „Volksdeutschen" jedoch nicht zu bestimmen ist. Man kann allerdings davon ausgehen, dass in allen Organisationen, insbesondere in der NSDAP, aber nicht in der HJ und im Reichsarbeitdienst, ausschließlich Vertreter der deutschen Minderheit Mitglieder waren, die sich bereits vor 1939 politisch aktiv betätigt hatten.

Im Westen schuf man dagegen nationalsozialistische Bewegungen, die als Vorstufe zu einer Mitgliedschaft in der NSDAP fungierten. Die Mitgliedschaft in diesen Organisationen in Luxemburg, im Elsass und in Lothringen trug Massencharakter. Der Zugang in die NSDAP jedoch blieb wie im Osten elitär und umfasste zwischen zwei und drei Prozent der örtlichen Bevölkerung. Ähnlich gestaltete sich auch die Kriegs- und Nachkriegssituation der *Malgré-nous*, der elsässischen Zwangseingezogenen, und der „Volksdeutschen"-Soldaten in der deutschen Wehrmacht im Osten. Vollkommen anders stellte sich die Sachlage in den eingegliederten südlichen Gebieten (Steiermark, Kärnten) sowohl in Bezug auf die Errichtung einer Parteistruktur als auch auf die Einberufung zum Militärdienst dar. Dies bestätigt die bisherigen historiografischen Annahmen, die sich hauptsächlich auf wirtschaftliche Belange stützen, dass diese Gebiete bei der dort geführten Nationalpolitik nur peripher behandelt wurden.

Nach dem Ende des Kriegs fehlte es an präzisen Kriterien, um „kollaborationistische" Haltungen von denen zu trennen, die eingangs als Anpassung und Haltungen des passiven und aktiven Widerstands bezeichnet wurden. Dies führte dazu, dass ein großer Teil der einheimischen Bevölkerung wegen Kollaboration angeklagt wurde, ohne dass diese Gruppe von der deutschen Minderheit, die in diesen Prozessen recht massiv vertreten war, abgegrenzt worden wäre. Als Ausdruck von Kollaboration galt in den eingegliederten östlichen Gebieten vor allem die Mitgliedschaft in nationalsozialistischen Organisationen und nicht effektives Engagement im deutschen Machtapparat, in den Parteistrukturen oder innerhalb des Terrorsystems.

JACEK ANDRZEJ MŁYNARCZYK

ZWISCHEN KOOPERATION UND VERRAT

ZUM PROBLEM DER KOLLABORATION IM GENERALGOUVERNEMENT 1939–1945

1. Versuch der Begriffsbestimmung

Der Soziologe Jan Tomasz Gross konstatierte vor einigen Jahren zu Recht, dass der Begriff „Kollaboration", der lange Zeit wertneutral verwendet wurde, nichts weiter als „Zusammenarbeit" bedeutete und seine axiologische Deutung in Richtung „Verrat" erst im Kontext des Zweiten Weltkriegs erhielt.[1] Dabei bezog sich die Bezeichnung vorrangig auf die Gegebenheiten unter der deutschen Besatzung[2] und erst allmählich etablierte sie sich im allgemeinen Sprachgebrauch in Bezug auf andere Besatzungsformen während anderer kriegerischer Auseinandersetzungen. Die „einmütige Beschränkung des Sprachgebrauchs auf eine so eng umschriebene Bedeutung" erklärt Gross mit der Besonderheit der deutschen Besatzung in Europa.

---

[1] JAN TOMASZ GROSS, Polish Society under German Occupation: The Generalgouvernement, 1939–1944, Princeton 1979, S. 117-120 (bes. Anmerkung 1); DERS., „Jeder lauscht ständig, ob die Deutschen nicht schon kommen". Die zentralpolnische Gesellschaft und der Völkermord, in: Deutsch-polnische Beziehungen 1939–1945–1949. Eine Einführung, hg. v. WŁODZIMIERZ BORODZIEJ/ KLAUS ZIEMER, Osnabrück 2000, S. 224 ff. (bes. Anm. 18).

[2] Dies fand besonders starken Ausdruck im kommunistischen Polen, als man versuchte, durch die Hervorhebung der deutschen Besatzungspolitik von der sowjetischen abzulenken; z. B. in Słownik wyrazów obcych P[aństwowego] W[ydawnictwa] N[aukowego], Warszawa 1980, S. 364, wurde Kollaboration wie folgt definiert: „Während des Zweiten Weltkriegs – Zusammenarbeit eines Bürgers eines besetzten Staates mit den Besatzungsmächten Deutschlands, Italiens oder Japans, die dem Volk schadete und die der Gesetzgebung der Volksrepublik Polen und anderer Länder zufolge ein Verbrechen darstellte."; noch kurz vor der Wende hieß es in: Słownik wyrazów obcych i zwrotów obcojęzycznych, hg. v. WŁADYSŁAW KOPALIŃSKI, Warszawa 1989, S. 267, Kollaboration sei „eine Zusammenarbeit mit dem Feind, mit dem Besatzer (besonders mit den Hitleristen während des Zweiten Weltkriegs)".

Diese manifestiere sich in dem krassen Unterschied

> „zwischen dem, was zu Beginn als ihre möglichen und wahrscheinlichen Ergeb-
> nisse erschien, und den letztlichen Ergebnissen. Was das Phänomen des *enga-
> gement* mit dem deutschen Besatzer während des Zweiten Weltkriegs so einzig-
> artig machte (d. h. was diese Verwicklungen zu ‚Kollaboration' werden ließ),
> war [...] die Kluft, der Abgrund zwischen der ersten Verpflichtung [...] und
> dem Ergebnis, das diejenigen, die sich der neuen Ordnung angepasst hatten,
> dann entdecken ließ, wozu sie einen Beitrag geleistet hatten."[3]

Heutzutage wird der Begriff „Kollaboration" nicht mehr nur für die deutsche Besatzung während des Zweiten Weltkriegs verwendet. Manche
Historiker benutzen ihn sogar wieder für die Beschreibung jeglicher Form
der Zusammenarbeit der unterworfenen Bevölkerung mit der Besatzungsmacht.[4] Bei näherer Betrachtung erscheint diese Deutung jedoch für die
Analyse der unterschiedlichen gesellschaftlichen Verhaltensweisen unter
fremder Herrschaft als unzulänglich, denn sie bezieht zwangsläufig jede
Art der Betätigung seitens der unterworfenen Bevölkerung mit ein, ohne
die Umstände, die dazu führten, und die Auswirkungen der jeweiligen Tat
zu berücksichtigen. Anstatt hilfreich bei der Analyse zu sein, verschleiert
ein derart breit gefasster Begriff eher die offensichtlichen Differenzen
zwischen den verschiedenen Verhaltensweisen. Auf diese Weise werden
solch völlig disparate Handlungen wie z. B. karitative Tätigkeit in staatlichen Einrichtungen und polizeiliche Zuträgerschaft unterschiedslos unter
einem Begriff subsumiert. Jeder Versuch, das Verhalten einer unterworfenen Gesellschaft im Krieg ohne Differenzierungen und Abstufungen darzustellen, wird alle gesellschaftlichen Eigenheiten außer Acht lassen, die
gerade für ihr Überleben oder ihren Untergang entscheidend waren: Es
besteht ein gravierender Unterschied zwischen einer berufsbedingten Zusammenarbeit mit dem Besatzer, die der Aufrechterhaltung der öffentlichen
Institutionen im Interesse der unterworfenen Bevölkerung dient, und einer
Zusammenarbeit, die nur auf den eigenen Vorteil ausgerichtet ist, noch
dazu oft auf Kosten anderer Leidensgenossen.

Um dem gerecht zu werden, wird im Folgenden unter „Kollaboration"
nur die Zusammenarbeit mit der Besatzungsmacht verstanden, die sich
explizit gegen die Interessen der unterdrückten Bevölkerung oder des
Staates richtet, ein Verhalten also, „das den Kollaborateur in eine besondere, in den Augen vieler Landsleute sträfliche Nähe zum Besatzer bringt",

---

[3] GROSS, Jeder lauscht, S. 228.

[4] So z. B. GERHARD HIRSCHFELD, Fremdherrschaft und Kollaboration: Die Niederlande
unter deutscher Besatzung 1940–1945, Stuttgart 1984, S. 7 f.

wie Klaus-Peter Friedrich treffend formuliert hat.[5] Eine Zusammenarbeit mit der Besatzungsmacht, um die lebensnotwendigen Staatsfunktionen innerhalb des besetzten Gebietes aufrechtzuerhalten und die eigene Bevölkerung vor den Auswirkungen des Kriegs so weit wie möglich zu schützen, wird dagegen als „Kooperation" angesehen.

2. Kollaboration im GG

Politische Kollaboration

Die politische Kollaboration im GG unter ethnischen Polen konnte sich während der deutschen Besatzung kaum entwickeln, denn es fehlte dort an den nötigsten Voraussetzungen. Zum einen waren die Nationalsozialisten kaum an einer politischen Verständigung mit den polnischen Eliten interessiert. Da die höchsten Entscheidungsträger im Reich, Hitler eingeschlossen, keinen autonomen polnischen Reststaat wünschten, beauftragten sie ihre Truppen, die polnische Intelligenz „auszuschalten", anstatt nach einer Verständigung mit ihr zu suchen. Zum anderen verhinderte die rassistische Weltanschauung, die dem Nationalsozialismus zu Grunde lag, eine politische Verständigung. Die Slawen rangierten für die Nationalsozialisten auf einer untergeordneten Entwicklungsstufe. Dies schloss die Anerkennung der Polen als gleichwertige politische Partner von Anfang an aus. Daher verblieben eigentlich nur zwei mögliche Verständigungsebenen für eine deutsch-polnische Zusammenarbeit, die von einem ideologischen Konsens geprägt waren: die eine war der Antisemitismus und die andere der Antikommunismus. Diese beiden Komponenten konnten sich sowohl einzeln auf das Verhalten von Individuen oder größeren Gruppen auswirken als auch zusammen auftreten und sich auf diese Weise noch zusätzlich verstärken.

---

[5] KLAUS-PETER FRIEDRICH, Kollaboration und Antisemitismus in Polen unter deutscher Besatzung (1939–1944/45). Zu den verdrängten Aspekten eines schwierigen deutsch-polnisch-jüdischen Verhältnisses, in: Zeitschrift für Geschichtswissenschaft, Nr. 45, 1997, S. 819. Bei der Betrachtung des Phänomens der „Kollaboration" müssen folgende Faktoren beachtet werden: 1.) Unterscheidung zwischen staatlicher, institutioneller und individueller Perspektive; 2.) die Tatsache, dass der Kollaborationsbegriff einen nationalistischen Charakter hat und bei seiner Anwendung stets verschiedene Legitimitäten berücksichtigt werden müssen; 3) die Notwendigkeit einer begrenzten Zusammenarbeit mit dem Feind für die Aufrechterhaltung des öffentlichen Lebens unter Besatzung; 4) Ausmaß der jeweiligen Freiräume und des Freiwilligkeitsgrades, vgl. DIETER POHL, Ukrainische Hilfskräfte beim Mord an den Juden, in: Die Täter der Shoah. Fanatische Nationalsozialisten oder ganz normale Deutsche?, hg. v. GERHARD PAUL, Göttingen 2002, S. 206.

Besonders zu Beginn der Besatzung, als der verbrecherische Charakter des NS-Regimes noch nicht für alle in seinem ganzen Ausmaß erkennbar war, fanden sich einige polnische Antisemiten, die nichts Verwerfliches darin sahen, sich an der alltäglichen Verfolgung der jüdischen Bevölkerung eifrig zu beteiligen. Zu Beginn handelten sie oft spontan: Sie beschimpften Juden in den Straßen und beraubten sie bei jeder sich bietenden Gelegenheit, oft während gerade stattfindender „Raubzüge" der Deutschen.[6] Sehr häufig schlossen sie Juden von karitativen Hilfsleistungen aus oder halfen nach der Einführung der Kennzeichnung, diejenigen zu identifizieren, die sich an die antisemitischen Anordnungen nicht hielten.[7] Es fanden sich auch einige, die nicht davor zurückschreckten, sich an gewalttätigen Übergriffen auf Juden und ihre Einrichtungen zu beteiligen. Emanuel Ringelblum konstatierte in Bezug auf die Lage in Warschau: „Dem deutschen Beispiel folgend, hielten polnische Antisemiten jüdische Passanten auf und schlugen sie erbarmungslos. [...] Es gab Straßen, auf denen sich ein Jude nicht zeigen konnte, wenn er nicht blutig geschlagen, seines Geldes oder sogar der Kleidung beraubt nach Hause zurückkehren wollte."[8]

Diese Bereitschaft zur Zusammenarbeit, die auf dem Vorkriegsantisemitismus einiger christlicher Polen basierte, entging den Nationalsozialisten nicht. Schon bald begannen sie damit, die Judenfeindschaft organisatorisch zu kanalisieren. Während der Osterzeit 1940 kam es zu beinahe einwöchigen pogromartigen Zwischenfällen in Warschau und Umgebung, die von unterschiedlichen deutschen Dienststellen provoziert worden waren.[9] Die Presse des polnischen Untergrunds beschrieb die Situation folgendermaßen:

„Kinder und Jugendliche (zwischen neun und 14 Jahre alt) sowie einzelne verdächtige Individuen schlagen Scheiben kaputt, initiieren Überfälle auf Geschäfte und schlagen vorbeikommende Juden blutig. Die deutschen Machthaber reagieren nicht. Die polnische Polizei versucht ohne Erfolg, die Lage

---

[6] Vgl. Eintrag v. 27.1.1940, sowie Anm. 81, in: Adama Czerniakowa dziennik getta warszawskiego. 6 IX 1939–23 VII 1942, hg. v. MARIAN FUKS, Warszawa 1983, S. 81 f.; LUDWIK LANDAU, Kronika lat wojny i okupacji, Bd. 1: wrzesień 1939–listopad 1940, Warszawa 1962, S. 228 f. (28.1.1940), der allerdings auf den organisierten Charakter solcher Zwischenfälle hinweist; auch: EMANUEL RINGELBLUM, Stosunki polsko-żydowskie w czasie drugiej wojny switowej, Warszawa 1988, S. 48 f., 51f. Ringelblum zufolge stellte der Antisemitismus nicht den einzigen Grund für Denunziationen dar: „Es mangelte unter den Informanten nicht an Aussätzigen aus der jüdischen Gesellschaft.", in: ebd., S. 48.

[7] TOMASZ SZAROTA, U progu Zagłady. Zajścia antyżydowskie i pogromy w okupowanej Europie. Warszawa – Paryż – Amsterdam – Antwerpia – Kowno, Warszawa 2000, S. 19 ff.

[8] RINGELBLUM, Stosunki polsko-żydowskie, S. 51.

[9] ISRAEL GUTMAN, Żydzi warszawscy 1939-1943. Getto – podziemie – walka, Warszawa 1993, S. 54.

unter ihre Kontrolle zu bringen. An der Marszałkowska-Straße und in Wola wurde festgestellt, dass Deutsche die Zwischenfälle filmen."[10]

Der Chronist Ludwik Landau verzeichnete:

„Sie [die antisemitischen Zwischenfälle] nehmen derart große Ausmaße an, dass die jüdische Bevölkerung wieder in Angst lebt und sich sogar in den größten jüdischen Wohnvierteln fürchtet, auf den Straßen zu erscheinen. Es werden vor allem Geschäfte geplündert: Die Scheiben werden eingeschlagen, die Einrichtung wird verwüstet und vor allem werden Waren geraubt. Aber daneben fallen auch Wohnungen den Überfällen zum Opfer und immer öfter auch Passanten, die – an den [Juden]binden erkannt – verprügelt und beraubt werden. All das verüben Banden, die sich überall in der Stadt herumtreiben [...]. Die Banden erreichen eine Stärke von bis zu 500 Personen und bestehen aus Jugendlichen, Halbwüchsigen und unterschiedlichem Gesindel. Die Inszenierung der Zwischenfälle durch die Deutschen wird immer deutlicher. Überall kann man beobachten wie Deutsche, die sich dabei gar nicht verstecken, die Ausschreitungen filmen und photographieren."[11]

Ähnliche Überfälle ereigneten sich auch in anderen Städten des GG, wie z. B. in Piaseczno, Parczew, Lubartow, Miedzyrzec usw.[12] Es deutet einiges darauf hin, dass viele der an den Pogromen beteiligten Gruppen für Propagandazwecke von deutschen Provokateuren ad hoc aus antisemitisch eingestellten jungen Randalierern zusammengestellt wurden. Es gab aber auch einige Gruppierungen, die durch ihre Pogrombereitschaft und -beteiligung den Nationalsozialisten ihre Bereitschaft zur Kollaboration kommunizierten und ihnen damit ein Angebot zur Zusammenarbeit unterbreiteten, das darauf abzielte, zum gleichwertigen politischen Partner im besetzten Polen aufgewertet zu werden.[13] Dem polnischen Historiker Tomasz Szarota zufolge kam es in Warschau schon während der ersten Besatzungsmonate zwischen den dort stationierten Wehrmachtsoffizieren und einigen

---

[10] Biuletyn Informacyjny, Bd. 1: Przedruk roczników 1940-1941, in: Przegląd Historyczno-Wojskowy, Sonderausgabe, Nr. 1(190), 2001, S. 114 f. (29.3.1940); SZAROTA, U progu Zagłady, S. 25-38.

[11] LANDAU, Kronika, Bd. 1, S. 370 (28.3.1940); vgl. Zitat eines Augenzeugen bei RINGELBLUM, Stosunki polsko-żydowskie, S. 53: „Es marschierte eine Menschenmenge von 200-300 Personen, bewaffnet mit Stöcken, Eisenstäben, Brecheisen, angeführt von zwei jungen [deutschen] Piloten mit Revolvern in den Händen. Das Ende bildeten die Arier, etwas älter, welche die Exzesse leiteten, die sich ununterbrochen mit den Deutschen verständigten und der Schlägerbande die Befehle erteilten. Die Menschenmenge zerschlug beim Vorbeigehen die Scheiben in Fenstern."

[12] Biuletyn Informacyjny, Bd. 1, S. 120 (5.4.1940).

[13] Dieses Bestreben ist auch der Untergrundpresse nicht entgangen, vgl. die Notiz über Einstellung solcher Kontakte aufgrund der Verschärfung des Polenkurses der Nationalsozialisten, in: ebd., S. 177 (21.6.1940)

Vertretern aus den Reihen des Rechtsnationalen Lagers (*ONR-Falanga: Obóz Narodowo Radykalny, „Falanga"*) unter der Führung von Andrzej Świetlicki zu Übereinkommen. Dieser versuchte schon damals, eine polnische nationalsozialistische Partei nach dem Muster der NSDAP zu gründen. Entgegen dem Willen seiner politischen Mitstreiter aus der ONR-Falanga gründete er die so genannte Nationalradikale Organisation (*Narodowa Organizacja Radykalna*, NOR), die von allseits bekannten Antisemiten, wie dem Priester Stanisław Trzeciak und dem Professor Zygmunt Cybichowski – einem Studienkollegen von Hans Frank –, unterstützt wurde. Die NOR-Aktivisten sollen nicht nur an den Ostern-Pogromen teilgenommen haben, sondern auch für die eigenständige Organisation von vielen Ausschreitungen verantwortlich gewesen sein. Nach einigen Monaten der Duldung seitens der nationalsozialistischen Behörden schlugen jedoch Świetlickis Annäherungsversuche komplett fehl. Der Grund dafür war der verschärfte Kurs gegenüber der polnischen Intelligenz, den die nationalsozialistische Zivilverwaltung auch gegenüber den Vertretern der rechten Szene im Frühjahr 1940 einschlug: Die Organisation von Świetlicki wurde in die Illegalität getrieben und zerfiel nach kurzer Zeit. Er selbst wurde am 30. März 1940 von der Gestapo festgenommen und ins berüchtigte Pawiak-Gefängnis gesperrt. Einige Wochen später erschoss man ihn zusammen mit 367 weiteren Gefangenen in einem Waldstück in der Nähe von Palmiry.[14]

Szarota erwähnt noch eine weitere Gruppe, die sich an den Ausschreitungen während der Ostertage 1940 beteiligt haben soll und deren Engagement aus dem antisemitischen Konsens mit den Nationalsozialisten resultierte. Es soll sich um eine nicht näher bekannte antisemitische Gruppierung mit dem Namen „Der Angriff" (*Atak*) gehandelt haben, die Plakate, auf denen eine Axt und ein Kreuz symbolisch miteinander verbunden waren, unter christlichen Polen verbreiteten, die dazu aufriefen, jüdische Geschäfte zu boykottieren. Aktivisten dieser Gruppe sollen nicht nur an antijüdischen Ausschreitungen teilgenommen, sondern sie auch selber organisiert haben.[15]

Wie eingangs erwähnt, gab es außer dem Antisemitismus noch eine weitere Möglichkeit zur politischen Verständigung mit den Nationalsozialisten, den Antikommunismus. Gerade diese Richtung schlug der langjährige Verfechter einer deutsch-polnischen Einigung im Kampf gegen den

---

[14] SZAROTA, U progu Zagłady, S. 44-59; Biuletyn Informacyjny, Bd. 1, S. 115 (29.3. 1940); 121 (5.4.1940).

[15] SZAROTA, U progu Zagłady, S. 38-44; LANDAU, Kronika, Bd. 1, S. 371 (28.3. 1940); Biuletyn Informacyjny, Bd. 1, S. 131 (26.4.1940).

Bolschewismus ein: Professor Władysław Studnicki.[16] Bereits im Herbst 1939 begann er, Denkschriften zu verfassen, in denen er die brutale NS-Repressionspolitik in Polen anprangerte und die Aufstellung einer polnischen Armee unter deutscher Führung angesichts der baldigen kriegerischen Auseinandersetzung mit der Sowjetunion vorschlug. Er verunglimpfte dabei die Bestrebungen der polnischen Regierung im Exil, eine polnische Armee unter Führung der Westmächte aufzubauen, denn dadurch würden seiner Meinung nach nur die polnischen Streitkräfte in hoffnungslosen Kämpfen mit dem Dritten Reich aufgerieben werden. Angesichts des unvermeidlichen Konflikts mit der Sowjetunion glaubte er fest daran, dass die Bildung einer polnischen Armee nur unter deutscher Obhut einen Sinn mache, denn diese würde dann nicht nur einen sicheren Schutz vor einem bolschewistischen Überfall bieten, sondern auch nach dem gewonnenen Krieg im Osten die Besatzungskräfte für die eroberten sowjetischen Gebiete zur Verfügung stellen: „Polen kommen dabei die hundertjährigen Beziehungen zu Russland zugute, die Kenntnis der russischen Sprache, des Landes und der Menschen."[17]

Studnicki beabsichtigte, ein Zentrales Nationalkomitee (*Centralny Komitet Narodowy*, CKN) zu gründen, das von dem legendären Bauernführer Wincenty Witos geleitet werden sollte, der aber von den Deutschen verhaftet wurde. Das Zentrale Nationalkomitee plante anfangs, nur für Bildungsangelegenheiten und die Rechtsprechung im besetzten Polen Verantwortung zu übernehmen. Auf längere Sicht sollte es sich aber auch

---

[16]   Władysław Studnicki (3.11.1867–10.1.1953) beteiligte sich viele Jahre an der Arbeiterbewegung. Er war Mitglied des Zweiten Proletariats. Wegen seiner politischen Tätigkeit wurde er zu sechs Jahren in Sibirien verurteilt (1890–1896). Er gehörte der Polnischen Sozialistischen Partei (*Polska Partia Socjalistyczna*) an, später auch der Volkspartei (*Stronnictwo Ludowe*) und der Nationalen Demokratie (*Narodowa Demokracja*). Bereits nach der Besetzung Warschaus durch die Deutschen 1916 gründete er die Vereinigung der Polnischen Staatsaktivisten (*Klub Państwowców Polskich*) mit und optierte für die Zusammenarbeit mit den Zentralstaaten. Er wollte auf die Westgebiete Polens zu Gunsten Deutschlands verzichten und strebte nach Landgewinnen im Osten. 1917–1918 war er Mitglied des Übergangsstaatsrates (*Tymczasowa Rada Stanu*) und des Staatsrates des polnischen Königreichs (*Rada Stanu Królestwa Polskiego*). In der Zweiten Polnischen Republik arbeitete er im Industrie- und Handelsministerium und im Außenministerium. Er lehrte am Osteuropäischen Forschungsinstitut in Wilna. Er setzte sich für konservative Werte, Antikommunismus und Zusammenarbeit mit dem Dritten Reich ein. Nach dem Krieg blieb Studnicki in Großbritannien, wo er am 10.1.1953 in London starb; Słownik biograficzny Europy środkowo-wschodniej XX wieku, hg. v. WOJCIECH ROSZKOWSKI/ JAN KOFMAN, Warszawa 2004, S. 1216.

[17]   Denkschrift über den Wiederaufbau einer polnischen Armee und den kommenden deutsch-sowjetischen Krieg v. 23.11.1939, in: WLADISLAW STUDNICKI, Irrwege in Polen. Ein Kampf um die polnisch-deutsche Annäherung, Göttingen 1951, S. 113; LANDAU, Kronika, Bd. 1, S. 162 f. (30.12.1939)

um polnische Gefangene kümmern und die Aufstellung polnischer Streitkräfte anstreben. Als die Initiative gescheitert war, versuchte Studnicki mit
Hilfe privater Kontakte Hermann Göring zu erreichen, er schickte zudem
kritische Memoranden mit Vorschlägen zur Rationalisierung der künftigen
Polenpolitik an Generalgouverneur Hans Frank und den Warschauer Distriktgouverneur Ludwig Fischer. Als dies keine Wirkung zeigte, reiste er
im Februar 1940 persönlich nach Berlin, um dort Hitler oder Göring zu
treffen und ihnen seine am 20. Januar 1940 verfasste „Denkschrift an die
deutsche Regierung über die Besatzungspolitik in Polen" zu überreichen.
Er machte darin auf Missstände, wie die Anwendung von Terror gegen die
Zivilbevölkerung, die Aussiedlungen und Ausweisungen von Polen und den
Raub polnischer Kulturgüter, aufmerksam. Zum Schluss postulierte er eine
weitgehende Milderung dieser Politik und eine allmähliche Übergabe der
Regierungsgeschäfte in polnische Hände.[18] Er wurde jedoch nur von Propa-
gandaminister Joseph Goebbels empfangen, der keinerlei Verständnis für
seine Initiativen zeigte. Studnicki wurde bald darauf festgenommen und in
einem Sanatorium in Babelsberg interniert. Damit wollte man der Gefahr
vorbeugen, dass sich seine Thesen im Westen am Vorabend des Kriegs in
Europa ausbreiteten.[19] Freigelassen wurde er erst im Juli 1940 nach der
Niederlage Frankreichs. Nach seiner Rückkehr ins Generalgouvernement
(GG) hielt sich Studnicki mit seinen Ideen nicht zurück. Schon bald ver-
brachte er für die unerlaubte Kontaktaufnahme zu Wehrmachtsoffizieren in
Warschau vierzehn Monate im Gestapogefängnis Pawiak. Er bemühte sich
zudem weiterhin um die Freilassung von polnischen Gefangenen.[20] Im Jahr
1944 versuchte er in Wilna die Deutschen dazu zu bewegen, polnische
Einheiten für den Kampf gegen die Sowjetunion aufzustellen. Als diese
Initiative scheiterte, entwickelte er einen neuen Plan: die Umgestaltung des
Haupthilfeausschusses (*Rada Główna Opiekuńcza*) in eine deutschfreundliche Polenvertretung. Noch im März 1945 schlug er Heinrich Himmler vor,
eine gemeinsame Aktion gegen die Sowjetunion mit Hilfe von polnischen
Einheiten vorzunehmen, die aus freigelassenen KZ-Häftlingen gebildet
werden sollten.[21]

---

[18] Text der Denkschrift in: STUDNICKI, Irrwege in Polen, S. 115-132.

[19] Vgl. diesbezügliche Korrespondenz des Auswärtigen Amtes mit verschiedenen
Reichsbehörden, in: WŁADYSŁAW STUDNICKI, „Tragiczne manowce". Próby przeciw-
działania katastrofom narodowym 1939–1945, Gdańsk 1995, S. 157-174.

[20] Vgl. Abschrift seines Briefes an den „Oberführer der SS in Krakau" v. 24.11.1943,
AIPN, Gestapo Radom 184/8, Bl. 2 ff., in dem er um die Freilassung von Fürst Christoph
Radziwiłł, Jan Mosdorf und Marian Czajowski ersucht, denn bei ihnen handle es sich um
„Personen, die zur Bekämpfung der Bolschewismusgefahr nützlich sein könnten".

[21] CZESŁAW MADAJCZYK, Generalna Gubernia w planach hitlerowskich. Studia, Warszawa 1961, S. 27-30.

Auch in späteren Besatzungsjahren stellten für alle, die aus irgendwelchen Gründen nach Kontakten zur Kollaboration suchten, offen zur Schau gestellter Judenhass und Antikommunismus die einfachste und zugleich wirksamste Art eines Verständigungscodes mit den Nationalsozialisten dar. Durch die Beteiligung zunächst an antisemitischen Übergriffen und mit der Zeit auch an der Ermordung von Juden und Kommunisten wurde den deutschen Behörden ideologische Übereinstimmung demonstriert und Vertrauen geweckt. Solches Kalkül stieß bei den deutschen Exekutivorganen auf fruchtbaren Boden. Kriminalkommissar Paul Fuchs, der beim Kommandeur der Sicherheitspolizei und des SD in Radom die Referate IV A (u. a. Kommunismus- und Widerstandsbekämpfung) und IV N (Gegner-Nachrichtendienst) leitete, war an Kontakten mit rechtsgerichteten Untergrundgruppen im Kampf gegen den Kommunismus interessiert. Fuchs beschrieb nach dem Krieg die damals ausgearbeitete Verständigungsebene: „Die Sicherheitspolizei wollte Material gegen kommunistische Organisationen, die polnische Seite wollte die Freigabe von Häftlingen."[22]

Auf polnischer Seite waren an solchen Kontakten einige nationalradikale Untergrundgruppen aus dem Umkreis des nationalen Lagers interessiert, die von der Zwei-Feind-Theorie ausgehend – das Dritte Reich und die Sowjetunion – zu der Überzeugung gelangt waren, dass es angesichts der unausweichlichen Niederlage des NS-Regimes besser wäre, die Kräfte für die Bekämpfung der kommunistischen Bedrohung aufzusparen. Genau nach diesem Muster verfuhr beispielsweise eine nicht näher bekannte „national" ausgerichtete Partisaneneinheit in der Nähe von Tomaszow Mazowiecki im Distrikt Radom, die zu der dortigen Gestapoaußenstelle Kontakt suchte. Der mit Herstellung des Kontakts beauftragte Gestapomann fasste die Grundlage für das Übereinkommen mit den polnischen Nationalisten folgendermaßen zusammen: „Von den nationalen Banden sei den kommunistischen Banden der schärfste Kampf angesagt worden und von diesen eine erhebliche Anzahl von Juden beseitigt worden."[23] Nur einen Tag später wandte sich die Polnische Diversionsabteilung der Nationalen Streitkräfte („LAS") mit folgender Begründung für die Bitte um Freilassung von drei Gefangenen ihrer Abteilung an die gleiche Gestapoaußenstelle: „Alle 3 waren uns immer behilflich bei der Aufdeckung von Juden und Kommu-

---

[22] Vgl. Ausarbeitung von Paul Fuchs: „Politische Bemühungen der Sicherheitspolizei Radom auf Befriedung des polnischen Raumes während des Zweiten Weltkriegs" v. 14.1.1972, BAL, B 162/6517, Bl. 9272.

[23] Bericht von SS-Sturmscharführer Wiese v. 14.1.1944, BAB, R 70 Polen/194; Wiese war seitens der Gestapo mit der Herstellung des Kontaktes betraut. Mit dem Begriff „Bande" wurden in der deutschen Polizeisprache alle polnischen Untergrundgruppen ungeachtet ihrer politischen Ausrichtung und Einstellung zur Besatzungsmacht bezeichnet.

nisten. Wir hoffen, dass Sie die Aktion der Liquidierung von jüdisch-kommunistischen Banden anerkennen und erlauben werden, den 3 Obengenannten die Aktion in Freiheit weiterführen zu lassen."[24]

Ganz anders sah das nationalsozialistische Kollaborationsangebot aus, das sich an die Vertreter der polnischen Minderheiten richtete und auf tradierten zwischenethnischen Animositäten aufbaute. Es ist aus Platzmangel allerdings unmöglich, auf die Minderheitenpolitik der Zweiten Polnischen Republik einzugehen, die fundamental ist für das Verständnis der Einstellungen der einzelnen Ethnien innerhalb der polnischen Gesellschaft unter der Besatzung. Es soll hier nur angedeutet werden, dass die Minderheitenpolitik hinsichtlich der Schaffung einer politisch homogenen Bevölkerung, die sich trotz bestehender ethnischer Unterschiede mit den Interessen des polnischen Staates identifizieren würde, keineswegs als erfolgreich angesehen werden kann. Weder die jüdische noch die deutsche oder ukrainische Minderheit konnten sich im Vorkriegspolen wirklich „zu Hause" fühlen: Es gab Schwierigkeiten beim unbegrenzten Zugang zu eigenen Schulen, bei der freien Ausübung religiöser Praktiken und, in den späten dreißiger Jahren, sogar zahlreicher Berufe. Immer wieder kam es zwischen den Minderheiten und der polnischen Mehrheitsbevölkerung zu Spannungen, die manchmal sogar einen gewalttätigen Charakter annahmen und mit Blutvergießen endeten.

Im Endeffekt fanden sich am Ende der Zweiten Polnischen Republik manche Minderheitenvertreter, die diesen Staat als fremdartig oder sogar feindselig empfanden und sich zu keinerlei Loyalität ihm gegenüber verpflichtet fühlten.[25] Deswegen sollte es nicht verwundern, dass nach Kriegsausbruch die Auflösung der polnischen Gesellschaft einsetzte. Damit war die wichtigste Voraussetzung für die zwischenethnische Kollaboration geschaffen. Am Ende dieser „ethnischen Dekomposition" standen die einzelnen Bevölkerungsgruppen – wie etwa Polen, Juden, Deutsche oder Ukrainer – den Besatzern allein gegenüber, mit allen ihren verdeckten Animositäten, Ängsten und Vorurteilen, die auf unterschiedliche Weise im

---

[24] Übersetzungsabschrift des NSZ-Briefes v. 15.1.1944, BAB, R 70 Polen/194.

[25] Vgl. z. B. JERZY TOMASZEWSKI, Ojczyzna nie tylko Polaków. Mniejszości narodowe w Polsce w latach 1918–1939, Warszawa 1985; DERS., Rzeczpospolita wielu narodów, Warszawa 1985; ROBERT POTOCKI, Polityka państwa polskiego wobec zagadnienia ukraińskiego w latach 1930–1939, Lublin 2003; JOSEPH MARCUS, Social and Political History of the Jews in Poland, 1919–1939, Berlin, New York, Amsterdam 1983; DARIUSZ MATELSKI, Ukraińcy i Rusini w Polsce 1918–1935, Poznań 1996; DERS., Mniejszość niemiecka w Wielkopolsce w latach 1918–1939, Poznań 1997; DERS., Die Deutschen in der Zweiten Polnischen Republik in der Geschichtsschreibung, Marburg 2003.

Sinne der Devise *divide et impera* missbraucht werden konnten.[26] An sie richtete sich dann das Kollaborationsangebot der Deutschen, dessen Intensität abhängig war von der Einstufung der jeweiligen Bevölkerungsgruppe in der von der nationalsozialistischen Ideologie bestimmten rassistischen Hierarchie der Völker.

Zum eigentlichen Gewinner der NS-Besatzung im GG wurden die so genannten „Volksdeutschen", also diejenigen polnischen Staatsbürger, die der deutschen Minderheit in Polen angehörten und sich jetzt zu ihrem Deutschtum auch offen bekannten. Sie wurden bei der Verpflegung, der Unterbringung und hinsichtlich aller Rechte und Vergünstigungen den „Reichsdeutschen" gleichgestellt und konnten unbegrenzt, soweit sie der deutschen Sprache mächtig und über ausreichende Qualifikationen verfügten, Posten innerhalb der Besatzungsverwaltung, bei der Polizei oder in der Wirtschaft einnehmen. Gerade diese Vergünstigungen trieben viele dazu, sich um den Eintrag in die Deutsche Volksliste zu bemühen. Im GG registrierten sich im Laufe der Besatzung etwa 115.000 Personen als „Volksdeutsche". Dabei ist anzumerken, dass solche Eintragungen, die oft auf deutsche Initiative im Rahmen der Aktion „Fahndung nach dem deutschen Blut" zustande kamen, zwar eine Illoyalität gegenüber dem polnischen Staat darstellten, aber noch lange keinen krassen Kollaborationsakt darstellen mussten, denn das Zugehörigkeitsgefühl zum Deutschtum war keineswegs gleichbedeutend mit der Identifizierung mit den Zielen der nationalsozialistischen Besatzungspolitik im GG. Erst das aktive Engagement bei der Umsetzung der Besatzungspolitik, ausdrücklich zum Nachteil der übrigen unterworfenen Bevölkerung, kann als ein solcher Akt eingestuft werden. „Volksdeutsche", die ja mit der polnischen Sprache, den Sitten und Feinheiten der örtlichen Mentalität vertraut waren, wurden besonders gerne auf Posten eingesetzt, wo Kontakte mit der unterworfenen Bevölkerung sehr häufig waren. Dort konnten sie als Dolmetscher oder Sachbearbeiter tätig werden und täglich Kontakte zu ihren früheren Nachbarn und Bekannten pflegen. Besonders Stellen innerhalb der nationalsozialistischen Exekutive eröffneten unzählige Kollaborationsmöglichkeiten für die dort beschäftigten „Volksdeutschen": Als Angehörige von verschiedenen Polizeibehörden im GG nahmen sie an Verhören teil, fungierten als Zuträger oder Provokateure, spionierten ihre Nachbarschaft aus, analysierten die illegale Presse und versuchten, jedes Anzeichen von Widerstand oder Unzufriedenheit unter der unterworfenen Bevölkerung aufzufangen.

---

[26] Mehr zum Prozess der „ethnischen Dekomposition": JACEK ANDRZEJ MŁYNARCZYK, Die zerrissene Nation. Die polnische Gesellschaft unter deutscher und sowjetischer Herrschaft 1939–1941, in: Genesis des Genozids. Polen 1939–1941, hg. v. KLAUS-MICHAEL MALLMANN/ BOGDAN MUSIAL, Darmstadt 2004, S. 146.

Genauso wie ihre Kollegen aus dem Reich nahmen sie an Juden-
vernichtungs- oder Partisanenaktionen teil, die sich oft gegen ihre unmittelbaren Nachbarn richteten. Viele nutzten ihre privilegierte Stellung
dazu, wirtschaftliche Vorteile daraus zu ziehen, und etwa polnische oder
noch häufiger jüdische Nachbarn aus ihren Wohnungen oder Geschäften zu
drängen. Andere kurbelten „Arisierungsmaßnahmen" gegenüber den jüdischen Vorbesitzern an, nur um selber als Treuhänder eingesetzt zu werden. Aus den „Volksdeutschen" rekrutierte sich auch der „Sonderdienst",
ein Hilfstrupp der Zivilverwaltung im GG, der bei der Eintreibung der
wirtschaftlichen Kontingente, bei Razzien auf der Suche nach Zwangsarbeitern und auch bei Ghettoauflösungsaktionen eingesetzt wurde.[27]

Die andere große Bevölkerungsgruppe, die mit der nationalsozialistischen Besatzung politische Hoffnungen verknüpfte, stellten die Ukrainer
dar. Auch viele von ihnen wandten sich gegen andere Nationalitäten bei der
Verfolgung eigener politischer Strategien. Während für die meisten Polen
der Zusammenbruch des Staats einer nationalen Tragödie glich, eröffnete
er vielen ukrainischen Nationalisten eine realistische Perspektive auf Erringung der Unabhängigkeit mit deutscher Hilfe. Diese Überlegung bewegte
viele von ihnen dazu, Posten innerhalb der Zivilverwaltung und bei ihrer
eigenen Polizei in Distrikten mit ukrainischer Bevölkerung wie Lublin,
Krakau und später auch Galizien einzunehmen. Diese Haltung wurde vom
Ukrainischen Zentralkomitee (UZK) – offiziell eine soziale ukrainische
Einrichtung, die jedoch beeinflusst von der Organisation Ukrainischer
Nationalisten-Melnykfraktion (OUN-M) auch politische Funktionen unter
Ukrainern im GG ausübte – ausdrücklich unterstützt. In einem Brief an
Himmler vom 12. Juni 1941 schrieben Vertreter des UZK: „Die überwiegende Mehrheit der ukrainischen Emigranten, Intellektuellen und Wirtschaftsspezialisten aus der Westukraine fand Arbeit im Zivilverwaltungs-
apparat des Generalgouvernements [...]. Auf ihren Posten schaffen sie ein
freundliches Gegengewicht im Vergleich zum reservierten oder den Deutschen feindlich gesinnten polnischen Element."[28] Das Komitee setzte sich
zum Ziel, polnische Einflüsse zu beseitigen und das ukrainische Nationalbewusstsein zu stärken. Dies versuchten einige ukrainische Funktionsträger
aus der Zivilverwaltung dadurch zu erreichen, dass sie die polnische Bevölkerung ausspionierten und Untergrundaktivitäten bei der Gestapo anzeigten.

---

[27] Vgl. Die neuste Untersuchung zur Beurteilung des Phänomens: LESZEK OLEJNIK,
Zdrajcy narodu? Losy volksdeutschów w Polsce po II wojnie światowej, Warszawa 2006,
S. 19-69.

[28] CZESŁAW PARTACZ, Działalność nacjonalistów ukraińskich w Ziemi Chełmskiej i na
Podlasiu 1939-1944, in: Stosunki polsko-ukraińskie w latach 1939–2004, hg. v. BOGUMIŁ
GROTT, Warszawa 2004, S. 71.

Aus diesem Grund kam es z. B. im Kreis Cholm im Distrikt Lublin zur Zerschlagung der örtlichen Strukturen der Heimatarmee, die von Ukrainern denunziert worden waren.[29] Auch der Kreishauptmann von Hrubieszow berichtete im Mai 1940 von vermehrten ukrainischen Denunziationen der polnischen Bevölkerung, die Informationen erwiesen sich bei näherer Überprüfung allerdings oftmals als wenig zuverlässig.[30]

Aus der immer stärkeren Annäherung der ukrainischen Nationalisten an die deutschen Besatzungskräfte im GG resultierte bei diesen ein radikaler Antisemitismus rassistischer Prägung. Dies wurde noch durch die Erfahrungen der Ukrainer mit der sowjetischen Besatzung in Ostpolen verstärkt und mündete im Klischee vom „jüdischen Bolschewismus" oder allgemein von der „Judenkommune". Bereits während des zweiten Kongresses der Organisation Ukrainischer Nationalisten unter der Führung von Stepan Bandera (OUN-B) in Krakau im April 1941 wurden Juden als „die ergebensten Unterstützer des herrschenden bolschewistischen Regimes und die Vorhut des moskowitischen Imperialismus in der Ukraine" gebrandmarkt und ihre Bekämpfung gefordert.[31] Zur gleichen Zeit schrieb der Leiter des Ukrainischen Zentralkomitees, Volodymyr Kubiiovych, eine Denkschrift über die Bildung einer autonomen Zone aus den „ethnisch ukrainischen Gebieten" des GG in den östlichen Teilen der Distrikte Lublin und Krakau. Er betonte bei der Gelegenheit die Notwendigkeit, eine ethnisch-homogene Sphäre zu schaffen: „Darüber hinaus bitten wir sie um Säuberung dieser Gebiete von polnischen und jüdischen Elementen."[32] Die antisemitische Rhetorik verstärkte sich noch in den ersten Tagen nach dem deutschen Überfall auf die Sowjetunion, als die Ukrainer hofften, mit deutscher Hilfe einen unabhängigen Staat errichten zu können. Viele OUN-Aktivisten riefen offen zur Umsiedlung von „feindlichen Minderheiten"

---

[29] IRENEUSZ CABAN, Oddziały Armii Krajowej 7 Pułku Piechoty Legionów, Lublin 1994, S. 15.

[30] Vgl. Auszüge aus Berichten der Kreis- und Stadthauptmänner im GG vom Mai 1940, abgedr. in: Okupacja i ruch oporu w dzienniku Hansa Franka 1939–1945, hg. v. STANISŁAW PŁOSKI u. a., Bd. 1: 1939–1942, Warszawa 1972, S. 286 (Dok. 37A). In einem der nächsten Berichte v. 6.11.1940, AIZ, Dok. I-151, Bd. 17, Bl. 21, schrieb er erbost wegen der Unzuverlässigkeit der Informanten: „Allerdings sind die von Ukrainern stammenden Anzeigen immer mit großer Vorsicht aufzunehmen, da deren Angaben sich bisher nur in wenigen Fällen bestätigt haben. Die meisten Angaben der Ukrainer lassen es an der erforderlichen Objektivität fehlen, und stellten sich bei eingehenden Nachprüfungen als nicht oder nicht ganz zutreffend heraus. Bei der Überfülle der Eingaben durch die Ukrainer wird jedoch den deutschen Behörden eine erhebliche Mehrarbeit verursacht."

[31] DIETER POHL, Nationalsozialistische Judenverfolgung in Ostgalizien 1941–1944. Organisation und Durchführung eines staatlichen Massenverbrechens, München 1996, S. 40 (mit dem Zitat).

[32] Ebd., S. 41.

und sogar zur „Vernichtung des Hauptteils der Intelligenz" auf. Die Flugblätter der ukrainischen Nationalisten enthielten unverhüllte Aufrufe zum
Mord an anderen Ethnien der Region: „Volk! – Wisse! – Moskau, Polen,
die Ungarn, das Judentum – Das sind Deine Feinde. Vernichte sie."[33]
Bereits nach dem Überfall auf die Sowjetunion kam es in vielen Orten
Ostgaliziens zu Ausschreitungen, die sich gegen die jüdischen Gemeinden
richteten. Die Juden wurden der Kollaboration mit den Bolschewisten
bezichtigt und zugleich für die NKVD-Morde bei den Gefängnisevakuierungen verantwortlich gemacht. Vielerorts fanden die Pogrome auf Initiative der Wehrmacht oder der innerhalb der Einsatzgruppen operierenden
Sipo/SD-Einsatzkommandos statt. Noch einen Tag vor der Eroberung
Lembergs kabelte Reinhard Heydrich, der Leiter des Reichssicherheitshauptamts (RSHA), an die Chefs der Einsatzgruppen diesbezügliche Instruktion:

> „Unter Bezug auf meine bereits am 17.VI. in Berlin gemachten Ausführungen
> bringe ich in Erinnerung: 1) den Selbstreinigungsbestrebungen antikommu-
> nistischer und antijüdischer Kreise in den neu zu besetzenden Gebieten ist kein
> Hindernis zu bereiten. Sie sind im Gegenteil, allerdings spurlos auszulösen, zu
> intensivieren, wenn erforderlich in die richtigen Bahnen zu lenken, ohne daß
> sich diese örtlichen ‚Selbstschutzkreise' später auf Anordnung oder auf gege-
> bene politische Zusicherungen berufen können."[34]

Auf Anregung des Sonderkommandos 4b und des Armee-Oberkommandos
17 unter Carl-Heinrich von Stülpnagel fanden daraufhin Ausschreitungen in
Lemberg statt, die während weniger Tage bis zu 4.000 Menschen das
Leben kosteten. Am 11. Juli fand auf Initiative des gleichen Sonderkommandos das Pogrom in Tarnopol statt, bei dem 600 Menschen ermordet
wurden. Nach der Entdeckung der Leichen der NKVD-Opfer wurde die
Stadt in 15 Bezirke aufgeteilt, die das Kommando zusammen mit der ukrainischen Miliz durchsuchte. Alle ergriffenen jüdischen Männer wurden zu
einem Bethaus getrieben, wo sie ermordet wurden. Die Sicherheitspolizei
soll auch die Zwischenfälle in Zloczow und in Chorostkow organisiert

---

[33] Ebd., S. 57.

[34] Ebd., S. 58 f. Im erwähnten Fernschreiben Heydrichs v. 29.6.1941 war die zitierte
Anweisung noch folgendermaßen ergänzt worden: „Zu Leitern solcher Vorkommandos [die
Ausschreitungen organisieren sollten] sind nur solche Angehörige der S[icherheits]P[olizei]
und des SD auszusuchen, die über das erforderliche politische Fingerspitzengefühl verfügen.
Die Bildung ständiger Selbstschutzverbände mit zentraler Führung ist zunächst zu vermeiden; an ihrer Stelle sind zweckmäßig örtliche Volkspogrome, wie oben dargelegt, auszulö-
sen." in: Die Einsatzgruppen in der besetzten Sowjetunion 1941/42. Die Tätigkeits- und
Lageberichte des Chefs der Sicherheitspolizei und des SD, hg. v. PETER KLEIN, Berlin
1997, S. 319.

haben. Zu weiteren Judenmorden unter Beteiligung der ukrainischen Bevölkerung kam es in Sambor, Skalat, Bobrka, Grodek-Jagielonski und Schodnica. Insgesamt gab es in 35 Ortschaften Ostgaliziens Übergriffe gegen die jüdische Bevölkerung, an denen sich die ukrainische Bevölkerung beteiligte.[35] Auch später, nach der Beendigung der Militärverwaltung und der Errichtung des Distrikts Galizien, blieb das jüdisch-ukrainische Verhältnis sehr angespannt. Während der Ghettoauflösungen im Distrikt Galizien fanden sich immer wieder Ukrainer, welche die deutsche Judenverfolgungspolitik mit allen Kräften unterstützten, sich an den „Judenjagden" beteiligten oder versuchten, jüdisches Vermögen zu übernehmen.

Militärische und paramilitärische Kollaboration

Da weder Hitler noch Himmler an der Entstehung von polnischen Einheiten, die mit der Waffe in der Hand den nationalsozialistischen Kampf gegen den Bolschewismus unterstützen, interessiert waren, gab es im GG sehr wenig Spielraum für militärische Kollaboration. Erst nachdem sich die Frontlage dermaßen verschlechtert hatte, dass die Rote Armee bereits die Weichsellinie erreichte, erhielt die Wehrmacht im GG von Hitler die Erlaubnis, mit der Werbung von polnischen Freiwilligen zu beginnen. Ab November 1944 sollten 12.000 Freiwillige unter der Parole „Kampf zum Schutz Europas gegen den Bolschewismus" rekrutiert werden.[36] Die Werbeaktion dauerte bis Ende des Jahres und endete mit einem Misserfolg. Immerhin meldeten sich 699 polnische Freiwillige, darunter 167 Jugendliche, die der Hitlerjugend zur Verfügung gestellt wurden. Die restlichen Erwachsenen, insgesamt 323, die nicht wegen Krankheit oder Flucht ausgefallen waren, wurden verschieden deutschen Einheiten zugeteilt.[37] Die deutschen Verantwortlichen erklärten sich das Scheitern der Anwerbeaktion folgendermaßen:

„Der deutsche Aufruf zum Eintritt polnischer Freiwilliger in die Wehrmacht, der bereits vor der amtlichen Bekanntgabe Gegenstand lebhafter politischer

---

[35] POHL, Nationalsozialistische Judenverfolgung, S. 56–67; SANDKÜHLER, „Endlösung" in Galizien, S. 114–122.

[36] Befh.i.H.Geb. GG, Ia/Qu v. 4.11.1944 über die Verwendung von Polen in der Wehrmacht als Freiwillige, BA-MA, RH 53-23/89; WIKTOR MATIJCZENKO, Problem polskiej kolaboracji w czasie II wojny światowej, in: Polska – Ukraina: Trudne pytania, Bd. 9, Warszawa 2002, S. 233; JERZY KOCHANOWSKI, Polen in die Wehrmacht. Zu einem wenig erforschten Aspekt der nationalistischen Besatzungspolitik 1939–1945. Eine Problemskizze, Forum für Osteuropäische Ideen- und Zeitgeschichte, Nr. 6, 2002, H. 1, S. 59-81.

[37] KTB MiG, OQu v. 31.12.1944, BA-MA, RH 53-23/80.

Diskussion war, wurde kühl aufgenommen. Die Gegenpropaganda bezeichnete die Polen, die dem Aufruf Folge leisten würden, als Dummköpfe und Verräter an der polnischen Sache. Als Gründe für das Versagen der deutschen Werbeaktion werden von polnischer Seite eine nicht genügend zugkräftige Propaganda, die Gegenpropaganda der polnischen Widerstandsbewegung, Unklarheit über die Art des Einsatzes der Freiwilligen – Waffendienst oder Hilfsdienst – sowie das Fehlen der Hinterbliebenenfürsorge angeführt."[38]

Dicht an der Grenze zur Kollaboration agierten polnische Polizeieinheiten, deren Hauptaufgabe in der weitgehenden Unterstützung der deutschen Exekutive lag. Dies betraf sowohl die polnische Polizei (PP), wegen der Farbe ihrer Uniformen auch als die „blaue Polizei" bekannt, als auch die polnischen Angehörigen der Kriminalpolizei, die innerhalb der deutschen Kripo agierten. Die Einrichtung der PP durch die Deutschen fand im Allgemeinen die Akzeptanz der gerade entstandenen polnischen Untergrundbewegung und breiter Kreise der polnischen Gesellschaft, die hofften, mit der polnischen Polizei könnte eine Art Puffer zwischen ihnen und der nationalsozialistischen Exekutive installiert werden. Ursprünglich sollte die PP einen rein „beruflichen" Charakter haben[39] und sich auf die Aufrechterhaltung von Ruhe und Ordnung sowie auf die Bekämpfung krimineller Taten konzentrieren. Mit der Zeit wurden aber immer mehr polnische Polizisten wie auch ganze Polizeieinheiten zu Exekutivaufgaben herangezogen, die sich eindeutig gegen die Interessen der restlichen polnischen Bevölkerung richteten. Dazu konnte es schon auf der Ebene der Verfolgung von Wirtschaftsvergehen kommen, besonders angesichts der fortschreitenden Verarmung der Zivilbevölkerung. Jeglicher Übereifer bei der Bekämpfung des Schwarzmarktes oder bei der Eintreibung von Lebensmittelkontingenten, auch wenn dies unmittelbar unter deutscher Aufsicht stattfand, trug dazu bei, die Bevölkerung auszuhungern und dadurch ihren Widerstandswillen zu brechen, und muss deswegen eindeutig als Kollaboration angesehen werden. Ähnlich verhält es sich auch in den Fällen, in denen Angehörige der „blauen Polizei" einen Teil der entdeckten illegalen Waren für sich erpressten oder die ergriffenen Schmuggler – Polen und Juden – bei den deutschen Dienststellen anzeigten, wodurch sie deren Verhaftung und oft ihren Tod billigend in Kauf nahmen. Der polnische Untergrund berichtete darüber:

---

[38] Vgl. Anlage zu KTB Befh. i. H.Geb. GG, Ia/Ic v. 12.12.1944, BA-MA, RH 53-23/89.

[39] ADAM HEMPEL, Pogrobowcy klęski. Rzecz o policji „granatowej" w Generalnym Gubernatorstwie 1939–1945, Warszawa 1990, S. 10 f., unterscheidet unter nationalistischer Besatzung zwischen einer „beruflichen Polizeiarbeit", wobei die Zusammenarbeit mit dem Feind auf administrative Belange begrenzt wird, und einer „kollaboratorischen Polizeiarbeit", bei der sich die Beteiligten mit den ideologischen NS-Zielen identifizieren.

„Die Verrohung der Uniformierten nahm mit der Ghettogründung die krassesten Formen an. Hilfe beim Schmuggel, das Überführen von Juden über die Ghettomauern, das Erpressen von Geld von Flüchtlingen waren nur einige der verseuchten Einnahmequellen. Dieses System der Ausraubung von jedem, der ihnen in die Hände fiel, wurde so alltäglich, dass sogar die Deutschen darauf aufmerksam wurden und Hinweise darauf im Juli-Rundschreiben für die [polnische] Hauptkommandantur gaben.“[40]

Einen sehr schlechten Ruf auf diesem Gebiet erlangten die Vertreter des XV. Kommissariats in Warschau-Praga, die mit Erpressungen innerhalb kürzester Zeit erhebliche Gewinne erzielen konnten.[41]

Ähnlichen Machtmissbrauch seitens einiger Angehöriger der PP gab es auch bei der Rekrutierung von polnischen Zwangsarbeitern für das Reich. Auch dabei kam es immer wieder zu Erpressungen und Übereifer, der sich gegen polnische Interessen richtete. Im Fall der Zwangsrekrutierungen ging jedoch die öffentliche Missbilligung viel weiter als bei der Durchsetzung der Wirtschaftsrestriktionen. Der polnische Untergrund drückte dies unmissverständlich in der Konspirationspresse aus: „Polen, Angehörige der Arbeitsämter und der so genannten blauen Polizei, die an den so genannten [Menschen-]Jagden teilnehmen und sich auf eindeutige und schädliche Weise für Aktionen gegen eigene Mitbürger missbrauchen lassen, werden erbarmungslos bestraft.“[42]

Als eindeutige Kollaboration ist jede Beteiligung von Angehörigen der PP an Terror- oder Vernichtungsaktionen der Besatzungskräfte gegenüber der unterworfenen Bevölkerung anzusehen. Die schon Anfang 1941 einsetzende Instrumentalisierung von „blauen Polizisten“ zur Durchführung von Exekutionen an polnischen Verurteilten sorgte für Empörung und führte zu Protesten polnischer Offiziere bei der deutschen Führung. Eine dieser Exekutionen fand z. B. am 12. Februar 1941 im Mokotow-Gefängnis in Warschau statt, wo ein Zug der PP eine Frau erschoss, die für den Mord an einem Volkdeutschen verurteilt worden war. Im Sommer 1941 sollen „blaue Polizisten“ in Reichshof (Rzeszów) zwölf wegen Waffenbesitzes verurteilte Polen erschossen haben. Am 17. November 1941 fand in Warschau die erste Exekution von Juden, die aus einem Ghetto geflohen waren,

---

[40] PKB-Bericht Nr. 2 v. 15.11.1942, AAN, 202/II-35, Bl. 7. Das Staatliche Sicherheitskorps (*Państwowy Korpus Bezpieczeństwa*, PKB) bildete eine Art Untergrundpolizei und unterstand der Delegatur der Regierung im Land.

[41] HEMPEL, Pogrobowcy klęski, S. 146–155.

[42] Biuletyn Informacyjny, Bd. 2: Przedruk roczników 1942–1943, in: Przegląd Historyczno-Wojskowy, Sonderausgabe, Nr. 2 (195), 2002, S. 1098 (8.10.1942). In der nächsten Ausgabe v. 15.10.1942 äußerte sich der Vertreter der polnischen Regierung im Land (Prof. Dr. Jan Piekałkiewicz), der die Teilnahme an der Rekrutierung von Zwangsarbeiter als Verrat brandmarkte und dafür die Todesstrafe androhte, vgl. ebd., S. 1105 f.

unter Beteiligung von 32 polnischen Polizisten statt. Die Empörung deswegen wurde noch größer, als bekannt wurde, dass einer der polnischen Polizisten, Wiktor Załek, daran freiwillig teilgenommen hatte. Obwohl der Befehlshaber der Ordnungspolizei im GG, Gerhard Winkler, am 21. März 1942 offiziell die Hinzuziehung der PP zu Exekutionen verbot, kam es immer wieder dazu. Im Herbst 1942 erschoss eine PP-Einheit in Warschau eine Gruppe von Juden, die aus dem Ghetto geflohen waren. Am 18. Juli 1943 (nach anderen Angaben am 7. Mai 1943) ermordete eine andere Gruppe Warschauer Polizisten zehn Männer aus dem Gestapo-Gefängnis Pawiak.[43] Auch im Distrikt Lublin in der Gemeinde Stanin kam es Anfang 1943 zu einer Massenerschießung von ergriffenen Juden durch die PP. Sie schrieb dazu in ihrem Bericht:

„Die Einwohner fassten aus eigener Initiative die Juden und führten sie zum Rat der Gemeinde Tuchowicz, zum Arrest. Auch diesmal wurden 23 Personen, darunter zwei Jüdinnen, zugeführt. Einer der Juden verstarb im Arrest und es blieben 22 Personen übrig. Von diesen wurden am 12.1.1943 elf Personen erschossen und es blieben weitere elf übrig. Die Polizisten unterbrachen die weiteren Erschießungen wegen der schlechten Munition, d. h. der großen Zahl der Blindgänger."[44]

Der eindeutig kollaborative Charakter bei der Beteiligung an Exekutionen war auch den meisten Polizisten bewusst, die sich oftmals weigerten, daran teilzunehmen. Eine Überlebende aus dem Warschauer Ghetto, Mary Berg (Miriam Wattenberg), berichtete:

„Es wurden hundertzehn Personen im Gefängnis an der Gęsia-Straße erschossen, darunter auch zehn jüdische Polizisten. Die Deutschen machten dies, um Schmuggler abzuschrecken. [...] Die polnische Polizei erhielt den Befehl, die Verurteilten zu erschießen, weigerte sich jedoch, [dies zu tun]. Die Polizisten wurden daraufhin gezwungen, der Exekution beizuwohnen [...]. Einer der Augenzeugen erzählte mir, dass einige polnische Polizisten währenddessen weinten, während andere ihre Augen wegdrehten."[45]

Solch eine Weigerung konnte jedoch die übelsten Konsequenzen haben: Im Oktober 1942 wurden im Wald in Warschau-Kabaty zwei sich weigernde Angehörige eines Exekutionskommandos der PP von den Deutschen an Ort und Stelle erschossen, um den Rest zur Durchführung der Exekution zu

---

[43] HEMPEL, Pogrobowcy klęski, S. 183 ff.

[44] MAREK JAN CHODAKIEWICZ, Żydzi i Polacy 1918–1955. Współistnienie – Zagłada – Komunizm, Warszawa 2000, S. 198.

[45] MARY BERG, Dziennik z getta warszawskiego, Warszawa 1983, S. 165 (3.6.1942).

bewegen. Daraufhin führten andere „blaue Polizisten" die Hinrichtung an Häftlingen des Gestapogefängnisses Pawiak durch.[46] Zu Akten paramilitärischer Kollaboration kam es immer wieder bei der Beteiligung der Jagdkommandos der polnischen Polizei an der Juden- und „Zigeuner"verfolgung oder während der Partisanenbekämpfung. Einen solchen Charakter trugen beispielsweise die Aktivitäten des mit Sicherheit brutalsten Jagdkommandos der „blauen Polizei" im GG, das unter der Leitung des „Volksdeutschen" Kazimierz Nowak stand. Das Kommando ermordete zwischen Februar und April 1943 über dreihundert Personen (hauptsächlich Polen und Roma, aber auch viele Juden) im Rahmen einer Antipartisanen-Aktion im Kreis Miechow im Distrikt Krakau. Den Tätern reichten allein üble Gerüchte, um Personen festzunehmen, zu misshandeln und anschließend zu töten. Nach der Auflösung des Jagdkommandos nahm Nowak mit fünfzig polnischen Polizisten an einer Befriedungsaktion im Süden des Kreises teil. Am 4. Juni 1943 ermordeten sie innerhalb von nur einer Stunde über einhundert Personen im Gebiet von Nasielowice, Pojalowice und Zagaje Zagorowskie.[47] Ähnliche Jagdkommandos der „blauen Polizei" wurden in Radom und in Tschenstochau im Distrikt Radom im Anschluss an die Aussiedlungsaktionen der jüdischen Wohnviertel im Rahmen der „Aktion Reinhard" gebildet. Sie sollten die Gegend durchkämmen und alle ergriffenen Juden entweder selber ermorden oder bei der deutschen Polizei abliefern. Besonders soll sich dabei das PP-Jagdkommando aus Radom hervorgetan haben, das im Rahmen seiner Tätigkeit 40 entflohene Juden ermordete.[48] Während der „Jagd" auf Juden, die nach den Ghettoauflösungen überall im GG von der deutschen Polizei eingeleitet wurde, kam es vereinzelt vor, dass die daran beteiligten Angehörigen der PP sich auch an Hinrichtungen von erfassten Juden beteiligen mussten. Dies geschah z. B. in der Nähe des Dorfes Podgóry im Distrikt Radom, wo die Gendarmen aus Zwolen nach einer Massenexekution von Juden polnische Polizisten dazu zwangen, die Verwundeten zu ermorden.[49] Polnische Kripobeamte waren auch an einer Judenerschießungsaktion in Delatyn im Distrikt Galizien beteiligt, die im November 1941 organisiert wurde.[50]

---

[46] PKB-Bericht Nr. 2 v. 15.11.1942, AAN, 202/II-35, Bl. 7; HEMPEL, Pogrobowcy klęski, S. 184.

[47] Vgl. ebd., S. 187 f.; WŁADYSŁAW WAŻNIEWSKI, Walki partyzanckie nad Nidą 1939–1945, Warszawa 1975, S. 111-115.

[48] SEBASTIAN PIĄTKOWSKI, Policja polska tzw. granatowa w Radomiu i powiecie radomskim (1939–1945), in: Między Wisłą a Pilicą. Studia i materiały historyczne, Nr. 2, 2001, S. 125 (Anm. 67).

[49] Ebd., S. 124.

[50] SANDKÜHLER, Endlösung in Galizien, S. 153.

Öfters wurden Einheiten der „blauen Polizei" auch bei der Durchführung von Aussiedlungsaktionen in jüdischen Wohnvierteln eingesetzt. In manchen Fällen, wie bei der Liquidierung des Warschauer Ghettos 1943,[51] hatten sie nur Absperrdienste zu verrichten, während sie sich in kleineren Ortschaften öfters auch aktiv an Durchsuchungsaktionen beteiligen mussten. Dies geschah z. B. in Biala Podlaska, Lomazy, Leczna, Tomaszow Lubelski, Lubartow, Lukow und Szczebrzeszyn im Distrikt Lublin.[52]

Enorm schwierig ist jeder Versuch, die Ausmaße der Kollaboration unter polnischen Polizisten quantitativ einzuschätzen. Dem Historiker Adam Hempel zufolge, der sich auf Angaben des polnischen Widerstands stützt, könnte es unter der „blauen Polizei" und der polnischen Kriminalpolizei bis zu zehn Prozent Kollaborateure gegeben haben. In der Fachliteratur geht man davon aus, dass kollaboratives Verhalten viel seltener bei Berufspolizisten auftrat, die diesen Beruf schon in der Vorkriegszeit ausgeübt hatten. Unter den Neuzugängen dagegen ließen sich viele von rein egoistischen Motiven leiten, begleitet von einer durch den Besatzungsalltag gesenkten moralischen Hemmschwelle und einem fehlenden Berufsethos, so dass sie im Allgemeinen anfälliger für Kollaboration waren.[53]

Auch die polnische Feuerwehr – sowohl die beruflichen als auch die freiwilligen Einheiten – wurde der Ordnungspolizei unterstellt. Sie konnte dadurch auch jederzeit zu Exekutivaufgaben wie Teilnahme an den Ghettoauflösungen, die als eindeutige Kollaboration einzustufen sind, herangezogen werden.[54] In Izbica im Distrikt Lublin beispielsweise durchsuchten

---

[51] Vgl. „Es gibt keinen jüdischen Wohnbezirk in Warschau mehr." v. 16.5.1943 (Dok. 1061-PS), in: IMG, Bd. 26, S. 662, 671, 675, 678, 681 f., 685, 687 f., 691.

[52] LIBIONKA, Polska ludność, S. 316.

[53] HEMPEL, Pogrobowcy klęski, S. 203 f. Die moralische Integrität vor allem polnischer Berufsoffiziere der „blauen Polizei" belegen sehr eindrucksvoll zeitgenössische deutsche Meldungen, die auf deren Untergrundverbindungen verweisen, wie z. B. das Schreiben: IV A 3 – b – Nr. 11 557/43g v. 28.4.1943 an KdO Radom, AIPN, KdS Radom 105/1, Bl. 113 f. Dort steht explizit: „Wie bei verschiedenen Besprechungen beim SS- und Polizeiführer für den Distrikt Radom ausgeführt, sind die in der polnischen Polizei tätigen polnischen Offiziere größtenteils in polnischen politischen Militärorganisationen tätig. Als bemerkenswertesten Fall darf ich anführen, daß von 7 in Radom vorhandenen polnischen Polizeioffizieren 6 bereits seit längerer Zeit als führend in einer illegalen Organisation tätig hier bekannt sind. Ähnlich liegen die Verhältnisse auch in den übrigen Städten und Kreisen des Distrikts." Im Weiteren wird anhand des Sipo-Ermittlungsmaterials zusammenfassend festgestellt, dass „so ziemlich in jedem polnischen Polizeiposten und Polizeirevier Angehörige illegaler Organisationen auch politisch gegen die deutschen Interessen arbeiten"; vgl. auch die Ergebnisse der Überprüfung der polnischen Polizeioffiziere, Meister und Wachtmeister im Distrikt Radom v. 14.9.1943, ebd., Bl. 141 ff.

[54] HEMPEL, Pogrobowcy klęski, S. 58.

polnische Feuerwehrleute die Häuser, klopften die Wände ab und rissen die Fußböden auf bei der Suche nach versteckten Juden:

> „Dort wo man hohle Räume feststellte, machten sie ein Loch und pumpten Wasser mit den Feuerwehrschläuchen rein. Wenn es dort Juden gab, wurden sie nass, erschrocken und unter Schlägen rausgetrieben. [...] Mit schrecklichen Schreien gaben sie Befehle, schlugen auf sie ein, durchsuchten ihre Taschen und trieben alle zusammen. "

Der Missbrauch von polnischen Feuerwehreinheiten für die Aussiedlungsaktionen wurde offiziell erst im Juli 1943 mit einem Befehl an alle Kommandeure der Ordnungspolizei im GG unterbunden.[55]

Vereinzelt wurden auch die Angehörigen des Baudienstes zu Judenerschießungen oder -aussiedlungen eingesetzt. Ludwig Hirszfeld beschreibt eine solche Aktion in der Ortschaft Czarkow im Distrikt Radom:

> „Etwas später gab man ihnen [den Angehörigen des Baudienstes] große Mengen an Wodka heraus. Als sie schon halb besoffen waren, ließ man sie die Ortschaft umstellen und die Juden ergreifen. Danach befahl man ihnen, diese Ärmsten außerhalb des Örtchens zu führen, wo schon einige bewaffnete Deutsche auf sie warteten. Den Juden befahl man, Gräber zu schaufeln, und danach mussten die Baudienstler die Juden, an beiden Händen haltend, zu den Deutschen führen. Der Deutsche schoss und die Baudienstler mussten den Juden in das ausgehobene Grab werfen. Wenn der Jude getötet wurde, war das halb so schlimm. Aber sehr oft war er nur verletzt. Es war sehr schwer so eine kreischende Jüdin in den Graben zu werfen. Am schlimmsten war es, die Kinder zu werfen. Einer der Baudienstler konnte dies nicht aushalten und fing sogar zu weinen an. [...] Ein Junge wollte sich weigern mitzumachen und bekam sofort eine Kugel in den Kopf."[56]

Auch die ukrainische Polizei und vor allem die deutsche Hilfstruppe der so genannten Trawniki-Männer, die aus Ukrainern und sowjetischen, litauischen und weißrussischen Kriegsgefangenen und einigen Polen bestand, beteiligten sich aktiv an den Judenverfolgungen während der „Aktion

---

[55] LIBIONKA, Polska ludność, S. 314. Im Distrikt Radom wurde die freiwillige Feuerwehr bei den Ghettoauflösungsaktionen eingesetzt unter anderem in: Busko, Sandomierz und Szydlowiec, vgl. entsprechend: Vern. v. Johann B. v. 8.5.1970, BAL, B 162/6219, Bl. 1246; Erlebnisbericht v. Icchak Gorliczański v. 8.5.1945, AŻIH, 301/47; Aussage Arnold Abram F. v. 2.3.1967, BAL, B 162/6484, Bl. 1209.

[56] LUDWIG HIRSZFELD, Historia jednego życia, Warszawa 1989, S. 360; Gegen den Missbrauch der jungen Angehörigen des Baudienstes zu Judenmorden protestierte unter anderem der Erzbischof Adam Sapieha am 2.11.1942 bei Hans Frank und berief sich auf Aussiedlungsaktionen in Tarnow und Dzialoszyce, vgl. FRANCISZEK STOPNIAK, Katolickie duchowieństwo w Polsce i Żydzi w okresie niemieckiej okupacji, in: Społeczeństwo polskie wobec martyrologii i walki Żydów w latach II wojny światowej, hg. v. KRZYSZTOF DUNIN-WĄSOWICZ, Warszawa 1996, S. 24.

Reinhard". Trawnikis waren in allen Distrikten stationiert und nahmen dort regelmäßig an den Ghettoauflösungen teil. Oft führten sie auch Exekutionen von „Arbeits- und Gehunfähigen" durch, bewachten die Vernichtungslager oder nahmen an Aktionen gegen Partisanen teil.[57]

Auch im Fall der jüdischen Polizei ist es den Besatzungsbehörden oft gelungen, diese auf kollaborative Art zu instrumentalisieren. Da die Nationalsozialisten eine Isolations- und Aushungerungspolitik gegenüber der jüdischen Bevölkerung verfolgten, bekamen die banalsten polizeilichen Aufgaben wie die Überwachung der Grenzen zu ihren Wohnvierteln oder die Schmuggelbekämpfung einen Charakter von Kollaboration, denn sie standen dem Überlebenskampf der gesamten jüdischen Ghettogesellschaft unmittelbar entgegen. Demnach überschritt jeder jüdische Ordnungshüter, der bemüht war, gewissenhaft seine auferlegten Pflichten zu erfüllen, die dünne Grenze des Zulässigen und stellte sich damit automatisch als Helfershelfer in den Dienst der Besatzungsbehörden und außerhalb der eigenen Gesellschaft.

Noch deutlicher kam diese Tatsache während der Judendeportationen in die Vernichtungslager zum Ausdruck: Während der „Aktion Reinhard" verwendeten die nationalsozialistischen Polizeibehörden bewusst die jüdischen Ordnungsdienste in einzelnen Ghettos, um dadurch Widerstand schon im Voraus zu „befrieden". Die jüdischen Ordnungsmänner, die um ihr eigenes Leben und das ihrer Familienangehörigen fürchten mussten, überredeten ihre Ghettogenossen, keinen Widerstand zu leisten und die polizeilichen Anordnungen auszuführen, auch dann, als sie schon wussten, dass dies für die Menschen den sicheren Tod bedeutete.[58] Sie beteiligten sich an der Vertreibung der Menschen aus ihren Wohnungen und an ihrer Beförderung zu den Selektionsplätzen und zu den Wagons der Deportationszüge. Oft mussten sie auch während der Exekutionen helfen oder danach Spuren beseitigen, um die nächsten Opfer nicht abzuschrecken.[59] Im

---

[57] PETER BLACK, Die Trawniki-Männer und die „Aktion Reinhard", in: „Aktion Reinhardt". Der Völkermord an den Juden im Generalgouvernement 1941–1944, hg. v. BOGDAN MUSIAL, Osnabrück 2004, S. 309–352; JACEK ANDRZEJ MŁYNARCZYK, Organisation und Durchführung der „Aktion Reinhard" im Distrikt Radom, in: ebd., S. 172 f., 177; DERS., Treblinka – ein Todeslager der „Aktion Reinhard", in: ebd., S. 259; POHL, Ukrainische Hilfskräfte, S. 218 f.

[58] CALEK PERECHODNIK, Spowiedź. Dzieje rodziny żydowskiej podczas okupacji hitlerowskiej w Polsce, Warszawa 2004.

[59] Vgl. z. B. zahlreiche Beispiele für die Instrumentalisierung des jüdischen Ordnungsdienstes während der Aussiedlungsaktion in Kielce: JACEK ANDRZEJ MŁYNARCZYK, Bestialstwo z urzędu. Organizacja hitlerowskich akcji deportacyjnych w ramach „Operacji Reinhard" na przykładzie likwidacji kieleckiego getta, in: Kwartalnik Historii Żydów, Nr. 3 (203), 2002, S. 354–379.

so genannten November-Bericht der Vereinigten Ghettoorganisationen vom 15. November 1942 aus dem Warschauer Ghetto heißt es:

„Der Ordnungsdienst, die Ghettopolizei, welche die Aussiedlung fast bis zu Ende durchführte, sei es selbstständig oder als Hilfskraft, zeigte schon zu Beginn der ‚Aktion‘ sein wahres Gesicht. Für einige ist das noch eine Gelegenheit, sich durch Erpressung zu bereichern, für andere ein ausgezeichnetes Feld, um die eigene Rücksichtslosigkeit, Selbstherrlichkeit und Brutalität auszuleben. Diese Symptome entwickelten und mehrten sich in den folgenden Phasen der ‚Aktion‘ bis hin zu gewöhnlichem Banditen- und Gangstertum. Die Polizisten trieben die Menschen – ältere Frauen, Greise, Kinder, Kranke – auf die Wagen und schlugen sie mit Gummiknüppeln und Fäusten."[60]

Die Beteiligung jüdischer Polizisten an Aussiedlungsaktionen fand in der Regel unter unmittelbarer Bedrohung ihres eigenen Lebens statt und gilt somit als aufgezwungene Kollaboration. Es gab aber auch einige Angehörige des Ordnungsdiensts, die zum Nachteil der übrigen Ghettobevölkerung freiwillig mit den deutschen Dienststellen zusammenarbeiteten oder sogar ganze Zuträgerorganisationen in den jeweiligen Wohnvierteln unter dem Deckmantel offizieller jüdischer Einrichtungen bildeten. Die berüchtigtste Organisation dieser Art entstand im Warschauer Ghetto. Sie war bekannt unter dem Namen „Amt für Bekämpfung von Wucherei und Spekulation" oder einfach „die Dreizehn" (*Trzynastka*), benannt nach der Leszno-Straße 13, wo sich ihr Quartier befand. Die Einrichtung wurde unter der Führung von Abram Gancwajch auf Initiative des SD errichtet und zählte 298 Angehörige. Sie bildete eine Übergangsinstitution zwischen dem Judenrat und dem jüdischen Ordnungsdienst. Ihre Mitlieder hatten eigene Uniformen, Patrouillen, Tagesbefehle und Dienstappelle. Da ihre Angehörigen keiner weiteren Institution im Ghetto unterstanden, missbrauchten sie massiv ihre Machtbefugnisse und erpressten von vielen Ghettobewohnern zusätzliche Gebühren für illegalen Handel, Schmuggel oder die Ausübung von handwerklichen Tätigkeiten. Sie stellten auch Kontakte zu den Deutschen her und besorgten gegen hohe Schmiergelder notwendige Papiere, Erlaubnisse und Passierscheine. In manchen Fällen konnten sie für größere Summen sogar Gefängnisentlassungen erwirken. Gleichzeitig versorgte „die Dreizehn" den SD in wöchentlichen, monatlichen und jährlichen Berichten mit unzähligen Informationen über das Innenleben des Ghettos und die Tätigkeit der jüdischen Selbstverwaltung wie des Ordnungsdiensts, des Judenrats oder der Jüdischen Sozialen Selbsthilfe. Die Berichte referierten Stimmungen im Wohnviertel, nannten die Sterblichkeitsrate und informierten über Zuwanderung und Lebensbedingungen. Im Jahresbericht 1941 fanden sich

---

[60] RUTA SAKOWSKA, Menschen im Ghetto. Die jüdische Bevölkerung im besetzten Warschau 1939–1945, Osnabrück 1999, S. 248.

sogar Zeichnungen und Fotografien, darunter auch ein Foto von jüdischen Schmugglern. Im Großen und Ganzen stellte „die Dreizehn" noch eine zusätzliche bürokratische Einrichtung im Ghetto dar, deren Hauptaufgabe darin lag, das eigene Überleben und den eigenen Lebensstandard auf Kosten der jüdischen Gemeinschaft zu sichern. Wie weit ihre Spionagetätigkeit reichte, lässt sich heute nicht mehr sagen: Sie muss jedoch für den SD nutzbringend gewesen sein, denn sonst wäre diese Einrichtung weder gegründet noch mehrere Monate lang geduldet worden. „Die Dreizehn" war zwischen Herbst 1940 und Sommer 1941 tätig und wurde infolge des Machtkampfs zwischen der Polizei und der Zivilverwaltung von Auerswald aufgelöst. Ihre Angehörigen gingen größtenteils in den jüdischen Ordnungsdienst über. Manche wurden am 18. April 1942 von den Deutschen erschossen.[61] Während der Auflösung des Warschauer Ghettos entstand dort unter Obhut der Gestapo aus der ehemaligen jüdischen Polizei eine weitere jüdische Zuträgerorganisation – mit Ablegern in Krakau und im Konzentrationslager Plaszow. Die Organisation trug den Decknamen „Fackel" (Żagiew) und ihre Hauptaufgabe bestand darin, auf dem Gebiet des gesamten GG nach jüdischen Ghettoflüchtlingen und christlichen Polen, die ihnen halfen, zu suchen. Ihre Angehörigen wurden mit Passierscheinen ausgestattet und konnten sich ungehindert auch außerhalb der jüdischen Wohnviertel bewegen.[62]

Kollaboration in öffentlichen Institutionen und in der Zivilverwaltung

Obwohl die große Mehrheit der polnischen Bevölkerung im GG eine Zusammenarbeit mit den Nationalsozialisten strikt ablehnte, wurde sie durch die Besatzungspolitik dennoch dazu gebracht, mit ihnen wohl oder übel zusammenzuarbeiten. Denn im GG regierten zwar offiziell die Besatzungsbehörden, aber die meisten Institutionen, Ämter oder wirtschaftlichen Einrichtungen konnten nur mit Hilfe von polnischem Personal betrieben werden. Da der Fortbestand staatlicher Behörden auch für die unterworfene Bevölkerung unverzichtbar erschien, waren die polnischen politischen Entscheidungsträger gezwungen, möglich schnell Stellung zu solcher Zusammenarbeit zu beziehen. Schon bald nach der Etablierung der polnischen

---

[61] GUTMAN, Żydzi warszawscy, S. 143-149; BARABARA ENGELKING/ JACEK LEOCIAK, Getto warszawskie. Przewodnik po nieistniejącym mieście, Warszawa 2001, S. 220-229.

[62] PAWEŁ MARIA LISIEWICZ, W imieniu Polski podziemnej. Z dziejów wojskowego sądownictwa specjalnego Armii Krajowej, Warszawa 1988, S. 234 f.; MAREK ARCZYŃSKI/ WIESŁAW BALCEREK, Kryptonim „Żegota". Z dziejów pomocy Żydom w Polsce 1939–1945, Warszawa 1983, S. 173.

Regierung im Pariser Exil erließ das neu gebildete Ministerialkomitee für Landesangelegenheiten (*Komitet Ministrów dla Spraw Kraju*) Handlungsdirektiven für die polnische Gesellschaft unter der Besatzung. Darin wurden die Menschen zum allgemeinen, politischen und gesellschaftlichen Boykott der Okkupanten in allen Belangen des Alltags aufgefordert. Gleichzeitig jedoch wurden Bedingungen formuliert, unter denen eine begrenzte Kooperation mit dem Feind bei Aufrechterhaltung der staatlichen Institutionen in Frage kam: Die polnischen Bürger durften sich nur dann in der Kommunal- und Selbstverwaltung sowie im Handel, in der Industrie, in der Landwirtschaft usw. betätigen, wenn dies keinerlei politische Verpflichtungen nach sich zog. Jegliche karitative Zusammenarbeit mit den Besatzungsbehörden war nur im Fall höchster Dringlichkeit und im Interesse der notleidenden Bevölkerung erlaubt.[63] Dies führte dazu, dass die meisten Beamten aus der Vorkriegszeit sich zum Staatsdienst meldeten und oft freiwillig Posten innerhalb der unteren Besatzungsverwaltung besetzten. Sie hofften dadurch, breiten Schichten der Bevölkerung den Alltag ein wenig zu erleichtern. Mit diesem Schritt konnten sie das zum Überleben notwendige Geld verdienen, und das in einer Zeit, in der die polnische Intelligenz den rassistischen Plänen der Nationalsozialisten zufolge eigentlich „ausgeschaltet", d. h. ermordet, werden sollte. Bis Mitte 1944 soll die Zahl der einheimischen Beamten und Angestellten im GG um fast 50 Prozent den Vorkriegsstand überschritten haben.[64] Frank zufolge sollen innerhalb der Verwaltung (einschließlich Post und Eisenbahn) etwa 280.000 Polen und Ukrainer tätig gewesen sein.[65]

Die Vertreter der unterworfenen Bevölkerung, vor allem Polen und Ukrainer, wurden in den unteren Rängen der Zivilverwaltung beschäftigt. Sie besetzten Posten als Bürgermeister, Vögte und Dorfschulzen.[66] Damit

---

[63] Vgl. Erste Direktiven des Ministerialkomitees für die Landesangelegenheiten v. 15.11.1939, in: Armia Krajowa w dokumentach 1939–1945, hg. v. HALINA CZARNOCKA/ JÓZEF GARLIŃSKI/ KAZIMIERZ IRANEK-OSMECKI/ WŁODZIMIERZ OTOCKI/ TADEUSZ PEŁCZYŃSKI, Bd. 1: wrzesień 1939 – czerwiec 1941, Wrocław u. a. 1990, S. 6; MŁYNARCZYK, Die zerrissene Nation, S. 152.

[64] WACŁAW DŁUGOBORSKI, Die deutsche Besatzungspolitik und die Veränderung der sozialen Struktur Polens 1939–1945, in: Zweiter Weltkrieg und sozialer Wandel, hg. v. DERS., Göttingen 1981, S. 345.

[65] Vern. Hans Frank v. 18.4.1946, in: IMG, Bd. 12, S. 18. Anfang 1944 sprach Frank noch von 260.000 nichtdeutschen Beamten und Angestellten im GG; vgl. Documenta Occupationis, Bd. 6: KAROL MARIA POSPIESZALSKI, Hitlerowskie „prawo" okupacyjne w Polsce, Bd. 2: Generalna Gubernia. Wybór dokumentów i próba syntezy, Poznań 1958, S. 49; GROSS, Polish Society, S. 133 f. (insb. Anm. 10).

[66] Laut CZESŁAW MADAJCZYK, Polityka III Rzeszy w okupowanej Polsce, Warszawa 1970, Bd. 1, Tabelle 4, S. 222, waren Anfang 1944 im GG unter den 1.512 Bürgermeistern

wurden sie zu einem festen Bestandteil der deutschen Besatzungsverwaltung, jedoch mit Wissen und Akzeptanz polnischer politischer Entscheidungsträger, die sich davon eine Abschwächung der nationalsozialistischen Ausbeutungs- und Repressalienpolitik erhofften. Die polnischen Angestellten der Verwaltung waren für die Ablieferung der Kontingente und für die Rekrutierung von Zwangsarbeitern für das Reich verantwortlich. Mit der Zeit wurden sie auch dazu verpflichtet, Partisanenaktivitäten oder entflohene Juden aufzuspüren und feindliche Stimmungen in ihrem Herrschaftsbereich zu befrieden. Die Lage der einheimischen Verwaltungsangestellten war äußerst prekär: Als Teil der Verwaltung des GG unterstanden sie unmittelbar ihren deutschen Vorgesetzten und wurden oft persönlich dafür verantwortlich gemacht, alle von oben aufoktroyierten Vorgaben, auch die repressivsten, reibungslos umzusetzen. Jede Verweigerungshaltung wurde mit brutalsten Mitteln unterbunden: Einweisungen in ein KZ, empfindliche Prügelstrafen oder sogar Erschießungen waren keine Seltenheit.[67] Andererseits erwartete die unterworfene Bevölkerung, und damit auch der polnische Widerstand, von ihnen, die deutschen Anordnungen abzuschwächen oder sogar zu unterlaufen. Diejenigen, die dies nicht taten und als übereifrig galten, wurden als Kollaborateure erachtet und konnten jederzeit zur Verantwortung gezogen werden.

Aber nicht nur der Übereifer im Dienst wurde von den Mitbürgern in die Kategorie „Verrat" eingestuft. Gerade bei der Zivilverwaltung eröffneten etliche Posten Korruptions- und Machtmissbrauchsmöglichkeiten auf Kosten der unterworfenen Bevölkerung. Einige von ihnen bespitzelten ihre Nachbarn, erpressten Geld und Lebensmittel für administrative Vorgänge und denunzierten versteckte Menschen. Die Zeitzeugin Halina Krahelska beschrieb den moralischen Zerfall bei manchen einheimischen Amtsträgern wie folgt:

> „Zahlreiche Beamte der ehemaligen polnischen Verwaltung [...] zeigen heute völlige Gleichgültigkeit gegenüber den Quellen, aus denen sie zusätzliche Einnahmen schöpfen. Sie nehmen Schmiergelder an, vermitteln in schmutzigen Geschäften, wenden bewusst Erpressung an usw., wobei nicht Armut das Hauptmotiv ihres Handelns ist, sondern die Abneigung gegen die Minderung ihres Lebensstandards im Vergleich zu dem aus der Vorkriegszeit. [...] In Stadtämtern sind die Abteilungen für Handel, Industrie, Lebensmittelzutei-

---

und Vögten 717 Polen, 463 Ukrainer, 180 Personen „unbekannter Herkunft", 144 Deutsche, fünf „Goralen" und drei Weißrussen.

[67] Ebd.; Anfang 1943 wurden z. B. sechs Dorfschulzen aus dem Kreis Kozienice im Distrikt Radom erschossen, die die zusätzlichen Kontingente nicht eingetrieben hatten, vgl. CZESŁAW RAJCA, Walka o chleb 1939–1944. Eksploatacja rolnictwa w Generalnym Gubernatorstwie, Lublin 1991, S. 139.

lungen, Meldewesen und andere, die mit der Bevölkerung unmittelbar in Kontakt treten und dadurch viele Gelegenheiten für illegale Einnahmen bieten, Höhlen, in denen auch die meisten Beamten nach Kriterien einer ‚Höhlenmoralität' handeln. Die Finanzämter [...] wurden zum wahrhaften Sumpf: Im Einvernehmen mit den Deutschen genießen zahlreiche Finanzamtsangestellte das Leben unter der Besatzung, indem sie Geld mit Erpressungen und dem gewollten Leiden der Menschen machen. Während eines Gesprächs untereinander, während der Abwicklung irgendwelcher Geschäfte, brachte dies einer der Finanzamtsangestellten auf den Punkt: ‚Ah je, wenn man nur sicher gehen könnte, dass dieses Polen nie wieder aufersteht, könnte man aufs Ganze gehen...' "[68]

Solche Einstellungen traten keineswegs durchgängig auf: Während 1943 beispielsweise die polnische Heimatarmee (*Armia Krajowa*, AK) aus dem Bezirk Sochaczew im Distrikt Warschau Alarm schlug und den polnischen Angehörigen der Verwaltung Korruption, Servilität und Trunksucht vorwarf und sie beschuldigte, ihr Ehrgefühl verloren zu haben,[69] berichtete eine andere AK-Abteilung aus dem Kreis Jedrzejow, dass unter dreißig Dorfschulzen und Landwirten auf diesem Gebiet acht ohne Tadel seien und vier weitere als Personen gelten würden, die die Interessen der Bevölkerung bei ihrer Dienstausübung berücksichtigten. Unter den dreißig genannten Personen fänden sich nur zwei, die sich ausdrücklich mit den Deutschen abgeben würden, um persönliche Vorteile daraus zu ziehen. Aber nicht mal sie wurden als Kollaborateure eingestuft, denn es hieß, sie würden dabei die anderen Dorfbewohner nicht schädigen.[70]

Auch innerhalb der jüdischen Gemeinden wurden bald nach dem Einmarsch der Wehrmacht „jüdische Selbstverwaltungen" in Form von Ältestenräten errichtet, die genauso wie polnische Institutionen dicht an der Grenze zwischen Kooperation und Kollaboration agierten. Die neuen Judenräte übernahmen gleich nach ihrer Berufung folgende Aufgabenbereiche: Sie sicherten die Umsetzung der deutschen Auflagen und die Einhaltung aller erlassenen Vorschriften, erledigten alle administrativen Angelegenheiten in den Gemeinden und kümmerten sich um die soziale Betreuung der Bedürftigen im Rahmen der karitativen Hilfe.[71] Obwohl die Rah-

---

[68] HALINA KRAHELSKA, Postawa społeczeństwa polskiego pod okupacją niemiecką, AAN, 383/II-4, Bl. 26; Krahelska, die im Büro für Propaganda und Information der AK arbeitete, schrieb diese Abhandlung 1944 anhand ihres Tagebuchs nieder.

[69] MADAJCZYK, Polityka III Rzeszy, Bd. 1, S. 222 (Anm. 18).

[70] Bericht v. 13.9.1943, in: APK, AK – Obwód Jędrzejów 1025/4, Bl. 110 f.; weitere positive Beispiele der Haltung von Dorfschulzen im GG, in: RAJCA, Walka o chleb, S. 159 f.

[71] JACEK ANDRZEJ MŁYNARCZYK, Judenmord in Zentralpolen. Der Distrikt Radom im Generalgouvernement 1939–1945, Darmstadt 2007, S. 173-189; TERESA PREKEROWA, Wojna i okupacja, in: Najnowsze dzieje Żydów w Polsce w zarysie (do 1950 roku), hg. v.

menbedingungen für die Tätigkeit der jüdischen „Ghettoselbstverwaltungen" denen der polnischen Institutionen sehr ähnelten, wurden ihre Mitglieder von der jüdischen Bevölkerung viel strenger beurteilt. Dies resultierte vor allem aus der Tatsache, dass die extremen Lebensbedingungen alle bestehenden Gegensätze innerhalb der jüdischen Gemeinschaft viel deutlicher hervortreten ließen. Die Angehörigen der „jüdischen Selbstverwaltung" gerieten immer wieder in Konflikt mit der eigenen Bevölkerung, die ihnen eine teilweise oder gar die volle Verantwortung für die fortschreitende Entrechtung zuschrieb. Auch die ständigen persönlichen Kontakte verschiedener Judenratsmitglieder mit den nationalsozialistischen Funktionären erzeugten – obgleich sie zwangsläufig in der Vermittlungsfunktion des Judenrats zwischen den Juden und den nationalsozialistischen Behörden begründet lagen – großen Unmut innerhalb der jüdischen Bevölkerung. Der Kollaborationsverdacht gegenüber den jüdischen Institutionen verschärfte sich weiter nach der Ghettoisierung, als die unmittelbaren Kontakte vieler Juden zu den Vertretern des Besatzungsapparats noch mehr eingeschränkt wurden. In den Augen vieler jüdischer Bewohner verkehrten sich dabei oftmals die Verantwortlichkeiten. Für sie wurden die von den Nationalsozialisten instrumentalisierten Judenräte vom bloßen Vollzugsinstrument der NS-Politik plötzlich zum Haupturheber des jüdischen Unglücks, wie einige Beispiele aus dem Distrikt Radom veranschaulichen.

> „Das Verhältnis der [jüdischen] Bevölkerung dem Judenrat gegenüber war negativ oder sogar feindlich. Man warf den Mitgliedern des Judenrates Bestechlichkeit und Übereifer im Dienst für die Deutschen bei der Verschickung der Leute zur Zwangsarbeit vor. Diese Vorwürfe erhob die breite Allgemeinheit und sogar die Intelligenz, aus der doch die Mehrheit der Judenratsmitglieder stammte",

schrieb eine Überlebende aus dem Ghetto in Tschenstochau.[72] Besonders die Angehörigen der ärmsten Schichten der Bevölkerung, die Umsiedler, Arbeitslosen oder Kleinunternehmer, die ihre Existenzgrundlage verloren hatten, sahen sich bei jeder Gelegenheit missbraucht und ausgenutzt durch die „Ghettoprominenz".

JERZY TOMASZEWSKI, Warszawa 1993, S. 292; wie ISAIAH TRUNK, Judenrat. The Jewisch Councils in Eastern Europe under Nazi Occupation, Lincoln 1996, S. 44, richtig bemerkt, waren die Aufgaben der Judenräte keinesfalls gleichwertig: „The Council had to serve only one purpose to execute Nazi orders regarding the Jewish population. Other activities undertaken by the Councils, with the consent of the authorities, in the sphere of internal ghetto live (social welfare, economic and cultural work) were performed, in fact, outside their prescribed tasks."

[72] Erlebnisbericht: Cesia Landau v. 13.2.1945, AŻIH, 301/30.

„Es wurden die Zwangsarbeiten eingeführt [...]. Die Reicheren kauften sich beim Judenrat frei. Auf diese Weise fiel die ganze Last der Zwangsarbeit auf die jüdischen Armen. Im Ältestenrat herrschte schreckliche Korruption. Bei der Rekrutierung und Entlassung von Zwangsarbeitern bediente sich der Ältestenrat verbrecherischer Methoden",

berichtete ein Überlebender aus Radom.[73] Viele klagten die Angehörigen der Judenräte lautstark der offenen Kollaboration mit den NS-Behörden an. Sie beschuldigten sie öffentlich, ihre Funktionen zur Verbesserung ihrer materiellen Lage auf Kosten der jüdischen Mehrheitsbevölkerung auszunutzen und im Umgang mit den deutschen Polizeifunktionären unverhüllte Kameraderie zu zeigen:

„Der Judenrat organisierte sehr oft Trinkgelage in der Wohnung von Z. K., bei denen die Gestapo- und die SS[-Angehörigen] anwesend waren. Der Wein und der Champagner flossen dabei wie Wasser",

erinnerte sich ein Überlebender aus Ostrowiec.[74]

„Der Judenrat organisierte häufig Gesellschaftsabende und Empfänge, ungeachtet der tragischen Lage. Am Geburtstag des stellvertretenden Kommandanten der jüdischen Polizei, Gajgin, wurde auf der Straße ein Orchester aufgestellt, das schöne Märsche spielte. Manche im [Juden]Rat lebten mit ihren Geliebten zusammen. Im Ghetto gab es sogar einige Bordelle",

berichtete ein anderer jüdischer Überlebender aus Radom.[75] Zu einer eindeutig kollaborativen Zusammenarbeit zwischen der Vertretung der „jüdischen Selbstverwaltung" und den Nationalsozialisten kam es mancherorts während der Aussiedlungen im Rahmen der „Aktion Reinhard", als die Räumungskommandos die jüdischen Funktionsträger anwiesen, aktiv daran teilzunehmen. In Warschau beispielsweise beteiligten sich daran nicht nur die jüdischen Polizisten, sondern auch die Angehörigen des jüdischen Rettungsdienstes, ein Teil der Judenratsangehörigen und sogar einige wenige aus der Jüdischen Sozialen Selbsthilfe.[76]

---

[73] Beide Zitate in: Erlebnisbericht Jerzy Krongold v. 5.5.1945, AŻIH, 301/57.

[74] Erlebnisbericht: Chil Rozenfeld v. 28.11.1947, AŻIH, 301/3089.

[75] Erlebnisbericht Jerzy Krongold v. 5.5.1945, AŻIH, 301/57.

[76] RUTA SAKOWSKA, Ludzie z dzielnicy zamkniętej. Żydzi w Warszawie w okresie okupacji hitlerowskiej, październik 1939 – marzec 1943, Warszawa 1975, S. 305. In der deutschen Ausgabe (siehe Anmerkung 60) wurden diese Informationen weggelassen.

Kollaboration im Bereich von Kultur und Wissenschaft

Obwohl geplant war, die polnische Intelligenz vollständig auszuschalten, erschien es den nationalsozialistischen Entscheidungsträgern im GG dennoch sinnvoll, nach den ersten Besatzungswochen ohne jegliche polnischsprachige Presse, einige Informationsblätter für die unterworfene Bevölkerung herauszugeben. Den Vorgaben der Propagandabehörden im GG zufolge sollten die Zeitungen für Polen ein möglichst niedriges Niveau aufweisen und auf jede polnisch-politische Färbung verzichten. Sie sollten nur die Anordnungen der Besatzer bekanntgeben und den „Gerüchten", die von der Untergrundpresse und den alliierten Rundfunksendungen verbreitet wurden, Einhalt gebieten.[77] Insgesamt wurden 58 verschiedene polnischsprachige Zeitungen herausgegeben mit einer erheblichen Gesamtauflage, die zwischen 80.000 Exemplare im Jahr 1939 und 1.320.000 im Jahr 1944 variierte. Zu den wichtigsten Tageszeitungen gehörten: *Nowy Kurier Warszawski*, *Goniec Krakowski*, *Gazeta Lwowska* und *Kurier Częstochowski*. Außerdem gab es noch einige Zeitschriften, die primitiv und vereinfacht kulturelle, literarische und gesellschaftliche Themenbereiche abhandelten und eine Ergänzung zu den großen Nachrichtenblättern darstellten. Im GG gehörten dazu: *Ilustrowany Kurier Codzienny*, *7 Dni*, *Fala* und *Co miesiąc powieść*. Sie boten Unterhaltung auf einfachstem Niveau mit vielen Bildern und oft frivolen oder sogar pornographischen Inhalten. Es gab auch einige Fachzeitschriften, wie z. B. *Rolnik*, *Siew*, *Las i Drewno*, *Rzemiosło* oder *Wiadomości aptekarskie dla Generalnego Gubernatorstwa*, welche das Niveau einzelner Berufsgruppen heben sollten.

Einen anderen Charakter trugen Zeitschriften für Kinder und Jugendliche, wie z. B. *Ster*, *Mały Ster* oder *Zawód i Życie*. Außer billige Unterhaltung zu bieten, sollten sie die Akzeptanz für die Besatzungswirklichkeit verstärken und unauffällig Propagandainhalte vermitteln. Dies ließ sich auch deswegen leichter umsetzten, weil die genannten Titel aufgrund des Mangels an Handbüchern, die verboten worden waren, eine Vorlage für den Unterricht bildeten.[78] Um zu gewährleisten, dass die Zeitungen den vorgegebenen Zweck tatsächlich verfolgten, entschlossen sich die Machthaber im GG, die Redaktionen ausschließlich in deutschen Händen zu

---

[77] LARS JOCKHECK, Propaganda im Generalgouvernement. Die NS-Besatzungspresse für Deutsche und Polen 1939–1945, Osnabrück 2006, S. 135-160; KLAUS-PETER FRIEDRICH, Publizistische Kollaboration im Generalgouvernement. Personengeschichtliche Aspekte der deutschen Okkupationsherrschaft in Polen (1939–1945), in: Zeitschrift für Geschichtswissenschaft, Nr. 48, 1999, H. 1, S. 53.

[78] TOMASZ GŁOWIŃSKI, O nowy porządek europejski. Ewolucja hitlerowskiej propagandy politycznej wobec Polaków w Generalnym Gubernatorstwie 1939–1945, Wrocław 2000, S. 45-49.

belassen. Durchgehend in allen Redaktionen im GG fanden sich deutsche oder „volksdeutsche" Journalisten, die die polnische Sprache beherrschten und die oft bereits in der Vorkriegszeit als Korrespondenten eingesetzt worden waren. Jede Redaktion beschäftigte zwar zahlreich technisches Personal von vor Ort, aber nur wenige polnische Journalisten. Lediglich für Übersetzungsarbeiten und regionale Nachrichten wurden polnische Fachkräfte eingesetzt. Im ganzen GG sollen für diese so genannte Reptilienpresse[79] zwischen 67 und 100 feste polnische Mitarbeiter und bis zu 500 freie polnische Mitarbeiter regelmäßig geschrieben haben.[80] Die eindeutige Klassifizierung ihrer Tätigkeit ist jedoch äußerst schwierig, denn nicht alle Texte dienten gleichermaßen den Zwecken der nationalsozialistischen Propaganda. Viele von diesen Journalisten verfassten nur politisch neutrale Artikel oder einfache Erzählungen, die zwar oft auf einem sehr niedrigen Niveau lagen, aber niemandem ausdrücklich einen Schaden zufügten. Auf der anderen Seite konnten zusammen mit den harmlosesten Texten auch propagandistische Inhalte besser vermittelt werden, und damit konnte auch die gewollte Auswirkung auf die polnische Öffentlichkeit leichter erzielt werden. In der Art wurde diese Problematik auch von den meisten Untergrundorganisationen beurteilt, die oft polnische Mitarbeiter der „Reptilienpresse" unterschiedslos verurteilten.

„Wir notieren sorgsam die Namen der nationalen Verräter und ihrer Zeugen. [...] Wir kennen bereits die Namen von denjenigen Journalisten und Schriftstellern, die sich für Judas' Silberlinge an die Redaktion des Reptils *Nowy Kurier Warszawski* verkauften, um dort ihre hinterhältigen, von Polenhass sprühenden Feuilletons und Kurzgeschichten zu veröffentlichen. Sie werden sich weder verstecken noch fliehen können",

warnte z. B. eine konspirative Zeitschrift Anfang 1940.[81] Die Verurteilung erfolgte nach der Überzeugung, dass die Schreibenden eine besondere Verantwortung gegenüber der eigenen Nation hätten, denn die „Literaten

---

[79] Biuletyn Informacyjny, Bd. 1, S. 360 (9.1.1941) schrieb darüber: „Als ‚Reptilienpresse' bezeichnen wir alle diese Reptilien-Zeitschriften, die sich verräterisch in die Haut der polnischen Sprache kleiden, um mit dem Gift ihrer Inhalte den [gesunden] Organismus der polnischen Nation zu vergiften. Die gedruckte Sprache dieser Zeitungen ist polnisch, aber das Gehirn und die sie lenkende Hand deutsch. Ihr Zweck [ist] die Arbeit für Deutschland."

[80] FRIEDRICH, Publizistische Kollaboration, S. 60 f.; JOCKHECK, Propaganda, S. 120; LUCJAN DOBROSZYCKI, Die legale polnische Presse im Generalgouvernement 1939–1945, München 1977, S. 238 (Anmerkung 240).

[81] „Polska Żyje!", Nr. 24 v. 20.1.1940; zitiert nach: PIOTR MAJEWSKI, Kolaboracja, której nie było... Problem postaw społeczeństwa polskiego w warunkach okupacji niemieckiej 1939–1945, in: Dzieje Najnowsze, Nr. 4, 2004, S. 66 (Anm. 29).

sind Offiziere, Bannträger der Kultur und als Bannträger sind sie zu einer besonderen Treue verpflichtet".[82]

Demgegenüber war die Einstellung der unterworfenen Bevölkerung zur offiziellen polnischsprachigen Presse keineswegs eindeutig: Obwohl es allgemein verpönt war, polnischsprachige Propagandablätter zu kaufen – darauf deutet schon die verächtliche Bezeichnung „Reptilienpresse" hin –, fanden sie stets eine sehr breite Leserschaft. Dies war vor allem dem Nachrichtenmangel geschuldet, der so groß war, dass sich der Untergrund dazu veranlasst sah, eine Art Dispens für das Lesen der offiziellen Nachrichtenmagazine zu erlassen:

> „Wir verstehen, dass wir nicht zum vollständigen Zeitungsboykott aufrufen dürfen, denn eine deutsche Zeitung oder die Reptilienpresse fungiert für viele Menschen als einzige Möglichkeit, um nach Nachrichten aus der Welt und über den Krieg zu suchen. Desto stärker appellieren wir: [...] So wenig wie möglich Zeitungen zu kaufen, indem man den Kauf einer Zeitungsausgabe für viele Personen organisiert, die auf das Blatt nicht verzichten können."[83]

Als eindeutig kollaborativ ist dagegen die Zusammenarbeit einiger polnischer Schriftsteller und Journalisten mit den Propagandabehörden im Rahmen der so genannten „Aktion Berta" im Jahr 1944 anzusehen. Mit ihrer Hilfe versuchte die Hauptabteilung Propaganda in der Regierung des GG und des SD eine Vielzahl von gefälschten Untergrundzeitungen, wie z.B. *Nowa Polska*, *Głos Polski*, *Gazeta Narodowa*, *Nowy Czas*, *Wola Ludu* und *Informator*, innerhalb der unterworfenen Bevölkerung zu etablieren. In diesen Zeitschriften, die oft ihre Glaubwürdigkeit mit regimekritischen Äußerungen zu festigen versuchten, wurde der Schrecken der sowjetischen Bedrohung exponiert und die Zusammenarbeit mit dem deutschen Besatzer als einzige annehmbare Handlungsalternative vorgeschlagen. Unter der Führung namhafter polnischer Kollaborateure sollte eine „Antibolschewistische Liga" errichtet werden, die vorerst den kommunistischen Untergrund und später auch die Rote Armee bekämpfen sollte.[84] Eine ähnliche Linie verfolgte auch die kollaborative zweiwöchige Zeitung *Przełom Dwutygodnik Polityczny*, die von der Hauptabteilung Propaganda finanziert und beaufsichtigt, aber von den bekannten polnischen Journalisten Feliks Burdecki und Jerzy de Nisau und dem Schriftsteller Jan Emil Skiwski redigiert

---

[82] FRIEDRICH, Publizistische Kollaboration, S. 81.

[83] Ebd., S. 360 f.; im weiteren Verlauf des Artikels wurde ausdrücklich der Kauf von Illustrierten und aller „literarischen" Zeitschriften verboten, auf die man ohne Weiteres verzichten konnte.

[84] MADAJCZYK, Polityka III Rzeszy, Bd. 2, S. 173; GŁOWIŃSKI, O nowy porządek, S. 49 f.

und herausgegeben wurde. Die Zeitschrift rief ihre Leserschaft dazu auf, auf jegliche „Unabhängigkeitsträumereien" zu verzichten und im Sinne des politischen Realismus alle Kräfte im Kampf gegen die sowjetische Bedrohung mit dem deutschen Besatzer zu vereinen.[85]
Vor einem ähnlichen Dilemma wie Journalisten und Schriftsteller standen polnische Schauspieler im GG. Auch sie wurden vor der Wahl gestellt, entweder auf die Ausübung ihres Berufs zu verzichten, und eine daraus resultierende wirtschaftliche Degradierung in Kauf zu nehmen, oder sich entgegen allen Weisungen des Untergrunds mit den Nazis einzulassen und in zugelassenen Theatern und Propagandafilmen zu spielen. Während die Teilnahme an legalen Theateraufführungen und Konzerten zwar als verwerflich erachtet wurde, aber angesichts der wirtschaftlichen Misere vieler Schauspieler und Musiker von den meisten Polen noch toleriert wurde, konnte für die Teilnahme an Propagandafilmen, die sich explizit gegen polnische Interessen wandten, keine Entschuldigung gefunden werden.[86]
Aus diesem Grund sorgte die Teilnahme von Igo Sym, Bogusław Samborski und Arthur Horwath an der antipolnischen Produktion „Die Heimkehr" für Empörung und zog seitens des Untergrunds Ehrverluststrafen nach sich. Sym, der sich unermüdlich für polnisches Engagement im Theater einsetzte, wurde am 7. März 1941 sogar als Verräter erschossen.

Individuelle Zuträgerschaft

Terror, Angst und die unaufhörliche Verarmung der Bevölkerung warfen einen langen Schatten auf die zwischenmenschlichen Beziehungen und brachten bei vielen die niedrigsten Instinkte zum Vorschein. Die Besatzungszeit schuf die Gelegenheit, alte Rechnungen zu begleichen, lang verborgene Rachegelüste in die Tat umzusetzen oder die Not anderer Menschen einfach auszunutzen. Individuelles Denunziantentum wurde daher bald zur Plage. Die Untergrundpresse berichtete bereits im Frühjahr 1940:

„Die deutschen Polizei- und Gendarmerieposten werden mit Klagen, Denunziationen und anonymen Anzeigen überhäuft. Die kleinsten Probleme werden den Deutschen zur Beurteilung überlassen. Bei jeglichen Streitfragen und Zwistig-

---

[85] GŁOWIŃSKI, O nowy porządek, S. 50; FRIEDRICH, Publizistische Kollaboration, S. 71.

[86] Stefan Jaracz, Mitglied des Geheimen Theaterrates in Warschau, meinte dazu: „Auch wenn die Teilnahme von polnischen Schauspielern an einem deutschen Film, in dem Polen besudelt wird, alle Anzeichen eines nationalen Verbrechens in sich trägt, fällt die Arbeit von Schauspielern an Theatern, in denen das Repertoire nicht die nationale Würde beleidigt, nicht unter diese Kategorie.", MAJEWSKI, Kolaboracja, S. 68.

keiten sucht man nach der Intervention des Okkupanten. Auch Antrags- und Übersetzungsbüros werden mit Tausenden von solchen Angelegenheiten überhäuft. Die Archive dieser Büros werden irgendwann in der Zukunft ein trauriges Spiegelbild der kleinlichen polnischen Seele abgeben."[87]

Die Ausmaße der individuellen Zuträgerschaft, die bekanntlich im Verborgenen stattfand, sind kaum abschätzbar. Barbara Engelking fand im Warschauer Archiv eine Sammlung von 255 Anzeigen, die von polnischen Briefträgern, die für den Untergrund arbeiteten, vor der Zustellung an die NS-Polizeibehörden übernommen wurden.[88] Diese stellen wahrscheinlich nur einen geringen Prozentsatz der während der Besatzungszeit gestellten Anzeigen in der polnischen Hauptstadt dar. Im ganzen GG müssen allein die geschriebenen Anzeigen in die Tausende gegangen sein.

Die individuelle Zuträgerschaft nahm unterschiedlichste Formen an: Es gab Menschen, die anonyme Briefe schrieben, andere, die zu regulären Vertrauensmännern der deutschen Exekutive wurden, und solche, die tatsächliche oder nur angedrohte Anzeigen als Mittel der Erpressung nutzten, um ihre Opfer gefügig zu machen. Dies verzeichnete auch die Untergrundpresse:

„Eine Anzeige, eine Denunziation besteht in einer Bezichtigung, die ein Pole gegen einen Mitbürger an die Machthaber richtet. Zum Denunziant wird ein Bauer, der einem Besatzungsbeamten die Namen von Nachbarn nennt, die Schweine schlachten, Kühe nicht registrieren lassen oder Getreide insgeheim mahlen. Zum Denunziant wird ein Arbeiter, der sich bei dem deutschen Vorgesetzten über seine Arbeitskameraden oder seinen Vorgesetzten – einen Polen – beschwert. Zum Denunziant wird ein Kaufmann, der an den Feind eines Konkurrenten schreibt, dass dieser das Amtspreisverzeichnis nicht einhalte. Zum Denunziant wird ein Pole, ein Beamter, der dem Feind Informationen und Namen gibt, die Verfolgungen nach sich ziehen können. Zum Denunzianten wird endlich das Gesindel aller Art, das in allen Schichten eines Volkes nicht fehlt und welches aus Geldgier, Rache oder anderen Gründen dem Feind von konspirativen Lokalen, Kämpfern für die Unabhängigkeit, Lesern der illegalen Presse oder Waffenverstecken usw. berichtet."[89]

Es ist unmöglich genau festzustellen, wie viele V- und Z-Männer für die Besatzungsexekutive tätig waren. Ihre Zahl im ganzen GG muss jedoch mehrere Tausend Personen betragen haben. Aus den fragmentarisch erhal-

---

[87] Biuletyn Informacyjny, Bd. 1, S. 131 (26.4.1940).

[88] BARBARA ENGELKING, „Sehr geehrter Herr Gestapo". Denunziationen im deutsch besetzten Polen 1940/41, in: Genesis des Genozids, S. 206; DIES., „Szanowny panie gistapo". Donosy do władz niemieckich w Warszawie i okolicach w latach 1940–1941, Warszawa 2003.

[89] Biuletyn Informacyjny, Bd. 1, S. 458 (3.4.1941).

tenen Angaben der polnischen Untergrundbewegung können wir ersehen, dass allein in einer Zusammenstellung der Heimatarmee aus dem Bezirk Krakau etwa 5.000 Personen registriert waren, die regelmäßig verschiedene Polizeibehörden mit Informationen versorgten. Allein im Jahr 1943 arbeiteten etwa 2.000 Einheimische in Krakau für die örtliche Gestapo. Im gleichen Jahr waren in der Gestapo-Außenstelle in Neu Sandez 1.500 V-Männer registriert.[90] Im Distrikt Radom sollen einer Aussage eines Gestapo-Angehörigen aus der Nachkriegszeit zufolge monatlich 80 Personen „abgefertigt" worden sein.[91] Laut Czesław Partacz sollen zwischen 1. März und 1. September 1942 in den Karteikarten des Gegennachrichtendienstes der Heimatarmee im Bezirk Lemberg 3.172 Zuträger registriert worden sein.[92]

Reaktionen der unterworfenen Gesellschaft auf die Kollaborationsfälle

Die Mehrheit der unterworfenen Bevölkerung im GG reagierte auf jegliche Kollaborationsversuche mit Missbilligung und Abscheu. Besonders zu Beginn der Okkupation, als eindeutige Verhaltensregeln fehlten, die klare Grenzen zwischen dem Verbotenen und dem Zulässigen zogen, wussten viele nicht genau, wie sie mit der neuen Situation umgehen sollten. Detaillierte Verhaltensrichtlinien für die Bevölkerung unter der Besatzung konnten erst allmählich von der Untergrundbewegung und vor allem von der polnischen Regierung im Exil erarbeitet und der Bevölkerung übermittelt werden. Lange Zeit gab es nur sehr allgemein abgefasste Instruktionen, die erst durch die praktische Anwendung im alltäglichen Leben konkretisiert und erweitert werden konnten. Einen solchen Charakter trugen die bereits erwähnten Handlungsdirektiven des Ministerialkomitees für die Landesangelegenheiten, die den ersten Versuch darstellten, die Grenzen des Zulässigen genauer zu bestimmen.[93]

---

[90] LESZEK GONDEK, Polska karząca 1939–1945. Polski podziemny wymiar spra-wiedliwości w okresie okupacji niemieckiej, Warszawa 1988, S. 114.

[91] WŁODZIMIERZ BORODZIEJ, Terror und Politik. Die deutsche Polizei und die pol-nische Widerstandsbewegung im Generalgouvernement 1939–1944, Mainz 1999, S. 139.

[92] Vgl. Czesław Partacz (in der Disskussion über Kollaboration), abgedr. in: Polska – Ukraina: Trudne pytania, Bd. 9: Materiały IX i X międzynarodowego seminarium histo-rycznego: „Stosunki polsko-ukraińskie w latach II wojny światowej", Warszawa, 6–10 listopada 2001, Warszawa 2002, S. 270. Darunter soll es 91 Juden (2,8 %), 1635 „Volks-deutsche" (51 %), 83 Reichsdeutsche (2,6 %), 307 Polen (9,7 %), 278 Kommunisten (8,7 %), 91 NKVD-Zuträger (2,8 %), 104 Gestapo-Agenten (3,3 %) und 23 Agenten des sow-jetischen Nachrichtendienstes gegeben haben.

[93] Vgl. Erste Direktiven des Ministerialkomitees für die Landesangelegenheiten v. 15. 11.1939, in: Armia Krajowa w dokumentach, Bd. 1, S. 6.

Die erste Verhaltensrichtlinie gerichtet an die Zivilbevölkerung, der so genannte *Kodeks Polaka*, kam im September 1940 heraus. Er beinhaltete eine ganze Reihe von Vorschriften, Empfehlungen und Verboten, die alle Bereiche des öffentlichen Lebens umfassten und die erlaubten und unerlaubten Verhaltensformen ausführten. 1941 erschien *Kodeks moralności obywatelskiej* (der Kodex der bürgerlichen Moral), in dem man sich zum Ziel gesetzt hatte, eine genaue Grenze zwischen dem Tolerierbaren und dem völlig Unakzeptablen zu ziehen. Ähnliche Funktionen hatten auch die detaillierten Vorschriften über die Führung des zivilen Kampfs unter der Besatzung, die im August 1941 erlassen wurden. Sie wandten sich an die Angehörigen der wichtigsten Berufsgruppen und forderten von ihnen jede mögliche Unterstützung für die unterworfene Bevölkerung ein bei gleichzeitigem Boykott und Sabotage der Bedürfnisse der Besatzer.[94]

Die Etablierung von verschiedenen Untergrundgruppen und die Verbreitung der illegalen Presse eröffneten neue Möglichkeiten für die Beeinflussung des gesellschaftlichen Verhaltens. Besonders in den ersten Besatzungswochen und -monaten, als es noch an Möglichkeiten mangelte, gezielte Strafaktionen gegen Kollaborateure vorzunehmen, begannen die Untergrundzeitungen mit regelrechten Diffamierungskampagnen. Sie hatten den Zweck, vor Individuen, die in zu engem Kontakt mit den Deutschen standen, zu warnen, gleichzeitig aber auch, den öffentlichen Druck auf die Übeltäter zu erhöhen. So informierte das *Biuletyn Informacyjny* unter der Überschrift „Kanaillen und Dummköpfe" die Bevölkerung: „Beginnend mit der heutigen Ausgabe werden wir die krassesten Fälle von Niedertracht und Dummheit veröffentlichen, die in dieser Atmosphäre der Versklavung zu keimen beginnen."[95] In vielen Zeitschriften wurden daraufhin „Schandanzeigen" veröffentlicht, die neben dem Vergehen oft alle persönlichen Angaben wie Name, Wohnadresse und Arbeitsstelle des jeweiligen Kollaborateurs enthielten. Schon bald zeigten sie auch Wirkung:

„Mit Genugtuung verzeichnen wir den Beginn einer gesellschaftlichen Reaktion gegenüber solchen Subjekten, die ihre Kontakte zum Okkupanten zu übereifrig gestalteten. Eine Vielzahl von solchen Personen bekam bösartige Briefe zugeschickt, an den Türen ihrer Wohnungen und an den Mauern ihrer Häuser wurden gehässige Flugblätter angebracht",

---

[94] Vgl. detaillierte Richtlinien des zivilen Kampfes für Angehörige der freiwilligen und staatlichen Selbsthilfe, des Gesundheitswesens, für Juristen und Mitarbeiter der Zivilverwaltung, Angehörige des Gerichtswesens, der Bildung und Kultur, für Geistliche und Jugendliche, für Frauen, für die Tätigen in der Wirtschaft, AAN, 202/III/31, Bl. 10-24.

[95] Abgedr. in: Biuletyn Informacyjny, Bd. 1, S. 177 (21.6.1940).

hieß es schon Ende 1940 im *Biuletyn Informacyjny*.[96] Die auf diese Weise gelenkte Missgunst der Mehrheitsbevölkerung konnte verschiedene Formen annehmen und mit unterschiedlicher Intensität die Betroffenen treffen. Um beispielsweise die öffentliche Missbilligung von polnischen Frauen, die sich öffentlich in deutscher Begleitung zeigten, zum Ausdruck zu bringen, wurden in Warschau bereits im Dezember 1939 Klebzettel angebracht mit der bissigen Bemerkung: „Frauen, die mit Deutschen gesellschaftlich verkehren, werden darüber in Kenntnis gesetzt, dass es in Bordellen noch freie Plätze gibt."[97] Als dies nicht ausreichte, ging man zu unterschiedlichen Schikanen und zu gesellschaftlichen Boykottmaßnahmen über. Später wurden ihnen sogar die Köpfe kahl geschoren.

Neben Boykottaufrufen und Diffamierungskampagnen in der Presse bereiteten konspirative Organisationen die Schaffung einer geheimen Judikative im Untergrund vor, die nach klar definierten Rechtsauflagen polnische Verräter, Kollaborateure und besonders grausame deutsche Gewalttäter verurteilen und zur Liquidierung bestimmen sollte. Erste Überlegungen in diese Richtung wurden von der Vorgängerorganisation der Heimatarmee, Dienst für den Sieg Polens (*Służba Zwycięstwu Polski*, SZP[98]), bereits Ende 1939 angestellt.[99] Der Gründer der Organisation, General Michał Karaszewicz-Tokarzewski, wandte sich damals an einige verdiente Juristen mit der Bitte um Hilfe bei der Organisation der polnischen Rechtsprechung im Untergrund.[100] Aufgrund dieser Initiative entstand das Oberste Gericht des SZP-ZWZ, das noch vor der Jahreswende erste Todesurteile verhängte.[101] Diese Initiative von „unten" wurde von der polnischen Regierung im Exil akzeptiert, die am 16. April 1940 den „Beschluss über Femegerichte (*sądy kapturowe*) im Land" veröffentlichte. Demnach waren nur ZWZ-Kommandanten der Besatzungszonen und Kreise

---

[96]   Ebd., S. 322 (21.11.1940).

[97]   LANDAU, Kronika, Bd. 1, S. 128 (Eintrag v. 11.12.1939); zu der überwiegend materiellen Begründung für solche Verbindungen, vgl. KRAHELSKA, Postawa społeczeństwa, Bl. 15 f.

[98]   Die SZP wurde am 27.9.1939 von Brigadegeneral Michał Karaszewicz-Tokarzewski in Warschau gegründet. Sie bildete eine Keimzelle des künftigen Polnischen Untergrundstaats und wurde zuerst in den Bund für den bewaffneten Kampf (*Związek Walki Zbrojnej*, ZWZ) und danach in die Heimatarmee umgewandelt.

[99]   GONDEK, Polska karząca, S. 33 f.

[100]   Laut LISIEWICZ, W imieniu Polski podziemnej, S. 13 f., waren es Oberst Konrad Zieliński, Vorsitzender des Appellationsgerichts in Lemberg, Władysław Sieroszewski, Staatsanwalt am Obersten Gericht, und Antoni Olbromski, Richter am Appellationsgericht in Warschau.

[101]   Ebd., S. 14; GONDEK, Polska karząca, S. 35 f.; ANDRZEJ K. KUNERT, Wojskowe sądownictwo specjalne ZWZ-AK 1940–1944, in: Więź, Nr. 274, 1981, S. 111.

zur Verhängung der Todesstrafe für Vergehen innerhalb der Militärorganisation ermächtigt. Die Zuständigkeit für Verbrechen von Personen, die außerhalb der Organisation standen oder im Besatzungsapparat dienten, war den Bezirks- und Hauptdelegaten der Regierung vorbehalten. Nach der Anerkennung der Urteile durch den zuständigen Abgesandten der Regierung sollte die Untergrundorganisation die dort verhängten Todesstrafen selbst vollstrecken.[102] Daraufhin wurde im Mai 1940 ein Gesetzbuch der Femegerichte des ZWZ herausgegeben, das die Arbeitsweise der militärischen Untergrundjudikative aufs Genauste festlegte. Den letzten Schritt bei der Bildung der geheimen Gerichtsbarkeit innerhalb des bewaffneten Untergrunds stellte im November 1941 die Errichtung der Militärischen Sondergerichte (*Wojskowe Sądy Specjalne*, WSS) dar.[103] Die Hauptaufgabe der WSS lag in der Gewährleistung der Sicherheit für alle militärischen Belange des Polnischen Untergrundstaats durch Eliminierung aller undichten Stellen, die ermittelt und im Laufe eines Untersuchungsverfahrens bestätigt wurden. Alle Urteile wurden dann zuständigen Organen der Heimatarmee zur Vollstreckung übergeben.

Viel langsamer ging dagegen die Bildung einer geheimen Gerichtsbarkeit im zivilen Bereich des Polnischen Untergrundstaats voran. Das erste geheime Zivile Sondergericht (*Cywilny Sąd Specjalny*, CSS) entstand allem Anschein nach erst Ende 1942 in Warschau. Seinem ersten Vorsitzenden Eugeniusz Ernst zufolge sollen dazu unter anderem die Mitglieder des Rats für die Hilfe der Juden *Żegota* beigetragen haben. Sie wandten sich wiederholt an die Untergrundorganisation, um die *„Schmalcowniki"*, die in Warschau Jagd auf versteckte Juden machten, abzustrafen.[104] Laut dem ausgefüllten Fragebogen über die Tätigkeit des zivilen Widerstandes in Polen von Anfang 1944 gab es im GG außerhalb der Stadt Warschau noch folgende zivile Sondergerichte: im Bezirk Warschau-Land; im Distrikt Radom in Petrikau, Kielce, Radom, Tschenstochau; im Distrikt Lublin in Lublin und zwei weitere in Biala Podlaska und in Zamosc in Vorbereitung; im Distrikt Krakau in Krakau sowie in Miechow, Krosno und Tarnow.[105]

Es gibt keine genauen Angaben über die Zahl der während der Besatzung im GG gefällten und vollstreckten Todesurteile. Von der militärischen

---

[102] Abgedr. in: Armia Krajowa w dokumentach, Bd. 1, S. 220.

[103] Vgl. Statut der Militärischen Sondergerichte v. 26.11.1941, abgedr. in: ebd., Bd. 2, S. 151 ff.

[104] GONDEK, Polska karząca, S. 61. Gondek selber ist der Überzeugung, dass dies keineswegs der Hauptgrund für die Errichtung dieses Sondergerichts gewesen sein kann und das hier eher eine zeitliche Parallelität auftrat (ebenda, S. 61 ff.).

[105] Vgl. Fragebogen v. Februar 1944, abgedr. in: EUGENIUSZ DURACZYŃSKI, Między Londynem a Warszawą, lipiec 1943 – lipiec 1944, Warszawa 1988, S. 286 f.

Gerichtsbarkeit sind nur Vollstreckungen aus dem Distrikt Warschau bekannt: In den Jahren 1940 bis 1944 vollstreckte alleine das Militärische Sondergericht der Hauptkommandantur der Heimatarmee etwa 100 Urteile. In der gleichen Zeit vollstreckte das WSS des Gebietes Warschau circa 150 Urteile und das WSS des Bezirks Warschau weitere 100 Todesstrafen.[106] Wir verfügen über genauere – obwohl auch unvollständige – Angaben der so genannten Säuberungsaktion (*Akcja C[zyszcząca]*), also der Vollstreckungsaktion des CSS: Im Jahr 1943 wurden insgesamt 1.246 Personen liquidiert (April wegen fehlenden Angaben nicht mitgerechnet) und im Jahr 1944 allein bis Juni 1944 weitere 769 Personen.[107] Leszek Gondek schätzt die Zahl aller vollstreckten Todesurteile durch die militärische und zivile Untergrundjudikative während der deutschen Besatzung auf ungefähr 2.500, die Zahl der gesprochenen Todesurteile auf 3.000 bis 3.500 und die aller verhandelten Fälle auf etwa 5.000.[108] Auch wenn nur ein kleiner Teil aller Zuträger und Verräter mit dem Tod bestraft wurde, beeinflusste schon allein die Kenntnis von der Existenz einer polnischen Gerichtsbarkeit im Untergrund das Verhalten der Bevölkerung und stellte für viele Kollaborateure eine klare Warnung dar, die ihren Eifer bremste.

---

[106] GONDEK, Polska karząca, S. 112.

[107] Vgl. monatliche Zusammenstellung der Vollstreckungen in: Polskie Siły Zbrojne w drugiej wojnie światowej, Bd. 3: Armia Krajowa, hg. v. Komisja Historyczna Polskiego Sztabu Głównego w Londynie, London 1950, S. 473

[108] GONDEK, Polska karząca, S. 114.

GRZEGORZ MOTYKA

DIE KOLLABORATION IN DEN OSTGEBIETEN DER ZWEITEN POLNISCHEN REPUBLIK 1941–1944

Das Thema Kollaboration ruft seit langem Kontroversen und Streitigkeiten hervor. Historiker meiden dieses Thema lieber, oft aus Angst, dass die Ergebnisse der Forschung, wie der polnische Historiker Tomasz Szarota dieses Phänomen beschreibt, zur „Verschlechterung des Bildes der eigenen Nation in den Augen anderer"[1] führen könnten. Einen weiteren Einwand führt Jarosław Hrycak an: „Man kann die junge Generation nicht mit Geschichten über die Zusammenarbeit mit dem Feind erziehen."[2] Unbeabsichtigt stützte Andrzej Nowak diese Argumentation in der Diskussion über Jedwabne, indem er einen Text publizierte, dessen Hauptthese lautet: „Westerplatte statt Jedwabne".[3] Das Thema der Verantwortung gegenüber den jüngeren Generationen beinhaltete auch eine Umfrage der Zeitschrift *Arcana* mit dem Titel: „Kollaboration und Geschichte: der Streit um die Einstellung der Polen." Sie zeigte, wie weit Ängste in Bezug auf das Thema Kollaboration verbreitet sind.[4] Außerdem ist es schließlich gar nicht so leicht, das Auftreten von Kollaboration in Mittel- und Westeuropa zu beurteilen. In Westeuropa hatte man es nur mit einer Art des Totalitarismus zu tun. Die Bewohner Mittel- und Osteuropas standen jedoch zwischen zwei Totalitarismen und mussten sich oftmals zwischen dem kleineren Übel entscheiden. Daher ließen sich viele Minderheiten – vor allem die ukrainische, litauische und weißrussische – zuallererst von patriotischen Motivationen leiten, wenn sie sich auf eine Zusammenarbeit mit dem Dritten

---

[1] TOMASZ SZAROTA, Życie codzienne w stolicach okupowanej Europy. Szkice historyczne. Kronika wydarzeń, Warszawa 1995, S. 125.

[2] IAROSLAV HRYTSAK, Narys istoriï Ukraïny. Formuvannia modernoï ukraïns'koï naciï XIX–XX stolittia, Kyïv 2000, S. 232.

[3] Vgl. ANDRZEJ NOWAK, Powrót do Polski. Szkice o patriotyzmie po „końcu historii" 1989–2005, Kraków 2005, S. 206-211.

[4] Arcana, Nr. 51-52, 2003.

Reich einließen, und später eventuell von ideologischen. Vielmehr noch hatten diese Gruppen oftmals bis zum Schluss Illusionen bezüglich der deutschen Besatzer. Sie hielten die verübten Verbrechen für „Fehler und Auswüchse" des Systems und nicht für dessen immanente Eigenschaft. Diese naive Haltung kommt etwa in den Erinnerungen von Kost' Pan'kivs'kyi zum Ausdruck, einem der führenden ukrainischen Kollaborateure. Er schrieb:

> „Mit Verwunderung betrachteten wir, was die Deutschen taten, ohne es zu verstehen. Aber trotzdem, hätte uns damals jemand erzählt, dass [...] H.[ans] Frank, ein Mensch mit juristischer Ausbildung, [...] in seinem Tagebuch die Wörter niederschreibt: ‚Wenn wir den Krieg gewinnen, [...] dann werden wir aus den Polen und Ukrainern Hackfleisch machen können', wir hätten ihm nicht geglaubt, wir hätten eine solche Bemerkung für eine boshafte Behauptung, eine antideutsche Propaganda gehalten."[5]

Anzumerken ist auch, dass die Situation der Polen und der Litauer, der Ukrainer sowie der Weißrussen unterschiedlich war. Die Polen hielten die ganze Kriegszeit über die Deutschen für den Hauptfeind. Die Sowjets waren für die meisten zuerst Feinde (1939–1941), dann schwierige Verbündete (1941–1943) und schließlich „Verbündete unserer Verbündeten" (ab 1943). Der polnische Untergrund stand deshalb grundsätzlich gegen jegliche militärische Zusammenarbeit mit dem Dritten Reich – auch einer lokalen, die durch höhere Notwendigkeit begründet gewesen wäre. Die litauischen, ukrainischen und weißrussischen Bevölkerungsteile sahen ihren Hauptfeind in der UdSSR, die Deutschen waren ein potenzieller Verbündeter, geradezu ein Garant, für die Erringung oder Rückgewinnung ihrer Unabhängigkeit. Unbedingt muss man auch hervorheben, dass bis auf die zur Vernichtung verurteilten Juden die unterschiedlichen Nationalitäten in den Ostgebieten der Zweiten Polnischen Republik – Polen, Ukrainer, Litauer, in geringerem Umfang auch die Weißrussen – miteinander rivalisierten und „einen Krieg um Einflüsse und Land" führten. Wer die besseren Posten in der deutschen Verwaltung und dem Sicherheitsdienst innehaben würde, könnte gegenüber dem historischen Gegner schon beim Start in einer besseren Ausgangsposition stehen, für einen Kampf, der geführt werden sollte, wenn die Deutschen und die Sowjets an den Fronten ausgeblutet sein würden. Deshalb missbrauchten nicht nur die Deutschen andere Nationen, sondern diese versuchten auch, die Nationalsozialisten für eigene nationale Interessen zu benutzen. Um das zu erreichen, mussten die Deutschen davon überzeugt werden, dass man ihnen nützlich oder sogar nützlicher als andere ethnische Gruppen sein könnte. Es herrschte somit eine

---

[5] KOST' PAN'KIVS'KYI, Roky nïmets'koï okupatsiï, New York, Toronto 1968, S. 11.

scharfe Konkurrenz zwischen den Vertretern der unterschiedlichen nationalen Gruppen um die Posten in den Ämtern, auf Landgütern, in Unternehmen und bei der Polizei. Dabei hatten allerdings die Besatzer das letzte Wort. Vieles hing scheinbar von den persönlichen Sympathien und Abneigungen der lokalen deutschen Beamten ab.[6]

Das Jahr 1941

Während der zwei Jahre Besatzung setzten die Sowjets der Bevölkerung in den Ostgebieten der Zweiten Polnischen Republik so zu, dass die Mehrheit mit Freude die Niederlagen der Roten Armee betrachtete. Den Ausbruch des deutsch-sowjetischen Kriegs begrüßten auch die Polen mit der Hoffnung auf eine Verbesserung ihres Schicksals. Die einmarschierende Wehrmacht wurde zumindest mit Erleichterung empfangen. Es existierte die Überzeugung, dass sich nichts Schlimmeres mehr ereignen könne. „Und endlich kamen die Deutschen", schrieb der polnische Zeitzeuge Tadeusz Czarkowski-Golejewski. „Ich freute mich wie alle. Persönlich brachte ich Blumen und Buttermilch herbei, um sie zu begrüßen."[7]

Gegen die Sowjets traten die Litauer und Ukrainer aktiv auf. Sofort nach dem Beginn der Kampfhandlungen in Litauen und Ostgalizien brachen antisowjetische Aufstände aus. Die militärischen Aktionen führten die Front Litauischer Aktivisten (FLA) sowie die Organisation Ukrainischer Nationalisten (OUN). Am 23. Juni riefen die Litauer in Kaunas die Restitution des litauischen Staates aus. Die einberufene Regierung überstand jedoch lediglich etwa sechs Wochen und stellte dann, von den Deutschen nicht anerkannt, ihre Tätigkeit Anfang August wieder ein.[8] Die ukrainische OUN, die 10.000 bis 20.000 Menschen umfasste (eher schwach bewaffnet und organisiert), übernahm die Macht in 213 Ortschaften und führte ungefähr 100 Schlachten, u. a. in der Nähe von Luck, Dubno und Trembowla. Am 30. Juni 1941 riefen die Mitglieder der von Stepan Bandera geführten Fraktion der OUN (OUN-B) in Lemberg eine ukrainische Regierung unter der Führung von Jaroslav Stetsko aus. Sie wurde jedoch bald aufgelöst, und

---

[6] JAROSLAV VACULIK, Reemigrace a usidlovani volyńskych Čechu v letech 1945–1948, Brno 1984; WINCENTY ROMANOWSKI, ZWZ-AK na Wołyniu 1939–1944, Lublin 1993.

[7] TADEUSZ CZARKOWSKI-GOLEJEWSKI, Moja Wysuczka, in: Europa nie-prowincjonalna. Przemiany na ziemiach wschodnich dawnej Rzeczypospolitej (Białoruś, Litwa, Łotwa, Ukraina, wschodnie pogranicze II Rzeczypospolitej Polskiej) w latach 1772–1999, hg. v. KRZYSZTOF JASIEWICZ, Warszawa, London 1999, S. 336.

[8] CZESŁAW MADAJCZYK, Faszyzm i okupacje 1938–1945, Bd. 1, Poznań 1983, S. 610.

die Deutschen schickten die Verantwortlichen ins Konzentrationslager.[9] Sowohl Litauer als auch Ukrainer behaupten, dass die damals ausgerufenen Regierungen „die Pläne der Nazis vereitelten" bzw. „sie zur Offenbarung ihrer wahren Vorhaben zwangen".[10] Sie halten die Ausrufung sogar für den Beginn des antideutschen Widerstands.

Der Charakter der ukrainischen Regierung wird allerdings besonders dadurch deutlich, dass Stetsko sofort nach dem Amtsantritt Briefe an Mussolini, Franco und Pavelits verfasste. In dem Brief an Ersteren stellte er fest, dass „in dem von der jüdisch-moskauischen Besatzung befreiten Gebiet" die OUN-B einen ukrainischen Staat gegründet habe. Weiterhin drückte er die Hoffnung aus, dass „in der neuen gerechten faschistischen Ordnung, die das Versailler System ersetzen sollte, die Ukraine die ihr gebührende Stellung einnehmen werde".[11] Wenn Hitler den litauischen und ukrainischen Nationalisten erlaubt hätte, eigene Staaten zu gründen, hätten diese zweifelsohne einen faschistischen Charakter getragen. Die Herrschaft der OUN-B und der FLA wäre wahrscheinlich nicht weniger grausam gewesen als das Ustascha-Regime in Kroatien. Paradoxerweise gewannen die Nationalisten durch die Entscheidung Hitlers, die Regierungen zu unterbinden. Sie wurden nämlich dadurch in den Untergrund gedrängt, der mit der Zeit begann, auch antideutsche Züge anzunehmen. Dies rettete sie höchstwahrscheinlich nach der Niederlage des Dritten Reichs vor dem Schicksal solcher Kollaborateure wie dem Norweger Vidkun Quisling, dem Russen Andrei Vlasov oder dem Slowaken Josef Tiso.

Anmerken kann man, dass die Polen die Internierung der Regierung Stetsko und die Einverleibung Galiziens in das Generalgouvernement (GG) mit Erleichterung aufnahmen. „Im Juli 1941", schreibt der polnische Historiker Grzegorz Hryciuk,

„stellte sich heraus, dass ein bedeutender Teil der polnischen Bevölkerung in Lemberg die Gründung eines unabhängigen ukrainischen Staates mehr fürchtete als die deutsche Besatzung. [...] Die Polen schienen eine bedeutend größere Abneigung, verbunden mit Furcht, gegenüber ihren nächsten Nachbarn zu empfinden als gegenüber den ‚zivilisierten Europäern' mit dem Hakenkreuz-Zeichen."[12]

---

[9] Vgl. Ukraïns'ke derzhavotvorennia. Akt 30 chervnia 1941. Dokumenty i materialy, hg. v. IAROSLAV DASHKEVYCH/ VASYL' KUK, L'viv, Kyïv 2001.

[10] SIGITAS JEGELEVICIUS, Okupacja i kolaboracja na Litwie w czasie II wojny światowej, in: Opór wobec systemów totalitarnych na Wileńszczyźnie w okresie II wojny światowej, hg. v. PIOTR NIWIŃSKI, Gdańsk 2003, S. 32.

[11] Ukraïns'ke derzhavotvorennia, S. 137.

[12] GRZEGORZ HRYCIUK, Polacy we Lwowie. Życie codzienne, Warszawa 2000, S. 208.

Die SS-Division Galizien

Zum auffälligsten Beispiel von Kollaboration in den besetzten Ostgebieten der Zweiten Polnischen Republik gehört der Dienst in den Formationen der deutschen Polizei und der SS. Zur Geschichte der SS-Division Galizien ist eine Reihe von Monographien erschienen.[13] Somit sind ihre Zusammensetzung, ihre Gefechtsroute von Brody nach Österreich und die Reaktionen der ukrainischen Bevölkerung in Galizien auf die Entstehung dieser Einheit bekannt.

Bereits im Oktober 1941 wurde, ohne dies groß publik zu machen, der erste Versuch unternommen, Ukrainer aus Galizien für die SS anzuwerben. Es wurden damals mindestens 1.000 bis 2.000 Personen rekrutiert. Nach unbestätigten Informationen wurden sie auf verschiedene Einheiten an der Ostfront verteilt und sind in den meisten Fällen umgekommen. Die Nachricht von der Formierung der Division, verkündet am 28. April 1943, wurde von den Ukrainern in Galizien äußerst positiv aufgenommen. Obwohl die Deutschen keine politischen Konzessionen gemacht hatten, fasste man die Schaffung einer ukrainischen SS als den ersten Schritt in Richtung eines eigenen Staates auf. Aus diesem Grund gab es keinerlei Schwierigkeiten, Freiwillige anzuwerben. In den Rekrutierungsstellen meldeten sich etwa 80.000 Personen, von denen circa 50.000 diensttauglich gemustert wurden. Von diesen wurden jedoch nur weniger als 20.000 in Ausbildung genommen. Es kam vor, dass man den Freiwilligen Fahnen von ukrainischen Einheiten aus dem Ersten Weltkrieg überreichte. Oft wurde auch die Abkürzung SS als „Sitsch-Schützen" verstanden. Im Dezember 1943 gab es die ersten Überlegungen, ein ganzes Korps aus Einwohnern Galiziens zusammenzustellen.

Neben der Division Galizien sollten in das Korps zwei andere SS-Divisionen integriert werden: die Panzerdivision Lemberg und die Bergschützen-Division Karpaten. Doch Heinrich Himmler gab keine Erlaubnis dazu. Der Andrang der Freiwilligen in die Division nahm erst Anfang 1944 unter dem Eindruck der Niederlagen der Wehrmacht ab. Erst ab diesem Zeitpunkt begannen die Einberufungskommissionen damit, mit Zwang zu

---

[13] MICHAEL BOGUSZ, Galicia Division: The Waffen SS 14th Grenadier Division 1943–1945, Atglen 1999; ANDRII BOLIANOWS'KYI, Dyviziia „Halychyna". Istoriia, L'viv 2000; DERS., Ukraïns'ki viis'kovi formuvannia v zbroinykh sylakh Nimechchyny (1939–1945), L'viv 2003; VASYL' VERYHA, Dorohamy druhoï svitovoï viiny. Lehendy pro uchast' Ukraïnciv u prydushenni varshavc'koho povstannia 1944 roku ta pro ukraïns'ku dyviziiu „Halychyna", Toronto 1984; TARAS HUNCHAK, U mundyrakh voroha, Kyïv 1993; KONSTANTYN ZELENKO, Trahediia dyvizii „Halychyna", in: Viche, Nr. 1, 2; 1994; WOLF-DIETRICH HEIKE, Ukraïns'ka Dyviziia „Halychyna", Toronto, Paris, München 1970; ZENON ZELENYI, Ukraïns'ke iunatstvo v vyri druhoï svitovoï viiny, Toronto 1965.

arbeiten. Ein großer Teil der damals zwangsrekrutierten Ukrainer diente jedoch nicht in der SS-Division Galizien, sondern in anderen Einheiten, u. a. in den SS-Divisionen Wiking und Hohenstaufen. Aus der ersten Welle der Freiwilligen formierten die Deutschen einige SS-Polizeiregimenter (Nummerierung 4., 5., 6., 7. und 8.). Sie wurden Anfang 1944 in die Division eingegliedert. Vorher jedoch nahmen zwei von ihnen – das 4. und 5. SS-Polizeiregiment – an den Aktionen gegen Partisanen teil. Diejenigen Freiwilligen, die minderjährig waren, wurden in so genannte SS-Junkerschulen eingezogen und später in Einheiten der Luftabwehr auf dem Gebiet des Dritten Reichs eingesetzt. Am 31. März 1945 dienten in den Luftabwehreinheiten 7.668 Ukrainer. Ganz am Ende des Kriegs, am 25. April 1945, wurde die SS-Division Galizien in Erste Division der Ukrainischen Nationalarmee (UNA) umbenannt. Die neu formierte 2. ukrainische Division unter der Führung von Oberst Petro Diachenko, der vor dem Krieg Offizier in den polnischen Streitkräften gewesen war, umfasste mehr als 2.000 Mann. Als Brigade Freie Ukraine nahmen sie an den Kämpfen in Sachsen teil, wo Diachenko vom Kommandeur der Division Hermann Göring, Generalmajor Erich Walther, das Eiserne Kreuz verliehen bekam.[14] Die Frage nach eventuellen Kriegsverbrechen, die von den Untereinheiten der Division verübt wurden, bleibt ein umstrittenes Problem unter Historikern.[15] Uneinigkeit herrscht vor allem bei der Einschätzung der „Befriedungsaktion" des Dorfes Huta Pieniacka wie auch bei der Beteiligung der Division an der Niederschlagung des Warschauer Aufstands. In Huta Pieniacka wurden im Februar 1944 etwa 500 bis 800 Polen getötet. An der so genannten Befriedung war das 4. Polizeiregiment beteiligt, das sich aus Freiwilligen der SS-Division Galizien zusammensetzte.

Einige ukrainische Historiker vertreten die Meinung, dass die ukrainischen SS-Soldaten das Dorf besetzten, indem sie den Widerstand der lokalen Bevölkerung brachen, und dann wieder abzogen.[16] Den Massenmord an der Zivilbevölkerung soll ihnen zufolge das später ankommende Exekutionskommando vollzogen haben. Diese Version erscheint vor dem Hintergrund der Zeugenaussagen und der zugänglichen Dokumente al-

---

[14] ANDRII RUKKAS, Heneral Petro Diachenko: voiak chotyr'okh armii, in: Moloda naciia, Almanakh, Nr. 1, 2000.

[15] ALEKSANDER KORMAN, Nieukarane zbrodnie SS-Galizien z lat 1943–1945. Chodaczów Wielki, Huta Pieniacka, Podkamień, Wicyń i inne miejscowości, London 1990; EDWARD PRUS, SS-Galizien. Patrioci czy zbrodniarze, Wrocław 2001; VERYHA, Dorohami.

[16] HUNCHAK, U mundyrakh voroha, S. 75 f.

lerdings unwahrscheinlich.[17] Anders verhält es sich mit der Teilnahme der SS-Division Galizien an der Niederschlagung des Warschauer Aufstands. In der polnischen Geschichtserinnerung existiert die Vorstellung eines Massenmords, den die Ukrainer an der Warschauer Bevölkerung verübt haben sollen. Es besteht heute aber kein Zweifel mehr, dass den Ukrainern Morde anderer zugeschrieben wurden, da die Warschauer Bevölkerung alle ausländischen Einheiten, die auf der Seite der Deutschen kämpften, als „ukrainisch" bezeichneten. Die Historiker sind sich darin einig, dass, um als Ukrainer „identifiziert" zu werden, allein ungewohntes Verhalten, eine Kosakenmütze, befremdliches Aussehen oder die Benutzung einer anderen als der deutschen Sprache ausreichten.[18] Interessant ist, dass während innerhalb der letzten Jahre in ukrainischen historischen Darstellungen die Ukrainische Aufstandsarmee (*Ukrains'ka Povstans'ka Armiia,* UPA) rehabilitiert wurde, sich die Einstellung der Historiker gegenüber der SS-Division Galizien kaum verändert hat. Die Parteinahme für das Dritte Reich während des Kriegs und der Beitritt in die SS bedeuteten in der Praxis den Kampf gegen die Rote Armee, in dem Millionen Ukrainer ihr Leben ließen. Somit ist es bedenklich, dass eine solche Position – insbesondere im Osten der Ukraine – gesellschaftliche Akzeptanz gewinnt. Deshalb erwähnt der ukrainische Historiker Mikolai Koval' in seiner populären Monographie bei der Beschreibung der Beteiligung der Ukrainer am Zweiten Weltkrieg die Division überhaupt nicht.[19] Man kann nur mutmaßen, dass die Art und Weise der Zusammenarbeit der Soldaten der Division mit den Deutschen für ihn gänzlich unakzeptabel ist. In anderen Publikationen finden bei der Darstellung der Geschichte der Division weitgehende Vereinfachungen statt. Zum Beispiel behaupten die Autoren des Schulbuchs für die 11. Klassen der ukrainischen Schulen, Fedir Turchenko, Petro Panchenko und Serhii Tymchenko, dass

---

[17] BOGUSŁAWA MARCINKOWSKA, Ustalenia wynikające ze śledztwa w sprawie zbrodni ludobójstwa funkcjonariuszy SS Galizien i nacjonalistów ukraińskich na Polakach w Hucie Pieniackiej w dniu 28 lutego 1944 roku, in: Biuletyn Instytutu Pamięci Narodowej, Nr. 1, 2000; RAY BRANDON, Ukrainians in German Uniforms, in: Frankfurter Allgemeine Zeitung v. 29.1.2001.

[18] So erinnerte sich ein Soldat der Einheit „Zośka", Leszczyc: „Aufgrund der erlauschten Wörter und ihrer ‚Erscheinung' vermute ich, dass die Ukrainer gekommen sind, um Vieh mitzunehmen." in: „Przez Kampinos na Starówkę", in: Pamiętniki żołnierzy baonu „Zośka". Powstanie Warszawskie, hg. v. TADEUSZ SUMIŃSKI, Warszawa 1986, S. 378; vgl. RYSZARD TORZECKI, Polacy i Ukraińcy. Sprawa ukraińska w czasie II wojny światowej na terenie II Rzeczypospolitej, Warszawa 1993, S. 253 f.; ANDRZEJ A. ZIĘBA, Ukraińcy i Powstanie Warszawskie, in: Znak, Nr. 413-415, 1989; BORYS LEWICKI, Ukraińska likwidacja powstania warszawskiego, in: Kultura, Nr. 6, 1952.

[19] MIKOLAI KOVAL', Ukraïna w Druhii svitovii i Velikii vitchiznianii viinakh (1939–1945 rr), Kyïv 2000, S. 156 f.

die Division die Rolle der fünften Kolonne spielen sollte. Sie schreiben: „Ein Teil der Gefreiten und Offiziere der Division lief zur Ukrainischen Aufstandsarmee über, der Rest der Division wurde in den Kampf bei Brody geworfen, wo die meisten ihrer Soldaten starben oder in Gefangenschaft gerieten."[20] Der Leser erfährt nichts über das weitere Schicksal der Einheit. So könnte er auch annehmen, dass mehr Soldaten der Division in die UPA gingen als zur Schlacht bei Brody. In der „Istoriia Ukraïny" hingegen, die von Jurii Zaitsev 1998 in Lemberg herausgegeben wurde, fehlt in dem kurzen Absatz über die Division die immerhin grundsätzliche Information, dass sie der SS angehörte. Die Autoren erinnern jedoch daran, dass für viele Freiwillige die Division eine Entsprechung der ukrainischen „Sitsch-Schützen" aus der Zeit des Ersten Weltkriegs war. Man kann auch die Information finden, dass nach der Niederlage bei Brody „aus den Überresten" der Division die Erste Ukrainische Division der UNA formiert wurde.[21]

Die Polizei

Wesentlich weniger ist über die ausländischen Polizeieinheiten bekannt, die so genannten Schutzmannschaften. Zwischen 1941 und 1944 wurden 22 litauische Bataillone der Schutzmannschaften gebildet: Nummer 1 bis 15 und 251 bis 257. Sie umfassten insgesamt etwa 8.000 Personen. Hervorzuheben ist, dass es nicht gelang, eine litauische SS-Legion zu bilden, obwohl einige der Untereinheiten in der 15. SS-Division Lettland aus Litauern bestanden.[22] Entstanden sind ebenfalls elf weißrussische Schutzmannschaftsbataillone, die insgesamt mehr als 3.000 Personen umfassten. Um 1942 die Aktivitäten der sowjetischen Partisanen zu erschweren, begann man damit, Einheiten der weißrussischen Selbstverteidigung zu gründen. Insgesamt entstanden etwa 20 Bataillone mit circa 15.000 Menschen. 1944 entstand in Weißrussland die so genannte Weißrussische Landesverteidigung, die im Ansatz ein weißrussisches Heer darstellte. 39 Bataillone der Infanterie wurden formiert (mit mehr als 30.000 Soldaten, davon etwa 20.000 zwangsrekrutiert).[23] Im Reichskommissariat Ukraine,

---

[20] FEDIR TURCHENKO/ PETRO PANCHENKO/ SERHII TYMCHENKO, Noveishaia istoriia Ukraïny. Chast' vtoraia (1939–2001): Uchebnik dlia 11-go klassa, Kyïv 2001, S. 56.

[21] Istorija Ukrajiny, hg. v. IURII ZAITSEV, L'viv 1998.

[22] SERGII DROBIAZKO, Vostochnyje dobrovoltsi v vermakhte, politsii i SS, Moskva 2000.

[23] JAROSŁAW GDAŃSKI, Cudzoziemskie jednostki policyjne w służbie III Rzeszy. Przyczynek do historii Schutzmannschaften, in: Pamięć i Sprawiedliwość, Nr. XL, 1997–1998.

im Generalgouvernement wie auch in Weißrussland entstanden 70 ukrainische Schutzmannschaftsbataillone, wobei ein Teil von ihnen nur dem Namen nach ukrainisch war, denn sie umfassten Russen, Krimtataren und Kosaken. Nach Andrii Bolianows'kyi[24] waren in den Schutzmannschaften etwa 35.000 Ukrainer vertreten. Zum Eintritt in den Polizeidienst ermutigte auch der ukrainische Untergrund. Auf diese Weise wollte man so viele Menschen wie möglich im Umgang mit Waffen schulen, die sie im entsprechenden Moment für den Kampf um Unabhängigkeit benutzen sollten. Es ist somit nicht verwunderlich, dass den Polizeibataillonen oftmals Offiziere der Ukrainischen Volksrepublik oder Aktivisten der Organisation Ukrainischer Nationalisten vorstanden. So hatte im 109. Schutzmannschaftsbataillon eine Zeit lang General Mykhailo Omelianovych-Pavlenko den Oberbefehl. Im 201. Bataillon hingegen, das durch die Zusammenlegung der Bataillone Nachtigall und Roland entstanden war, dienten führende Aktivisten der Bandera-Bewegung wie z. B. Roman Shukhevych. Viele Polizisten nahmen später tatsächlich an der ukrainischen Partisanenbewegung teil. Die größte Welle von Fahnenflucht fand im Frühjahr 1943 in Wolhynien statt, als 5.000 Polizisten die Einheit unerlaubt verließen. Auch später gab es viele Deserteure. Ein Teil der Polizisten des 115. Bataillons der Schutzmannschaften, das nach Frankreich abgeordnet wurde, lief 1944 zu den französischen Partisanen über.

Obwohl die Polizeieinheiten von vielen für den ursprünglichen Kern der nationalen Armeen gehalten wurden, so waren sie dennoch ein wichtiger Teil der deutschen Polizeikräfte. Sie entlasteten deutsche Formationen, indem sie ihnen viele Pflichten bei Bekämpfung des Untergrunds oder während „Befriedungsaktionen" abnahmen. Erneut berühren wir hier die Frage der Kriegsverbrechen. Nicht selten konzentrieren sich die Autoren bei der Beschreibung der Polizeitätigkeit auf die patriotischen Motivationen der Beteiligten und verschweigen dabei oder negieren sogar, dass diese auch Kriegsverbrechen verübt haben könnten.[25] Eine solche Herangehensweise an dieses Problem erscheint schwer hinnehmbar. Es existieren viele Zeugnisse, die darauf verweisen, dass Mitglieder der Hilfspolizei an Liquidierungsaktionen von Juden, aber auch Polen, Ukrainern oder den in Wolhynien lebenden Tschechen beteiligt waren. Allerdings fehlt bisher eine Publikation, die diese Problematik in ihrer ganzen Dimension darstellt. Nur teilweise füllt diese Lücke die Monographie von Martin Dean.[26]

---

[24] ANDRII BOLIANOWS'KYI, Ukraïns'ki viis'kovi formuvannia, S. 124-155.

[25] Vgl. z. B. PETRO MIRCHUK, Zustrichi i rozmovy v Izraïli (Chy ukraïntsi „tradytsiini antysemity"), L'viv 2001, S. 92 f.

[26] MARTIN DEAN, Collaboration in the Holocaust. Crimes of the Local Police in Belorussia and Ukraine 1941–1944, New York 2000.

Ein gesondertes Problem stellt die Anwesenheit von Polen in der deutschen Polizei in Wolhynien dar.[27] Nachdem 1943 die ukrainischen Polizisten in dieser Region desertiert waren, füllten die Deutschen diese Lücken mit Polen auf. In den Polizeieinheiten – in einzelnen Polizeiwachen wie auch im 107. Schutzmannschaftsbataillon – waren sie mit 1.500 bis 2.000 Personen vertreten. Polen waren auch an anderen Schutzmannschaftsbataillonen beteiligt, u. a. am 102. in Krzemieniec, am 103. in Maciejow, am 104. in Kobryn und am 105. in Sarny. Darüber hinaus wurde das 360 Mann starke Schutzmannschaftsbataillon 202 aus dem GG verlegt. Diese Einheit nahm an blutigen „Befriedungsaktionen" in ukrainischen Dörfern teil.[28] Das 202. Bataillon wurde zu Beginn des Jahres 1944 von den Sowjets zerschlagen. Nach dem Krieg führte die Staatssicherheit der Volksrepublik Polen Ermittlungen im Fall des 202. Schutzmannschaftsbataillons durch. Der Staatssicherheit gelang es, einige der Soldaten ausfindig zu machen und so den Werdegang dieser Einheit zu rekonstruieren. Nachdem sie in Wolhynien zerschlagen worden war, schickte man die Reste der Einheit zur Erholung und Weiterbildung nach Frankreich und danach nach Tschenstochau, von wo zumindest ein Teil der Polizisten nach Ostgalizien zum Schutz wichtiger Industrieobjekte abgeordnet wurde. Die Staatssicherheit war an den polnischen Polizisten unter dem Gesichtspunkt ihrer Kollaboration mit den Deutschen interessiert, deshalb behandelte man die Vernichtung der ukrainischen Dörfer nicht ausführlicher.[29]

Auch andere Schutzmannschaftseinheiten nahmen manchmal an repressiven Aktionen gegen Ukrainer und am Kampf gegen die UPA teil. Doch sie schützten die polnische Bevölkerung auch oft vor den Angriffen der UPA. Ein Teil von ihnen schloss sich den polnischen Partisanen an. Allein in der 27. Wolhynien-Infanteriedivision der Heimatarmee waren 700 ehemalige Polizisten (10 Prozent der Einheit) aktiv. Dieser Aspekt wurde

---

[27] Über die polnische Kriminalpolizei vgl. ADAM HEMPEL, Pogrobowcy klęski. Rzecz o policji „granatowej" w Generalnym Gubernatorstwie 1939–1945, Warszawa 1990, S. 124-137.

[28] Einer der Polizisten beschrieb die Aktivitäten der Einheit folgendermaßen: „Das Dorf Pildluzhne wird umzingelt und angezündet, die Bevölkerung wird erschossen. Zlazne brennt bis zur letzten Hütte ab. [...] Wir stürmen überraschend aus dem Wald in die Dörfer und führen gründliche Säuberungen durch. [...] Wir brennen in jedem Dorf in erster Linie die Mühlen und orthodoxen Kirchen ab, so dass bald im Umkreis von vielen Kilometern keine einzige Mühle und keine orthodoxe Kirche mehr steht, auch kein Pope ist mehr da, wir vernichten auch Hünengräber und Denkmäler." in: Relacja policjanta, bearb. v. GRZEGORZ MOTYKA/ MAREK WIERZBICKI, in: Karta, Nr. 24, 1998, S. 129-140.

[29] Streng Geheimer Bericht des Vertrauensmanns „Lis" über die Tätigkeit des Schutzmannschaftsbataillons 202, IPN-Rz-055/48, t. 24, k. 205 ff.

bisher nicht detailliert untersucht.[30] Hervorzuheben ist, dass obwohl die polnische Polizei zweifellos am Völkermord an der ukrainischen Bevölkerung beteiligt war, ihr Wirken in zahlreichen Publikationen unverhältnismäßig zu ihrer faktischen Bedeutung dargestellt wird. Tatsächlich verübte sie in dieser Region Kriegsverbrechen, doch bei weitem nicht in dem Ausmaß, wie ukrainische Autoren dies darstellen. Oft schreiben sie von der „polnisch-deutschen Besatzung des Wolhynien-Gebiets", als ob Deutsche und Polen in diesem Gebiet gleichberechtigte Verbündete gewesen wären.[31] So wird der polnischen Polizei unberechtigterweise die Zerstörung des Dorfes Remel zugeschrieben. Zudem nahm sie an der Vernichtung des Dorfes Malin, wo 600 Menschen, hauptsächlich Tschechen, starben, entweder gar nicht teil oder ihre Beteiligung war minimal.[32]

Der polnische Untergrund

Interessanterweise breitet sich seit der Welle der Abrechnung mit der kommunistischen Vergangenheit ein gewisses Verständnis für die Zusammenarbeit mit den Deutschen aus, wenn diese durch den Willen zum Kampf gegen die Sowjets motiviert war. Zu erinnern ist an die wenig bekannten Fälle von Zusammenarbeit des polnischen Untergrundes mit den Deutschen gegen die Sowjets. Im Juni 1943 entstand am Rand des Waldgebiets um Naliboki das Stolpcer Bataillon der Heimatarmee (*Armia Krajowa*, AK). Am Anfang kämpfte es gegen die Deutschen und traf zu diesem Zweck Absprachen mit den sowjetischen Partisanen. Diese verhielten sich jedoch illoyal und unternahmen am 1. Dezember 1943 den Versuch, die polnische Einheit zu zerschlagen. Das Bataillon wurde entwaffnet, die Kämpfer teilweise ermordet und teilweise in die eigenen Partisanenstrukturen einverleibt. Die Übriggebliebenen stellten die Abteilung unter dem Oberbefehl von Oberleutnant Adolf Pilch („Góra") wieder her. Aber es wurde ihnen klar, dass die Abteilung beim gleichzeitigen Kampf gegen die Deutschen und die Sowjets keine Überlebenschance haben würde. Deshalb kam es zu einer Nichtangriffsabsprache zwischen dem Bataillon und der

---

[30] WŁADYSŁAW SIEMASZKO/ EWA SIEMASZKO, Ludobójstwo dokonane przez nacjonalistów ukraińskich na ludności polskiej Wołynia 1939–1945, t. 1–2, Warszawa 2000; GRZEGORZ MOTYKA, Polski policjant na Wołyniu, in: Karta, Nr. 24, 1998, S. 126 ff.

[31] Vgl. z. B. eine sehr einseitige Veröffentlichung von VOLODYMYR SERHIICHUK, Trahediia Volyni, Kyïv 2003.

[32] Zum Beispiel die Chronik des Paters M. Fedorchuk, in: VOLODYMYR DANYLIUK, Viryty zanadto boliache... Volyn': Khronika podii 1939–1944 rokiv, Lutsk 1995, S. 160-164; Trahedia ćeskoho Malina, Praha 1947.

deutschen Garnison im Dorf Iwieniec. Die Vereinbarung hielt bis Juni 1944. Angesichts der nahenden Ostfront, die geknüpften Kontakte nutzend, trat das Stolpcer Bataillon der AK den Rückzug in das Kampinos-Waldgebiet bei Warschau an. Dort nahm es während des Warschauer Aufstands am Kampf gegen die Deutschen teil. In den Zusammenstößen erlitt die Truppe starke Verluste. Die restlichen Soldaten des Bataillons schlugen sich nach der Niederlage des Aufstands in die Swietokrzyskie-Berge durch, wo sie bis Januar 1945 kämpften.[33] Eine ähnliche Situation entstand im nordwestlichen Gebiet von Nowogrodek. Im Januar 1944 schloss das in diesem Bereich aktive Zaniemeński-Bataillon der AK, das von Rittmeister Józef Świda („Lech") und Leutnant Czesław Zajączkowski („Ragner") angeführt wurde, nach einer Reihe von Kämpfen mit dem sowjetischen Untergrund einen Nichtangriffspakt mit den Deutschen, der es den Soldaten erlaubte, den Winter zu überstehen. Diese Abmachung erfuhr scharfe Kritik seitens der Hauptkommandantur der Heimatarmee. Der Bevollmächtigte der Hauptkommandantur aus Warschau, Major Maciej Kalenkiewicz („Kotwicz"), führte die Einberufung eines Feldgerichts herbei, das Rittmeister Świda („Lech") zum Tode verurteilte. Die Vollstreckung des Urteils wurde aber auf die Nachkriegszeit verschoben.[34] In Wilna fanden ebenfalls Gespräche über einen Nichtangriffspakt statt. Beendet wurden sie mit der Aktion „Ostra Brama", bei der die polnischen Einheiten gemeinsam mit der Roten Armee Wilna eroberten.[35] Wie man sieht, stellte die Zusammenarbeit zwischen polnischen Partisanen und den Deutschen nur eine Ausnahmeerscheinung dar, insbesondere wenn man sie mit dem Einsatz des polnischen Untergrundes bei der Zerschlagung des Dritten Reichs vergleicht.

Ein anderes Problem ist die Bewaffnung der polnischen Selbstverteidigungsgruppen gegen die Ukrainer durch die Deutschen. Wie bekannt, führte die Ukrainische Aufstandsarmee in den Jahren 1943 bis 1944 die so genannte antipolnische Aktion durch, mit dem Ziel, polnische Bewohner der umstrittenen Gebiete unter Todesdrohung zu vertreiben und in Wolhynien sogar zu ermorden. Die bedrohte polnische Bevölkerung organisierte sich in größeren Ortschaften, indem sie Basen der Selbstverteidigung schaffte. Um zu überleben, war die Erringung der deutschen Akzeptanz

---

[33] TOMASZ STRZEMBOSZ, Rzeczpospolita podziemna, Warszawa 2000; Die vollständigste Monographie über das Stolpec-Batallion der AK schrieb TOMASZ KARWAT, Zgrupowanie Stołpeckie Armii Krajowej w okresie czerwiec 1943–lipiec 1944, Manuskript, Katholische Universität Lublin, Lublin 1994.

[34] STRZEMBOSZ, Rzeczpospolita, S. 101.

[35] JAROSŁAW WOŁKONOWSKI, Wileńskie rozmowy niemiecko-polskie w lutym 1944 r., in: Mars, Nr. 2, 1994; JERZY DOBRZAŃSKI, Rozmowy z Niemcami, Bericht in der Sammlung von Piotra Niwińskiego; STRZEMBOSZ, Rzeczpospolita, S. 103 f.

unumgänglich. Die Deutschen, um die Tätigkeit der ukrainischen Partisanen zu behindern, erlaubten nicht nur das Entstehen der Selbstverteidigungsorganisationen, sondern belieferten diese oftmals mit Waffen. Polnische Historiker heben jedoch hervor, dass eine größere Anzahl von Waffen nicht ausgehändigt wurde und die verantwortlichen Deutschen mit Lebensmitteln bestochen werden mussten, um der polnischen Bevölkerung geringe Hilfsleistungen zukommen zu lassen. Kürzlich entdeckte Quellen scheinen nahe zu legen, dass dabei auch eine Zusammenarbeit mit dem Sicherheitsdienst (SD) stattfand und es sogar zu einer Beteiligung an verschiedenen Aktionen gegen die Partisanenbewegung kam.[36] Die Zusammenarbeit der Selbstverteidigungsorganisationen mit den Deutschen wurde von einer Notlage erzwungen. Deshalb sprechen Polen in diesem Kontext oftmals von einer „scheinbaren Kollaboration".[37] Hervorzuheben ist, dass trotz der tragischen Lage, in der sich die polnische Bevölkerung durch die Aktionen der UPA befand, der polnische Untergrund konsequent die Versuche, Unterstützung bei den Deutschen und Sowjets zu finden, verurteilte. Dies belegt zumindest ein Aufruf des Bezirksdelegierten der Polnischen Regierung im Exil, Kazimierz Banach, vom 28. Juli 1943 an die Einwohner von Wolhynien, in dem er appelliert, die Kämpfe einzustellen:

> „Unter keinen Umständen darf man mit dem Deutschen zusammenarbeiten. Der Beitritt in die deutsche Miliz und Gendarmerie gehört zum schwersten Verbrechen gegenüber der polnischen Nation. Polnische Milizionäre, die an der Vernichtung von Höfen wie auch an der Ermordung von ukrainischen Frauen und Kindern teilnehmen, werden aus den Reihen der polnischen Nation ausgestoßen und schwer bestraft. [...] Die Zusammenarbeit mit dem Bolschewik ist ein gleiches Verbrechen wie die Zusammenarbeit mit dem Deutschen. Der Beitritt in die sowjetischen Partisaneneinheiten ist ein Kapitalverbrechen. Kein Pole darf sich dort befinden."[38]

Dennoch fehlte es nicht an Stimmen, die der Idee, Unterstützung bei den Deutschen zu suchen, nicht abgeneigt waren. Als ihr heißester Befürworter entpuppte sich der Vorsitzende des Haupthilfeausschusses Adam Ronikier. In seinen Tagebüchern hielt er unter anderem fest:

> „Der Bestand des polnischen Besitzes taute in diesem seit ewig zu Polen gehörendem Land weg und die Herren von der Delegatur erlaubten uns nicht, die Organisierung der Selbstverteidigung durchzuführen, und beliebten nicht dar-

---

[36] Auszug aus dem Protokoll des Verhörs von M. Maciążka vom 15.4.1944, in: GASBU, fond 1113, Bl. 78-88.

[37] ROMANOWSKI, ZWZ-AK, S. 91-97.

[38] Archiwum Adama Bienia. Akta narodowościowe, hg. v. JAN BRZESKI/ ADAM ROLIŃSKI, Kraków 2001, S. 111.

über nachzudenken, dass dem Bösen Abhilfe geschaffen werden muss [...]. Zum Beispiel [...] in Rowno, wo zwei unserer Delegierten, nachdem sie vom Kreishauptmann Waffen bekommen hatten [...], nicht nur in der Lage waren, die Ukrainer kurz zu halten, sondern im gesamten Umkreis von Rowno Recht und Ordnung wieder einzuführen – dies widerspricht unseren Besserwissern, die jetzt behaupten, dass man sowieso nichts hätte machen können, weil die deutschen Führungen nicht geholfen hätten. Man hätte etwas tun sollen und nicht dem Vernichtungswerk, das die Grenzen Polens nach Westen schob, ohne eine Träne zusehen dürfen."[39]

Dieser Auslegung schloss sich auch Leopold Tesznar an, der Bevollmächtigte des Haupthilfeausschusses in Westgalizien.[40] Die prodeutsche Option wurde jedoch von der Führung des polnischen Untergrundstaats schnell unterlaufen. Man war der Ansicht, dass mit den Nationalsozialisten aus politischen Gründen keinerlei Zusammenarbeit eingegangen werden dürfe. Die Befürchtung war, dass dies Stalin ein Argument liefern und zum Verlust der Ostgebiete führen würde. Ein solches Risiko wollte man auf gar keinen Fall eingehen. Aus demselben Grund führte die Heimatarmee in den Ostgebieten der Zweiten Polnischen Republik keine größeren Operationen gegen die Ukrainer durch, sondern wartete mit einem offensiveren Auftreten bis zur Aktion „Burza". Anzumerken ist, dass auf Zusammenarbeit mit den Deutschen verzichtet wurde, obwohl dies dazu hätte beitragen können, mehrere Tausend Menschen vor dem Massenmord aus ukrainischer Hand zu retten. Die Ereignisse im Dorf Adamy im Kreis Kamionka Strumilowa stellen hierfür ein gutes Beispiel dar. Die Bewohner erhielten von den NS-Besatzern 40 Gewehre zur Verteidigung gegen die UPA. Dies erlaubte der polnischen Selbstverteidigung, zwei ukrainische Angriffe abzuwehren. Im April 1944, nachdem im Rahmen der Aktion „Burza" in Wolhynien und im Tarnopol-Gebiet Einheiten der Heimatarmee den Kontakt zur Roten Armee hergestellt hatten, nahmen die Deutschen der polnischen Selbstverteidigung die Waffen wieder weg. Im Endeffekt bedeutete dies: „Gleich in der folgenden Nacht führten ukrainische Banden einen organisierten Überfall auf das Dorf Adamy durch und das wehrlose polnische Dorf wurde vollständig niedergebrannt."[41]

---

[39] ADAM RONIKIER, Pamiętniki 1939–1945, Kraków 2001, S. 250 f.

[40] Ebd., S. 334 f.

[41] Wochenbericht bearbeitet durch den Mitarbeiter der Lemberger Abteilung der Delegatur der Regierung von Kazimierz Świrski vom 22. April 1944, in: Dokumenty do dziejów stosunków polsko-ukraińskich 1939–1945, Bd. 2: Kwestia ukraińska i eksterminacja ludności polskiej w Małopolsce Wschodniej w świetle dokumentów Polskiego Państwa Podziemnego 1942–1944, hg. v. LUCYNA KULIŃSKA/ ADAM ROLIŃSKI, Kraków 2004, S. 140.

Zu einem gesonderten Kapitel gehört die Beteiligung von Polen an der sowjetischen Partisanenbewegung in Wolhynien. Um die Jahreswende 1942/1943 war die Unterstützung für die Sowjets seitens der polnischen Bevölkerung nicht groß. Obwohl im Februar 1943 eine Einheit der kommunistischen Partisanen unter der Führung von Robert Satanowski entstand, die zig Personen umfasste, war auch für sie die Unterstützung verschwindend gering. Das ist im Übrigen auch nicht erstaunlich, da zu ihrer Hauptaufgabe die Unterwanderung des polnischen Untergrunds gehörte. Erst die „antipolnische Aktion" der OUN-UPA führte dazu, dass die Sowjets für die Polen zu einem kostbaren Verbündeten wurden. Es verwundert nicht, dass sich dann den Reihen der kommunistischen Partisanenbewegung Tausende polnische Freiwillige unerwartet anschlossen. Insgesamt umfasste sie in Wolhynien 5.000 bis 7.000 Partisanen. In den meisten derzeit veröffentlichten Publikationen werden diese Einheiten unter dem Aspekt der Verteidigung der polnischen Bevölkerung betrachtet. Dabei wird vergessen, welche Genese sie durchmachten, und dass sie sich zuerst gegen den polnischen Untergrund, der um die Unabhängigkeit kämpfte, richten sollten.[42]

Der ukrainische Untergrund

In den letzten Jahren wurden große Fortschritte dabei erzielt, die Zusammenarbeit des ukrainischen Untergrundes mit den Deutschen zu untersuchen. Dies erlaubte, von der in kommunistischer Zeit lancierten These abzurücken, OUN und UPA wären von der deutschen Spionageabwehr und der Gestapo ins Leben gerufen worden. Ukrainische Wissenschaftler räumen allerdings ein, dass die OUN in den Jahren von 1939 bis 1941 in Richtung der Nationalsozialisten orientiert war und die Regierung von Jaroslav Stetsko eine Loyalitätserklärung gegenüber den Deutschen abgeben hat.[43] Hitler war jedoch nicht daran interessiert, einen unabhängigen ukrainischen Staat zu gründen. Der rücksichtslose Umgang der deutschen Machthaber mit der lokalen Bevölkerung befremdete zudem Teile des ukrainischen politischen Milieus. Die Bandera-Anhänger gingen erneut in den Untergrund und engagierten sich schließlich bei der Bildung der Ukrainischen Aufstandsarmee, die teilweise auch gegen die Deutschen kämpfte. Ab Herbst 1943 bereitete sich die UPA intensiv auf den erneuten Einmarsch der Sowjets auf ukrainisches Gebiet vor. In dieser Situation erschien die Fortsetzung des Kampfs gegen die NS-Besatzer vielen Partisanen

---

[42] GRZEGORZ MOTYKA, Tak było w Bieszczadach. Walki polsko-ukraińskie 1943–1947, Warszawa 1999, S. 115-118.

[43] Ukraïns'ke derzhavotvorennia.

als irrational. Auch die Nationalsozialisten begannen, in der UPA einen Verbündeten gegen den gemeinsamen Feind, die Kommunisten, zu sehen. Es verwundert deshalb nicht, dass es um die Jahreswende 1943/1944 in Wolhynien zu einer Reihe von lokalen Vereinbarungen zwischen der UPA und den deutschen Einheiten kam. Im Frühjahr 1944 gab es in Westgalizien Kontakte zwischen dem ukrainischen Untergrund und der Wehrmacht und dem SD. Die von Ivan Hryniokh geführten Gespräche mündeten erst im Sommer in eine Vereinbarung. Der polnische Historiker Ryszard Torzecki geht davon aus, dass die Ukrainer sich damit einverstanden erklärt haben, den deutschen Verbündeten Informationsmaterial, Proben russischer Waffen und Sprengmittel zu übergeben.[44]

Im Gegenzug verpflichteten sich die Nationalsozialisten, ukrainische politische Gefangene zu entlassen, den Partisanen Waffen und Munition zu liefern und schließlich ukrainische Saboteure auszubilden und hinter die Frontlinie zu verlegen. Wahrscheinlich muss man davon ausgehen, dass mit dieser Vereinbarung die Freilassung von etwa Hundert in Konzentrationslagern gehaltenen Bandera-Anhängern verbunden war. Unter den Entlassenen befanden sich u. a. Stepan Bandera, Jaroslav Stetsko wie auch Andrii Melnyk (er war im September 1944 festgenommen worden, nachdem man herausgefunden hatte, dass die OUN-M Versuche unternahm, Kontakte zu den Alliierten aufzunehmen). Interessant ist, dass die deutschen Gesprächspartner in den Verhandlungen die Ukrainer ermunterten, die „antipolnische Aktion" zu stoppen, die ihnen das Hinterland der Front desorganisierte. Gleichzeitig setzten sie sich jedoch selbst in einigen Fällen für gezielte Morde an Polen ein. Dies geschah z. B. in Bezug auf das Kloster in Podkamienie, wo die deutschen Delegaten geradeheraus vorschlugen, die Einheiten der UPA sollten die dort versammelte polnische Bevölkerung ermorden. Mehrere Hundert Personen wurden dabei getötet.[45]

Der Antisemitismus und der Holocaust

Das Verhalten der Bewohner der Ostgebiete der Zweiten Polnischen Republik gegenüber den Juden stellt ein gesondertes Problem dar. Nach Ausbruch des deutsch-sowjetischen Kriegs rollte über die von der Wehrmacht besetzten Gebiete vom Baltikum bis zum Schwarzen Meer eine Welle von Pogromen an der jüdischen Bevölkerung hinweg. Obwohl sie von den Nationalsozialisten inspiriert wurde, war doch die lokale Bevölkerung der unmittelbare Täter: in Litauen – die Litauer; im Bialystok-Gebiet – die

---

[44] Torzecki, Polacy, S. 244.

[45] DASBU, fond 13, opis 372, delo 16, Bl. 1-17.

Polen; in Wolhynien und Ostgalzien – hauptsächlich die Ukrainer.[46] In der Bialystoker Region kam es 1941 zu mehr als 20 Pogromen an der jüdischen Bevölkerung, die von Polen verübt wurden.[47] Die bekannteste Mordaktion, dargestellt im Buch von Jan Tomasz Gross, fand in Jedwabne statt.[48] In Ostgalizien kam es den Angaben von Andrzej Żbikowski zufolge in 31 Ortschaften zu Pogromen mit Todesopfern. In etwa 20 anderen Orten wurden die Juden schikaniert, aber nicht getötet.[49] Nach Meinung von Bogdan Musial war die Anzahl der Pogrome noch höher.[50] Shmul Spektor ist der Meinung, dass allein in Wolhynien die Ukrainer, „von den Deutschen ermutigt", Pogrome in 26 Städtchen und zwölf Dörfern organisiert haben. Dabei sollen etwa 500 Menschen ums Leben gekommen sein.[51]

Aus den deutschen Meldungen geht hervor, dass „die ukrainische Bevölkerung [...] eine lobenswerte Aktivität gegenüber den Juden gezeigt hat".[52] Zweifelsohne nahm an den Ausschreitungen gegen die Juden die von der OUN auf die Schnelle gegründete ukrainische Miliz teil, und sie wurde

---

[46] Sowohl polnische als auch jüdische Autoren und Zeugen sind sich einig, dass die Täter in Wolynien und in Ostgalizien überwiegend Ukrainer waren. Nach Meinung von einigen ukrainischen Autoren nahm daran nur in Einzelfällen die ukrainische Bevölkerung teil; vgl. Ukraïns'ke derzhavotvorennia, S. XLII, 179 f.; AHRON WEISS, Zachodnia Ukraina w okresie Holocaustu, in: Zustriczi, Nr. 5, 1995 (die Ausgabe beschäftigte sich mit dem Thema „Juden und Ukrainer").

[47] Vgl. Wokół Jedwabnego, Bd. 1–2, hg. v. PAWEŁ MACHCEWICZ/ KRZYSZTOF PERSAK, Warszawa 2002.

[48] JAN TOMASZ GROSS, Sąsiedzi. Historia zagłady żydowskiego miasteczka, Sejny 2000; vgl. TOMASZ SZAROTA, U progu Zagłady. Zajścia antyżydowskie i pogromy w okupowanej Europie Warszawa – Paryż – Amsterdam – Antwerpia – Kowno, Warszawa 2000; BOGDAN MUSIAL, Thesen zum Pogrom in Jedwabne. Kritische Anmerkungen zu der Darstellung „Nachbarn" von Jan Tomasz Gross, in: Jahrbücher für Geschichte Osteuropas, Nr. 50, 2002, S. 381-411; TOMASZ SZAROTA, Czy na pewno już wszystko wiemy? in: Gazeta Wy-borcza vom 2.–3.12.2000; KRZYSZTOF JASIEWICZ, Sąsiedzi niezbadani, in: Gazeta Wybor-cza vom 9.–10.12.2000; TOMASZ STRZEMBOSZ, Przemilczana kolaboracja, in: Rzeczpospolita vom 27.–28.1.2001; JAN BŁOŃSKI, Biedni Polacy patrzą na getto, Kraków 1996; JAN TOMASZ GROSS, Upiorna dekada, Warszawa 1999.

[49] ANDRZEJ ŻBIKOWSKI, Lokalne pogromy Żydów w czerwcu i lipcu 1941 roku na wschodnich rubieżach II RP, in: BŻIH, Nr. 2-3, 1992.

[50] BOGDAN MUSIAŁ, Rozstrzelać elementy kontrrewolucyjne. Brutalizacja wojny niemiecko-sowieckiej latem 1941 roku, Warszawa 2001, S. 155 f.

[51] SZMUEL SPEKTOR, Żydzi wołyńscy w Polsce międzywojennej i w okresie II wojny światowej (1920-1944), in: Europa Nieprowincjonalna, hg. v. KRZYSZTOF JASIEWICZ, Warszawa, London 1999, S. 575; SHMUEL SPECTOR, The Holocaust of Volhynian Jews, Jerusalem 1990.

[52] Ukraïns'ke derzhavotvorennia, S. 179.

dabei von unterschiedlichen Gruppen aus der Bevölkerung unterstützt.[53] Die von den Deutschen gegründete ukrainische, litauische und weißrussische Hilfspolizei nahm ebenfalls an der von den Deutschen durchgeführten Vernichtung teil. Unter anderem beteiligte sich die Polizei in Wolhynien an den Massenexekutionen von Juden. Außerdem nahmen an der Massenvernichtung diejenigen Ukrainer teil, die in die Wacheinheiten der Vernichtungslager u. a. in Sobibor, Belzec und Treblinka eingezogen worden waren.[54] Polnische Historiker betonen: „Zur Hilfe bei der Durchführung der Ermordung warben die Deutschen Ukrainer und Litauer an, Polen wurden solche Angebote nicht unterbreitet. Es gab somit keine polnischen Hilfsformationen in den Vernichtungslagern oder bei den Erschießungen."[55] Leider wurden bisher keine Untersuchungen angestellt über, wie Andrzej Friszke es ausdrückte, „eine abscheuliche Form der Kollaboration", also die Erpressung und den Verrat von Juden.[56]

In Bezug auf das Verhältnis der Untergrundorganisationen gegenüber den Juden hatte die Ukrainische Aufstandsarmee die feindlichsten Positionen. Im Herbst 1942 befand die Führung der OUN-B, dass die jüdische Bevölkerung aus den Gebieten des zukünftigen ukrainischen Staates zwangsausgesiedelt werden müsse, und zwar bereits zum Zeitpunkt der beginnenden Aufstandsaktivitäten. Als 1943 die von den Aktivisten der OUN-B gegründeten Einheiten der UPA zu einer faktischen Kraft wurden, war der Holocaust auf diesen Gebieten eigentlich beendet. Die Umsiedlungspläne wurden somit inaktuell, noch bevor die Ukrainer die Möglichkeit hatten, sie in die Tat umzusetzen. Die Forscher sind sich darin einig, dass die UPA beschlossen hat, die jüdischen Überlebenden für ihre eigenen Zwecke zu nutzen. Einerseits begann man in der Partisanenarmee damit, Spezialisten einzubinden: Ärzte, Zahnärzte und Handwerker. Andererseits siedelte man auf den verlassenen polnischen Gutshöfen Gruppen von Juden an, die für die Bedürfnisse der Partisanenbewegung arbeiteten. Während die Tatsache, dass die Juden innerhalb der UPA aktiv waren, keine Kontroversen innerhalb der internationalen Forschung hervorruft, so ist ihr weite-

---

[53] Vgl. Dieter Pohl, Judenverfolgung in Ostgalizien 1941–1944. Organisation und Durchführung eines staatlichen Massenverbrechens, München 1997; Eine interessante Rezension dieses Buches schrieb Taras Kurylo in: Ukraïna Moderna, Nr. 8, Kyïv, L'viv 2003.

[54] Peter Black, Die Trawniki-Männer und die „Aktion Reinhard", in: „Aktion Reinhardt". Der Völkermord an den Juden im Generalgouvernement 1941–1944, hg. v. Bogdan Musial, Osanbrück 2004, S. 309-352.

[55] Andrzej Friszke, Polska. Losy państwa i narodu 1939–1989, Warszawa 2003, S. 43.

[56] Ebd., S. 43. Erste Annäherung am Beispiel von Warschau: Jan Grabowski, Szantażowanie Żydów w Warszawie 1939–1943, Warszawa 2004.

res Schicksal umstritten. Polnische und jüdische Autoren heben übereinstimmend hervor, dass die Juden in der UPA in dem Moment liquidiert wurden, als die Front herannahte.[57] Ukrainische Autoren bestreiten dies.[58] Trotzdem scheinen die Angaben der polnischen und jüdischen Historiker der Wahrheit näher zu sein. Aus einem von den Sowjets erbeuteten Bericht eines Referenten des Sicherheitsdiensts der OUN, Deckname „Zhburt", geht hervor, dass ein Befehl des Sicherheitsdiensts existierte, der besagte: „Alle Juden, die keine Spezialisten sind, sollen konspirativ liquidiert werden, und zwar so, dass weder die Juden noch unsere Leute die Wahrheit erfahren. Stattdessen soll die Propaganda verlauten lassen, dass sie zu den Bolschewiki übergelaufen sind."[59] Offensichtlich änderte sich das Verhältnis der OUN und der UPA zu den Juden erst nach dem Einmarsch der Roten Armee. In den Anweisungen der UPA wurde dann eindeutig empfohlen:

> „Gegen die Juden sollen keine Aktionen durchgeführt werden. Die jüdische Frage ist kein Problem mehr (nur sehr wenige sind übrig geblieben). Das oben Gesagte bezieht sich nicht auf diejenigen, die sich gegen uns stellen."[60]

Im August 1944 verbot man etwa im Lemberger Gebiet das Töten von Juden aufgrund ihrer Herkunft, erlaubt wurde lediglich die Liquidierung derjenigen, die mit dem NKVD zusammenarbeiteten.[61]

Man weiß nicht viel über das Verhältnis des polnischen Untergrunds in den Ostgebieten der Zweiten Polnischen Republik zu den Juden. Bekannt ist, dass in einigen Partisaneneinheiten und Selbstverteidigungsorganisationen eine gewisse Anzahl von Juden im Kampf mit der UPA und den Deutschen überlebte.[62] Nach Szmuel Spector jedoch führten in Wolhynien auch AK-Einheiten Liquidierungen von jüdischen Gruppen durch.[63] Die meisten Juden schlossen sich den sowjetischen Partisanen an. Doch auch dort war

---

[57] Vgl. SIEMASZKO/ SIEMASZKO, Ludobójstwo; ELIYAHU JONES, Żydzi Lwowa w okresie okupacji 1939–1945, Łódz 1999, S. 194.

[58] Lev Shankovs'kyi, Iniciatyvnyi Komitet dlia stvorennia Ukraïns'koï Holovnoï Vyzvolnoï Rady. Postannia i diï v 1943–1944 rr. Spohad i komentar, in: Litopys UPA, Bd. 26, Toronto, L'viv 2001, S. 59 f.

[59] Die Information über die Aktivitäten der ukrainischen Nationalisten vom 21.1.1944 in: Litopys UPA. Nowa serija, Bd. 4, Kyïv, Toronto 2002, S. 126.

[60] GARF, fond 9478, opis 1, delo 126, Bl. 233 ff.

[61] Mehr dazu vgl. GRZEGORZ MOTYKA, Ukraińska Powstańcza Armia a Żydzi, in: Świat niepożegnany. Żydzi na dawnych ziemiach wschodnich Rzeczypospolitej w XVIII–XX wieku, hg. v. KRZYSZTOF JASIEWICZ, Warszawa, London 2004.

[62] Vgl. z. B. JERZY WĘGIERSKI, Konspiracja i walka Żydów na Kresach Południowo-Wschodnich. Zarys i próba hipotezy motywów, in: Świat niepożegnany.

[63] SPECTOR, The Holocaut, S. 265 f.

ihr Schicksal oft nicht zu beneiden. In den Tagebüchern von Fanny Soło-mian-Łoc wird ein furchtbares Bild über den sexuellen Missbrauch an Frauen in den sowjetischen Einheiten sichtbar.[64]

Fazit

Die spezifische Situation in den Ostgebieten der Zweiten Polnischen Republik (ethnische Konflikte, die unmittelbare Konfrontation nicht nur mit dem Nationalsozialismus, sondern auch mit dem Kommunismus) führt dazu, dass die Kriterien zu Beurteilung des Verhaltens der dortigen Bevölkerung anders sind als im Fall der Bewohner Westeuropas oder sogar Zentralpolens. So wurde beispielsweise der Dienst in der Hilfspolizei in den Kresy anders angesehen als in Zentralpolen. Darüber, ob jemand ein Kollaborateur war oder nicht, entscheidet nicht alleine die Beteiligung in dieser oder jener Formation, sondern die individuelle Einstellung, die Art und Weise, wie derjenige die Befehle der deutschen Machthaber ausführte. Aus diesem Grund bekommt die Frage nach der eventuellen Beteiligung an Kriegsverbrechen ein besonderes Gewicht. Man kann Völkermord in keiner Weise rechtfertigen, deshalb wird die Frage, ob eine Einheit daran beteiligt war oder nicht, zum entscheidenden Kriterium zur Beurteilung dieser Einheit. Unter anderem bekommen deshalb die Meinungsverschiedenheiten über die Beteiligung der Ukrainer an der Niederschlagung des Warschauer Aufstands oder den „Befriedungsaktionen" von Huta Pieniacka eine solch emotionale Färbung.

---

[64] FANNY SOŁOMIAN-ŁOC, Getto i gwiazdy, Warszawa 1993.

GRZEGORZ MAZUR

DER WIDERSTAND IM GENERALGOUVERNEMENT 1939–1945

Der Begriff „Widerstand" wurde bisher in der historischen Literatur in Polen kaum verwendet. Präsent war dagegen über mehrere Jahre der Begriff „Widerstandsbewegung". Anzumerken ist dabei, dass beispielsweise in der englischen Sprache beiden Bezeichnungen ein Äquivalent entspricht: *resistance*. Den Ausdruck „Widerstandsbewegung" begann man erst Ende der siebziger Jahre und in den achtziger Jahren aus der polnischen Literatur zu verdrängen und zwar zu Gunsten der Bezeichnung „Polnischer Untergrundstaat" (*Polskie Państwo Podziemne*). Dies, so argumentierten viele Historiker, werde dem tatsächlichen Sachverhalt mehr gerecht. Zweifellos hatten sie recht, doch war der Polnische Untergrundstaat eher eine Institution, und wird auch in der Weise von Geschichtswissenschaftlern betrachtet. Im Fall von „Widerstand" hingegen sprechen wir von einer Haltung der Bevölkerung, in diesem Beitrag von den Einwohnern des Generalgouvernements (GG). Dieser Begriff und das Phänomen des „Widerstands" sind also breiter gefasst als die Bezeichnung „Polnischer Untergrundstaat".

Was bedeutet nun in diesem Fall „Widerstand"? Es handelt sich dabei um vielseitige Aktivitäten. Der Widerstand wurde von den Institutionen des Polnischen Untergrundstaates organisiert, welche die Schaffung einer feindseligen Atmosphäre gegenüber den deutschen Besatzern befahlen. Dazu verbot man die Zusammenarbeit mit den deutschen Einrichtungen und schrieb ein genau definiertes Vorgehen vor. Der Katalog unterschiedlicher Verhaltensvorgaben war enorm lang, so dass es unmöglich ist, sie an dieser Stelle anzuführen.[1] Es ist auch in keiner Weise mehr festzustellen, inwiefern diese Anordnungen befolgt wurden – aus unterschiedlichen Quellen, hauptsächlich Erinnerungen oder Berichte, ergibt sich jedoch, dass diese recht präzise eingehalten wurden. Darüber hinaus gab es Initiativen aus der Bevölkerung, die im Lauf der Jahre dazu beitrugen, den Besatzern viele

---

[1] GRZEGORZ MAZUR, Biuro Informacji i Propagandy SZP-ZWZ-AK 1939–1945, Warszawa 1987, S. 305.

Schäden zuzufügen. Ohne Zweifel gehörten dazu Schwarzmarktgeschäfte[2] und das Ausrauben deutscher Lagerhäuser, Zugwaggons usw. Letzteres resultierte unter anderem daraus, dass der Lebensstandard stark gesunken war und viele ihren bisherigen Arbeitsplatz verloren hatten. Einerseits haben wir es also mit dem Kampf gegen die auferlegte Besatzungsordnung zu tun, andererseits aber mit einem Kampf um das tägliche Überleben, welcher unabhängig von den Strukturen des Untergrundstaates geführt wurde. Ein weiteres damit verbundenes Element war das Vorgehen in den Dörfern, wo sich der Kampf gegen die Besatzer in der Lieferung mangelhafter Landwirtschaftsprodukte ausdrückte. Es war zum einen ein Selbstschutz der Dorfbewohner vor dem Verhungern und dem Untergang, zum anderen die Umsetzung der von den Untergrundbehörden befohlenen Methoden des zivilen, also nicht militärischen Kampfes (*walka cywilna*) gegen die Besatzung. Sicherlich gab es auch zahlreiche Fälle, in denen die Einhaltung der Bürgerpflichten nicht genau genommen wurde, die ein bestimmtes Vorgehen im Umgang mit Deutschen forderten. Unzweifelhaft besuchten die Menschen in den Städten bespielsweise Kinos, da dies die einzige zugängliche Form der Unterhaltung war. Es gab auch Kollaborationsfälle, die die konspirative Presse verurteilte. Es lässt sich insofern schwer über das Phänomen „Kollaboration" sprechen, da dies bisher nicht zum Gegenstand breiter wissenschaftlicher Untersuchungen gemacht wurde und eine Definition problematisch ist.[3]

Ebenfalls bedeutsam ist die Frage nach dem Gebiet, das hier behandelt werden soll. Das Generalgouvernement war das Zentrum des besetzten Polens und dort war das Wirken des Polnischen Untergrundstaats am stärksten und – breiter gefasst – der Widerstand gegen die deutsche Besatzung nahm dort die größten Formen an. Dafür gibt es mehrere Ursachen. Wesentlich war vor allem die Tatsache, dass das GG zu einer Art deutscher Kolonie gemacht wurde. Gesetze, die die polnischen Bürger betrafen, waren dort weniger streng als in den eingegliederten Gebieten, aus denen die Deutschen zu Beginn des Kriegs Hunderttausende Polen ausgesiedelt hatten.[4] Zudem dominierte die polnische Bevölkerung das GG zahlenmäßig, deshalb war die Untergrundtätigkeit leichter zu organisieren. Umso

---

[2] Vgl. CZESŁAW MADAJCZYK, Polityka III Rzeszy w okupowanej Polsce, Warszawa 1970, Bd. 1, S. 596-604.

[3] Zu den wenigen Aufsätzen zu diesem Thema gehört: GRZEGORZ MOTYKA, Problem polskiej i ukraińskiej kolaboracji w czasie II wojny światowej, in: Polska – Ukraina: trudne pytania, Bd. 9. Materiały IX i X międzynarodowego seminarium historycznego „Stosunki polsko-ukraińskie w latach II wojny światowej", Warszawa, 6–10 listopada 2001, Warszawa 2002, S. 213-216.

[4] Zu den Aussiedlungen vgl. MARIA RUTOWSKA, Wysiedlenia ludności polskiej z Kraju Warty do Generalnego Gubernatorstwa 1939–1941, Poznań 2003.

mehr, da sich die Deutschen selbst von der polnischen Bevölkerung abgrenzten und aus ideologischen Gründen alle Möglichkeiten der Integration ausschlugen. Weiter erleichterte die eigentümliche nationale Homogenität des GG den Widerstand, denn sie führte dazu, dass der einzige Feind der Besatzer war und dass dort keine nationalen Konflikte ausgetragen wurden.[5] Die einzige Ausnahme und gleichzeitig eine Behinderung der nationalpolnischen konspirativen Tätigkeit bildete die ukrainische Bevölkerung in den östlichen Teilen der Distrikte Lublin und Krakau und im Distrikt Lemberg, der am 1. September 1941 dem GG eingegliedert wurde. Diese Bevölkerung hatte eigene gesellschaftliche und ökonomische Strukturen wie auch eine Polizei, die im Dienst der Deutschen stand. Die ukrainische Minderheit agierte vielfach zu Gunsten des deutschen Aggressors, wobei diese Haltung Ansprüchen auf einen eigenen Staat entsprang.

Im GG gab es für die polnische Konspiration wegen der dort lebenden nationalen Minderheiten keine Probleme, während sie der nationalpolnischen Untergrundbewegung woanders oft in die Quere kamen und den Besatzern in die Hände spielten. So beispielsweise in den Ostgebieten der Zweiten Polnischen Republik, wo die jüdische und die weißrussische Minderheit als eine Art „fünfte Kolonne" an der Seite des sowjetischen Aggressors aktiv war.[6] In den Gebieten des Distrikts Lemberg (die polnischen Wojewodschaften Tarnopol, Stanislau und der östliche Teil der Wojewodschaft Lemberg, die durch die Sowjetunion besetzt waren und als östliches Kleinpolen bezeichnet wurden) gab es in den Jahren 1939 bis 1941 unter der jüdischen Minderheit Fälle von prosowjetischer Kollaboration. Dies ist jedoch Teil eines anderen, breiteren Fragenkomplexes, auf dessen Existenz ich nur hinweisen kann.

Zusätzlich erleichtert wurde die Aufnahme der Untergrundaktivitäten durch die Schaffung von Strukturen für Sabotage hinter den Frontlinien durch die Abteilung II des Generalstabes der polnischen Armee (*Oddział II Sztabu Generalnego Wojska Polskiego*). Zwar wurden diese bevorzugt in den Grenzgebieten und sogar im Ausland gebildet, doch entstanden sie auch in den Landesteilen, aus denen die Deutschen 1939 das GG geformt

---

[5] Nach ersten deutschen Schätzungen aus dem Jahr 1940 umfasste das Generalgouvernement etwa 12 Millionen Einwohner, darunter etwa: 9.600.000 Polen (80 %), 1.500.000 Juden (12,5 %), 750.000 Ukrainer (6,3 %), 90.000 Deutsche (0,8 %), 80.000 „Goralen" (0,7 %), vgl. KAROL MARIA POSPIESZALSKI, Hitlerowskie „Prawo" okupacyjne w Polsce, Bd. 2: Generalna Gubernia. Wybór dokumentów i próba syntezy (Documenta Occupationis, Bd. 6), Poznań 1958, S. 20 (Anm. d. Hrsg.).

[6] Zu der Rolle nationaler Minderheiten in den Ostgebieten der Zweiten Polnischen Republik während des sowjetischen Überfalls, Tygiel narodów. Stosunki społeczne i etniczne na dawnych ziemiach wschodnich Rzeczypospolitej 1939–1953, hg. v. KRZYSZTOF JASIEWICZ, Warszawa, London 2002.

hatten.[7] Auf dieser Grundlage wurden einige der ersten Untergrundorganisationen geschaffen, welche später dem Bund für den bewaffneten Kampf (*Związek Walki Zbrojnej*, ZWZ) untergeordnet wurden. Als Beispiel kann an dieser Stelle die Organisation Weißer Adler (*Organizacja Orła Białego*) dienen, welche Kleinpolen, Schlesien und die Gebiete um Lublin mit ihren Aktivitäten überzog.[8] Es ist allerdings zu beachten, dass mit den Vorbereitungen auf eventuellen Widerstand und der Schaffung eines Polnischen Untergrundstaates noch vor dem Ausbruch des Zweiten Weltkriegs begonnen wurde. Denn die polnischen Stabsoffiziere waren sich bewusst, dass der Angriff auf Polen früher oder später stattfinden würde, und mit ihm die Besetzung zumindest einiger Teile der polnischen Gebiete.

Das waren bereits die militärischen Anfänge der Widerstandsbewegung und des Polnischen Untergrundstaats, gleichzeitig sollte man die Initiative von General Michał Karaszewicz-Tokarzewski erwähnen, dank welcher die Organisation Dienst für den Sieg Polens (*Służba Zwycięstwu Polski*, SZP) entstand.[9] Als Gründungsdatum wird der 27. September 1939 angenommen. In der folgenden Zeitperiode rief Oberbefehlshaber General Władysław Sikorski am 13. November 1939 den Bund für den bewaffneten Kampf ins Leben, was tatsächlich jedoch eine Umformung des SZP in den ZWZ bedeutete. Gleichzeitig sind individuelle Initiativen zu erwähnen, wie zum Beispiel die Partisanenabteilung unter der Führung von Major Henryk Dobrzański („Hubal"), die bis zur Liquidierung des Befehlshabers am 30. April 1940 bei Anielin in der Kielcer Region kämpfte.[10] Viele andere Vorstöße waren spontane Gründungen von Untergrundorganisation, vor allem auf Initiativen der Offiziere, die gerade erst von der Front zurückgekehrt waren. Dabei ordnete man diese Gruppen sehr schnell bedeutenderen Organisation, meist dem ZWZ, unter. Es entstanden auch kurzzeitige Organisationen, die aus unterschiedlichen Gründen nicht lange überdauerten. Die Zeit bis zum 14. Februar 1942, also bis zur Umbenennung des ZWZ in Heimatarmee (*Armia Krajowa*, AK), bildete eine stürmische Phase in der Entwicklung des polnischen militärischen Untergrunds. Das Datum steht jedoch nur für die Namensänderung einer militärischen Organisation.

---

[7] Vgl. Zbiór dokumentów ppłk. Edmunda Charaszkiewicza, hg. v. ANDRZEJ GRZYWACZ/ MARCIN KWIECIEŃ/ GRZEGORZ MAZUR, Kraków 2002.

[8] KAZIMIERZ PLUTA-CZACHOWSKI, Organizacja Orła Białego. Zarys genezy, organizacji i działalności, Warszawa 1987.

[9] DANIEL BARGIEŁOWSKI, Po trzykroć pierwszy. Michał Tokarzewski-Karaszewicz. Generał broni, teozof, wolnomularz, kapłan Kościoła liberalnokatolickiego, Bd. 2, Warszawa 2001.

[10] Ilustrowany przewodnik po Polsce Podziemnej 1939–1945, hg. v. ANDRZEJ KRZYSZTOF KUNERT, Warszawa 1996, S. 50.

Im GG wirkten folgende Gebiete und Bezirke des ZWZ (später AK): Bezirk Warschau, Teile des Gebiets Warschau (Unterbezirke West und Ost), Bezirk Lublin, Bezirk Kielce-Radom, Bezirk Krakau, ein Teil des Bezirkes Lodz (Inspektorat, später Unterbezirk Petrikau). Zusammenfassend bedeutete dies, dass sich im GG (mit dem Distrikt Galizien) zwischen dem 1. März und dem 31. September 1942 etwa 87.000 Soldaten der AK befanden, also der größte Teil der Organisation. Diese Soldaten waren am besten bewaffnet und dort befand sich der größte Teil der Ausrüstung.[11] Somit war die Untergrundarmee im GG stärker als in anderen Gebieten des besetzten Polens präsent. In den besetzten Ostgebieten der Zweiten Polnischen Republik hatten die sowjetischen Sicherheitsdienste im Lauf des Jahres 1940 die dortigen Strukturen des ZWZ aufgespürt oder zerschlagen.[12] Erst in der zweiten Hälfte des Jahres 1941, nach dem Einmarsch der Deutschen in diese Landesteile, konnte man sie grundlegend neu aufbauen.[13] In den Gebieten, die ins Reich eingegliedert worden waren, war die Organisation des Untergrunds um vieles schwerer. In den folgenden Jahren nahm die Größe der AK in diesen Gebieten zu und erreichte in der Jahreshälfte 1943 insgesamt über 125.000 Mann.

Zu den zahlenmäßig stärksten Regionen gehörten die Bezirke Warschau-Stadt, wo auch die Kräfte der Hauptkommandantur der AK (*Komenda Główna AK*) hinzuzuzählen sind, Lublin, Radom und Krakau. Es ist jedoch zu betonen, dass die Bewaffnung weiterhin schlecht war. Das Gebiet Lemberg war am schwächsten und zählte insgesamt nur knapp 20.000 Soldaten. Dies zeugt deutlich davon, dass Zentralpolen das größte Potenzial für den militärischen Untergrund besaß und gleichzeitig nicht so viele Feinde gegen sich hatte.[14] Im Herbst 1944 umfasste die Heimatarmee 11.000 Offiziere, über 75.000 Offiziersanwärter und fast 88.000 Unteroffiziere. In Berichten wies man fast 9.000 vollständige und unvollständige Züge aus, wobei sich über die Hälfte dieser Streitkräfte im Bezirk Warschau und der Stadt selbst und in den Bezirken Lublin, Kielce-Radom und Krakau befand. Wenn man die Anzahl der vollständigen und unvollständigen Züge – der erstgenannte umfasste durchschnittlich 50 Soldaten, der

---

[11] Armia Krajowa w dokumentach 1939–1945, hg. v. TADEUSZ PEŁCZYŃSKI, London 1971–1989, Bd. 2, S. 316 f.

[12] Vgl. den Aufsatz von Rafał Wnuk in diesem Band.

[13] GRZEGORZ MAZUR, Walka NKWD ze Związkiem Walki Zbrojnej na Kresach Południowo-Wschodnich w świetle dokumentów dokumentów polskich archiwów w Londynie, in: Europa nieprowincjonalna. Przemiany na ziemiach wschodnich dawnej Rzeczypospolitej (Białoruś, Litwa, Łotwa, Ukraina, wschodnie pogranicze III Rzeczypospolitej Polskiej) w latach 1772–1999, hg. v. KRZYSZTOF JASIEWICZ, Warszawa, London 1999, S. 668.

[14] Armia Krajowa w dokumentach, Bd. 3, S. 98 f.

zweite 25 – zusammenrechnet und sie mit den in Berichten angegeben Zahlen multipliziert, dann stellt man fest, dass die Bezirke im GG insgesamt über 230.000 Soldaten umfassten. Der Bestand der AK wuchs zudem weiter an. Nach wie vor waren die stärksten Bezirke: Warschau-Stadt, Radom, Lublin, Krakau. Nach unterschiedlichen Schätzungen zählte die AK zwischen 250.000 und 350.000 Kämpfer und stellte damit eine der zahlenmäßig stärksten militärischen Untergrundorganisationen im besetzten Europa dar. Die Zahlenstärke bedeutete jedoch nicht, dass gleichzeitig ein großes Kampfpotenzial bestand, denn, wie aus Informationen an die Verbündeten hervorgeht, die man um große Munitionsabwürfe bat, konnten gerade mal 32.000 Soldaten mit einer Waffe rechnen.[15] Erst später, während der Kämpfe im Rahmen der Aktion „Burza",[16] veränderte sich dank Beuteeinnahmen der Zustand der Bewaffnung.

Das Zentrum des Kampfs mit dem Dritten Reich lag in den Gebieten des GG. Dort entstand der antideutsche Widerstand, nahm die breitesten Formen an und umfasste die größte Zahl von Menschen. Deshalb sollte eben das GG als Zentrum der geplanten Kämpfe bei einem Generalaufstand genutzt werden, welcher sich von dort aus auf weitere polnische Gebiete verbreiten sollte. Der Aufstandsplan vom 8. September 1942 sah als Bedingung für den Erfolg vor allem die Übernahme der Kontrolle über das Gebiet zwischen Warschau–Lodz–Krakau–Reichshof–Lublin vor.[17] Der Bericht der AK über den Aufstand stellt fest:

> „Der Aufstand wird die gesamten ethnisch polnischen Landesteile der Republik Polen umfassen, also die Gebiete, auf denen die polnische Bevölkerung zur Zeit in der Mehrheit ist und in denen die Verhältnisse einen gleichzeitigen Beginn des Aufstands ermöglichen. Der Mittelpunkt des Aufstands wird das GG (ohne die Lemberger Region) und anliegende Landesteile sein, und zwar genauer: das

---

[15] Ebd. S. 330 f.; EDMUND DURACZYŃSKI, Polska 1939–1945. Dzieje polityczne, Warszawa 1999, S. 428, 432.

[16] Unter dem Decknamen „Burza" bezeichnete man 1944 die Kampf- und Sabotageaktionen im Hinterland der sich zurückziehenden deutschen Truppen im besetzten Polen. Nach Anweisungen des Oberbefehlshabers der Heimatarmee General Tadeusz Komorowski („Bór") vom 20.11.1943 sollten diese ununterbrochene Störungen der Feinde und verstärkte Sabotage, vor allem an den Verkehrsverbindungen, umfassen. Gleichzeitig sollten sich die Heimatarmee und die Vertretung der polnischen Regierung als die rechtmäßigen politischen Hoheitsträger in den befreiten Gebieten gegenüber der Roten Armee offenbaren, und ihr eine Zusammenarbeit gegen die Deutschen anbieten; vgl. Operacja Burza" i powstanie warszawskie 1944, hg. v. KRZYSZTOF KOMOROWSKI, Warszawa 2004; GRZEGORZ MAZUR, Die Aktion „Burza", in: Die polnische Heimatarmee. Geschichte und Mythos der Armia Krajowa seit dem Zweiten Weltkrieg, hg. v. BERNHARD CHIARI, München 2003, S. 255-274 (Anm. d. Hrsg.).

[17] Armia Krajowa w dokumentach, Bd. 2, London 1973, S. 329, 335; Polskie Siły Zbrojne w drugiej wojnie światowej, Bd. 3: Armia Krajowa, London 1950, S. 200.

Gebiet des Dabrowa-Beckens und Krakau, die Wojewodschaft Lodz, die Plotzk-Region, der westliche Teil der Wojewodschaft Bialystok und das Gebiet um Brest am Bug. In den restlichen Gebieten Polens herrschen andere Bedingungen, und obgleich die polnische Bevölkerung dort vom ersten Augenblick an danach streben wird, Aufstandsaktionen zu unternehmen, so sind die Kräfte vor Ort zu klein, um ohne Hilfe von außen einen Erfolg der Aktionen zu sichern."[18]

Dieses Dokument bezeugt nachdrücklich die Rolle, die die Führung der AK für die Strukturen des Untergrundstaats im GG bei geplanten militärischen Aktionen vorgesehen hatte.

Für die deutschen Oberbefehlshaber war das Generalgouvernement ebenfalls von enormer Bedeutung – nicht nur in ökonomischer Hinsicht als Kolonie, sondern seit 1941 vor allem als eine sehr wichtige Region für die Kommunikation zwischen der Ostfront und dem Altreich. Umso mehr waren jegliche Aktionen des Untergrunds für die Deutschen bedrohlich. Sie mussten die Transporte auf diesem Gebiet sichern, und damit im Hinterland der Front zahlreiche Streitkräfte bündeln. Als sich 1943 jedoch die strategische und politische Lage in Europa verändert hatte, verwarf man den Plan eines Generalaufstands zu Gunsten der Aktion „Burza", die ebenfalls größtenteils im GG durchgeführt wurde.

Sabotage bildete in den Jahren 1939 bis 1944 die grundlegendste Form des Kampfs des polnischen militärischen Untergrunds.[19] Dies belegen die im Folgenden zitierten Angaben über das Ausmaß und die Anzahl der Sabotageaktionen im GG. Der Widerstand gegen die deutsche Besatzung umfasste zudem den Kampf gegen die Zivilverwaltung und die NS-Wirtschaft, deren Hauptziel eine brutale Ausbeutung der zu einer Kolonie degradierten GG-Gebiete war. Die gesamte Wirtschaft des GG diente den Bedürfnissen der deutschen Kriegsmaschine, daher stellte ihre Bekämpfung mit allen zur Verfügung stehenden Mitteln einen bedeutenden Teil des Kampfs gegen die deutschen Streitkräfte dar. Das nationalsozialistische Besatzungssystem wurde von Zigtausend deutschen, polnischen, ukrainischen, weißrussischen und litauischen Polizisten geschützt und die Einheiten der Wehrmacht, die 1942 bis 1943 alleine im GG stationiert waren, zählten 300.000 bis 350.000 Soldaten. Das beweist eindeutig die strategische Bedeutung der polnischen Landesteile, gleichzeitig verhinderte dies einen breit angelegten Partisanenkrieg. Die deutschen Einheiten führten

---

[18] Armia Krajowa w dokumentach, Bd. 2, S. 329.

[19] TOMASZ STRZEMBOSZ, Oddziały szturmowe konspiracyjnej Warszawy 1939–1944, Warszawa 1983, S. 461.

immer zahlreichere „Befriedungsaktionen" und Feldzüge gegen Partisanen durch, insbesondere in den Jahren 1943 und 1944.[20]

Im April 1940 wurde im Rahmen des ZWZ der Bund für Vergeltung (*Związek Odwetu,* ZO) gegründet. Dessen Aufgaben waren: Sabotageaktionen, begrenzter bewaffneter Kampf, Anschläge und Vergeltungsakte wie auch Aktivitäten zum Schutz der Bevölkerung vor dem Besatzungsterror.[21] Die Ergebnisse des ZO waren ansehnlich, unter anderem wegen einer Sabotageaktion von Mitte Februar 1941, die 43 Prozent aller Lokomotiven im GG beschädigte. Im März 1941 vermeldete General Stefan Rowecki („Grot"), der Hauptkommandant der ZWZ/AK, eine Verlangsamung der Produktion bzw. die qualitativ minderwertige Herstellung von 1.700 unterschiedlichen Verarbeitungsmaschinen für das Militär, 107 Bordfunkstellen für Flugzeuge, 95 Prozent der insgesamt 600.000 Kondensatoren, 370 Antriebspumpen für Flugzeuge und 3.000 Artilleriegeschossen. Dar-über hinaus wurden drei Monate lang Pistolen mit fehlerhafter Zielvorrichtung hergestellt und die Aufnahme der Produktion von Hülsen für Artilleriegeschosse in Warschau wurde verhindert. Mit Hilfe von Brennmitteln zerstörte man 400 Zisternenwaggons mit Treibstoffen, Lager in Krakau und Warschau und zwei Flugzeuge. Es gab auch Sabotageaktionen, bei denen Zeitzünder an Züge montiert wurden, die für einen Brandausbruch erst auf dem Gebiet des Dritten Reichs berechnet waren.[22] Diese Ergebnisse wurden noch vor dem Ausbruch des deutsch-sowjetischen Kriegs erzielt, als die Durchführung von Sabotageaktionen auf Grund der großen Konzentration deutscher Streitkräfte auf dem Gebiet des GG während der Vorbereitungen zum Angriff auf die Sowjetunion sehr schwierig war.

Nach dem Abzug großer Teile der deutschen Armee im Sommer 1941 begannen die Berichte der Hauptkommandantur des ZWZ-AK sofort, einen Anstieg von Sabotageaktionen zu vermelden: Alleine im dritten Quartal des Jahres 1941 sollen 7.446 Sabotageakte durchgeführt worden sein. Im Oktober und November 1941 wurden den Berichten zufolge

> „auf dem Gebiet des GG zwei Ölschächte verkeilt, ein Schacht in Brand gesteckt, 21 Fabrikmaschinen beschädigt, 70.000 Hülsen für Artilleriegeschosse fehlerhaft produziert, 40 Züge entgleist und 88 in Brand gesteckt, 480 Lokomotiven und 2.177 Waggons beschädigt, 35 Tonnen Olivenöl verunreinigt, in 13 Zisternen Benzin gekippt, die Verpackungsfabrik für militärische Ausrüstung vollständig niedergebrannt, vier unterschiedliche Fabriken angezündet, drei Sägewerke und ein Lebensmittelgroßhändler abgebrannt, 150 Waggons mit Holz-

---

[20] DURACZYŃSKI, Polska, S. 348 f.

[21] Polskie Siły Zbrojne, Bd. 3, S. 439.

[22] Ebd., S. 440 ff.

wolle, 60 mit Stroh, und 374 Autos beschädigt. Darüber hinaus wurden etwa 10.000 kleinere Sabotageaktionen durchgeführt."[23]

Während der nächsten Monate stieg die Zahl der Sabotageakte kontinuierlich weiter. Obwohl wir über keine Angaben zur Verteilung dieser Aktionen auf unterschiedliche Regionen des Landes bzw. im GG und in anderen Teilen des besetzten Polens verfügen, weiß man, dass die Zahl der Sabotageaktionen bereits Zigtausende erreichte. In der vorhandenen Zusammenstellung umfassen sie ganz Polen in der Zeit vom 1. Januar 1941 bis 30. Juni 1944. Dabei muss berücksichtigt werden, dass diese Aktivitäten nicht die Gesamtheit der Kampfaktionen gegen die Deutschen darstellten.[24] Über die Aktivitäten des militärischen Untergrunds in diesem Bereich schreibt der polnische Historiker Edmund Duraczyński zusammenfassend:

„Die am weitesten verbreitete Kampfform war die Sabotage, die in der Stadt und auf dem Dorf von allen militärischen und paramilitärischen Abteilungen der Untergrundorganisationen wie auch individuell durchgeführt wurde. Man schätzt, dass der Bund für Vergeltung mit Sabotageaktionen zig Fabriken und viele Werkstätten mit größtenteils militärisch ausgerichteter Produktion traf. Die ZO-Patrouillen waren insbesondere im GG (vor allem in der Kriegswirtschaft des Zentralen Industriereviers [*Centralny Okręg Przemysłowy*]) wie auch im Dabrowa-Becken tätig. Nach offiziellen Angaben der polnischen Regierung in London wurden von den ZWZ-AK-Kräften bis zum Juli 1944 insgesamt etwa 730.000 Sabotageakte durchgeführt. [...] Gleichzeitig haben sozialistische Organisationen angeblich viele Tausend Sabotageaktionen verübt und den Soldaten der ‚Chłostra' werden 1.200 Aktionen zugeschrieben (Zerstörung von Molkereien, Brennereien, Sägewerken usw.). Die Volksgarde (*Gwardia Ludowa*, GL) soll bis Mitte Dezember 1943 mehrere Hundert Sabotageaktionen in der Industrie ausgeführt haben. Bedeutend waren auch die Ergebnisse der Sabotageakte, die auf Maschinen, Munitionsstaffeln und Verkehrsverbindungen abzielten. Die Patrouillen des ZO sollen im Jahr 1942 1.800 Lokomotiven beschädigt, 122 Schienentransporte in Brand gesetzt und 129 Unterbrechungen des Schienenverkehrs verursacht haben."[25]

---

[23] Ebd., S. 444.

[24] Ebd., S. 482.

[25] DURACZYŃSKI, Polska, S. 351. ANDRZEJ FRISZKE, Polska. Losy państwa i narodu 1939–1989, Warszawa 2003, S. 69, gibt folgende Zahlen an, welche die Anstrengungen der Sabotageaktionen des ZWZ/AK verdeutlichen: „Es wurde berechnet, dass zwischen Dezember 1939 und Juli 1944 der ZWZ/AK über 730.000 Sabotageaktionen durchgeführt hat, mit dem Ergebnis, dass 7.000 Lokomotiven beschädigt, 700 Transporte aus dem Gleis gehoben und 400 angezündet wurden; man ramponierte 19.000 Zugwaggons und über 4.000 Kraftfahrzeuge, 38 Brücken wurden gesprengt, über 1.000 Zisternen und mehr als 4.500 Tonnen Benzin vernichtet. In Fabriken wurden 2.800 Maschinen beschädigt, Tausende Geschütz- und Pistolenteile und Ähnliches wurden fehlerhaft produziert und über 100 Militärlager abgebrannt. Diese enormen Anstrengungen der AK bekamen vor allem die deutschen Truppen

Ein gesondertes Kapitel im Kampf gegen die Deutschen war die Propaganda. Am weitesten entwickelt war dabei die Presse des ZWZ-AK. Darüber hinaus gaben aber auch jede politische Partei sowie die Abteilung für Information und Propaganda der Delegatur der Regierung (*Departament Informacji i Prasy Delegatury Rządu*) eigene Publikationen heraus. Sie erfüllten eine ungeheure Rolle im Propagandakampf. Die ersten Publikationen erschienen bereits im Oktober 1939. Im Jahr 1942 wurden in geheimen Druckereien und Vervielfältigungsstationen etwa 400 Schriften gedruckt, 1943 waren es über 500. Der größte Teil wurde in Warschau verlegt, etwas weniger in den Wojewodschaften Krakau, Lublin und Kielce. Das bekannteste Erzeugnis war die führende Publikation der AK *Biuletyn Informacyjny*, die eine Auflage von 40.000 Exemplaren erreichte.[26] Hinzuzurechnen sind die in über einer Million Gesamtauflage herausgegebenen Propagandaschriften in deutscher Sprache. Zwar wurden sie oft außerhalb des GG verbreitet, doch müssen sie zur Erfolgsbilanz der dortigen AK gerechnet werden.[27]

Eine andere Form des Kampfes gegen die Besatzer bestand in der so genannten kleinen Sabotage. Vor allem brachte man dabei bis Mitte März 1942 die Buchstaben „PW" stilisiert auf einem Anker als Symbol des „Kämpfenden Polens" (*Polska Walcząca*) an Mauern an. Mit propagandistischen Aktionen unterschiedlicher Art gelang es, die deutschen Besatzer lächerlich zu machen und apathischen Stimmungen oder Entmutigung entgegenzuwirken. „Die kleine Sabotage", die viel stärker in Warschau als an anderen Orten des GG zum Einsatz kam, stellte oft die auffälligste Form des spezifisch propagandistischen Straßenkampfs gegen die Nationalsozialisten dar.[28]

Schließlich muss man zum Widerstand auch die Spionage- und Gegenspionageaktionen zählen. Der Untergrundnachrichtendienst wurde seit

---

zu spüren, die an der Ostfront kämpften, und sie bildeten somit eine wesentliche Hilfe für die Sowjetunion." Diese Angaben, die die gesamten militärischen Erfolge des ZWZ/AK umfassen, betreffen jedoch hauptsächlich die Ereignisse im GG, da in den Ostgebieten der Zweiten Polnischen Republik und den ins Reich eingegliederten Gebieten der ZWZ/AK wesentlich schwächer war und somit seine dortigen Erfolge wesentlich geringer waren.

[26] In den letzten Jahren ist fast die Gesamtauflage wieder auferlegt worden, vgl. Biuletyn Informacyjny, Bd. 1: Przegląd roczników 1940–1941, in: Przegląd Historyczno-Wojskowy, Jahr II (LIII) Sondernummer 1(190), 2001; Bd. 2: Przedruk roczników 1942–1943, in: ebd., Jahr III (LIV) Sondernummer 2(195), 2002; Bd. 3: Przedruk rocznika 1944 Konspiracja, in: ebd., Jahr IV (LV) Sondernummer 3 (200), 2003; Bd. 4: Przedruk roczników 1944–1945 Powstanie Warszawskie i konspiracja, ebd., Jahr V (LVI) Sondernummer 4(205), 2004 (Anm. d. Hrsg.).

[27] DURACZYŃSKI, Polska, S. 333.

[28] DURACZYŃSKI, Polska, S. 351 f.

Beginn der Besatzung breit ausgebaut. Sein erster großer Erfolg war die Informationsbeschaffung über den bevorstehenden Angriff auf die Sowjetunion im Jahr 1941. Es gelang, die Anzahl großer Einheiten, die sich auf den Angriff vorbereiteten, zu identifizieren – bis 1. Juni 1941 galten 68 davon als „sicher" und 14 als „vermutlich" – und die logistischen Vorbereitungen zu dieser ungeheuren Operation im Detail zu analysieren. Diese Informationen wurden an London weitergeleitet. In vielen Fällen beschafften ganz normale Menschen, Zivilisten, die oft mit dem Geheimdienst vorher nicht verbunden waren, wertvolle Informationen. Eine enorme Rolle spielten hierbei die Eisenbahner, da sie Informationen über die deutschen Militärtransporte lieferten, was ermöglichte, die Bewegungen der Streitkräfte an der Ostfront zu verfolgen.[29]

Neben den nachrichtendienstlichen Netzen der Abteilung II der Hauptkommandantur des ZWZ-AK im GG waren auch entsprechende Netzwerke der einzelnen Kommandanturen der Heimatarmee in den jeweiligen Bezirken beteiligt. Eine gesonderte Rolle spielte darüber hinaus die Gegenabwehr, die den Einsatz der deutschen Polizeistrukturen paralysierte, ihre Spionagenetze zerstörte und die deutsche Abwehr bekämpfte. Einen weiteren Komplex bildete die Arbeit der Spionage und Gegenspionage anderer Untergrundorganisationen. Dieses Problem wurde bisher von Historikern kaum untersucht. Zu erinnern sei zusätzlich an die Existenz von nachrichtendienstlichen Netzwerken im GG, die sowohl mit dem sowjetischen Geheimdienst verbunden waren, meistens von der Polnischen Arbeiterpartei (*Polska Partia Robotnicza,* PPR)[30], als auch mit dem englischen Geheimdienst, die die so genannten Musketiere (*Muszkieterowie*) bildeten. Oft kamen diese Netzwerke mit dem Geheimdienst des ZWZ/AK in Berührung. Das gesamte Ausmaß dieser Problematik wurde bisher nicht voll-

---

[29] GRZEGORZ MAZUR, ZWZ a plan „Barbarossa", in: Wojna i polityka. Studia nad historią XX wieku, hg. v. ANDRZEJ MANKOWICZ, Kraków 1994, S. 185-195; ANDRZEJ PEPŁOŃSKI, Wywiad Polskich Sił Zbrojnych na Zachodzie 1939–1945, Warszawa 1995, S. 308 f.

[30] Die Polnische Arbeiterpartei entstand im Juli 1941 in Moskau auf persönliche Anweisung Stalins. Ihre wichtigste Aufgabe war die Schaffung eines kommunistischen Hinterlands, welches der Sowjetunion unterstellt wäre und nach der Befreiung eine Alternative zur legalen polnischen Regierung in London hätte bieten können. Ihre zweite Aufgabe war die Formierung des bewaffneten kommunistischen Untergrundes und die Entfesselung eines bewaffneten Massenaufstands, um eine größtmögliche Anzahl deutscher Truppen zu binden, welche an der Ostfront benötigt wurden. Gleichzeitig sollte die Stimmung in der Bevölkerung dadurch radikalisiert werden, indem man massive Repressionen seitens der Nationalsozialisten provozieren wollte. Vgl. PIOTR GONTARCZYK, Polska Partia Robotnicza. Droga do władzy 1941–1944, Warszawa 2004; STEFAN MEYER, Zwischen Ideologie und Pragmatismus. Die Legitimationsstrategien der Polnischen Arbeiterpartei 1944–1948, Berlin 2008, S. 39-58 (Anm. d. Hrsg.).

ständig erarbeitet, das meiste wissen wir über die Aktivitäten der Abteilung II des ZWZ/AK.[31]

Im Jahr 1942 erschienen die ersten Partisanenabteilungen im GG, und zwar auf Initiative der PPR. Die erste Abteilung, von der Volksgarde der PPR (*Gwardia Ludowa PPR*) und unter dem Befehl von Franciszek Zburzycki, zog am 15. Mai 1942 in den Kampf und führte am 10. Juni ihre erste Schlacht gegen die deutsche Polizei. Dies war der Anstoß für die Bildung weiterer Partisanenabteilungen. Am zahlreichsten waren sie in den zwei Regionen Lublin und Kielce–Radom vertreten. In der Region Lublin kam es zu verbissenen Kämpfen um das Zamosc-Gebiet. In der Nacht vom 27. auf den 28. November 1942 begannen die Deutschen mit einer Umsiedlungsaktion der örtlichen Bevölkerung im Rahmen der so genannten Aktion Zamosc. Die Untergrundeinheiten beantworteten dies mit einem sofortigen Angriff auf die Dörfer, in denen deutsche Siedler lebten. Die Verteidigung des Zamosc-Gebiets dauerte bis zu Juli 1943 an.[32] Gleichzeitig war dies der Beginn von groß angelegten Partisanenaktivitäten in diesem Gebiet.

Im Frühjahr und im Sommer des Jahres 1944, als die Aktion „Burza" realisiert wurde, verstärkten und vergrößerten sich noch die Aktivitäten dieser Abteilungen. Im Bezirk Kielce–Radom umfassten die Partisaneneinheiten um die Jahreswende von 1943/44 lediglich etwa 650 Personen, nach einer Meldung der örtlichen Bezirkskommandantur vom 1. Mai 1944 stieg die Zahl später auf 850 Personen.[33] Im Gebiet des Bezirks Warschau-Stadt verfügte der Kommandostab der Hauptkommandantur der AK über mehr als 6.300 Soldaten, der Bezirk selbst hingegen über mehr als 45.000, auch wenn die schlechte Bewaffnung die Kampfkraft minderte.[34] Von Soldaten der Sabotageabteilungen, die im Kampf bestens geübt waren und gleichzeitig die meisten Aufgaben erfüllten, gab es 1942 einige Hundert, Ende 1943 stieg ihre Zahl auf über 1.500 Soldaten an. Im Frühjahr 1944

---

[31] PEPŁOŃSKI, Wywiad, S. 284-364; viele Informationen enthält der Konferenzband: Wkład polskiego wywiadu w zwycięstwo aliantów w II wojnie światowej. Akta konferencji naukowej zorganizowanej w Krakowie w dn. 20–22 X 2002 r., hg. v. ZDZISŁAW KAPERA, Kraków 2004.

[32] IRENEUSZ CABAN/ ZYGMUNT MAŃKOWSKI, Związek Walki Zbrojnej i Armia Krajowa w Okręgu Lubelskim 1939–1944, Lublin 1971, S. 138-141; JERZY JÓŹWIAKOWSKI, Armia Krajowa na Zamojszczyźnie, Lublin 2001, Bd. I, S. 5; CZESŁAW ŁUCZAK, Polska i Polacy w drugiej wojnie światowej, Poznań 1993, S. 400.

[33] WOJCIECH BORZOBOHATY, „Jodła". Okręg Radomsko-Kielecki ZWZ-AK 1939–1945, Warszawa 1988, S. 46 f.

[34] ANTONI PRZYGOŃSKI, Powstanie Warszawskie w sierpniu 1944 r., Bd. 1, Warszawa 1980, S. 70-73.

erreichten die Spezialeinheiten eine Stärke von 3.000 bis 3.500 Personen.[35] Die Beschreibung aller Aktionen, die sie durchführten, würde den Rahmen dieses Aufsatzes sprengen.

Die aktivste Phase des Kampfes gegen die Besatzer war die Zeit während der Aktion „Burza". In diesem Rahmen führten Abteilungen der AK seit Frühjahr 1944 Kämpfe auf dem Gebiet von Tarnopol, wo die Front im Januar 1944 stoppte. Die Aktion weitete sich dann auf Westgalizien und den Distrikt Lublin aus, um im Sommer 1944 den Bezirk Kielce–Radom und den Unterbezirk Petrikau zu erreichen. Die Erfolgsbilanz der Aktion „Burza" im Bezirk Lublin sah wie folgt aus: Die AK-Abteilungen führten 150 unterschiedliche Aktionen durch, bei denen 1.000 deutsche Soldaten umgebracht und 1.200 gefangen genommen wurden; mindestens sieben Panzer, 31 Kraftfahrzeuge, 24 Geschütze und Mörser und etwa 600 unterschiedliche Arten von Waffen wurden erobert oder zerstört; die Bilanz eigener Verluste lag bei etwa 100 getöteten und über 100 verletzten Soldaten.[36] Außerdem führten die Einheiten der AK zwischen Herbst 1943 und Juli 1944 in den südwestlichen Gebieten der Lubliner Region erbitterte Kämpfe mit den Streitkräften der Ukrainischen Aufstandsarmee (UPA). Im Bezirk Zamosc entstand eine reguläre, 150 Kilometer lange, polnisch-ukrainische Frontlinie, die sich bis zum Durchbruch der sowjetisch-deutschen Front hielt. In diesen Kämpfen wurden fast 150 Dörfer zerstört und 8.000 Menschen getötet.[37] Auch am östlichen Ende des Gebiets um Reichshof im Distrikt Krakau begannen Kampfhandlungen mit der UPA. Doch bevor sie ähnlich große Ausmaße wie im Distrikt Lublin annehmen konnten, marschierten dort die Kräfte der 1. Ukrainischen Front ein und der Konflikt entschärfte sich, auch wenn er sich später noch auf unterschiedliche Art und Weise bemerkbar machte.[38]

Im Distrikt Warschau, in den beiden Unterbezirken der AK, die im GG lagen, vor allem im östlichen und in kleinerem Umfang auch im westlichen Bezirk, schlugen die Einheiten der Heimatarmee im August 1944 im Rahmen der Aktion „Burza" erbitterte Schlachten. Obwohl die Orte, an denen

---

[35] Tomasz Strzembosz, Oddziały szturmowe konspiracyjnej Warszawy 1939–1944, Warszawa 1983, S. 467.

[36] Zygmunt Mańkowski, Okręg Lublin, in: Operacja „Burza", S. 271-272. Die Behauptung von Tomasz Strzembosz, dass fünf Prozent der Bevölkerung der Lubliner Gebiete zum Untergrund gehörten, also über 100.000 Menschen, muss man als übertrieben betrachten, in: Tomasz Strzembosz, Małe, wolne ojczyzny – tereny wyzwolone przez AK w latach 1943–1944, in: Operacja „Burza", S. 505 (nach: Zygmunt Mańkowski, Między Wisłą a Bugiem 1939–1944. Studium o polityce okupanta i postawach społeczeństwa, Lublin 1978, S. 178).

[37] Grzegorz Mazur, Obszar Lwów, in: Operacja „Burza", S. 201-204.

[38] Ebd., S. 204-206.

die Kämpfe stattfanden, bekannt sind, ist bisher interessanterweise noch keine Bilanz der dort durchgeführten Aktionen gezogen worden. Auch Jan Gozdawa-Gołębiowski, der Verfasser einer Monographie und mehrerer Texte über die Aktion „Burza" in dieser Region, gibt in seinen Werken keinerlei Informationen über die deutschen und polnischen Verluste.[39] Im Bezirk Kielce–Radom kämpften in den Einheiten der AK Ende Juli bis Mitte Dezember 1944 im Zuge dieser Aktion etwa 10.000 Personen. Die Verluste der deutschen Streitkräfte werden auf etwa 2.200 Tote, 448 Verletzte und 376 Gefangene, 800 eroberte Waffen unterschiedlicher Art und viele andere Gegenstände militärischer Ausrüstung geschätzt.[40] In diesem Gebiet sowie im Unterbezirk Petrikau kämpfte auch das am 20. Juli 1944 formierte 25. Infanterieregiment der Heimatarmee. Seine Verluste lagen bei 130 Getöteten und 250 Verwundeten, während das Regiment den Deutschen Verluste von 1.000 Getöteten und Verletzten zugefügt hat.[41]

Im Bezirk Lemberg war das Ziel der Kampfhandlungen im Rahmen der Aktion „Burza" die Übernahme der Stadt. Ein ernstes Problem war die Bedrohung seitens der Einheiten der ukrainischen Nationalisten, die aus Teilen dieser Regionen, besonders in den Karpaten, schwer zugängliche Festungen gemacht hatten. Man musste damit rechnen, mit ihnen eine Schlacht um Lemberg zu führen. Bei der Aktion „Burza" fanden Kämpfe in den Regionen Brzezany und Sambor[42] statt. Zwischen dem 21. und dem 27. Juli 1944 kämpften die Einheiten der AK in Lemberg, danach mussten sie ihre Waffen vor der sowjetischen Übermacht strecken. Die eigenen Verluste lagen bei 30 Getöteten und 160 Verwundeten. Das Ausmaß der Verluste, die dem Feind zugefügt wurden, ist aufgrund der Tatsache, dass keine Berichte über die geführten Kämpfe erhalten sind, unbekannt.[43] Im Bezirk Krakau und im Unterbezirk Reichshof fanden ebenfalls Aktionen gegen die UPA statt. Im Rahmen der Aktion „Burza", die in dieser Region zwischen dem 24. und dem 25. Juli begann und bis September/Oktober 1944 andauerte, erlitten die Deutschen – wie aus den Berichten einzelner

---

[39] Jan Gozdawa-Gołębiowski, Obszar Warszawski Armii Krajowej. Studium wojskowe, Lublin 1992, S. 391-489; Ders., Obszar warszawski, in: Operacja „Burza", S. 275-326.

[40] Józef Rell, Okręg Radom-Kielce, w: Operacja „Burza", S. 377 f.

[41] Mirosław Kopa/ Aleksander Arkuszyński/ Halina Kępińska-Bazylewicz, Dzieje 25 pp. Armii Krajowej. Geneza, struktura, działalność zbrojna, zaplecze, dramaty powojenne, Łódź 2001, S. 604 f.

[42] Grzegorz Mazur, Obszar Lwów, in: Operacja „Burza", S. 190-200.

[43] Ebd., S. 209-213.

Inspektorrate der AK hervorgeht – außerdem Verluste in Höhe von ungefähr 1.500 Getöteten und 1.100 Verletzten.[44]
Zur Aktion „Burza" muss man auch den Warschauer Aufstand rechnen.
Dabei wurden 17.000 deutsche Soldaten getötet und 9.000 verwundet.
16.000 bis 18.000 Aufständische sind gefallen, über 15.000 wurden gefangen genommen und mehr als 20.000 verletzt, dazu kommen etwa
150.000 getötete Zivilisten und eine vollständig zerstörte Stadt. Aus militärischer Sicht endete der Aufstand mit einer Niederlage. Der riesige
leistungsfähige Führungsapparat des Polnischen Untergrundstaats in Warschau wurde zerstört, was sich als ein nicht wiedergutzumachender Verlust
erwies, auch die angestrebten politischen Ziele hatte man verfehlt. Die
niedergeschlagene Stimmung innerhalb der Bevölkerung beeinflusste auch
die folgenden Jahre. Nichtsdestotrotz müssen die zweimonatigen Aufstandskämpfe als Teil des antideutschen Widerstands im GG anerkannt werden.[45]
Nach der Niederschlagung des Warschauer Aufstands und dem Ende der
Aktion „Burza" fanden nur noch wenige Kampfaktionen im GG statt. Das
Gebiet rückte in unmittelbare Frontnähe und die Einheiten der AK wurden
wegen des nahenden Winters demobilisiert. Die letzte verbliebene Einheit,
das 1. Podhaler Schützenregiment der Heimatarmee (*1 pułk strzelców
podhalańskich AK*), kämpfte noch im Januar 1945 bei Szczawa gegen die
deutschen Truppen.[46] Am 19. Januar 1945 gab General Leo-pold Okulicki
den Befehl, die Heimatarmee aufzulösen.
Ein weiterer Teil des Polnischen Untergrundstaats, der sich am Kampf
gegen die NS-Besatzer im GG beteiligte, war die polnische Zivilverwaltung
im Untergrund. Im GG befanden sich seit der Entstehung der Regierungsvertretung im Jahr 1940 deren wichtigste Institutionen. Dort waren auch
regionale Organe der Untergrundverwaltung vorhanden: Bezirksdelegaturen der Regierung (*Okręgowe Delegatury Rządu*) in Kielce, Krakau, Lublin, Warschau-Stadt und Warschau-Wojewodschaft sowie die Bezirksdelegatur der Regierung in Lemberg. Die gesamten Aktivitäten der Regierungsvertretung wie auch ihrer örtlichen Organe bildeten einen wesentlichen Teil des polnischen Widerstands im Kampf gegen die NS-Besatzung.
Zu den Zellen, welche die so genannte fortlaufende Aktivität (*działalność
bierząca*) führten, gehörten folgende Abteilungen: Innere Angelegenheiten,

---

[44] MAZUR, Okręg Kraków, S. 386-410.

[45] WŁADYSŁAW BARTOSZEWSKI, 1859 dni Warszawy, Kraków 1982, S. 755 ff.; Rzeczpospolita Walcząca. Powstanie Warszawskie 1944. Kalendarium, hg. v. ANDRZEJ KRZYSZ-
TOF KUNERT, Warszawa 1994, S. VIII.

[46] GRZEGORZ MAZUR/ WOJCIECH ROJEK/ MARIAN ZGÓRNIAK, Wojna i okupacja na
Podkarpaciu i Podhalu, na obszarze Inspektoratu ZWZ-AK Nowy Sącz 1939–1945, Kraków
1998, S. 327 f.

Information und Dokumentation, Bildung und Kultur, Arbeit und Soziale Betreuung, wie auch die Leitung des Zivilen Kampfs (*Kierownictwo Walki Cywilnej*, KWC). Zu erwähnen sind ebenfalls Institutionen wie der Rat für Nationalitätsfragen (*Rada Narodowościowa*), der hauptsächlich die Bevölkerungsprobleme analysierte, die in den Ostgebieten der Zweiten Polnischen Republik aktuell waren, der Rat für Judenhilfe (*Rada Pomocy Żydom*) und andere Zellen, die aktiv Widerstandsaktionen durchführten. Der polnische Historiker Władysław Grabowski, der den Werdegang der Delegatur eingehend untersucht hat, berichtet zudem von den „Zellen der Wirtschaftsabteilung" wie auch einer Reihe anderer Gruppen, deren Arbeit bereits auf die Nachkriegszeit hin ausgerichtet war. An solchen Zellen und Arbeitsgruppen, mit unterschiedlichsten Aufgabengebieten, waren Tausende Menschen beteiligt.[47]

Das bekannteste und am besten erforschte Arbeitsgebiet dieser Institutionen war das geheime Unterrichtswesen. Es wurde organisiert von und unterstand der Abteilung für Bildung und Kultur der Regierungsvertretung. In vier Distrikten des GG (also ohne Galizien) gaben im Schuljahr 1941/42 4.500 Lehrer Unterricht auf Grundschulniveau für 77.000 Schüler. Bereits im nächsten Schuljahr unterrichteten über 5.000 Lehrer mehr als 86.000 Schüler. Die Oberstufe besuchten im Schuljahr 1942/41 über 40.000 Schüler und im Jahr darauf mehr als 48.000. Die Hochschulen nahmen ab Herbst 1940 ihre Tätigkeit im Untergrund wieder auf. Die einzige funktionierende Hochschule außerhalb des GG war die Stefan-Batory-Universität in Wilna. In Warschau hingegen arbeitete neben der dortigen Universität auch die Universität der Westgebiete (*Uniwersytet Ziem Zachodnich*), die die verlegte Universität Posen war. Die Hochschulen in Krakau und Lemberg waren ebenfalls aktiv. Insgesamt erreichte die Zahl der Studenten etwa 6.300, ohne die 5.500 Schüler der offiziellen Berufsschulen, für die ebenfalls Lehrprogramme des ersten und zweiten Hochschuljahrs angeboten wurden. Die Hochschulen im Untergrund vergaben jährlich 670 Magister- und Abschlussurkunden, fast 40 Personen empfingen den Doktortitel und 19 schlossen ihre Habilitation ab.[48]

Eine besonders wichtige Rolle für den von der Regierungsvertretung geleisteten Widerstand spielten verschiedene Aktionen, die von der Leitung des Zivilen Kampfes organisiert wurden. Die ersten Vorgaben für den zivilgesellschaftlichen Widerstand wurden im Herbst 1940 ausgearbeitet. Die Ziele waren: Einsatz der gesamten Bevölkerung zum Kampf gegen die deutschen Okkupanten, Durchbrechen der niedergeschlagenen Stimmung,

---

[47] WŁADYSŁAW GRABOWSKI, Polska tajna administracja cywilna 1940–1945, Warszawa 2003.

[48] DURACZYŃSKI, Polska, S. 336 f.

Mobilisierung für den bewaffneten Kampf und den geplanten Aufstand. Die Instruktionen des Zivilen Kampfes sahen vor: Betreuung der Opfer des Besatzungsterrors, Hilfe für die Verfolgten, Boykott jeglicher Vorhaben der Besatzungsmacht und Schaffung einer feindseligen Atmosphäre wie auch Massendemonstrationen im Rahmen nationaler Feiertage. Der KWC übernahm auch die Leitung des Kampfes um das polnische Kulturgut. Bei den Bezirksvertretungen der Regierung waren die Bezirksleiter des Zivilen Kampfes eingesetzt. An der Spitze des KWC stand während der gesamten Besatzungszeit Stefan Karboński.[49] In seinen Schriften beschrieb er ausführlich die Arbeit des KWC, darunter das antideutsche Vorgehen:

„Die Exekutive des KWC, ebenso die im Feld aktiven Einheiten der Heimatarmee und der Bauernbataillone (*Bataliony Chłopskie,* BCh), griffen Kontingentkommissionen [zur Erfassung der landwirtschaftlichen Erzeugnisse] und die sie begleitenden Gendarmen an, sie stoppten Züge und ließen das Vieh hinaus oder kippten Getreide aus. Die Krönung der Sabotageaktionen bei der Kontingenterfassung und beim Boykott des Arbeitszwangs war die Vernichtung der Kontingentunterlagen in Gemeindeämtern, wenn nötig durch Niederbrennen der Gemeindebüros und der Sägewerke und die Stilllegung von Molkereien und das Anzünden der Arbeitsämter. In Aktionen, koordiniert vom KWC, die auf Überraschungstaktik setzten, verzeichneten die Kampfeinheiten der Heimatarmee, der BCh und anderer Organisationen bis zum 30. Juni 1944 folgende Ergebnisse: 14 abgebrannte Arbeitsämter, 41 andere niedergebrannte deutsche Ämter, 300 abgebrannte Gemeindeämter, 113 stillgelegte Molkereien, 30 niedergebrannte Sägewerke, 132 beschädigte oder zerstörte Drehmaschinen in Gutshöfen unter deutscher Aufsicht und zwei ausgebrannte Lager. Diese Aktion umfasste 28 Kreise und führte zu einer vollständigen Desorganisation des Ausbeutungsapparats der Besatzer, von der er sich nie mehr erholen konnte."[50]

Die Grundsätze des zivilen Widerstands wurden in der Untergrundpresse sehr breit kolportiert. Sie beinhalteten:

„Den Kampf gegen die deutsche Propaganda, geführt von der Presse und den Propagandaaktionen des Untergrunds; den Boykott von allem, was deutsch ist oder von den Deutschen stammt; die Unterdrucksetzung in Form von moralischen Repressionen; die Übergabe Schuldiger, welche die nationale Ehre missachteten, an das Sondergericht [im Untergrund]."[51]

Auch hier ist zu betonen, dass die Anweisungen, die Propaganda und alle Befehle der Hauptkommandantur der AK einen entschieden antideutschen Charakter aufwiesen. Man versuchte, eine Einstellung gegenüber den

---

[49] MAZUR, Biuro Informacji i Propagandy, S. 93-96.

[50] STEFAN KORBOŃSKI, Polskie Państwo Podziemne. Przewodnik po Podziemiu z lat 1939–1945, Filadelfia 1983, S. 85 f.

[51] MAZUR, Biuro Informacji i Propagandy, S. 95.

Besatzern wie zu einem Todfeind herauszubilden, und verband zwei Begriffe zu einer Einheit: jeder Deutsche ist ein Hitlerdeutscher.

Auch manche konspirativen politischen Organisationen bildeten ihre militärischen Strukturen im Untergrund. Im GG waren die Bauernbataillone am zahlreichsten, sie erreichten den höchsten Stand von 130.000 Soldaten im Jahr 1944. Die meisten Abteilungen der BCh waren in taktische Einheiten gruppiert (etwa 100.000 Menschen). Auf Befehl der Führung der AK und einer Direktive der Zentralleitung der Volksbewegung (*Centralne Kierownictwo Ruchu Ludwego*) vom 30. Mai 1943 über ihre Eingliederung in die AK und auf Befehl der Hautkommandantur der AK vom 12. Juli 1944 über den endgültigen Abschluss der Vereinigungsaktion bis zum 15. August 1944 sollten sie in die AK übergehen. Die übrig gebliebenen Einheiten waren im Rahmen der Volkswehr für Sicherheit (*Ludowa Straż Bezpieczeństwa,* LSB) und des Staatlichen Sicherheitskorps (*Państwowy Korpus Bezpieczeństwa,* PKB) aktiv und unterlagen damit nicht dem Vereinigungsprozess.[52]

Die Angaben über die Formationen des rechtsnationalen Lagers sind nicht so detailliert: die Nationale Militärische Organisation (*Narodowa Organizacja Wojskowa*) umfasste 100.000 Menschen, von denen im Vereinigungsprozess 60.000 der AK beitraten. Andere Organisationen waren weniger zahlreich. Es kämpften auch Formationen, welche außerhalb des Polnischen Untergrundstaats wirkten: die rechten Nationalen Streitkräfte (*Narodowe Siły Zbrojne,* NSZ) und die Polnische Arbeiterpartei. Beide Organisationen führten Aktionen gegen die NS-Besatzung aus, also gehörten sie zum antideutschen Widerstand. Im GG waren folgende Bezirke der NSZ in den Kampf involviert: Warschau-Stadt, Lublin, Lemberg, Kielce, Warschau-Kreis, Krakau, Reichshof, Podlasie und Radom.[53] Es ist schwierig, die exakte Größe der NSZ zu bestimmen, ein noch größeres Problem stellt allerdings die Beurteilung ihrer Kampfhandlungen dar.

Die Kommunisten wurden erst spät aktiv, im Jahr 1942, als die PPR ihre militärische Formation gründete, die Volksgarde (GL), die im Januar 1944 in Volksarmee (*Armia Ludowa,* AL) unbenannt wurde. Es ist sehr

---

[52] DURACZYŃSKI, Polska, S. 347 f.; JANUSZ GMITRUK/ PIOTR MATUSAK/ WITOLD WOJDYŁŁO, Bataliony Chłopskie1940–1945, Warszawa 1987, S. 94 ff. Es ist zu betonen, dass, wie die Verfasser dieser Publikation schreiben, die angegebene Stärke der BCh in bestimmten Kreisen überhöht ist, da sie nach Erinnerungen rekonstruiert wurde. Gleiche Zahlen über die Größe der BCh gibt Kunert an, Ilustrowany przewodnik, S. 452.

[53] Narodowe Siły Zbrojne. Dokumenty, Struktury, Personalia, hg. v. LESZEK ŻEBROWSKI, Bd. 1, Warszawa 1994, S. 291-310; Narodowe Siły Zbrojne. Dokumenty, Struktury, Personalia, hg. v. LESZEK ŻEBROWSKI, Bd. 2: NSZ – AK, Warszawa 1996, S. 185-199. Die Organisationsstruktur veränderte sich, was anhand der angegebenen Texte ersichtlich wird, worauf ich jedoch nicht eingehe.

schwer, ihre Mannschaftsstärke aus Quellen zu ermitteln. Die GL zählte in den ersten Monaten im Jahr 1942 einige Hundert Personen. Erst im April 1944 soll sie auf 14.000 Menschen angewachsen sein, wovon etwa 1.400 in Partisaneneinheiten aktiv waren. Im Juli sollen der GL dann 34.000 Mann angehört haben, wovon 6.000 bei den Partisanen kämpften. Diese Zahlen sind jedoch höchst umstritten, so dass der polnische Historiker Edmund Duraczyński schrieb:

> „Angenommen alle PPR-Mitglieder waren gleichzeitig in der GL, so wecken diese Zahlen noch immer Zweifel (einige Autoren schreiben sogar, dass die Organisation gerade mal 5.000 Mitglieder in ihren Reihen umfasste). Meinungsverschiedenheiten darüber werden gerade ausgetragen und kommen wohl nicht so schnell zu einem glaubwürdigen Ergebnis. Ähnlich ist es bei den Bestimmungsversuchen und verlässlichen Quellen über die tatsächliche Größe aller Untergrundorganisationen, die im besetzten Polen und ganz Europa aktiv waren.“[54]

Aus politischen Gründen konnten die PPR und ihre militärischen Formationen nicht in den von den Sowjets beanspruchten Ostgebieten der Zweiten Polnischen Republik kämpfen, einzig der Lemberger Bezirk der PPR funktionierte einige Zeit. In den eingegliederten Gebieten hingegen waren ihre Aktivitäten wesentlich schwächer ausgeprägt, sie beschränkten sich einzig auf die Bezirke Lodz und auf Oberschlesien. In der Praxis war demnach das Generalgouvernement die Hauptregion von Aktionen der PPR und ihrer militärischen Formationen. Im besetzten Polen wirkten etwa 150 ernst zu nehmende Untergrundorganisationen, welche größtenteils dem ZWZ-AK eingegliedert wurden.[55] Alle kämpften auf unterschiedliche Weise gegen die Besatzer, hauptsächlich eben im GG. Eine Zusammenfassung ihrer Größe ist bislang insofern schwierig, da in vielen Fällen Monographien und Berichte über die Resultate des Kampfs fehlen.

Wie groß war nun der militärische Widerstand im GG? Bisher wurden die vorhandenen Daten nicht zusammengerechnet, man unternahm auch gar keinen Versuch, dies anhand von überlieferten polnischen und deutschen Dokumenten zu tun. Dies ist aber auf Grundlage von Informationen über die bedeutendsten Kampfergebnisse möglich. Einige Zahlen wurden bereits erwähnt. Nach Angaben der Wehrmacht wurden in der Zeit zwischen Juli 1942 und Juli 1944 im GG 110.000 Aktionen durchgeführt, darunter etwa 1.500 Anschläge auf Eisenbahntransporte und genauso viele auf das Kom-

---

[54] Duraczyński, Polska, S. 447.

[55] Włodzimierz Borodziej/ Andrzej Chmielarz/ Andrzej Friszke/ Andrzej Krzysztof Kunert, Polska Podziemna 1939–1945, Warszawa 1991, S. 80.

munikationsnetz. 135 Straßenbrücken wurden zerstört und 4.500 Überfälle auf deutsche Soldaten und Polizisten gezählt.[56]

Zum Widerstand muss man auch den jüdischen Kampf im Warschauer Ghetto und an anderen Orten des GG rechnen. In allen Ghettos hat die jüdische Bevölkerung eigene Untergrundorganisationen gebildet, die den bewaffneten Kampf aufnahmen, vor allem gegen Kollaborateure und später gegen die deutschen Einheiten, die in die Ghettos einmarschierten. Die Kämpfe im Warschauer Ghetto dauerten vom 19. April bis zum 16. Mai 1943. Dem Vorbild im Warschauer Ghetto folgte im Juni 1943 die jüdische Jugend in Lemberg und in Tschenstochau. Am 2. August 1943 begann ein Aufstand im Vernichtungslager Treblinka und am 14. Oktober 1943 ein weiterer in Sobibor, außerhalb des GG kam es in Bedzin und Bialystok zu jüdischen Aufständen.[57] Der Kampf der schwach ausgerüsteten Juden gegen die deutsche Übermacht hatte vor allem eine moralische Bedeutung, da sie nicht in der Lage waren, dem Feind größere Verluste zuzufügen.

Bei der Erörterung des antideutschen Widerstands im GG entsteht ein weiteres Problem: die Frage einer möglichen Einbeziehung von sowjetischen Partisaneneinheiten, die vor allem seit Beginn des Jahres 1944 im GG aktiv waren. Zweifellos waren ihre politischen Ziele und die der polnischen Partisanen völlig unterschiedlich. Sie unterstanden der politischen Führung der Sowjetunion und realisierten deren Ziele, gleichzeitig nahmen sie aber aktiv am Kampf gegen die Deutschen teil. Es wird geschätzt, dass in den sowjetischen Gruppierungen insgesamt etwa 12.000 Soldaten kämpften. Eine Bilanz ihrer Erfolge steht aber immer noch aus.[58]

Das Generalgouvernement bildete das Zentrum des antideutschen Widerstands. Dies ist umso verständlicher, da die Deutschen der polnischen Gesellschaft die größten Verluste im Bereich Bevölkerung, Wirtschaft und Kultur zufügten. Dieser Widerstand nahm alle möglichen Formen an, beginnend mit Sabotage, über Propagandaaktionen, Spionage, geheime Bildungsstrukturen, eine konspirative Verwaltung, den zivilen Kampf und eine Reihe anderer Aktivitäten bis hin zum bewaffneten Kampf während der Aktion „Burza" und dem offenen Aufstand in Warschau im August und im September 1944. Eine ganze Palette von Methoden wurde im Kampf gegen das Dritte Reich eingesetzt. Eine Bilanz der Verluste des Reichs ist bis zu

---

[56] ANDRZEJ PACZKOWSKI, Pół wieku dziejów Polski 1939–1989, Warszawa 1995, S. 74 f.

[57] WŁADYSŁAW BARTOSZEWSKI/ MAREK EDELMAN, Żydzi Warszawy 1939–1943, Lublin 1993, S. 56-66.

[58] IRENA PACZYŃSKA, O latach wspólnej walki. Obywatele radzieccy w ruchu partyzanckim na ziemi kieleckiej i krakowskiej 1941–1945, Warszawa, Kraków 1978, S. 411 f.

einem gewissen Grad dort möglich, wo Sabotage das entscheidende Mittel darstellte. In einigen Fällen konnte man die Erfolge der polnischen Untergrundbewegungen nicht beurteilen, oft sind die Einschätzungen unglaubwürdig. In den östlichen Regionen des GG kämpfte man auch gegen andere bedrohliche Gegner wie die Formationen der ukrainischen Nationalisten und die Ukrainische Aufstandsarmee.

Der Widerstand im GG machte den größten Teil des aktiven Kampfs im Untergrund des besetzten Polens aus. Dies ergab sich aus einigen grundsätzlichen Bedingungen: die Deutschen, die Schöpfer des Generalgouvernements, waren der politische und militärische Hauptfeind für Polen, gleichzeitig bildete das GG, das das Zentrum des Landes darstellte, auch den Mittelpunkt für den Kampf gegen die Besatzer. In den Operationsplänen der Untergrundarmee war das GG die Basis für die Aufstandskämpfe, dort sollte der Aufstand beginnen und sich von da aus auf ganz Polen ausbreiten.

ALEKSANDRA PIETROWICZ

DIE WIDERSTANDSBEWEGUNG IN DEN EINGEGLIE-DERTEN POLNISCHEN GEBIETEN 1939–1945

Der alles bestimmende Faktor für die Möglichkeiten konspirativer Arbeit war das herrschende Besatzungssystem. Zu den Hauptzielen der Besatzungspolitik gehörten: Durchführung der vollständigen „Germanisierung" innerhalb möglichst kurzer Zeit bei gleichzeitiger Ermordung aller Juden und Sinti und Roma; Aussiedlung von Teilen der polnischen Bevölkerung und eine maximale wirtschaftliche Ausbeutung verknüpft mit „Germanisierung" oder Ermordung der restlichen Bevölkerung. Trotz der gemeinsamen Ziele, denen sich die Besatzer in den eingegliederten Gebieten verbunden fühlten, gab es jedoch gewisse Unterschiede bei deren Realisierung, über die man sich damals vollkommen bewusst war.

Besonderen Einfluss auf die Untergrundtätigkeit hatte vor allem die Politik der Ausrottung bereiter Teile der polnischen Bevölkerung, die seit Beginn der Okkupation durchgeführt wurde. In der Anfangsphase fielen ihr vor allem diejenigen zum Opfer, die als Führungspersonen angesehen wurden: die Intelligenz, die Großgrundbesitzer, der Klerus und politische und gesellschaftliche Aktivisten. Ihre physische Vernichtung sollte dazu dienen, den Rest der Bevölkerung zu willenlosen Arbeitskräften zu degradieren, und sollte gleichzeitig die Entstehung von Unabhängigkeitsorganisationen verhindern. Die so genannte „völkische Flurbereinigung" und die darauf folgende „Intelligenzaktion" dauerten bis Mitte 1940 an. Sie waren geprägt von öffentlichen Exekutionen in vielen Ortschaften, von Verhaftungen und von Deportationen in Konzentrationslager. Ihnen fielen 60.000 Menschen zum Opfer. Einen weiteren Schlag gegen die Organisierung jeglicher Untergrundtätigkeit stellte die Aus- und Umsiedlung der Bevölkerung dar. Sie traf vor allem die polnische und jüdische Bevölkerung im Warthegau, wo mehr als 280.000 Menschen[1] ins GG deportiert und über 345.000 umgesiedelt wurden. Infolge dieser Aktion brachen familiäre,

---

[1] Insgesamt wurden aus den eingegliederten Gebieten bis Frühjahr 1941 etwa 365.000 Polen und Juden ausgesiedelt, vgl. MARIA RUTOWSKA, Wysiedlenia ludności polskiej z Kraju Warty do Generalnego Gubernatorstwa 1939–1941, Poznań 2003, S. 218 f.

nachbarschaftliche und freundschaftliche Bindungen und Organisationszusammenhänge zusammen. Als sehr tragisch stellten sich auch die Deportationen von Zwangsarbeitern ins Reich heraus, da diese die besetzten Gebiete vor allem ihrer jungen und kräftigen Menschen beraubten. Andererseits boten Ansammlungen polnischer Zwangsarbeiter in den Gebieten des Reichs auch die Möglichkeit zu konspirativen Tätigkeiten der Untergrundorganisationen, die in den eingegliederten Gebieten bereits tätig waren.

An Stelle der Ausgesiedelten und Deportierten siedelte man so genannte ethnische Deutsche aus den baltischen Ländern und Ost- bzw. Südosteuropa an – insgesamt mehr als 630.000 Menschen, von denen 85 Prozent ins Warthegau geschickt wurden. Auf diesem Gebiet fanden auch die größten Veränderungen bezüglich der nationalen Zusammensetzung der Bevölkerung statt, so dass im April 1944 fast jeder vierte Bewohner dieser Region ein Deutscher war. Man siedelte die so genannten Volksdeutschen hauptsächlich entlang des Grenzstreifens zum GG an, so geschehen im Warthegau wie auch im Regierungsbezirk Zichenau. Mitte 1944 paralysierte die massive Rekrutierung der Bevölkerung zu Befestigungsarbeiten teilweise die Tätigkeit der Untergrundorganisationen. Allein im Warthegau wurden dazu 300.000 Personen mobilisiert.

In den eingegliederten Gebieten waren bedeutende Polizei- und Militärkräfte stationiert. Allein im Warthegau waren beinahe 30.000 Polizeifunktionäre im Einsatz und in der Provinz Oberschlesien erreichten die Polizei- und Militäreinheiten eine Stärke von 45.000 Mann. Unterstützt wurden sie von vielen Zivilpersonen deutscher Abstammung, die in Bürgerwehren, den so genannten Land- und Stadtwachen, dienten. Insgesamt waren bereits 1940 allein im Warthegau über 200.000 Angehörige in verschiedenen Einheiten und Institutionen vereinigt, die bei Aktionen gegen Polen eingesetzt wurden.

In den eingegliederten Gebieten hatten alle Deutschen die Pflicht, die Polen zu beobachten, die Mitglieder der NSDAP hingegen bekamen eine Spezialausbildung im Rahmen des Sicherheitsdienstes.[2] Die meisten Massenverhaftungen jedoch, von denen die Untergrundorganisationen systematisch heimgesucht wurden, fanden infolge der Tätigkeit von Gestapospitzeln

---

[2] MIECZYSŁAW STARCZEWSKI, Ruch oporu na Górnym Śląsku i w Zagłębiu Dąbrowskim, Katowice 1988, S. 139; CZESŁAW ŁUCZAK, Pod niemieckim jarzmem (Kraj Warty 1939–1945), Poznań 1996, S. 11 ff., 251, 254; TADEUSZ BOJANOWSKI, Łódź pod okupacja niemiecką w latach II wojny światowej (1939–1945), Łódź 1992, S. 85-99.

statt.[3] Zu den Mitteln des Terrors, der jeglichen Widerstandswillen brechen sollte, gehörten auch das Gerichtswesen und die am 4. Dezember 1941 eingeführte Verordnung über die Strafrechtspflege gegen Polen und Juden. Darin war die Höchststrafe nicht nur für den Unabhängigkeitskampf vorgesehen, sondern auch für illegalen Grenzübertritt, illegales Schlachten oder Handeln, öffentliches Halten antideutscher Reden, Arbeitsverweigerung, Hilfeleistungen für flüchtige Kriegs- oder andere Gefangenen usw.[4]

Ernsthafte Hindernisse für die Untergrundtätigkeit stellten auch dar: die Wohnbedingungen der Polen, die in die schlechtesten Wohnungen umgesiedelt wurden, die zudem völlig überbelegt waren (fünf bis sechs Personen in einem Raum waren keine Seltenheit), die Beschlagnahme von Radioempfängern, das Telefonverbot und die Verbote, den Wohnort ohne eine schriftliche Erlaubnis zu verlassen, Auto zu fahren oder bestimmte Züge zu benutzen. Die Fahrräder der Polen – ein oft genutztes Verkehrsmittel auf dem Land – mussten weiß gestrichene Rahmen haben, und sie durften im Grunde nur auf dem Weg zu oder von der Arbeit benutzt werden. In den eingegliederten Gebieten wurden alle polnischen Institutionen und Organisationen liquidiert, sogar die karitativen, das Schulwesen, die Presse und das Kultur- und Sportleben. Die konspirativen Organisationen hatten also keine Möglichkeit, irgendwelche legalen polnischen Zentren für ihre Ziele zu nutzen. Gleichzeitig wurde das staatliche Eigentum wie auch das der polnischen und jüdischen Institutionen und Organisationen konfisziert. Auch der Privatbesitz von Polen und Juden wurde beschlagnahmt, lediglich einige wenige kleine Handwerksbetriebe und Läden blieben bis zum Ende des Kriegs in polnischen Händen. Erschwerend kam die streng durchgesetzte Arbeitspflicht hinzu, die für alle Polen im Alter von 14 bis 55 Jahren (Frauen) bzw. bis 60 oder 70 Jahren (Männer) galt.[5] Die Arbeitszeit verlängerte sich mit der Dauer des Kriegs und betrug ab 1943 nicht selten 80 Stunden in der Woche. Ab dem Jahr 1942 bekamen Polen im Grunde keinen Urlaub mehr. Die Ausbeutung durch die übermäßige Arbeit bei gleichzeitiger Unterernährung (nur etwa 50 Prozent des Kalorienbedarfs einer arbeitenden Person wurden gedeckt) und begrenzter medizinischer und sozialer Versorgung unter oft fatalen hygienischen Existenzbedingun-

---

[3] Vgl. z. B. RYSZARD KACZMAREK, Penetracja struktur Śląskiego Okręgu ZWZ-AK przez Gestapo, in: Wkład polskiego wywiadu w zwycięstwo aliantów w II wojnie światowej. Akta konferencji naukowej zorganizowanej w Krakowie w dn. 20–22.10.2002 r., hg. v. ZDZISŁAW J. KAPERA, Kraków 2004, S. 223-245.

[4] Vollständiger Text der Verordnung in: Documenta Occupationis, Bd. 5: Hitlerowskie „prawo" okupacyjne w Polsce. Wybór dokumentów, Bd. 1: Ziemie wcielone, Poznań 1952, S. 336-339.

[5] In der Praxis wurden auch jüngere (in der Landwirtschaft ab dem 8. Lebensjahr) wie auch ältere Menschen beschäftigt.

gen führten zu einer fortschreitenden gesundheitlichen Degeneration der Bevölkerung und erhöhten die Krankheits- und Todesraten. Auch dies waren Faktoren, die sich indirekt auf die Möglichkeiten auswirkten, in Untergrundorganisationen zu wirken.[6]

Die Besonderheit in Schlesien und Pommerellen – ab Frühjahr 1941 – bestand in der Zwangs-„Germanisierung" der Bevölkerung auf Grund von Rassekriterien. Dies beeinflusste die formelle Veränderung der nationalen Struktur dieser Gebiete: z. B. wohnten im Januar 1941 in der Oberschlesischen Provinz etwa 42 Prozent Polen, 38 Prozent Polen, die in die Kategorien III und IV der Deutschen Volksliste (DVL) eingetragen worden waren, wie auch ungefähr 20 Prozent Deutsche; in Pommerellen waren es 37 Prozent Polen, 44 Prozent Polen der Kategorien III und IV der DVL und 19 Prozent Deutsche.[7] Die „Germanisierung" hatte ihre Wurzeln in den Bedürfnissen der Kriegsmaschinerie, vor allem im Rekrutenmangel. Den Eintrag in die DVL begleitete die Massenrekrutierung in die deutsche Armee, die diesen Gebieten die jungen und kräftigen Männer raubte. Auch dies musste sich negativ auf die laufende konspirative Arbeit sowie auf langfristige Aufstandspläne auswirken. Andererseits wurden jedoch die Rechte, die den Polen gewährt wurden, die in der Liste erfasst worden waren, für wirkungsvollere Untergrundaktivitäten genutzt, insbesondere im Bereich der Legalisierung und des Nachrichtendienstes. Darüber hinaus zwang gerade die Angst vor Repressionen im Fall einer Weigerung, in die DVL aufgenommen zu werden, oder auch der Wunsch, sich dem Militärdienst zu entziehen, viele junge Männer, Schutz in den Wäldern zu suchen. Sie bildeten neben den so genannten verbrannten Mitgliedern der Untergrundorganisationen (also solchen, deren konspirative Tätigkeit den Besatzern bekannt geworden war) die Basis für die Gründung von Partisaneneinheiten.

Eine wichtige Bedeutung für die Bedingungen und möglichen Formen einer konspirativen Tätigkeit in den eingegliederten Gebieten hatten ebenfalls Faktoren wie: der Charakter der näheren Umgebung (industriell oder landwirtschaftlich geprägt), die Geländestruktur und die Bewaldung, die Infrastruktur, insbesondere Wege und Möglichkeiten der Kommunikation, historische Traditionen und die Mentalität der Bewohner und die Aktivität

---

[6] CZESŁAW MADAJCZYK, Polityka III Rzeszy w okupowanej Polsce, Bd. 1-2, Warszawa 1970; CZESŁAW ŁUCZAK, Polska i Polacy w drugiej wojnie światowej, Poznań 1993 S. 240 f., 252, 257 f., 266-269, 272, 275, 277-339; DERS., Pod niemieckim jarzmem, S. 92-101, 109 f., 114, 117-120, 122-128, 134 f., 138-193; WŁODZIMIERZ JASTRZĘBSKI/ JAN SZILING, Okupacja hitlerowska na Pomorzu Gdańskim w latach 1939–1945, Gdańsk 1979, S. 200-253; STANISŁAWA LEWANDOWSKA, Okupowanego Mazowsza dni powszednie 1939–1945, Warszawa 1993, S. 58 ff., 63.

[7] ŁUCZAK, Polska i Polacy, S. 153.

politischer Gruppen, gesellschaftlicher Organisationen, Kombattanten-gruppen u. ä. vor dem Krieg. Doch das Besatzungssystem stellte die grund-sätzliche Determinante dar. Die Möglichkeiten konspirativer Arbeit, z. B. im nördlichen Masowien, waren trotz der Hauptstadtnähe vollkommen andere als im GG. Das Terrain der eingegliederten Gebiete begünstigte die Existenz von Partisaneneinheiten nicht.

Die wichtigsten konspirativen Strukturen

Die Anfänge der konspirativen Arbeit in den eingegliederten Gebieten verbanden sich mit spontanen Aktivitäten „von unten", wie etwa der Kombattanten, der Militärs, insbesondere der Reservisten und Rentner, der Angehörigen von spontan entstehenden Bürgerkomitees oder Bürgerwehren und der sozialen, politischen und jungen Aktivisten, die Verhaftungen entgangen waren. In Schlesien, in der Umgebung von Lodz und in Pomme-rellen hatte sich die Beteiligung von Sabotagezellen, die hinter der Front die Grundlagen militärischer Untergrundarbeit legten, deutlich abgezeich-net. Die bereits ab September 1939 entstandenen kleinen Widerstands-gruppen (in Pommerellen waren es etwa 40, in Schlesien etwa 100) wurden im Grunde alle bis 1942 von größeren regionalen Strukturen allgemeinpol-nischer Organisationen aufgesogen oder durch Verhaftungen zerschlagen.

Typisch für Pommerellen waren die großen regionalen Organisationen, die fast bis zum Ende der Besatzung überdauerten wie beispielsweise die Geheime Militärorganisation „Gryf Pomorski" (*Tajna Organizacja Wojsko-wa „Gryf Pomorski"*)[8] oder die Polnische Aufstandsarmee (*Polska Armia Powstania*), die teilweise mit der Bewegung „Schwert und Pflug" (*Miecz i Pług*) verbunden war.[9] Zur Eigenheit des Untergrunds in Großpolen und in kleinerem Maße in Pommerellen gehörte eine gewisse Art von Autonomie und Misstrauen gegenüber zentralen Initiativen bei gleichzeitiger Unterstüt-zung der polnischen Exilregierung, vor allem in der Anfangsphase von deren Tätigkeit. Deutlich wurde dies unter anderem durch die Entstehung der Militärorganisation der Westgebiete (*Wojskowa Organizacja Ziem Zachodnich*, WOZZ). Sie bildete sich in Posen im März 1940 durch Zu-

---

[8] Krzysztof Steyer, Zarys działalności Tajnej Organizacji Wojskowej „Gryf Po-morski" 1939–1945, in: Pomorskie organizacje konspiracyjne (poza AK) 1939–1945. Mate-riały sesji naukowej w Toruniu w dniach 6–7 listopada 1993 r., hg. v. Stanisław Salma-nowicz/ Jan Sziling, Toruń 1994, S. 83-97. Vgl. Krzysztof Komorowski, Konspiracja pomorska 1939–1947. Leksykon, Gdańsk 1993, S. 166-170.

[9] Andrzej Gasiorowski, Polska Armia Powstania. Największa tajemnica pomorskiej konspiracji, Toruń 1997.

sammenlegung mehrerer kleinerer Organisationen. Das Ziel der WOZZ war die Vorbereitung eines militärischen Aufstands. Sie war auf den Gebieten Spionage, Aufklärung und Propaganda, Sabotage, soziale Hilfe und militärische Ausbildung tätig. Ihre Stärke schätzt man auf etwa Tausend Mann. Im Jahr 1940 wurde sie durch umfassende Verhaftungen zerschlagen.[10] Die eingegliederten Gebiete waren von Widerstandsorganisationen des nationalen Lagers dominiert: die Nationale Partei (*Stronnictwo Narodowe*, SN) und das Radikalnationale Lager (*Obóz Narodowo-Radykalny*, ONR) waren hier aktiv. Die lokalen SN-Aktivisten in den Gebieten von Posen und in Pommerellen legten Wert auf konspirative Arbeit, die auf Autonomie gegenüber der zentralen Führung abzielte.

Seit 1941 gehörte die Nationale Kampforganisation (*Narodowa Organizacja Bojowa*, NOB), gegründet in Posen im Oktober 1939, zu den stärksten Gruppierungen der Nationalen Partei in den eingegliederten Gebieten im Untergrund. Da sie eine einheitliche politisch-militärische Organisation werden sollte, wurden ihr eine Reihe lokaler nationaler Gruppen untergeordnet, wie z. B. die Organisation der Nationalen Einheit (*Organizacja Jedności Narodowej*) aus Kalisch. Sie breitete sich mit der Zeit auch auf Pommerellen und Schlesien aus. Infolge einer dynamischen Entwicklung Mitte 1940 vereinigte sie allein im Gebiet von Posen in elf Regionen fast 4.000 Mitglieder. Jedoch führten Massenverhaftungen zwischen Dezember 1940 und Herbst 1941 zur Zerschlagung der Organisation. Einige wenige übrig gebliebene Strukturen gingen im Verband für den bewaffneten Kampf (*Związek Walki Zbrojnej*, ZWZ) auf oder in der Mitte 1941 gegründeten Nationalen Militärischen Organisation (*Narodowa Organizacja Wojskowa*, NOW). Dem Bezirk Posen der NOW waren die Unterbezirke in Lodz und Kalisch untergeordnet. 1943 soll die Nationale Militärische Organisation 100.000 Soldaten umfasst haben. Im Herbst 1943 wurde die Organisation mit der Heimatarmee (*Armia Krajowa*, AK) vereinigt. Dies hatte eine Spaltung zur Folge, denn die Mehrheit im Unterbezirk Kalisch war gegen eine Vereinigung.[11] Die in Pommerellen im Herbst 1939 organisierten Zellen der Nationalen Kampforganisation unterstützen in hohem Maße die Kreisstrukturen des ZWZ und der Hauptdelegatur der Regierung für die eingegliederten Gebiete (*Główna Delegatura Rządu dla ziem wcielonych*).

---

[10] JERZY ŁOCHYŃSKI, Wojskowa Organizacja Ziem Zachodnich 1939–1942. Powstanie, rozwój organizacyjny i dzialalność, Poznań 1990 (unveröffent. Diss. Phil.); DERS., Wojskowa Organizacja Ziem Zachodnich (WOZZ), in: Encyklopedia konspiracji wielkopolskiej 1939–1945, hg. v. MARIAN WOŹNIAK, Poznań 1998, S. 645 f.

[11] RAFAŁ SIERCHUŁA, Formacje wojskowe Narodowej Demokracji w Wielkopolsce w latach 1939–1949, Życie i Myśl 1996, Nr. 4, S. 17 ff.; KRZYSZTOF KOMOROWSKI, Polityka i walka. Konspiracja zbrojna ruchu narodowego 1939–1945, Warszawa 2000, S. 200 ff.

Nach der Verhaftungswelle zwischen November 1940 und September 1941 verteilten sich die übrig gebliebenen Strukturen auf den ZWZ, den rechts-nationalen Eidechsenbund (*Związek Jaszczurczy*) oder auf die Reihen anderer regionaler Strukturen (z. B. die Geheime Militärorganisation „Gryf Pomorski"). Die seit 1942 unternommenen Versuche der Warschauer Abteilung, einen Bezirk Pommerellen aufzubauen, blieben bis Herbst 1944 erfolglos. Erst dann etablierten sich dort die Zellen der Nationalen Militärischen Vereinigung (*Narodowe Zjednoczenie Wojskowe*, NZW).[12]

Die Aktivisten der Nationalen Partei in Schlesien arbeiteten bereits im Herbst 1939 selbstständig daran, eine Untergrundorganisation in den Bezirken Dabrowa-Becken und Teschen–Podhale aufzubauen. Im Frühjahr 1940 überantworteten sie ihre Aufbauarbeit dem Verband für den bewaffneten Kampf und wurden mit ihm zusammen zum größten Teil zerschlagen, während der schon erwähnten Verhaftungswelle zwischen Herbst 1940 und Frühjahr 1941. Der Aufbau der politischen und militärischen Strukturen der NOW fand in der zweiten Hälfte des Jahres 1941 statt. Im Jahr 1943 gehörte die Nationale Partei zu den stärksten politischen Parteien in diesem Gebiet und baute gleichzeitig ein Netzwerk in den ländlichen Regionen sowie in der Region Oppeln auf. Der Organisation gehörten etwa 10.000 Personen an. Infolge der Vereinigung mit der Heimatarmee bis zum Frühjahr 1944 wurden in den Bezirken Schlesien–Dabrowa-Becken und Teschen–Podhale mehr als 100 Züge (etwa 6.000 Soldaten) der AK untergeordnet. Ein Teil der Strukturen, die sich der Vereinigung widersetzten, setzten ihre Aktivitäten unter der alten Bezeichnung NOW fort, im Teschener Schlesien unter dem Namen Nationale Streitkräfte (*Narodowe Siły Zbrojne,* NSZ).[13]

Im Bezirk Lodz setzte ein schneller Aufbau von lokalen Strukturen und noch 1939 die Bildung einer militärischen Ebene ein. Nach der Zerschlagung der Nationalen Kampforganisation im Warthegau (1941) wurde von Lodz aus der Bezirk Posen wieder aufgebaut. Im Herbst 1942 ging infolge einer Spaltung ein Teil des Bezirks Lodz von der NMO zu den Nationalen Streitkräften über.[14] Im Norden Masowiens begannen die SN-Aktivisten bereits im Oktober 1939 mit der konspirativen Arbeit innerhalb des Kreises Warschau-Land. Im Jahr 1940 entstand der NOW-Unterbezirk Masowien-

---

[12] DERS., Konspiracyjny ruch narodowy na Pomorzu Nadwiślańskim 1939–1947, in: Narodowe Siły Zbrojne. Materiały z sesji naukowej poświęconej historii Narodowych Sił Zbrojnych Warszawa 25 października 1992, Warszawa 1994, S. 81-88, 97 ff.; DERS., Polityka i walka, S. 213-216.

[13] Ebd., S. 181, 186-200; STARCZEWSKI, Ruch oporu, S. 54-59, 126 f.

[14] BOJANOWSKI, Łódź pod okupacją, S. 338-344; KOMOROWSKI, Polityka i walka, S. 207-210.

Plotzk. Es wurden sogar Einheiten in Bataillonsstärke gebildet (das Bataillon Plotzk zählte 500 Soldaten). 1942 wurde die Nationale Militärische Organisation mit der Heimatarmee vereinigt. Die Strukturen der NOW arbeiteten auch im Rahmen der Regierungsvertretung.[15]

Der Eidechsenbund, eine militärische Organisation der „Szaniec-Gruppierung" (*Grupa Szańca*), die sich aus dem Radikalnationalen Lager entwickelte, entstand im Herbst 1939. Um die Untergrundarbeit effizienter zu gestalten, wurde im Oktober 1941 das Inspektorat für die Westgebiete in Warschau untergebracht, dem die entsprechenden Bezirke unterstellt wurden.[16] Es wurde auch ein Organisationsnetzwerk in Gebieten, die vor dem Krieg nicht zum polnischen Staat gehörten, wie dem Oppelner Schlesien, Teilen Ostpreußens und Danzig, gebildet. Neben der militärischen Ebene organisierte man auch zivile Einrichtungen, die ab 1943 Ziviler Dienst der Nation (*Służba Cywilna Narodu*) genannt wurden. In diesem Rahmen wurde in Warschau eine Westabteilung gegründet, die an Fragen der Zivilverwaltung arbeitete und des wirtschaftlichen und sozialen Lebens nach dem Krieg in den eingegliederten und so genannten postulierten Gebieten (also solchen Teilen des Deutschen Reichs, die von den Untergrundorganisationen für Nachkriegspolen als eine Art Wiedergutmachung für das während des Kriegs erlittene Unrecht beansprucht wurden).[17] Im Herbst 1939 wurde der Bezirk Lodz des Eidechsenbunds organisiert. Er baute zahlreiche Stabs- und Territorialstrukturen auf und beteiligte sich vor allem an Propagandaaktionen. Im Herbst 1942, nach der Vereinigung mit Teilen des NOW-Bezirkes Lodz, wurde der NSZ-Bezirk Lodz geschaffen. Er zählte mehr als 2.000 Soldaten.[18]

In den Gebieten Posen und Pommerellen wurden vor allem Spionagestrukturen im Rahmen der Zweigstelle „Westen" (*Ekspozytura Zachód*)

---

[15] DERS., Polityka i walka, S. 142; LEWANDOWSKA, Okupowanego Mazowsza, S. 119, 123; JAN GOZDAWA-GOŁĘBIOWSKI, Obszar Warszawski Armii Krajowej. Studium wojskowe, Lublin 1992, S. 253 f.; WALDEMAR BRENDA, Delegatura Rządu na Kraj na Północnym Mazowszu, in: Terenowe struktury Delegatury Rządu Rzeczypospolitej Polskiej na Kraj 1939–1945. Materiały XI sesji naukowej w Toruniu w dniu 17 listopada 2001 roku, hg. v. GRZEGORZ GÓRSKI, S. 167-180; MIROSŁAW KRAJEWSKI, Płock w okresie okupacji 1939–1945, Płock, Włocławek 2001, S. 207-210.

[16] Es waren die Bezirke: Schlesien (VIII), Lodz (IX), Posen (X), Pommerellen (XI); vgl. ZBIGNIEW GNAT-WIETESKA, Inspektorat Ziem Zachodnich, in: Narodowe Siły Zbrojne, S. 69-80; BOGDAN CHRZANOWSKI, Związek Jaszczurczy i Narodowe Siły Zbrojne na Pomorzu 1939–1947. Nieznane karty pomorskiej konspiracji, Toruń 1997, S. 24 f., 66-69, 141.

[17] Ebd., S. 79-87; ZBIGNIEW S. SIEMASZKO, Narodowe Siły Zbrojne, London 1982, S. 68-86.

[18] KOMOROWSKI, Polityka i walka, S. 340-344; BOJANOWSKI, Łódź pod okupacją, S. 341-344.

errichtet, die direkt dem Chef des Nachrichtendiensts der Hauptkommandantur des Eidechsenbunds unterstellt waren. Darüber hinaus schuf man Propagandaabteilungen wie auch Grundstrukturen anderer organisatorischer Zellen. Das breit ausgebaute Spionagenetz wurde im Zuge zahlreicher Verhaftungen von Dezember 1941 bis Anfang 1943 zerschlagen. Deshalb organisierte man den X. NSZ-Bezirk Posen im Herbst 1942 in Anlehnung an den NOW-Unterbezirk Kalisch. Nach der Spaltung der Nationalen Streitkräfte im Frühjahr 1944 ordnete sich der Bezirk Posen der Kommandantur NSZ-AK unter und gliederte sich nach dem Warschauer Aufstand in die Region Westen ein.[19] Der XI. NSZ-Bezirk Pommerellen wurde mit Hilfe der übrig gebliebenen Strukturen des Eidechsenbunds, der Nationalen Partei und der Nationalen Militärischen Organisation geschaffen. Er wies einen elitären Charakter auf und konzentrierte sich hauptsächlich auf nachrichtendienstliche Tätigkeiten. Nach der Spaltung ging auch in diesem Gebiet der größte Teil der Strukturen in die Heimatarmee über. In beiden Bezirken wurden die Einheiten, die bei den Nationalen Streitkräften blieben, im Herbst 1944 der Region Westen dieser Organisation untergeordnet.[20] In Schlesien wurde das Netz des Eidechsenbunds ab Herbst 1939 aufgebaut. Im Herbst 1942 wurde auf dieser Grundlage der VIII. NSZ-Bezirk Schlesien gegründet, der etwa 4.000 Angehörige umfasste.[21]

Eine bedeutende Kraft repräsentierten die Nationalen Streitkräfte im II. NSZ-Bezirk Nordmasowien, der im Herbst 1942 errichtet wurde. Zu seiner Basis gehörte unter anderem ein signifikanter Teil der Kräfte aus den zwei Regionalinspektoraten der Heimatarmee, die diese Organisation verlassen hatten.[22] Dem nationalen Lager entstammte ebenfalls die im Oktober 1939 in Posen gegründete Organisation „Vaterland" (*Ojczyzna*). Ihre Strukturen, die hauptsächlich in Großpolen, später auch im GG, geschaffen wurden, unterstützten die Arbeit des Verbands der bewaffneten Kämpfer der Heimatarmee und der polnischen Ziviladministration im Untergrund.[23] Andere große politische Parteien aus der Vorkriegszeit (ausgenommen die Na-

---

[19] SIERCHUŁA, Formacje wojskowe, S. 24-27; KOMOROWSKI, Polityka i walka, S. 344-349; CHRZANOWSKI, Związek Jaszczurczy, S. 66 f., 73 f.; Okręg poznański Armii Krajowej w końcowej fazie okupacji (1943–1945), hg. v. MARIAN WOŹNIAK, Poznań 1995, S. 18 ff., 23 f., 29 f.

[20] CHRZANOWSKI, Związek Jaszczurczy; KOMOROWSKI, Polityka i walka, S. 349-353.

[21] Ebd., S. 335, 338 ff.; MIECZYSŁAW STARCZEWSKI, Ruch oporu, S. 59 f., 127 f.

[22] KOMOROWSKI, Polityka i walka, S. 367-373; GOZDAWA-GOŁĘBIOWSKI, Obszar warszawski, S. 136 f.

[23] JAN JACEK NIKISCH, Organizacja „Ojczyzna" w latach 1939–1945, in: Więź, Nr. 10-12, 1985; „Ojczyzna" 1939–1945. Dokumenty. Wspomnienia. Publicystyka, hg. v. ZBIGNIEW MAZUR/ ALEKSANDRA PIETROWICZ, Poznań 2004.

tionalpartei) stellten ihre Organisationsnetzwerke in den eingegliederten Gebieten nicht wieder her.

Die Aktivisten der Volkspartei (*Stronnictwo Ludowe, SL*) organisierten starke Strukturen im Norden Masowiens, wo sie sich auf das Netzwerk der Freiheitsorganisation der Bauern „Racławice" stützten konnten. Im Frühjahr 1940 wurde ein selbständiger SL-Unterbezirk „Roch" errichtet. Die Organisation, obwohl nur sehr mager ausgestattet, entstand in acht Kreisen. Ab 1941 formierten sich auch die Bauernbataillone (*Bataliony Chłopskie BCh*) als der II. BCh-Bezirk, der neun Kreiskommandanturen umfasste, wie auch die Volkssicherheitswehr (*Ludowa Straż Bezpieczeństwa*). Insgesamt hatten sie mehr als 5.500 Mitglieder.[24] Im Frühjahr 1940 berief man die Führung der SL „Roch" nach Großpolen. Im nächsten Jahr arbeiteten dort 19 Kreisführungen. Auch hier verschmolzen die politischen Führungsstrukturen mit den militärischen. Der X. BCh-Bezirk umfasste vier Unterbezirke (20 Kreise). Beide Ebenen wiesen einen elitären Charakter auf und zählten etwas mehr als 600 Soldaten.[25] Konspirative Strukturen der SL „Roch" entstanden auch im Gebiet von Tschenstochau und in dem Teil der Wojewodschaft Lodz, der ins Reich eingegliedert wurde (bis Dezember 1940 waren es vier Kreisführungen). Die Wojewodschaft Lodz bildete den V. BCh-Bezirk. In dem Teil, der zu den eingegliederten Gebieten gehörte, organisierte man sechs Bezirke, aber nur drei hatten einen vollständigen Stab. Die Zahl der Mitglieder erreichte etwa 4.500 Personen. Sie zeigten keine breiten Aktivitäten. Die Grenze zwischen dem GG und den eingegliederten Gebieten stellte auch die Grenze für die Aktivität der konspirativen Volksbewegung dar.[26]

Die Gebiete Schlesien, Dabrowa-Becken und der Teil der Wojewodschaft Krakau, der ins Reich eingegliedert worden war, standen im Aktionsradius von drei Bezirken der Bauernpartei. Erst 1941 entstand ein SL-Unterbezirk Schlesien, der etwa 3.000 Personen umfasste, und die BCh (acht Kreisführungen, etwa 1.000 Soldaten), die der Führung in Krakau unterstellt waren. Die Kreise der Wojewodschaft Krakau, die ins Reich eingegliedert wurden, waren Teil des VI. BCh-Bezirks und bildeten eine gesonderte Abteilung mit vier Kreiskommandanturen und etwa 1.500

---

[24] KAZIMIERZ PRZYBYSZ, Ludowcy na ziemiach włączonych do Rzeszy 1939–1945, Warszawa 1987, S. 63-74, 113-121, 142, 150 f., 156 f., 171 ff., 178.

[25] Ebd., S. 95-101, 135-139, 159 f., 177-180; vgl. Bataliony Chłopskie i wieś wielkopolska w walce z hitlerowskim okupantem (1939–1940). Materiały sympozjum zorganizowanego w Poznaniu dnia 21 kwietnia 1983 r., hg. v. ANTONI CZUBIŃSKI, Poznań 1986.

[26] PRZYBYSZ, Ludowcy, S. 75-84, 121-127, 143 ff., 170 f., 174, 178.

Soldaten. Die Kreise des Dabrowa-Beckens, die ins Reich eingegliedert wurden, unterstanden der Leitung in Kielce.[27]

Ab 1942 entstanden im Rahmen der Bauernbataillone Sondereinheiten (*Oddziały Specjalne*), die für Kampfeinsätze vorgesehen waren, und später auch reguläre Partisaneneinheiten. In manchen Regionen (z. B. in Schlesien) gründete man ebenfalls die Volkssicherheitswehr. In den eingegliederten Gebieten existierten insbesondere in Nordmasowien auch konspirative Strukturen des Volksverbands der Frauen (*Ludowy Związek Kobiet, LZK*).[28] Die Bauernfunktionäre aus Pommerellen waren ohne Kontakt zur Zentrale aktiv. Die von ihnen geschaffene Polnische Freiheitsorganisation (*Polska Organizacja Wolności*), mit mehreren Hundert Personen, ging fast vollständig zur AK über.[29]

Die stärkste Organisation in den eingegliederten Gebieten, die Polnische Sozialistische Partei (*Polska Partia Socjalistyczna, PPS*), entstand im Gebiet des Dabrowa-Beckens und in Schlesien, wo die Bezirksführung bereits im Oktober 1939 einberufen wurde. Im Herbst 1939 dehnte sich das organisatorische Netzwerk auf das Teschener Schlesien und Böhmisch-Schlesien, in Polen als Olsa-Gebiet bekannt, mit insgesamt 25 Kreiskomitees aus. Übergangsweise (1941–1943) waren zwei Bezirke aktiv (Oberschlesien mit dem Oppelner Gebiet und Teschen–Olsa-Gebiet), die etwa 10.000 Personen zählten. Ab Mitte 1940 begann man mit der Errichtung einer militärischen Ebene – der Volksgarde der Polnischen Sozialistischen Partei (*Gwardia Ludowa PPS*). Insgesamt konzentrierte sie in zwei Bezirken 20.000 Soldaten. Außerdem wurden unter Obhut der Polnischen Sozialistischen Partei eine PPS-Miliz, eine Industriemiliz und Sozialistische Sicherheitsabteilungen organisiert. Im Zuge der Vereinigung unterstellten sich der Heimatarmee bis Ende 1943 insgesamt 150 Züge.[30] Mit Beginn der Besatzung nahmen auch die Sozialisten aus Lodz die konspirative Arbeit auf. Es entstanden zwei Gruppen, von denen die zahlenmäßig größere ab

---

[27] Ebd., S. 75-78, 84-92, 121 f., 127-131, 144-148, 175 f., 178; STARCZEWSKI, Ruch oporu, S. 62-66,122 ff.

[28] Ebd., S. 141-169.

[29] Ebd., S. 101-106; KOMOROWSKI, Konspiracja pomorska, S. 146 f. In Pommerellen waren auch die Polnische Kampforganisation „Znak" und die militärische Formation der Bauernorganisation „Freiheit Racławice" aktiv. Letztere wurde Anfang 1943 mit der AK vereinigt und kurze Zeit später infolge von Verhaftungen zerschlagen. WŁODZIMIERZ JASTRZEBSKI, Z działalności Polskiej Organizacji Zbrojnej w Okręgu Rzeszy Gdańsk-Prusy Zachodnie (1940–1943), in: Pomorskie organizacja konspiracyjne, S. 181-186; KOMOROWSKI, Konspiracja pomorska, S. 147 f.

[30] STARCZEWSKI, Ruch oporu, S. 66-73, 107, 114 ff., 124 ff.; KRZYSZTOF DUNIN-WĄSOWICZ, Polski ruch socjalistyczny 1939–1945, Warszawa 1993, S. 39 f., 76, 84, 115, 172 ff.

1941 die Organisation der Polnischen Sozialisten unterstützte und einen ihrer Bezirke bildete. Er umfasste etwa 1.500 vereidigte Mitglieder. Im Herbst 1941 stoppten sie ihre Aktivitäten infolge von Verhaftungen und übergaben die übrig gebliebenen Mitglieder an den Verband für den bewaffneten Kampf. Wenige Aktivisten des linken Flügels befanden sich 1942 in der Polnischen Arbeiterpartei (*Polska Partia Robotnicza,* PPR).[31] Die Versuche der PPS, in Großpolen, Pommerellen und Nordmasowien Aktivitäten aufzunehmen, scheiterten. Auch die Arbeitspartei (*Stronnictwo Pracy,* SP) reaktivierte ihre Arbeit in den eingegliederten Gebieten (ausgenommen in Lodz) nicht in großem Maße, obwohl sie traditionell einen starken Einfluss in Pommerellen und Schlesien hatte. Die Aktivisten der SP in diesen Regionen unterstützten vor allem die lokalen Strukturen der staatlichen Administration im Untergrund.[32]

Von den anderen gesamtpolnischen Organisationen, die ihre Zellen in den eingegliederten Gebieten bildeten, erreichte in Pommerellen zu Beginn der Besatzung die Kommandantur der Verteidiger Polens (*Komenda Obrońców Polski,* KOP) gewisse Erfolge. Ihre IV. Abteilung umfasste die gesamten eingegliederten Gebiete. In Großpolen überdauerten einzelne Zellen der KOP bis 1942. Ab 1943 bildete dort die Gruppierung Unabhängiges Polen (*Polska Niepodległa*) ihren VIII. Bezirk. Auf dem Gebiet Großpolens agierten auch die bereits erwähnten pommerellischen Organisationen „Gryf Pomorski" und Polnische Aufstandsarmee. Lediglich in Pommerellen entstanden bedeutende Strukturen von „Miecz i Pług" (XIII. Bezirk). Bis Mitte des Jahres 1942 wurde die Spionagearbeit in den eingegliederten Gebieten und im Reich von der Organisation „Die Musketiere" geführt.[33]

---

[31] BOJANOWSKI, Łódź pod okupacją, S. 345-351; DUNIN-WĄSOWICZ, Polski ruch socjalistyczny, S. 40, 77, 84, 115, 171 f.

[32] BOJANOWSKI, Łódź pod okupacją, S. 364, 365; STARCZEWSKI, Ruch oporu, S. 60 ff., KOMOROWSKI, Konspiracja pomorska, S. 163; GRZEGORZ GORSKI, Administracja Polski Podziemnej w latach 1939–1945. Studium historyczno-prawne, Toruń 1995, S. 230-233, 238 ff.; DERS., Pomorska Okręgowa Delegatura Rządu RP w latach 1941–1945, in: Walka podziemna na Pomorzu w latach 1939–1945. W 50. rocznicę powstania Służby Zwycięstwu Polski. Materiały sesji w Toruniu 27-28 IX 1989 r., hg. v. JAN SZILING, Toruń 1990, S. 198; ŁUCZAK, Pod niemieckim jarzmem, S. 208, 210; ANDRZEJ ANDRUSIEWICZ, Stronnictwo Pracy 1937–1950. Ze studiów nad dziejami najnowszymi chadecji w Polsce, Warszawa 1988, S. 139, 145.

[33] ŁUCZAK, Pod niemieckim jarzmem, S. 221 f.; ANDRZEJ GĄSIOROWSKI, Komenda Obrońców Polski na Pomorzu, in: Walka podziemna na Pomorzu, S. 289-306; DERS., Polska Armia Powstania; STEYER, Zarys działalności, S. 83-96; Bogdan Chrzanowski, „Miecz i Pług" (Zjednoczone Organizacje Ruchu „Miecz i Pług") na Pomorzu w latach okupacji niemieckiej 1939–1945, Toruń 1997; MARIAN WOŹNIAK, Wielkopolska konspiracja wojskowa (1939–1945). Zarys stanu badań. Postulaty badawcze, in: Życie i Myśl,

Zur den stärksten Organisationen in den eingegliederten Gebieten gehörte die Heimatarmee. Die ersten Strukturen und Vorläufer – Dienst für den Sieg Polens (*Służba Zwycięstwu Polski*) – entstanden in Schlesien, in der Umgebung von Lodz, und in rudimentärer Form in Pommerellen. In Großpolen hingegen verlief der Organisationsprozess langsamer. Deshalb wurden vier östliche Kreise der Region Posen dem Bezirk Lodz zugeschlagen und die AK-Kommandantur dieses Bezirks wurde erst im Juni 1940 formiert. Die Heimatarmee-Bezirke Posen und Pommerellen waren Teil des AK-Gebiets West (die Kommandantur residierte in Warschau), während das nördliche Masowien den nördlichen Unterbezirk des AK-Bezirks Warschau-Wojewodschaft stellte. Der Bezirk Schlesien gehörte anfänglich zum AK-Gebiet Süd mit Kommandantur in Krakau und wurde 1941 direkt der AK-Hauptkommandantur unterstellt.[34] Charakteristisch für den AK-Untergrund in den eingegliederten Gebieten war die große Bedeutung, die die mittleren Organisationsebenen (die Regionalinspektorate) innehatten, die die Leitung der gesamten konspirativen Tätigkeit koordinierten. Hauptsächlich in ihren Stäben wurden die Operationspläne aller militärischen sowie künftigen aufständischen Aktionen vorbereitet.[35] Die Bezirks- und Regionalinspektoratsstäbe wurden vielfach zerschlagen und der Personalmangel erzwang oft die Zusammenlegung von verschiedenen Stellen. Trotzdem funktionierten alle Abteilungen des Stabs wie auch das Sondermilitärgericht im Untergrund.

Im nördlichen Teil des ZWZ-Bezirks Warschau-Wojewodschaft existierten in verschiedenen Phasen drei bis vier Regionalinspektorate und umfass-

---

Nr. 9/10, 1986, S. 71, 73, 75; FRANCISZEK WOJCIECHOWSKI, Polska Niepodległa. Organizacja konspiracyjna, Warszawa 1997, S. 47, 97-100, 181; PIOTR MATUSAK, Wywiad Związku Walki Zbrojnej-Armii Krajowej 1939–1945, Warszawa 2002, S. 33; KOMOROWSKI, Konspiracja pomorska, S. 103 f.

[34] MARIAN WOŹNIAK, Geneza i początki organizacyjne Służby Zwycięstwu Polski – Związku Walki Zbrojnej w obszarze poznańsko-pomorskim (październik 1939 – wrzesień 1940), in: Walka podziemna na Pomorzu, S. 67-92; GOZDAWA-GOŁEBIOWSKI, Obszar warszawski, S. 29, 33, 133 ff.; EUGENIUSZ WAWRZYNIAK, Okręg Łódź Armii Krajowej, in: Armia Krajowa. Rozwój organizacyjny, hg. v. KRZYSZTOF KOMOROWSKI, Warszawa 1996, S. 347, 348; DERS., Armia Krajowa na Pomorzu, in: ebd., S. 359; MARIAN WOŹNIAK, Okręg poznański Armii Krajowej, in: ebd., S. 385, 391; MIECZYSŁAW STARCZEWSKI, Okręg Śląski Armii Krajowej, in: ebd., S. 398-403.

[35] Die Hauptkommandantur der Heimatarmee zählt die Bezirke Posen, Pommerellen und Schlesien (Dabrowa-Becken ausgenommen) nicht ins Gebiet der so genannten Aufständischen Basis; vgl. MAREK NEY-KRWAWICZ, Powstanie powszechne w koncepcjach i pracach sztabu Naczelnego Wodza i Komendy Głównej Armii Krajowej, Warszawa 1999, S. 285, 287, 294 f., 417 f.; DERS., Koncepcje walki i powstania, in: Armia Krajowa. Szkice z dziejów Sił Zbrojnych Polskiego Państwa Podziemnego, hg. v. KRZYSZTOF KOMOROWSKI, Warszawa 2001, S. 208-211.

ten (Ende 1941) etwa 3.000 Soldaten.[36] Im ZWZ-Bezirk Schlesien operierten vier bis sechs Regionalinspektorate, die zwischen 21 und 26 Bereiche umfassten, darunter das exterritoriale Regionalinspektorat Oppeln, organisiert in zwei Bereiche. Unabhängig aktiv war zunächst der AK-Unterbezirk Dabrowa-Becken. Er unterstand der AK-Bezirkskommandantur in Kielce und wurde 1941 dem AK-Bezirk Schlesien als das Regionalinspektorat Sosnowitz angeschlossen. In der ersten Hälfte 1944 überstieg die Zahl der Soldaten 25.000 Mann.[37] Im ZWZ-Bezirk Lodz existierten anfangs sieben und ab Mitte 1940 fünf Regionalinspektorate, davon eines im Gebiet des GG. Nach dem Warschauer Aufstand wurde das AK-Regionalinspektorat Petrikau als Unterbezirk direkt dem Befehlshaber der Heimatarmee unterstellt. Mitte 1944 zählte der AK-Bezirk Lodz mehr als 10.000 Soldaten.[38]

Der ZWZ-Bezirk Pommerellen war in drei, später in zwei Unterbezirke gegliedert, die aus zehn Regionalinspektoraten und zwei selbstständigen Bereichen bestanden. Im Jahr 1942 bildete man auch zwei exterritoriale Unterbezirke in Stettin und Königsberg. In der zweiten Hälfte des Jahres 1943 zählte der ganze Bezirk etwa 18.000 Soldaten, wovon 8.000 in regulären Partisaneneinheiten waren.[39] Der ZWZ-Bezirk Posen organisierte sich zunächst in fünf bis sieben Regionalinspektoraten mit 23 bis 27 Bereichen, wie auch fünf selbstständigen Bereichen, einer davon exterritorial. Während der Errichtung des Bezirks wurden etwa 50 lokale Widerstandsorganisationen untergeordnet. Mitte 1943 umfassten 300 Züge etwa 6.000 Soldaten. Von Frühjahr 1944 bis Januar 1945 existierte im Bezirk keine direkte Verbindung zur Hauptkommandantur.[40] In allen ZWZ/AK-Bezirken der eingegliederten Gebiete, allerdings mit unterschiedlicher Intensität, wurden Sabotagepatrouillen gebildet, die zuerst dem Bund für Vergeltung (*Związek*

---

[36] GOZDAWA-GOŁĘBIOWSKI, Obszar Warszawski, S. 38 f., 133-154, 498-504; GRZEGORZ MAZUR, Kształtowanie sie struktur terenowych, in: Armia Krajowa. Szkice, S. 133 f.

[37] STARCZEWSKI, Okręg śląski Armii Krajowej, S. 397-410; DERS., Ruch oporu; JULIUSZ NIEKRASZ, Z dziejów AK na Śląsku, Katowice 1993; GRZEGORZ MAZUR, Kształtowanie się struktur terenowych, in: Armia Krajowa. Szkice, S. 142 f., 147 ff.

[38] WAWRZYNIAK, Okręg Łódź Armii Krajowej, S. 341-357; MAZUR, Kształtowanie się struktur terenowych, in: ebd., S. 140 ff.; Okręg Łódzki Armii Krajowej, hg. v. MAREK BUDZIAREK, Łódź 1988;

[39] KOMOROWSKI, Armia Krajowa na Pomorzu, in: Armia Krajowa, S. 358-384; BOGDAN CHRZANOWSKI, Struktura organizacyjna Związku Walki Zbrojnej – Armii Krajowej na Pomorzu w latach 1939–1945 (Materiały do dyskusji), in: Armia Krajowa na Pomorzu, S. 25-76; ANNA ZAKRZEWSKA, Oddziały partyzanckie Armii Krajowej na Pomorzu, in: Armia Krajowa na Pomorzu, S. 155-168; MAZUR, Kształtowanie się struktur terenowych, S. 153 ff., 192.

[40] WOŹNIAK, Okręg poznański Armii Krajowej, in: Armia Krajowa. Rozwój, S. 385-396; Okręg Poznański Armii Krajowej; MAZUR, Kształtowanie się struktur terenowych, S. 149-153, 192.

Odwetu, ZO) später der Diversionsleitung (*Kierownictwo Dywersji*) unterstellt wurden, wie auch reguläre Partisaneneinheiten geschaffen. Besonderen Wert legte man auf den Ausbau der Spionagenetzwerke. Sie arbeiteten mit den Zellen des offensiven Nachrichtendienstes der ZWZ/AK („Stragan", später „Lombard") wie auch mit dem Frauenmilitärdienst (*Wojskowa Służba Kobiet*) zusammen. Zudem wurden exterritoriale Spionagenetze im Reich gebildet.[41]

Auf Initiative der Posener Aktivisten entschied die polnische Regierung im Exil im Frühjahr 1940, eine gesonderte Hauptvertretung der Regierung für die eingegliederten Gebiete einzurichten. Im Sommer 1940 entstand in Posen das Büro mit einigen Abteilungen, das mit der Organisierung von lokalen Strukturen begann und sich um einen Vertreter in Warschau bemühte. Mit dem Hauptdelegierten der Regierung arbeitete die Verständigung Politischer Parteien (*Porozumienie Stronnictw Politycznych*) zusammen, die die Repräsentanten von den drei wichtigsten politischen Organisationen im Untergrund vereinigte: der Nationalen Partei (SN), der Volkspartei (SL) und der Arbeitspartei (SP). Obwohl der Abgesandte der Regierungsvertretung für Pommerellen bereits im Herbst 1940 eingesetzt wurde, entstand die Delegatur für diesen Bezirk formell erst Mitte 1941. Eingesetzt wurden ebenfalls die Delegierten für Schlesien, für die Landesteile Lodz und Zichenau. Nachdem die Hauptdelegatur der Regierung für die eingegliederten Gebiete während der zweiten Hälfte des Jahres 1941 zerschlagen worden war, unterstellte man die Bezirksdelegaturen der Hauptdelegatur der Regierung für das GG (im September 1942 umbenannt in Landesdelegatur der Regierung der Polnischen Republik).[42]

Die komplizierteste Lage ergab sich in Großpolen, wo zwei voneinander unabhängige Organisationen den Wiederaufbau der zerschlagenen Staatsstrukturen im Untergrund durchführten: das Westbüro und die lokalen Aktivisten der Volkspartei. Die Bezirksdelegatur der Regierung (BDR) in Großpolen hatte zwei Büros (eines davon in Warschau), etwa sieben Abteilungen und 17 Kreisvertretungen. Auch das geheime Schulwesen wurde in Großpolen von zwei im Grunde unabhängigen Zentren geleitet.[43] Die BDR Zichenau wurde 1943 als eine Untervertretung in die BDR für die Wojewodschaft Warschau eingegliedert. In diesem Rahmen wurden zwölf Kreis-

---

[41] MATUSAK, Wywiad Związku Walki Zbrojnej.

[42] WALDEMAR GRABOWSKI, Polska tajna administracja cywilna 1940–1945, Warszawa 2003, S. 106 ff., 188-191, 287 f.; GÓRSKI, Administracja Polski Podziemnej, S. 32, 34 f., 55 ff., 62, 105 f., 145, 196 ff.

[43] GRABOWSKI, Polska tajna administracja, S. 314-318; GÓRSKI, Administracja Polski Podziemnej, S. 197 f., 233 ff.; JÓZEF KRASUSKI, Tajne szkolnictwo polskie w okresie okupacji hitlerowskiej 1939–1945, Warszawa 1971, S. 246-253.

vertretungen, die Abteilung für Sicherheit wie auch das Bezirksbüro für Bildung und Kultur aufgebaut.[44] Innerhalb der BDR für Lodz organisierte man zwölf Abteilungen (darunter das Staatliche Sicherheitskorps) wie auch sechs Kreisvertretungen in den eingegliederten Gebieten.[45] Besonders gut ausgebaute Strukturen hatte die BDR Pommerellen, vor allem ihre Abteilung für Sicherheit, der die selbstständigen Wehreinheiten in fast 270 Ortschaften unterstellt wurden. Die Vertretung verfügte über zwei Büros (in Warschau und Thorn), zehn Abteilungen, die Leitung des Zivilen Kampfes, ein Bezirksbüro für Bildung und Kultur und 33 Kreis- und Stadtvertretungen im Umland.[46] Weniger ausgebaut war die Delegatur Schlesien, die nur zehn Kreisdelegaturen und sechs Abteilungen umfasste. Die zahlenmäßig größte Struktur, die Sicherheitsabteilung, vereinigte im Rahmen der Staatlichen Sicherheitskorps und der selbstständigen Wehreinheiten 13.000 Personen. Man organisierte ebenfalls ein Sonderzivilgericht und das Schlesische Schulbüro.[47]

Ab 1942 leiteten alle Bezirksdelegierten eigene Vertretungen von Warschau aus. Angesichts sehr schwieriger Bedingungen in den eingegliederten Gebieten stellte dies in der praktischen Arbeit konspirativer Organisationen keine Besonderheit dar. Ab 1941 arbeitete im GG der größere Teil des ZWZ-Bezirksstabs Lodz, übergangsweise wurden die ZWZ-Bezirke Schlesien und Pommerellen vom GG aus befehligt, und der Stab des nördlichen ZWZ-Unterbezirks hatte während der gesamten Besatzung seinen Sitz in Warschau. Ähnlich wurde der Bezirk Lodz der Nationalen Streitkräfte vom GG aus geleitet. In Warschau arbeiteten auch die Stabsstrukturen des NSZ-Bezirkes Pommerellen und das Regionalinspektorat der Westgebiete.

Mit Beginn der Besatzung entstanden in den eingegliederten Gebieten unabhängig voneinander zahlreiche kurzlebige und wenige Mitglieder

[44] GRABOWSKI, Polska tajna administracja, S. 289 f.; GÓRSKI, Administracja Polski Podziemnej, S. 253; BRENDA, Delegatura Rządu, S. 167-180.

[45] GRABOWSKI, Polska tajna administracja, S. 292-300; GÓRSKI, Administracja Polski Podziemnej, S. 236 ff.; JERZY JĘDRZEJEWSKI, Łódzka Okręgowa Delegatura Rządu RP w latach 1942-1945, in: Rocznik Łódzki, Nr. 52, 1995, S. 191-205.

[46] GRABOWSKI, Polska tajna administracja, S. 300-313; GÓRSKI, Administracja Polski Podziemnej, S. 230-233; BOGDAN CHRZANOWSKI, Cywilne struktury Polskiego Państwa Podziemnego na Pomorzu w latach 1939-1945, in: Terenowe struktury Delegatury, S. 129-156.

[47] GRABOWSKI, Polska tajna administracja, S. 320-326; Górski, Administracja Polski Podziemnej, S. 238 ff.; MIECZYSŁAW STARCZEWSKI, Polskie Państwo Podziemne na Śląsku w latach 1939-1945, in: Górny Śląsk i Górnoślązacy w II wojnie światowej, hg. v. WOJCIECH WRZESIŃSKI, Bytom 1997, S. 18 f., 22, 26 ff.; DERS., Ruch oporu, S. 243, 246 f.; JULIUSZ NIEKRASZ, Z dziejów AK, S. 71-75, 98 f., 263, 293 ff., 304; KRASUSKI, Tajne szkolnictwo, S. 248 ff., 255-258.

vereinigende Jugendorganisationen, oft angelehnt an die Pfadfinderbewegung. Sie arbeiteten hauptsächlich in Form von Selbsthilfe, Autodidaktik und Erziehung und betrieben Informationspropaganda, wie z. B. der Kujawische Politisch-Literarische Verband. Er führte in den Jahren 1940 bis 1941 ein gut organisiertes Verlagswesen in mehreren Städten in Pommerellen und vereinigte etwa 300 junge Menschen. Auf diesem Gebiet entwickelten sich ebenfalls Strukturen allgemeiner Untergrundarbeit der Pfadfinder der so genannten Grauen Reihen (*Szare Szeregi*). Pfadfinderregimenter, die unter dem Kryptonym „Bienenstock" (*Ul*) auftraten, wurden bereits seit Beginn des Jahres 1940 organisiert. Ihre Aktivisten betätigten sich zum großen Teil im ZWZ/AK wie auch in den Strukturen der geheimen staatlichen Ziviladministration. Man führte jedoch auch eigene Pfadfindertätigkeiten und Ausbilderschulungen durch. Die Stärke der Pfadfinderorganisation wird auf etwa 4.200 Mitglieder geschätzt, davon 1.200 in Schlesien, jeweils 700 in den Regimentern Lodz und Pommerellen, 1.000 in Posen und 600 im Dabrowa-Becken.[48] Auch die Organisation der Pfadfinderinnen arbeitete eng mit den Strukturen des ZWZ/AK zusammen. Ihre Mitglieder waren in den Zellen des Frauenmilitärdienstes aktiv: im Kommunikationsdienst, in der Pressezustellung, im Sanitäts- und Sozialdienst, im Nachrichtendienst und in der Propagandaabteilung. Die meisten angeführten konspirativen Gruppen und Organisationen (mit Ausnahme der Kommunisten und der Rechtsradikalen) waren Teil eines einmaligen gesellschaftlichen Phänomens: des Polnischen Untergrundstaates (*Polskie Państwo Podziemne, PPP*). Sie erkannten die Regierung der Polnischen Republik im Exil als die einzige legale politische Führung Polens an.

Außerhalb des PPP standen einige wenige konspirative Zellen, die von kommunistischen Aktivisten gegründet wurden. Sie entstanden hauptsächlich in Schlesien, im Revier, in der Umgebung von Lodz und im nördlichen Masowien. Im Frühjahr 1942 wurde die Polnische Arbeiterpartei (PPR) organisiert und ab Mitte 1942 ihr militärischer Arm: die Volksgarde (GL). Beide waren oft personell eng miteinander verflochten. In Schlesien und im Dabrowa-Becken zog sich der Entstehungsprozess dieser Strukturen bis Ende 1943 hin. Anfangs unterstanden diese Gebiete dem Komitee des VI. Kreises Krakau. Mehrere Bezirkskomitees wurden organisiert: Dabrowa-Becken, Bielsko, Teschen, Oberschlesien und im Herbst 1944 Chrzanow. Der PPR-Bezirk Schlesien wurde erst im März 1944 gegründet. Die Stärke der Volksgardeeinheiten soll sich Ende des Jahres 1944 auf 900 Kämpfer belaufen haben. Die übrigen eingegliederten Gebiete befanden sich im

---

[48] JERZY JABRZEMSKI, Harcerze z Szarych Szeregów, Warszawa 1997, S. 211-265; Szare Szeregi. Harcerze 1939–1945, hg. v. DERS., Bd. 2 Materiały – relacje, Warszawa 1988, S. 61-354.

Aktionsradius des im Juni 1942 gegründeten PPR-Bezirks Lodz, der aus fünf Kreisen bestand. Er wurde 1943 durch Verhaftungen zerschlagen. Kleinere Gruppen existierten in den Gebieten Lodz (etwa 800 Personen), Posen (etwa 100 Personen), Leslau und der Region Zichenau, dabei hauptsächlich in Plotzk (etwa 800 Personen).[49] Unter den extremsten Bedingungen für Untergrundtätigkeit arbeiteten die jüdischen Aktivisten in den Ghettos, vor allem in Lodz, dem größten Ghetto in den eingegliederten Gebieten. Am weitesten verbreitet waren dort: Selbsthilfeaktivitäten, Sabotagetätigkeiten (darunter Streikorganisation), Propagandaaktionen und Informationsbeschaffung sowie Kulturarbeit. Die Tätigkeiten wurden deutlich eingeschränkt, nachdem ein Teil des Ghettos in der zweiten Hälfte des Jahres 1942 liquidiert worden war, doch blieben vereinzelte Strukturen bis zur endgültigen Auflösung des Ghettos im August 1944 bestehen. Weniger bekannt ist der dreiwöchige Kampf der Juden im Ghetto Bedzin im August 1943.[50]

Die Grundformen des Kampfs und des Widerstands

Unter den Bedingungen des Besatzungssystems, das in den eingegliederten Gebieten herrschte, war die am weitesten verbreitete Form des Widerstands die Selbstverteidigung der Bevölkerung und die soziale Fürsorge. Es gab keine Untergrundorganisation, die sich nicht in kleinerem oder größerem Umfang diesen Aufgaben gewidmet hätte. Es entstand sogar eine ganze Reihe von lokalen konspirativen Gruppen, um vor allem karitative Aktionen durchzuführen. Dies ergab sich aus der Liquidierung aller polnischen Institution der sozialen Fürsorge, einschließlich des Polnischen Roten Kreuzes. Man half nicht nur den Mitgliedern der Untergrundorganisationen und ihren Familien, sondern auch Gefangenen und Menschen, die in Ghettos und Polenlagern gefangen oder aus Lagern, Ghettos und der Wehrmacht geflohen waren.[51]

---

[49] STARCZEWSKI, Ruch oporu, S. 73-85, 128-132; ŁUCZAK, Pod niemieckim jarzmem, S. 211 ff., 223 ff.; KRAJEWSKI, Płock w okresie okupacji, S. 265-273; LEWANDOWSKA, Okupowanego Mazowsza, S. 136-148; BOJANOWSKI, Łódź pod okupacją, S. 351-359; PIOTR GONTARCZYK, Polska Partia Robotnicza. Droga do władzy 1941–1944, Warszawa 2003, S. 116 f., 237, 243, 269, 357, 373.

[50] BOJANOWSKI, Łódź pod okupacją, S. 240-243, 249; ROMAN ZYGADLEWICZ, Rejon Bałuty Wschodnie – Julianów Dzielnicy Łódź-Północ ZWZ-AK, in: Okręg Łódzki Armii Krajowej, S. 181-184; MIECZYSŁAW STARCZEWSKI, Ruch oporu, S. 249.

[51] ŁUCZAK, Pod niemieckim jarzmem, S. 242-249; EDWARD SERWAŃSKI, Wielkopolska w cieniu swastyki, Warszawa 1970; STARCZEWSKI, Ruch oporu, S. 90, 98, 229-236; LEWANDOWSKA, Okupowanego Mazowsza, S. 148-151, 154 f.,159 f., 163 f., 254 f.;

Besonders spektakuläre Resultate erzielte die Widerstandsbewegung in den eingegliederten Gebieten im Bereich der Militär- und Wirtschaftsspionage. Man rekrutierte Zuträger im Reich, angelehnt an die Zentren der Zwangsarbeiter, und drang in die am besten geschützten Labore, Truppenübungsplätze, Industriefabriken und Befestigungsanlagen ein. Vorrangig daran beteiligt waren vor allem in Schlesien und Pommerellen Personen, die sich in die DVL hatten eintragen lassen, in deutschen Behörden arbeiteten oder in die Wehrmacht eingezogen worden waren. Zur Besonderheit der eingegliederten Gebiete gehörte die enge Zusammenarbeit der Spionagezellen unterschiedlicher, sowohl gesamtpolnischer wie auch regionaler und lokaler Organisationen. Die am besten ausgebauten und effektivsten Spionagenetze gründeten der ZWZ/AK und der Eidechsenbund.[52]

Wichtiger Bestandteil der Arbeit fast aller größeren konspirativen Organisationen war die „Legalisierung" von Personen, die polizeilich gesucht wurden, also die Herstellung falscher Dokumente und Arbeitsbücher, das Drucken amtlicher Formulare unterschiedlicher Art (z. B. Genehmigungen für die Eisenbahnbenutzung und Passierscheine) wie auch von Versorgungskarten. Je länger die Besatzung andauerte, desto schwieriger war es für die Untergrundorganisationen, „Legalisierung" in den eingegliederten Gebieten zu betreiben.[53] Deshalb, das wurde bereits erwähnt, verlegten einige Stäbe ihre Aktivitäten in das Gebiet des GG.

Aktiv arbeitete man auch im Bereich Information und Propaganda. Die größten Widerstandsgruppen hatten dafür extra geschaffene Abteilungen. Als Beispiele kann man anführen, dass in Schlesien und im Dabrowa-Becken etwa 90 Zeitungen herausgegeben und 70 Titel der Zentralpresse für das ganze besetzte Polen verbreitet wurden, im Warthegau erschienen etwa 150 Untergrundzeitungen. Die Auflagen waren unterschiedlich: sie reichten von einigen handschriftlichen bis hin zu mehreren Tausend gedruckten Exemplaren. Man vertrieb auch die Presse vom GG aus. Eine

---

BOJANOWSKI, Łódź pod okupacją, S. 324, 328, 333, 335 ff., 339, 343, 347, 356, 363, 365-369; GOZDAWA-GOŁĘBIOWSKI, Obszar Warszawski, S. 34 f.; PRZYBYSZ, Ludowcy na ziemiach włączonych, S. 182-202; KRAJEWSKI, Płock pod okupacją, S. 199-203.

[52] MATUSAK, Wywiad Związku Walki Zbrojnej; STARCZEWSKI, Ruch oporu, S. 102-105; DERS., Sieć WO-1 i wywiadu Stragan i udział w niej Ślązaków, in: Wkład polskiego wywiadu, S. 137-156; CHRZANOWSKI, Związek Jaszczurczy; DERS., Miecz i Pług, S. 116 f., 138 ff.; DERS., Wywiad Związku Walki Zbrojnej – Armii Krajowej na Pomorzu w latach okupacji niemieckiej, in: Wkład polskiego wywiadu, S. 115-136; ANDRZEJ GĄSIOROWSKI, Wywiad i dywersja w Okręgu Pomorskim ZWZ-AK, in: Armia Krajowa na Pomorzu, S. 80-103; Pomorskie organizacje konspiracyjne; BOJANOWSKI, Łódź pod okupacja, S. 329 f., 336, 341, 344, 362 f.; ŁUCZAK, Pod niemieckim jarzmem, S. 240 f.; KOMOROWSKI, Polityka i walka, S. 436-440.

[53] Vgl. LEON JĘDROWSKI, Delegatura Rządu RP na Wielkopolskę w latach 1943–1945, AIZ, Sign. III-68.

Besonderheit waren vier Blätter mit literarischer Beilage, die im Ghetto Litzmannstadt herausgegeben wurden.[54] Viel Arbeit steckte man in die Dokumentation der Besatzungspolitik und Informationen für die Führung des Polnischen Untergrundstaats und die Regierung der RP im Exil über die herrschende Situation in den eingegliederten Gebieten. Sehr einfallsreich wurde subversive Propaganda unter den Deutschen verbreitet, im Rahmen der so genannten Aktion „N". Hierbei waren die Bezirke Lodz und Schlesien führend. Daran arbeiteten nicht nur große Organisationen mit, sondern auch kleine, autonom agierende Gruppen.[55]

Die für die Wirtschaft der Besatzer empfindlichste Kampfform stellte die Sabotage dar, die sowohl organisiert wie auch spontan mit Beginn der Okkupation durchgeführt wurde. Nicht einmal annähernd ist es möglich, das Ausmaß der Schäden anzugeben, die in Industrie und Landwirtschaft durch Sabotageaktionen angerichtet wurden. Anführen muss man hierbei auch die Streiks die z. B. in den schlesischen Bergwerken, aber auch in Unternehmen in Großpolen, geführt wurden, sowie die Demonstrationen im Ghetto Litzmannstadt im Herbst 1940. Am meisten Verbreitung fand die Parole „Pole arbeite langsam". Aufgrund dessen sank beispielsweise in den schlesischen Bergwerken die Produktivität trotz der Arbeitszeitverlängerung um 20 Prozent im Vergleich zur Vorkriegszeit. Die Sabotage wirkte sich auch auf die Qualität der Erzeugnisse aus. Am häufigsten wurden Sabotageaktionen vom ZWZ/AK ausgeführt, in dem 1940 eine darauf spezialisierte Abteilung eingerichtet wurde. Für die Sabotageaktionen standen speziell ausgerüstete Forschungsbüros und Labore zur Verfügung (z. B. beim Eidechsenbund in Lodz oder beim Verband für Vergeltung in Großpolen und Schlesien). Dort wurden unter anderem Zeitzünder für Bomben oder leicht entflammbare Substanzen hergestellt, die gezielt eingesetzt wurden. In den Jahren 1940 und 1941 setzte man auch bakteriologische Kampfmittel ein. Zu den häufigsten Formen des Sabotagekampfes

---

[54] Łuczak, Pod niemieckim jarzmem, S. 270-276; Starczewski, Ruch oporu, S. 207-229, 243 ff.; Działalność informacyjna Polskiego Państwa Podziemnego, hg. v. Waldemar Grabowski, Warszawa 2003; Grzegorz Mazur, Biuro Informacji i Propagandy SZP-ZWZ-AK 1939–1945, Warszawa 1987, S. 264-282; Wojciech Jerzy Muszyński, W walce o Wielką Polskę. Propaganda zaplecza politycznego Narodowych Sił Zbrojnych (1939–1945), Warszawa 2000, S. 69, 83 ff., 88, 106 ff., 111 f., 115 f., 150 f., 178-182; Lewandowska, Okupowanego Mazowsza, S. 168 f., 173 f., 179 f.; Komorowski, Konspiracja pomorska; Walka podziemna na Pomorzu; ders., Polityka i walka, S. 194, 188 f., 194, 200 f., 212, 259, 457, 459 f., 464; Przybysz, Ludowcy, S. 202-214; Bojanowski, Łódź pod okupacją, S. 241 f., 330 f., 343, 347, 354 ff., 361-364.

[55] Akcja dywersyjna „N". Dokumenty i materiały z archiwum Tadeusza Żenczykowskiego, hg. v. Grzegorz Mazur, Wrocław 2000; ders., Biuro Informacji, S. 113 ff., 118, 264 ff., 268, 272 f., 277, 279-282; Starczewski, Ruch oporu, S. 245 f.; Bojanowski, Łódź pod okupacją, S. 331 f.; Komorowski, Konspiracja Pomorska, S. 16 ff.

gehörten Brandstiftungen, Bombenanschläge mit Spätzündern sowie die Beschädigung von Maschinen und fertigen Produkten. Breit angelegt war insbesondere in Schlesien die Eisenbahnsabotage (mehr als 325 Aktionen). Von allen bekannten Aktionen gegen die Kommunikationswege der Besatzer (mehr als 2.000 im gesamten Land) und mehr als 10.000 anderen Sabotageaktionen gegen das Eisenbahnwesen entfielen etwa 15 Prozent auf die eingegliederten Gebiete, wovon die Hälfte in Schlesien verübt wurde. Ab 1943 agierten die Sabotagegruppen immer zahlreicher, insbesondere die Diversionsleitung der Heimatarmee. Sie führten Sabotage- und Vergeltungsaktionen durch, die sich gegen Angehörige des administrativ-polizeilichen Besatzungsapparats und gegen Spitzel richteten. Allein in Schlesien wurden etwa 200 V-Männer liquidiert und etwa 1.200 Besatzungsfunktionäre getötet oder verletzt.[56]

Ab 1942 tauchen reguläre Partisaneneinheiten immer öfter auf, vor allem in Schlesien und Pommerellen.[57] Insgesamt bestanden etwa 75 Einheiten, wovon die Hälfte zu „Gryf Pomorski" gehörte. Starke Partisanenaktivität entfaltete sich in Schlesien (mehr als 1.000 Soldaten), aber auch in der Region Zichenau gab es Partisanenkämpfe, die in der Regel Verteidigungscharakter trugen. Es fanden vergleichsweise viele Aufrüstungs- und Requirierungsaktionen statt. Bekannt sind ebenfalls Aktionen zur Befreiung von Gefangenen und sogar Vorstöße der Partisaneneinheiten aus den eingegliederten Gebieten in das GG (z. B. die Übernahme des Städtchens Wolbrom). In der letzten Phase der Besatzung kam es zu mehreren Kampfhandlungen ausgehend vom polnischen Untergrund, insbesondere in Großpolen (Januar bis Februar 1945), in Schlesien (Januar bis April 1945) wie auch im nördlichen Masowien. Die Strukturen des Polnischen Untergrundstaats in den eingegliederten Gebieten wurden nur in geringem Maße von den Deutschen aufgedeckt.[58]

---

[56] PIOTR MATUSAK, Ruch oporu w przemyśle wojennym okupanta hitlerowskiego na ziemiach polskich w latach 1939–1945, Warszawa 1983; GRZEGORZ MAZUR, Związek Odwetu i Kedyw. Partyzantka, in: Armia Krajowa. Szkice, S. 233-236, 241, 244 f.; STARCZEWSKI, Ruch oporu, S. 91, 94 f., 101, 167-207; Organizacja Okręgu Poznańskiego, S. 31-42, 49 ff.; Encyklopedia Konspiracji Wielkopolskiej; GASIOROWSKI, Wywiad i dywersja, S. 103-109; KOMOROWSKI, Konspiracja Pomorska; DERS., Polityka i walka, S. 142, 204, 206; GOZDAWA-GOŁĘBIOWSKI, Obszar Warszawski, S. 135, 143 f., 207, 210, 261 f., 402-408, 501 ff.; PRZYBYSZ, Ludowcy, S. 228-247; KRAJEWSKI, Płock w okresie okupacji, S. 226 f., 236 f., 247, 255-258.

[57] Zum Beispiel „Surowiec", „Garbnik", „Wędrowiec" in Schlesien, die Gruppe „Cisy 100" bestehend aus den Einheiten „Świerki 101", „Jedliny 102", „Szyszki 103" in Pommerellen.

[58] STARCZEWSKI, Ruch oporu, S. 105-115, 123-127, 132, 180-183, 186 f., 239, 241 f., 247 f.; DERS., Okręg Śląski Armii Krajowej, S. 406 ff.; DERS., Okręgi Śląsk i Łódź, in: Operacja „Burza" i Powstanie Warszawskie 1944, hg. v. KRZYSZTOF KOMOROWSKI, War-

Viele konspirative Organisationen führten in Sorge um die künftige Kampffähigkeit der eigenen Einheiten militärische Schulungen durch. Besonderen Wert auf diese Form der konspirativen Arbeit legten vor allem Untergrundgruppen aus dem nationalen Lager und dem ZWZ/AK. Sicherlich war der Umfang der militärischen Schulungen unter den herrschenden Bedingungen der eingegliederten Gebiete sehr klein. Deshalb baute man die Kader für die Westgebiete auch im GG auf, z. B. im Rahmen des Westkorps im ZWZ/AK oder der Sonderaktion des Inspektorats für die Westgebiete in den Nationalen Streitkräften.[59] Das Fehlen von qualifiziertem Personal war ein sehr ernstes Problem, mit dem sich die konspirativen Organisationen in den eingegliederten Gebieten beschäftigen mussten. Im Grunde stützten sie sich fast ausschließlich auf lokale Aktivisten. Die Unterstützung in diesem Bereich, z. B. von Seiten der Leitung der Untergrundorganisationen im GG, war verschwindend gering. In diesem Zusammenhang spielte auch der Austausch „verbrannter" Offiziere von einem Gebiet ins andere eine wichtige Rolle. Die meisten Stabs- und Führungspositionen wurden von Offizieren niedrigeren Rangs, hauptsächlich Reservisten, bekleidet. Es kam vor, dass Stellen, die für Offiziere vorgesehen waren, von Unteroffizieren übernommen und Bataillone von Offiziersanwärtern befehligt wurden. Die Leitungen aller Ebenen wurden vielfach zerschlagen, etwa in Posen, wo sich die Hauptkommandantur fünf Mal rekonstruieren musste und wo in der letzten Phase der Besatzung ein Offizier mit dem Dienstgrad eines Oberleutnants das Kommando innehatte.

Nach interessanten Berechnungen von Mieczysław Starczewski über die schlesische Heimatarmee überlebten die gesamte Besatzungszeit lediglich 18 Prozent des ursprünglichen Personals. Die durchschnittliche Verweildauer im Untergrund lag bei zwei Jahren. Verhaftet wurden 70 Prozent der Führung, von diesen Menschen überlebte keiner. Die Verluste im Bezirk

---

szawa 2004, S. 413-441; Okręg poznański Armii Krajowej, S. 73-79, 92 f., 101-107; Encyklopedia konspiracji wielkopolskiej; KOMOROWSKI, Armia Krajowa na Pomorzu, S. 369-376; DERS., Konspiracja pomorska; CHRZANOWSKI, Okręgi Pomorze i Wielkopolska, in: Operacja „Burza", S. 442-473; ANNA ZAKRZEWSKA, Oddziały partyzanckie Armii Krajowej na Pomorzu, in: Armia Krajowa na Pomorzu, S. 155-168; GOZDAWA-GOŁĘBIOWSKI, Obszar Warszawski, S. 144 f., 148, 234-238, 240 f., 245; KRAJEWSKI, Płock w okresie okupacji, S. 256 ff., 264, 274.

[59] GOZDAWA-GOŁĘBIOWSKI, Obszar Warszawski, S. 131 ff.; Encyklopedia konspiracji wielkopolskiej, S. 46, 280, 397 ff.; KOMOROWSKI, Polityka i walka, S. 215 f.; ZBIGNIEW GNAT-WIETESKA, Inspektorat Ziem Zachodnich, in: Narodowe Siły Zbrojne. Materiały z sesji naukowej poświęconej historii Narodowych Sił Zbrojnych. Warszawa 25 października 1992 roku, hg. v. PIOTR SZUCKI, Warszawa 1994, S. 69-80; PRZYBYSZ, Ludowcy na ziemiach, S. 156-161; CHRZANOWSKI, Związek Jaszczurczy, S. 22-26, 66 f., 70, 73, 80 f.

Schlesien schätzt Starczewski auf etwa 9.000 Verhaftete und Getötete, innerhalb des Untergrunds in Großpolen auf 7.000 Menschen.[60] Ein weiteres ernsthaftes Problem stellte das Fehlen von Waffen dar.[61] Dieses Übel betraf alle konspirativen Militärorganisationen in den eingegliederten Gebieten. Es konnte auch kaum etwas zur Verbesserung der Lage dort getan werden, denn diese Gebiete profitierten (bis auf wenige Ausnahmen) nicht von den Waffenabwürfen der westlichen Alliierten. Die stetigen Verhaftungen von Untergrundaktivisten in den eingegliederten Gebieten, die oft eine Paralysierung ganzer Einheiten zur Folge hatten, führten zudem dazu, dass der Kontakt lokaler Strukturen zur Zentralleitung im GG phasenweise abbrach. Spektakulär war dies im Bezirk Posen innerhalb der Heimatarmee, wo der Kontakt zur Hauptkommandantur zwischen April 1944 und Januar 1945 vollständig unterbrochen war.

In den eingegliederten Gebieten wurde auch konspirativer Unterricht organisiert. Noch immer unvollständigen Daten zufolge profitierten davon in Großpolen fast 9.500 Schüler (davon etwa zehn Prozent in der Oberstufe). Mehr als 920 qualifizierte Lehrer beteiligten sich an der Aktion. Im Gebiet Lodz übernahm das geheime Bildungswesen mehr als 2.000 Schüler der allgemeinbildenden Schulen und etwa 220 der Oberstufe, in Pommerellen entsprechend 2.500 bzw. 500 Schüler. In Schlesien lernten über 4.000 Allgemein- und 500 Oberstufenschüler bei 250 qualifizierten Lehrern. In der Region Zichenau waren es entsprechend mehr als 7.000 bzw. mehr als 300 Schüler.[62] Eine besondere Form des Widerstands stellte insbesondere im Warthegau die konspirative Seelsorge dar, an der etwa 100 katholische Priester mitwirkten.[63] Im Untergrund entwickelte sich auch ein Kulturleben. Es fanden Lesungen, Konzerte und Aufführungen im Untergrund

---

[60] STARCZEWSKI, Ruch oporu, S. 116-121.

[61] Im Bezirk Schlesien verfügten ca. 25.000 Soldaten in der ersten Hälfte des Jahres 1944 über fünf schwere Maschinengewehre, drei Maschinenpistolen, 236 Gewehre, 470 Pistolen. Katastrophal stellte sich auch im Vergleich zu anderen Unterbezirken die Situation im nördlichen Unterbezirk der Region Warschau dar, vgl. Armia Krajowa. Szkice, S. 149; STARCZEWSKI, Ruch oporu, S. 237-241; Okręg Poznański Armii Krajowej, S. 47-52; GOZDAWA-GOŁĘBIOWSKI, Obszar Warszawski, S. 148, 153 f.; CHRZANOWSKI, Struktura organizacyjna Związku Walki Zbrojnej, S. 45 f.

[62] GRABOWSKI, Polska tajna administracja, S. 290, 296 f., 305, 317 f., 324 f.; KRYSTYNA CIECHANOWSKA, Tajna działalność w zakresie opieki społecznej, oświaty, kultury i życia religijnego na Pomorzu, in: Walka podziemna na Pomorzu, S. 352-356; ŁUCZAK, Pod niemieckim jarzmem, S. 287-290; Encyklopedia konspiracji wielkopolskiej, S. 573 ff.; LEWANDOWSKA, Okupowanego Mazowsza, S. 183-187; STARCZEWSKI, Polskie Państwo Podziemne na Śląsku, S. 27 f., PRZYBYSZ, Ludowcy, S. 215-226; KRAJEWSKI, Płock w okresie okupacji, S. 189-195.

[63] ŁUCZAK, Pod niemieckim jarzmem, S. 309.

statt.[64] Man versuchte, die nationalen und religiösen Feiertage festlich und selbstverständlich konspirativ zu begehen. In einem der Berichte über die Lage in den besetzten Westgebieten Polens (bis 1. März 1943) steht:

> „Der polnischen Bevölkerung in den Westgebieten wurde seit Beginn des Kriegs jegliches kulturelle Leben vorenthalten. Selbstverständlich ist keine Rede von Theater, Konzert oder sogar einem wertvollen Buch. Die polnischen Bücher wurden übrigens fast vollständig vernichtet. Trotzdem unternimmt die polnische Bevölkerung Versuche, zumindest eine Art Kulturleben zu organisieren. In einem Haus, wo wie durch ein Wunder ein Klavier überlebt hat, werden Chopin-Konzerte für sechs Personen veranstaltet, dann wird ein Puppentheater für Kinder vorbereitet usw. Weiterhin werden in vielen Familien die nationalen Feiertage gefeiert. All dies ist bescheiden und ärmlich gestaltet. Es kann keine Rede von Gemeinschaftssingen sein. Zum Schluss dieser Feiertage fallen die Worte: ‚Jetzt singen wir in Gedanken die Nationalhymne.‘ [...] Sicherlich ist der Wirkungskreis dieser Feiern minimal."[65]

Auch das polnische Sportleben musste in den eingegliederten Gebieten in den Untergrund gehen. Besonders lebhafte Aktivitäten führten die konspirativen Fußballvereine im Gebiet Posen und Lodz. Diese Spiele wurden oft von der Polizei unterbrochen und die Spieler mussten mit Repressionen rechnen.[66]

Je länger der Krieg und die Besatzung andauerten, desto größer wurde der Vereinsamungskomplex, der sich wegen des Abgeschnittenseins von den Zentralen des Untergrundlebens einstellte. Man muss bedenken, dass diese Gebiete infolge der Aussiedlungen bzw. Tötungsaktionen in großem Maße ihrer meinungsbildenden Führungsschichten beraubt waren. Es fehlte laufend an Instruktionen, die normalerweise durch die Eliten erfolgt wären, wie in unterschiedlichen von der Besatzungspolitik abhängigen Situationen zu handeln sei, z. B. im Fall der Eintragung in die DVL. Nach statistischen Angaben nahmen in den eingegliederten Gebieten und im GG insgesamt 29 von 1.000 Bewohnern an Untergrundaktionen teil (im GG alleine waren es

---

[64]　In Posen wurden Amateurfilme gedreht. Einer von ihnen, „Z szarych dni" („Von den grauen Tagen"), zeigte das Alltagsleben einer polnischen Familie, ein anderer, „Zaręczyny u Jakubowskich" („Verlobung bei den Jakubowscy"), eine konspirative patriotische Abendveranstaltung, die unter dem Deckmantel einer fiktiven Verlobung stattfand; vgl. Łuczak, Pod niemieckim jarzmem, S. 277-282; Bojanowski, Łódź pod okupacją, S. 375-379; Piotr Matusak, Edukacja i kultura Polski Podziemnej 1939–1945, Siedlce 1997.

[65]　Raporty z ziem wcielonych do III Rzeszy (1942–1944), hg. v. Zbigniew Mazur/ Aleksandra Pietrowicz/ Maria Rutowska, Poznań 2004, S. 84 f.

[66]　So fand z. B. das Spiel zwischen Lodz und Posen, das 1943 vorbereitet worden war, nie statt; Bojanowski, Łódź pod okupacją, S. 378. Über den Sport im Untergrung vgl. auch: Łuczak, Pod niemieckim jarzmem, S. 282 f.

47 von 1.000).[67] Das war viel für Gebiete, die vollständig von der Besatzungsmacht absorbiert worden waren, wo es keine Lebensbereiche gab, die nicht kontrolliert wurden, und nur Regionen, in denen alle polnischen Institutionen und Organisationen vernichtet waren.

Selbstverständlich stellten die Aktivitäten der konspirativen Strukturen nur die Spitze des Kampfs gegen die Besatzer in den eingegliederten Gebieten dar. Der größte Teil der Bevölkerung blieb außerhalb dieser Strukturen. Die Existenz konspirativer Organisationen hatte jedoch Einfluss auf die Aktivierung der gesamten Bevölkerung, auf die Radikalisierung von Stimmungen, auf die Zuversicht innerhalb der Bevölkerung und auf die Formung des politischen und nationalen Bewusstseins. Gleichzeitig hätte die konspirative Arbeit ohne die solidarische Einstellung der Gesellschaft nicht stattfinden können.

Tatsache ist, dass Bildungs- und Kulturarbeit, Konzerte, Aufführungen, patriotische Feiern und Sportwettkämpfe im Untergrund „von unten", von den verschiedenen Kräften innerhalb der okkupierten Gesellschaft veranstaltet wurden, oft ohne Anbindung an organisierte Strukturen der Widerstandsbewegung. Der beschränkte Einfluss der konspirativen Propaganda wurde von sich spontan entwickelnder Satire verstärkt. Die zirkulierenden Witze und Lieder munterten auf und halfen, den Terror zu überstehen. Genauso nötig zum Überleben waren der Schwarzmarkt, illegale Schlachtungen oder das Fälschen von Lebensmittelkarten. Zu den Erscheinungsformen des Widerstands gehörten die gegenseitige Hilfe und die große Solidarität angesichts des Unglücks. Nicht umsonst wurden diese Gebiete von den ins GG Ausgesiedelten als die erste Frontlinie bezeichnet, wo der Kampf um das biologische Überleben der Nation geführt wurde und jede Familie und nahezu jeder Einzelne eine Bastion darstellte. Die Allgegenwärtigkeit des Widerstands war auch für die Besatzer offensichtlich. Als beispielhaft kann hierfür der Artikel „Kennst du Maruschka?" gelten, der im Wochenmagazin *Sonntagsblatt im Wartheland* erschienen ist.[68] Darin wurden die Gefahren beschrieben, die die Deutschen von den scheinbar hilflosen und unschuldigen polnischen Mädchen zu erwarten hatten. Denn: „Jedes polnische Mädchen ist eine Maruschka und Maruschka kämpft für Polen."

---

[67] DERS., Polska i Polacy w drugiej wojnie światowej, Poznań 1993, S. 385.
[68] Sonntagsblatt im Wartheland, 24.8.1941.

RAFAŁ WNUK

DIE POLNISCHE UNTERGRUNDBEWEGUNG UNTER SOWJETISCHER BESATZUNG 1939–1941

Bis zur Epochenwende 1989 wurde die polnische Untergrundbewegung innerhalb der von der Roten Armee besetzten Territorien der Zweiten Polnischen Republik in den meisten wissenschaftlichen Untersuchungen zur Geschichte des Zweiten Weltkriegs stiefmütterlich vernachlässigt. Während die Historiographie der Volksrepublik Polen diese Thematik aus ideologischen Gründen stillschweigend überging, stützten sich westliche Publikationen bislang nur auf eine relativ einseitige, fragmentarische Quellenbasis. Denn ausgewertet wurden nur die Dokumente bezüglich des Bunds für den Bewaffneten Kampf (*Związek Walki Zbrojnej, ZWZ*) und der Londoner Exilregierung sowie die Memoiren emigrierter Polen. Nach der Abschaffung der staatlichen Zensur entstand Anfang der neunziger Jahre eine Reihe höchst informativer Einzeluntersuchungen zur Untergrundbewegung in den nordöstlichen Grenzgebieten Polens (1939–1941). Darunter weisen die Abhandlungen von Jerzy Węgierski und die Aufsätze von Tomasz Strzembosz einen besonders hohen Erkenntniswert auf.[1]

Zu einem grundlegenden Neuaufbruch in der Forschung kam es jedoch erst durch die Öffnung von litauischen, weißrussischen, ukrainischen und russischen Archiven. In der Folgezeit konnten Historiker zahlreiche Akten des Volkskommissariats für Innere Angelegenheiten (*Narodnyi komissariat vnutrennikh del*, NKVD) und andere amtliche Quellendokumente sowjetischer Provenienz sichten und auswerten. Auf diese Weise wurden bisherige Vorstellungen über das Ausmaß und den Wirkungsgrad des organisierten,

---

[1] JERZY WĘGIERSKI, Lwów pod okupacją sowiecką 1939–1941, Warszawa 1991, S. 20; DERS., W sprawie podpułkowników Emila Macielińskiego, Stanisława Mrozka i Jana Sokołowskiego, in: Wojskowy Przegląd Historyczny, Nr. 38, 1993, H. 2, S. 230-39; DERS., Komendy Lwowskiego Obszaru i Okręgu Armii Krajowej, 1941–1944, Kraków 1997; TOMASZ STRZEMBOSZ, Uroczysko Kobielno. Z dziejów partyzantki nad Biebrzą 1939–1940, in: Karta, Nr. 5, 1991, S. 3-27; DERS., Partyzantka polska na północno-wschodnich ziemiach Rzeczypospolitej 1939–1941 (Wileńskie, Nowogródzkie, Grodzieńskie), in: Kwartalnik Historyczny, Nr. 99, 1992, H. 4, S. 93-23.

bewaffneten Widerstands in diesen Territorien präzisiert bzw. teilweise korrigiert.[2] Solange die polnische Armee „nur" gegen deutsche Streitkräfte zu kämpfen hatte, hegten ihre Befehlshaber große Hoffnungen auf eine militärische Unterstützung durch Großbritannien und Frankreich. Daher verzichtete man in den ersten Kriegswochen bewusst auf jegliche konspirative Initiativen. Die Situation änderte sich erst durch den sowjetischen Überfall auf Polen. Denn in der Folgezeit stellte sich rasch heraus, dass die polnische Armee die bislang verteidigte rumänische Landbrücke nicht länger aufrechterhalten konnte. Zugleich machte der Kriegseintritt der UdSSR die internationale Lage erheblich komplizierter. Die Ereignisse vom 17. September 1939 machten vielen Polen bewusst, dass eine militärische Besetzung ihres Landes nicht mehr aufzuhalten war. Daher organisierte man vereinzelt oder in Gruppen in allen okkupierten Gebieten und den noch unter polnischer Herrschaft stehenden Territorien die ersten konspirativen Aktivitäten.

Kurz vor dem Einmarsch der Roten Armee entstand in Wilna (höchstwahrscheinlich am 17. September 1939) neben einem konspirativen polnischen Regierungskommissariat auch der Bund der Freien Polen (*Związek Wolnych Polaków*). Unmittelbar nach der sowjetischen Besetzung Wilnas bildeten sich dort so genannte Regimentskreise (*Koła Pułkowe*). Deren Mitglieder rekrutierten sich aus Einheiten der polnischen Armee, die vor dem Krieg im Wilnaer Gebiet stationiert gewesen waren.[3] Am 17. September 1939 traf die Nachricht von der Grenzüberschreitung der Roten Armee

---

[2] DERS., Opór wobec okupacji sowieckiej w Zachodniej Białorusi 1939–1941, in: Studia z dziejów okupacji sowieckiej (1939–1941), red. v. DERS., Warszawa 1997, S. 105-219; DERS., Antysowiecka partyzantka i konspiracja nad Biebrzą, X 1939–VI 1941, Warszawa 2004; JĘDRZEJ TUCHOLSKI, Polskie podziemie antysowieckie w województwie wołyńskim w aktach 1939–1941 w świetle materiałów NKWD, in: Europa nieprowincjonalna. Przemiany na Ziemiach wschodnich dawnej Rzeczypospolitej (Białoruś, Litwa, Łotwa, Ukraina, wschodnie pogranicze III Rzeczypospolitej Polskiej w latach 1772–1999)/Non provincial Europe. Changes on the Eastern Territories of the former Polish Republic (Belarus, Latvia, Lithuania, Ukraine, Eastern Borderlands of the III Polish Republic in 1772–1999), hg. v. KRZYSZTOF JASIEWICZ, Warszawa, London 1999, S. 679-688; WANDA KRYSTYNA ROMAN, Konspiracja polska na Litwie i Wileńszczyźnie, wrzesień 1939–czerwiec 1941. Lista aresztowanych, Toruń 2001; JERZY WĘGIERSKI, Zdrajcy, załamani, zagadkowi. Próba oceny zachowań wybranych oficerów konspiracji polskiej w Małopolsce Wschodniej aresztowanych w latach 1939–1941, in: Okupacja sowiecka ziem polskich 1939–1941, hg. v. PIOTR CHMIELOWIEC, Rzeszów, Warszawa 2005, S. 17-30; ELŻBIETA KOTARSKA, Proces Czternastu, Warszawa 1998.

[3] PIOTR NIWIŃSKI, Garnizon konspiracyjny miasta Wilna, Toruń 1999, S. 37; WANDA KRYSTYNA ROMAN, W obozach i konspiracji. Działalność Niepodległościowa żołnierzy polskich na Litwie i Wileńszczyźnie, wrzesień 1939 r.–czerwiec 1941 r., Toruń 2004, S. 195-21.

in Bialystok ein. Der Kommandeur des Wehrbereichs III der polnischen Armee, Brigadegeneral Józef Olszyna-Wilczyński, wies daraufhin Oberstleutnant Franciszek Ślęczka („Krak") an, eine Widerstandsbewegung zu gründen.[4] In Lemberg rückten die Truppen der Roten Armee am 22. September 1939 ein. Noch am gleichen Tag rief der polnische Divisionsgeneral Marian Januszajtis eine geheime Militärorganisation ins Leben, die bald darauf den Namen Polnische Organisation zum Kampf für Freiheit (*Polska Organizacja Walki o Wolność*, POWW) erhielt.[5] In Rowno fand parallel zum Einmarsch der sowjetischen Truppen eine Mitgliederversammlung des Bundes der Legionäre *(Związek Legionistów)* und des Bundes der POW-Mitglieder *(Związek Peowiaków)* statt, auf der die ersten Vorbereitungen für konspirative Aktivitäten getroffen wurden.[6] Ähnliche Aktivitäten gab es an vielen Orten. Die einzelnen Partisanenorganisationen wiesen eine jeweils sehr spezifische Entstehungsgeschichte auf. Eine Sondergruppe bildeten dabei diejenigen Einheiten, die auf Initiative von hochrangigen Offizieren der polnischen Armee entstanden. Dazu gehörten sicherlich die Lemberger POWW und die Organisation von Oberstleutnant Ślęczka in Bialystok. Ein weiterer Typus existierte in Form eines Partisanennetzes, das eigens für die Sabotagetätigkeit hinter der Front gebildet worden war. Diese Ende der dreißiger Jahre gegründeten Formationen griffen auf speziell geschulte und absolut vertrauenswürdige Offiziere der polnischen Armee bzw. Mitglieder des Schützenbundes (*Związek Strzelecki*) zurück. Sie verfügten über eigene Informanten sowie eine Reihe von kleineren Magazinen mit Waffen und Sprengstoffen. Die für Sabotageaktionen hinter der Front eingesetzten Offiziere bildeten in den Landkreisen Dieveniškės und Braslav (Regionen Wilna[7] und Bialystok) geheime Partisanenverbände. Die dritte Form der Untergrundbewegung stützte sich auf unterschiedliche gesellschaftliche Gruppen vor Ort, denen zahlreiche Jugendliche angehörten. Diese an keinerlei Weisungen „von oben" gebundenen Partisanen

---

[4] ZDZISŁAW GWOZDEK, Białostocki Okręg ZWZ-AK (X 1939–I 1945), Bd. 1: Organizacja, Białystok 1993, S. 7.

[5] TADEUSZ PANECKI, Koncepcje Rządu RP na emigracji w kwestii włączenia Polonii w Europie zachodniej do walki podziemnej z Niemcami 1940–1944, in: Wojskowy Przegląd Historyczny, Nr. 29, 1984, H. 3, S. 128-139; WĘGIERSKI, Lwów pod okupacją sowiecką, S. 24; GRZEGORZ MAZUR, Walka NKWD ze Związkiem Walki Zbrojnej na Kresach Południowo-Wschodnich w świetle dokumentów polskich archiwów w Londynie, in: Europa nieprowincjonalna, S. 668 f.

[6] RAFAŁ WNUK, ZWZ na Wołyniu 1939–1941, in: Okupacja sowiecka ziem polskich 1939–1941, S. 31.

[7] Vgl. Geheime Mitteilung von Canava an Ponomarenko v. 2.12.1940. Meldung über die Untergrundorganisation im Gebiet der Stadt Glebokie im Jahr 1940, AIPN 185/147 (BI/143/F), Bl.1-4.

hatten oftmals ganz bestimmte politisch-militärische Vorstellungen, die aus ihrer sozialen Herkunft und den immer noch lebendigen Traditionen des Ersten Weltkriegs resultierten. Besondere Assoziationen weckte in dieser traditionellen Gedankenwelt die Polnische Militärorganisation (*Polska Organizacja Wojskowa*, POW), die unmittelbar an die von Józef Piłsudski im Ersten Weltkrieg gegründete, gleichnamige Organisation anknüpfte. Obwohl diese Partisanenbewegung vor allem paramilitärischen Charakter hatte, waren ihre Mitglieder zugleich engagierte Aktivisten im politisch-sozialen Bereich. Daher unterlag die POW nach Ausbruch des Zweiten Weltkriegs entsprechend ihrer jeweiligen Milieuprägung sozialistischen, bäuerlichen oder nationaldemokratischen Einflüssen bzw. griff auf spezifische Traditionen des Piłsudski-Lagers zurück.

Während die Aktivisten bedeutender politischer Parteien und die ihnen unterstehenden Kampftruppen in den deutschen Besatzungsgebieten nach völliger Unabhängigkeit oder zumindest weitgehender Autonomie strebten, plädierten sie in den nordöstlichen Grenzgebieten Polens unabhängig von ihren politischen Präferenzen zumeist für die rasche Vereinigung aller Kräfte unter einem gesamtpolnischen Oberbefehl. Vor diesem Hintergrund erlangte der Bund für den Bewaffneten Kampf im Frühjahr 1940 in Galizien und im Raum Bialystok, aber auch im von Litauen okkupierten Wilna eine dominierende Stellung. Darüber hinaus übte der ZWZ großen Einfluss auf die weitere Entwicklung in den Wojewodschaften Nowogrodek und Wolhynien sowie den sowjetisch beherrschten Teilen des Wilnaer Gebiets aus.

Die größten Schwachstellen der Partisanennetze des ZWZ befanden sich in Polesien, wo der demographische Anteil der Polen nach einschlägigen Quellen lediglich 11,2 bis 14,5 Prozent betrug. Mit 58 Prozent bildeten vielmehr die Weißrussen die dominierende Bevölkerungsgruppe. Die dort im Vergleich zu den deutschen Besatzungsgebieten weitaus stärkeren Integrationstendenzen des Untergrunds resultierten höchstwahrscheinlich aus dem weit verbreiteten Bewusstsein der ethnisch-demographischen Unterlegenheit. Denn im Generalgouvernement und den meisten vom Deutschen Reich annektierten Territorien befanden sich die Polen in der absoluten Mehrheit. Im Osten des Landes war die polnische Bevölkerung nur in den Regionen Bialystok (ca. 66 Prozent), Wilna (ca. 60 Prozent) und Nowogrodek (ca. 52 Prozent) in der Überzahl.[8] In Galizien und Wolhynien dominierten hingegen die Ukrainer. Die geringste Anzahl von Polen lebte indessen in den Wojewodschaften Stanislau (ca. 16,5 Prozent) und Wolhynien (15,5 bis 16,5 Prozent), während der Bevölkerungsanteil der Polen in der

---

[8] Vgl. KAZIMIERZ KRAJEWSKI/ TOMASZ ŁABUSZEWSKI, Białostocki Okręg AK-AKO, VII 1944–VIII 1945, Warszawa 1997, S. 6 f.

Wojewodschaft Tarnopol etwa 37 Prozent betrug. Lediglich in der Wojewodschaft Lemberg waren die Polen gegenüber den Ukrainern geringfügig in der Überzahl (ca. 46,5 Prozent Polen und ca. 41,8 Prozent Ukrainer).[9] Der Anteil innerhalb der Bevölkerung, der sich selbst als „orthodox" oder „hiesig" einstufte, schwankte in den Wojewodschaften Nowogrodek, Polesien und Wolhynien zwischen zwei und 16 Prozent. In den nordöstlichen Grenzgebieten der Zweiten Polnischen Republik betrug der Anteil der jüdischen Bevölkerung etwa neun bis zehn Prozent. Dabei befanden sich die Juden insbesondere in den kleineren Städten deutlich in der Mehrheit.

Im September 1939 stellten sich zahlreiche Sabotageeinheiten, deren Angehörige nationale Minderheiten in Polen waren, an die Seite der Roten Armee, um gegen Einheiten der polnischen Armee, Angehörige der polnischen Staatsverwaltung und gesellschaftliche Aktivisten, aber auch polnische Großgrundbesitzer und übergesiedelte Veteranen vorzugehen. Dadurch verbreitete sich unter der ethnisch-polnischen Bevölkerung rasch die Auffassung, dass die nationalen Minderheiten gegenüber dem polnischen Staat illoyal eingestellt seien. Auf diese Weise setzte ein beidseitiger kultureller bzw. emotionaler Entfremdungsprozess ein, der von der sowjetischen Besatzungspolitik ab Herbst 1939 gezielt beschleunigt wurde: Alle Polen wurden systematisch aus der öffentlichen Verwaltung entfernt, während man zugleich das polnische Schulwesen abschaffte. Vor dem Hintergrund einer aggressiven antipolnischen Hetzkampagne kündigten die neuen Machthaber in Polen offiziell an, die nordöstlichen Grenzgebiete zu ukrainisieren bzw. ruthenisieren. Die dort lebenden Polen fühlten sich daher doppelt bedroht – durch die beiden Besatzungsmächte und die nichtpolnischen Nachbarvölker in ihrer unmittelbaren Umgebung. Unter diesen Bedingungen schien der Zusammenschluss aller polnischen konspirativen Gruppen unter weit gehender Ignorierung der ideologischen Unterschiede die einzige rationale Lösung zu sein.

Nichtsdestotrotz bremsten die politischen Meinungsverschiedenheiten, die bisweilen in regelrechte Konflikte ausarteten, die Effektivität der Partisanenorganisationen erheblich. Derartige Unstimmigkeiten zeigten sich insbesondere innerhalb der Lemberger Untergrundbewegung. Der erste Kommandant der dortigen POWW, General Marian Januszajtis, agierte als

---

[9] Vgl. JAN KĘSIK, Struktura narodowościowa woj. wołyńskiego w latach 1931–1939, in: Przemiany narodowościowe na Kresach Wschodnich II Rzeczypospolitej, 1931–1948, hg. v. STANISŁAW CIESIELSKI, Toruń 2003, S. 67; GRZEGORZ HRYCIUK, Zmiany ludnościowe i narodowościowe w Galicji Wschodniej i na Wołyniu w latach 1939–1948, in: ebd., S. 149-173; ALEKSANDER SREBRAKOWSKI, Struktura narodowościowa kresów północno-wschodnich II Rzeczypospolitej w latach 1931–1939, in: ebd., S. 130; KRAJEWSKI/ ŁABUSZEWSKI, Białostocki Okręg AK-AKO, S. 6 f.; Historia Polski w liczbach: ludność, terytorium, hg. v. ANDRZEJ WYCZAŃSKI/ CEZARY KUKLO, Warszawa 1994, S. 163 f.

ehemaliger Piłsudski-Legionär für die Nationalpartei (*Stronnictwo Narodowe*, SN). Nach seiner Verhaftung im Oktober 1939 übernahm der bisherige Stabschef und stellvertretende POWW-Befehlshaber in Lemberg, General Mieczysław Boruta-Spiechowicz, das Kommando. Wenige Wochen darauf fiel er NKVD-Funktionären in die Hände. Infolgedessen fehlte in Lemberg ein Partisanenführer mit unangefochtener Autorität. Aspirationen auf die Nachfolge hegten indessen Oberst Jerzy Dobrowolski und Oberstleutnant Władysław Żebrowski. Beide nahmen jeweils für sich in Anspruch, der geeignetste Nachfolger von General Boruta-Spiechowicz zu sein. Die Inhaftierung dieses Kommandanten ereignete sich gleichzeitig mit der Ankunft von Sonderemissären aus Warschau und Paris, den beiden bedeutendsten Zentren der polnischen Untergrundbewegung. Drei Abgesandte der Gruppe Dienst am Sieg Polens (*Służba Zwycięstwu Polski*, SZP) suchten Oberst Dobrowolski in Warschau auf: Rittmeister Dziekoński, Oberst Stanisław Sosabowski und Major Alfons Aleksander Klotz („Niewiarowski" oder „Wizer"). Der Pariser ZWZ-Bevollmächtigte Tadeusz Strowski trat hingegen mit Oberstleutnant Żebrowski in Kontakt. Auf diese Weise entstanden in Galizien und Wolhynien zwei konkurrierende Stützpunkte der Untergrundbewegung, die von ihrer ausschließlichen Kompetenzhoheit gegenüber anderen in diesen Regionen tätigen Organisationen überzeugt waren.[10]

Von diesem Zeitpunkt an etablierten sich in Lemberg auch zwei unabhängig voneinander agierende Führungsstäbe des ZWZ. Beide erachteten sich jeweils als einzige rechtmäßige Kommandantur des ZWZ-Gebiets Lemberg, dem laut den Instruktionen aus Paris sämtliche neuen Bezirke in den Wojewodschaften Lemberg, Tarnopol, Stanislau und Wolhynien unterstanden. Im März 1940 waren in den meisten Kreisstädten Galiziens und Wolhyniens zahlreiche Gruppierungen des ZWZ-1 am Werk. Der ZWZ-2 konzentrierte seine konspirative Tätigkeit hingegen auf den Raum Lemberg. Das mit persönlichen Vollmachten von General Władysław Sikorski ausgestattete Partisanennetz unter Oberstleutnant Żebrowski wird in der historischen Forschung als „ZWZ-1" bezeichnet, während der dem Warschauer SZP/ZWZ unterstehende zweite Lemberger Führungsstab den Namen „ZWZ-2" erhielt. Beide Kommandanturen bereiteten sich mit heftiger gegenseitiger Rivalität auf den Kampf gegen die Sowjets vor. Während sich die so genannten Sanatoren (*Sanacja*-Anhänger) im ZWZ-2 versammelten, strömten Aktivisten und Sympathisanten der Nationalpartei in den ZWZ-1. Bezeichnenderweise schlossen sich dem Befehlsstab von Oberstleutnant Żebrowski fast alle Vorstandsmitglieder der Lemberger SN aus der Zwischenkriegszeit an. Die politischen Aktivisten Galiziens waren

---

[10] Vgl. MAZUR, Walka NKWD, S. 670 f.

also nicht an der Schaffung von parteipolitischen Strukturen interessiert, sondern strebten lediglich nach der Führung im formal gesehen apolitischen ZWZ.

Obwohl sich die ideologische Vielfalt innerhalb des ZWZ-1 und des ZWZ-2 bald deutlich bemerkbar machte, wies deren Verhältnis zur größten Nationalitätengruppe – den Ukrainern – zahlreiche Übereinstimmungen auf. Denn in Einklang mit den Anweisungen der Londoner Exilregierung zeigten sich die Vertreter beider Partisanennetze stets bemüht, mit der ukrainischen Untergrundbewegung bzw. einflussreichen ukrainischen Autoritäten in Kontakt zu treten. Auf diese Weise sollten die politisch-gesellschaftlichen Eliten der Ukraine zum gemeinsamen Kampf gegen die Sowjetmacht bewegt werden. Herausragende ukrainische Repräsentanten, wie z. B. der Metropolit der griechisch-katholischen Kirche, Andrei Sheptitskyi, gingen in ihrer Reaktion auf diese Bemühungen jedoch nie konkrete Verpflichtungen ein, obgleich sie die Kontakte mit der polnischen Partisanenbewegung keineswegs scheuten.[11]

Über eigene, von ZWZ-1 und ZWZ-2 völlig unabhängige Kontakte zum ukrainischen Untergrund verfügten indessen die Führer des ZWZ-Bezirks Wolhynien. Diese Beziehungen resultierten aus der konspirativen Tätigkeit polnischer Bauernpolitiker in dieser Region in den dreißiger Jahren. Denn diese hatten damals den Wojewoden Henryk Józewski bei seinem Bestreben unterstützt, die dort lebenden Ukrainer unter voller Bewahrung ihrer politischen, sozialen und kulturellen Rechte im polnischen Staat zu assimilieren.[12] Über etwaige Versuche der polnischen Partisanen, mit den galizischen und wolhynischen Juden zu kooperieren, finden sich in den zeitgenössischen Quellen keine Hinweise.

Eine ganz andere Entwicklung vollzog sich hingegen in Wilna, der zweitgrößten Stadt der nordöstlichen Grenzgebiete Polens. Am 28. Oktober 1939 trat die sowjetische Besatzungsmacht diese Stadt offiziell an Litauen ab, allerdings marschierte die Rote Armee am 15. Juni 1940 in den drei baltischen Republiken ein. Dadurch befand sich Wilna nach knapp einem Jahr erneut unter sowjetischer Besatzung. Zwischen September und November 1939 entstanden dort mehrere Dutzend konspirative Organisationen und Gruppen. Alle größeren politischen Parteien riefen eigene Partisanenverbände ins Leben, deren Aufgabe der bewaffnete Kampf gegen die sow-

---

[11] Vgl. WANDA PIECHOWSKA, Początki ZWZ-AK we Lwowie, in: Więź, Nr. 6, 1989, S. 120; Verhörprotokoll zu Władysława Piechowska, 17.12.1940, in: Polskie podziemie na terenach Zachodniej Ukrainy i Zachodniej Białorusi w latach 1939–1941, Bd. 2: Materiały śledcze, hg. v. WIKTOR KOMOGOROW, Warszawa, Moskwa 2001, S. 1105; vgl. KOTARSKA, S. 132.

[12] Vgl. WNUK, ZWZ na Wołyniu, S. 31 ff.

jetische Besatzungsmacht war. Ende November 1939 traf in Wilna eine Offiziersdelegation der SZP aus Warschau ein, die den Auftrag hatte, eine SZP-Kommandantur auf Wojewodschafts-Ebene zu errichten. An der Spitze dieser Gesandtschaft stand Oberstleutnant Nikodem Sulik („Ladyna").[13] Durch geschickte Verhandlungen mit den Anführern der verschiedenen konspirativen Gruppen gelang es „Ładyna" innerhalb von zwei Monaten, die wichtigsten Partisanennetze in Wilna miteinander zu verbinden. Erheblichen Anteil an dieser Integrationsleistung hatte vor allem auch der Priester Kazimierz Kucharski, die „graue Eminenz" des Wilnaer Untergrunds.[14] Daraufhin wurde der ZWZ-Bezirk Wilna ins Leben gerufen, der dem Hauptkommandanten des ZWZ unmittelbar unterstand. Die Vertreter der polnischen Untergrundbewegung im Wilnaer Gebiet versuchten in der Folgezeit wiederholt, auch weißrussische und jüdische Widerstandskreise für ihre Aktivitäten zu interessieren. Nach dem Einmarsch der Roten Armee in Litauen im Juni 1940 sollte auch der litauische Untergrund miteinbezogen werden. Ziel war ein koordiniertes Vorgehen aller Partisanengruppen gegen die sowjetische Besatzungsmacht.

Die weißrussische Seite zeigte jedoch größeres Interesse an einer Kooperation mit dem NS-Regime und lehnte daher gemeinsame Unternehmungen mit dem polnischen Untergrund grundsätzlich ab.[15] Lediglich bei den Litauern stieß diese Initiative auf offene Ohren, so dass es bald zu Begegnungen auf Kommandoebene kam.[16] Anfang 1940 trafen Vertreter der polnischen Führungseliten mit Repräsentanten der zionistischen sozialdemokratischen Arbeiterorganisation *Poale Zion* zusammen. Im Anschluss daran verpflichtete man sich, wirksame Präventivmaßnahmen gegen die staatlichen Machthaber Litauens zu ergreifen, denen eine weitere Ver-

---

[13] Als Kommandant war ursprünglich Oberst Janusz Gaładyk („Strzała") vorgesehen, der jedoch bereits beim Grenzübertritt nach Litauen festgenommen wurde und Wilna daher gar nicht erreichte. Die Nachfolge trat sein bisheriger Stellvertreter, Oberstleutnant Nikodem Sulik („Ładyna"), an.

[14] Vgl. KAZIMIERZ KUCHARSKI, Konspiracyjny ruch niepodległościowy w Wilnie w okresie od września 1939 r. do 25 maja 1941 r., Bydgoszcz 1994, S. 15.

[15] Vgl. JÓZEF MACKIEWICZ, Fakty, przyroda, ludzie, Warszawa 1988, S. 42; KUCHARSKI, Konspiracyjny ruch, S. 25 f.

[16] Vgl. LONGIN TOMASZEWSKI, Wileńszczyzna lat wojny i okupacji, Warszawa 1999, S. 151 f.; 14.5.1941, Moskau. Meldung Nr. 1637/M von Merkulov an Stalin über die Liquidierung des ZWZ in den Landkreisen Wilna und Kaunas, in: Polskie podziemie na terenach Zachodniej Ukrainy i Zachodniej Białorusi w latach 1939–1941, Bd.1: Meldunki, raporty, sprawozdania i analizy NKWD-NKGB ZSRS, hg. v. WIKTOR KOMOGOROW, Warszawa, Moskwa 2001, S. 673.

schärfung des polnisch-jüdischen Konflikts nicht ungelegen kam.[17] Diese
Absprache führte letztendlich jedoch nicht zur konspirativen Zusammenarbeit zwischen *Poale Zion* und dem polnischen Untergrund. Eine derartige
Kooperation schlug man hingegen dem Anführer der zionistischen Untergrundbewegung, Menachem Begin, vor. Seine ablehnende Haltung begründete Begin damit, dass die Zionisten auf dem Gebiet der UdSSR keine
„territorialen Interessen" besäßen.[18] Obgleich die Aktivisten des jüdischen
und weißrussischen Untergrunds in der Folgezeit auch mit dem polnischen
Untergrund zusammenarbeiteten, traten sie nicht geschlossen in den ZWZ
und die kleineren polnischen Partisanenverbände ein.[19]

Das ZWZ-Gebiet Bialystok wurde in Form einer militärischen Unter-
grundbewegung aufgebaut, in dem vor allem die in Sabotage geschulten
Offiziere agierten. Nach ursprünglichen Planungen sollte sich das ZWZ-
Gebiet Bialystok aus den ZWZ-Bezirken Bialystok, Nowogrodek und
Polesien zusammensetzen. Letztendlich bildete sich jedoch lediglich im
Bezirk Bialystok ein Partisanennetz heraus. Die im Raum Nowogrodek und
Polesien existierenden Einheiten hatten hingegen keinen Kontakt zu den
lokalen Befehlshabern des ZWZ-Gebiets Bialystok und agierten stattdessen
in enger Verbindung zu den Kommandozentralen in Wilna und Lemberg.

Obwohl die innere Konsolidierung des polnischen Untergrunds im ZWZ
unter der sowjetischen Besatzungsherrschaft im Gegensatz zum Vorgehen
in Zentral- oder Westpolen sehr rasch erfolgte, traten erhebliche regionale
Unterschiede zutage. Diese betrafen sowohl den politischen Charakter der
einzelnen Partisanengruppen als auch deren organisatorische Funktions-
fähigkeit. Denn während der ZWZ-1 im Raum Lemberg im März 1940
höchstwahrscheinlich etwa 10.000 bis 12.000 Mitglieder hatte, belief sich
diese Zahl im ZWZ-2 auf circa 1.000 bis 2.000. Der ZWZ-1 bildete also
eine konspirative Massenorganisation, die sich aus Bataillonen, Zügen und
Mannschaften zusammensetzte. In dem innerhalb kürzester Zeit und mit
großem Elan aufgebauten Partisanennetz gab es kaum Chancen auf eine
gute Tarnung der Organisationsstrukturen. Der ZWZ-2 wurde hingegen mit

---

[17] Vgl. ANDRZEJ FRISZKE, Dialog polsko-żydowski w Wilnie 1939–1949, in: Więź,
Nr. 4, 1987, S. 88 ff.

[18] Vgl. Sonderbericht von Canava an Ponomarenko über die geheimdienstliche Angelegenheit der „Organisatoren", 14.4.1940, NKVD-Sondermeldung zur konspirativen Organisation der jüdischen Jugend, AIPN 185/380 (BI/516), Bl. 2.

[19] Verhörprotokoll zu Hirsz Finkiel, 23.5.1940, Untersuchungsakten zum Strafverfahren Hirsz Finkiel und elf anderen Angeklagten bezüglich der Mitgliedschaft in der „konterrevolutionären aufständischen Organisation" POW im Jahre 1940, AIPN 186/243 (BII/
438/F), Bl. 41-44; Mitteilung von Canava an Ponomarenko, 31.5.1940, NKVD-Meldung
über die Tätigkeit der Organisation „Nur ein katholisches Polen" im Landkreis Baranowitsch im Jahr 1940, AIPN 185/104 (BI/100/F), Bl. 1-5.

größerer Bedachtsamkeit aufgebaut. Dennoch gab es auch in dieser Kampf-
einheit einzelne Befehlshaber, die eine rasche, massenhafte Eingliederung
neuer Mitglieder befürworteten. Letzteren fehlte jedoch oftmals die nötige
Vorsicht im konspirativen Handeln. ZWZ-1 und ZWZ-2 konzentrierten
sich auf die Schaffung organisatorischer Strukturen und die erfolgreiche
Durchführung ihrer Propaganda- bzw. Agententätigkeit. Von der Teilnahme am offenen Kampf nahm man indessen in der Regel bewusst Abstand. Eine Ausnahme bildete der Militäreinsatz in Tschortkiv (Czortków),
der allgemein auch unter der Bezeichnung „Aufstand von Tschortkiv"
bekannt ist. Diese bewaffnete Erhebung der polnischen Untergrundbewegung resultierte höchstwahrscheinlich aus unbedachten Aktionen einiger
polnischer Befehlshaber, denen es an der nötigen politischen bzw. militär-
strategischen Weitsicht mangelte.[20] Es muss weiterhin offen bleiben, ob die
Initiatoren des „Aufstands von Tschortkiv" mit dem Lemberger ZWZ-1
oder ZWZ-2 bzw. einem anderen „Aufständischenzentrum" in Verbindung
standen, das möglicherweise eine Führungsrolle beim Aufbau der Partisanenbewegung anstrebte.

Der ZWZ in Galizien und Wolhynien rekrutierte seine Mitglieder vor
allem aus dem urbanen Milieu, wobei sich diese zumeist entsprechend ihrer
politisch-gesellschaftlichen Orientierung und weniger aufgrund beruflicher
Gemeinsamkeiten zusammenschlossen. Die größten Partisanennetze entstanden dabei im Raum Lemberg und umfassten etwa 5.000 Mitglieder.
Eine ganz andere Situation herrschte dagegen in der Region Bialystok.
Denn dort verfügte der ZWZ im Frühjahr 1940 über circa 4.000 Mitglieder. Trotzdem verzichtete man von vornherein auf die Bildung großer
Militärformationen. Der polnische Untergrund im Raum Bialystok agierte
überwiegend auf dem Land, wobei ein Aktionsstützpunkt der Größe eines
oder mehrerer Dörfer entsprach. Die dort gegründeten Partisanenverbände
beruhten in der Regel auf engen familiären oder nachbarschaftlichen Beziehungen. Im April 1940 entstanden in diesem Gebiet die ersten konspirativen Gruppen, denen es gelang, mehrere sowjetische Agentennetze zu
zerschlagen und einzelne kommunistische Aktivisten zu liquidieren. Die
bewaffneten Auseinandersetzungen hielten dort mit unterschiedlicher Intensität bis zum Ausbruch des deutsch-sowjetischen Kriegs im Juni 1941 an.
Dagegen erinnerte die polnische Untergrundbewegung im litauisch besetzten Wilna in vielerlei Hinsicht an den Lemberger ZWZ-1. Denn die in
Wilna ins Leben gerufene Massenorganisation (Mitte 1940 ca. 4.000 Mit-

---

[20] Vgl. PIOTR MŁOTECKI, Powstanie w Czortkowie, in: Karta, Nr. 5, 1991, S. 28-42;
JĘDRZEJ TUCHOLSKI, Powstanie w Czortkowie – wersja NKWD, in: Karta, Nr. 31, 2000,
S. 92-110; RAFAŁ WNUK, „Powstanie czortkowskie", 21.1.1940, in: Zeszyty Historyczne,
Nr. 149, 2004, S. 21-43.

glieder) integrierte größere Militäreinheiten und zahlreiche gesellschaftliche und politische Lager. Dennoch vermied man in Wilna im Unterschied zu Lemberg eine Aufspaltung der konspirativen Kräfte in „Sanatoren" und deren ideologische Konkurrenten. Die im Vergleich zur Sowjetmacht weitaus nachlässigere Besatzungsherrschaft der Litauer gewährte dem polnischen Untergrund in Wilna genügend Zeit, um zahlreiche Kampferfahrungen zu sammeln und die dort vorhandenen Partisanennetze weiter auszubauen. In den Wojewodschaften Nowogrodek und Polesien sowie im sowjetisch besetzten Teil des Wilnaer Gebiets existierten lediglich „kleine Inseln" des ZWZ mit insgesamt mehreren Hundert Mitgliedern. Angesichts der fehlenden militärischen Durchschlagskraft des ZWZ entstand in diesen Regionen eine Reihe von lokalen Organisationen, die keinerlei Verbindungen zum gesamtpolnischen Untergrund unterhielten. In den Jahren 1939 bis 1941 „durchliefen" etwa 25.000 bis 30.000 Polen die örtlichen Partisanenverbände im Wilnaer Gebiet. Von diesem Personenkreis gehörten circa 80 Prozent zeitweilig dem SZP/ZWZ an. Diese Parameter sind mit der Stärke der polnischen Untergrundbewegung im Generalgouvernement durchaus vergleichbar, obwohl in den nordöstlichen Grenzgebieten der Zweiten Polnischen Republik weitaus weniger Polen lebten als in Zentralpolen. Nur in Wilna und Lemberg, den zwei größten Städten Ostpolens, bemühten sich die Befehlshaber der einzelnen konspirativen Verbände auch um eine politische Legitimierung ihrer Tätigkeit, indem sie sich an verschiedene politisch-gesellschaftliche Vertretungen im Untergrund banden.

Am 28. Dezember 1939 gründete man in Wilna den so genannten Wojewodschaftsrat der politischen Parteien, der auch „Rat des Bezirkskommandanten" genannt wurde. Dieses Organ sollte der SZP-Kommandantur in Wilna beratend zur Seite stehen. Der Wojewodschaftsrat setzte sich aus Vertretern der Polnischen Sozialistischen Partei (*Polska Partia Socjalistyczna*, PPS), der SN sowie Anhängern des Piłsudski-Lagers und einem Abgesandten der erzbischöflichen Kurie zusammen. Die Tätigkeit des Wojewodschaftsrats leitete der Kommandant des ZWZ-Bezirks Wilna, Oberstleutnant Sulik. Beim Lemberger ZWZ-1 war ab Januar 1940 ein gesellschaftlich-politisches Komitee tätig, das auch unter der Bezeichnung „Nationalkomitee" oder „Polnisches Komitee" bekannt wurde. Diesem Organ gehörten Vertreter von der SN und der PPS, Bauernpolitiker, ein römisch-katholischer Geistlicher und Abgesandte des ZWZ an. Das Nationalkomitee übte lediglich beratende Funktionen aus. Auf den Komiteesitzungen erstattete der Kommandant des ZWZ-1, Oberst Żebrowski, über die bisherige Tätigkeit seiner Einheit regelmäßig Bericht und trug Pläne für zukünftige Aktionen vor. Zugleich bewahrte er in seinen Beschlüssen volle Souveränität. Wenige Wochen nach der Gründung schied ein PPS-Vertreter aus dem Nationalkomitee aus, da er darauf beharrt hatte, den ZWZ-1 dem

Komitee zu unterstellen.[21] Zur gleichen Zeit entstand beim ZWZ-2 ein Nationalrat (*Rada Naradowa*, RN), der de facto den zivilen Unterbau des ZWZ repräsentierte. Der Nationalrat setzte sich nämlich aus bekannten gesellschaftlichen Aktivisten aus Lemberg zusammen, die keine parteipolitischen Mandate besaßen. Ihre ursprüngliche Aufgabe bestand darin, den Widerstandsgeist in breiten Kreisen der Gesellschaft zu stärken und die Stimmung sowohl unter den Polen als auch den nationalen Minderheiten kontinuierlich zu beobachten. Der Kommandant des ZWZ-2 hielt es allerdings nicht für notwendig, die Mitglieder des Nationalrats wegen seiner Entscheidungen zu konsultieren und nahm lediglich Dokumente, die von ihnen erstellt worden waren, in Empfang.[22]

Die organisatorische Funktionstüchtigkeit der polnischen Untergrundbewegung entschied maßgeblich über deren Immunität gegenüber den zahlreichen Infiltrierungsversuchen des sowjetischen Geheimdienstes. Am schwächsten erwiesen sich dabei die zersplitterten Strukturen des Untergrunds im Raum Lemberg, da deren führende Mitglieder untereinander zerstritten waren. Die ersten wertvollen Informationen über die dort agierenden Partisanenverbände erhielten die NKVD-Funktionäre von POWW-Offizieren, die im Oktober und November 1939 verhaftet worden waren. Eine rapide Beschleunigung der konspirativen Unterwanderung des Lemberger Untergrunds erfolgte im Januar 1940, als zwei Pariser Geheimkuriere des ZWZ – die Brüder Stanisław und Józef Żymierski – von sowjetischen Grenzposten gefasst wurden. Dabei fiel der sowjetischen Seite auch die Briefpost aus der Pariser Zentrale in die Hände. Die Brüder Żymierski verrieten in intensiven Verhören zahlreiche Details über Aktivisten und Organisationsstrukturen des ZWZ. Darüber hinaus teilten sie dem NKVD auch die geheimen Chiffren der Lemberger Rundfunkstation mit. Aus dem im April 1940 verfassten Bericht des sowjetischen Volkskommissariats für Staatssicherheit (*Narodnyi komitet gosudarstvennoi bezopasnosti*, NKGB) wissen wir: „Die Aussagen der Brüder Żymierski ermöglichten es den NKVD-Organen, die Organisationsstrukturen und Tätigkeitsformen des

---

[21] Vgl. zur personellen Zusammensetzung des Nationalkomitees: Verhörprotokoll zu Antoni Lewicki, 25.4.1940. Untersuchungsakten zum Strafverfahren hinsichtlich des Kommandanten und der Stabsmitglieder des ZWZ-Gebiets Nr. 3 und der Bezirkskommandanturen 1940–1941 (Władysław Kotarski und 13 andere), AIPN 177/5 (UI/6/F), Bl. 140 f.; Verhörprotokoll zu Zygmunt Łuczkiewicz, 8.5.1940, ebd., Bl. 271 f.; vgl. KOTARSKA, S. 128-30; SPP KW I/1060, Untersuchungsakten zu Włodzimierz Cieński; Fragmente des Protokolls über die vom ZWZ-Hauptkommandanten einberufene Konferenz in Belgrad, in: Armia Krajowa w dokumentach 1939–1945, Bd. 1: Wrzesień 1939–czerwiec 1941, hg. v. TADEUSZ PEŁCZYŃSKI, Szczecin 1989, S. 250.

[22] Verhörprotokoll: Władysława Piechowska, 17.12.1940, in: Polskie Podziemie, Bd. 2, S. 1105 ff.

ZWZ kennenzulernen und anschließend ein Agentennetz innerhalb dieser Organisation zu errichten."[23] Höchstwahrscheinlich handelte es sich bei dieser Verhaftungsaktion um keinen Zufall, denn Stanisław Żymierski war bereits vor Ausbruch des Zweiten Weltkriegs von einem anderen Bruder – dem Brigadegeneral der polnischen Armee Michał Żymierski – in ein in Polen tätiges Spitzelnetz des sowjetischen Nachrichtendienstes eingeschleust worden.[24] Von diesem Zeitpunkt an kannte der NKVD die einzelnen Transportwege, Geheimcodes und Organisationsstrukturen der Lemberger Untergrundbewegung sehr genau. Daraufhin erfolgte im März 1940 ein sowjetischer Frontalangriff auf den ZWZ-1: Sämtliche Stabsmitglieder des ZWZ-1 wurden verhaftet und in einem ad hoc einberufenen Gerichtsprozess (so genannter Prozess der Dreizehn) fast ausnahmslos zum Tode verurteilt und hingerichtet. Im Zuge dieser Verhaftungswelle fasste man auch den stellvertretenden Kommandanten des ZWZ-Gebiets Lemberg, Major Emil Macieliński („Rey"). Dieser ließ sich zur Zusammenarbeit mit dem NKVD bewegen und avancierte unmittelbar nach seiner Freilassung zum Befehlshaber des ZWZ-Gebiets Lemberg. Der oberste Anführer der polnischen Partisanenbewegung in Galizien und Wolhynien war also ab April 1940 als NKVD-Agent tätig und verfügte zugleich über eine konspirative Organisation mit etwa 10.000 Mitgliedern. Diese Zahl ging aufgrund der in der Folgezeit durchgeführten Verhaftungen und Deportationen rapide zurück. Von den Deportationen waren insbesondere diejenigen beruflichen Gruppen betroffen, auf die sich die polnische Untergrundbewegung bislang hauptsächlich gestützt hatte: Förster, Polizisten und Schullehrer. Im April und Mai 1940 verhafteten die Sowjets etwa 3.000 bis 4.000 Aktivisten aus dem ZWZ-Gebiet Lemberg. Am 1. März 1940 brachten NKVD-Funktionäre einen Mann in ihre Gewalt, der sich als Sonderbeauftragter der polnischen Exilregierung zu erkennen gab: Edward Gola. Gola verfügte über Kontakte zu allen höheren Befehlshabern der Partisanenverbände im Raum Lemberg. Im Laufe der Verhöre machte er ausführliche und detaillierte Angaben zu deren inneren Strukturen und ließ sich auf die Kooperation mit dem NKVD ein.[25] Daher ließ man Gola Anfang April 1940 mit gefälschten Dokumenten frei, die einen Daueraufenthalt in Rumä-

---

[23] Zit. aus: April 1941, Moskau. Bericht der 4. NKGB-Verwaltungsabteilung der UdSSR bezüglich der Ergebnisse der geheimdienstlich-operativen Tätigkeit gegen den polnischen Untergrund in den Jahren 1939, 1940, 1941, in: Polskie podziemie, Bd. 1, S. 653.

[24] Vgl. JERZY POKSIŃSKI, „TUN". Tatar-Utnik-Nowicki, Warszawa 1992, S. 208 ff.; MAZUR, Walka NKWD, S. 670.

[25] Vgl. Persönliche Aussagen von Edward Gola, Materialien über die Einschleusung eines NKVD-Agenten in den ZWZ im Jahr 1940, Lemberg, 29.3.1940, AIPN 177/12 (UI/31/F), Bl. 3 f.

nien vortäuschten. Kurze Zeit später stieg Gola zum Chef des Nachrichtendienstes des Lemberger ZWZ-2 auf. Darüber hinaus fiel dem NKVD im Oktober 1940 der Geheimdienstchef des ZWZ-1, Hauptmann Edward Metzger („Ketling"), in die Hände. Ähnlich wie Gola ließ auch er sich als sowjetischer Agent anwerben. Abgesehen davon finden sich in den Quellen Hinweise darauf, dass noch einige weitere Mitglieder des ZWZ-1 bzw. ZWZ-2 zum NKVD überliefen.[26] Seit dem Frühjahr 1940 wurde der ZWZ-1 also von einem NKVD-Agenten geleitet, während der ZWZ-2 unter ständiger Beobachtung des sowjetischen Geheimdiensts stand. Damit übernahm der NKVD die Kontrolle über zwei tragende Säulen der beiden großen Partisaneneinheiten im Lemberger Raum – den Nachrichtendienst und den konspirativen Fernmeldeverkehr mit dem Ausland. Auf diese Weise konnte die sowjetische Seite alle Initiativen zur organisatorischen „Selbstreinigung" der dortigen Untergrundbewegung rechtzeitig unterlaufen, egal ob diese Initiativen vor Ort oder von der Warschauer Zentrale in die Wege geleitet wurden.

Mit der Wiederherstellung geordneter Verhältnisse im Lemberger Untergrund wurde General Michał Tokarzewski beauftragt. Beim Versuch des Grenzübertritts in der Nacht zum 7. März 1940 wurde er jedoch von sowjetischen Grenzposten gefangen genommen. Da man seine Armeezugehörigkeit anfangs gar nicht wahrnahm, gelangte General Tokarzewski „nur" als illegaler ziviler Grenzübergänger in ein sowjetisches Lager. Erst einige Monate später stellten die sowjetischen Behörden die wahre Identität Tokarzewskis fest. Den zugänglichen Quellen zufolge ließ er sich jedoch trotz schwerer Verhöre nicht zermürben und lehnte eine Zusammenarbeit mit dem NKVD entschieden ab.[27] In einer noch dramatischeren persönlichen Lage befand sich Oberstleutnant Stanisław Pstrokoński, der im Juni 1940 von der Pariser Zentrale nach Lemberg gesandt wurde. Nach seiner Ankunft entdeckte er schnell, dass der Befehlshaber des ZWZ-Gebiets Lemberg, Oberstleutnant Macieliński, ein NKVD-Agent war, und er versuchte, seine Vorgesetzten davon in Kenntnis zu setzen. Dabei wurde Pstrokoński jedoch im Juli 1940 von NKVD-Funktionären überraschend verhaftet und intensiven Verhören unterzogen. Nach der Einwilligung zur Kooperation mit der sowjetischen Seite ließ man ihn bald wieder auf freien Fuß. Seine Agententätigkeit für den NKVD blieb jedoch reine Fiktion. Pstrokoński warnte stattdessen seine engsten Mitarbeiter vor seiner eigenen Verstrickung und wies sie auf die Spitzeltätigkeit von Oberstleutnant

---

[26] Vgl. WĘGIERSKI, Zdrajcy, załamani, zagadkowi, S. 17-30.

[27] Vgl. DANIEL BARGIEŁOWSKI, Po trzykroć pierwszy. Michał Tokarzewski-Karaszewicz. Generał broni, teozof, wolnomularz, kapłan Kościoła liberalnokatolickiego, Bd. 2, Warszawa 2001, S. 297-355.

Macieliński hin. Daraufhin kam er erneut in Haft und wurde nach Moskau deportiert.[28] Angesichts dieser Entwicklung sandte die Warschauer Zentrale Oberstleutnant Leopold Okulicki nach Lemberg, um die zersplitterte ZWZ-Kommandantur zu vereinheitlichen und die Partisanenverbände in dieser Region neu zu strukturieren. Der NKVD beorderte vor diesem Hintergrund Anfang November 1940 den als Spitzel tätigen Kommandanten des ZWZ-Gebiets Wolhynien, Bolesław Zymon, nach Warschau, um Oberstleutnant Okulicki persönlich in Empfang zu nehmen und unter heimlicher Beobachtung des sowjetischen Geheimdienstes nach Lemberg zu begleiten. Oberstleutnant Okulicki durchschaute die Lage jedoch sehr rasch und verfasste einen Bericht über die NKVD-Spionage in den Reihen des Lemberger ZWZ. Als er Ende Januar 1941 versuchte, den Bericht an die Warschauer Zentrale zu übersenden, wurde er sofort von NKVD-Funktionären inhaftiert.[29] Damit war der letzte Versuch einer tiefgreifenden Neuordnung des polnischen Untergrunds im Raum Lemberg endgültig gescheitert. Bis zum deutschen Angriff auf die Sowjetunion agierten dort also zwei unabhängige ZWZ-Formationen ohne jeglichen personellen Rückhalt. Denn mehrere Dutzend ZWZ-Aktivisten stellten für den NKVD „gläserne" Partisanenkämpfer dar, deren Aktionen ständig unterlaufen wurden. In den Führungskadern der beiden ZWZ-Einheiten befanden sich sowohl getarnte NKVD-Spitzel als auch Personen, die vom sowjetischen Geheimdienst streng überwacht wurden, ohne dass sie davon wussten, bzw. die diese Überwachung bewusst ignorierten.

Einen Versuch, die Kontrolle über den Untergrund in den in die weißrussische Sowjetrepublik eingegliederten polnischen Gebiete zu übernehmen, unternahm der NKVD Anfang Oktober 1940 nach der Verhaftung des ZWZ-Kommandanten der Wojewodschaft Nowogrodek, Oberst Adam Obtułowicz. Nach einem zermürbenden Verhör erklärte sich Obtułowicz bereit, mit der sowjetischen Seite zusammenzuarbeiten. Daraufhin ließ man ihn auf freien Fuß und verbreitete zugleich die Legende, dass Obtułowicz seinen Begleitschutz getäuscht habe und geflohen sei. Ähnlich wie Oberstleutnant Pstrokoński versuchte auch Obtułowicz wiederholt, die ihn über-

---

[28] Vgl. Anhang Nr. 8, 14.8.1941 zur Instruktion Nr. 8, 22.9.1941 (Zentrale an General Rowecki); Erklärungen von Oberstleutnant Pstrokoński über seinen Aufenthalt in Lemberg unter sowjetischer Besatzungsherrschaft im Jahr 1940, in: Armia Krajowa w dokumentach 1939–1945, Bd. 2: Czerwiec 1941–kwiecień 1943, hg. v. TADEUSZ PEŁCZYŃSKI, Szczecin 1989, S. 80.

[29] Vgl. SPP, Kollegium B I, Gebiet Lemberg, Anklageschrift gegen Bolesław Zymon „Bolek" – „Waldi Wołyński", 8.10.1941; Urteil des Femegerichts vom 21.10.1941 gegen den Polnischen Bund der Aufständischen bei der Warschauer Hauptkommandantur, unterzeichnet von: Vorsitzender „Kawka", Richter „Andrzej" und „Kos", Urteil von „Tur" am 25.10.1941 bestätigt.

wachenden NKVD-Funktionäre in die Irre zu führen.[30] Nachdem er einige wenige Vertraute über seine Lage informiert hatte, bereitete er sich auf eine Flucht ins GG vor. Dennoch wurde er letztendlich vom sowjetischen Geheimdienst aufgespürt. Wie aus sowjetischen Quellen hervorgeht, starb Obtułowicz „beim Versuch, vor dem Geheimdienst (NKVD) zu fliehen. Er fing eine Schießerei an und geriet dabei in eine aussichtslose Situation und beging Selbstmord."[31]

Der ZWZ-Bezirk Bialystok zeigte sich gegenüber den sowjetischen Unterwanderungsversuchen am weitesten resistent. Die hohe Widerstands-fähigkeit resultierte höchstwahrscheinlich aus den ländlichen Strukturen dieses Bezirks, in denen starke familiäre und nachbarschaftliche Bindungen unter der polnischen Bevölkerung herrschten. Abgesehen davon bildete sich ein Kommandozentrum auf Wojewodschafts-Ebene in diesem Raum relativ spät heraus. Erst im Mai 1940 gelang es Oberleutnant Antoni Iglewski, den Befehlsstab für den ZWZ-Bezirk Bialystok personell aufzustocken. Am 20. Oktober 1940 reiste eine Gruppe von Offizieren der ZWZ-Hauptkomman-dantur mit der Aufgabe nach Bialystok, das ZWZ-Gebiet Bialystok zu bilden.[32] Der dabei als Kommandant vorgesehene Oberstleutnant Józef Spychalski („Maciej Samura") begann mit der Erkundung der konspirati-ven Strukturen vor Ort und führte erste Sondierungsgespräche mit lokalen Partisanenführern. In der Nacht zum 18. November 1940 wurden Oberst-leutnant Spychalski und einige ihm unterstellte Befehlshaber aufgrund von Denunziationen verhaftet. Die Nachfolge Spychalskis trat Hauptmann Jan Szulc („Prawdzic") an, der die vakanten Kommandostellen neu besetzte und die Strukturen des ZWZ im Raum Bialystok vereinheitlichte. Die angestrebte Kontaktierung bzw. Befehlsübernahme der Partisanennetze der Wojewodschaften Nowogrodek und Polesien blieb jedoch erfolglos.

Am 21. Februar 1941 nahmen NKVD-Funktionäre einen weiteren Hauptmann des ZWZ, Janusz Szlaski, in Gewahrsam. Seine Festnahme war Teil einer groß angelegten Operation, die mit der Inhaftierung zahlrei-

---

[30] Vgl. zum oben genannten Verhaftungstermin Anfang Oktober 1940 das Verhör-protokoll zu Adam Obtułowicz, 21. –22.10.1940, in: Polskie podziemie, Bd. 2, S. 895.

[31] Zit. Minsk, Bericht Nr. 2/2462 von Canava an Merkulov über die Verhaftung von Mitgliedern der Kommandantur im ZWZ-Gebiet und Bezirk Bialystok sowie über operative Maßnahmen zur vollständigen Liquidierung des ZWZ in diesem Raum, in: Polskie podzie-mie, Bd. 1, S. 501.

[32] Zu dieser Delegation gehörten Oberstleutnant Józef Spychalski („Maciej Samura") und die Hauptmänner Jan Szulc („Prawdzic") und Władysław Liniarski („Mścisław"- „Wuj").

cher Offiziere und Soldaten des ZWZ endete.[33] An die Stelle Szlaskis trat Hauptmann Władysław Liniarski („Mścisław"), der im März 1941 mit der Restrukturierung der Partisanenbewegung im Raum Bialystok begann. Abgesehen von der Einsetzung neuer Bezirkskommandanten bemühte sich Hauptmann Liniarski nach Kräften, die bisherigen Verbindungslinien weiter aufrechtzuerhalten und die materiellen Besitzstände der Untergrundorganisationen wiederherzustellen. Angesichts der zunehmenden Unterwanderung durch den sowjetischen Geheimdienst waren die personellen Neuanfänge in der Kommandantur des ZWZ-Gebiets Bialystok jedoch von vornherein zum Scheitern verurteilt. Im Frühjahr 1941 wurde der polnische Untergrund im Raum Bialystok von einer weiteren Inhaftierungswelle erfasst, die dessen Führungskader dezimierte. Infolgedessen verfügten im Juni 1941 nur noch zwei von acht Landkreisen des ZWZ-Bezirks Bialystok über eigene Befehlshaber. Alle übrigen Anführer waren inzwischen getötet oder inhaftiert worden. Diese Entwicklung zwang Hauptmann Liniarski dazu, die konspirative Tätigkeit des Partisanennetzes im Raum Bialystok bis auf weiteres ganz einzustellen.

Der polnische Untergrund im ZWZ-Bezirk Wilna musste hingegen in einem komplizierten politisch-ethnischen Beziehungsgeflecht agieren. Die verhältnismäßig milde litauische Besatzungsherrschaft begünstigte zwar alle konspirativen Aktionen. Zudem war Litauen aus Sicht der Londoner Exilregierung ein wertvoller Verbündeter im Kampf gegen die sowjetische und deutsche Besatzungsmacht. Daher sah General Sikorski die staatliche Zugehörigkeit Wilnas bis auf weiteres als „offene Frage" an. Dennoch stieß die Realisierung seiner politischen Pläne auf erhebliche Schwierigkeiten. Denn in Wilna sollte in Gestalt des ZWZ eine konspirative polnische Massenorganisation weiter aufrechterhalten werden, deren Mitglieder die Litauer zumeist nur als ethnischen Fremdkörper auf dem eigenen Staatsgebiet ansahen. Vor diesem Hintergrund untersagte General Sikorski am 9. Januar 1940 die Bildung weiterer militärischer Partisanennetze. Stattdessen durften fortan nur noch zivile Basiseinrichtungen für den konspirativen Fernmeldeverkehr geschaffen werden.[34] Diese Entscheidung stieß in Wilna auf enormen Widerstand und wurde in der Praxis weitgehend missachtet. Unter dem Einfluss dieser ablehnenden Haltung und der

---

[33] Vgl. Minsk, Bericht Nr. 2/2462 von Canava an Merkulov über die Verhaftung von Mitgliedern der Kommandantur im ZWZ-Gebiet und Bezirk Bialystok sowie über operative Maßnahmen zur vollständigen Liquidierung des ZWZ in diesem Raum, in: Polskie podziemie, Bd. 1, S. 505.

[34] Vgl. Mitteilung v. 2.2.1940 an den Kommandanten im Besatzungsgebiet, Bürger M. Torwid, unterzeichnet von: Sikorski/ Sosnkowski, in: Armia Krajowa w dokumentach, Bd. 1, S. 126.

an Sikorski gerichteten Anschuldigung, den Freiheitskampf des polnischen Volkes zu verraten, rückte die polnische Exilregierung in London von ihren anfänglichen Forderungen immer weiter ab. So erlaubte man im April 1940 die Bildung einer militärischen Partisanenorganisation innerhalb des ZWZ. Auf diese Weise kam es letztendlich zur „Legalisierung" der militärischen Untergrundbewegung im ZWZ-Bezirk Wilna. Die Mitte Juni 1940 erfolgte Besetzung Litauens durch die Rote Armee machte die von der Exilregierung angeordneten Selbstbeschränkungen des polnischen Untergrunds in der Heimat obsolet. Der ZWZ-Bezirk Wilna funktionierte fortan nach den gleichen Grundsätzen wie andere territoriale Einheiten des ZWZ. Darüber hinaus begann sich die Untergrundbewegung im Wilnaer Gebiet rasch auszubreiten. Litauische Bürger polnischer Abstammung und eine Gruppe von Polen, die bereits seit der Zwischenkriegszeit in Litauen lebten, organisierten im Juli 1940 ein weiteres Partisanennetz des ZWZ, das einen Monat später den Status eines Unterbezirks erhielt. Dieser ZWZ-Unterbezirk Kaunas wurde dem ZWZ-Bezirk Wilna unterstellt.[35] In den Anfangsmonaten der sowjetischen Besatzung in Litauen blieben diese beiden Partisanennetze vor größeren personellen Verlust zunächst verschont. Im Dezember 1940 änderte sich die Lage jedoch sehr nachhaltig, da NKVD-Funktionäre einige Hauptaktivisten, die mit wichtigen Funktionen betraut waren, überraschend inhaftierten. Infolge der daraufhin erzwungenen Geständnisse und der geheimdienstlichen Unterwanderung des ZWZ kam es im März 1941 zur Liquidierung des ZWZ-Unterbezirks Kaunas. Abgesehen davon stellte der NKVD vom 10. bis zum 13. April 1941 breit angelegte verdeckte Nachforschungen an, im Laufe derer zahlreiche Mitglieder des Befehlsstabs des ZWZ-Bezirks Wilna gefangen genommen wurden. Zu den Verhafteten gehörte auch der Kommandant, Oberstleutnant Sulik. Seine Nachfolge in diesem durch viele Festnahmen stark geschwächten Partisanennetz trat Oberstleutnant Aleksander Krzyżanowski an.[36] Er ordnete eine verstärkte Geheimhaltungspflicht an und beschränkte die organisatorischen Kontakte der polnischen Partisanen im Raum Wilna auf ein notwendiges Minimum. Diese Vorgehensweise führte jedoch in der Praxis zu einem völligen Stillstand der konspirativen Aktivitäten.

General Stefan Rowecki beurteilte die Lage innerhalb des ZWZ-Bezirks Wilna während der späteren NS-Besatzungsherrschaft in Wilna, also nach

---

[35] Vgl. Verhörprotokoll v. 26.3.1941 zu dem in Haft befindlichen Zbigniew Jentys, in: Polskie podziemie, Bd. 2, S. 1221-1231; Meldung Nr. 51 v. 19.2.1941, General Rowecki an General Sosnkowski über den organisatorischen Zustand des ZWZ in Wilna, in: Armia Krajowa w dokumentach, Bd. 2, S. 460.

[36] Vgl. JAROSŁAW WOŁKONOWSKI, Okręg Wileński Związku Walki Zbrojnej – Armii Krajowej w latach 1939–1945, hg. v. GRZEGORZ ŁUKOMSKI, Warszawa 1996, S. 65.

der Verhaftungswelle vom Frühjahr 1941 und nach der Neugründung dieser ZWZ-Einheit, wie folgt:

„Nach Überzeugung der Bolschewiki und der Litauer wurde angeblich das gesamte Organisationsnetz liquidiert. Der in seiner Stellung verbliebene Stabschef des Bezirks, Bürger Smętek (Aleksander Krzyżanowski), hielt diese Vermutung bewusst aufrecht, um sich vor einer weiteren Ausbreitung der Denunzierungen zu schützen. Trotz äußerst schwieriger Bedingungen und mangelnder Geldmittel setzte Bürger Smętek die Arbeit unablässig fort."[37]

Priorität erhielt fortan der Aufbau eines funktionstüchtigen Netzwerks für den konspirativen Fernmeldeverkehr, das einen raschen Informationsfluss bezüglich geplanter oder bereits durchgeführter Verhaftungsaktionen ermöglichen sollte. Bevor jedoch die Umorganisation des ZWZ-Bezirks Wilna eingeleitet werden konnte, startete die sowjetische Besatzungsmacht am 14. Juni 1941 eine vierte Deportationswelle. Um den Massenverfolgungen zu entgehen, floh der Kommandant des ZWZ-Bezirks Wilna mit zahlreichen Offizieren aufs Land. Aber obwohl sich viele Partisanen einen geheimen Unterschlupf suchten, bildeten sie unter den insgesamt etwa 5.000 für die Deportation vorgesehenen Polen immer noch einen sehr hohen Anteil.

Eine genauere Analyse der Vorgehensweise des NKVD gegenüber der polnischen Untergrundbewegung zeigt, dass die Aktionen des sowjetischen Sicherheitsapparats in der Regel hervorragend durchdacht und gründlich vorbereitet waren. Das primäre Ziel bestand in der Eliminierung derjenigen gesellschaftlichen Individuen und Gruppen, die nach Einschätzung der sowjetischen Behörden dazu neigten, Widerstand zu leisten. Aus diesem Grund erstreckten sich die Deportationen und Inhaftierungen auf politische und soziale Aktivisten, höhere Verwaltungsbeamte, Polizisten, Armeeoffiziere, Übersiedler, Förster und andere Personen, die als potentielle Gefahr eingestuft wurden. Anschließend ging der NKVD dazu über, die polnischen Partisanenorganisationen mittels der in Verhören gewonnenen Informationen und durch den Ausbau bestehender Agentennetze zu unterhöhlen und auf eine breit angelegte, abrupte Zerschlagung „vorzubereiten". Diese erfolgte durch die unerwartete, gleichzeitige Inhaftierung einer großen Anzahl von Befehlshabern und Mitgliedern der Untergrundbewegung. Alle kleineren lokalen Partisanengruppen ohne eigene Auslandskontakte erwartete dabei die völlige Liquidierung.

Ganz anders behandelte man indessen den ZWZ, der als gesamtpolnische konspirative Massenbewegung in enger Abhängigkeit zur polnischen

---

[37] Zit. Funkspruch Roweckis v. 14.2.1942 nach London, Organisatorische Meldung Nr. 79 für den Zeitraum von 1.3. –1.9.1941, SPP, Sign. 3.3.1.3.

Exilregierung in London stand und über wertvolle internationale Kontakte in vielen Staaten Europas verfügte. Durch die Einschleusung von Agenten in die Befehlsstäbe des ZWZ versuchte der NKVD, sich Zugang zu streng vertraulichen Informationen der Warschauer Zentrale und der Exilregierung zu verschaffen. Zugleich sollten die infiltrierten Partisanengruppen ihre polnischen Entscheidungsträger mit gezielten Fehlinformationen versorgen und deren Aktivitäten so lenken, dass sie den sowjetischen Interessen nicht zuwiderliefen. Aus zahlreichen Verhörprotokollen geht ferner hervor, dass die sowjetische Seite insbesondere prüfte, ob die militärische Schlagkraft des ZWZ der Roten Armee bei der Zerstörung des Hinterlands der deutschen Wehrmacht behilflich sein konnte.

Die in die Führungsstrukturen des ZWZ eingeschleusten NKVD-Agenten, aber auch alle Polen, die keine realen Alternativen zur Kooperation mit der sowjetischen Besatzungsmacht sahen, sollten langfristig an der Herausbildung eines kommunistischen polnischen Staatswesens mitwirken. Eine umfassende Kontrolle des polnischen Untergrunds setzte allerdings voraus, dass es dem NKVD gelang, alle herausragenden und unbeeinflussbaren Anführer zu eliminieren. Zugleich mussten zu diesem Ziel sämtliche wichtigeren Befehlsstellen mit Spitzeln besetzt werden. Dabei fiel den Netzwerken des konspirativen Fernmeldeverkehrs und dem Geheimdienst eine Schlüsselrolle zu. Außerdem durfte auf eine deutliche Reduzierung der Partisanengruppen nicht verzichtet werden, wenn man die Kontrolle über sämtliche konspirative Bewegungen erlangen wollte. Im Fall des Lemberger ZWZ-1 und des ZWZ-Bezirks Wolhynien wurden diese Ziele schrittweise erreicht. Obwohl der NKVD die Kommandantur des ZWZ-2 nicht mit einem eigenen Agenten besetzen konnte, barg auch dieser Partisanenverband aufgrund der dort verstärkt eingeschleusten Spitzel bald keine Geheimnisse mehr. Infolge des „abrupten Abbruchs" der Agententätigkeit von Oberst Adam Obtułowicz musste der NKVD von der konspirativen Steuerung der Aktivitäten des ZWZ-Bezirks Nowogrodek letztlich Abstand nehmen. Darüber hinaus unternahmen die Funktionäre des sowjetischen Sicherheitsapparats wahrscheinlich mehrmals den Versuch, die Partisanennetze in den ZWZ-Bezirken Bialystok und Wilna unter ihre uneingeschränkte Kontrolle zu bringen. Doch obwohl eine Reihe von Aktivisten aus diesen Regionen zum NKVD überlief, blieben die Kommandanten in beiden Bezirken bis zum Ausbruch des deutsch-sowjetischen Kriegs in ihren Entscheidungen völlig souverän.

Ein Hauptindikator für die Wirksamkeit eines Geheimdiensts in Kriegszeiten ist der Anteil der verhafteten Partisanen an der Gesamtzahl der konspirativ tätigen Personen. Von September 1939 bis Ende März 1941 nahmen die Funktionäre des NKVD insgesamt 16.758 Personen fest, die der Teilnahme oder Zusammenarbeit mit der polnischen Untergrundbewegung angeklagt wurden.[38] Ein relativ geringer Prozentsatz der Inhaftierten geriet dagegen „nur" aufgrund der Zugehörigkeit zu Pfadfinderorganisationen oder anderen sozialen Verbänden in Gefangenschaft. Dabei interpretierten die sowjetischen Behörden deren gesellschaftliche Aktivitäten in der Zwischenkriegszeit als spezifische Erscheinungsformen einer antikommunistischen Verschwörung. Die überwältigende Mehrheit der verhafteten Polen waren echte Verschwörer. Die vorab genannten Zahlenangaben lassen den Zeitraum von April bis Juni 1941 jedoch gänzlich unberücksichtigt. In diesen drei Monaten nahmen NKVD-Funktionäre höchstwahrscheinlich einige Hundert ZWZ-Mitglieder in Gewahrsam. Daher dürfte sich die Zahl der tatsächlichen internierten Partisanen auf insgesamt circa 14.000 bis 15.000 belaufen haben. In den Gefängnissen des sowjetischen Geheimdiensts befand sich also mindestens die Hälfte aller konspirativ tätigen Polen. Zu den personellen Verlusten des polnischen Untergrunds müssen aber auch diejenigen Partisanen gerechnet werden, die erst im Zuge weiterer Deportationswellen ins Landesinnere der UdSSR gelangten. In den von den Sowjetrepubliken Weißrussland und Ukraine annektierten Gebieten ließ die zweite Deportationswelle die größten Lücken in den Reihen der Untergrundbewegung zurück.

Dagegen nahm im Wilnaer Gebiet (das der Litauischen Sowjetrepublik angegliedert wurde) erst die vierte Deportationswelle verheerende Ausmaße an. Die Gesamtzahl der deportierten polnischen Partisanen lässt sich im Nachhinein nicht einmal annähernd ermitteln. Zieht man jedoch die vergleichsweise hohen Verluste des Lemberger Untergrunds bzw. die Massendeportationen der Landbevölkerung aus dem Raum Bialystok in Betracht, so dürften nicht nur Hunderte, sondern sogar Tausende Aktivisten verschleppt worden sein. Die infolge von Verhaftungsaktionen und Deportationen erlittenen personellen Verluste der polnischen Untergrundbewegung lagen also insgesamt zwischen 60 und 70 Prozent. In die Kalkulation mit einzubeziehen sind aber auch die ins GG bzw. nach Ungarn oder Rumänien geflohenen Menschen (einige Hundert) sowie die im Partisanenkampf gefallenen Menschen (einige Dutzend).

---

[38] Moskau, April 1931. Information der 3. NKGB-Verwaltungsabteilung der UdSSR zu den Ergebnissen der gegen den Untergrund eingeleiteten Maßnahmen in den Jahren 1939, 1940 und im 1. Quartal 1941, in: Polskie podziemie, Bd.1, S. 647; Das Dokument offenbart die wechselvolle Dynamik der Verhaftungswellen in den einzelnen Sowjetrepubliken. So inhaftierte man in den Westbezirken der Ukrainischen Sowjetrepublik im Jahr 1939 623 Personen, 1940 9.244 Personen und 1941 82 Personen. In den Westbezirken der Weißrussischen Sowjetrepublik gerieten im Jahr 1939 1.541 Menschen, 1940 3.550 Menschen und 1941 1.013 Menschen in Gefangenschaft. Dagegen wurden in der Litauischen Sowjetrepublik im Jahr 1940 549 Personen und 1941 156 Personen in Gewahrsam genommen.

Aus diesen Schätzungen zeichnet sich das Bild einer anfangs sehr zahlreichen Untergrundbewegung ab, die im Laufe der Zeit systematisch eingedämmt wurde. Die stärksten Mitgliederkontingente, etwa 1.000 bis 2.000 Personen, besaß der polnische Untergrund im Frühjahr 1941 lediglich in den Regionen Bialystok und Wilna. Dagegen unterlag die Bewegung in Galizien und Wolhynien einer strengen Kontrolle des NKVD. In allen übrigen Gebieten Ostpolens hatten die Partisanenverbände eher punktuellen Charakter und unternahmen keinerlei Aktionen mit „Außenwirkung". Unmittelbar vor Ausbruch des deutsch-sowjetischen Kriegs verfügte die Untergrundbewegung also über etwa 3.000 bis 6.000 Anhänger.

Die erfolgreiche Bekämpfung der polnischen Untergrundbewegung durch die sowjetische Besatzungsmacht hatte mehrere Ursachen. Zum einen erwies sich die unter den Polen weit verbreitete Auffassung von der kurzen, höchstens mehrmonatigen Kriegsdauer als fatal. Denn die meisten Partisanennetze entstanden in der festen Erwartung, lediglich bis Frühjahr 1940 durchhalten zu müssen. Spätestens zu diesem Zeitpunkt rechnete man mit einer entlastenden Großoffensive Großbritanniens und Frankreichs, die den beiden Besatzungsmächten in Polen eine endgültige Niederlage bereiten sollte. Die auf rein kurzfristige Aktivitäten ausgerichtete polnische Untergrundbewegung wies verhältnismäßig schwache konspirative Strukturen auf und nahm ad hoc allzu viele Mitglieder auf. Ihre Gründer verfügten weder über das nötige theoretische Wissen noch über einschlägige Kampferfahrungen. In diesem Sinne stellten die polnischen Partisanen im ersten Kriegsjahr für den NKVD keine übergroße Herausforderung dar. Der sowjetische Geheimdienst verfügte ferner über einen weitaus größeren Sicherheitsapparat. Viel entscheidender war jedoch die Tatsache, dass die NKVD-Funktionäre auf wertvolle Erfahrungen aus den Kämpfen mit antibolschewistischen Organisationen in den zwanziger Jahren im eigenen Land zurückgreifen konnten. Die Ähnlichkeit der Operationen „Trust" und „Sindikat" mit den Methoden, die z. B. bei der konspirativen Übernahme des Führungskaders des Lemberger ZWZ-1 angewandt wurden, ist unübersehbar.[39]

---

[39] Vgl. Christopher Andrew/ Oleg Gordijweski, KGB, Warszawa 1997, S. 92-102; Die Operation „Trust" beruhte auf der Gründung einer antibolschewistischen Untergrundorganisation in der Sowjetunion, die von der dortigen Staatlichen Politischen Sonderverwaltung (OGP-OGPU) insgeheim geleitet und kontrolliert wurde. Diese Organisation sollte Verbindung zu den internationalen Stützpunkten der „weißen" Emigration aufnehmen und dabei das von überzeugten Bolschewismusgegnern und GPU-OGPU-Funktionären gemeinsam gebildete Nachrichtennetz geschickt instrumentalisieren. Die Organisation suchte daher rasch eine Zusammenarbeit mit dem amerikanischen CIA und dem britischen Secret Intelligence Service. Bis 1927 lieferte sie diesen beiden Geheimdiensten gezielte Fehlinformationen zur politisch-ökonomischen Wirklichkeit und den tatsächlichen Ausmaßen des

Darüber hinaus kam dem sowjetischen Geheimdienst sicherlich auch der multiethnische Charakter des Einsatzgebiets sehr gelegen. Denn die geschickte Instrumentalisierung nationaler Egoismen führte trotz der formellen politischen Gleichberechtigung der in Ostpolen lebenden Völker zu deren gegenseitiger Isolation. Dies führte dazu, dass der Hass gegenüber fremden Nationalitäten oftmals stärker war als die Furcht vor der sowjetischen Besatzungsmacht. Eine noch größere Rolle spielten jedoch die systemimmanenten Merkmale der kommunistischen Herrschaft, die zur gewaltsamen Auflösung traditioneller Sozialbindungen führten. Die uneingeschränkte Verstaatlichung aller Wirtschaftsbereiche und die drastischen Einschränkungen der persönlichen Bewegungsfreiheit außerhalb des eigenen Wohnorts stellten immer mehr Lebensbereiche des einzelnen Bürgers unter staatliche Kontrolle. An diesem Prozess wirkte die enorme Ausdehnung des NKVD-Agentennetzes maßgeblich mit.

Zugleich ging die sowjetische Besatzungsmacht im Gegensatz zum NS-Regime jedoch keineswegs auf Distanz zur einheimischen Bevölkerung vor Ort. Vielmehr verlieh man den zahlreichen Repressionen bewusst den Anschein von Rechtsstaatlichkeit. Daher fanden in Ostpolen in den ersten Kriegsjahren z. B. keine öffentlichen Erschießungen statt. Man verzichtete auch auf Verlautbarungen über die Hinrichtung von festgenommenen Partisanen im Rahmen von Vergeltungsaktionen usw. Die Betroffenen verschwanden vielmehr fast unbemerkt von der Bildfläche. Die sowjetischen Besatzungsbehörden bemühten sich unablässig, im Alltag den Anschein von Normalität zu wecken. In den Bereichen Wirtschaft und Kultur gaukelte man der einheimischen Bevölkerung sogar eine positive Entwicklung vor. Daher blieben die bestehenden Schulen und Universitäten weiterhin geöffnet, während gleichzeitig neue Bildungseinrichtungen entstanden. Obwohl die dort organisierten Lehrveranstaltungen der kommunistischen Indoktrinierung unterlagen, sahen insbesondere Angehörige der ärmsten Schichten der Gesellschaft im Kommunismus große Chancen für einen sozialen Aufstieg. Auf diese Weise verschwammen unter der sowjetischen Besatzungsherrschaft allmählich die Grenzen zwischen Verrat, Kollaboration und berechtigter, von purem Überlebenswillen geleiteter Anpassungsbereitschaft gegenüber den fremden Machthabern. Gerade die riesige „Grauzone" von völlig unklaren Regeln und Normen stellte die konspirative Tätigkeit der polnischen Untergrundbewegung vor schier unüberwindli-

---

gesellschaftlichen Widerstands in der Sowjetunion. Die Operation „Sindicat" richtete sich indessen gegen den russischen Sozialrevolutionär Boris Savinkov, der das antibolschewistisch ausgerichtete sog. Russische Politische Komitee leitete. Beide Operationen bilden frühe Musterbeispiele für die im Zweiten Weltkrieg praktizierten Methoden des NKVD im Bereich der Spionage und der gezielten Irreführung des Feindes durch Fehlinformationen.

che Schwierigkeiten. Die Bedingungen konspirativer Arbeit in dem Bereich werden in einem im Januar 1941 verfassten Meldebericht von Oberst Leopold Okulicki sehr treffend beschrieben. Okulicki hatte ein Jahr unter nationalsozialistischer Okkupation verbracht und stand daraufhin zwei Monate an der Spitze des ZWZ im sowjetisch besetzten Lemberg. Er kannte also den Charakter beider Besatzungsregimes recht gut. In dem bei seiner Verhaftung vom NKVD beschlagnahmten Bericht an den Hauptkommandanten des ZWZ, General Rowecki, heißt es: „Die Handlungsmethoden des NKVD, die das ganze Leben lenken und alles durchdringen, haben die schwächeren Menschen demoralisiert. […] Im Vergleich zum NKVD sind die Methoden der Gestapo geradezu kindisch."[40]

---

[40] Zit. Moskau, 22.1.1941. Übersetzung des vom NKVD in Lemberg beschlagnahmten Lageberichts von Leopold Okulicki an Stefan Rowecki, in: Polskie podziemie, Bd. 1, S. 475.

REAKTIONEN DES AUSLANDS

ANTONY POLONSKY

DIE WESTLICHEN ALLIIERTEN UND DIE „POLNISCHE FRAGE" 1939–1947

> „Wo findet man Polen, mit denen man reden kann?"
>
> Stalin gegenüber Beneš, 12. Dezember 1943

> „Sowjetrussland ist aufrichtig für das Wiedererstehen eines unabhängigen Polen, erwartet aber gleichzeitig von den Polen ein derart mustergültiges Verhalten, dass es ein Wunder wäre, wenn diese die an sie gestellten Anforderungen ohne völlige Unterwerfung erfüllen könnten."
>
> Archibald Clark Kerr, britischer Botschafter in Moskau, 20. Februar 1944

In der westlichen Geschichtsschreibung und einem großen Teil der nach dem Sturz des kommunistischen Systems erschienenen polnischen Literatur wird die kommunistische Machtergreifung in Polen als Ergebnis eines von Stalin lang gehegten und sorgfältig ausgeführten Plans dargestellt. Westlichen Politikern wird Naivität vorgeworfen, weil sie Stalins wertloses Versprechen, die polnische Souveränität zu respektieren und nach dem Krieg freie Wahlen in Polen zu erlauben, für bare Münze genommen hätten. Das scheint mir allzu stark vereinfacht zu sein. Nach meiner Ansicht war die Entwicklung des politischen Lebens in Polen zwischen 1941 und 1948, die zur Errichtung eines Regimes führte, das von einer kleinen Elite in Moskau geschulter und von dort gelenkter Kommunisten beherrscht wurde, und in dem der Sicherheitsapparat ein großes Maß an Autonomie genoss und viele seiner Anweisungen direkt aus der UdSSR erhielt, vor allem das Resultat zweier Fehlschläge. Der eine bestand darin, dass Stalin mit keinem Politiker der polnischen Regierung in London eine Basis für einen zufriedenstellenden Modus Vivendi zu finden vermochte, wie es ihm mit Juho Kusti Paasikivi in Finnland und Eduard Beneš in der Tschechoslowakei gelungen war. Der zweite Fehlschlag war das Scheitern der Strategie der Polnischen Arbeiterpartei (*Polska Partia Robotnicza*, PPR), eine Nationale Front zu schaffen. Sie konnte nur einen winzigen Teil der Nichtkommunisten für sich gewinnen und war daher gezwungen, sich auf den von ihr aufgebauten Zwangsapparat zu stützen und gegen den Willen der überwältigenden Mehrheit des polnischen Volks zu regieren.

Im Folgenden soll untersucht werden, inwieweit die westlichen Alliierten, insbesondere Großbritannien und die Vereinigten Staaten, an diesem Ergebnis Schuld hatten. Zuerst werfen wir jedoch einen Blick auf die sowjetische Politik gegenüber Polen während des Zweiten Weltkriegs. Stalin wich nach dem Beginn des deutschen Angriffs auf die Sowjetunion im Sommer 1941 nie ernsthaft von den Zielen ab, die er sich in Europa gesetzt hatte. Er wollte die Anerkennung der sowjetischen Gebietserwerbungen von 1939/40, teils weil er die gesamte Ukraine unter seiner Kontrolle haben und verhindern wollte, dass der ukrainische Nationalismus sich gegen ihn richtete, und teils weil das Eingeständnis, dass diese Gebiete durch eine Kombination aus Gewalt und Betrug in die Sowjetunion eingegliedert worden waren, die Legitimität des kommunistischen Systems in Frage gestellt hätte. Darüber hinaus war er entschlossen, ein gewichtiges Wort bei der Verwaltung eines entmilitarisierten, vereinten Deutschlands mitzureden. Er rechnete damit, dass die Kommunistische Partei aufgrund ihrer Stärke eine entscheidende politische Kraft in diesem neuen Deutschland darstellen würde. Außerdem erwartete Stalin, dass die Industriemacht Deutschland die Reparationen leisten würde, mit deren Hilfe die Sowjetunion die verheerenden Kriegsfolgen würde überwinden können. Wahrscheinlich nahm er auch an, nur eine Dreimächtebesetzung könnte gewährleisten, dass die Deutschen außerstande sein würden, den ihnen aufgezwungenen karthagischen Frieden zu brechen. Seine Pläne für Deutschland und sein Wunsch nach Anerkennung der territorialen Erwerbungen der Sowjetunion bedeuteten, unter Berücksichtigung der weithin zerstörten Wirtschaft des Landes, dass er trotz seines Glaubens an den Marxismus-Leninismus und den unvermeidlichen Sieg des Kommunismus bereit war, für längere Zeit mit den Westmächten zu koexistieren. Es werde für mindestens 15 Jahre keinen weiteren Krieg geben, sagte er zu Tito. Vor dem Hintergrund seiner Ziele war er nicht sonderlich darauf bedacht, in Polen zwangsweise ein kommunistisches Regime zu errichten. Wenn eine gefügige Regierung gefunden worden wäre, welche die Curzon-Linie – mit kleinen Korrekturen – als Ostgrenze Polens anerkannt hätte, hätte ihre politische Zusammensetzung für ihn keine große Rolle gespielt. Außerdem misstraute er den polnischen Kommunisten; 1938 hatte er die Kommunistische Partei Polens aufgelöst und die meisten ihrer Führer, soweit sie sich in der Sowjetunion aufhielten, verhaften und hinrichten lassen. Erst Anfang 1944 kam er zu dem Schluss, dass nur ein kommunistisch dominiertes Regime die Sicherheit an der Westflanke der Sowjetunion gewährleisten könne. Bezeugt wird dies durch keinen Geringeren als Edward Osóbka-Morawski, den Vorsitzenden des Ende Juli 1944 auf Stalins Geheiß in Lublin gegründeten Polnischen Komitees für Nationale Befreiung (*Polski Komitet Wyzwolenia Narodowego, PKWN*), dem zufolge Stalin „keinen vorgefassten Plan für Polen [hatte], den er mit eiserner Konsequenz ausgeführt hätte".[1]

Warum hat die „polnische Frage" dann zu derartigen Spannungen mit den Westalliierten geführt, dass Archibald Clark Kerr, der Botschafter Großbritanniens in Moskau, dem britischen Außenminister Anthony Eden schrieb, sie stelle „die größte einzelne Quelle von Spannungen zwischen der Sowjetunion und ihren westlichen Verbündeten" dar?[2] Winston Churchill selbst sollte später bestätigen, dass Polen sich „als die erste der Hauptursachen für den Zerfall der Großen Allianz" erwiesen habe.[3] Der westliche Alliierte, der während des Krieges vor allem mit der „polnischen Frage" zu tun hatte, war Großbritannien, und dessen Politik war bemerkenswert beständig. Im Wesentlichen beruhte sie auf der Annahme, dass die Sowjetunion in Polen nur begrenzte Ambitionen habe und eine polnische Regierung, die ihrem Sicherheitsbedürfnis entgegenkäme, akzeptieren würde, sofern ihre Westgrenze garantiert wäre. Die amerikanische Politik ist schwerer zu beschreiben, zum einen, weil die Amerikaner, zumindest bis Oktober 1944, weit weniger in polnische Angelegenheiten verwickelt waren, und zum anderen wegen der undurchsichtigen Haltung von Präsident Franklin D. Roosevelt. Eine Haltung, die vielleicht der 1944 anstehenden Präsidentschaftswahl und der Rücksicht auf die Wähler polnischer Herkunft geschuldet war. Bis in die Endphase des Krieges überließen die Amerikaner die „polnische Frage" im Allgemeinen den Briten, die nominell in Erfüllung ihres Garantieversprechens an Polen in den Krieg eingetreten waren und seit Juni 1940 der polnischen Exilregierung Zuflucht boten.

Gewiss waren sich die Briten schmerzlich der Schwäche ihres Empires bewusst. Dieses Wissen hatte die Beschwichtigungspolitik diktiert und die britische Regierung, zumal nach der Niederlage Frankreichs, zu der Ansicht gelangen lassen, dass ein Sieg der Alliierten nur durch den Kriegseintritt der Sowjetunion und der Vereinigten Staaten errungen werden könne. Vor Kriegsausbruch hatte Großbritannien ein Bündnis mit der Sowjetunion angestrebt, um der deutschen Expansion Einhalt zu gebieten. Dementsprechend hatte man im geheimen Zusatzprotokoll zum englisch-polnischen Beistandsabkommen vom August 1939 betont, dass dies ausschließlich

---

[1] VOJTECH MASTNY, Moskaus Weg zum Kalten Krieg. Von der Kriegsallianz zur sowjetischen Vormachtstellung in Osteuropa, München, Wien 1980, S. 220.

[2] PRO, F.O. 371, N8674/165/38.

[3] WINSTON CHURCHILL, Der Zweite Weltkrieg. Memoiren, Frankfurt/M., Berlin, Wien 1985, Bd. 6.2, S. 31.

gegen Deutschland gerichtet sei.[4] Infolgedessen war Großbritannien auch in der Periode vor dem deutschen Angriff auf die Sowjetunion nicht geneigt, die Bemühungen der polnischen Regierung im Exil um die Wiederherstellung Polens in den Grenzen von 1939 zu unterstützen. In dieser Zeit betrachtete sich die polnische Regierung selbst als im Krieg mit der Sowjetunion. Ihre Mitglieder waren empört über den sowjetischen „Dolchstoß in den Rücken" während der deutschen Besetzung Polens. Das hielt sie indessen nicht davon ab, sich inoffiziell gemäßigter zu äußern. So erklärte General Władysław Sikorski, der Exil-Ministerpräsident, bei seinem London-Besuch im November 1939, dass Polen, wenn es die an Russland verlorenen Gebiete nicht zurückbekommen könne, auf Kosten Deutschlands entschädigt werden sollte.[5]

Nach dem Ersten Weltkrieg hatte Großbritannien Polen kritisiert, weil es seine Grenze über die Gebiete mit einer polnischen Bevölkerungsmehrheit hinaus nach Osten verschoben hatte. Offiziell hatte das britische Außenministerium die Position vertreten, dass Polen imstande sei, seine Minderheiten, insbesondere Ukrainer und Weißrussen, mit der polnischen Herrschaft zu versöhnen. Polnische Erfolge in dieser Hinsicht wurden anerkannt, aber man nahm auch die Fehlschläge wahr. Die Darstellung der Verschlechterung der polnisch-ukrainischen Beziehungen, welche der *think tank* Chatham House im Dezember 1937 dem Außenministerium vorlegte, wurde dort aufmerksam gelesen.[6] Im Juli 1939 stimmten sowohl Howard Kennard, der britische Botschafter in Warschau, als auch Reginald Leeper, der Leiter des Political Intelligence Department (PID) im Außenministerium, einem Bericht Kenneth de Courcys, dem Ersten Sekretär der britischen Botschaft in Warschau, zu, in dem es hieß, die Ukrainer würden „sich auf jede Seite stellen, die ihnen etwas anzubieten hat. Die Polen haben ihnen nichts angeboten."[7] Die britische Reaktion auf die Besetzung Ostpolens durch die Sowjetunion war also zweideutig. Das Informationsministerium verurteilte am 18. September in einer Verlautbarung zwar das sowjetische Vorgehen, fügte aber hinzu, die „ganze Tragweite dieser Ereignisse" sei „noch nicht zu ermessen".[8] Dennoch war London, obwohl es sich nicht auf die Wiederherstellung Polens in den Grenzen von 1921 festlegen mochte, nicht geneigt, die sowjetischen Annexionen anzuerkennen. Am 5. Septem-

---

[4] Her Majesty's Stationery Office, Cmd. 6616, Polen, Nr. 1 (1945), abgedr. in: ANATOLY POLONSKY, The Great Powers and the Polish Question 1941–1945. A Documentary Study in Cold War Origins, London 1976, S. 69.

[5] PRO, F.O. 371, C19288/27/55, abgedr. ebd., S. 75 f.

[6] Ebd., C8603/24/18.

[7] Ebd., C9802/327/55.

[8] The Times, 19. September 1939.

ber 1940, nach dem zweiten Wiener Schiedsspruch, der eine Teilung Siebenbürgens verfügte, legte Premierminister Churchill im Unterhaus die britische Position dar. Großbritannien, erklärte er, werde keinerlei territoriale Veränderungen während des Krieges anerkennen, „es sei denn, sie finden mit der freien Zustimmung und dem Wohlwollen der betroffenen Parteien statt".[9] Gleichzeitig waren im Außenministerium viele der Ansicht, dass Polen beträchtliche Zugeständnisse im Osten werde machen müssen.[10]

Eine Frage der praktischen Politik wurde dieses Thema erstmals im Oktober 1940, als die britische Regierung erneut einen Annäherungsversuch an die Sowjetunion unternahm. Um die Sowjets zu bewegen, gegenüber Großbritannien eine wohlwollendere Neutralitätspolitik zu betreiben, war sie bereit, *de facto*, wenn auch nicht *de jure*, die sowjetische „Kontrolle" über Estland, Lettland, Litauen, die Nordbukowina und Ostpolen anzuerkennen. Als Richard Stafford Cripps, der britische Botschafter in der Sowjetunion, den Sowjets diesen Vorschlag am 22. Oktober unterbreitete, bot er ihnen jedoch *de facto* die Anerkennung der sowjetischen „Souveränität" an, womit sich Großbritannien weit stärker festgelegt hätte. Das britische Außenministerium wies ihn daher an, diesen Fehler zu berichtigen; außerdem sollte er von Polen nicht als dem „früheren polnischen Staat" sprechen. Am Ende beschlossen die Sowjets, die Verhandlungen nicht fortzuführen, und der britische Vorschlag verschwand in der Versenkung. Trotz dieses Rückschlags hofften die Briten weiterhin auf einen Kurswechsel der Sowjetunion und übten, um dies zu erreichen, starken Druck auf die Polen aus, ihre extrem antisowjetischen Äußerungen zu mäßigen.

Hitlers Angriff auf die Sowjetunion versetzte die Briten in die Lage, als Vermittler aufzutreten, um die polnisch-sowjetische Feindschaft zumindest vorübergehend einzudämmen. Die Verhandlungen, die zum Abschluss des polnisch-sowjetischen Abkommens am 30. Juli führten, waren langwierig und schwierig. Zwischen den beiden Regierungen waren eine ganze Reihe von Punkten strittig, wie die sowjetische Anerkennung der polnischen Exilregierung in London, die Freilassung in der Sowjetunion inhaftierter Polen und die Aufstellung einer polnischen Armee auf sowjetischem Territorium, aber als Hauptproblem erwies sich der Verlauf der polnisch-sowjetischen Grenze. Das am 30. Juli schließlich unterzeichnete Abkommen sah die Aufhebung des Hitler-Stalin-Pakts, die Aufnahme diplomatischer Beziehungen sowie die Bildung einer polnischen Armee auf sowjetischem Terri-

---

[9] Parliamentary Debates (begr. von THOMAS C. HANSARD), House of Commons, Official Report, 5. Serie (1909–1981), (fortan: PD/C), Bd. 364, Sp. 40.

[10] PRO, F.O. 371, C1762/116/55, abgedr. in: POLONSKY, Powers, S. 76.

torium vor. Außerdem sollten in der Sowjetunion inhaftierte Polen amnestiert werden.[11] Wie vereinbart, tauschten die britische und die polnische Regierung gleichzeitig mit der Unterzeichnung des Abkommens Noten aus,[12] und der britische Außenminister Anthony Eden gab im Parlament eine Erklärung dazu ab.[13]

Bei strikt antisowjetisch eingestellten Polen stieß das Abkommen auf Ablehnung. Drei Kabinettsmitglieder – Kriegsminister General Kazimierz Sosnkowski, Außenminister August Zaleski und Justizminister Marian Seyda – traten aus Protest zurück. Zu den führenden Köpfen der Gegner gehörte Jan Ciechanowski, der polnische Botschafter in Washington, der die Amerikaner vergeblich dazu zu bewegen versuchte, den Vertragsabschluss zu verhindern.[14] Die Kritiker des Abkommens wandten ein, dass die Sowjetunion wahrscheinlich besiegt oder zumindest stark geschwächt werden würde und es deshalb unsinnig sei, Zweifel am polnischen Anspruch auf die Ostgebiete zuzulassen. Die meisten von ihnen hofften (ebenso wie viele Mitglieder der polnischen Regierung) auf einen ähnlichen Verlauf der Ereignisse wie im Ersten Weltkrieg, als Deutschland zuerst Russland besiegt hatte, um dann selbst von den Westmächten geschlagen zu werden. Tatsächlich standen sich beide Seiten, trotz des Abkommens und eines am 14. August abgeschlossenen Militärvertrags,[15] weiterhin distanziert gegenüber. Dies zeigte sich zum Beispiel an General Sikorskis Rundfunkansprache vom 31. Juli – in der er feststellte, das Abkommen gestatte „nicht einmal im Ansatz die Annahme, dass die Grenzen des polnischen Staats von 1939 jemals in Frage gestellt werden könnten" – und an den sowjetischen Reaktionen in den Leitartikeln von *Pravda* und *Isvestiia*. Die polnisch-sowjetischen Beziehungen blieben angespannt. Obwohl am 12. August eine Amnestie erlassen wurde, beklagten sich die Polen darüber, dass eine große Zahl ihrer Landsleute, insbesondere 8.000 der 9.000 im Jahr 1939 inhaftierten Offiziere, nicht freigelassen worden sei. Auch die Aufstellung der polnischen Armee in der Sowjetunion gestaltete sich schwierig. Angesichts der verzweifelten militärischen Position der UdSSR nahmen sowohl die Polen als auch die Sowjets an, dass diese polnische Truppe, falls sich die militärische Lage weiter verschlechtern sollte, eine große Rolle bei den Ereignissen in der Sowjetunion spielen würde. Beide Seiten dürften an das Beispiel der tschechischen Legion im Jahr 1918

---

[11] Documents on Polish Soviet Relations, hg. v. GENERAL SIKORSKI HISTORICAL INSTITUTE, 2 Bde., London 1961/67 (fortan: DOPSR), Bd. 1, Nr. 106.

[12] PRO, F.O. 371, C8958/3226/55, abgedr. in: POLONSKY, Powers, S. 83.

[13] PD/C, Bd. 373, Sp. 1052–1054.

[14] PRO, F.O. 371, C8567/3226/55, abgedr. in: POLONSKY, Powers, S. 76.

[15] DOPSR, Bd. 1, Nr. 112.

gedacht haben. Tatsächlich schloss General Sikorski am 1. September in seinen Weisungen an General Władysław Anders, den Befehlshaber der polnischen Streitkräfte, den Einsatz polnischer Einheiten an der sowjetischen Westfront ausdrücklich aus,[16] und am 19. September erklärte er gegenüber Averell Harriman, Roosevelts Sondergesandten in Europa, sogar, dass die polnische Armee im Fall einer sowjetischen Niederlage das „führende Element" werden könnte.[17] Andererseits waren die Sowjets immer weniger bereit, die polnischen Einheiten zu versorgen, obwohl Stalin nach britischen und polnischen Demarchen Stanisław Kot, dem polnischen Botschafter in der Sowjetunion, versicherte, es gebe für die Größe der polnischen Armee, die in der Sowjetunion aufgestellt werden könne, keine Obergrenze.[18]

Ein wichtiger Faktor, der die Spannungen nicht abebben ließ, war offensichtlich die ungeklärte Frage der polnisch-sowjetischen Grenze. Am 10. November überreichten die Polen den Sowjets eine Note, in der sie sich darüber beschwerten, dass in der Sowjetunion lebende polnische Staatsbürger nichtpolnischer Nationalität (Ukrainer, Weißrussen und Juden) zur Roten Armee eingezogen würden.[19] Die Sowjets erwiderten, sie hätten bereits ein großes Zugeständnis gemacht, indem sie Polen aus Ostpolen als polnische Staatsbürger anerkannt hätten, denn „die Grenze ist noch nicht festgelegt".[20] Um diese Probleme beizulegen, reiste Sikorski Anfang Dezember 1941 in die Sowjetunion. In seinen Gesprächen konnte er eine vorübergehende Verbesserung der Beziehungen erreichen, und am 4. Dezember wurde ein Freundschafts- und Beistandspakt unterzeichnet.[21] Während seiner Gespräche mit Stalin hatte Sikorski, zum Ärger von General MacFarlane, dem Leiter der britischen Militärmission in Kuibyschew, der provisorischen Hauptstadt der Sowjetunion, das britische und polnische Vorhaben aufgegeben, die polnische Armee nach Persien zurückzuziehen, wo sie leichter hätte versorgt werden können. Im Gegenzug hatte Stalin zugestanden, dass die polnische Armee in Usbekistan zusammengezogen und auf fünf bis sieben Divisionen vergrößert werden durfte. Außerdem konnte sie als Armee zusammenbleiben, ohne dass die Divisionen an verschiedenen Orten stationiert werden mussten.[22] Ferner hatte Stalin seinem

---

[16] Ebd., Nr. 120.
[17] Ebd., Nr. 124.
[18] Ebd., Nr. 138; PRO, F.O. 371, C13252/6/12.
[19] DOPSR, Bd. 1, Nr. 143.
[20] Ebd., Nr. 157.
[21] Ebd., Nr. 161.
[22] PRO, F.O. 371, C13550/3226/55.

polnischen Gast versichert, dass die Freilassung der inhaftierten Polen in vollem Umfang zu Ende geführt werden würde, und vorgeschlagen, eine informelle Vereinbarung über die polnisch-sowjetische Grenze abzuschließen. Laut Sikorski hatte er versprochen, dass Lemberg „wieder ein Teil Polens werden" solle;[23] außerdem sollte Ostpreußen Polen zugeschlagen werden. Doch über die Grenzfrage hatte Sikorski nicht sprechen wollen.

Die Verbesserung der Beziehungen war nicht von langer Dauer. Eine Ursache von Spannungen war das Vorhaben, eine polnisch-tschechoslowakische Konföderation zu bilden, die, wie die Sowjetunion immer stärker argwöhnte, eine antisowjetische Stoßrichtung haben würde. Eine andere Ursache war die polnische Ablehnung des vorgeschlagenen englisch-sowjetischen Abkommens. Stalin hatte während des Russlandbesuchs von Außenminister Eden im Dezember 1941 erstmals einen Vertrag ins Gespräch gebracht, welcher der Sowjetunion die Grenzen von 1941 garantieren sollte, mit Ausnahme derjenigen zu Polen, die in direkten Verhandlungen zwischen den beiden betroffenen Staaten festgelegt werden sollte. Unmittelbar nach seiner Rückkehr nach London vermochte es Eden nicht, Churchill von der Vertragsidee zu überzeugen. Doch im März 1942 überlegte es sich der Premierminister unter dem Eindruck der britischen Niederlagen im Fernen Osten und dem Stillstand in Nordafrika anders und schloss sich der Meinung seines Außenministers an.[24]

In einem Gespräch mit Eden am 19. Januar erhob Sikorski zunächst Einwände gegen das ins Auge gefasste Abkommen, indem er das polnische Interesse an einem unabhängigen Litauen betonte und die Vermutung äußerte, die Sowjetunion werde in „sechs Monaten in einer weniger starken Position als heute sein". Außerdem versuchte er sich während eines Amerikabesuchs in der zweiten Märzhälfte der amerikanischen Unterstützung zu versichern. Er stieß auf ein positives Echo, da das US-Außenministerium, wie ihm der stellvertretende Außenminister Sumner Welles versicherte, eine Behandlung von Territorialfragen in Europa vor Kriegsende ablehnte.[25] Außerdem teilte das Außenministerium das polnische Misstrauen gegenüber den sowjetischen Motiven und fürchtete, dass der angestrebte Vertrag lediglich weitere sowjetische Forderungen nach sich ziehen würde. Eden beschloss gleichwohl, trotz der amerikanischen und polnischen Einwände, den Vertragsabschluss voranzubringen. Ihn beunruhigte insbesondere die Möglichkeit eines Separatfriedens zwischen Deutschland und der Sowjetunion.

---

[23] Ebd., C794/19/55.

[24] CHURCHILL, Weltkrieg, Bd. 4, S. 381 ff.

[25] Foreign Relations of the United States (FRUS), 1942, Bd. 3, S. 130.

Daraufhin bekräftigten die Polen in Noten vom 27. März und 13. April sowie in einem Gespräch Sikorskis mit Eden am 16. April ihre Vorbehalte. Am Ende führten amerikanische Einwände, welche US-Botschafter John Winant dem britischen Außenminister am 24. Mai vortrug,[26] und sowjetische Unnachgiebigkeit in den Ende Mai in London geführten Verhandlungen dazu, dass die Briten ihr ursprüngliches Vertragskonzept aufgaben. Am 23. Mai schlugen sie den Sowjets einen neuen Vertragstext vor, der ein gegen Deutschland gerichtetes Nachkriegsbündnis vorsah und Forderungen nach Grenzkorrekturen mit keinem Wort mehr erwähnte. Drei Tage später stimmten die Sowjets diesem Vertragsentwurf zu.[27] Die Polen begrüßten dies als großen Triumph,[28] aber den Sowjets war nicht entgangen, wie Ivan Issaakowitsch Bogomolov, der sowjetische Botschafter in Prag, dem tschechoslowakischen Außenminister Hubert Ripka anvertraut hat, dass sich die Polen mit „Kreisen in England, die dem englisch-sowjetischen Vertrag nicht wohlgesinnt" waren, verbündeten.[29]

Ein Opfer der Verschlechterung der polnisch-sowjetischen Beziehungen war die polnische Armee in der Sowjetunion. In ihren Gesprächen im Dezember 1941 hatten sich Stalin und Sikorski darauf geeinigt, dass 30.000 polnische Soldaten die Sowjetunion verlassen durften.[30] Am 25. März gestatteten die Sowjets überraschend die Evakuierung von 40.000 polnischen Soldaten in den Iran. Als Grund wurden Versorgungsschwierigkeiten angegeben, und es traf sicherlich zu, dass es den Briten aufgrund des Kriegs im Fernen Osten schwer fiel, die polnischen Truppen mit Ausrüstung zu versorgen.[31] Bis April verließen 31.000 Soldaten sowie 12.000 Angehörige die Sowjetunion in Richtung Iran. Am 14. Mai verweigerte Stalin jedoch die Erlaubnis für weitere Rekrutierungen von Polen, sogar für die Ausreise in den Iran, und am 16. Juni wurde den Polen mitgeteilt, dass keine weiteren Evakuierungen stattfinden könnten. Zwei Wochen später fragte Stalin bei den Briten an, ob sie auch die drei in der Sowjetunion verbliebenen Divisionen aufnehmen würden, und bis Ende August waren auch diese insgesamt 44.000 Soldaten und 26.000 Angehörige in den Iran ausgereist. A. J. Drexel Biddle, der US-Botschafter bei der polnischen Exilregierung, vermutete als Grund für diese Ereignisse das wachsende

---

[26] PRO, F.O. 371, N3717/5/38.

[27] Ebd., N3129/3059/38.

[28] Ebd., C3814/19/55, abgedr. in: POLONSKY, Powers, S. 109.

[29] Ebd., C7636/151/12.

[30] Ebd., C13550/3226/55, abgedr. in: POLONSKY, Powers, S. 96.

[31] Ebd., C1861/19/55, abgedr. in: POLONSKY, Powers, S. 104.

sowjetische Misstrauen gegenüber der polnischen Haltung,[32] während Eden später erklärte, man habe mit dem Abkommen vom Juli 1941 wahrscheinlich zu viel gewollt; aus Feinden hätten nicht über Nacht Verbündete werden können.[33]

Auch das Vorhaben einer polnisch-tschechoslowakischen Konföderation geriet ins Stocken, und Ende November war es praktisch aufgegeben worden. Sein Scheitern ist als „erstes sowjetisches Veto" bezeichnet worden.[34] Das ist unzutreffend. Ein sowjetisches Veto war nicht nötig, denn vor die Wahl zwischen Sowjets und Polen gestellt stand außer Frage, für wen sich der tschechische Staatspräsident Beneš entscheiden würde.[35] Fortan verschlechterten sich die polnisch-sowjetischen Beziehungen stetig. Für Konfliktstoff sorgte zunächst die sowjetische Behauptung, das umfangreiche Netz von Beauftragten, das unter der Schirmherrschaft der polnischen Botschaft aufgebaut worden war, um sich um das Wohl von polnischen Deportierten zu kümmern, werde für Spionagezwecke genutzt. Im Juli schlossen die Sowjets in einer Reihe von Städten die Büros dieser Organisation, und in der Folgezeit wurde eine große Zahl von Beauftragten unter dem Vorwurf der Spionage verhaftet.

Anfang 1943 trat eine noch ernstere Verschlechterung ein. Am 16. Januar teilten die Sowjets der polnischen Botschaft in der UdSSR mit, sie hätten das „Privileg" aufgehoben, nach dem Menschen polnischer Herkunft aus Ostpolen als polnische Staatsbürger zu betrachten seien.[36] Auslöser dieses neuen, härteren Kurses waren wahrscheinlich General Sikorskis Besuch in den USA und sein Versuch, von den Amerikanern Unterstützung für die polnischen Gebietsansprüche im Osten zu erhalten.[37] Anscheinend wollten die Sowjets die Polen unter Druck setzen, um sie zur Anerkennung der Curzon-Linie zu bewegen. Die Polen antworteten am 26. Januar auf die sowjetische Note und appellierten darüber hinaus an Eden und Churchill, gegen das sowjetische Vorgehen zu protestieren, dem ansonsten, wie man fürchtete, weitere einseitige Aktionen auf Kosten Polens folgen würden.[38] In dieser Situation eröffnete Sikorski dem britischen Außenminister, dass er eine weitere Reise in die Sowjetunion erwäge und bereit sei, über die

---

[32] FRUS, 1942, Bd. 3, S. 133 ff., abgedr. in: ebd., S. 103 f.

[33] PRO, W.P. (43) 198, abgedr. in: ebd., S. 105.

[34] EDUARD TABORSKY, A Polish-Czechoslovak Confederation. A Story of the First Soviet Veto, in: Journal of Central European Affairs, Nr. 9, 1950, S. 379-95.

[35] PRO, F.O. 371, C10484/525/12, abgedr. in: POLONSKY, Powers, S. 143 f.

[36] DOPSR, Bd. 1, Nr. 285.

[37] PRO, F.O. 371, C923/258/55, abgedr. in: POLONSKY, Powers, S. 113 f.

[38] DOPSR, Bd. 1, Nr. 289; PRO, F.O. 371, C1279/258/55.

polnisch-sowjetische Grenze zu sprechen. Eden erwiderte, nach seiner Ansicht würden weder Großbritannien noch die USA „irgendeine bestimmte Grenze" bevorzugen.[39] Das änderte jedoch nichts an Sikorskis Glauben, dass die USA die polnischen Ansprüche im Osten unterstützten. Diese Ansicht war ein grundsätzliches Missverständnis. Offiziell vertrat Washington zwar weiterhin die Position, dass vor der Friedenskonferenz nach dem Kriegsende keine territorialen Festlegungen getroffen werden sollten. Aber der stellvertretende Leiter der Europaabteilung im US-Außenministerium, Ray Atherton, hatte bereits in einem Memorandum vom 9. Dezember 1942 erklärt, dass die Riga-Grenze nicht wieder errichtet werden solle.[40] Am 16. März 1943 sagte Roosevelt in einem Gespräch mit Eden, dass die Polen, wenn sie eine Kompensation im Westen erhalten würden, „durch die Zustimmung zur Curzon-Linie eher gewinnen als verlieren würden".[41] Außerdem war er der Ansicht, dass sich die „Großen Drei" auf eine Lösung der „polnischen Frage" einigen und sie dann den Polen aufzwingen sollten. Diese Äußerungen veranlassten Orme Sargent, einen stellvertretenden Unterstaatssekretär im britischen Außenministerium, sich in einem Memorandum vom 15. April für die Annahme einer solchen Politik auszusprechen.[42] Seine Anregung fand im Außenministerium einige Zustimmung, doch Eden lehnte am 26. April einen Kurswechsel ab. Die größten Sorgen bereitete den Briten, wie der Unterstaatssekretär im Foreign Office, Alexander Cadogan, am 31. März in einer Notiz an Churchill feststellte, die Möglichkeit, dass die Polen die Beziehungen zur Sowjetunion abbrechen könnten.[43] Er schlug Churchill vor, bei Stalin zu intervenieren und ihn im Interesse der Einigkeit der Alliierten zu bitten, eine freundlichere Haltung gegenüber Polen einzunehmen und bestimmten Gruppen von Polen die Ausreise aus der Sowjetunion zu gestatten.

Am Ende waren es die Sowjets, die die Beziehungen zu den Polen abbrachen. Heute ist bekannt, dass es sich bei den 4.000 Leichen, die von den Deutschen in einem Massengrab bei Katyn in Weißrussland entdeckt wurden, um Menschen handelte, die im April oder Mai 1940 von den Sowjets ermordet worden waren. Sie gehörten zu einer Gruppe von rund 22.000 polnischen Kriegsgefangenen, überwiegend Offizieren, Unteroffizieren und Reservisten, die in den Lagern Starobel'sk, Kozel'sk und Ostashkov interniert gewesen waren. Die Polen hatten die Sowjets seit Juli

---

[39] PRO, F.O. 371, C910/258/55, abgedr. in: POLONSKY, Powers, S. 115 f.

[40] FRUS, 1942, Bd. 3, S. 201-207.

[41] PRO, F.O. 371, C1748/499/38, abgedr. in: POLONSKY, Powers, S. 118 f.

[42] Ebd., C4133/258/55, abgedr. ebd., S. 121.

[43] Ebd., C3386/258/55, abgedr. ebd., S. 119 f.

1941 wiederholt um Aufklärung über den Verbleib der Männer ersucht, aber nur ausweichende Antworten erhalten. Zwischen diesen Soldaten, der polnischen Regierung und der Armee im Westen bestanden viele persönliche und familiäre Beziehungen, und die Nachricht über das Massengrab löste in polnischen Kreisen eine nahezu unkontrollierbare Welle von Wut und Verzweiflung aus. Unter diesen Umständen konnten die polnischen Reaktionen, so verständlich sie waren, von den Sowjets nur zu leicht in ihrem Interesse ausgeschlachtet werden. Dies galt insbesondere für den Appell der polnischen Regierung an das Internationale Rote Kreuz, die deutschen Anschuldigungen zu untersuchen,[44] und eine Erklärung des polnischen Verteidigungsministers, General Marian Kukiel, in der er mit beachtlichen Indizienbeweisen die Schuld der Sowjets andeutete.[45] Solche Äußerungen nahmen die Sowjets zum Anlass, den Polen Kollaboration mit den Deutschen vorzuwerfen, die ebenfalls eine Untersuchung durch das Rote Kreuz vorgeschlagen hatten, und sie lieferten ihnen einen Vorwand, unter dem sie am 25. April die Beziehungen zur polnischen Exilregierung abbrechen konnten.[46] Die Sowjets dürften in dieser Kontroverse stets auch die Grenzfrage im Blick gehabt haben. Der sowjetische Außenminister Viatsheslav Molotov warf den Polen in der Note, in der er den Abbruch der Beziehungen bekannt gab, sogar vor, „diese feindselige Kampagne gegen die Sowjetunion" zu unternehmen, „um ihr auf Kosten der sowjetischen Ukraine, des sowjetischen Weißrusslands und des sowjetischen Litauens territoriale Zugeständnisse abzuringen".[47] In dieser angespannten Situation versuchten die Briten, beide Seiten zu mäßigen, indem sie Sikorski drängten, den Appell an das Rote Kreuz zurückzunehmen und die scharf antisowjetischen Elemente in der polnischen Presse zu zügeln. Churchill beschwor gleichzeitig Stalin, die Beziehungen zu den Polen nicht abzubrechen und bestimmten Gruppen von Polen die Ausreise aus der Sowjetunion zu erlauben.[48] Die Sowjets nutzten diese zaghafte Reaktion sehr erfolgreich aus. Einerseits bestritten sie das Gerücht, sie beabsichtigten die Bildung einer konkurrierenden polnischen Regierung in Moskau; andererseits gestatteten sie dem kommunistischen Bund Polnischer Patrio-

---

[44] DOPSR, Bd. 1, Nr. 308.

[45] Ebd., Nr. 307.

[46] Briefwechsel Stalins mit Churchill, Attlee, Roosevelt und Truman 1941–1945, hg. v. Ministerium für Auswärtige Angelegenheiten der UdSSR, Berlin (Ost) 1961 (fortan: Briefwechsel Stalins), Nr. 150, S. 150-152.

[47] Dokumenty i materiały do stosunków historii polsko-radzieckich, hg. v. TADEUSZ CIEŚLAK/ IVAN A. KHRIENOV u.a., Bd. 7: styczeń 1939 – grudzień 1943, Warszawa 1973, Nr. 243, S. 400 f.

[48] Briefwechsel Stalins, Nr. 153, S. S. 154 f.

ten (*Związek Patriotów Polskich*, ZPP), der seit Anfang 1942 in Moskau tätig war, eine polnische Division aufzustellen, die im Kampf gegen die Deutschen eingesetzt werden sollte. Außerdem erklärten sie, dass eine Wiederaufnahme der Beziehungen zur polnischen Regierung in London erst in Frage käme, wenn diese radikal umgebildet worden sei und die „hitlerfreundlichen Elemente" aus ihr entfernt worden seien. Als Zugeständnis war Stalin bereit, „polnischen Staatsangehörigen" die Ausreise aus der Sowjetunion zu erlauben.[49]

Am 7. Mai sprach Eden gegenüber Sikorski die Frage der Umbildung seiner Regierung an. Sikorski versprach, über die Bildung eines kleineren „Kriegsrats" innerhalb seines Kabinetts nachzudenken. Er nahm seine Zusage aber nach einem scharfen Angriff des sowjetischen Außenministers, Andrei A. Vyshinski, auf die Polen am selben Tag wieder zurück.[50] Die Briten kamen zu dem Schluss, dass es zu Sikorskis Sturz führen könnte, wenn sie weiterhin Druck auf die Polen ausübten. Dementsprechend räumte Churchill am 12. Mai in einem Brief an Stalin zwar ein, „dass die polnische Regierung verbessert werden könnte", fügte aber hinzu, dass Veränderungen nicht das Ergebnis ausländischen Drucks sein sollten und nur langsam erreicht werden könnten.[51] Die Amerikaner standen einem solchen Gedanken sogar noch ablehnender gegenüber. Tatsächlich erschwerte der einzige wichtige Wechsel in der polnischen Regierung, der 1943 stattfand, die Lösung des Problems zusätzlich. Er wurde notwendig, nachdem General Sikorski am 5. Juli 1943 auf tragische Weise bei einem Flugzeugabsturz vor Gibraltar ums Leben gekommen war. Sikorski war wahrscheinlich die einzige Persönlichkeit mit genügend Format gewesen, welche die polnischen Emigranten davon hätte überzeugen können, bedeutende Zugeständnisse zu machen, um einen Modus Vivendi mit den Sowjets zu erreichen. Sein Nachfolger als Ministerpräsident wurde Stanisław Mikołajczyk, ein geschickter, fähiger Politiker der Bauernpartei, dem jedoch nicht der gleiche Respekt wie Sikorski entgegengebracht wurde. Mikołajczyk, der sich der Schwäche seiner Position in der Emigration bewusst war, versuchte, noch bevor er sein neues Amt antrat, vergeblich, den Einfluss der Armee zu beschränken und seine Kontrolle über die von London aus geleitete Untergrundbewegung in Polen zu stärken.[52] Auch die Ernennung General Kazimierz Sosnkowskis zum Oberbefehlshaber vermochte er nicht zu verhindern. Der Inhaber dieses Amtes besaß gemäß der

---

[49]　Ebd., Nr. 156, S. 159–161; PRO, F.O. 371, C5189/258/55, C5259/258/55, C5652/258/55.

[50]　PRO, F.O. 371, C5139/258/55; DOPSR, Bd. 2, Nr. 7.

[51]　Briefwechsel Stalins, Nr. 159, S. 162 f.

[52]　PRO, W.M. (43) 97.

Verfassung von 1935 erhebliche Machtbefugnisse und wurde als designierter Nachfolger des Präsidenten betrachtet. Den Sowjets war Sosnkowski, der im Juli 1941 aus Protest gegen den Abschluss des polnisch-sowjetischen Abkommens aus der Regierung ausgeschieden war, verhasst, wie Botschafter Bogomolov am 8. Juli gegenüber Geoffrey Harrison aus dem britischen Außenministerium zu verstehen gab. Die Briten nahmen dies jedoch nicht ernst und unterstützten Mikołajczyk kaum bei seinem Versuch, die Macht des Heeres einzuschränken und Sosnkowskis Ernennung zum Oberbefehlshaber zu verhindern. Eden beispielsweise sah keinen Anlass, sich gegen Sosnkowskis Berufung auszusprechen, denn „wenn die Russen den Polen Ärger bereiten wollen", so seine Begründung, „dann werden sie es tun, ganz gleich, wer zum Oberbefehlshaber ernannt wird".[53] Weder die Briten noch die Amerikaner waren sich im Klaren darüber, wie sie auf den Abbruch der polnisch-sowjetischen Beziehungen reagieren sollten.

Roosevelt, dessen Position in dieser Frage bewusst vage war, sagte Anfang Juni zu Beneš, laut dessen eigenem Bericht, dass er die Curzon-Linie als „angemessene Lösung des polnisch-sowjetischen Grenzproblems" betrachte. Er bat Beneš, sich bei Stalin für diese Lösung einzusetzen.[54] Die Briten dachten ähnlich. Am 22. Juni legte G. H. Wilson, Mitarbeiter der Zentralabteilung des britischen Außenministeriums, eine Denkschrift über „Russlands Westgrenze" vor, in der er, weitgehend in Übereinstimmung mit dem früheren Memorandum des stellvertretenden Unterstaatssekretärs Sargent, ausführte, dass eine Verbesserung der polnisch-sowjetischen Beziehungen nur von Dauer sein könne, wenn eine Einigung über die polnische Ostgrenze erreicht werde. Er befürwortete eine Grenze auf der Grundlage der Curzon-Linie; Polen sollte Lemberg erhalten und auf Kosten Deutschlands mit Gebieten im Westen entschädigt werden.[55] Die offizielle Position der beiden Westalliierten war weit weniger nachgiebig. Man beschloss eine gemeinsame Demarche bei den Sowjets, doch Schwierigkeiten bei der Abstimmung der britischen und amerikanischen Auffassungen hatten eine erhebliche Verzögerung zur Folge. Die Briten wollten eine einfache, auf die Frage der Evakuierung von Polen aus der Sowjetunion beschränkte Intervention. Größere Fragen anzuschneiden, würde nach ihrer Ansicht unvermeidlich eine Diskussion der Grenzfrage nach sich ziehen, was man nicht für wünschenswert hielt. Die Amerikaner wollten das Grenzproblem zwar ebenfalls nicht ansprechen, glaubten aber, dass ohne eine Diskussion breiter angelegter Themen, insbesondere die Definition der polnischen Staatsbürgerschaft, keine Fortschritte erzielt werden könnten.

---

[53] PRO, F.O. 371; P.M. (43)207.

[54] Ebd., N3835/3835/38, abgedr. in: POLONSKY, Powers, S. 133.

[55] PRO, F.O. 371, N4905/4069/38.

Einig waren sich beide Seiten darin, dass die Zeit noch nicht gekommen sei, um die Polen zur Umbildung ihrer Regierung zu drängen.[56] Die gemeinsame Demarche wurde schließlich am 11. August in einer Besprechung mit Stalin und Molotov übergeben. Clark Kerr hob in einer einleitenden Erklärung die Bedeutung der Verbesserung der polnisch-sowjetischen Beziehungen für die Solidarität innerhalb der Anti-Hitler-Koalition hervor. Die britische Note ersuchte die Sowjets, gewissen Gruppen von Polen die Ausreise aus der Sowjetunion zu gestatten, einschließlich der „polnischen Staatsangehörigen aus Westpolen, deren Nationalität nicht in Frage steht".[57] Die Amerikaner schlugen den Sowjets in ihrem Memorandum vor, sie sollten Hilfs- und Fürsorgeleistungen für Polen durch sowjetische Organisationen zulassen. In der Staatsbürgerschaftsfrage wurde ein Kompromiss empfohlen, dem zufolge „rassische Polen" aus Ostpolen als polnische Staatsbürger anerkannt werden und „nichtrassische Polen" die Möglichkeit erhalten sollten, für die polnische und die sowjetische Staatsbürgerschaft zu optieren. Außerdem wurde für bestimmte Gruppen von Polen die Möglichkeit der Ausreise aus der Sowjetunion gefordert.[58] In einer Erklärung bekräftigte der amerikanische Botschafter ferner die amerikanische Ablehnung von Grenzdiskussionen in dieser Phase des Krieges.[59]

Die sowjetische Reaktion verhieß nichts Gutes. Stalin und Molotov hörten sich die britischen und amerikanischen Vorstellungen „unter völligem Schweigen" an und lehnten jede Diskussion ab.[60] Die Antwort auf die angloamerikanische Demarche traf erst am 27. September in Form gleichlautender Noten in den sowjetischen Botschaften in Großbritannien und in den USA ein, und sie war niederschmetternd.[61] Die Beziehungen zur polnischen Regierung, ließ man die Westalliierten wissen, seien abgebrochen worden, weil diese gegenüber der Sowjetunion eine feindselige Haltung eingenommen und zudem versucht habe, „die deutsche faschistische Provokation in Bezug auf die von den Hitleristen im Gebiet Smolensk ermordeten polnischen Offiziere zu nutzen, um der Sowjetunion auf Kosten der Interessen der sowjetischen Ukraine, des sowjetischen Weißrussland und des sowjetischen Litauen territoriale Zugeständnisse abzuringen". Molotov behauptete, sowjetische Stellen würden sich um das Wohl der Polen kümmern und die polnischen Fürsorgeorganisationen seien aufgelöst

---

[56] Siehe POLONSKY, Powers, S. 139.

[57] PRO, S.D. 760c, 61/2097, abgedr. in: POLONSKY, Powers, S. 139 f.

[58] Ebd., 61/2091, abgedr. ebd., S. 141 f.

[59] PRO, F.O. 371, C10042/258/55, abgedr. ebd., S. 142.

[60] Ebd., C9284/245/55.

[61] FRUS, 1943, Bd. 3, S. 161-67.

worden, weil einige ihrer Mitglieder Spionage betrieben hätten. Er bekräftigte die sowjetische Position in der Staatsbürgerschaftsfrage, sagte aber zu, dass Personen, die keine Einwohner der Westukraine oder des westlichen Weißrusslands seien, sich aber im September 1939 in diesen Gebieten aufgehalten hätten, aus der Sowjetunion ausreisen dürften.

Das Scheitern der angloamerikanischen Demarche veranlasste die Briten, auf den in Wilsons Denkschrift vom 22. Juni empfohlenen Kurs einzuschwenken. Ende August sprach Eden auf der Konferenz in Quebec sowohl mit dem engsten Vertrauten Roosevelts, Harry Hopkins, als auch mit dem amerikanischen Außenminister Cordell Hull über das Problem der sowjetischen Westgrenze. Im Gespräch mit Hopkins erklärte er, bei dem bevorstehenden Außenministertreffen in Moskau werde man keinerlei Fortschritte machen, wenn man den Sowjets in der Grenzfrage nicht entgegenkomme. Hopkins erwiderte, dass Roosevelt mit der britischen Position in dieser Frage übereinstimme und er, Hopkins, dies auch Litvinov, dem sowjetischen Außenminister, gesagt habe. Aber der Präsident zögere noch, den stellvertretenden Außenminister Welles zu ermächtigen, dementsprechend zu handeln.[62] Tatsächlich sollte Roosevelt Welles und Hull am 5. Oktober, zweideutig wie immer, instruieren, dass die neue polnisch-sowjetische Grenze „irgendwo östlich der Curzon-Linie" liegen sollte.[63] Eden legte Hull eine Denkschrift vor, die sich dafür aussprach, dass Großbritannien und die USA gemeinsam die Curzon-Linie als polnisch-sowjetische Grenze und darüber hinaus auch die restliche Westgrenze der Sowjetunion, so wie sie vor dem deutschen Angriff von 1941 verlaufen war, anerkennen sollten. Dies würde die sowjetische Kooperationsbereitschaft in anderen Fragen erhöhen, vor allem bei der Koordination der militärischen Planungen und der Behandlung der deutschen Frage. Die vorgeschlagene Grenzvereinbarung solle informell sein, hieß es zudem, und man werde die Polen davon überzeugen müssen, dass ein derartiger Verlauf der Grenze erwünscht sei.[64] In der Diskussion erklärte Hull, dass „erhebliche Zugeständnisse" gefordert würden und sie davon abhängig gemacht werden sollten, ob sich die Sowjets den angloamerikanischen „Vorstellungen über den allgemeinen Nachkriegsplan anschließen".[65]

Einen ersten Vorstoß bei den Polen unternahm Eden am 9. September. Doch Mikołajczyk lehnte die vorgeschlagene Grenzvereinbarung mit dem Hinweis ab, Polen könne Wilna nicht aufgeben. Keine Exilregierung, fügte

---

[62] PRO, F.O. 371, N5066/499/38, abgedr. in: POLONSKY, Powers, S. 143.

[63] FRUS, 1943, Bd. 1, S. 542.

[64] PRO, F.O. 371, N5060/499/38, abgedr. in: POLONSKY, Powers, S. 144-146.

[65] Ebd., C10846/231/55, abgedr. ebd., S. 144.

er hinzu, könne territoriale Zugeständnisse machen. Im Grunde gehe es auch nicht um Grenzen, sondern um „das Überleben Polens als unabhängiger Staat".[66] Die Frage wurde am 7. Oktober im britischen Kriegskabinett beraten, dem Eden zwei Memoranden vorlegte, eines über die sowjetische Westgrenze und eines über die Beziehungen zwischen der von London aus geleiteten polnischen Untergrundbewegung und den Sowjets. Das erste Memorandum sprach sich ähnlich wie dasjenige, das man Hull in Quebec übergeben hatte, dafür aus, einerseits die Forderungen der Sowjetunion in Bezug auf ihre Westgrenze zu erfüllen und sich andererseits für den polnischen Anspruch auf Lemberg einzusetzen. Im Gegenzug, so hoffte man, würde die Sowjetunion die Beziehungen zur polnischen Regierung wieder aufnehmen und sich bei den schwierigen Problemen der polnischen Untergrundbewegung, der Polen in der Sowjetunion und der sowjetischen Unterstützung der ZPP kooperativ verhalten.[67] Das zweite Memorandum hob die Gefahr von Zusammenstößen zwischen der polnischen Untergrundbewegung und der vorrückenden Roten Armee hervor. In der Kabinettsdiskussion erklärte der Premierminister, man könne die Polen zwar nicht zwingen, der vorgeschlagenen Vereinbarung zuzustimmen, aber man sollte sie doch nachdrücklich auffordern, es zu tun.[68] Eden gelang es am 6. Oktober jedoch nicht, von den Polen die Erlaubnis zu erhalten, in Moskau[69] über die Grenzfrage zu diskutieren. Folglich teilte er dem Kabinett mit, dass er das Thema nicht anschneiden werde. Infolgedessen wurde in Moskau in Bezug auf das polnische Problem keinerlei Fortschritt erzielt. Als es am 29. Oktober zur Sprache kam, hielten sowohl Hull als auch Eden Molotov vor Augen, wie wichtig die Wiederaufnahme der sowjetisch-polnischen Beziehungen für das Bündnis sei. Molotov erwiderte, erforderlich sei eine polnische Regierung „mit freundlichen Absichten gegenüber der Sowjetunion". In Bezug auf General Sosnkowski äußerte er großes Misstrauen, und auf die Frage, was die Sowjetunion davon halten würde, wenn Großbritannien die polnische Untergrundbewegung mit Waffen versorgen würde, antwortete er, Waffen sollten nur in sichere Hände gegeben werden, und fügte hinzu: „Gibt es irgendwelche sicheren Hände in Polen?"[70]

Nach Edens Rückkehr aus Moskau erhöhten die Briten den Druck auf die Polen, und obwohl diese in der Öffentlichkeit bei ihrer unnachgiebigen Haltung blieben, erwiesen sie sich inoffiziell als weit anpassungsfähiger. So

---

[66] Ebd., C10409/231/55, abgedr. ebd., S. 146 f.

[67] PRO, W.P. (43) 438, 439, abgedr. ebd., S. 151-154.

[68] PRO, W.M. (43) 137.

[69] PRO, F.O. 371, C11782/258/55, abgedr. in: POLONSKY, Powers, S. 155-157.

[70] Ebd., C13335/258/55, abgedr. ebd., S. 157 f.

sagte der polnische Außenminister, Edward Raczyński, am 17. November zu Eden, eine Exilregierung könne zwar keine territorialen Konzessionen machen, wenn aber „Polens Freunde der Regierung erklären würden, sie müsse diese oder jene Regelung akzeptieren, um die Zukunft Polens zu sichern, dann würde dies eine neue Situation schaffen".[71] Dementsprechend konnte Eden am selben Tag im Kriegskabinett erklären, die polnische Regierung „würde es möglicherweise begrüßen, wenn die Regierungen Großbritanniens und der Vereinigten Staaten ihr eine Regelung aufzwängen".[72] Am 22. November teilte Ministerpräsident Mikołajczyk schließlich Eden mit, dass die Polen es begrüßen würden, wenn die britische Regierung mit den Sowjets über alle Aspekte des „polnischen Problems", einschließlich des Grenzstreits, sprechen würde.[73] Die britische Position wurde in einem von Orme Sargent entworfenen Memorandum zusammengefasst, das Eden am 22. November dem Kriegskabinett vorlegte.[74] In ihm wurde erneut die Curzon-Linie als polnische Ostgrenze vorgeschlagen. Lemberg sollte bei Polen bleiben, und die Polen sollten im Westen in Gestalt von Danzig und Ostpreußen sowie des schlesischen Bezirks Oppeln entschädigt werden. Im Gegenzug sollte die Sowjetunion die diplomatischen Beziehungen zu den Polen wiederaufnehmen und Vorkehrungen für die Rückkehr der polnischen Regierung nach Polen sowie „ihre Beteiligung an der Verwaltung des Landes, sobald es die militärischen Erfordernisse erlauben", treffen. Die Polen sollten aufgefordert werden, sich dem vorgeschlagenen sowjetisch-tschechoslowakischen Vertrag anzuschließen. Die Sowjets, hieß es in dem Memorandum, seien nicht berechtigt, Umbesetzungen in der polnischen Regierung oder die Aufnahme von ZPP-Mitgliedern in das Kabinett zu verlangen. Die von Sargent befürwortete Teilnahme Großbritanniens an dem vorgeschlagenen Dreimächtevertrag lehnte Eden allerdings ab, da dies, wie er einwandte, ein Engagement in einer Region wäre, in welcher der britische Einfluss nicht groß sein könne.[75]

Gelegentlich ist die Ansicht vertreten worden, die „polnische Frage" sei auf der Konferenz von Teheran beigelegt worden. In Wirklichkeit wurde dort jedoch keine klare Vereinbarung erreicht. Churchill teilte Stalin am 28. November mit, dass er eine Verschiebung Polens nach Westen befürworte, damit die Sowjetunion die von ihr gewünschte Westgrenze erhalte.[76]

---

[71] Ebd., C13642/258/55.

[72] PRO, W.M. (43) 156, abgedr. in: POLONSKY, Powers, S. 158.

[73] PRO, F.O. 371, C13865/258/55, abgedr. ebd., S. 159 f.

[74] PRO, S.P. (43) 528, abgedr. ebd., S. 160-163.

[75] PRO, F.O. 371, C14692/258/55.

[76] PRO, W.P. (44) 8, abgedr. in: POLONSKY, Powers, S. 163 f.

Roosevelt äußerte sich in einem Privatgespräch mit Stalin am 1. Dezember ähnlich, erklärte ihm aber auch, dass er keine öffentliche Erklärung in diesem Sinne abgeben könne, da er die Stimmen von „sechs bis sieben Millionen Amerikanern polnischer Herkunft" brauche.[77] In den Moskauer Gesprächen im Oktober 1944 behaupteten die Sowjets, Roosevelt habe sich, bei einem Verbleib von Lemberg bei Polen, auf die Curzon-Linie festgelegt, was Harriman jedoch bestritt.[78] Man konnte die Wahrheit zwar noch nicht wissen, aber die Sowjets waren überzeugt, dass solche Äußerungen gemacht worden waren, und wie Eden später einräumte, waren Roosevelts Bemerkungen „kaum geeignet, die Russen zu zügeln".[79] In der ausführlicheren Diskussion am 1. Dezember über die Frage wurden die Differenzen zwischen beiden Seiten deutlich.[80] Man einigte sich auf die Curzon-Linie als künftige polnische Ostgrenze, und Churchill versicherte, er werde „wegen Lemberg kein großes Geschrei machen". Die Polen sollten im Westen „bis zur Linie der Oder" entschädigt werden. Churchill schlug dann eine Formel vor, die eine Einigung über die Grenzen des polnischen Staats enthielt und die zu akzeptieren die Polen gedrängt werden sollten. Offenbar stellte er sich vor, dass die Sowjets als Gegenleistung für die Zustimmung der Polen die Beziehungen zur polnischen Regierung in London wieder aufnehmen würden. Stalin erklärte, er werde Churchills Formel zustimmen, sofern die Sowjetunion Königsberg erhalte, einschließlich der Hälfte von Ostpreußen. In früheren Unterredungen hatte er indes bereits klargestellt, er sei „keineswegs sicher, dass die polnische Exilregierung jemals jene Art von Regierung gewesen ist, die sie sein sollte".

Welcher Art die Vereinbarung mit den Polen nach sowjetischen Vorstellungen sein sollte, zeigte sich, als am 12. Dezember 1943 der sowjetisch-tschechoslowakische Vertrag unterzeichnet wurde. Er enthielt ein Protokoll, in dem Vorkehrungen für den Fall getroffen wurden, dass „ein drittes Land, welches an die UdSSR und die Tschechoslowakische Republik grenzt und gegenwärtig Gegenstand des deutschen Aggressionskrieges ist", in Zukunft dem Vertrag beizutreten wünsche.[81] Damit konnte nur Polen gemeint sein, was Beneš und Ripka auch nach Vertragsunterzeichnung in Reden klarstellten.[82] Churchill hatte es nach Teheran eilig, die Angelegenheit zu erledigen. Aus Marrakesch, wo er sich von einer Krankheit erholte,

---

[77] FRUS, Teheran, S. 594, abgedr. ebd., S. 164 f.

[78] Siehe ANTHONY EDEN, The Eden Memoirs. The Reckoning, London 1965, S. 428.

[79] Ebd.

[80] PRO, W.P. (44) 8, abgedr. in: POLONSKY, Powers, S. 165-168.

[81] PRO, F.O. 371, C14740/525/12.

[82] Soviet War News, 24. 12.1943 (Beneš); Czechoslovak News Letter, 17.12.1943 (Ripka).

telegrafierte er Eden am 20. Dezember, er solle „mit den Polen die polnische Grenzfrage erörtern".[83] Der Außenminister sprach am 17., 20. und
24. Dezember mit Raczyński und Mikołajczyk über diese Frage, konnte sie
aber nicht überzeugen.[84] Lediglich zur Anfertigung eines Aide-Mémoire
konnte er sie bewegen. In der Niederschrift wurde als Erwiderung auf den
von den Sowjets in Teheran erhobenen Vorwurf, die von London aus
geleitete Untergrundbewegung (die Heimatarmee) würde Mitglieder prosowjetischer Untergrundgruppen töten, der polnische Wunsch nach einer
Zusammenarbeit zwischen AK und sowjetischen Partisanen in Polen
betont.[85] Doch die Aussichten auf eine Einigung verringerten sich weiter,
als durch eine Erklärung der polnischen Regierung aus Anlass des historischen Überschreitens der polnischen Ostgrenze von 1921 durch die Rote
Armee eine polnisch-sowjetische Polemik ausgelöst wurde.[86] Das britische
Außenministerium, das starken Druck auf die Polen ausgeübt hatte, den
Ton ihrer Noten vom 5. und 14. Januar 1944 zu mäßigen, war enttäuscht
über den scharfen Ton der sowjetischen Erwiderung vom 17. Januar.
Dieser Notenwechsel hatte Folgen. Offenbar veranlasste er die Sowjets,
eine härtere Haltung gegenüber den Polen einzunehmen. Fedor Gusev, der
sowjetische Botschafter in London, beklagte sich am 17. Januar bei Eden,
man habe „die Curzon-Linie angeboten, und die Polen haben sie nicht
angenommen".[87] Dementsprechend forderten die Sowjets jetzt eine Umbildung der polnischen Regierung unter Ausschluss „der profaschistischen,
imperialistischen Elemente" und die Aufnahme von „demokratisch gesinnten Menschen".[88] Außerdem verstärkten sie die Förderung der prosowjetischen Kräfte in Polen. Am 22. Januar wurde ein Landesnationalrat (*Krajowa Rada Narodowa*) gegründet, der bald darauf Kontakt zum ZPP auf-
nahm.

Die Polen andererseits begriffen, dass eine bloß negative Einstellung
nicht mehr möglich war, und baten im letzten Satz ihrer Note vom 14.
Januar die britische und die amerikanische Regierung, zwischen ihnen und
den Sowjets zu vermitteln.[89] Hull wies Harriman daraufhin am 15. Januar
an, die Sowjets zu bitten, „das polnische Angebot, über alle offenen Fragen

---

[83] PRO, F.O. 371, C15015/258/55, abgedr. in: POLONSKY, Powers, S. 169 f.

[84] Ebd., C15252/258/55, abgedr. ebd., Powers, S. 170 f.

[85] DOPSR, Bd. 2, Nr. 66.

[86] Ebd., Nr. 70, 80.

[87] PRO, F.O. 371, C736/8/55.

[88] Briefwechsel Stalins, Nr. 236, S. 246 f.

[89] DOPSR, Bd. 2, Nr. 77.

zu sprechen, mit größtem Wohlwollen in Erwägung zu ziehen".[90] Die sowjetische Antwort war ernüchternd. Molotov beschied Hull am 23. Januar, dass „die Bedingungen für eine Vermittlung leider noch nicht herangereift" seien, da die polnische Regierung die Curzon-Linie abgelehnt habe. Eine „grundlegende Verbesserung" ihrer Zusammensetzung sei erforderlich.[91] Das kam indessen für die Amerikaner nicht in Frage.[92]

Churchill hielt nach seiner Rückkehr aus Marrakesch ein energischeres Vorgehen für nötig und verstärkte den Druck auf die polnische Regierung, ihre unnachgiebige Haltung aufzugeben. Wenn sie nicht mehr Entgegenkommen zeige, erklärte er dem Kriegskabinett am 25. Januar, bestehe die ernste Gefahr, dass die Sowjets eine eigene Marionettenregierung in Warschau installieren würden.[93] Außerdem schrieb er am 28. Januar an Stalin, um ihm von seinen Bemühungen zu berichten, die Polen zur Einwilligung in eine Vereinbarung zu bewegen.[94] Stalin verlangte in seiner Antwort erneut eine Umbildung der polnischen Regierung sowie die Anerkennung der Curzon-Linie.[95] Es folgten zwei Wochen intensiver Verhandlungen, in denen Churchill die Polen schließlich dazu brachte, die Curzon-Linie faktisch anzuerkennen, auch wenn der endgültige Grenzverlauf erst auf der Friedenskonferenz nach Kriegsende festgelegt werden sollte. Außerdem sollte die Heimatarmee neue Anweisungen erhalten, denen zufolge ihre lokalen Kommandeure, wenn die Rote Armee in einen Bezirk vorrücke, den sowjetischen Kommandeuren ihre Identität offenbaren und ihre Aktivitäten gegen die Deutschen mit ihnen absprechen sollten. Ferner sagte die polnische Regierung zu, „in ihre Reihen nur solche Personen aufzunehmen, die zur vollen Zusammenarbeit mit der Sowjetunion entschlossen sind".[96] Churchill unterbreitete Stalin in einem Brief vom 21. Februar einen entsprechenden Vorschlag,[97] den der Sowjetführer am 28. Februar in einer Unterredung mit Clark Kerr[98] sowie am 3. März in einem Brief an Churchill ablehnte.[99] Dafür kann man eine ganze Reihe von Gründen anführen. Die vorgeschlagene Vereinbarung war vage, und wenn man Stalins tiefes

---

[90] FRUS, 1944, Bd. 3, S. 1288 f.

[91] Briefwechsel Stalins, S. 834 f.

[92] FRUS, 1944, Bd. 3, S. 1234 f.

[93] PRO, W.M. (44) 11.I.C.A., abgedr. in: POLONSKY, Powers, S. 175 f.

[94] Briefwechsel Stalins, Nr. 235, S. 241-245.

[95] Ebd., Nr. 236, S. 245 ff.

[96] POLONSKY, Powers, S. 185 f.

[97] Briefwechsel Stalins, Nr. 243, S. 251-256.

[98] PRO, F.O. 371, C2793/8/55, abgedr. in: POLONSKY, Powers, S. 186 f.

[99] Briefwechsel Stalins, Nr. 250, S. 259 f.

Misstrauen gegenüber der polnischen Regierung bedenkt, fürchtete er wahrscheinlich, dass sie versuchen würde, die vereinbarten Bedingungen zu umgehen. Außerdem wollte er der polnischen Regierung vermutlich klar machen, dass sie gegenüber der Sowjetunion eine untergeordnete Position einnahm. Die Forderung nach expliziter Anerkennung der Curzon-Linie und sofortiger Umbildung der Regierung kann als Ausdruck dieser Absicht gewertet werden. Ferner dürfte Stalin die britische Vermittlerrolle nicht behagt haben. Schließlich glaubte er nicht, dass die Briten ernsthaft hinter den vorgeschlagenen Vereinbarungen standen. Noch am 27. Juli 1945 sagte er zu Mikołajczyk: „Churchill vertraut uns nicht, und infolgedessen können auch wir ihm nicht voll vertrauen."[100] Es folgte ein mit scharfen Worten geführter Briefwechsel,[101] der die Briten veranlasste, ihren Vermittlungsversuch zu beenden. Churchill schrieb Eden am 1. April sogar, der richtige Kurs wäre, „soweit es Stalin betrifft, in ein verstimmtes Schweigen zu verfallen".[102] Außerdem war er jetzt der Ansicht, dass man den von Mikołajczyk gewünschten Besuch in den USA unterstützen sollte, um den Sowjets zu zeigen, dass die Polen „nicht ganz ohne Freunde dastehen".[103] Zur gleichen Zeit erklärte Frank Roberts, der Leiter der Zentralabteilung des britischen Außenministeriums, in einem Memorandum vom 27. März, dass es weder im britischen noch im polnischen Interesse liege, „mit Russland über Polen zu streiten". Ein „Polen unter sowjetischem Einfluss", fuhr er fort, stehe „in keiner Weise im Widerspruch zu britischen Interessen, vorausgesetzt, es gibt eine gewisse reale Unabhängigkeit und die Russen benehmen sich in Polen".[104]

Mikołajczyk war weiterhin überzeugt, die Stärke der Heimatarmee würde die Sowjets bewegen, eine nachgiebigere Haltung einzunehmen. Das war eine grundsätzliche Fehleinschätzung, da die Existenz einer starken nicht kommunistischen Untergrundbewegung in Polen bei den Sowjets weit eher Besorgnis und Misstrauen hervorrufen musste. Mikołajczyk maß der im April vereinbarten Zusammenarbeit zwischen einem AK-Kommandeur in Wolhynien und der Roten Armee eine übertriebene Bedeutung bei. Er leitete den Text der Vereinbarung sogar an die britische Regierung weiter, und Churchill berichtete am 11. April dem Kriegskabinett darüber.[105]

---

[100] FRUS, Potsdam, Bd. 2, Nr. 1388.

[101] Briefwechsel Stalins, Nr. 250, 256, 257, S. 260 f., 263-267.

[102] PRO, F.O. 371, N2128/8/55.

[103] Ebd., C3046/8/55.

[104] Ebd., C4302/8/55, abgedr. in: POLONSKY, Powers, S. 191 f.

[105] PRO, W.M. (44) 47.2.C.A.

Gleichwohl gab es Anzeichen dafür, dass die Sowjets bereit waren, eine konziliantere Haltung einzunehmen. Als der Pastor Stanisław Orlemański und der Professor Oskar Lange von der Chicagoer Universität, zwei Polen, die als Gegner der Londoner Exilregierung bekannt waren, Ende April beziehungsweise im Mai die Sowjetunion besuchten, gewährte ihnen Stalin einen gewissen Einblick in sein Denken. Er sei zwar „ziemlich sicher", dass die Ereignisse in Polen für ihn günstig verliefen, erklärte er Lange, aber „die Tür zu einer Verständigung" mit der Londoner Exilregierung sei „nie geschlossen". Polen, fuhr er fort, solle auf Kosten Deutschlands „bis nach Stettin hin" entschädigt werden. Er habe nicht die Absicht, sich in die inneren Angelegenheiten Polens einzumischen, werde aber versuchen, in der Außenpolitik seinen Einfluss geltend zu machen. In der Frage, ob Lemberg zu Polen gehören sollte oder nicht, schien sich Stalin, nach Langes Eindruck, noch nicht schlüssig zu sein.[106] Darüber hinaus nahmen die Sowjets durch ihren Londoner Botschafter Viktor Lebedev direkten Kontakt zur polnischen Regierung auf.

Die ersten Fühlungnahmen erfolgten, bevor Mikołajczyk Mitte Juni zu seiner Amerikareise aufbrach, die kaum mehr als eine unterschriebene Fotografie des US-Präsidenten einbrachte. Roosevelt drängte Mikołajczyk, seine Regierung umzubilden, unterstützte aber in gewissem Umfang polnische Gebietsansprüche im Osten. Er sei kein Befürworter der Curzon-Linie, erklärte er, und werde „zu gegebener Zeit" intervenieren, um Polen Lemberg, Drohobytsch und Tarnopol zu sichern. Im Übrigen hoffe er, dass Stalin nicht vorhabe, Polen zu „sowjetisieren". Mikołajczyk solle nach Moskau reisen, um die polnischen Anliegen mit Stalin selbst zu besprechen.[107] Roosevelt seinerseits schrieb Stalin in diesem Sinne.[108] Der Sowjetführer antwortete, es sei für ihn „gegenwärtig sehr schwierig, irgendeine Meinung über eine Reise von Herrn Mikołajczyk nach Moskau zu äußern", da dieser in der Grenzfrage keinen „Schritt vorwärts gemacht" habe.[109]

Mikołajczyk setzte nach seiner Rückkehr aus Washington die Gespräche mit Lebedev fort. Inzwischen war er überzeugt, die Sowjets wären zu der Einsicht gelangt, dass die prosowjetischen Gruppen in Polen zu schwach seien, um eine Regierung zu bilden, und dass sie deshalb Interesse an einer Verständigung mit der polnischen Regierung in London haben müssten.[110]

---

[106] PRO, F.O. 371, C6755, 6758, 6764, 6765/8/55, abgedr. in: POLONSKY, Powers, S. 197 ff.

[107] FRUS, 1944, Bd. 3, S. 1285-1289.

[108] Briefwechsel Stalins, Nr. 203, S. 629 f.

[109] Ebd., Nr. 206, S. 631 f.

[110] So hatte er sich gegenüber Roosevelt geäußert, vgl. FRUS, 1944, Bd. 3, S. 1286, abgedr. in: POLONSKY, Powers, S. 200.

Er zeigte sich daher nicht allzu entgegenkommend und sagte Lebedev am 20. Juni, seine Regierung verlange die sofortige Wiederaufnahme der diplomatischen Beziehungen, die Ausarbeitung eines gemeinsamen Militärplans von AK und Roter Armee sowie eine administrative Zusammenarbeit mit den vorrückenden sowjetischen Militärbehörden. Die Behandlung von Grenzfragen sei bis Kriegsende aufzuschieben. Im weiteren Verlauf des Gesprächs erklärte er, eine provisorische Demarkationslinie sollte östlich der Curzon-Linie gezogen werden. Lebedev wies diese Bedingungen am 23. Juni zurück und forderte seinerseits den Rücktritt des polnischen Staatspräsidenten Władysław Raczkiewicz sowie von Oberbefehlshaber Sosnkowski, dem polnischen Botschafter Kot und Verteidigungsminister Kukiel, zudem verlangte er eine entsprechende Regierungsumbildung, ferner die Verurteilung des „Fehlers" der polnischen Regierung in Bezug auf Katyn und die Zustimmung zur Curzon-Linie.[111] „Sie haben den Mund zu voll genommen, und Russland hat auf stur gestellt", kommentierte Eden das Scheitern der Verhandlungen.[112]

Nach dem Abbruch der Gespräche erhöhten die Sowjets den Druck auf die Polen. Vertreter des polnischen Nationalrats reisten Ende Juni und Anfang Juli zu Gesprächen mit den Sowjets und dem ZPP nach Moskau, wo sie auch mit den Botschaftern Großbritanniens und der USA zusammenkamen.[113] Ende Juli näherte sich die Rote Armee der Curzon-Linie, und am 23. Juli schrieb Stalin an Churchill, da die Sowjetunion nicht die Absicht habe, eine eigene Verwaltung in Polen zu errichten, gestatte er dem am 21. Juli vom Nationalrat geschaffenen Polnischen Komitee der Nationalen Befreiung, eine solche Verwaltung aufzubauen. Diese sei nicht als polnische Regierung zu betrachten, könne aber „in Zukunft den Kern für eine provisorische polnische Regierung aus demokratischen Kräften bilden".[114] Am 25. Juli erkannten die Sowjets das PKWN als „einzige rechtmäßige Organisation der Exekutivgewalt" in Polen an.[115] Letztlich lief ihre Politik auf die Forderung hinaus, eine neue polnische Regierung aus Vertretern der PKWN und „demokratischen Kräften" der Exilregierung in London zu bilden. In seinem Brief vom 23. Juli hatte Stalin auf Churchills Bitte hin, Mikołajczyk in Moskau zu empfangen, geantwortet, er lehne dies „natürlich nicht ab", aber Mikołajczyk solle sich besser an das PKWN wenden,

---

[111] Über diese Gespräche berichtete Eden in einem Telegramm an Clark Kerr am 8.7.1944, PRO, F.O. 371, C8860/8/55, abgedr. in: POLONSKY, Powers, S. 204-206.

[112] PRO, F.O. 371, C9096/8/55.

[113] FRUS, 1944, Bd. 3, S. 1423 f.

[114] Briefwechsel Stalins, Nr. 301, S. 300 f.

[115] Pravda, 25. Juli 1944.

„das sich ihm gegenüber wohlwollend verhält".[116] Die Briten spürten, dass ihre Position durch den Gang der Ereignisse immer unhaltbarer wurde. Sie drängten Mikołajczyk, seine geplante Moskau-Reise nicht abzusagen, und Churchill schrieb am 26. Juli an Stalin: „Ich bin sicher, dass Herr Mikołajczyk sehr darum bemüht ist, zum Zusammenschluss aller Polen auf jener Grundlage beizutragen, über die Sie, ich und der Präsident, wie ich glaube, Einigung erzielt haben."[117] Das war eine weitgehende Abkehr von der Linie, die er noch einige Monate früher vertreten hatte.

Während Mikołajczyks Aufenthalt in Moskau, wo er sich vom 4. bis zum 10. August 1944 aufhielt, entwickelte sich ein gutes Verhältnis zwischen ihm und Stalin. Mikołajczyk war „zumindest teilweise überzeugt", dass der Sowjetführer nicht beabsichtige, Polen kommunistisch zu gestalten, blieb gegenüber dem PKWN aber misstrauisch. Stalin forderte wiederum die Anerkennung der Curzon-Linie und versprach eine Kompensation im Westen, einschließlich Stettins und Breslaus. Außerdem riet er Mikołajczyk, sich um eine Vereinbarung mit dem PKWN zu bemühen. Doch dessen Gespräche mit dem Komitee blieben trotz der freundlichen Atmosphäre ergebnislos. Das PKWN verlangte die Außerkraftsetzung der Verfassung von 1935 und die Bildung einer neuen Regierung, in der das Komitee selbst 14 von 18 Mitgliedern stellen wollte. Einig war man sich lediglich darüber, dass beide Seiten von gegenseitigen öffentlichen Anschuldigungen absehen sollten. Außerdem beschloss Mikołajczyk, nach seiner Rückkehr nach London Präsident Raczkiewicz durch eine Moskau genehmere Persönlichkeit zu ersetzen. Danach würde er, wie er hoffte, die Gespräche wieder aufnehmen können, und nach der Einnahme Warschaus würden einige seiner Kollegen in die Hauptstadt reisen und sich mit dem PKWN über die Bildung einer neuen Regierung einigen können. Sein Ziel bestand darin, „alle Fraktionen in einer Regierung zu versammeln, die auf einer rechtlichen Grundlage beruht und das Land bis zu dem Zeitpunkt zusammenhalten kann, an dem wahrhaft freie Wahlen abgehalten werden können".[118]

Durch den Ausbruch des Warschauer Aufstands am 1. August wurde Mikołajczyks Aufgabe erheblich erschwert. Der Aufstand fand hauptsächlich auf Anweisung des AK-Kommandos in Polen statt, das die Spaltung der polnischen Regierung zwischen Mikołajczyk und Sosnkowski genutzt hatte, um seine eigene Politik für den Untergrundkampf durchzusetzen. Diese Politik beruhte auf einer simplen Strategie: Die Heimatarmee würde,

---

[116] Briefwechsel Stalins, Nr. 301, S. 300 f.

[117] Ebd., Nr. 305, S. 304 f.

[118] Zu diesen Gesprächen vgl. PRO, F.O. 371, C10240, 10439, 10460, 10461, 10483/8/55; FRUS, 1944, Bd. 3, S. 1305-1315; DOPSR, Bd. 2, Nr. 180, 186, 187.

ohne die Russen vorher zu informieren, in Warschau einen Aufstand aus-
lösen und die Macht übernehmen, sobald die Deutschen sich zurückzogen.
Danach würde man eine auf London orientierte Regierung bilden können.
Die Sowjets ständen dann vor der Wahl, sich entweder mit den Londoner
Stellen zu einigen oder aber die Warschauer Regierung zu zerschlagen und
zu riskieren, die westliche Öffentlichkeit gegen sich aufzubringen.[119] Das
Ganze war ein Glücksspiel, das auf katastrophale Weise fehlschlug. Die
AK hätte nur Erfolg haben können, wenn die Rote Armee Warschau bald
nach Ausbruch des Aufstands eingenommen hätte. Doch schon, als das
Vorhaben in Gang gesetzt wurde, war klar, dass die Deutschen den sowjetischen Vorstoß aufgehalten hatten und die Rote Armee mindestens zwei
Wochen nicht in der Lage sein würde, Warschau zu erobern. Mikołajczyk
hatte der Entscheidung, zum Aufstand aufzurufen, nicht widersprochen, da
auch er gehofft hatte, dessen Erfolg würde seine Verhandlungsposition
gegenüber den Sowjets und dem PKWN stärken. Doch der ausbleibende
Rückzug der Deutschen und das lange Martyrium Warschaus untergruben
seine Position. Tatsächlich kündigte er Eden am 5. September sogar an,
dass er zum Rücktritt gezwungen sein könnte.[120]

Die sowjetische Einstellung zum Aufstand durchlief mehrere Phasen.
Anfangs standen die Sowjets dem Aufstand, obwohl sie seine Bedeutung
herunterspielten, keineswegs ablehnend gegenüber, und am 9. August teilte
Stalin Mikołajczyk mit, dass die Sowjetunion Waffen für die Untergrund-
kräfte in Warschau abwerfen werde.[121] Als die politischen Implikationen
deutlicher wurden, verhärtete sich die sowjetische Haltung. In einem Tass-
Kommuniqué vom 12. August sowie einem Brief Stalins an Churchill vom
16. August, in dem der Sowjetführer auf das Ersuchen nach sowjetischer
Hilfe für die Aufständischen antwortete, wurde der Aufstand scharf verurteilt.[122] Die Sowjets verweigerten amerikanischen Flugzeugen sogar die
Erlaubnis, Hilfsflüge nach Warschau durchzuführen und anschließend auf
sowjetischen Flugplätzen zu landen.[123] Dies hatte mehrere vergebliche
Demarchen des britischen und des amerikanischen Botschafters in Moskau
zur Folge, aus denen Roosevelts Sondergesandter in Europa, Harriman,
den Schluss zog, dass das sowjetische Handeln von „rücksichtslosen politi-

---

[119] Vgl. JAN CIECHANOWSKI, The Warsaw Rising of 1944, Cambridge, London, New
York 1974.

[120] PRO, F.O. 371, C843/8/55.

[121] FRUS, 1944, Bd. 3, S. 1308, abgedr. in: POLONSKY, Powers, S. 211.

[122] Tass-Kommuniqué, 12. August 1944; Briefwechsel Stalins, Nr. 317, 321, S. 312,
314 f.

[123] PRO, F.O. 371, C1073/8/55, abgedr. in: POLONSKY, Powers, S. 215.

schen Erwägungen" bestimmt werde.[124] Auch Roosevelt und Churchill, die Stalin am 20. August einen gemeinsamen Brief sandten,[125] erhielten eine schroffe Antwort.[126] Darauf reagierten London und Washington unterschiedlich. Die Amerikaner und insbesondere Roosevelt wollten ihre Shuttle-Bombing-Vereinbarung mit der Sowjetunion nicht gefährden, und sie wagten es deshalb nicht, in der Frage der Hilfe für Warschau einen harten Kurs einzuschlagen. Roosevelt weigerte sich daher, eine weitere gemeinsame Botschaft an Stalin zu unterschreiben.[127] Das war für das britische Kabinett nichts Neues, und so sandte es Stalin am 4. September allein eine geharnischte Note.[128] Sie war insofern erfolgreich, da die Sowjets ihre Haltung änderten[129] und einen bedeutenden Hilfsflug nach Warschau erlaubten, der am 18. September stattfand. Eine zweite Abwurfaktion erlaubten sie jedoch nicht, und am 4. Oktober ergaben sich die Aufständischen schließlich.

Der Erfolg der Note vom 4. September veranlasste Churchill, einen weiteren Versuch zur Lösung des „polnischen Problems" zu unternehmen. Unter dem starken britischen Druck enthob Präsident Raczkiewicz General Sosnkowski schließlich am 28. September seines Postens.[130] Außerdem erreichten Eden und Churchill, dass Mikołajczyk von Stalin zu Gesprächen nach Moskau eingeladen wurde, wo er in der zweiten Oktoberwoche eintraf.[131] Die britische Regierung war sich der Schwäche ihrer Position bewusst. Wie Roberts am 4. Oktober in einem Memorandum schrieb, brauchten die Sowjets nur eine Einigung hinauszuzögern, um ihre Ziele durchzusetzen.[132] Die Briten setzten daher in Moskau ihre ganze Überredungskraft ein, um die Polen dazu zu bewegen, eine Vereinbarung abzuschließen, bevor die Situation noch schlechter wurde. Sie konnten Mikołajczyk davon überzeugen, die Curzon-Linie als polnisch-sowjetische Grenze zu akzeptieren, sofern Lemberg bei Polen blieb. Doch das war für

---

[124] FRUS, 1944, Bd. 3, S. 1375 ff.; PRO, F.O. 371, C10730/8/55.

[125] FRANKLIN D. ROOSEVELT, Papers as President. President's Secretary's File (fortan: Roosevelt Papers) (1933–1945), Poland.

[126] Briefwechsel Stalins, Nr. 323, S. 315 f.

[127] PRO, F.O. 371, C11362/61/55.

[128] Roosevelt Papers, Poland, abgedr. in: POLONSKY, Powers, S. 218 f.

[129] Ebd., abgedr. ebd., S. 220.

[130] Ebd.

[131] Zu den britischen Akten über diese Gespräche siehe PRO, F.O. 371, C14300, 14984, 14222, 14985, 14223, 14291 14551, 14553/8/55; zu den polnischen Akten siehe DOPSR, Bd. 2, Nr. 237-246; zu Harrimans Darstellung siehe FRUS, 1944, Bd. 3, S. 1322–1326; Ebd., Yalta, S. 204 f.

[132] PRO, F.O. 371, C1410/8/55.

Stalin unannehmbar. Daraufhin stimmten die Polen der Curzon-Linie ohne Lemberg zu, aber als „Demarkationslinie", was Stalin ebenfalls zurückwies. Danach kehrte Mikołajczyk nach London zurück, um seinen Anhängern die Annahme der sowjetischen Bedingungen schmackhaft zu machen. Stalin hatte Churchill am 18. Oktober ferner mitgeteilt, dass Mikołajczyk als Ministerpräsident die Hälfte der Kabinettssitze in einer umgebildeten Regierung an seine Anhänger vergeben könne. Anschließend korrigierte er sich allerdings „rasch zugunsten einer schlechteren Zahl".[133] Die Aufgabe, sein Kabinett zur Annahme der sowjetischen Bedingungen zu bewegen, erwies sich als schwieriger, als Mikołajczyk erwartet hatte. Um die Schwankenden auf seine Seite zu ziehen, stellte er der britischen Regierung am 31. Oktober drei Fragen. Es ging ihm um eine Garantie, dass Polen die versprochene Entschädigung im Westen auf Kosten Deutschlands erhalten würde, auch wenn die US-Regierung in dieser Angelegenheit nicht viel Engagement zeigen sollte. Die britische Antwort am 3. November war beruhigend,[134] doch dem polnischen Kabinett genügten die Versicherungen nicht. Es lehnte Mikołajczyks Kurs noch am selben Tag ab. Mikołajczyk zögerte, den Briten dieses Ergebnis mitzuteilen (er hatte am 2. November einen ätzenden Angriff Churchills ertragen müssen). In einem letzten Versuch, sein Kabinett zu überzeugen, bat er die USA um Zusicherungen in einer Reihe von Punkten.[135] Roosevelt antwortete am 17. November.[136] Seine Ausführungen waren „weniger unverbindlich und nutzlos", als von den Polen befürchtet;[137] gleichwohl wurde deutlich, dass nur eine Minderheit Mikołajczyks Position unterstützte. Infolgedessen trat er am 24. November als Ministerpräsident zurück und teilte Harriman die Gründe für diesen Schritt mit.[138] Nach einigen Schwierigkeiten wurde am 19. November eine weniger kompromissbereite Regierung unter dem Altsozialisten Tomasz Arciszewski gebildet.

Nach Mikołajczyks Rücktritt standen die Briten praktisch ohne eine politische Linie da. Entgegen Churchills Hoffnung, dass sich Arciszewskis Regierung als kurzlebig erweisen würde, saß sie bald zu fest im Sattel, um ohne Weiteres gestürzt werden zu können. Churchill widersprach Clark Kerrs Auffassung, eine Anerkennung der neuen Regierung würde einen „Frontalzusammenstoß mit Stalin" nach sich ziehen, er beschränkte die

---

[133] Ebd., C14877/8/55.
[134] DOPSR, Bd. 2, Nr. 256.
[135] PRO, F.O. 371, C15225/8/55; DOPSR, Bd. 2, Nr. 257.
[136] FRUS, 1944, Bd. 3, S. 1334 f., abgedr. in: POLONSKY, Powers, S. 227 f.
[137] PRO, F.O. 371, C16359/8/55.
[138] FRUS, 1944, Bd. 3, S. 1335 f., abgedr. in: POLONSKY, Powers, S. 228 f.

offiziellen Kontakte zu ihr aber auf ein Minimum.[139] Am 3. Dezember 1944 schrieb er Stalin, um ihm zu erklären, dass die Anerkennung der neuen polnischen Exilregierung keinen Kurswechsel bedeute und er auf eine baldige Rückkehr Mikołajczyks an die Macht hoffe.[140] Stalin erwiderte am 8. Dezember, inzwischen sei deutlich geworden, dass Mikołajczyk „nicht imstande" sei, „bei der Lösung der polnischen Frage zu helfen", da er antisowjetischen Terrorismus gutgeheißen habe. Im Gegensatz dazu habe das PKWN „große Erfolge bei der Festigung seiner nationalen, demokratischen Organisationen auf dem Territorium Polens" zu verzeichnen.[141]

Nach Roosevelts Wiederwahl waren die USA bereit, eine größere Rolle bei der Beilegung der „polnischen Frage" zu spielen. Die Erklärung, die der neue amerikanische Außenminister Edward Stettinius am 18. Dezember abgab, war allerdings bewusst vage gehalten. Stettinius betonte lediglich, dass die Vereinigten Staaten es zwar vorzögen, die Regelung von Grenzfragen bis nach Kriegsende aufzuschieben, eine zwischen der Sowjetunion und Polen ausgehandelte Lösung aber unterstützen würden. Auf die Entschädigung Polens auf Kosten Deutschlands für seine Verluste im Osten ging er nicht direkt ein.[142] Stalin antwortete auf den Brief, in dem Roosevelt ihm diese Erklärung geschickt hatte, mit der Mitteilung, dass die Sowjetunion durch die Ereignisse in Kürze gezwungen sein könnte, das PKWN als provisorische Regierung Polens anzuerkennen, denn sie sei mehr als jedes andere Land an einem „demokratischen und den Alliierten gegenüber friedlich gesinnten Polen" interessiert, da dieser Staat „ein Nachbarstaat der Sowjetunion" sei.[143] Tatsächlich gab Moskau am 31. Dezember die Umwandlung des PKWN in eine provisorische Regierung bekannt.

Die britische Politik wurde in einem Memorandum dargelegt, das Christopher Warner, der Leiter der Nordabteilung des Außenministeriums, am 27. Januar 1945 zur Vorbereitung der Konferenz von Jalta verfasste. Das Außenministerium hatte zuvor in diesem Monat bereits einen von Cripps unterbreiteten Vorschlag abgelehnt, in London eine Konferenz abzuhalten, um eine „repräsentativere" polnische Regierung in London zu bilden. Zur Begründung führte Cripps aus, dass es sinnvoller sei, „die Lubliner Regierung zu ‚unterwandern', indem man es Mikołajczyk und anderen politischen Führern und Gruppen, die für eine polnisch-russische Entspannung

---

[139] PRO, F.O. 371, C16310/8/55.

[140] Briefwechsel Stalins, Nr. 362, S. 344 ff.

[141] Ebd., Nr. 317, S. S. 312.

[142] FRUS, 1944, Bd. 3, S. 1346 f.

[143] Briefwechsel Stalins, Nr. 254, S. 668 ff.

arbeiten wollen, ermöglicht, nach Lublin zu gehen, solange die Lubliner Leute sie noch willkommen heißen".[144] Warner schrieb in seinem Memorandum, Hauptziele der britischen Politik sollten die Gewährleistung freier Wahlen in Polen sowie eine Vereinbarung mit den Sowjets sein, in Polen ein Interimsregime zu errichten, das „die Gefahr eines Bürgerkriegs" verhindere. Diese Ziele seien durch den Eintritt von Vertretern der drei Mitte- beziehungsweise Linksparteien im Exil in die Lubliner Regierung zu erreichen. Warner schlug verschiedene Methoden vor, wie dies durchgesetzt werden könnte.[145]

Auch der Umfang der von den Sowjets ins Auge gefassten Entschädigung Polens im Westen begann, Briten und Amerikanern Sorge zu bereiten. Erste Zweifel kamen im Juli 1944 auf, als das PKWN sein Manifest veröffentlichte,[146] und Roberts vom britischen Außenministerium wiederholte sie in seinem Memorandum vom 4. Oktober 1944.[147] Nach Mikołajczyks Sturz, durch den einer der Hauptgründe dafür wegfiel, die Notwendigkeit, die sowjetischen Bedingungen für den polnischen Ministerpräsidenten akzeptabel zu machen, verstärkten sich die Zweifel. So äußerte Clark Kerr starke Vorbehalte, nachdem Stefan Jędrychowski, der Repräsentant des PKWN in Moskau, in einem Artikel eine Grenze an Oder und Lausitzer Neiße für Polen gefordert hatte.[148] Die Entscheidung, die polnische Grenze so weit nach Westen zu verschieben, war sicherlich von Stalin getroffen worden. Damit sollte vermutlich einerseits die Legitimität des unpopulären neuen Regimes in Polen gestärkt, und es andererseits auf Dauer an die Sowjetunion gebunden werden, den einzigen Staat, der in der Lage war, es gegen ein wiedererstarktes Deutschland zu schützen. Sowohl Eden und das britische Außenministerium als auch Harriman teilten Clark Kerrs Unbehagen.[149] Am 2. Januar 1945 erklärte Eden im Kriegskabinett, er sei „entsetzt, wie weit die Polen das Maul aufreißen".[150] In der Kabinettssitzung am 23. Januar äußerte er sich ähnlich,[151] und auch in dem

---

[144] PRO, F.O. 371, N198/6/55.

[145] Ebd., N1038/6/55.

[146] Ebd., C10529/8/55. Frank Roberts hielt den Anspruch des Komitees auf eine Westgrenze an Oder und Lausitzer Neiße für „schlichtweg beunruhigend".

[147] Ebd., C1410/8/55.

[148] Ebd., C17671/8/55.

[149] FRUS, 1944, Bd. 3, S. 1347 ff.

[150] PRO, W.M. (45) 1.6.C.A.

[151] PRO, W.M. (45) 7.4.C.A.

Memorandum, das er dem Kriegskabinett am 26. Januar vorlegte, sowie in der anschließenden Diskussion brachte er seine Besorgnis zum Ausdruck.[152]

Vor der Konferenz von Jalta koordinierten Briten und Amerikaner ihre Positionen am 1. Februar bei einem Treffen zwischen Stettinius und Eden auf Malta.[153] Die beiden Außenminister stellten darin übereinstimmend fest, dass „die Zeit für eine ‚Fusion' von London und Lublin wahrscheinlich vorbei ist, und das einzige Heilmittel, das wir sehen, ist die Schaffung einer neuen, zur Abhaltung freier Wahlen verpflichteten Interimsregierung in Polen, sobald die Umstände es erlauben". Ihr sollten Vertreter der Lubliner (jetzt Warschauer) Regierung sowie Polen aus dem Land und aus dem Exil angehören. Mitglieder der neuen Londoner Exilregierung sollten nicht vorgeschlagen werden, während Mikołajczyk, der Vorsitzende des polnischen Nationalrats, Stanisław Grabski, und der Direktor des Präsidialbüros des Ministerialrats, Adam Romer, einbezogen werden sollten. Die Briten waren bereit, die Curzon-Linie ohne Lemberg als polnische Ostgrenze anzuerkennen, während die Amerikaner die Sowjets drängen wollten, Lemberg den Polen zu überlassen. Was die polnische Westgrenze anging, wollte man die Oder-Neiße-Linie ablehnen.

In den Verhandlungen in Jalta nahm die „polnische Frage" großen Raum ein.[154] Man einigte sich rasch darauf, dass die Curzon-Linie „mit Abweichungen in einigen Regionen von 5-8 km zugunsten Polens" die polnische Ostgrenze bilden sollte. Lemberg wurde endgültig der Sowjetunion zugeschlagen. Hinsichtlich der Westgrenze erzielte man keine Einigung, beschloss aber einen Kompromiss, dem zufolge Polen im Norden und Westen bedeutende Gebiete erhalten und die neu zu bildende provisorische Regierung der Nationalen Einheit in Bezug auf den „Umfang der Erwerbungen" konsultiert werden sollte. Der endgültige Verlauf der Westgrenze sollte auf der Friedenskonferenz festgelegt werden. Die Hauptschwierigkeit war die Zusammensetzung der polnischen Regierung. Gemäß ihrer Absprachen auf Malta verlangten Briten und Amerikaner die Bildung einer völlig neuen Regierung, die aus Mitgliedern der provisorischen Regierung, polnischen Demokraten und Exil-Polen bestehen und auf die Abhaltung freier Wahlen verpflichtet werden sollte. Die Sowjets hingegen wollten klargestellt wissen, dass die provisorische Regierung den Kern der

---

[152] PRO, W.M. (45) 10.1.C.A, abgedr. in: POLONSKY, Powers, S. 239 f.

[153] Zur britischen Akte über das Treffen siehe PRO, W.P. (45) 157, S. 4-7; zur amerikanischen Akte siehe FRUS, Yalta, S. 499 f., 505.

[154] Zu den britischen Akten siehe PRO, W.P. (45) 157; zu den amerikanischen Akten siehe FRUS, Yalta; zu den sowjetischen Protokollen vgl. Teheran, Jalta, Potsdam. Dokumentensammlung, hg. v. S. P. SANAKOJEW/ B. L. ZYBULEWSKI, Moskau 1978; Die wichtigsten Dokumente sind abgedr. in: POLONSKY, Powers, S. 241-251.

neuen Verwaltung des Landes darstellen werde. Das Schlusskommuniqué enthielt einen nicht sehr präzisen Kompromiss zwischen beiden Positionen. Er lautete:

> „In Polen ist mit der vollkommenen Befreiung durch die Rote Armee eine neue Lage entstanden. Das erfordert die Bildung einer provisorischen polnischen Regierung, die sich auf eine breitere Basis stützen soll, als dies vorher bis zur kürzlich erfolgten Befreiung des westlichen Teils Polens möglich war. Die gegenwärtig in Polen amtierende provisorische Regierung soll deshalb auf einer breiteren demokratischen Grundlage unter Einschluss demokratischer Persönlichkeiten aus Polen selbst und von Polen aus dem Ausland umgebildet werden. [...] W. M. Molotov, Herr W. A. Harriman und Sir Archibald K. [Clark] Kerr werden als Kommission ermächtigt, in Moskau in erster Linie mit den Mitgliedern der gegenwärtigen provisorischen Regierung und anderen polnischen demokratischen Persönlichkeiten sowohl aus Polen selbst wie auch aus dem Ausland im Hinblick auf die Umbildung der gegenwärtigen Regierung auf der genannten Grundlage Konsultationen zu führen. Diese provisorische polnische Regierung der Nationalen Einheit soll sich verpflichten, so bald wie möglich freie und durch nichts behinderte Wahlen auf der Grundlage des allgemeinen Wahlrechts und der geheimen Abstimmung durchzuführen."[155]

Es fällt schwer zu glauben, dass Stalin bei der Zustimmung zu dieser Formel mehr im Sinn hatte, als den Westmächten zu erlauben, das Gesicht zu wahren. Churchill erklärte dem Kriegskabinett am 19. Februar, er sei überzeugt, dass Stalin die Vereinbarung in einer für den Westen annehmbaren Weise verwirklichen werde.[156]

Doch das sowjetische Versprechen, „so bald wie möglich" Wahlen abzuhalten, enthielt keinen Termin, und die sowjetische Verpflichtung auf freie Wahlen war kaum ernst zu nehmen. Der spätere Ministerpräsident der DDR, Walter Ulbricht, dürfte Stalins Einstellung zu freien Wahlen wiedergegeben haben, als er zur selben Zeit erklärte: „Es ist doch ganz klar: es muss demokratisch aussehen, aber wir müssen alles in der Hand haben."[157] Stalins Behauptung, er könne keine Verbindung zu Mitgliedern der provisorischen Regierung in Polen aufnehmen, entsprach sicherlich nicht der Wahrheit[158] und lässt darauf schließen, dass ihm bewusst war, wie schwierig die Bildung der neuen Regierung werden würde. Dies galt insbesondere für die Beteiligung Mikołajczyks, die für die Westmächte un-

---

[155] Kommuniqué der Konferenz von Jalta, 11. Februar 1945, in: Teheran, Jalta, Potsdam, S. 205; FRUS, Yalta, S. 973.

[156] PRO, W.M. (45) 22.1.C.A.

[157] Zit. in Wolfgang Leonhard, Die Revolution entläßt ihre Kinder, Frankfurt/M., Berlin 1962, S. 294.

[158] PRO, W.M. (45) 157, 44 f.

erlässlich war. In Jalta hatten indes sowohl Stalin als auch Molotov festgestellt, dass er für die Warschauer Polen „unannehmbar" sei. Nachdem er
diese Regierung, die immer noch sehr schwach war, geschaffen hatte,
konnte Stalin es nicht zulassen, dass ihre Stellung untergraben wurde.
Infolgedessen erwies sich die Bildung der neuen Regierung als schwieriger, als die Westmächte erwartet hatten. Am 18. Februar instruierte das
britische Außenministerium Clark Kerr, er solle dafür sorgen, dass in
dieser Regierung „verschiedene nicht-Lubliner Sektionen der Öffentlichkeit
angemessen vertreten" seien.[159] Drei Tage später erklärte Churchill dem
Kriegskabinett, der „Lackmustest" der sowjetischen Aufrichtigkeit bestehe
darin, ob man Mikołajczyk die Rückkehr nach Polen erlauben werde.[160]
Beide Auffassungen wurden von den Amerikanern weithin geteilt.[161] Bald
sollte jedoch klar werden, dass Molotov, der um die Schwäche der Warschauer Polen wusste, nicht bereit war, Mikołajczyks Eintritt in die neue
Regierung zuzulassen.[162] Der Streit weitete sich rasch aus. Die Briten
gelangten, wie Churchill am 8. März an Roosevelt schrieb, zu dem
Schluss, dass die Sowjets vorhatten, mit demokratischer Phraseologie die
Bildung einer neuen Regierung zu verschleiern, „welche die gegenwärtige
sein wird, bloß mit neuem Gewand, um sie auf den ersten Blick annehm-
barer aussehen zu lassen".[163] Außerdem empörte sie die sowjetische Weigerung, westliche Beobachter nach Polen zu lassen.[164]
Die Vereinigten Staaten waren zwar weniger geneigt, den Sowjets böse
Absichten zu unterstellen, kamen aber in zunehmendem Maß zu den gleichen Auffassungen wie die Briten. Ihre Beschwerden brachten die Westmächte in gleichlautenden Noten, die Harriman und Clark Kerr am 19.
März Molotov überreichten,[165] in Roosevelts Brief an Stalin vom 1. April[166]
sowie in dem gemeinsamen Brief von US-Präsident Harry S. Truman und
Churchill an Stalin vom 18. April zum Ausdruck.[167] Die Sowjets hielten
den Westmächten daraufhin vor, sie würden mit ihrem Versuch, eine völlig
neue Regierung zu bilden, von den Vereinbarungen von Jalta abweichen.
Und sie betonten, die provisorische Regierung müsse den „Kern" der

[159] PRO, F.O. 371, N1745/6/55.
[160] PRO, W.M. (45) 23.2.C.A.
[161] FRUS, 1945, Bd. 5, S. 130 f.
[162] PRO, F.O. 371, N2071/6/55.
[163] FRUS, 1945, Bd. 5, S. 149.
[164] Vgl. POLONSKY, Powers, S. 254.
[165] FRUS, 1945, Bd. 5, S. 172-176.
[166] Ebd., S. 194 ff.
[167] Briefwechsel Stalins, Nr. 430, S. 399 ff.

künftigen Verwaltung bilden. Molotov behauptete sogar mit wenig Recht, der einschlägige Paragraph des Kommuniqués von Jalta sollte so gelesen werden, dass die Dreimächtekommission bevollmächtigt worden sei, „in Moskau als Erstes mit Mitgliedern der gegenwärtigen provisorischen Regierung und mit anderen demokratischen polnischen Führern aus dem In- und Ausland zu konferieren". Das heißt, erste Gesprächspartner vor allen anderen sollten Mitglieder der provisorischen Regierung sein.[168] Stalin argumentierte nun in einem Brief an Roosevelt vom 7. April, man solle bei der Lösung des „polnischen Problems" dem „jugoslawischen Beispiel" folgen, was bedeutet hätte, dass die nicht zur Warschauer Gruppe gehören-den Polen keinerlei Macht erhalten hätten. An Churchill schrieb er am 24. April, man müsse „den Umstand berücksichtigen, dass Polen an die Sow-jetunion grenzt, was man von Großbritannien und den USA nicht sagen" könne.[169] Am 4. Mai machte er in einem weiteren Brief – Churchills Ant-wortschreiben vom 28. April zitierend – deutlich, wie eng die Grenzen waren, die er jeder neuen polnischen Regierung zu ziehen gedachte:

> „Wir können uns [...] nicht damit zufrieden geben, dass zur Bildung der künfti-gen polnischen Regierung Leute herangezogen werden, die, nach Ihren Worten, ‚nicht grundsätzlich antirussisch eingestellt sind', oder von der Teilnahme nur die ausgeschlossen sein sollen, die Ihrer Meinung nach ‚extrem russlandfeindli-che Leute' sind. [...] Wir bestehen darauf und werden auch in Zukunft darauf bestehen, dass zur Konsultation über die Bildung der künftigen polnischen Regierung nur solche Personen herangezogen werden, die in der Praxis ihr freundschaftliches Verhältnis zur Sowjetunion bewiesen haben."[170]

Die Sowjets wollten jedoch wegen dieser Frage keinen Bruch mit dem Westen riskieren, zumal Großbritannien und die Vereinigten Staaten prak-tisch bereits allen wesentlichen Forderungen zugestimmt hatten. In der gemeinsamen Note vom 18. April hatten Truman und Churchill beispiels-weise versichert: „Wir haben niemals geleugnet, dass von den drei Elemen-ten, aus denen die neue provisorische Regierung der Nationalen Einheit gebildet werden soll, die Vertreter der gegenwärtigen Warschauer Regie-rung ohne Frage eine hervorragende Rolle spielen werden."[171] Stalin hatte Churchill bereits in seinem Brief vom 7. April mitgeteilt, dass er bereit sei, „auf die provisorische Regierung dahingehend einzuwirken, dass sie ihre Einwände gegen die Einladung Mikołajczyks aufgibt, sofern Letzterer öf-

---

[168] Siehe Molotovs Note an Clark Kerr, in: PRO, F.O. 371, N3204/6/55, und Stalins Brief an Roosevelt, 7. April 1945, in: Briefwechsel Stalins, Nr. 289, S. 707-710.

[169] Briefwechsel Stalins, Nr. 439, S. 406 f.

[170] Ebd., Nr. 456, S. 427 ff.

[171] Ebd., Nr. 430, S. 399 ff.

fentlich erklärt, dass er die Beschlüsse der Krim-Konferenz über Polen anerkennt",[172] was er dann auch tat. Darüber hinaus wurde die sowjetische Entscheidung, Molotov nicht zur Konferenz von San Francisco zu entsenden, revidiert.

Die Einigung verzögerte sich aus verschiedenen Gründen. Vor allem wollte der neue, unerfahrene US-Präsident Truman bei den Sowjets nicht den Eindruck von Schwäche erwecken, weshalb er Molotov während dessen USA-Aufenthalts „mit einsilbigen Worten" sein Missfallen über das sowjetische Verhalten ausdrückte. Außerdem sandte er am 23. April eine scharfe Note nach Moskau.[173] In Gesprächen in Washington und San Francisco wurden kaum Fortschritte erzielt, und die Angelegenheit wurde weiter verzögert, als Stalin Churchill am 4. Mai brieflich mitteilte, dass 15 prominente Mitglieder der von London aus geleiteten Untergrundbewegung sowie General Leopold Okulicki, der letzten Kommandeur der Heimatarmee, von den sowjetischen Sicherheitskräften verhaftet worden seien.[174] Die Männer waren Anfang April verschwunden und es war das Gerücht aufgetaucht, dass die Sowjets direkt mit ihnen verhandeln wollten, um die Westmächte vor vollendete Tatsachen zu stellen, indem sie ihnen eine Moskau genehme, umgebildete polnische Regierung präsentierten. Wahrscheinlicher ist freilich, dass dieses Gerücht von den Sowjets in Umlauf gesetzt worden war, um die Führer der Untergrundbewegung verhaften und ihre Organisation zerschlagen zu können. Die Botschafter Großbritanniens und der USA hatten seit dem 4. April wiederholt um Informationen über die vermissten Männer ersucht, aber stets nur eine ausweichende Antwort erhalten.

Churchill wollte die weitere Diskussion der „polnischen Frage" nunmehr bis zum bevorstehenden Treffen der Großen Drei verschieben und lehnte daher einen recht ausgefeilten Plan zur Lösung des Problems, den das US-Außenministerium den Briten in San Francisco vorschlug, ab.[175] Truman beschloss dennoch, einen letzten Versuch zu unternehmen, und entsandte Hopkins Ende Mai nach Moskau. Hopkins gelang es, den toten Punkt zu überwinden und Bedingungen auszuhandeln, mit denen die Amerikaner und in geringerem Ausmaß auch die Briten leben konnten.[176] Nach einigem Zögern reiste Mikołajczyk am 16. Juni zusammen mit dem Sozialisten Jan Stańczyk nach Moskau. Obwohl gleichzeitig der Prozess gegen

---

[172] Ebd., Nr. 418, S. 384 ff.
[173] FRUS, 1945, Bd. 5, S. 258 f.
[174] Briefwechsel Stalins mit Churchill, S. 427 ff.
[175] PRO, F.O. 371, N5169/6/55.
[176] Siehe POLONSKY, Powers, S. 273-276.

die 16 Polen stattfand, die am 21. Juni zum Teil zu hohen Strafen verurteilt wurden, verliefen die Verhandlungen in freundlicher Atmosphäre und relativ glatt. Am 21. Juni erzielte man eine Einigung, die Mikołajczyk und seinen Anhängern fünf von zwanzig Kabinettsposten sicherte. Mikołajczyk wurde stellvertretender Ministerpräsident und Landwirtschaftsminister, während Bolesław Bierut den Vorsitz des Nationalrats übernahm, der als höchstes Organ des polnischen Staats betrachtet werden sollte.

Harriman fand die Einigung zufriedenstellend, auch wenn er glaubte, dass bessere Bedingungen erreichbar gewesen wären, wenn sich Stańczyk weniger nachgiebig verhalten hätte. Bedenken äußerte er gegen das Weiterbestehen eines eigenständigen Ministeriums für innere Sicherheit unter dem Kommunisten Stanisław Radkiewicz. „Die Art, wie dieses Ministerium geführt wird", schrieb er, „ist der Punkt, an dem sich entscheidet, ob Polen seine Unabhängigkeit erhält, ob echte persönliche Freiheit gewährt wird und ob wirklich freie Wahlen abgehalten werden können".[177] Auch Churchill war zufrieden, obwohl er sich höchst besorgt über die Sätze über Okulicki und seine Mitstreiter äußerte.[178]

In Potsdam wurden dann die beiden ungelösten Probleme geklärt.[179] In Bezug auf die Auflösung der Londoner Exilregierung erzielte man rasch Einigkeit. Die Frage der polnischen Westgrenze bereitete größere Schwierigkeiten. Sie kam zum ersten Mal in der fünften Plenarsitzung am 21. Juli zur Sprache, in der die Sowjets eine Grenze entlang Oder und Lausitzer Neiße vorschlugen.[180] Truman und Churchill wiesen in ihren Erwiderungen darauf hin, dass zwischen der Festlegung der polnischen Westgrenze und der Frage der Reparationen ein enger Zusammenhang bestehe. Truman erklärte, er sei zwar bereit, über die polnische Westgrenze zu reden, eine endgültige Regelung müsse aber bis zur Friedenskonferenz zurückgestellt werden. Tatsächlich war in einem seiner Vorbereitungspapiere mit dem Titel „Vorschlag für eine US-Polenpolitik" von einer polnischen Westgrenze die Rede, die Danzig, das südliche Ostpreußen, Oberschlesien sowie, um Polen eine längere Küste zu geben, einen Teil von Pommern einschloss.[181] Die britische Position, die in einem den Amerikanern am 13. Juli übergebenen Aide-Mémoire dargelegt wurde, war ähnlich.[182] Nach

---

[177] FRUS, Potsdam, Bd. 1, Nr. 492.

[178] PRO, F.O. 371, N7296/6/55.

[179] Zur Potsdamer Konferenz siehe FRUS, Potsdam; PRO, F.O. 371, U7197/3628/70; Teheran, Jalta, Potsdam.

[180] FRUS, Potsdam, Bd. 2, S. 208-221; PRO, F.O. 371, U7197/3628/70, S. 148-153; Teheran, Jalta, Potsdam, S. 284-294.

[181] FRUS, Potsdam, Bd. 2, Nr. 483, 510.

[182] Ebd., Nr. 518.

Trumans Ansicht konnten die betroffenen Gebiete nicht als Reparationen, das heißt als von Deutschland abgetreten, betrachtet werden, da die Aufteilung in Besatzungszonen auf den Grenzen von 1937 beruhe. Stalin sprach sich für die Oder-Neiße-Linie aus, willigte aber ein, die Frage offen zu lassen. Dies widerstrebte jedoch den Westmächten, und so beschloss man, wie in Jalta vereinbart, die Meinung der polnischen Delegation einzuholen.[183] Die Polen, unter ihnen auch Mikołajczyk, setzten sich ebenfalls für die Oder-Neiße-Linie ein.[184] In der achten und neunten Plenarsitzung am 24. Juli kam man nicht voran.[185] In der neunten Plenarsitzung erklärte Churchill, Polen dürfe nicht zur fünften Besatzungsmacht werden, ohne dass man Vorkehrungen für die Verteilung der in Deutschland produzierten Lebensmittel an die gesamte deutsche Bevölkerung getroffen habe. Zudem müsse zuerst eine Vereinbarung über einen Reparationsplan und eine Definition dessen, was als Kriegsbeute zu betrachten sei, erzielt worden sein. Wenn dies nicht geschehe, Polen also zur Besatzungsmacht werde, bedeute dies „zweifellos einen Misserfolg der Konferenz". Ferner schlug Churchill einen Tauschhandel vor: Güter aus dem Ruhrgebiet sollten in die russische Zone und nach Polen und umgekehrt Lebensmittel aus diesen Gebieten in den Westen geliefert werden.[186]

Dies war Churchills letzte Wortmeldung auf der Konferenz, denn er erlitt bei den britischen Parlamentswahlen eine verheerende Niederlage und trat am 29. Juli als Premierminister zurück. Truman und sein neuer Außenminister James F. Byrnes versuchten in einer Sitzung am 29. Juli, den toten Punkt zu überwinden. Byrnes schlug vor, seitens der USA die Oder-Neiße-Linie zu akzeptieren, wenn die Sowjetunion einem Reparationsplan zustimmen würde, nach dem die Besatzungsmächte ihre Reparationsansprüche aus ihren eigenen Zonen befriedigen sollten und die Sowjetunion zusätzlich 25 Prozent der gesamten im Ruhrgebiet als Reparationen verfügbaren Anlagen und Ausrüstungen erhalten sollte.[187] Damit erweiterte er seinen Vorschlag vom 23. Juli um eine Vereinbarung über die Erfüllung der Reparationsansprüche der Besatzungsmächte aus deren eigenen Zonen.[188] Der neue Vorschlag war für Stalin attraktiv genug, um den Polen am selben Abend nahezulegen, die Queis (Kwisa) als Grenze zu akzeptie-

---

[183] PRO, F.O. 371, U7197/3628/70, S. 165-169; FRUS, Potsdam, Bd. 2, S. 247-252, 261-264; Teheran, Jalta, Potsdam, S. 284-294, 297-305.

[184] PRO, F.O. 371, U7197/3628/70, S. 195-199; FRUS, Potsdam, Bd. 2, S. 337-339.

[185] PRO, F.O. 371, U7197/3628/70, S. 201 f., 211 f.; FRUS, Potsdam, Bd. 2, S. 367, 382-391; Teheran, Jalta, Potsdam, S. 323-346.

[186] Ebd., S. 342 f.

[187] FRUS, Potsdam, Bd. 2, S. 471 f.

[188] Ebd., S. 294-297.

ren, was sie auch taten.[189] In der Außenministersitzung am 30. Juli stimmte Byrnes allerdings der Linie an Oder und Lausitzer Neiße zu, und er präzisierte seinen Vorschlag:[190] Die Sowjetunion sollte im Gegenzug für Lebensmittel und Rohstoffe 25 Prozent der nicht für die Friedenswirtschaft benötigten Industrieanlagen im Ruhrgebiet erhalten; weitere 15 Prozent sollten ihr ohne Gegenleistung übergeben werden. Die Zustimmung zu diesem Vorschlag war an den Abschluss einer Vereinbarung über den Beitritt von Staaten zu den Vereinten Nationen und die polnische Westgrenze geknüpft. Endgültig beigelegt wurde das Problem in der elften Plenarsitzung der Konferenz am 31. Juli.[191] Bei dieser Gelegenheit versuchte der neue britische Außenminister Ernest Bevin, von den Sowjets eine Zusage hinsichtlich der Abhaltung freier Wahlen und des Rückzugs der sowjetischen Truppen aus Polen zu erhalten. Das Schlusskommuniqué der Konferenz – das „Potsdamer Abkommen" – enthält sowohl die Vereinbarung über die Auflösung der polnischen Exilregierung als auch die Übereinkunft über die provisorische Festlegung der polnischen Westgrenze. Den endgültigen Verlauf dieser Grenze zu bestimmen, wurde der Friedenskonferenz vorbehalten, die bekanntlich nie stattfand.[192]

Nach Potsdam erhielt Mikołajczyk weder von Großbritannien noch von den USA viel Unterstützung bei seinen Bemühungen, die kommunistisch dominierte Regierung Polens zu zwingen, ein gewisses Maß an Pluralismus zuzulassen. Er weigerte sich, die politische Ohnmacht, welche die Kommunisten ihm zugedacht hatten, ohne Gegenwehr hinzunehmen, da er glaubte, deren eigene Schwäche habe sie genötigt, eine Einigung mit ihm anzustreben und ihm die Rückkehr nach Polen zu erlauben. Deshalb ließ er sich durch die unverblümte Warnung, die ihm Władysław Gomułka, der Erste Sekretär der PPR, während der Moskauer Gespräche im Juni 1945 zukommen ließ – „Wir werden die Macht, die wir erobert haben, niemals aufgeben"[193] –, nicht allzu sehr einschüchtern und entschied sich für eine ebenso kühne, wie riskante politische Strategie. Er wollte nicht weniger erreichen, als Stalin vor Augen zu führen, dass Polen ohne seine Beteiligung nicht regiert werden könne. Seinem Eindruck nach hatte er ein gutes persönliches Verhältnis zu dem Sowjetführer aufgebaut, der im Mai 1944 in Moskau zu ihm gesagt hatte, in Polen den Kommunismus einführen zu wollen, wäre, „als wollte man einer Kuh einen Sattel auflegen". Stalins

---

[189] Ebd., Bd. 2, S. 1539.

[190] PRO, F.O. 371, U7197/3628/70; FRUS, Potsdam, Bd. 2, S. 484-492, 500 f.

[191] PRO, F.O. 371, U7197/3628/70.

[192] FRUS, Potsdam, Bd. 2, S. 1579 f.

[193] WŁADYSŁAW GOMUŁKA, Artykuły i przemówienia, Warszawa 1962, Bd. 1, S. 295.

Hauptsorge war nach Mikołajczyks Ansicht die Sicherheit der sowjetischen Westgrenze. Er glaubte, wenn eine von ihm kontrollierte Regierung die Sicherheit zuverlässiger gewährleisten könne als die Kommunisten, würde sich Stalin stillschweigend mit dem Ende der kommunistischen Vorherrschaft in Polen abfinden. Ermutigt fühlte sich Mikołajczyk dadurch, dass die Sowjets in Finnland offenbar ein freiheitlich-demokratisches System duldeten. Zudem bestärkte ihn der Erfolg der ungarischen Partei der kleinen Landwirte, die seiner eigenen Polnischen Volkspartei (*Polskie Stronnictwo Ludowe*, PSL) ähnelte und bei der Wahl im November 1945 57 Prozent der Stimmen erhalten hatte. Darüber hinaus war er überzeugt, dass sowohl Stalin als auch die polnischen Kommunisten aufgrund des Weiterbestehens eines Untergrundwiderstands gegen die PPR (im zweiten Halbjahr 1945 fanden jeden Monat rund 200 Attentate auf Regierungsvertreter statt) zu der Einsicht gelangen würden, dass eine Zerschlagung der PSL nur eine weitere Verschlechterung der öffentlichen Ordnung nach sich ziehen würde. Mikołajczyk machte sich kaum Illusionen über das Ausmaß der Unterstützung, die er von den Westmächten erwarten durfte. Aber er rechnete damit, dass die PPR dringend westliche Wirtschaftshilfe benötige und es Stalin widerstreben würde, in Polen ein kommunistisches Regime errichten zu lassen, das offen in seinem Sinne herrsche. Mikołajczyk bemühte sich, seine Beziehungen zum Westen hervorzuheben, indem er im November 1945 in die Vereinigten Staaten reiste, wo er unter anderem von Truman empfangen wurde. Der Eindruck, dass Mikołajczyk vom Westen unterstützt wurde, verfehlte bei der PPR nicht seine Wirkung. Im Februar 1946 erklärte Gomułka in einer Parteiversammlung, die angelsächsischen Staaten hätten sich „sehr stark engagiert". In jüngster Zeit sei mit „stärkeren Methoden" Druck auf die polnischen Kommunisten ausgeübt worden, zudem messe man im Ausland den Wahlen große Bedeutung bei.[194]

Hauptstreitpunkt war tatsächlich die Wahl, zu deren Abhaltung die Regierung in Jalta verpflichtet worden war und die nach allgemeiner Erwartung Anfang 1946 stattfinden sollte. Die PPR-Führung war sich angesichts der zahlenmäßigen Schwäche der Partei darüber im Klaren, dass die Durchführung der Wahl ein gravierendes Problem darstellte. „Man muss damit rechnen", warnte Gomułka im Februar während einer Sitzung des Zentralkomitees, „dass die PSL, wenn sie unabhängig in die Wahl geht [...] und die demokratischen Parteien sich vor der Wahl aufspalten, ernsthafte Chancen besitzt".[195] Seine Taktik bestand darin, Zeit zu gewinnen,

---

[194] Sytuacja polityczna a spraw wyborów do Sejmu Ustawodawczego. Z referatu Sekretarza Generalnego KC PPR na plenum KC PPR dni 10 lutego 1946 r., in: Z pola walki, 1964, Nr. 2, S. 6 f.

[195] Ebd., S. 9.

während Mikołajczyk andererseits auf eine baldige Abhaltung der Wahl drängte und dicht vor einem Erfolg zu stehen schien. Im Sommer 1946 war offensichtlich, dass die Macht der Kommunisten auf wenig mehr als ihrer Kontrolle über den staatlichen Zwangsapparat beruhte, vor allem über den Sicherheitsapparat und die Armee. Im Referendum im Juni 1946 trat ihre Schwäche deutlich zutage, denn trotz Manipulationen folgte ein beträchtlicher Teil der Bevölkerung Mikołajczyks Beispiel und stimmte gegen den dritten Vorschlag, der die Abschaffung des Senats vorsah. Es war klar, dass die Kommunisten, wollten sie an der Macht bleiben, mehr direkte Unterstützung von Seiten Stalins benötigten und ihre Kontrolle über die Satellitenparteien Polnische Sozialistische Partei (*Polska Partia Socjalistyczna, PPS*) und die Bauernpartei (*Stronnictwo Ludowe, SL*) verstärken mussten.

Ende 1946 erhielt die PPR-Führung von Stalin grünes Licht und begann, derart von neuem Vertrauen in ihre Position erfüllt, in Vorbereitung auf die bevorstehende Wahl einen Frontalangriff auf Mikołajczyk. Der Angegriffene war entsetzt über die Wucht der Attacke, glaubte aber weiterhin, standhalten zu können. Er war noch einen Monat vor der Wahl überzeugt, dass seine Partei 20 bis 30 Prozent der Mandate erringen würde. In Wirklichkeit verschätzte er sich in mehrerlei Hinsicht, und seine Strategie war dabei, zusammenzubrechen. Vor allem rechnete er nicht mit der Fähigkeit einer kleinen, disziplinierten Minderheit, die das Gewaltmonopol besaß, der Gesellschaft ihren Willen aufzuzwingen. Ferner überschätzte er Stalins Bereitschaft, die PPR aufzugeben. So unzufrieden der Sowjetführer auch mit seinen polnischen Proteges sein mochte, so verheerende Folgen hätte es für sein im Aufbau befindliches Reich in Osteuropa gehabt, wenn er zugelassen hätte, dass Mikołajczyk ihr Machtmonopol untergrub. Und schließlich erhielt Mikołajczyk nicht einmal in dem von ihm erhofften geringen Ausmaß Unstützung aus dem Westen. Schon Anfang Februar 1946 hatte Bevin zu bedenken gegeben, die britische Politik „stütze sich zu ausschließlich auf Mikołajczyk" und dies ermutige ihn, „in Bezug auf die Wahl eine unangebracht unnachgiebige Haltung einzunehmen".[196] Byrnes Rede in Stuttgart im September 1946, in der er den polnischen Anspruch auf die Grenze an Oder und Lausitzer Neiße in Frage stellte, hätte aus Sicht der PSL zu keinem ungünstigeren Zeitpunkt gehalten werden können. Als Mikołajczyk am 18. Dezember bei den Jalta-Mächten gegen Wahlfälschungen protestierte, lehnte es das US-Außenministerium zunächst ab, das Schreiben entgegenzunehmen. Es änderte seine Haltung erst, nachdem sowohl sein eigener Botschafter in Warschau als auch die britische Regie-

---

[196] PRO, F.O. 371 56452, N16279.

rung interveniert hatten.[197] Es folgte ein ergebnisloser Briefwechsel zwischen den drei Mächten, der in der Zurückweisung des Protests durch die Sowjetunion und einem Angriff auf die PSL wegen deren angeblicher Verbindungen zum Untergrund gipfelte.

Unter diesen Umständen stand der Ausgang der Wahl, die schließlich am 19. Januar 1947 stattfand, von vornherein fest. Die umfangreichen Wahlkommissionen sorgten häufig dafür, dass die Abstimmung nicht geheim war, so dass die Wähler eingeschüchtert werden konnten, und wo dies fehlschlug, griff man zu direktem Wahlbetrug bei der Stimmauszählung. Nach dem amtlichen Wahlergebnis hatte der Demokratische Block 80,1 Prozent der Stimmen (394 Mandate) gewonnen; die PSL war auf 10,3 Prozent (28 Mandate) gekommen, die Partei der Arbeit auf 4,7 Prozent (12 Mandate) und andere Parteien hatten zusammen 4,9 Prozent (10 Mandate) erreicht. Aufgrund der Manipulationen war das Wahlergebnis für Mikołajczyks PSL eine schwere Niederlage, von der sie sich nie wieder erholen sollte. Die PPR hatte gezeigt, dass ihre Macht nicht zu erschüttern war, und in den folgenden Monaten schwand der Einfluss der PSL rapide. Der Untergrundbewegung, die mit einem Wahlsieg gerechnet hatte, um den bewaffneten Kampf beenden zu können, erging es ebenso. Die gesellschaftlichen Unruhen, die für den Fall vorausgesagt worden waren, dass die PSL nicht an der Macht beteiligt werden sollte, blieben aus. Tatsächlich berichtete die britische Botschaft im Juni 1947, Polen mache „in den letzten drei Monaten einen ruhigeren Eindruck als irgendwann zuvor seit 1945".[198] Mikołajczyk war bald gezwungen, den Kampf aufzugeben. Er floh im Oktober 1947 ins Ausland. Die Überreste seiner besiegten Partei wurden im November 1949 schließlich mit der SL vereinigt.

Für Stalin und seine polnischen Proteges in der PPR hatte sich andererseits die Hoffnung auf eine breite nationale Front zerschlagen. Die Partei hatte unwiderruflich den Weg der Repression beschritten, so dass der Totalitarismus, der für die stalinistische Periode in Polen charakteristisch sein sollte, bereits im ersten Halbjahr 1947 deutlich erkennbar war. Die Parteiführung gab jetzt jeden ernsthaften Versuch auf, Bündnisse mit vorhandenen sozialen und politischen Gruppen einzugehen. Stattdessen versuchte sie, diese Gruppen durch die Veränderung des Wesens der polnischen Gesellschaft an den Rand zu drängen. Zum ersten Mal wurde jetzt auch der Einfluss der Kirche bekämpft, während sämtliche nichtkommunistischen Kräfte stärkerer Kontrolle unterzogen wurden. Die Sonderrolle

---

[197] PRO, F.O. 371 56452, N16280, 16289; siehe auch ARTHUR BLISS LANE, I Saw Poland Betrayed. An American Ambassador Reports to the Polish People, Boston 1965, S. 217- 231.

[198] PRO, F.O. 371 66093, N6707.

der Staatsbürokratie und des Sicherheitsapparats beim Aufbau des Sozialismus wurde ebenso hervorgehoben wie der polnische Charakter des Neuaufbruchs. Gleichwohl ist die Ähnlichkeit zu nachfolgenden stalinistischen Kampagnen unübersehbar. Ironischerweise wurde Gomułka, der Hauptarchitekt des „polnischen Wegs zum Sozialismus", Mitte 1948 zu einem der ersten Opfer des neuen Regimes, als sich Stalin gegen ihn wandte, weil er in ihm einen potentiellen „polnischen Tito" sah. Er war ein klassisches Beispiel dafür, dass Revolutionen ihre Kinder fressen.

In einer Diskussion des „polnischen Problems" im und nach dem Zweiten Weltkrieg stellen sich unweigerlich Fragen nach dem Muster: „Was wäre geschehen, wenn …". Wäre das Ergebnis anders ausgefallen, wenn die polnische Exilregierung in London sich in ihrem Streit mit Stalin nicht auf die Grenzen, sondern auf den Charakter des Regierungssystems konzentriert hätte? Wäre Mikołajczyk in der Lage gewesen, etwas von der polnischen Unabhängigkeit und ihrer inneren Freiheit zu retten, wenn er eine weniger konfrontative politische Strategie verfolgt hätte? Hätte die westliche Politik aktiver und nachdrücklicher sein können?

Betrachtet man Stalins Politik in Osteuropa, kann man zwei unterschiedliche Modelle unterscheiden: dasjenige von Finnland und dasjenige von Ungarn und der Tschechoslowakei. In Finnland konnte im Innern ein freiheitlich-demokratisches Regierungssystem bewahrt werden, während die Außenpolitik den Interessen der UdSSR untergeordnet wurde. Dafür gab es eine Reihe von Ursachen. Finnland war das erste Land, das kapitulierte, und Stalin wollte seine Großmut demonstrieren. Zudem lag das Land in Nordeuropa, wo sich Stalin als verantwortungsbewusster und moderater Staatsmann zeigen wollte. Die strategische Bedeutung Finnlands war gering: Das Land war, wie Molotov es ausdrückte, „XXX, ein Nichts", und der Erste Sekretär der Kommunistischen Partei des Landes, Yrho Leino, erwies sich als unfähiger, unentschlossener Taktiker. Andererseits konnte in der Tschechoslowakei selbst Beneš' extreme Unterwürfigkeit die kommunistische Machtübernahme nicht verhindern, obwohl sie, soweit es um eine effektive Kontrolle ging, praktisch unnötig war. In Ungarn hielt die Stärke der Partei der kleinen Landwirte, die ideologisch und politisch Mikołajczyks PSL nahestand, eine kleine, entschlossene Kommunistische Partei nicht davon ab, mit Hilfe der sowjetischen Besatzungstruppen die Macht zu ergreifen.

Ähnelten die Umstände in Polen denjenigen in der Tschechoslowakei und Ungarn oder denjenigen in Finnland? Die Polen hielten sicherlich einige Trümpfe in der Hand. Polen war ein Alliierter, weshalb eine sowjetische Besatzung nicht lange aufrechterhalten werden konnte. Die kommunistische Partei PPR war im Unterschied zur tschechoslowakischen

schwach und unpopulär. Außerdem besaß Polen nach Jugoslawien die
größte und schlagkräftigste Untergrundbewegung Europas, die von der
Londoner Exilregierung geführt wurde. Deshalb scheint mir, dass zumindest eine Chance bestanden hätte, wie klein sie auch gewesen wäre, so
etwas wie eine „finnische Lösung" zu erreichen, wenn die polnische Führung, sagen wir 1943, trotz ihrer grundlegenden strategischen Bedeutung
die Curzon-Linie akzeptiert und sich auf die Rückkehr an die Macht in
Polen konzentriert hätte. Damit sollen Stalins tiefes Misstrauen und seine
Feindseligkeit gegenüber den Polen nicht unterschätzt werden. Aber dieser
Haltung muss dessen wiederholt geäußerte Erkenntnis gegenübergestellt
werden, dass es gravierende Probleme mit sich brächte, wenn man den
Polen ein kommunistisches Regime aufzwingen würde. Erst nach und nach
begannen Teile der polnischen Führung, ihre Position in dem von mir
dargestellten Rahmen zu sehen. Dennoch war Mikołajczyk noch Mitte 1944
nicht in der Lage, einen größeren Teil der Emigration und der Untergrundbewegung davon zu überzeugen, mit ihm einen solch radikalen Neuanfang
zu wagen. In dieser Hinsicht ging die Veränderung der polnischen öffentlichen Meinung zu langsam voran, um wirklich Einfluss auf die Situation
nehmen zu können. Die Polen bewegten sich während des Zweiten Weltkriegs immer zu spät. Als Mikołajczyk nach Polen zurückkehrte, hatte sich
die Situation völlig verändert, da die Kommunisten bereits die meisten
Hebel der Macht in den Händen hielten. Sein Versuch, sie von einigen
dieser Hebel zu verdrängen, war von vornherein zum Scheitern verurteilt,
und auch alternative Strategien wären vermutlich nicht erfolgreicher gewesen.

Was die Politik des Westens betrifft, so ist es rückblickend offensichtlich ein Fehler gewesen, von 1943 an nicht mehr Druck auf die Polen
auszuüben, um sie von der Notwendigkeit zu überzeugen, den Schwerpunkt
ihrer Auseinandersetzung mit Stalin von der Grenzfrage auf den Charakter
der künftigen Regierung zu verlagern. Manche bedeutenden Vertreter des
polnischen Exils in London hätten es sicherlich begrüßt, wenn solcher
Druck ausgeübt worden wäre, um sie von einem politischen Kurs abzubringen, von dem sie wussten, dass er in eine Sackgasse führt. Noch wichtiger
wäre es gewesen, wenn westliche Staatsmänner Stalin unmissverständlich
klar gemacht hätten, dass die Schaffung eines freiheitlich-demokratischen
Staatswesens in Polen ein Hauptanliegen des Westens sei. In dieser Hinsicht waren insbesondere Roosevelt Vorwürfe zu machen. Aus seinem
Verhalten in Teheran, während des Warschauer Aufstands und in Jalta
muss Stalin den Schluss gezogen haben, dass sein Interesse an der inneren
Freiheit in Polen lediglich ein für die Öffentlichkeit bestimmtes Lippenbekenntnis war und von politischen Erwägungen zweitrangiger Art diktiert
wurde. Zugleich ist auch klar, dass Stalin, indem er den Menschen in

seiner Einflusssphäre nur so wenig Handlungsspielraum ließ, das westliche Misstrauen gegenüber seinen Absichten erheblich verstärkte und so zum Scheitern jeder ausgehandelten Lösung der deutschen Frage beitrug, dem Beschleunigungsfaktor unter den Ursachen des Kalten Krieges. Das Grundproblem bestand darin, dass die westlichen Erwartungen an die Sowjetunion ausgesprochen unrealistisch waren. Angesichts des Charakters des Sowjetsystems war es höchst unwahrscheinlich, dass sich die Sowjetunion in ihren Nachbarländern auf eine Weise verhalten würde, die für westliche Staatsmänner annehmbar wäre. Die Westmächte stellten sich Einflusssphären wie im 19. Jahrhunderts vor, als die jeweilige Großmacht zwar die Außenpolitik bestimmte, den abhängigen Ländern aber ein großes Maß an innerer Autonomie zugestand. Doch angesichts der Stärke der antisowjetischen Einstellung in einem Land wie Polen war absehbar, dass die Handlungsfreiheit nur gering sein konnte. Wenn eine bessere Lösung der deutschen Frage erreicht worden wäre und wenn sich die Beziehungen zwischen der Sowjetunion und den Westmächten, insbesondere ab 1947, nicht drastisch verschlechtert hätten, wäre diese Freiheit sicherlich größer gewesen. Gleichwohl ist es grundsätzlich unwahrscheinlich, dass sie, unter welchen Umständen auch immer, sehr groß hätte sein können.

Hinzu kam, wie Churchill wiederholt gegenüber Mikołajczyk erklärte, dass die Westmächte nicht bereit waren, wegen Polen gegen die Sowjetunion Krieg zu führen. Der Kern dessen war, dass die Sowjetunion die Kontrolle über Polen als grundlegendes Erfordernis ansah, während die Westmächte dies nicht taten. Dem Protokoll zufolge sagte Stalin am 6. Februar 1945 in der dritten Plenarsitzung der Konferenz von Jalta: „Churchill habe [...] erklärt, dass die Frage Polen für die britische Regierung eine Ehrenfrage sei. Stalin verstehe das. Doch müsse er bemerken, dass die Frage Polen für die Russen nicht nur eine Frage der Ehre, sondern auch eine Frage der Sicherheit sei."[199] Lässt man die interessante Frage, was Ehre für Stalin bedeutete, einmal beiseite, ist dies eindeutig der Grund für die Einbeziehung Polens in das sowjetische Reich in Osteuropa, zu dem das Land bis 1989 gehören sollte.

---

[199] Teheran, Jalta, Potsdam, S. 155.

ANHANG

ABKÜRZUNGSVERZEICHNIS

AAN	Archiwum Akt Nowych w Warszawie
AB-Aktion	Außerordentliche Befriedungsaktion
abgedr.	abgedruckt
AIPN	Archiwum Instytutu Pamięci Narodowej w Warszawie
AIZ	Archiwum Instytutu Zachodniego w Poznaniu
AK	Armia Krajowa [Heimatarmee]
AL	Armia Ludowa [Volksarmee]
Anm.	Anmerkung
APK	Archiwum Państwowe w Kielcach
APL	Archiwum Państwowe w Lublinie
APP	Archiwum Państwe w Poznaniu
ASSR	Autonome Sozialistische Sowjetrepublik
AW-HI	Archiwum Wschodnie – Hoover Institut
AZHRL	Archiwum Zakładu Historii Ruchu Ludowego
AŻIH	Archiwum Żydowskiego Instytutu Historycznego w Warszawie
BCh	Bataliony Chłopskie [Bauernbataillone]
Bd.	Band
BDM	Bund Deutscher Mädel
BDR	Bezirksdelegatur der Regierung
BGKBZHwP	Biuletyn Głównej Komisji Badania Zbrodni Hitlerowskich w Polsce
Bl.	Blatt
BŻIH	Biuletyn Żydowskiego Instytutu Historycznego
CIA	Central Intelligence Agency
CKN	Centralny Komitet Narodowy [Zentrales Nationalkomitee]
CSS	Cywilny Sąd Specjalny [Ziviles Sondergericht]
DALO	Derzhavnii arkhiv L'vivs'koï oblasti [Staatsarchiv des Lemberger Bezirks]
DASBU	Derzhavnii arkhiv Sluzhbi bezpeki Ukraïni [Staatsarchiv der Ukrainischen Staatssicherheit]
Ders.	Derselbe
DOPSR	Documents on Polish Soviet Relations, hg. v. General Sikorski Historical Instiute, 2 Bde., London 1961/67
DVL	Deutsche Volksliste
Ebd.	Ebenda
EG	Einsatzgruppe der Sicherheitspolizei und des Sicherheitsdienstes
f.	folgende
FGAGO	Filial gosudarstvennovo arkhiva Grodnenskoi oblasti [Zweigstelle des Staatsarchivs der Oblast Grodno]
FLA	Front Litauischer Aktivisten

GARF	Gosudarstvennyi Archiv Rossiiskoi Federacii [Staatsarchiv der Russischen Föderation]
GG	Generalgouvernement
GK	Generalkommissariat
GL	Gwardia Ludowa [Volksgarde]
GPO	Generalplan Ost
hg.	herausgegeben
HGW	Hermann-Göring-Werke
HJ	Hitlerjugend
HSSPF	Höherer SS- und Polizeiführer
HTO	Haupttreuhandstelle Ost
IMG	Der Prozess gegen die Hauptkriegsverbrecher vor dem Internationalen Militärgerichtshof. Nürnberg 14. November 1945 – 1. Oktober 1946. Urkunden und anderes Beweismaterial, Bd. 25–42, Nürnberg 1947
IPMS	Instytut Polski i Muzeum gen. Władysława Sikorskiego
ITK	Isprovitelno-trudovoia koloniia [Besserungs-Arbeitskolonie]
ITL	Isprovitelno-trudovoi lagier' [Besserungs-Arbeitslager]
JdP	Jungdeutsche Partei
JSS	Jüdische Soziale Selbsthilfe
Kedyw	Kierownictwo Dywersji [Diversionsleitung]
Kolchose	kollektivnoe khoziaistvo [Kollektivwirtschaft]
Komsomol	Kommunisticheskii soiuz molodezhi [Kommunistischer Jugendbund]
KOP	Komenda Obrońców Polski [Kommandantur der Verteidiger Polens]
KP(b)B	Kommunisticheskaia Partiia (bol'shevikov) Belarusi [Kommunistische Partei (Bolschewiki) Weißrusslands]
KPdU	Kommunistische Partei der Ukraine
KPP	Komunistyczna Partia Polski [Kommunistische Partei Polens]
KRN	Krajowa Rada Narodowa [Landesnationalrat]
KWC	Kierownictwo Walki Cywilnej [Leitung des zivilen Kampfes]
LSB	Ludowa Straż Bezpieczeństwa [Volkswehr für Sicherheit]
LZ	Landwirtschaftliche Zentralstelle
LZK	Ludowy Związek Kobiet [Volksverband der Frauen]
MID	Ministerstwo Informacji i Dokumentacji Rządu RP na Uchodźstwie
MSZ	Ministerstwo Spraw Zagranicznych
MTS	Mashinno-traktornaia stantsiia [Maschinen- und Traktorenstationen]
NARB	Natsionalnyi arkhiv Respubliki Belarus' [Nationalarchiv der Belorussischen Republik]
NKGB	Narodnyi komitet gosudarstviennoi bezopasnosti [Volkskommissariat für Staatssicherheit]
NKVD	Narodnyi komissariat vnutrennikh del [Volkskommissariat für Innere Angelegenheiten]
NOB	Narodowa Organizacja Bojowa [Nationale Kampforganisation]
NOW	Narodowa Organizacja Wojskowa [Nationale Militärische Organisation]
NS	Nationalsozialistisch
NSDAP	Nationalsozialistische Deutsche Arbeiterpartei

NSZ	Narodowe Siły Zbrojne [Nationale Streitkräfte]
NZW	Narodowe Zjednoczenie Wojskowe [Nationale Militärische Vereinigung]
OGP	Glavnoe politicheskoe upravlenie [Politische Hauptverwaltung]
OGPU	Ob''edinënnoe gosudarstvennoe polititcheskoe upravlenie [Vereinigte staatliche politische Verwaltung]
OKH	Oberkommando des Heeres
OKW	Oberkommando der Wehrmacht
ONR	Obóz Narodowo-Radykalny [Radikal-Nationales Lager]
OSO	Osoboie soveshchanie [Sonderkollegium]
OTP	Otdel trudovykh pereselentsei [Abteilung für Arbeitssiedlungen]
OTSP	Otdel trudovykh i spetsial'nykh pereselentsei [Abteilung für Arbeits- und Sondersiedler]
OUN-B	Organisation Ukrainischer Nationalisten-Banderafraktion
OUN-M	Organisation Ukrainischer Nationalisten-Melnykfraktion
PAAA	Politisches Archiv des Auswärtigen Amtes
PCK	Polski Czerwony Krzyż [Polnisches Rotes Kreuz]
PiS	Pamięć i Sprawiedliwość
PKB	Państwowy Korpus Bezpieczeństwa [Staatliches Sicherheitskorps]
PKWN	Polski Komitet Wyzwolenia Narodowego [Polnisches Komitee der Nationalen Befreiung]
POW	Polska Organizacja Wojskowa [Polnische Militärorganisation]
POWW	Polska Organizacja Walki o Wolność [Polnische Organisation zum Kampf für Freiheit]
PP	Polnische Polizei
PPR	Polska Partia Robotnicza [Polnische Arbeiterpartei]
PPS	Polska Partia Socjalistyczna [Polnische Sozialistische Partei]
PRO	Public Record Office, Kew (Richmond upon Thames, Outer London)
PSL	Polskie Stronnictwo Ludowe [Polnische Volkspartei]
RFSS	Reichsführer SS
RGASPI	Rossiiskii gosudarstvennyi archiv social'no-politicheskoi istorii [Russisches Staatsarchiv für sozial-politische Geschichte]
RGO	Rada Główna Opiekuńcza [Haupthilfeausschuss]
RGVA	Rossiiskii gosudarstvennyi voennyi archiv [Russisches Militärisches Staatsarchiv]
RK	Reichskommissariat
RKF	Reichskommissar für die Festigung deutschen Volkstums
RkU	Reichskommissariat Ukraine
RMbO	Reichsminister für die besetzten Ostgebiete
RN	Rada Naradowa [Nationalrat]
RSHA	Reichssicherheitshauptamt
RŻL	Rada Żydowska w Lublinie
SA	Sturmabteilung
SL	Stronnictwo Ludowe [Bauernpartei]
SN	Stronnictwo Narodowe [Nationalpartei]
Sowchos	Sovkhoz – sovetskoe choziaistvo [staatlicher Landwirtschaftsbetrieb]
SP	Stronnictwo Pracy [Arbeitspartei]

SPP	Studium Polski Podziemnej w Londynie [Polish Underground Movement in London (1939–1945) – Study Trust]
SS	Schutzstaffel
SSPF	SS- und Polizeiführer
SZP	Służba Zwycięstwu Polski [Dienst für den Sieg Polens]
T.	Teil
TDAHOU	Tsentraln'nyi derzhavni arkhiv hromds'kykh ob'ednan' Ukraïny
TDAVOVUU	Tsentral'nyi derzhavnyi archiv vyshchykh organiv vl'ady ta upravlinnia Ukraïny
UdSSR	Union der Sozialistischen Sowjetrepubliken
UHA	Ukrainischer Hauptausschuss
UNA	Ukrainische Nationalarmee
UPA	Ukrains'ka povstans'ka armiia [Ukrainische Aufstandsarmee]
USSR	Ukrainische Sozialistische Sowjetrepublik
UWZ	Umwandererzentrale
UZK	Ukrainisches Zentralkomitee
VfZ	Vierteljahrshefte für Zeitgeschichte
VKP(b)	Vsesoiuznaia kommunisticheskaia partiia (bol'shevikov) [Kommunistische Partei der Sowjetunion (Bolschewiki)]
VO	Verordnung
VOBlGG	Verordnungsblatt für das Generalgouvernement
VOBlGGP	Verordnungsblatt des Generalgouverneurs für die besetzten polnischen Gebiete
VoMi	Volksdeutsche Mittelstelle der SS
WOZZ	Wojskowa Organizacja Ziem Zachodnich [Militärorganisation der Westgebiete]
WSS	Wojskowe Sądy Specjalne [Militärische Sondergerichte]
WSSR	Weißrussische Sozialistische Sowjetrepublik
YVA	Yad Vashem Archiv
ZK	Zentralkomitee
ZO	Związek Odwetu [Bund für Vergeltung]
ZPP	Związek Patriotów Polskich [Bund Polnischer Patrioten]
ZUS	Zakład Ubezpieczeń Społecznych [Betrieb für Sozialversicherungen]
ZWZ	Związek Walki Zbrojnej [Bund für den bewaffneten Kampf]

VERZEICHNIS DER AUTORINNEN UND AUTOREN

MARTIN DEAN, geb. 1962, Dr., wissenschaftlicher Mitarbeiter im Center for Advanced Holocaust Studies, United States Holocaust Memorial Museum (USHMM) Washington D. C., Veröffentlichungen: Collaboration in the Holocaust. Crimes of the Local Police in Belorussia and Ukraine, 1941–1944, New York 2000; Robbing the Jews. The confiscation of Jewish property in the Holocaust, 1933–1945, Cambridge u. a. 2008.

ALBIN GŁOWACKI, geb. 1949, PD Dr., Historiker, lehrt an der Universität in Lodz. Promotion 1983, Habilitation 1998; Veröffentlichungen: Przemieszczenie obywateli polskich w Związku Radzieckim w 1944 roku, Łódź 1989; Ocalić i repatriować. Opieka nad ludnością polską w głębi terytorium ZSRR (1943-1946), Łódź 1994; Sowieci wobec Polaków na ziemiach wschodnich II Rzeczypospolitej 1939-1941, Łódź 1998.

FRANK GRELKA, geb. 1971, Dr., Promotion 2003, Begründer und Leiter von „History Research Assistance"; Veröffentlichungen: Zehn Jahre St. Hedwig-Stiftung Partnerschaften Dortmund – Breslau: 1991–2001. Ein Beispiel bewährter Solidarität – deutsche Hilfe und polnische Selbsthilfe, Dortmund 2001 (unter Mitwirkung v. Johannes Hoffmann); Die ukrainische Nationalbewegung unter deutscher Besatzungsherrschaft 1918 und 1941/42, Wiesbaden 2005.

ALEKSANDR GUR'IANOV, geb. 1950, M.A., Chef der polnischen Abteilung im Menschenrechtszentrum „Memorial" in Moskau; Veröffentlichung: Repressii protiv polakov i pol'skikh grazhdan, Moskva 1997 (als Hg.).

INGO HAAR, geb. 1965, Dr., wissenschaftlicher Mitarbeiter am Zentrum für Antisemitismusforschung der Technischen Universität Berlin, Promotion 1998, Veröffentlichungen: Historiker im Nationalsozialismus. Deutsche Geschichtswissenschaft und der „Volkstumskampf" im Osten, Göttingen 2002; German Scholars and Ethnic Cleansing 1920-1945. New York/ Oxford 2004; Handbuch der völkischen Wissenschaften, München 2008 (hg. zusammen mit Michael Fahlbusch).

TADEUSZ JANICKI, geb. 1964, Dr., Historiker, lehrt an der Adam-Mickie-wicz-Universität in Posen; Promotion 1994; Veröffentlichung: Wieś w Kraju Warty 1939–1945, Poznań 1996.

RYSZARD KACZMAREK, geb. 1959, Prof. Dr., lehrt an der Schlesischen Universität in Kattowitz, Veröffentlichungen: Józef Biniszkiewicz (1875–1940). Biografia polityczna, Katowice 1994; Pod rządami gauleiterów. Elity i instancje władzy w rejencji katowickiej w latach 1939-1945, Kato-wice 1998; Górny Śląsk podczas II wojny światowej. Między utopią „nie-mieckiej wspólnoty narodowej" a rzeczywistością okupacji na terenach wcielonych do Trzeciej Rzeszy, Katowice 2006.

MAREK KORNAT, geb. 1971, Historiker, PD Dr., lehrt an der Kardinal-Stefan-Wyszyński-Universität in Warschau; Promotion 2000; Habilitation 2005; Veröffentlichungen: Polska 1939 roku wobec paktu Ribbentrop-Mołotow. Problem zbliżenia niemiecko-sowieckiego w polityce zagra-nicznej II Rzeczpospolitej, Warszawa 2002; Polska szkoła sowietologiczna 1930–1939, Kraków 2003; Bolszewizm – totalitaryzm – rewolucja – Rosja. Początki sowietologii i studiów nad systemami totalitarnymi w Polsce (1918–1939), 2 Bde., Kraków 2003 u. 2004; Polityka równowagi (1934–1939). Polska między wschodem a zachodem, Kraków 2007.

CZESŁAW MADAJCZYK (1921–2008), Prof. Dr., Historiker, arbeitete im Historischen Institut der Polnischen Akademie der Wissenschaften in War-schau; Veröffentlichungen: Faszyzm i okupacje 1938–1945. Wykonywanie okupacji przez państwa Osi w Europie, 2 Bde., Warszawa 1983; Die Okkupationspolitik Nazideutschlands in Polen 1939–1945, Berlin 1987; Vom Generalplan Ost zum Generalsiedlungsplan, München 1994 (als Hg.).

PIOTR MAJEWSKI, geb.1971, Dr., arbeitet am Königsschloss in Warschau; Promotion 2003, Veröffentlichungen: Michał Bobrzyński o potrzebie ‚sil-nego rządu‘ w Polsce, Warszawa 2001; Wojna i kultura. Instytucje kultury polskiej w okupacyjnych realiach Generalnego Gubernatorstwa 1939–1945, Warszawa 2005.

GRZEGORZ MAZUR, geb. 1952, PD Dr., lehrt an der Jagiellonen-Univer-sität in Krakau; Promotion 1985, Habilitation 1994, Veröffentlichungen: Biuro Informacji i Propagandy SZP-ZWZ-AK 1939-1945, Warszawa 1987; Pokucie w latach drugiej wojny światowej. Polityka okupantów, położenie ludności, działalność podziemia, Kraków 1994; Akcja dywersyjna „N". Dokumenty i materiały z archiwum Tadeusza Żenczykowskiego, Wrocław 2000; Życie polityczne polskiego Lwowa 1918–1939, Kraków 2007.

JACEK ANDRZEJ MŁYNARCZYK, geb. 1968, Dr., wissenschaftlicher Mitarbeiter am Deutschen Historischen Institut Warschau; Promotion 2004; Veröffentlichungen: Judenmord in Zentralpolen. Der Distrikt Radom 1939–1945, Darmstadt 2007; Cena poświęcenia. Zbrodnie na Polakach za pomoc udzielaną Żydom w rejonie Ciepielowa, Kraków 2007 (zusammen mit Sebastian Piątkowski).

GRZEGORZ MOTYKA, geb. 1967, PD Dr., wissenschaftlicher Mitarbeiter im Institut für Politische Studien der Polnischen Akademie der Wissenschaften Warschau, Promotion 1998, Habilitation 2007; Veröffentlichungen: Pany i rezuny. Współpraca AK-WiN i UPA 1945–1947, Warszawa 1997 (zusammen mit Rafał Wnuk); Tak było w Bieszczadach. Walki polsko-ukraińskie w Polsce 1943-1948, Warszawa 1998; Ukraińska partyzantka 1942–1960, Warszawa 2006.

ALEKSANDRA PIETROWICZ, geb. 1956, M. A., arbeitet im Institut des Nationalen Gedenkens, Außenstelle Posen; Veröffentlichungen: Ze strachem pod rękę i śmiercią u boku. Wielkopolanki w konspiracji 1939–1945, Poznań 2006 (zusammen mit Agnieszka Łuczak); Konspiracja antykomunistyczna i podziemie zbrojne w Wielkopolsce 1945–1956, Poznań 2007 (hg. zusammen mit Agnieszka Łuczak); Zmagania ze społeczeństwem. Aparat bezpieczeństwa wobec Wielkopolan w latach 1945–1956, Poznań 2008 (hg. zusammen mit Agnieszka Łuczak).

DIETER POHL, geb. 1964, PD Dr., wissenschaftlicher Mitarbeiter am Institut für Zeitgeschichte München; Promotion 1994; Habilitation 2008; Veröffentlichungen: Von der „Judenpolitik" zum Judenmord: der Distrikt Lublin des Generalgouvernements 1939–1944", Frankfurt am Main 1993; Nationalsozialistische Judenverfolgung in Ostgalizien 1941–1944: Organisation und Durchführung eines staatlichen Massenverbrechens, München 1996; Justiz in Brandenburg 1945–1955: Gleichschaltung und Anpassung in einer Landesjustiz, München 2001; Die Herrschaft der Wehrmacht: deutsche Militärbesatzung und einheimische Bevölkerung in der Sowjetunion 1941–1944, München 2008.

ANTONY POLONSKY, geb. 1940, Prof. Dr., arbeitet am Institute for Polish-Jewish Studies in Oxford und an der American Association for Polish-Jewish Studies, Cambridge, MA; Veröffentlichungen: Politics in Independent Poland, Oxford 1972; The Little Dictators: A History of Eastern Europe since 1918, Routledge 1975; The Great Powers and the Polish Question 1941–1945, London 1976; The Beginnings of Communist Rule in Poland, Routledge 1981 (zusammen mit Boleslaw Drukier).

MARIA RUTOWSKA, geb. 1945, PD Dr., wissenschaftliche Mitarbeiterin am Westinstitut in Posen, Promotion 1978, Habilitation 2004; Veröffentlichungen: Straty osobowe i materialne kultury w Wielkopolsce w latach II wojny światowej, Warszawa 1984; Słubice 1945–1995, Słubice 1996; Wysiedlenia ludności polskiej z Kraju Warty do Generalnego Gubernatorstwa 1939–1941, Poznań 2003.

SONJA SCHWANEBERG, geb. 1973, Dr., Historikerin, wissenschaftliche Mitarbeiterin an der Phillips-Universität in Marburg; Promotion 2006 an der Universität Oxford mit der Arbeit: The Economic Exploitation of the Generalgouvernement in Poland by the Third Reich 1939-1945.

DAVID SILBERKLANG, geb. 1958, Dr., arbeitet in der Gedenkstätte Yad Vashem in Jerusalem und ist Chefredakteur der „Yad Vashem Publications", Promotion 2003; Veröffentlichung: Die Juden und die ersten Deportationen aus dem Distrikt Lublin, in: „Aktion Reinhardt". Der Völkermord an den Juden im Generalgouvernement 1941–1944", hg. v. Bogdan Musial, Osnabrück 2004.

MAREK WIERZBICKI, geb. 1964, PD Dr., Historiker, arbeitet im Institut des Nationalen Gedenkens, Außenstelle Radom; Promotion 1997, Habilitation 2007; Veröffentlichungen: Polacy i Białorusini w zaborze sowieckim. Stosunki polsko-białoruskie na ziemiach północno-wschodnich II Rzeczypospolitej pod okupacją sowiecką 1939–1941, Warszawa 2000; Polacy i Żydzi w zaborze sowieckim. Stosunki polsko-żydowskie na ziemiach północno-wschodnich II Rzeczypospolitej pod okupacją sowiecką 1939–1941, Warszawa 2001; Związek Młodzieży Polskiej i jego członkowie, Warszawa 2006.

RAFAŁ WNUK, geb. 1967, PD Dr., lehrt an der Katholischen Universität in Lublin; Promotion 1999; Habilitation 2008; Veröffentlichungen: Pany i rezuny. Współpraca AK-WiN i UPA 1945-1947, Warszawa 1997 (zusammen mit Grzegorz Motyka); Okręg Lublin AK-DSZ-WiN 1944–1947, Warszawa 2000; Za pierwszego Sowieta. Polska konspiracja na Kresach Wschodnich II Rzeczypospolitej (wrzesień 1939 – czerwiec 1941), Warszawa 2007.

PERSONENREGISTER

ORTSNAMENREGISTER